KB095892

관세와 통관실무

이 제 홍

책연
CHAEK
YEARN

서 언

관세법 제1조 목적은 "이 법은 관세의 부과·징수 및 수출입물품의 통관을 적정하게 하고 관세수입을 확보함으로써 국민경제의 발전에 이바지함을 목적으로 한다"로 명시되어 있다 (330조, 부칙 20조)

관세법 시행령 제1조 목적은 "이 영은 「관세법」에서 위임된 사항과 그 시행에 필요한 사항을 규정함을 목적으로 한다"고 명확하게 규정되어 있다(290조, 부칙 2조)..

관세법시행규칙 제1조 목적은 "이 규칙은 「관세법」 및 같은 법 시행령에서 위임된 사항과 그 시행에 필요한 사항을 규정함을 목적으로 한다"로 명시되어 있다(86조, 부칙 2조).

관세관련 법은 국내외 물품의 수출입 통관을 적정하게 할 뿐만 아니라 국민경제발전과 국가산업의 균형적 발전과 국제통상관계를 원활히 함으로써 국가의 재정수입을 증대시키는 데 있다. 특히 한국은 무역의존도가 높아 산업의 다각화와 수출입 질서유지가 매우 중요한 국가이며, 우리나라는 자원이 부족하기 때문에 원활한 공급망 구축과 이에 따른 국가간 통관질서를 유지하는 데 매우 중요한 국가이다.

우리나라는 1948년 정부수립이 되고 난 후, 1964년대 수출 1억 달러를 달성하면서 경제성장의 디딤돌을 마련하였다. 1970년에는 10달러, 1077년 100억 달러 1995년에 1000억 달러로 무역 성장이 급성장하였으며, 2010년에는 4663억 달러 2018년에 6000억 달러로 증가하였으며, 2022년에는 6835억 달러에 이르게 되었다. 수입도 마찬가지로 1968년에 1억4천 달러, 1977년에 10억 달러 1994년에 102억 달러 1999년 1197억 달러 2011년에 5244억 달러, 2021년에 6150억 달러, 그리고 2022년에 7321억 달러에 이르렀다. 우리나라의 수출입은 1997년까지 무역수지가 적자를 유지하다가 1998년부터 무역수지가 계속흑자를 유지해오고 있었다. 그러나 2022년 들어 477억 적자로 돌아서 이후로 2023년 현재에 이르기 까지 계속적자를 유지하고 있다. 이와 같은 현상은 러시아와 우크라이나 전쟁과 중국의 수출감소로 인하여 적자로 돌아섰다. 이는 한국의 외교통상정책의 원인 때문이라는 분석이 있다. 비록 한국수출의 감소가 잠시 주춤하고 있지만, 한국 무역성장은 지속될 것으로 예측할 수 있다. 때문에 통관과 관세는 매우 중요한 역할을 하고 있는 수단이다. 특히 관세는 국가의 재정수입을 얻기 위해 관세영역을 출입하는 물품에 대하여 법률이나 조약에 의하여 반대급부 없이 강제적으로 징수하는 금전적 급부이다. 이의 근거는 관세법에 두고 운영하고 있으며, 특히, 관세법은 관세에 관한 기본법으로서 대외무역법 및 외국환거래법과 함께 무역에 관한 중요한 3대 법의 법규 중의 하나이다.

수출통관 측면의 실무를 보면, 수출품에 대하여 검사를 하고, 수출검사가 완료되면 수출물품을 보세구역에 반입하여 수출신고를 하게 된다. 수출업자가 수출신고 한 물품에 대하여 세관장은 수출물품을 확인한 후, 수출신고수리하여 수출신고필증을 교부하여 준다. 수출업자가 물품의 수출신고수리가 되면 수출품은 내국물품에서 외국물품으로 바뀌게 되어 보세구역에서 반출하여 선적하게 된다.

반면 수입통관 측면에서 실무를 고찰하면, 물품이 수입국에 도착하게 되면 수입업자 또는 수입업자를 대리한 관세사는 수입신고를 하고 수입물품에 필요한 경우 검사를 받아야 하며, 수입검사를 완료되면 수입품에 대한 관세가 부과하게 된다. 수입품에 부과된 관세 및 내국세를 지불하면 수입물품을 보세구역에 반출할 수 있고, 수입품은 수입업자가 자유롭게 처리할 수 있다. 이와 같이 수출입통관에 대한 제반 사항을 관세법에서 규정하며 수출입질서를 유지하고 있다.

한국의 다수국와 공급망을 구축해야만 산업경쟁력, 성장경쟁력을 높일 수 있기 때문에 무역은 매우 중요한 국가의 기간산업이라고 할 수 있다. 따라서 무역규모를 증대시켜 규모의 경제를 달성하여 국가경제발전과 소비자의 후생을 증대시키는 역할을 해야 한다. 이에 한국의 무역량의 증대는 수출입통관에 대한 국제규칙이 엄밀해짐으로써 수출입물품에 대한 규제를 위한 관세법의 개정빈도가 많아지고 있다. 특히, 특히 관세법은 관세의 부과, 징수, 감면에 관한 내용을 규정하고 있어 조세법적인 성격을 지니고 있으며, 수출입물품의 통관, 운수기관에 관한 규제, 보세제도 등의 통관법적 성격과 법이 실효성 확보를 위한 처벌규정 및 처분의 불복에 대한 절차를 규정하고 있으며, 국제협약 등의 내용을 포함하고 있다. 현재 관세법은 관세의 부과, 징수 및 수출물품의 통관에 관한 사항을 포괄적으로 규정하고 있으며, 국회입법으로 제정된다(법률 제330조, 부칙, 20조).

본 교재는 관세법, 관세법 시행령, 그리고 관세법 시행규칙의 법률내용을 담고 있으며, 그 구성내용으로는 첫째, 총칙과 과세가격과 부과, 징수 등으로 구성하였으며, 둘째, 세율 및 품목분류, 셋째 관세감면, 환급 및 분할납부 등 넷째, 납세자의 권리 및 불복절차 등을 게재하고 있다. 다섯째는 통관실무로서 운송수단, 보세구역 그리고 운송 등에 관한 내용을 기술하고 있으며, 통관관련 내용을 담고 있다. 일곱째는 세관광무원의 자료 제출요청 등과 벌칙 그리고 조사와 처분, 보칙의 순으로 구성하였다.

관세 및 통관실무는 영화처럼 무역의 종합예술이라고 할 수 있으며, 또한 다양한 산업에서 활용되며, 국가이익을 도모하고 있다. 아울러 대학교의 무역학과 또는 국제통상학과 그리고 관세청, 무역협회, KOTRA 등에서 관세분야에 매우 관심을 가지고 관세정책 및 관세이론 그리고 제도적인 측면에서 활용하고 있다. 그리고 수험분야로는 관세사시험 1차(객관식)와 2차(주관식) 시험과목으로 채택되고 있으며, 인사혁신처에서 시행하고 있는 관세직 국가고시 7급과 9급에서 관세법원론으로 선택과목으로 채택하고 있으며, 관세직 공채 및 승진 시험과목으로 채택·시행되고 있다. 또한 국제무역사, 무역영어 검정고시 등의 시험문제로 많이 출제되며, 최근에는 원산지관리사 자격시험에서도 관세법의 내용을 출제하는 경향을 보이고 있다.

이처럼 관세와 통관실무는 무역분야에서 활용범위가 매우 높기 때문에 무역협회, 관세청, 무역업체 및 세관관련 공무원과 통관법인, 관세사, 보세사 등이 많이 분야에서 참조도서로 활용하고 있으며, 많은 대학교의 무역관련 학과에서 주요 핵심 교과목으로 채택하고 있다.

따라서 본 교재가 무역실무적 차원에서 도움을 줄 수 있는 참고서가 되었으면 하는 바램이며, 무역은 한국 경제성장의 주요 요인인 것을 다시 한번 강조합니다.

본 교재 저술에 도움을 주신 고인이 되신 스승님 전창원 교수님, 그리고 이승영 동국대 명예교수님, 인천대학교 박종돈 교수님, 평택대 최혁준 교수님, 서경대 최창열 교수님, 동국대 경주캠퍼스 김지용 교수님, 성결대 손승표 교수님, 목포대 조우성 교수님에게 진심으로 감사드립니다. 아울러 본 교재를 출판해 주신 책연출판사 정태욱 사장님께 진심으로 감사드립니다.

2023년 8월

조선대학교 무역학과 이제홍 드림

CONTENTS

제1장 관세법의 총칙

제1절 **관세의의와 관세법 목적**   15
1. 관세의 의의   15
2. 관세의 성격   15
3. 관세의 기능   16
4. 관세법의 목적   17
5. 관세법의 성격   18
6. 관세법의 체계   19

제2절 **통관 관련 용어(관세법 제2조 제1호)**   22
1. 수입   22
2. 수출   24
3. 반송   24
4. 국제무역선(기)   25
5. 국내운항선(기)   25
6. 선박용품과 항공기 용품 그리고 차량용품   26
7. 통관, 환적, 복합환적   26
8. 운영인   26
9. 세관공무원   27
10. 탁송품   27
11. 전자상거래물품   27

제3절 **관세법의 해석과 적용**   28
1. 관세징수권의 우선   28
2. 관세법해석의 기준   29
3. 세관공무원 재량의 한계   30

제4절 **기간과 기한**   31
1. 기간 및 기한 계산   31
2. 관세의 납부기한   32
3. 천재지변 등 기한 연장   33
4. 서류송달   35

제2장 납세의무와 과세요건

제1절 **관세의 납세의무**   39
1. 개요   39
2. 납세의무   39
3. 과세 4대 요건   40

제2절 **과세물건(관세법 제14조)**   41
1. 과세물건의 개요   41
2. 과세물건확정의 시기   42
3. 적용법령의 시기   46
4. 과세환율   46

제3절 **납세의무자(관세법 제19조)**   47
1. 본래 납세의무자   48
2. 확장된 납세의무   51

제4절 **과세표준(과세가격)**   55
1. 과세표준(과세가격)의 개요   55
2. 과세가격의 형태   56
3. 과세가격의 신고 및 심사   58
4. 과세가격결정   68

제5절 **관세율**   86
1. 관세율의 개요   86
2. 세율의 적용   110
3. 관세율 적용을 위한 품목분류   116

제3장 관세의 부과와 징수

제1절 **관세의 부과**   129
1. 신고납부제도   129
2. 부과고지제도   138
3. 가산세 제도   140
4. 관세의 징수절차   145
5. 관세체납   149

제2절 **납세의무의 소멸(관세법 제20조)** 150

  1. 납세의무 소멸 150

  2. 관세부과 제척기간 151

제3절 **관세징수권 소멸시효(관세법 제22조)** 154

  1. 개요 154

  2. 관세징수권의 소멸시효 154

  3. 관세징수권의 시효중단 156

  4. 관세징수권의 시효정지 158

  5. 환급청구권의 소멸시효 158

  6. 관세부과권 및 징수권의 비교 161

제4절 **관세의 납세담보** 162

  1. 의의 162

  2. 담보물의 종류 162

  3. 담보의 조건 164

  4. 담보제공이 필요한 경우 164

  5. 담보의 제공절차 167

  6. 담보제공의 종류 169

  7. 담보물의 관세충당 170

  8. 관세담보 등이 없는 경우의 관세징수 171

제4장 관세감면·환급 및 분할납부

제1절 **관세의 감면제도** 175

  1. 의의 175

  2. 관세감면의 일반적인 절차 176

  3. 관세감면의 사후관리 177

  4. 감면세의 종류 183

  5. 무조건 감면세 185

  6. 조건부 감면세 197

  7. 기타 관세감면의 사후관리 207

제2절 **관세분할 납부제도(관세법 제107조)** 210

  1. 의의 210

  2. 분할납부 대상 및 요건 210

  3. 분할납부의 적용절차 213

  4. 분할납부의 조건 214

  5. 담보제공 및 분할납부 사후관리 215

  6. 납부의무의 승계 및 연대납세의무 217

제3절 **관세환급제도** 218

  1. 관세환급금의 환급 218

  2. 위약물품에 대한 환급 220

  3. 멸각물품의 환급 224

  4. 수출용원재료 등의 환급 225

  5. 기타 환급 관련 관세법상 규정 226

제4절 **납세자의 권리** 227

  1. 납세자 권리 227

  2. 심사와 심판 240

제5장 운송수단

제1절 **운송수단 개요** 249

  1. 운송수단의 개요 249

  2. 운송수단의 관리 249

  3. 국제항 250

제2절 **선박과 항공기** 251

  1. 개요 251

  2. 개항과 불개항의 출입 251

  3. 입출항 절차 253

  4. 재해 기타 부득이한 사유로 인한 면책 등 257

  5. 물품의 하역 258

  6. 국제무역선의 국내운항선으로의 전환 262

  7. 기타 선박 또는 항공기 263

제3절 **차량** 264

  1. 개요 264

  2. 관세통로 264

  3. 국경 출입 차량의 도착절차 265

  4. 물품의 하역 등 266

제6장 보세구역제도

제1절 보세제도와 구역의 역할   269
1. 보세제도의 개요   269
2. 보세화물의 관리(보세구역의 통칙)   271

제2절 보세구역의 의의   286
1. 개요   286
2. 지정보세구역의 지정·취소·처분   287
3. 지정보세구역의 종류   288

제3절 특허보세구역   291
1. 개요   291
2. 설치·운영에 관한 특허   291
3. 특허보세구역의 종류   299

제4절 종합보세구역   312
1. 종합보세구역 의의   312
2. 종합보세구역의 지정 및 설치·운영   312
3. 물품의 반출입   314
4. 운영인의 물품 관리 및 설비유지   318
5. 종합보세구역에 대한 세관의 관리   320
6. 종합보세구역의 지정취소 등   321

제5절 유치 및 예치   322
1. 유치 및 예치   322
2. 체화물품의 처리   324
3. 보세장치화물의 국고귀속   331
4. 보세장치화물의 폐기   333

제6절 보세운송   335
1. 보세운송   335
2. 조난물품의 운송   340
3. 내국운송   340
4. 보세운송업자 등   341

제7장 통관제도

제1절 통관의 요건   349
1. 통관의 개요   349
2. 통관요건   350
3. 관세관련 원산지 제도   352
4. 통관의 제한   366
5. 통관의 예외 적용   375
6. 통관 후 유통이력 관리   376
7. 통관절차 등의 국제협력   378

제2절 수출·수입 및 반송   380
1. 수출입, 반송신고   380
2. 수입신고   381
3. 심사와 검사   385
4. 신고의 처리   390
5. 수입통관 질서의 확립   393

제3절 수출통관절차   394
1. 수출통관절차의 개요   394
2. 수출신고   394
3. 심사와 검사   396
4. 수출신고수리 및 물품선적   398

제4절 반송통관   401
1. 반송통관의 개요   401
2. 반송신고   402
3. 심사와 검사   404
4. 반송신고의 처리   406

제5절 통관절차의 특례   407
1. 통관절차 특례의 개요   407
2. 전자상거래 물품의 특별통관   410
3. 수출입 안전관리 우수업체 통관혜택   413
4. 간이통관절차   417
5. 우편물 통관   422
6. 여행자 휴대품 통관   428
7. 이사물품 통관   437

제8장 관세관련 벌칙 등

제1절 세관공무원의 자료제출요청 등   447
1. 세관장의 직권   447
2. 세관공무원의 물품검사 등   451

제2절 관세행정벌 제도   456
1. 관세행정벌제도의 개요   456
2. 관세행정벌의 종류   457
3. 관세범   457

제3절 관세형벌   459
1. 관세형벌의 개요   459
2. 관세범의 유형별 처벌   460

제9장 조사와 처분

제1절 관세범 조사와 처분   481
1. 관세범 조사·처분 전담권   481

제2절 관세범의 조사(관세법 제290)   483
1. 관세범의 조사전담권   483
2. 조사방법   486
3. 관세조사 기관   488
4. 조사의 제반 규정   489

제3절 처분   491
1. 개요   491
2. 통고처분   491
3. 고발   496
4. 압수물품의 처분   497

제10장 보칙

1. 가산세의 세목   501
2. 세관의 업무시간·물품취급시간   501
3. 통계 및 증명서의 작성 및 교부   501
4. 연구개발사업의 추진   505
5. 세관설비의 사용   505
6. 포상   505
7. 편의제공   506
8. 몰수품 등의 처분   507
9. 사업에 관한 허가 등의 제한   507
10. 국가관세종합정보망의 구축 및 운영   508
11. 국가관세종합정보망 운영사업자의 지정 등   509
12. 전자문서중계사업자의 지정 등   512
13. 전자문서 등 관련 정보에 관한 보안   514
14. 전자문서의 표준   514
15. 청문   514
16. 권한의 위임 및 위탁 등   515

참고문헌   517
색인(Index)   518

제1장

관세법의 총칙

제1절 관세의의와 관세법 목적
제2절 통관관련 용어
제3절 관세법의 해석과 적용
제4절 기간과 기한

제1절
관세의의와 관세법 목적

1. 관세의 의의

관세(customs, customs duties, tariffs)란 관세선을 통과하는 물품에 부과하는 조세이며, 국가가 재정수입을 얻기 위하여 관세영역(또는 관세선)(customs territory, customs boundary)을 출입하는 물품에 대하여 법률이나 조약에 의하여 반대급부 없이 강제적으로 징수하는 금전적 급부이다.

2. 관세의 성격

1) 국세

관세의 부과·징수의 주체는 국가이므로 관세는 국세에 해당한다. 국세는 관세와 관세를 제외한 조세인 내국세로 구분된다.

2) 간접소비세

관세는 물품의 보비행위를 과세대상으로 하여 부과하는 조세이면서, 납세자가 납부의무를 이행한 후에 그 조세의 부담을 소비자에게 전가시키는 납세자와 담세자가 다른 조세이므로 간접소비세에 해당한다.

3) 물품세

관세는 물품에 대해서 부과흔 조세이므로 물세에 해당한다. 물품세는 재화의 존재나 취득에 부과하는 조세이다.

4) 보통세

보통세는 국가 또는 지방자치단체의 일반적 지출에 충당하기 위한 조세를 말하는데, 관세는 징수된 조세가 일반세입에 납입되어 지출용도가 특정되지 않고 일반경비로 지출되므로 보통세에 해당한다.

5) 수시세

관세는 물품이 수입될 때 수입신고 단위로 부과되므로 수시세에 해당된다.

3. 관세의 기능

1) 국가재정수입의 확보

관세의 부과로 국가재정수입이 증가할 때 이를 재정수입효과라고 한다. 당초 관세는 재정수입 확보를 목적으로 부과되었으나, 오늘날에 있어서는 국내산업 보호, 물가·소득 재분배 등의 경제정책목적에도 이용되고 있다.

2) 국내산업 보호

수입물품에 대한 관세의 부과는 외국상품에 대한 가격상승요인으로 작용하여 수입이 억제되고 경쟁상품을 생산하는 국내산업에는 그만큼 생산을 증대할 수 있게 되어 고용이 늘어나는 등 국내산업이 발전하게 되는바 이러한 현상을 국내산업 보호효과라 한다.

3) 소비억제

수입물품에 관세를 부과하면 일반적으로 수입물품의 가격이 올라가고 수입물품의 가격이 올라가면 그 물품에 대한 수요가 줄어들어 소비가 억제된다.

관세의 부담은 가격에 그 전액이 전가되지는 않지만, 수요의 가격탄력성의 크기에 따라 가격의 영향을 미치며 가격의 상승은 수요량·수입량을 감퇴시킨다.

4) 수입대체 및 국제수지 개선

어떤 상품이 국내에서도 생산이 가능하더라고 수입물품의 가격이 싸면 외국으로부터 수입되는 경우가 있다. 이 경우 일정수준 이상의 관세를 부과하여 수입물품의 가격을 국내생산품보다 높게 하면 수입은 억제되어 감퇴된 수입량만큼 국내생산을 더하게 됨으로써 그 수요에 대한 충족을 국산품으로 대체할 것이다.

5) 수출의 촉진 및 교역조건의 개선

수출물품 생산을 위한 시설재나 가계 및 수출용 원재료를 수입할 경우에 이들의 수입시에 관세를 감면하거나 관세율을 인하할 경우에는 동 수출물품의 국제경쟁력이 증대되어 수출증대의 효과를 가져올 수 있다. 또한 관세가 수입물품에 부과되면 그만큼 수입물품의 가격이 상승되어 국내소비자는 국내생산품으로 대체 사용하거나 소비를 억제하게 되는데, 이 경우에 수출국의 수출자는 수출물품의 가격을 인하하여야만 수입국의 시장에 진출이 가능하게 되어 수입국의 수입물품가격이 하락함으로써 수입국의 입장에서 볼 때 교역조건이 개선된다.

4. 관세법의 목적

관세법은 '관세의 부과·징수 및 수출입물품의 통관을 적정하게 하여 국민경제의 발전에 기여하고 관세수입의 확보를 기함을 목적으로 한다'고 규정하고 있다(관세법 제1조).

> ❏ **관세법의 목적**
> ① 관세부과와 징수를 적정하게 한다.
> ② 수출입물품의 통관을 적정하게 한다.
> ③ 관세수입을 확보한다.
> ④ 국제경제발전에 이바지한다.

1) 관세수입의 확보

관세는 관세의 목적에 따라 재정관세와 보호관세로 대별된다. 최근에 이르러서는 국가의 재정수입을 목적으로 부과하는 재정관세의 기능이 점차 약화되고 국내산업의 보호를 목적으로 부과하는 보호관세의 기능이 중요시되고 있다. 그러나 아직도 관세부과로 인한 관세수입은 국가재정수입의 큰 비중을 차지하고 있다.

2) 국민경제의 발전

수출입물품의 적정한 통관 과정에서 관세 자체가 국내산업을 보호하고 소비를 억제하며 국제수지를 개선하는 역할을 하고, 관세율과 과세제도의 조정을 통하여 국내물가의 안정과 수출지원을 도모하여 국민경제발전에 기여하게 된다.

5. 관세법의 성격

관세법은 관세의 부과·징수·감면에 관하여 규정하고 있어 조세법적 성격을 지니고 있으며, 수출입물품의 통관·운수기관에 관한 규제·보세제도 등의 통관법적 성격과 법의 실효성 확보를 위한 처벌규정 및 처분의 불복에 대한 절차(행정쟁송)를 규정하고 있으며 국제협약 등의 내용(국제법적 체계)을 포함하고 있다.

1) 조세법적 성격

관세법은 관세의 부과·징수·감면에 관하여 규정하고, 관세는 재정수입을 목적으로 법률 또는 조약에 의해 부과·징수되며, 관세의 과세요건과 감면, 환급 등의 요건을 규정하는 동시에 그 절차에 대해서도 함께 규정하고 있다. 또한 관세징수의 확보를 위해 해당 규정에 대한 규제·처벌 등을 규정하고 있다.

조세법으로서의 관세법은 실체법인 동시에 절차법이란 양면성을 가지고 있다. 즉, 관세의 납세의무 등 과세요건과 감면요건을 규정하는 동시에 그 징수절차와 감면절차도 함께 규정하고 있다.

2) 통관법적 성격

관세법은 국민경제의 발전과 관세수입의 확보의 수단으로서 「수출입물품의 통관을 적정하게 하여」($_{제1조}^{관세법}$)에서 보듯 관세법이 통관법적인 성격을 가지고 있음을 알 수 있다.

또한, 관세법은 물품의 통관에 관한 규제뿐만 아니라 관세법의 규제를 받는 물품과 관계가 있는 운수기관, 물품취급인, 보세제도 등에 대한 규제를 두고 있어 직·간접으로 통관과 관련되는 규정이라 할 수 있다.

3) 형사법적 성격

관세법에서는 벌칙과 조사 및 처분에 관한 규정을 두고 있어 관세형법이라고 한다. 관세형법은 관세징수와 통관의 적정성을 확보하기 위한 수단으로서 관세법에 대한 처벌법규를 두고 있는 것이다.

관세법은 관세행정 처분에 의하여 권리나 이익을 침해당한 자가 피해를 구제를 받을 수 있도록 쟁송절차(이의신청, 심사청구 또는 심판청구)에 대하여 규정하고 있다.

4) 통칙법적 성격

관세법은 관세에 관한 기본적인 사항 및 공통적인 사항을 규정하는 통칙법의 성격을 가진다. 관세법은 일부 준용조항을 제외하고는 국세기본법을 적용하지 않고 관세법에 별도로 기본적이고 공통적인 사항을 규정하고 있다.

5) 국제법적인 성격

관세법은 체결·공포된 조약과 일반적으로 승인된 국제법규는 국내법과 동일한 효력이 헌법상 보장되어 있어 관세부과의 근거가 된다.

6) 소송법(쟁송절차법)적인 성격

관세법은 관세행정처분에 대하여 권리나 이익을 침해당한 자가 권리구제를 받을 수 있도록 쟁송절차를 규정하고 있다.

6. 관세법의 체계

1) 관세법 (법률 제1조~제329조)

관세의 부과·징수 및 수출입물품의 통관에 관한 사항을 포괄적으로 규정하고 있으며, 국회 입법으로 제정된다. 관세법은 장·절·관·조·항·호·목 체계로 구성되어 있다.

2) 관세법 시행령(대통령령 제1조~제290조)

관세법 시행에 필요한 사항과 관세법에서 위임한 사항을 규정하고 있으며, 대통령령으로 제정된다.

3) 관세법 시행규칙(기획재정부령 제1조~제87조)

관세법 및 동법 시행령의 시행에 필요한 사항과 관세법 및 동법 시행령이 위임한 사항을 규정하고 있으며, 기획재정부령으로 제정된다

관세법은 총 13개 장과 부칙으로 구성되며, 관세법은 장→절→관→조→항→호→목으로 구성되었으며, 별표로서 관세율표가 부속되어 있다.

〈표 1-1〉 관세법 구성

구분	내용
제1장 총칙	제1조 통칙 제2절 법 적용의 원칙 등 제3절 기간과 기한 제4절 서류의 송달 등 * 총칙(제1조 - 제13조) : 통칙. 법적용의 원칙 등, 기간과 기한, 서류의 송달 등
제2장 과세가격과 관세의 부과·징수 등	제1절 통칙 제2절 납세의무의 소멸 등 제3절 납세담보 제4절 과세가격의 신고 및 결정 제5절 부과와 징수 * 과세가격과 부과·징수 등(제14조 - 제48조) : 통칙, 납세의무의 소멸, 납세담보, 과세가격의 신고 및 결정, 부과와 징수
제3장 세율 및 품목분류	제1절 통칙 제2절 세율의 조정 제3절 세율의 적용 등 제4절 품목분류 * 세율 및 품목분류(제49조 - 제87조) : 통칙, 세율의 조정, 세율의 적용, 품목분류
제4장 감면·환급 및 분할 납부	제1절 감면 제2절 환급 및 분할납부 * 감면·환급 및 분할납부 등(제88조 - 제109조)

제5장 납세자의 권리 및 불복절차	제1절 납세자의 권리 제2절 심사와 심판 납세자의 권리 및 불복절차(제110조 - 제132조) : 납세자의 권리, 심사와 심판
제6장 운송수단	제1절 개항 제2절 선박과 항공기 제3절 차량 * 운송수단(제133조 - 제153조) : 개항, 선박과 항공기, 차량
제7장 보세구역	제1절 통칙 제2절 지정보세구역 제3절 특허보세구역 제4절 종합보세구역 제5절 유치 및 처분 * 보세구역(제154조 - 제212조) : 통칙, 지정보세구역, 특허보세구역, 종합조세구역, 유치 및 처분
제8장 운송	제1절 보세운송 제2절 내국운송 제3절 보세운송업자 등 * 운송(제213조 - 제225조) : 보세운송, 내륙운송, 보세운송업자 등
제9장 통관	제1절 통칙 제2절 수출·수입 및 반송 제3절 우편물 * 통관(제226조 - 제261조) : 통칙, 수출·수입 및 반송, 우편물
제10장 세관공무원의 자료 및 제출 요청	제1절 세관장 등의 과세자료 요청 등 제2절 세관공무원의 물품검사 등 * 세관공무원의 자료제출요청 등(제261조 - 제268조) : 세관장 등의 과세자료 요청 등, 세관공무원의 물품검사
제11장 벌칙	벌칙(제268조의2 - 제282조)
제12장 조사와 처분	제1절 통칙 제2절 조사 * 조사와 처분(제283조 - 제319조) : 통칙, 조사, 처분
제13장 보칙	보칙(제320조 - 제329조)

제2절
통관 관련 용어(관세법 제2조 제1호)

1. 수입 (관세법 제2조 제1호)

1) 수입의 정의

"수입"이란 외국물품을 우리나라에 반입(보세구역을 경유하는 것은 보세구역으로부터 반입하는 것을 말한다)하거나 또는 우리나라에서 소비 또는 사용하는 것(우리나라의 운송수단 안에서의 소비 또는 사용을 포함하며)을 말한다.

2) 수입대상 물품(외국물품) (관세법 제2조의4)

수입의 대상은 외국물품이다. 다음은 외국물품에 해당한다.
① 외국으로부터 우리나라에 도착한 물품
② 외국의 선박 등이 공해에서 채집하거나 포획한 수산물 등으로서 수입신고가 수리(受理)되기 전의 것
③ 수출신고가 수리된 물품

3) 간주외국물품(외국물품 의제)

① 보세구역에 장치된 물품에 대한 보수작업이 결과 외국물품에 부과된 내국물품
② 보세공장에서 외국물품과 내국물품을 원료나 재료로 하여 작업을 한 경우, 그로써 생긴 물품
③ 「수출용원재료에 대한 관세 등 환급에 관한 특례법」상 관세환급을 받을 목적으로 일정한 보세구역 또는 자유무역지역에 반입한 물품

4) 수입의제 ^(관세법 제240조)

수입의제란 통관절차를 거치지 아니하여도 소정의 절차를 거쳐 적법하게 반입하는 물품에 대하여는 수입신고수리를 받는 것으로 보는 것이다. 즉, 외국물품은 원칙적으로 수입신고 수리를 받는 통관절차를 거쳐야 수입이 되는 것이나 다음과 같은 경우에는 수입되는 물품의 특수성 및 관세행정상의 목적을 달성함에 지장이 없는 점을 감안하여 통관절차를 거치지 아니하고도 수입신고가 수리된 것으로 간주한다.

또한 다음 각 호의 어느 하나에 해당하는 외국물품은 이 법에 따라 적법하게 수입된 것으로 보고 관세 등을 따로 징수하지 아니한다.

① 체신관서가 수취인에게 내준 우편물(우편물)
② 관세법에 따라 매각된 물품(매각물품)
③ 관세법에 따라 몰수된 물품(몰수물품)
④ 관세법에 의한 통고처분으로 납부된 물품(통고처분 물품)(제269조, 제272조, 제273조 또는 제274조 제1항 제1호에 해당)
⑤ 법령에 따라 국고에 귀속된 물품(국고귀속 물품)
⑤ 몰수에 갈음하여(법 제282조 제3항에 따름) 추징된 물품(추징물품)

5) 수입으로 보지 아니 하는 소비 또는 사용 ^(관세법 제239조)

다음의 경우는 외국물품의 소비나 사용에 해당하므로 이를 수입으로 보지 아니한다.

① 선박용품·항공기용품 또는 차량용품을 운송수단 안에서 그 용도에 따라 소비하거나 사용하는 경우
② 선박용품·항공기용품 또는 차량용품을 관세청장이 정하는 지정보세구역에서 「출입국관리법」에 따라 출국심사를 마치거나 우리나라에 입국하지 아니하고 우리나라를 경유하여 제3국으로 출발하려는 자에게 제공하여 그 용도에 따라 소비하거나 사용하는 경우
③ 여행자가 휴대품을 운송수단 또는 관세통로에서 소비하거나 사용하는 경우
④ 이 법에서 인정하는 바에 따라 소비하거나 사용하는 경우

2. 수출 $\left(\substack{\text{관세법} \\ \text{제2조의2}}\right)$

일반적으로 수출은 국내에서 외국으로의 물품을 판매하거나 국내에서 외국으로의 물품을 이동시키는 것을 말하나, 관세법상 수출이란 내국물품을 외국으로 반출하는 것을 말한다 $\left(\substack{\text{관세법} \\ \text{제2조 제2항}}\right)$. 관세법상 수출의 정의를 구체적으로 검토하면 다음과 같다.

1) 수출대상(내국물품) $\left(\substack{\text{관세법} \\ \text{제2조의5}}\right)$

수출의 대상이 되는 것은 내국물품이다. 여기서 내국물품이란 다음과 같다.
① 우리나라에 있는 물품으로서 외국물품이 아닌 것
② 우리나라의 선박 등이 공해에서 채집하거나 포획한 수산물 등
③ 입항전수입신고(이하 "입항전수입신고"라 한다)가 수리된 물품 $\left(\substack{\text{관세법 제244조} \\ \text{제1항에 근거}}\right)$
④ 수입신고수리전 반출승인을 받아 반출된 물품 $\left(\substack{\text{관세법} \\ \text{제252조 근거}}\right)$
⑤ 수입신고전 즉시반출신고를 하고 반출된 물품 $\left(\substack{\text{관세법 제253조} \\ \text{제1항에 근거}}\right)$

2) 수출의 의제

체신관서가 외국으로 발송한 우편물은 이 법에 따라 적법하게 수출되거나 반송된 것으로 본다 $\left(\substack{\text{관세법} \\ \text{제240조 제2항}}\right)$.

3. 반송 $\left(\substack{\text{관세법} \\ \text{제2조의4}}\right)$

"반송"이란 국내에 도착한 외국물품이 수입통관절차를 거치지 아니하고 다시 외국으로 반출되는 것을 말한다.

> ❏ 단순반송
> ① 주문이 취소되었거나 잘못 반입된 물품
> ② 수입신고 전에 계약상이가 확인된 물품
> ③ 수입신고 전 수입요건 미구비가 확인된 물품
> ④ 선사(항공사)가 외국으로 반출하는 선(기)용품 또는 선(기)내에 판매용품
> ⑤ 그 밖의 사유로 반출하는 물품

- ❏ 통관보류물품 반송
- ❏ 위탁가공물품 반송
- ❏ 중계무역물품 반송
- ❏ 보세창고반입물품 반송
- ❏ 장기비출 수출용원재료 및 수출품사후보수용품 반송
- ❏ 보세전시장 물품 반송
- ❏ 보세판매장 물품 반송
- ❏ 수출조건부 미군불하물품 반송

4. 국제무역선(기) (관세법 제2조의6,7)

"국제무역선"이란 무역을 위하여 우리나라와 외국 간을 운항하는 선박을 말한다. "국제무역기"란 무역을 위하여 우리나라와 외국 간을 운항하는 항공기를 말한다.

원양어선의 경우 공해에서 작업을 한 후 그 어획물을 외국에 수출하고자 외국에 기착하려면 국제무역선의 자격을 가져야 한다. 또한, 외국을 왕래하는 여객기는 여객뿐만 아니라 항공화물과 여행자의 휴대품도 운송하기 때문에 국제무역기로 간주된다.

5. 국내운항선(기) (관세법 제2조의8,9)

"국내운항선"이란 국내에서만 운항하는 선박을 말하며, "국내운항기"란 국내에서만 운항하는 항공기를 말한다.

1) 외국기착의 보고 (관세법 제139조)

재해나 그 밖의 부득이한 사유로 국내운항선이나 국내운항기가 외국에 임시 정박 또는 착륙하고 우리나라로 되돌아왔을 때에는 선장이나 기장은 지체 없이 그 사실을 세관장에게 보고하여야 하며, 외국에서 적재한 물품이 있을 때에는 그 목록을 제출하여야 한다.

2) 자격변경 $\binom{\text{관세법}}{\text{제144조}}$

국제무역선 또는 국제무역기가 국내운항선 또는 국내운항기로 전환하거나, 국내운항선 또는 국내운항기가 국제무역선 또는 국제무역기로 그 자격을 변경하고자 할 때에는 선장 또는 기장은 세관장의 승인을 받아야 한다.

6. 선박용품과 항공기 용품 $\binom{\text{관세법}}{\text{제2조의10,11,12}}$ 그리고 차량용품

"선박용품은 음료, 식품, 연료, 소모품, 밧줄, 수리용 예비부분품 및 부속품, 집기, 그 밖에 이와 유사한 물품으로서 해당 선박에서만 사용되는 것을 말하며, "항공기용품"은 선박용품에 준하는 물품으로서 해당 항공기에서만 사용되는 것을 말한다. 그리고 "차량용품"은 선박용품에 준하는 물품으로서 해당 차량에서만 사용되는 것을 말한다.

7. 통관, 환적, 복합환적 $\binom{\text{관세법}}{\text{제2조의13,14,15}}$

통관이라 함은 이 법에서 규정한 절차를 이행하여 물품을 수출·수입·반송하는 것을 말한다(법 제2조 제13호). 따라서, 통관은 수출통관·수입통관·반송통관으로 구분된다. 내국물품은 수출통관절차를 거쳐 외국물품화 되고, 외국물품은 수입통관절차를 거쳐 내국물품화 된다. 그러나, 반송통관은 외국으로부터 우리나라에 도착된 물품을 수입신고수리 전에 외국물품 상태 그대로 외국에 반출하는 것을 말한다.

"환적"(換積)이란 동일한 세관의 관할구역에서 입국 또는 입항하는 운송수단에서 출국 또는 출항하는 운송수단으로 물품을 옮겨 싣는 것을 말한다.

"복합환적"(複合換積)이란 입국 또는 입항하는 운송수단의 물품을 다른 세관의 관할구역으로 운송하여 출국 또는 출항하는 운송수단으로 옮겨 싣는 것을 말한다.

8. 운영인 $\binom{\text{관세법}}{\text{제2조의16}}$

"운영인"이란 다음 각 목의 어느 하나에 해당하는 자를 말한다.

① 특허보세구역의 설치·운영에 관한 특허를 받은 자. 즉, 특허보세구역을 설치, 운영하려는 자는 세관장의 특허를 받아야 한다 $\binom{\text{관세법 제174조}}{\text{제1항에 근거}}$.

② 종합보세사업장의 설치·운영에 관한 신고를 한 자 . 즉, 종합보세구역에서 종합보세 기능을 수행하려는 자는 그 기능을 정하여 세관장에게 종합보세사업장의 설치, 운영 에 관한 신고를 하여야 한다$\left(\begin{smallmatrix} \text{관세법 제198조} \\ \text{제1항에 근거} \end{smallmatrix}\right)$.

9. 세관공무원$\left(\begin{smallmatrix} \text{관세법} \\ \text{제2조의17} \end{smallmatrix}\right)$

세관공무원이란 다음 각 목의 사람을 말한다.
① 관세청장, 세관장 및 그 소속 공무원
② 그 밖에 관세청 소속기관의 장 및 그 소속 공무원

10. 탁송품$\left(\begin{smallmatrix} \text{관세법} \\ \text{제2조의18} \end{smallmatrix}\right)$

"탁송품"(託送品)이란 상업서류, 견본품, 자가사용물품, 그 밖에 이와 유사한 물품으로서 국제무역선·국제무역기 또는 국경출입차량을 이용한 물품의 송달을 업으로 하는 자(물품 을 휴대하여 반출입하는 것을 업으로 하는 자는 제외한다)에게 위탁하여 우리나라에 반입 하거나 외국으로 반출하는 물품을 말한다.

11. 전자상거래물품$\left(\begin{smallmatrix} \text{관세법} \\ \text{제2조의19} \end{smallmatrix}\right)$

"전자상거래물품"이란 사이버몰(컴퓨터 등과 정보통신설비를 이용하여 재화를 거래할 수 있도록 설정된 가상의 영업장을 말한다. 이하 같다) 등을 통하여 전자적 방식으로 거래 가 이루어지는 수출입물품을 말한다.

제3절
관세법의 해석과 적용

1. 관세징수권의 우선 $\left(\substack{\text{관세법} \\ \text{제3조}}\right)$

관세징수권의 우선이란 관세채권과 공과금 및 기타 채권이 납세자의 재산에 경합되어 징수 또는 변제되는 경우에는 공과금 및 기타 채권보다 관세채권을 우선적으로 징수할 수 있도록 하는 제도이다. 당해 보세화물이 보세구역에서 반출된 후에 관세를 징수하여야 할 사유가 발생할 때에는 관세채권을 확보하기 위한 법률상의 특권이 보장되어야 한다. 관세법에 규정되어 있는 관세채권의 확보책으로는 관세징수권의 우선, 관세의 담보제도, 관세의 강제징수, 납세의무의 확장 등을 들 수 있다.

1) 관세미납 물품에 대한 관세징수의 우선 $\left(\substack{\text{관세법} \\ \text{제3조}}\right)$

관세를 납부하여야 할 물품에 대하여는 다른 조세, 기타의 공과금과 채권에 우선하여 그 관세를 징수하도록 규정되어 있다 $\left(\substack{\text{관세법} \\ \text{제3조 제1항}}\right)$.

2) 관세미납 물품이 아닌 체납자의 일반 재산에 대한 징수의 우선

국세징수 예에 의하여 관세를 징수하는 경우에 체납처분의 대상이 당해 관세를 납부하여야 할 물품이 아닌 재산인 때에는 관세징수의 우선 순위는 국세기본법에 따른 국세와 동일하게 한다 $\left(\substack{\text{관세법} \\ \text{제3조 제2항}}\right)$. 국세기본법 제35조에는 「국세·가산금 또는 체납금 또는 체납처분비는 다른 공과금 기타의 채권에 우선하여 징수한다」하고 규정하고 있으므로 관세는 국세와 같이 다른 공과·채권에 우선하여 징수된다.

2. 관세법해석의 기준

관세법의 해석·적용에 있어서는 과세의 형평과 당해 조항의 합목적성에 비추어 납세자의 재산권이 부당히 침해되지 아니하도록 하여야 한다는 원칙이다$\binom{관세법}{제5조\ 제1항}$. 이 법의 해석이나 관세행정의 관행이 일반적으로 납세자에게 받아들여진 후에는 그 해석이나 관행에 따른 행위 또는 계산은 정당한 것으로 보며, 새로운 해석이나 관행에 따라 소급하여 과세되지 아니한다$\binom{관세법}{제5조\ 제2항}$. 관세법의 해석의 기준과 소급과세의 금지에 관한 사항은 국제기본법(제18조의2)에 따른 국세예규심사위원회에서 심의할 수 있다$\binom{관세법}{제5조\ 제3항}$. 그리고 이 법의 해석에 관한 질의회신의 처리 절차 및 방법 등에 관하여 필요한 사항은 대통령령으로 정한다$\binom{관세법}{제5조\ 제4항}$.

1) 과세형평의 원칙

관세법을 해석하는 데 있어서의 첫째의 기준은 과세의 형평원칙에 따라 납세자의 재산권이 부당히 침해되지 아니하여야 된다는 것이다. 과세자와 납세자의 형평이란 종래 과세자의 일방적인 세수 증대 일변도의 처리방법을 지양하여 납세자에게 억울함이 없어야 한다는 것이며, 납세자간의 형평이란 납세자들간에 차별이 있어서는 안된다는 것으로서 조세의 공평성 또는 평등원칙을 의미한다고 할 수 있다.

2) 합목적성 원칙

또한 관세법을 해석 기준은 합목적성 원칙인데, 이는 조세법의 개개의 조항을 해석하는 데 있어서는 개개조항의 형식이나 그 표현에 너무 구애받지 말고 조세법의 기본이념을 기초로 하여 그 조항의 목적에 맞도록 합목적으로 해석을 하여야 한다는 것이다.

3) 소급과세의 금지

관세법의 해석 또는 관세 관행이 일반적으로 납세자에게 받아들여진 후에는 그 해석 또는 관행에 의한 행위 또는 계산은 정당한 것으로 보며, 새로운 해석 또는 관행에 의하여 소급하여 과세되지 아니한다$\binom{관세법}{제5조\ 제2항}$.

소급과세의 금지란 일반적으로 조세법률관계에 있어서 법적 안정성 및 예측가능성을 보장하기 위하여 행정법규의 효력발생 전에 완결된 사실에 대하여 새로 재정된 법을 적용하지 아니한다는 것을 의미하며, 또한 조세법의 해석 또는 관행이 일반적으로 납세자에게 받아들여진 후에 이들 해석이나 관행의 변경은 새로운 입법의 성질과 같은 것이므로 변경된 해석이나 관행을 소급하여 적용하여서는 아니된다는 의미를 포함한다.

4) 신의성실 원칙 $\left(\substack{\text{관세법} \\ \text{제6조}}\right)$

납세자가 그 의무를 이행할 때에는 신의에 따라 성실하게 하여야 한다. 세관공무원이 그 직무를 수행할 때에도 또한 같다.

3. 세관공무원 재량의 한계 $\left(\substack{\text{관세법} \\ \text{제7조}}\right)$

세관공무원은 그 재량으로 직무를 수행할 때에는 과세의 형평과 이 법의 목적에 비추어 일반적으로 타당하다고 인정되는 한계를 엄수하여야 한다.

제4절
기간과 기한

기간이란 일정시점에서 다른 일정시점까지의 시간을 말하고 관세법에서는 부과제척기간, 소멸시효기간, 심사청구 등의 청구기간, 결정기간, 과세기간 등 여러 가지 기간을 규정하고 있다. 이러한 기간의 경과로 인하여 일정한 법률효과가 발생한다.

1. 기간 및 기한 계산 (관세법 제8조)

> ❏ 기간
> 기간이란 어느 일정시점(기산점)에서 다른 일정시점(만료점)까지의 계속된 시간을 말한다.
>
> ❏ 기한
> 기한이란 법률행위의 효력이 발생·소멸하거나 권리행사 또는 의무이행을 해야 하는 일정 시점을 말한다.

1) 수입신고수리전 반출승인을 받은 경우

관세법에 따른 기간을 계산할 때 수입신고수리전 반출승인을 받은 경우에는 그 승인일을 수입신고의 수리일로 본다(제252조에 따름)(관세법 제8조 제1항).

2) 민법의 적용

관세법에 따른 기간의 계산은 이 법에 특별한 규정이 있는 것을 제외하고는 「민법」에 따른다(관세법 제8조 제2항).

3) 공유일 및 기타

관세법에 따른 기한이 다음에 해당하는 경우에는 그 다음 날을 기한으로 한다(관세법 제8조 제3항).
① 토요일 및 일요일
② 「공휴일에 관한 법률」에 따른 공휴일 및 대체공휴일
③ 「근로자의 날 제정에 관한 법률」에 따른 근로자의 날
④ 그 밖에 대통령령으로 정하는 날

4) 장애로 인하여 가동이 정지된 경우

국가관세종합정보망 또는 전산처리설비가 대통령령으로 정하는 장애로 가동이 정지되어 이 법에 따른 기한까지 이 법에 따른 신고, 신청, 승인, 허가, 수리, 교부, 통지, 통고, 납부 등을 할 수 없게 되는 경우에는 그 장애가 복구된 날의 다음 날을 기한으로 한다(제327조 (국가관세종합정보망의 구축 및 운영)에 따름)(관세법 제8조 제4항).

2. 관세의 납부기한 (관세법 제9조)

1) 일반적 납부

관세의 납부기한은 이 법에서 달리 규정하는 경우를 제외하고는 다음 각 호의 구분에 따른다(관세법 제9조 제1항).
① 납세신고를 한 경우 : 납세신고 수리일부터 15일 이내(제38조 제1항에 따름)
② 납세고지를 한 경우 : 납세고지를 받은 날부터 15일 이내(제39조 제3항에 따름)
③ 수입신고전 즉시반출신고를 한 경우 : 수입신고일부터 15일 이내(제253조 제1항에 따름)

2) 수입신고전 납부

납세의무자는 "납세신고를 한 경우"에도 불구하고 수입신고가 수리되기 전에 해당 세액 을 납부할 수 있다(관세법 제9조 제2항).

3) 월말납부

세관장은 납세실적 등을 고려하여 관세청장이 정하는 요건을 갖춘 성실납세자가 대통령령으로 정하는 바에 따라 신청을 할 때에는 "납세신고의 경우", "납세고지의 경우", "수입신고전 즉시반출신고를 한 경우"에도 불구하고 납부기한이 동일한 달에 속하는 세액에 대하여는 그 기한이 속하는 달의 말일까지 한꺼번에 납부하게 할 수 있다. 이 경우 세관장은 필요하다고 인정하는 경우에는 납부할 관세에 상당하는 담보를 제공하게 할 수 있다$\left(\substack{\text{관세법}\\\text{제9조 제3항}}\right)$.

4) 월별납부

세관장은 납세의무자가 다음 각 호의 어느 하나에 해당하게 된 때에는 월별납부의 승인을 취소할 수 있다. 이 경우 세관장은 월별납부의 대상으로 납세신고된 세액에 대해서는 15일 이내의 납부기한을 정하여 납부고지해야 한다$\left(\substack{\text{관세법시행령}\\\text{제1조의5 제4항}}\right)$.
① 관세를 납부기한이 경과한 날부터 15일 이내에 납부하지 아니하는 경우
② 월별납부를 승인받은 납세의무자가 법 제9조 제3항의 규정에 의한 관세청장이 정한 요건을 갖추지 못하게 되는 경우
③ 사업의 폐업, 경영상의 중대한 위기, 파산선고 및 법인의 해산 등의 사유로 월별납부를 유지하기 어렵다고 세관장이 인정하는 경우

3. 천재지변 등 기한 연장$\left(\substack{\text{관세법}\\\text{제10조}}\right)$

1) 의의

세관장은 천재지변이나 그 밖에 대통령령으로 정하는 사유로 이 법에 따른 신고, 신청, 청구, 그 밖의 서류의 제출, 통지, 납부 또는 징수를 정하여진 기한까지 할 수 없다고 인정되는 경우에는 1년을 넘지 아니하는 기간을 정하여 대통령령으로 정하는 바에 따라 그 기한을 연장할 수 있다. 이 경우 세관장은 필요하다고 인정하는 경우에는 납부할 관세에 상당하는 담보를 제공하게 할 수 있다.

2) 대통령으로 정하는 사유 $\left(\substack{관세법시행령\\제2조\ 제1항}\right)$.

① 전쟁·화재 등 재해나 도난으로 인하여 재산에 심한 손실을 입은 경우
② 사업에 현저한 손실을 입은 경우
③ 사업이 중대한 위기에 처한 경우
④ 그 밖에 세관장이 제1호부터 제3호까지의 규정에 준하는 사유가 있다고 인정하는 경우

3) 납부기한 연장

납부기한을 연장받고자 하는 자는 다음 각호의 사항을 기재한 신청서를 당해 납부기한이 종료되기 전에 세관장에게 제출하여야 한다 $\left(\substack{관세법시행령\\제2조\ 제3항}\right)$.

① 납세의무자의 성명·주소 및 상호
② 납부기한을 연장받고자 하는 세액 및 당해 물품의 신고일자·신고번호·품명·규격·수량 및 가격
③ 납부기한을 연장받고자 하는 사유 및 기간

4) 기한연장 취소

세관장은 납부기한연장을 받은 납세의무자가 다음 각호의 1에 해당하게 된 때에는 납부기한연장을 취소할 수 있다 $\left(\substack{관세법시행령\\제2조\ 제6항}\right)$.

① 관세를 지정한 납부기한내에 납부하지 아니하는 때
② 재산상황의 호전 기타 상황의 변화로 인하여 납부기한연장을 할 필요가 없게 되었다고 인정되는 때
③ 파산선고, 법인의 해산 기타의 사유로 당해 관세의 전액을 징수하기 곤란하다고 인정되는 때

세관장은 납부기한연장을 취소한 때에는 15일 이내의 납부기한을 정하여 부과고지 $\left(\substack{관세법\\제39조}\right)$ 규정에 의한 납세고지를 하여야 한다 $\left(\substack{관세법시행령\\제2조\ 제7항}\right)$.

4. 서류송달

　관세의 부과·징수·환급 등 관세에 관한 처분은 고지서 등의 서류가 납세의무자에게 송달된 때에 그 효력이 발생하게 된다. 이와 같은 서류의 송달은 국가와 납세의무자 간의 조세채권·채무관계에 중대한 영향을 미치므로 관세법에서 서류의 송달에 관하여 규정하고 있다.

1) 납세고지서의 송달 $\binom{관세법}{제11조}$

　관세의 납세고지서는 납세의무자에게 직접 발급하는 경우를 제외하고는 인편(人便)이나 우편 또는 전자송달의 방법으로 한다 $\binom{관세법}{제11조\ 제1항}$. 납부고지서를 송달받아야 할 자가 다음 어느 하나에 해당하는 경우에는 납부고지사항을 공고한 날부터 14일이 지나면 제1항의 납부고지서의 송달이 된 것으로 본다 $\binom{관세법}{제11조\ 제2항}$.

　① 주소, 거소(居所), 영업소 또는 사무소가 국외에 있고 송달하기 곤란한 경우
　② 주소, 거소, 영업소 또는 사무소가 분명하지 아니한 경우
　③ 납세의무자가 송달할 장소에 없는 경우로서 등기우편으로 송달하였으나 수취인 부재로 반송되는 경우 등 대통령령으로 정하는 경우

2) 공시송달

　공고는 다음 하나에 해당하는 방법으로 게시하거나 게재하여야 한다. 이 경우 공시송달을 하는 경우에는 다른 공시송달 방법과 함께 하여야 한다 $\binom{관세법}{제11조\ 제3항}$.

　① 국가관세종합정보망에 게시하는 방법
　② 관세청 또는 세관의 홈페이지, 게시판이나 그 밖의 적절한 장소에 게시하는 방법
　③ 해당 서류의 송달 장소를 관할하는 특별자치시·특별자치도·시·군·구(자치구를 말한다)의 홈페이지, 게시판이나 그 밖의 적절한 장소에 게시하는 방법
　④ 관보 또는 일간신문에 게재하는 방법

　공시송달(법 제11조 제2항 제3호)에서 "등기우편으로 송달하였으나 수취인 부재로 반송되는 경우 등 대통령령으로 정하는 경우"란 다음 각 호의 어느 하나에 해당하는 경우를 말한다 $\binom{관세법시행령}{제2조의2}$.

① 서류를 등기우편으로 송달하였으나 수취인이 부재중(不在中)인 것으로 확인되어 반송됨으로써 납부기한까지 송달이 곤란하다고 인정되는 경우
② 세관공무원이 2회 이상 납세자를 방문[처음 방문한 날과 마지막 방문한 날 사이의 기간이 3일(기간을 계산할 때 공휴일, 대체공휴일, 토요일 및 일요일은 산입하지 않는다) 이상이어야 한다]해 서류를 교부하려고 하였으나 수취인이 부재중인 것으로 확인되어 납부기한까지 송달이 곤란하다고 인정되는 경우

3) 신고서류 보관기간 ^(관세법 제12조)

(1) 의의

관세법에 따라 가격신고, 납세신고, 수출입신고, 반송신고, 보세화물반출입신고, 보세운송신고를 하거나 적하목록을 제출한 자는 신고 또는 제출한 자료(신고필증 포함)를 신고 또는 제출한 날부터 5년의 범위에서 대통령령으로 정하는 기간 동안 보관하여야 한다.

(2) 대통령령으로 정한 기간

"대통령령으로 정하는 기간"이란 다음 각 호의 구분에 따른 기간을 말한다 ^(관세법시행령 제3조 제1항).

① 다음 각 목의 어느 하나에 해당하는 서류 : 해당 신고에 대한 수리일부터 5년
　가. 수입신고필증
　나. 수입거래관련 계약서 또는 이에 갈음하는 서류
　다. 제237조에 따른 지식재산권의 거래에 관련된 계약서 또는 이에 갈음하는 서류
　라. 수입물품 가격결정에 관한 자료

② 다음 각 목의 어느 하나에 해당하는 서류 : 해당 신고에 대한 수리일부터 3년
　가. 수출신고필증
　나. 반송신고필증
　다. 수출물품·반송물품 가격결정에 관한 자료
　라. 수출거래·반송거래 관련 계약서 또는 이에 갈음하는 서류

③ 다음 각 목의 어느 하나에 해당하는 서류 : 당해 신고에 대한 수리일부터 2년
　가. 보세화물반출입에 관한 자료
　나. 적하목록에 관한 자료
　다. 보세운송에 관한 자료

위의 각 호의 자료는 관세청장이 정하는 바에 따라 마이크로필름·광디스크 등 자료전달 및 보관 매체에 의하여 보관할 수 있다 ^(관세법시행령 제3조 제2항).

제2장

납세의무와 과세요건

제1절 관세의 납세의무
제2절 과세물건
제3절 납세의무자
제4절 과세표준(과세가격)
제5절 관세율

제1절
관세의 납세의무

1. 개요

관세의 납세의무는 성립, 확정, 소멸의 단계를 거친다. 관세는 과세의 4대 요건에 의해 납세의무를 이행하는데, 국가와 납세의무자 간에 관세 채권·채무 관계를 성립하게 하는 관세법률상의 법률요건을 말하는 것으로 국가가 수입물품에 대하여 관세를 부과·징수하기 위해서는 과세의 요건이 충족되어야 하는데, 이 경우 갖추어야 할 과세요건은 과세물건, 납세의무자, 세율 및 과세표준이며, 이를 과세의 4대 요건이라 한다. 이러한 과세요건이 충족됨으로써 납세의무가 추상적으로 성립되며, 조세법률관계가 성립된다. 과세의 4대 요건은 다음과 같다.

2. 납세의무

1) 납세의무의 성립

납세의무는 법에서 규정하고 있는 과세요건이 충족됨으로써 납세의무가 객관적으로 생겨나는 것을 말하며, 과세요건이 충족됨에 따라 다른 신고행위나 행정처분이 없더라도 납세의무가 성립되는 것을 추상적인 납세의무라 한다.

2) 납세의무의 확정

납세의무의 확정은 이미 성립하여 객관적으로 존재하는 납세의무를 사후적으로 확인하는 절차임으로 이것은 과세권자 뿐만 아니라 납세의무자에 의해서도 이루어질 수 있는 것이다. 추상적인 납세의무는 과세권자의 과세처분이나 납세의무자의 신고와 이에 따른 과세관청의 신고납부서 교부에 의해 구체적인 납세의무로 확정되는 것이다.

3) 납세의무의 소멸

납세신고 또는 부과고지에 의하여 확정된 납세의무는 관세를 납부하거나 관세에 충당한 때, 관세부과가 취소된 때, 관세부과 제척기간이 만료된 때 또는 관세징수권 소멸시효가 완성된 때에 소멸하게 된다.

3. 과세 4대 요건

1) 의의

과세요건은 납세의무자의 성립에 필요한 법률상의 요건을 말하며, 과세요건이 충족되는 시점 즉, 과세물건이 납세의무자에게 귀속됨으로써 세법이 정하는 바에 따라 과세표준의 계산 및 세율의 적용이 가능하게 되는 시점에 납세의무가 성립하는 것이다.

2) 과세의 4대 요건

과세 4대 요건	내용
과세물건	• 과세의 대상이 대는 목적물(수입물품)
납세의무자	• 관세를 납부하여야 할 법률상 부담자(화주)
관세율	• 과세표준이 되는 비용(관세율표)
과세표준	• 수입물품의 수량 또는 가격

제2절

과세물건(관세법 제14조)

1. 과세물건의 개요

1) 과세물건의 의의

관세의 과세물건이라 함을 과세의 객체 또는 과세대상을 말한다. 관세의 과세물건은 수입물품이다. 즉, '수입물품에는 관세를 부과한다'고 관세법에 규정하고 있다(관세법 제14조). 따라서 우리나라는 수출품은 과세물건이 아니므로 관세를 부과하지 아니한다. 관세의무주의(관세포괄주의)를 채택하고 있는 우리나라는 원칙적으로 모든 수입물품이 과세물건이 된다.

우리나라는 모든 수입물품에 대해 과세대상으로 하고 있으나, 이에 대한 예외적인 경우는 관세를 징수하지 않는다.

① 관세율표상의 무세품
② 관세법상 관세가 면제되는 물품
③ 관세법 이외의 타법령(조세특례제한법 등)에 의하여 관세가 면제되는 물품
④ 국제협력관세에 의하여 관세를 양허한 경우

2) 과세물건의 범위

관세의 과세물건은 수입물품인데, 수입물품이란, '만져서 알 수 있는 유체물'을 말한다. 이는 대체로 민법상의 동산과 일치하고 있다.

그러나 유체물 가운데서도 무가치물의 경우는 과세대상이 되지 않는다. 원칙적으로 특허권 등의 무체재산권은 유체물이 아님으로 관세의 과세대상이 될 수 없으나 당해 수입물품에 관련되고, 사용함에 따른 대가가 수입물품의 가격에 포함되어 있는 경우에는 예외적으로 과세대상이 된다.

3) 우리나라에 수출하기 위하여 판매되는 물품이 아닌 경우

우리나라에 수출하기 위하여 판매되는 물품에는 다음 각호의 물품은 포함되지 아니하는 것으로 한다(관세법시행령 제17조).

① 무상으로 수입하는 물품
② 수입 후 경매 등을 통하여 판매가격이 결정되는 위탁판매수입물품
③ 수출자의 책임으로 국내에서 판매하기 위하여 수입하는 물품
④ 별개의 독립된 법적 사업체가 아닌 지점 등에서 수입하는 물품
⑤ 임대차계약에 따라 수입하는 물품
⑥ 무상으로 임차하는 수입물품
⑦ 산업쓰레기 등 수출자의 부담으로 국내에서 폐기하기 위하여 수입하는 물품

2. 과세물건확정의 시기(관세법 제16조)

관세의 과세대상인 수입물품이 외국에서 선적되어 우리나라에 인취되기까지는 많은 절차와 과정을 거치게 된다. 관세는 수입신고(입항전 수입신고 포함)를 하는 때의 물품의 성질과 그 수량에 따라 부과한다. 과세물건이 확정시기는 그 물품이 수입되는 방법에 따라 다음과 같다.

1) 정상통관절차에 의한 수입물품의 경우

외국물품의 수입시 수입신고를 학 정상적인 절차에 의해 수입되는 물품의 경우를 일반물품과 원료과세물품으로 구분하여 설명하고자 한다.

(1) 일반수입물품

관세는 수입신고를 할 때의 물품의 성질과 수량에 의하여 부과한다(관세법 제16조). 따라서 관세의 과세물건확정의 시기는 수입신고시점으로 하는 것이 원칙이다. 이렇게 수입신고시점을 과세물건의 확정시기로 하는 것은 수입신고시점이 당해 물품을 수입하고자 하는 최초의 의사표시 시점이고, 또한 세관에서 당해 물품에 대한 검사를 행하는 가장 가까운 시점이기 때문이다.

(2) 원료과세물품($\substack{관세법 \\ 제189조}$)

보세공장에서 제조된 물품을 수입하는 경우, 운영인은 보세공장에 반입된 물품을 사용전에 세관장에 사용신고를 해야 한다($\substack{관세법 \\ 제186조}$). 이에 따른 사용신고 전에 미리 세관장에게 해당 물품의 원료인 외국물품에 대한 과세의 적용을 신청한 경우에는 수입신고 물품의 성질과 수량에 따라 부과($\substack{관세법 \\ 제16조}$)함에도 불구하고 사용신고를 할 때의 그 원료의 성질 및 수량에 따라 관세를 부과한다.

2) 정상통관절차에 의하지 않은 수입물품의 경우

관세의 과세물건확정의 시기는 수입신고시점을 원칙으로 하고 있으나 다음과 같은 경우에는 수입신고에 의하지 아니하는 것으로서 이는 물품이 특수성에 의하여 수입신고를 생략하거나 본질적으로 수입신고를 할 수가 없어 수입되는 경우에는 다음의 하나에 해당하는 것은 그때의 물품의 성질과 수량에 의하여 부과한다($\substack{관세법 \\ 제16조 단서}$).

(1) 미적재 선(기)용품 : 하역허가를 받은 때

선박용품 또는 항공기용품과 국제무역선 또는 국제무역기 안에서 판매할 물품을 국제무역선 또는 국제무역기에 적재하고자 할 때에는 세관장의 허가를 받아야 한다. 따라서, 외국으로부터 우리나라에 도착한 외국물품인 선박용품 또는 항공기용품과 국제무역선 또는 국제무역기안에서 판매할 물품이 하역허가를 받은 바에 따라 운수기관에 적재하지 아니하였을 때에는 허가를 받은 자로부터 즉시 관세를 징수한다($\substack{관세법 \\ 제143조 제4항}$).

(2) 멸실 또는 폐기물품 : 멸실되거나 폐기된 때

보세구역에 장치된 외국물품이 멸실되거나 폐기된 경우로서 그것이 재해 등으로 부득이한 사유로 멸실되거나 사전에 세관장이 승인을 얻어 폐기된 경우를 제외하고는 그 보세구역 설영인 또는 보관인으로부터 즉시 그 외국물품에 대한 관세를 징수한다($\substack{관세법 \\ 제160조 제2항}$). 다만, 재해 기타 부득이한 사유로 인하여 멸실된 때와 미리 세관장의 승인을 얻어 폐기한 때에는 예외로 한다.

(3) 보세구역 외 보수작업 : 보수작업 승인을 얻은 때

보세구역에 장치된 물품에 대하여는 그 현상을 유지하기 위하여 필요한 보수작업을 할 수 있는데, 보세구역에서의 보수작업이 곤란하다고 세관장이 인정하는 때에는 기간 및 장소를 지정받아 보세구역 밖에서 보수작업을 할 수 있다. 이 경우 지정된 기간이 경과한 경우 당해 보세구역외 작업장에 허가된 외국물품 또는 그 제품이 있는 때에는 당해 물품의 허가를 받은 보세공장의 운영인으로부터 그 관세를 즉시 징수한다(관세법 제158조 제4항).

(4) 미반입 보세공장, 보세건설장, 종합보세구역외 보세작업 물품 : 허가를 받거나 신고 (종합보세구역)를 한 때

세관장은 가공무역 또는 국내산업의 진흥에 필요한 때에는 대통령령이 정하는 바에 의하여 기간·장소 물품 등을 정하여 당해 보세공장외(보세건설장, 종합보세구역외)에서 제조, 가공작업을 허가(종합보세구역 : 신고)외 작업장에 허가된 외국물품 또는 그 제품이 있는 때에는 당해 물품의 허가를 받은 운영인으로 부터 그 관세를 즉시 징수한다(관세법 제187조 제6항, 제95조 제2항, 제202조 제3항). 이 경우는 보세구역외 작업허가를 받거나 신고를 한때의 성질과 수량에 의하여 부과한다.

(5) 보세운송기간내 미도착 물품 : 보세운송신고 또는 승인을 얻을 때

보세운송물품이 지정된 운송기간 내에 운송목적지에 도착하지 아니하였을 때에는 그 물품이 재해 기타 부득이한 사유로 멸실이 되거나 미리 세관장의 승인을 받아 폐기한 경우를 제외하고는 보세운송신고인으로부터 즉시 그 물품의 관세를 징수한다(관세법 제217조). 이 경우의 과세물건 확정시기는 보세운송의 신고를 하거나 승인을 얻은 때이다. 따라서 보세운송의 신고를 하거나 승인을 얻은 때의 그 물품의 성질과 수량에 의하여 관세를 부과한다.

(6) 수입신고수리 전에 소비·사용한 물품 : 당해 물품을 소비하거나 사용한 때

외국물품을 수입신고수리 전에 우리나라에서 소비 또는 사용하게 되면 그 소비 또는 사용을 수입으로 보아 그 물품을 소비 또는 사용한 자로부터 그 물품의 관세를 즉시 징수한다. 그러나 외국물품의 소비 또는 사용이 다음 각 호에 해당하는 경우에는 수입으로 보지 않아 관세를 징수하지 아니한다(관세법 제239조). 이 경우 당해물품을 소비하거나 사용한때의 성질과 수량에 부과한다.

① 선박용품, 항공기용품을 운수기관 내에서 그 용도에 따라 소비 또는 사용한 경우
② 여행자가 휴대품을 관세통로, 운수기관에서 소비 또는 사용하는 경우
③ 관세법의 규정에 의하여 인정된 바에 따라 소비 또는 사용하는 경우

(7) 수입신고전 즉시반출 물품 : 반출신고를 한 때

수입하고자 하는 물품을 수입신고전에 운송수단·관세통로·하역통로 또는 이 법의 규정에 의한 장치장소로부터 즉시 반출하고자 하는 자는 대통령령이 정하는 바에 의하여 세관장에게 즉시 반출신고를 하여야 한다(^{관세법}_{제253조 제1항}). 즉, 즉시반출규정에 의하여 반출된 물품의 과세물건확정은 수입신고시가 아니라 수입신고전 즉시반출신고시를 기준으로 한다.

(8) 우편에 의하여 수입되는 물품 : 통관우체국에 도착된 때

우편에 의하여 수입되는 물품은 특별한 경우를 제외하고는 간이통관절차에 의하여 수입신고가 생략되며 그 검사를 마친 때에 수입신고 수리된 것으로 본다. 즉 체신관서가 수취인에게 교부한 우편물은 적법하게 수입된 것으로 보며 이 경우의 과세물건 확정시기는 통관우체국에 도착한 때가 된다. 따라서 우편에 의하여 수입되는 물품은 통관우체국에 도착한 때의 성질과 수량에 의하여 관세를 부과한다.

(9) 도난 또는 분실물품 : 당해 물품이 도난되거나 분실된 때

우리나라에 반입된 외국물품이 수입신고수리 전에 도난 또는 분실되었을 때에는 특허보세구역의 장치물품인 경우에는 특허보세구역설영인, 보세운송 물품인 경우에는 보세운송신고인, 기타 물품인 경우에는 보관인, 또는 취급인 등으로 부터 당해 물품에 대한 관세를 징수한다. 이때의 과세물건 확정시기는 외국물품이 도난 또는 분실된 때이다. 따라서 도난 또는 분실된 때의 물품의 성질과 수량에 의하여 관세를 부과한다.

(10) 관세법에 의하여 매각된 물품 : 당해 물품이 매각된 때

외국물품으로서 관세법에 의하여 매각된 물품은 적법하게 수입된 것으로 본다. 이와 같이 매각되는 물품에 대하여는 매각대금에서 그 물품매각에 관한 비용·관세 및 제세순으로 필요한 금액을 충당하고 잔금이 있을 경우에는 화주에게 교부한다. 이 경우의 과세 물건 확정시기는 매각된 때이다. 따라서 매각된 때의 그 외국물품의 성질과 수량에 의하여 관세를 부과한다.

(11) 기타 수입신고를 하지 아니하고 수입된 물품 : 수입된 때

수입신고를 하지 않고 수입된 물품이라 함은 수입신고와 신고의 수리절차 없이 수입된 물품 중 앞의 제1호에서 제10호까지의 해당하는 물품과 수입신고된 물품을 제외한 물품을 말한다.

3. 적용법령의 시기 $\left(\substack{\text{관세법}\\\text{제17조}}\right)$

관세는 수입신고 당시의 법령에 따라 부과하며, 관세법령이 적용시점은 그 물품이 수입되는 방법에 따라 다음과 같다.

1) 일반물품 : 수입신고시점(그 사실이 발생한 날)

수입신고에 의하여 수입되는 물품의 관세는 수입신고 당시의 법령에 의하여 부과한다 $\left(\substack{\text{관세법}\\\text{제17조}}\right)$ 라고 규정하고 있어 수입신고 시점이 적용법령의 기준시점이 된다. 그리고 관세법 제16조(과세물건 확정시기) 각호 어느 하나에 해당하는 물품은 그 사실이 발생한 날로 한다.

2) 보세건설장 반입물품 : 사용전 수입신고가 수리된 날

보세건설장에 반입된 외국물품은 사용 전 수입신고가 수리된 날(보세건설장에 반입된 외국물품 : 사용 전 수입신고가 수리된 날 $\left(\substack{\text{관세법}\\\text{제192조}}\right)$)에 시행되는 법령에 따라 관세를 부과한 다 $\left(\substack{\text{관세법}\\\text{제17조 제1호}}\right)$.

4. 과세환율 $\left(\substack{\text{관세법}\\\text{제18조}}\right)$

과세가격을 결정하는 경우 외국통화로 표시된 가격을 내국통화로 환산할 때에는 제17조에 따른 날(보세건설장에 반입된 물품의 경우에는 수입신고를 한 날을 말한다)이 속하는 주의 전주(前週)의 기준환율 또는 재정환율을 평균하여 관세청장이 그 율을 정한다.

제3절

납세의무자(관세법 제19조)

납세의무자(duty payer)는 관세의 세액을 납부할 법률상의 의무를 부담하는 자를 말하며, 관세채권·채무관계에 있어서 관세채무자로고도 한다. 관세의 납세의무자는 물품을 수입한 화주이지만 경우에 따라서 특별납세의무자, 연대납세의무자, 납세보증인, 제2차 납세의무자, 양도담보권자의 물적납세의무자가 납세의를 지게 되는 경우도 있다.

관세의 납세의무자는 그 물품이 수입되는 방법에 따라 각각 다르다. 물품이 수입되는 방법은 정상 수입신고에 의하여 수입되는 방법(일반납세의무자)과 정상 수입신고에 의하지 아니하고 수입되는 방법(특별납세의무자)가 있다. 이때 일반(원칙적)납세의무자와 특별납세의무자를 본래적 납세의무자라고 하며, 관세의 징수를 확보하기 위하여 본래의 납세의무자 이외의 자에게 납세의무를 지우는 납세의무가 확장되는 경우가 있다.

〈표 2-1〉 납세의부자의 구분

납세자	대분류	중분류	소분류
납세 의무자	본래 납세의무자	원칙적(일반) 납세의무자	1. 수입화주 2. 수입화주가 불분명한 경우
		특별 납세의무자	관세법 관세물건확정시기의 예외적인 경우의 당해 당사자
	확장된 납세의무자	연대납세의무자	수입신고인
			분할납부승인을 얻은 경우 존속된 법인 또는 설립된 법인
		보충적 납세의무자	납세보증인
			제2차 납세의무자
			물적 납세의무자
		납세의무 승계 등	상속 또는 합병 등

1. 본래 납세의무자

본래 납세의무자는 과세물건의 귀속자가 납세의무를 부담하는 것을 본래의 납세의무자라 하며, 이는 원칙적 납세의무자와 특별 납세의무자가 있다.

1) 원칙적(일반) 납세의무자

(1) 원칙

관세를 납부할 법률상의 의무를 부담하는 납세의무자는 수입신고인 등 형식적인 명의자가 아니고 실질과세원칙에 따라 실질적으로 과세의 대상이 되는 수입물품이 귀속되는 자료 하는 것이 원칙이다. 따라서 관세의 원칙적 납세의무자는 수입 신고한 물품에 대하여 그 물품을 수입한 화주가 원칙적으로 관세 납부의무자가 된다$\left(\substack{\text{관세법}\\\text{제19조}}\right)$.

(2) 화주가 불분명할 때

수입신고가 수리된 물품 또는 수입신고수리전 반출승인(법 제252조)을 받아 반출된 물품에 대하여 납부하였거나 납부하여야 할 관세액이 부족한 경우 해당 물품을 수입신고하는 때의 화주의 주소 및 거소가 분명하지 아니하거나 수입신고인이 화주를 명백히 하지 못하는 경우에는 그 신고인이 해당 물품을 수입신고하는 때의 화주와 연대하여 해당 관세를 납부하여야 한다.$\left(\substack{\text{관세법}\\\text{제19조 제1항}}\right)$.

① 수입을 위탁받아 수입업체가 대행 수입한 물품인 때에는 그 물품의 수입을 위탁한 자
② 수입을 위탁받아 수입업체가 대행 수입한 물품이 아닌 때에는 대통령령이 정하는 상업

서류(송품장, 선하증권 또는 항공화물운송장)$\left(\substack{\text{관세법시행령}\\\text{제5조}}\right)$에 적힌 물품 수신인
③ 수입물품을 수입 신고전에 양도한 때에는 그 양수인

2) 특별납세의무자

수입되는 물품은 일반적으로 수입신고를 하는 통관절차를 거치나, 물품에 따라서는 수입신고 없이 사실상 수입이 되는 즉, 정상수입이 아닌 특별한 경우의 납세자를 특별납세의무자$\left(\substack{\text{관세법 제19조}\\\text{제1항의2 내지 12호}}\right)$라 하는데, 이와 같은 경우에는 다음에 해당되는 자가 납세의무자가 된다.

(1) 미적재 선(기)용품^(관세법 제19조 제1항의2)

외국 물품인 선박용품 또는 항공기용품과 국제무역선(기)안에서 판매할 물품이 하역허가의 내용대로 운송수단에 적재되지 않아 관세를 징수하는 물품에 대하여는^{(관세법 제143조 제4항(법 제151조 제2항 준용 경우를 포함)} 하역 허가를 받은 자

(2) 지정기간내 미반입 보세구역 외 보수작업물품^(관세법 제19조 제1항의3)

승인받고 보세구역 밖에서 보수작업을 하는 경우에 지정 기한내 미반입하여^(관세법 제158조 제5항) 관세를 징수하는 물품에 대하여는 보세구역 밖에서의 보수작업의 승인을 얻은 자

(3) 장치물품 폐기물품^(관세법 제19조 제1항의4)

보세구역에 장치된 외국물품이 멸실되거나 폐기된 때^(관세법 제160조 제2항)에 관세를 징수하는 물품에 대하여는 운영인 또는 보관인

(4) 지정기간내 미반입 보세공장(보세건설장, 종합보세구역)외 보세작업물품^(관세법 제19조 제1항의5)

보세공장의 작업허가를 받은 물품이 지정된 기간이 경과하도록 그 작업장에 있어^{(관세법 제187조 제6항(법 제195조 제2항 또는 법 제202조 제3항에 따라 준용되는 경우를 포함한다)} 세를 징수하는 물품에 대하여는 보세공장외 작업, 보세건설장외 작업 또는 종합보세구역외 작업의 허가를 받거나 신고를 한자

(5) 보세운송기간내 미도착 물품^(관세법 제19조 제1항의6)

보세운송의 신고(승인)를 받은 물품이 지정된 기간 안에 목적지에 도착되지 않아^(관세법 제217조) 관세를 즉시 징수하는 물품의 경우에는 보세운송 신고를 하거나 승인을 얻은 자

(6) 소비·사용한 물품^(관세법 제19조 제1항의7)

외국물품을 소비 또는 사용을 수입으로 보지 아니하는 물품을 제외한^(관세법 제239조) 외국물품의 소비 또는 사용을 수입으로 보아 관세를 징수하는 물품에 대하여는 그 소비자 또는 사용자

(7) 즉시 반출한 물품$\left(\text{관세법}\atop{\text{제19조 제1항의8}}\right)$

수입하고자 하는 물품을 수입 신고전에 운송수단·관세통로·하역통로 또는 이 법의 규정에 의한 장치장소로부터 즉시 반출하는 경우에 세관장에게 즉시반출신고를 하지 않아 $\left(\text{관세법}\atop{\text{제253조 제4항}}\right)$ 관세를 징수하는 물품에 대하여는 당해 물품을 즉시 반출한 자

(8) 우편물$\left(\text{관세법}\atop{\text{제19조 제1항의9}}\right)$

우편에 의하여 수입되는 물품에 대하여는 그 수취인이 관세의 납부의무를 진다.

(9) 도난 또는 분실물품$\left(\text{관세법}\atop{\text{제19조 제1항의10}}\right)$

외국물품이 수입 신고 수리전에 도난 또는 분실된 때에는 그 도난, 분실을 수입으로 보아 관세를 징수하게 되는데 다음에 해당하는 자가 관세의 납부의무를 진다.

① 보세구역의 장치물품 - 그 운영인 또는 화물관리인$\left(\text{관세법}\atop{\text{제172조 제2항}}\right)$
② 보세운송물품 - 보세운송의 신고를 하거나 승인을 얻은 자
③ 그 밖의 물품 - 그 보관인 또는 취급인

(10) 기타 법규에서 규정한 사항$\left(\text{관세법}\atop{\text{제19조 제1항의11}}\right)$

관세법 또는 다른 법률에 따라 따로 납세의무자로 규정된 자

(11) 타법규에서 규정한 사항$\left(\text{관세법}\atop{\text{제19조 제1항의12}}\right)$

관세법 제19조 제1항 제1호부터 제11호까지 외의 물품인 경우에는 그 소유자 또는 점유자

(12) 보증한 자

관세법 또는 다른 법령, 조약, 협약 등에 따라 관세의 납부를 보증한 자는 보증액의 범위에서 납세의무를 진다$\left(\text{관세법}\atop{\text{제19조 제3항}}\right)$.

(13) 법인합병 상속

법인이 합병하거나 상속이 개시된 경우에는 국세기본법$\left(\text{국세기본법}\atop{\text{제23조, 제24조}}\right)$을 준용하여 관세·가산세 및 강제징수비의 납세의무를 승계한다. 이 경우 같은 관세법(제24조 제2항 및 제4항)의 "세무서장"은 "세관장"으로 본다.

3) 원칙적인 납세의무자와 특별납세의무자의 경합

원칙적 납세의무자인 수입물품의 화주 또는 연대납세의무자인 신고인과 특별납세의무자가 경합할 때에는 특별납세의무자로 규정된 자가 납세의무자가 된다 $\left(\begin{smallmatrix} 관세법 \\ 제19조 \ 제2항 \end{smallmatrix}\right)$.

수입화물이 특허 보세구역내에 장치중에 분실되었을 경우에는 그 물품을 수입한 화주와 보세구역 설영인이 납세의무자가 되므로 같은 물품에 납세의무자가 2인이 되어 서로 경합 된다. 이와 같은 경우에는 화주는 납세의무가 소멸하고 당해 특허보세구역의 설영인이 납세의무를 진다.

2. 확장된 납세의무

납세의무를 이행해야 할 자가 이행하지 않을 경우 본래적 납세의무자와 특수한 관계에 있는 자가 관세를 납부할 의무를 지게 하는 것을 확장된 납세의무자라 한다. 이는 과세물 건의 귀속자 이외의 자가 납세의무를 지는 것을 확장된 납세의무자라 한다.

종류에는 연대납세의무자 및 보충적 납세의무자(제2차 납세의무자, 보증인, 양도담보권 자의 물적 납세의무), 납세의무의 승계 등이 있으며, 이는 납세의무가 확장된 것이다.

1) 연대 납세의무자

2인 이상이 하나의 동일한 관세채무를 각각 독립하여 전액의 관세의무를 부담하고, 그 중 1인이 전액을 납부하면 모든 납세의무자의 납세의무가 소멸되는 것을 연대납세의무자라 한다.

(1) 수입신고인의 연대납세의무 $\left(\begin{smallmatrix} 관세법 \ \ 제19조 \\ 제1항 \ 1호 \ 단서 \end{smallmatrix}\right)$

수입 신고한 물품에 대하여는 수입화주가 납세의무를 지는 것이 원칙이나, 다음 요건을 충족하는 경우에 그 신고인은 당해 물품을 수입한 화주와 연대하여 당해 관세를 납부하여야 한다.

① 수입신고가 수리되어 반입한 물품 또는 신고 수리전 반출승인 $\left(\begin{smallmatrix} 관세법 \\ 제252조 \end{smallmatrix}\right)$ 을 받고 반출된 물품에 대하여 납부하였거나 납부할 관세액에 부족이 있는 경우로서,

② 당해 물품을 수입한 화주의 주소 및 거소가 불명하거나 신고인이 화주의 소재를 명백히 하지 못할 때, 그 신고인은 당해 물품을 수입한 화주와 연대하여 당해 관세를 납부하여야 한다 $\left(\begin{smallmatrix} 관세법 \ \ 제19조 \\ 제1항 \ 1호 \ 단서 \end{smallmatrix}\right)$.

(2) 합병·분할·분할합병 등의 연대납세의무 $\left(\begin{smallmatrix}\text{관세법}\\\text{제107조 제6항}\end{smallmatrix}\right)$

① 관세의 분할납부 승인을 얻은 법인이 합병·분할·분할합병된 때에는 합병·분할·분할합병 후 존속하거나 합병·분할·분할합병으로 인하여 설립된 법인이 연대하여 관세를 납부하여야 한다.

② 법인이 합병하거나 상속이 개시된 경우에는 관세·가산금·가산세 및 체납처분비의 납세의무를 승계 $\left(\begin{smallmatrix}\text{국세기본법}\\\text{제23조 및 제24조 준용}\end{smallmatrix}\right)$ 한다. 이 경우 "세무서장" $\left(\begin{smallmatrix}\text{관세법 제24조}\\\text{제2항 및 제4항}\end{smallmatrix}\right)$ 은 "세관장"으로 본다 $\left(\begin{smallmatrix}\text{관세법}\\\text{제19조 제4항}\end{smallmatrix}\right)$.

(3) 관세, 가산세, 및 강제징수비 연대납세의무

각 분야별 수입과 관계되는 납세의무자 $\left(\begin{smallmatrix}\text{관세법 제19조}\\\text{제1항 각호}\end{smallmatrix}\right)$ 는 관세·가산세 및 강제징수비에 대해서는 다음의 자가 연대하여 납부의무를 진다 $\left(\begin{smallmatrix}\text{관세법}\\\text{제19조 제5항}\end{smallmatrix}\right)$.

① 수입신고물품이 공유물이거나 공동사업에 속하는 물품인 경우 : 그 공유자 또는 공동사업자인 납세의무자

② 수입신고인이 수입신고를 하면서 수입신고하는 때의 화주가 아닌 자를 납세의무자로 신고한 경우 : 수입신고인 또는 납세의무자로 신고된 자가 관세포탈 또는 부정감면의 범죄를 저지르거나 범죄행위를 교사하거나 방조한 경우에 한정한다)에 따른 범죄를 저질러 유죄의 확정판결을 받은 경우 그 수입신고인 및 납세의무자로 신고된 자와 해당 물품을 수입신고하는 때의 화주. 다만, 관세포탈 또는 부정감면으로 얻은 이득이 없는 수입신고인 또는 납세의무자로 신고된 자는 제외한다.

③ 다음 중 어느 하나를 업으로 하는 자(이하 "구매대행업자"라 한다)가 화주로부터 수입물품에 대하여 납부할 관세 등에 상당하는 금액을 수령하고, 수입신고인 등에게 과세가격 등의 정보를 거짓으로 제공한 경우 : 구매대행업자와 수입신고하는 때의 화주
 ㉠ 자가사용물품을 수입하려는 화주의 위임에 따라 해외 판매자로부터 해당 수입물품의 구매를 대행하는 것
 ㉡ 사이버몰(컴퓨터 등과 정보통신설비를 이용하여 재화 등을 거래할 수 있도록 설정된 가상의 영업장을 말한다. 이하 같다) 등을 통하여 해외로부터 구매 가능한 물품의 정보를 제공하고 해당 물품을 자가사용물품으로 수입하려는 화주의 요청에 따라 그 물품을 구매해서 판매하는 것

(4) 분할, 합병, 파산후 기업설립의 경우 연대납세의무

다음에 해당되는 경우, 분할되는 법인이나 분할 또는 분할합병으로 설립되는 법인, 존속

하는 분할합병의 상대방 법인 및 신회사가 관세·가산금·강제징수비를 연대하여 납부할 의무를 진다$\binom{관세법}{제19조\ 제6항}$.

① 법인이 분할되거나 분할합병되는 경우
② 법인이 분할 또는 분할합병으로 해산하는 경우
③ 법인이 채무자 회생 및 파산에 관한 법률(제215조)에 따라 신회사를 설립하는 경우

2) 납세보증자 $\binom{관세법}{제19조\ 제3항}$

특정인이 납부하여야 할 관세를 납부하지 않은 경우에 보증액의 범위 안에서 납부의무를 지는 자를 보증인이라 한다. 관세법 또는 다른 법령이나 조약, 협약 등의 규정에 의하여 관세의 납부를 보증한 자는 보증액의 범위안에서 관세납부의 의무를 진다.

3) 제2차 납세의무자

제2차 납세의무는 주된 납세자의 재산에 대하여 체납처분을 집행하여도 관세 등을 충당하기에 부족한 경우에 주된 납세자와 '특수한 관계'에 있는 자에게 그 부족액에 대하여 보충적으로 관세의 부담을 지우는 것을 말한다.

① 관세담보로 제공된 물품이 없고,
② 본래의 납세의무자의 재산에 대하여 체납처분을 하여도 징수하여야 할 관세에 부족이 있어야 하고,
③ 납세의무자와 관세의 납부를 보증한 자가 관세납세의무를 이행하지 아니하는 경우 과세의 납세의무를 진다$\binom{관세법}{제19조\ 제9항}$

4) 양도담보재산에 대한 체납세 징수(물적납세의무자) $\binom{관세법}{제19조\ 제10항}$

납세의무자(관세의 납부를 보증한 자와 제2차 납세의무자를 포함)가 관세·가산세 및 강제징수비를 체납한 경우 그 납세의무자에게 「국세기본법$\binom{국세기본법}{제42조\ 제3항}$」에 따른 양도담보재산이 있을 때에는 그 납세의무자의 다른 재산에 대하여 강제징수를 하여도 징수하여야 하는 금액에 미치지 못한 경우에만 국세징수법$\binom{국세징수법}{제7조}$를 준용하여 그 양도담보재산으로써 납세의무자의 관세·가산세 및 강제징수비를 징수할 수 있다. 다만, 그 관세의 납세신고일(제39조에 따라 부과고지하는 경우에는 그 납부고지서의 발송일을 말한다) 전에 담보의 목적이 된 양도담보재산에 대해서는 그러하지 아니하다.

4) 기타 납세의무의 확장

(1) 시설대여업자로의 납세의무 확장

여신전문금융업법에 따른 시설대여업자가 관세법에 따라 관세가 감면되거나 분할납부되는 물품을 수입할 때 관세법 제19조(납세의무자)에도 불구하고 대여시설 이용자가 납세의무자로 하여 수입신고를 할 수 있다.

(2) 양도인으로부터 양수인으로의 납세의무 확장

① 조건부 감면물품 및 용도세율 적용물품

조건부감면물품 및 용도세율 적용물품을 사후관리기간 내에 용도 외로 사용하거나 용도외로 사용할 자에게 양도한 경우에는 그 용도 외의 다른 용도로 사용한 자나 그 양도인으로부터 관세를 즉시 징수하며, 양도인으로부터 해당관세를 징수할 수 없을 때에는 양수인으로부터 관세를 징수한다.

② 분할납부 승인물품

관세의 분할납부를 승인받은 물품을 해당 용도 외에 다른 용도로 사용하려는 자에게 양도한 경우에는 그 양도인이 관세를납부하여야 하며, 이 경우 양도인으로부터 해당 관세를 징수할 수 없을 때는 그 양수인으로부터 징수한다.

③ 타법령 등에 의한 감면물품 관세징수

관세법 외의 법령이나 조약, 협정 등에 따라 관세가 감면된 물품으로서 세관장의 확인을 받아야 하는 물품에 대하여는 해당 용도 외의 다른 용도로 사용한 자 또는 그 양도를 한 자로부터 감면된 관세를 즉시 징수한다. 양도인으로부터 해당 관세를 징수할 수 없을 때에는 그 양수인으로부터 감면된 관세를 즉시 징수한다.

(3) 파산관제인 또는 청산인으로의 납세의무 확장

관세의 분할납부를 승인받은 자가 파산선고를 받은 경우에는 그 파산관재인이 관세를 납부하여야 한다. 관세의 분할납부를 승인받은 법인이 해산한 경우에는 그 청산인이 관세를 납부하여야 한다.

제4절
과세표준(과세가격)

1. 과세표준(과세가격)의 개요

1) 의의

과세표준은 수입물품의 가격 또는 수량이라고 한다고 규정하고 있다. 과세표준이란 세액 산출의 기초가 되는 과세물건(수입물품)의 수량 또는 가격($^{국세기본법}_{제2조}$)을 말하며 관세의 과세 표준은 수입물품의 가격(종가세)또는 수량(종량세)이 된다($^{관세법}_{제15조}$). 과세표준×세율=세액이 되는 것이므로 과세표준은 과세액 결정의 2대 요건 중의 하나라고 할 수 있다.

우리나라는 수입물품 대부분의 과세표준을 수입물품의 가격으로 하는 종가세주의를 취하 고 있기 때문에 사실상 관세의 과세표준이라 함은 과세가격을 의미하는 것이다.

2) 과세가격의 평가

제품 가격을 과세표준으로 하는 수입물품에 대하여 정하여진 원칙에 따라 관세의 과세 가격을 결정하는 일련의 절차를 관세평가라 한다. 이러한 관세평가의 목적은 수입물품의 저가신고를 방지하여 관세수입을 확보하고, 부정무역 및 불공정무역을 방지하며, 또한 고 가신고로 인한 부당한 외화 도피 및 조세회피와 합법무역거래를 가장한 불법자금 세탁행 위(money laundering)를 방지함으로써 공평하고 적정한 과세확보를 도모하는 데 그 목적이 있다.

2. 과세가격의 형태

1) 발송가격(FOB가격)

FOB(free on board)가격이란, 본선인도가격으로서 운임·보험료 포함되지 않은 가격을 말한다. 즉 지정된 선적항에서 물품을 본선에 선적할 때까지의 모든 비용은 매도인의 책임이나 선적 이후에 발행하는 운임, 보험료 등의 모든 비용은 매수인이 부담한다. 그 장점으로는 다음과 같다.

① 과세가격이 낮아 납세자의 관세부담이 적다
② 수입물품의 가격이 인하 효과가 있다
③ 근거리 수입촉진 효과의 제거를 통한 수입선 전환 효과가 있다
④ 관세액을 쉽게 계산할 수 있어 신속하게 통관할 수 있다
⑤ 단점은 운임·보험료에 대하여 비과세함으로 재정수입이 감소되는 점이다.

2) 도착가격(CIF가격)

CIF(cost insurance & freight)가격이란 운임·보험료 포함가격으로서 매도인이 목적항까지의 해상운임과 보험료를 부담하게 된다(FOB가격+운임+보험료=CIF가격). 현재 우리나라가 과세가격으로 채택하고 있다.

그 장점으로는 운임, 보험료에 대하여 과세함으로 관세수입이 증대하는 점이 있다.

또 단점은 ① FOB가격에 비하여 과세가격이 높다. 납세자의 관세부담이 증가하고, ② 운임과 보험료가 적게 드는 근거리 수입품이 원거리 수입품보다 적게 과세되어 근거리 무역이 조장된다는 점이다.

3) 법정가격

법정가격이란, 국내시장에서 일정기간 동안 조사한 평균가격을 기초로 하여 결정한 과세가격을 말한다.

그 장점으로는 과세가격결정이 간편하다는 점이고, 또 단점은 과거 일정기간내의 평균가격을 기초로 하므로 과세의 공평을 기할 수 없다는 점이다.

4) 시가역산가격(도착지시장가격)

　수입물품과 동종·동질 물품의 도착지의 국내 도매 시장 가격에서 수입제세와 수입관련 비용, 수입후 판매할 때까지의 정상판매비용과 정상이윤을 공제한 것을 과세가격으로 하는 방법을 말한다. 우리나라에서 여행자 휴대품 등의 과세가격평가에 사용되기도 한다. 장점은 국내도매시장 판매가격과 이에 공제되는 비용요소 등만 확정되면 과세가 비교적 간편하게 일어진다는 점이고, 단점은 일반적으로 국내도매시장가격 및 공제되는 비용요소 등은 평균치를 개념으로 확정되므로 과세가 공평하지 않을 수 있다는 점이다.

〈표 2-2〉 과세가격 형태별 장단점

구 분	장 점	단 점
FOB가격	• 납세자의 관세부담이 줄어들고, 수입물품의 가격이 인하된다. • 근거리 수입촉진 효과의 제거를 통한 수입선 전환 효과가 있다. • 계산이 쉬우며, 통관을 신속하게 할 수 있다.	• 운임, 보험료에 대하여 비과세함으로 재정수입이 감소되는 단점이 있다.
CIF가격	• 운임, 보험료에 대하여 과세함으로 관세수입이 증대하는 장점이 있다.	• FOB가격에 비하여 과세가격이 높아 납세자의 관세부담이 증가한다. • 운임과 보험료가 적게 드는 근거리 수입품이 원거리 수입품보다 적게 과세되어 근거리 무역이 조장된다.
법정가격	• 과세가격결정이 간편하다.	• 과거 일정기간내의 평균가격을 기초로 하므로 과세의 공평을 기할 수 없다.
시가역산가격	• 국내도매시장 판매가격과 이에 공제되는 비용요소 등만 확정되면 과세가 비교적 간편하게 이루어진다.	• 일반적으로 국내도매시장가격 및 공제되는 비용요소 등은 평균치의 개념으로 확정되므로 과세가 공평하지 않을 수 있다.

3. 과세가격의 신고 및 심사

1) 가격신고제도

(1) 가격신고의 의의 $\binom{관세법}{제27조}$

관세의 납부가 원칙적으로 신고납부제로 전환됨에 따라 물품을 수입하고자 하는 자는 수입신고서에 납세신고와 아울러 당해 수입물품의 가격을 결정하여 신고하는 제도를 말하는데, 이때에 거래관계사실 등 과세가격 결정에 필요한 자료를 상세히 기재한 가격신고서를 제출하여야 한다.

가격신고는 결국 관세액을 결정하는 한 요소로서 과세가격을 납세자 스스로 신고하는 것을 말하며, 세관은 이를 검증하여 관세액을 확정하게 된다.

납세의무자인 수입자가 스스로 과세표준과 과세액을 결정하여 신고하는 신고납부방식에 있어서는 납세자의 성실하고 정확한 가격신고가 있어야만 그 실효를 거둘 수 있는바, 동 가격신고서는 수입물품의 거래상대방, 계약내용, 수입목적 등 당해 수입관련거래에 관한 내용을 밝히고 평가방법을 결정하는 거래관계사실신고서와 관세가격 산출내용에 관한 사항으로 관세 등 제세액을 산출하는 계산근거서인 세무조정 계산서로 구성된다.

(2) 가격신고의 대상

관세의 납세의무자는 수입신고를 할 때 대통령령으로 정하는 바에 따라 세관장에게 해당 물품의 가격에 대한 신고(이하 "가격신고"라 함)를 하여야 한다. 다만, 통관의 능률을 높이기 위하여 필요하다고 인정되는 경우에는 대통령령으로 정하는 바에 따라 물품의 수입신고를 하기 전에 가격신고를 할 수 있다 $\binom{관세법}{제27조\ 제1항}$.

가격신고를 할 때에는 대통령령으로 정하는 바에 따라 과세가격의 결정과 관계되는 자료(이하 "과세가격결정자료"라 한다)를 제출하여야 한다 $\binom{관세법}{제27조\ 제2항}$.

과세가격을 결정하기가 곤란하지 아니하다고 인정하여 기획재정부령으로 정하는 물품에 대하여는 가격신고를 생략할 수 있다 $\binom{관세법}{제27조\ 제3항}$. 가격신고를 생략할 수 있는 물품은 다음 각 호와 같다 $\binom{관세법시행규칙}{제2조\ 제1항}$.
① 정부 또는 지방자치단체가 수입하는 물품
② 정부조달물품
③ 「공공기관의 운영에 관한 법률」 제4조에 따른 공공기관이 수입하는 물품
④ 관세 및 내국세 등이 부과되지 아니하는 물품

⑤ 방위산업용 기계와 그 부분품 및 원재료로 수입하는 물품. 다만, 당해 물품과 관련된 중앙행정기관의 장의 수입확인 또는 수입추천을 받은 물품에 한한다.

⑥ 수출용 원재료

⑦ 「특정연구기관 육성법」의 규정에 의한 특정연구기관이 수입하는 물품

⑧ 과세가격이 미화 1만불 이하인 물품으로 관세청장이 정하는 물품

⑨ 그 밖에 과세가격의 결정에 문제가 없다고 관세청장이 인정하는 물품

다만, 상기 물품에 해당되는 경우에도 아래와 같은 경우에는 가격신고를 하여야 한다 $\left(\substack{\text{관세법시행규칙} \\ \text{제2조 제2항}}\right)$.

1. 과세가격을 결정함에 있어서 거래가격$\left(\substack{\text{관세법 제30조 제1항} \\ \text{제1호 내지 제5호}}\right)$의 규정에 의한 금액을 가산하여야 하는 물품

2. 부과고지$\left(\substack{\text{관세법} \\ \text{제39조}}\right)$의 규정에 의하여 세관장이 관세를 부과·징수하는 물품

3. 「관세법 시행령」(이하 "영"이라 한다) 잠정가격의 신고$\left(\substack{\text{관세법시행규칙} \\ \text{제16조 제1항}}\right)$ 각호의 물품

4. 수입신고수리전 세액심사 대상물품$\left(\substack{\text{관세법시행규칙 제8조} \\ \text{제1항 제3호 내지 제5호}}\right)$의 물[1]품

(3) 가격신고의 방법

(가) 원칙적인 가격신고

① 의의

관세의 납세의무자는 수입신고를 하는 때에 세관장에게 당해 물품의 가격에 대한 신고를 하여야 하는 바, 가격신고를 하고자 하는 자는 다음의 서류를 세관장에게 제출하여야 한다$\left(\substack{\text{관세법시행령} \\ \text{제15조 제1,2항}}\right)$.

① 수입관련 거래에 관한 사항을 기재하는 거래관계사실신고서

② 과세가격 산출내용에 관한 금액 등을 기재하는 세무조정계산서

---

1) ·관세법시행규칙 제8조(수입신고수리전 세액심사 대상물품) ① 법 제38조 제2항 단서의 규정에 의하여 수입신고수리전에 세액심사를 하는 물품은 다음 각호와 같다.
   3. 관세를 체납하고 있는 자가 신고하는 물품(체납액이 10만원 미만이거나 체납기간 7일 이내에 수입신고하는 경우를 제외한다)
   4. 납세자의 성실성 등을 참작하여 관세청장이 정하는 기준에 해당하는 불성실신고인이 신고하는 물품
   5. 물품의 가격변동이 큰 물품 기타 수입신고수리후에 세액을 심사하는 것이 적합하지 아니하다고 인정하여 관세청장이 정하는 물품

③ 과세자료

> ㉠ 송품장
> ㉡ 각종 비용의 금액 및 산출근거를 나타내는 증빙자료
> ㉢ 계약서
> ㉣ 기타 가격신고의 내용을 입증하는 데 필요한 자료

다만, 당해 물품의 거래 내용, 과세가격 결정방법 등에 비추어 과세가격결정에 곤란이 없다고 세관장이 인정하는 경우에는 과세자료의 일부를 제출하지 아니할 수 있다.

(나) 수입신고 전 가격신고

통관의 능률을 높이기 위하여 필요하다고 인정되는 경우에는 대통령령으로 정하는 바에 따라 물품의 수입신고를 하기 전에 가격신고를 할 수 있다(관세법 제35조 제1항). 이는 신속통관을 위해 과세가격의 사전평가를 원할 때 하는 것으로 거래관계사실 신고서 및 세무조정계산서와 함께 가격신고사유서에 과세자료를 첨부하여 수입신고 예정 세관장에게 제출해야 한다.

(다) 가격조사보고
① 의의

기획재정부장관 또는 관세청장은 과세가격을 결정하기 위하여 필요하다고 인정되는 경우에는 수출입업자, 경제단체 또는 그 밖의 관계인에게 과세가격 결정에 필요한 자료를 제출할 것을 요청할 수 있다. 이 경우 그 요청을 받은 자는 정당한 사유가 없으면 이에 따라야 한다(관세법 제29조 제1항).

② 수입신고가격 공표

관세청장은 다음 각 호의 어느 하나에 해당하는 경우 국민 생활에 긴요한 물품으로서 국내물품과 비교 가능한 수입물품의 평균 신고가격이나 반입 수량에 관한 자료를 대통령령으로 정하는 바에 따라 집계하여 공표할 수 있다(관세법 제29조 제2항).
   1. 원활한 물자수급을 위하여 특정물품의 수입을 촉진시킬 필요가 있는 경우
   2. 수입물품의 국내가격을 안정시킬 필요가 있는 경우

관세청장은 가격조사보고(관세법 제29조 제2항)에 따라 수입물품의 평균 신고가격이나 반입 수량에 관한 자료의 집계결과를 공표할 때에는 관세청의 인터넷 홈페이지를 통하여 공표하여야

한다. 이 경우 공표대상 수입물품의 선정기준 및 수입물품의 평균 신고가격이나 반입 수량에 관한 자료의 집계방법 등을 함께 공표하여야 한다($\substack{관세법시행령 \\ 제16조의2 \ 제1항}$).

③ 공표금지 사항

관세청장은 다음 각 호의 어느 하나에 해당하는 사항은 공표하여서는 아니 된다($\substack{관세법 \\ 시행령 \\ 제16조의2 \\ 제2항}$).

1. 수입물품의 상표 및 상호
2. 수입자의 영업상 비밀에 관한 사항
3. 그 밖에 공개될 경우 수입자의 정당한 이익을 현저히 침해할 우려가 있는 사항

(4) 잠정가격 신고제도($\substack{관세법 \\ 제28조}$)

(가) 잠정가격신고제도의 의의

잠정가격신고제도는 납세의무자의 가격신고시 가격이 확정되지 아니한 경우로서 대통령령으로 정하는 경우는 잠정가격으로 가격신고를 할 수 있다($\substack{관세법 \\ 제28조 \ 제1항}$). "대통령령으로 정하는 경우"란 다음 각 호의 어느 하나에 해당하는 경우를 말한다($\substack{관세법시행령 \\ 제16조 \ 제1항}$).

① 거래관행상 거래가 성립된 때부터 일정기간이 지난 후에 가격이 정하여지는 물품(기획재정부령으로 정하는 것으로 한정한다)으로서 수입신고일 현재 그 가격이 정하여지지 아니한 경우

② 거래가격($\substack{관세법 \\ 제30조 \ 제1항 \ 각호}$)에 따라 조정하여야 할 금액이 수입신고일부터 일정기간이 지난 후에 정하여 질 수 있음이 제2항에 따른 서류 등으로 확인되는 경우

③ 과세가격 결정방법의 사전심사($\substack{관세법 \ 제37조 \\ 제1항 \ 제3호}$)에 따라 과세가격 결정방법의 사전심사를 신청한 경우

④ 특수관계의 범위($\substack{관세법시행령 \\ 제23조 \ 제1항}$)[2] 각 호의 어느 하나에 해당하는 특수관계가 있는 구매자

---

2) 제23조(특수관계의 범위 등) ①법 제30조 제3항 제4호에서 "대통령령으로 정하는 특수관계"란 다음 각 호의 어느 하나에 해당하는 경우를 말한다.
  1. 구매자와 판매자가 상호 사업상의 임원 또는 관리자인 경우
  2. 구매자와 판매자가 상호 법률상의 동업자인 경우
  3. 구매자와 판매자가 고용관계에 있는 경우
  4. 특정인이 구매자 및 판매자의 의결권 있는 주식을 직접 또는 간접으로 5퍼센트 이상 소유하거나 관리하는 경우
  5. 구매자 및 판매자중 일방이 상대방에 대하여 법적으로 또는 사실상으로 지시나 통제를 할 수 있는 위치에 있는 등 일방이 상대방을 직접 또는 간접으로 지배하는 경우
  6. 구매자 및 판매자가 동일한 제3자에 의하여 직접 또는 간접으로 지배를 받는 경우

와 판매자 사이의 거래 중 법 제과세가격결정의 원칙(제30조 제1항) 본문에 따른 수입물품의 거래가격이 수입신고 수리 이후에 「국제조세조정에 관한 법률(제8조)에 따른 정상가격으로 조정될 것으로 예상되는 거래로서 기획재정부령으로 정하는 요건을 갖춘 경우

⑤ 계약의 내용이나 거래의 특성상 잠정가격으로 가격신고를 하는 것이 불가피하다고 세관장이 인정하는 경우

납세의무자는 잠정가격 신고시에는 대통령령이 정하는 기간 내에 당해물품의 확정가격을 세관장에게 신고하여야 한다$\binom{\text{관세법}}{\text{제28조 제2항}}$.

세관장은 납세의무자가 확정가격 신고 기간 내에 확정된 가격을 신고하지 아니하는 경우에는 해당 물품에 적용될 가격을 확정할 수 있다. 다만, 납세의무자가 폐업, 파산신고, 법인해산 등의 사유로 확정된 가격을 신고하지 못할 것으로 인정되는 경우에는 확정기간 신고 기간 중에도 해당 물품에 적용될 가격을 확정할 수 있다$\binom{\text{관세법}}{\text{제28조 제3항}}$.

그러나 세관장은 확정된 가격을 신고받거나 가격을 확정하였을 때에는 대통령령으로 정하는 바에 따라 잠정가격을 기초로 신고납부한 세액과 확정된 가격에 따른 세액의 차액을 징수하거나 환급하여야 한다$\binom{\text{관세법}}{\text{제28조 제4항}}$.

(나) 잠정가격신고의 대상

잠정가격신고 대상물품은 원칙적으로(관세법 제28조 ①항의 규정에 의한) 거래가격 (transaction value)평가대상물품 만이 그 적용대상이 된다. 잠정가격은 거래가격이 존재하지만 다만 그 확정시기가 수입신고 이후에 이루어질 뿐이라는 점에서 거래가격이 없거나 배제되는 수입물품과 차이가 있다.

① 거래관행상 거래 성립시부터 일정기간이 경과된 후에 가격이 정하여지는 물품으로서 수입신고일 현재 그 가격이 정하여지지 아니한 경우 : 여기서, 총리령이 정하고 있는 물품은 원유·곡물·광석 등과 같은 일차산품에 한정된다.

② 우리나라에 수출 판매되는 물품에 대하여 구매자가 실제로 지급 하였거나 지급하여야 할 가격에 가산 조정할 금액이 수입신고일 부터 일정기간이 경과된 후에 정하여질 수 있음이 잠정신고 첨부서류 등에 의하여 확인되는 경우

③ 계약의 내용이나 거래특성상 잠정가격으로 가격신고를 하는 것이 필요하다고 인정하여 관세청장이 정하는 경우

---

7. 구매자 및 판매자가 동일한 제3자를 직접 또는 간접으로 공동지배하는 경우
8. 구매자와 판매자가 「국세기본법 시행령」 제1조의2 제1항 각 호의 어느 하나에 해당하는 친족관계에 있는 경우

(다) 잠정가격결정방법

① 수입 후에 물품 자체의 가격이 확정되는 경우 - 수입시에는 잠정가격으로 거래를 하고
   수입 후에 물품 자체의 가격이 확정되는 물품은 다음 방법으로 잠정가격을 결정한다.
   즉, 잠정가격 대상물품이 처음으로 수입되는 경우에는 거래계약상의 잠정지급금액이
   잠정신고가격이 된다.

② 당해 수입물품의 수입 후의 사용수익 또는 판매수익 등의 결과에 따라 가산금액이 확
   정되는 경우 - 로열티 등의 가산금액이 수입 후에 확정되는 경우

   첫째, 수입거래관련 계획서상의 예상판매량 등을 근거로 잠정가산금액을 산출할
      수 있을 때에는 당해 예상지급금액이 잠정가산금액으로 결정한다.

   둘째, 위 방법에 의해서도 잠정가산금액을 산출할 수는 없으나, 동종 또는 유사물
      품의 전년도 지급실적이 있는 경우에는 이를 기초로 산출된 추정지급금액을
      잠정가산금액으로 결정할 수 있다. 이 두 가지의 방법은 순차적으로 적용하
      여야 한다.

(라) 잠정가격신고사항

  잠정가격으로 가격신고를 하려는 자는 다음 각 호의 사항을 적은 신고서에 송품장, 계약서,
각종 비용의 금액 및 산출근거를 나타내는 증빙자료, 기타 가격신고의 내용을 입증하는 데에
필요한 자료(관세법시행령 제15조 제5항) 각 호의 서류를 첨부하여 세관장에게 제출하여야 한다(관세법시행령 제16조 제2항).

① 수입관련거래에 관한 사항, 과세가격산출내용에 관한 사항(관세법시행령 제15조 제1항 각호)
② 거래내용
③ 가격을 확정할 수 없는 사유
④ 잠정가격 및 잠정가격의 결정방법
⑤ 가격확정예정시기

  잠정가격으로 가격신고를 한 자는 2년의 범위안에서 구매자와 판매자 간의 거래계약의
내용 등을 고려하여 세관장이 지정하는 기간내에 확정된 가격(이하 이 조에서 "확정가격"
이라 한다)을 신고하여야 한다. 이 경우 잠정가격으로 가격신고를 한 자는 관세청장이 정
하는 바에 따라 전단에 따른 신고기간이 끝나기 30일 전까지 확정가격의 계산을 위한 가산
율을 산정해 줄 것을 요청할 수 있다(관세법시행령 제16조 제3항).

  세관장은 구매자와 판매자간의 거래계약내용이 변경되는 등 잠정가격을 확정할 수 없는
불가피한 사유가 있다고 인정되는 경우로서 납세의무자의 요청이 있는 경우에는 기획재정
부령으로 정하는 바에 따라 제3항 전단에 따른 신고기간을 연장할 수 있다. 이 경우 연장하

는 기간은 제3항 전단에 따른 신고기간의 만료일부터 2년을 초과할 수 없다$\binom{관세법시행령}{제16조 제4항}$.

2) 과세가격의 사전심사$\binom{관세법}{제37조}$

납세의무자는 수입신고 시에 납세신고를 하게 되며 납세신고를 받은 세관장은 신고사항 중에서 각종 제출서류가 구비되었는지 여부와 신고서의 기재사항이 정확하게 기재되었는지 여부 등에 대한 형식적인 요건에 대한 확인심사와 수입통관 허용여부를 결정하기 위하여 필요한 사항을 심사하는 이외에 신고한 세액이 정당한지 여부를 심사하게 되는데, 이 신고세액의 심사는 세번·세율·감면·분할납부의 정확한 적용여부와 가격신고사항의 정당 여부에 대한 심사가 될 것이다. 이와 같이 세관장이 납세의무자의 가격신고 등을 근거로 하여 수입물품의 과세가격을 심사하여 확정하는 과정을 가격심사제도라 한다.

(1) 의의

관세의 확정은 전술한 바와 같이 원칙적으로 납세의무자의 납세신고에 의하여 확정되는 신고납세 방법에 의하므로 납세의무자가 납세신고 할 때 수입하고자 하는 그 물품의 과세가격을 확정지어 신고하여야 한다. 그러나 신고할 과세가격이 법에서 정하고 있는 과세가격에 합당한 것인지 여부에 대하여 의문이 있을 수 있다. 이 경우에 납세의무자가의 편의를 위하여 그 과세가격을 세관에 신고하기 전에 관세청장 또는 세관장에게 미리 가격에 대한 심사를 요청할 수 있는바, 이것을 과세가격의 사전심사라고 한다.

(2) 사전심사 요청

신고납부$\binom{관세법}{제38조}$에 의한 납세신고를 하여야 하는 자는 과세가격 결정과 관련하여 다음 각 호의 사항에 관하여 의문이 있을 때에는 가격신고를 하기 전에 대통령령으로 정하는 바에 따라 관세청장에게 미리 심사하여 줄 것을 신청할 수 있다$\binom{관세법}{제37조 제1항}$.

① 관세법 제30조 제1항부터 제3항까지 규정 된 사항3)

---

3) 제30조(과세가격 결정의 원칙) ① 수입물품의 과세가격은 우리나라에 수출하기 위하여 판매되는 물품에 대하여 구매자가 실제로 지급하였거나 지급하여야 할 가격에 다음 각 호의 금액을 더하여 조정한 거래가격으로 한다. 다만, 다음 각 호의 금액을 더할 때에는 객관적이고 수량화할 수 있는 자료에 근거하여야 하며, 이러한 자료가 없는 경우에는 이 조에 규정된 방법으로 과세가격을 결정하지 아니하고 제31조부터 제35조까지에 규정된 방법으로 과세가격을 결정한다.
    1. 구매자가 부담하는 수수료와 중개료. 다만, 구매수수료는 제외한다.
    2. 해당 수입물품과 동일체로 취급되는 용기의 비용과 해당 수입물품의 포장에 드는 노무비와 자재비로서 구매자가 부담하는 비용
    3. 구매자가 해당 수입물품의 생산 및 수출거래를 위하여 대통령령으로 정하는 물품 및 용역을 무

② 제30조에 따른 방법으로 과세가격을 결정할 수 없는 경우에 적용되는 과세가격 결정 방법

③ 특수관계가 있는 자들 간에 거래되는 물품의 과세가격 결정방법

(3) 사전심사요청 서류

법 제37조 제1항에 따라 과세가격 결정에 관한 사전심사를 신청하려는 자는 거래당사자·통관예정세관·신청내용 등을 적은 신청서에 다음 각 호의 서류를 첨부하여 관세청장에게 제출해야 한다(관세법시행령 제31조 제1항).

료 또는 인하된 가격으로 직접 또는 간접으로 공급한 경우에는 그 물품 및 용역의 가격 또는 인하차액을 해당 수입물품의 총생산량 등 대통령령으로 정하는 요소를 고려하여 적절히 배분한 금액

4. 특허권, 실용신안권, 디자인권, 상표권 및 이와 유사한 권리를 사용하는 대가로 지급하는 것으로서 대통령령으로 정하는 바에 따라 산출된 금액

5. 해당 수입물품을 수입한 후 전매·처분 또는 사용하여 생긴 수익금액 중 판매자에게 직접 또는 간접으로 귀속되는 금액

6. 수입항(輸入港)까지의 운임·보험료와 그 밖에 운송과 관련되는 비용으로서 대통령령으로 정하는 바에 따라 결정된 금액. 다만, 기획재정부령으로 정하는 수입물품의 경우에는 이의 전부 또는 는 일부를 제외할 수 있다.

② 제1항 각 호 외의 부분 본문에서 "구매자가 실제로 지급하였거나 지급하여야 할 가격"이란 해당 수입물품의 대가로서 구매자가 지급하였거나 지급하여야 할 총금액을 말하며, 구매자가 해당 수입물품의 대가와 판매자의 채무를 상계(相計)하는 금액, 구매자가 판매자의 채무를 변제하는 금액, 그 밖의 간접적인 지급액을 포함한다. 다만, 구매자가 지급하였거나 지급하여야 할 총금액에서 다음 각 호의 어느 하나에 해당하는 금액을 명백히 구분할 수 있을 때에는 그 금액을 뺀 금액을 말한다.

1. 수입 후에 하는 해당 수입물품의 건설, 설치, 조립, 정비, 유지 또는 해당 수입물품에 관한 기술지원에 필요한 비용

2. 수입항에 도착한 후 해당 수입물품을 운송하는 데에 필요한 운임·보험료와 그 밖에 운송과 관련되는 비용

3. 우리나라에서 해당 수입물품에 부과된 관세 등의 세금과 그 밖의 공과금

4. 연불조건(延拂條件)의 수입인 경우에는 해당 수입물품에 대한 연불이자

③ 다음 각 호의 어느 하나에 해당하는 경우에는 제1항에 따른 거래가격을 해당 물품의 과세가격으로 하지 아니하고 제31조부터 제35조까지에 규정된 방법으로 과세가격을 결정한다. 이 경우 세관장은 다음 각 호의 어느 하나에 해당하는 것으로 판단하는 근거를 납세의무자에게 미리 서면으로 통보하여 의견을 제시할 기회를 주어야 한다.

1. 해당 물품의 처분 또는 사용에 제한이 있는 경우. 다만, 세관장이 제1항에 따른 거래가격에 실질적으로 영향을 미치지 아니한다고 인정하는 제한이 있는 경우 등 대통령령으로 정하는 경우는 제외한다.

2. 해당 물품에 대한 거래의 성립 또는 가격의 결정이 금액으로 계산할 수 없는 조건 또는 사정에 따라 영향을 받은 경우

3. 해당 물품을 수입한 후에 전매·처분 또는 사용하여 생긴 수익의 일부가 판매자에게 직접 또는 간접으로 귀속되는 경우. 다만, 제1항에 따라 적절히 조정할 수 있는 경우는 제외한다.

4. 구매자와 판매자 간에 대통령령으로 정하는 특수관계(이하 "특수관계"라 한다)가 있어 그 특수관계가 해당 물품의 가격에 영향을 미친 경우. 다만, 해당 산업부문의 정상적인 가격결정 관행에 부합하는 방법으로 결정된 경우 등 대통령령으로 정하는 경우는 제외한다.

① 거래관계에 관한 기본계약서(투자계약서·대리점계약서·기술용역계약서·기술도입계약서 등)
② 수입물품과 관련된 사업계획서
③ 수입물품공급계약서
④ 수입물품가격결정의 근거자료
⑤ 법 제37조 제1항 제3호의 사항에 해당하는 경우에는 기획재정부령으로 정하는 서류
⑥ 그 밖에 과세가격결정에 필요한 참고자료

(4) 사전심사통보

사전심사 요청에 따른 신청을 받은 관세청장은 대통령령으로 정하는 기간 이내에 과세가격의 결정방법을 심사한 후 그 결과를 신청인에게 통보하여야 한다$\binom{\text{관세법}}{\text{제37조 제2항}}$.

사전심사 요청과 통보에 관하여 의문이 있어 사전심사를 신청하여 결과를 통보받은 자가 그 결과에 이의가 있는 경우에는 그 결과를 통보받은 날부터 30일 이내에 대통령령으로 정하는 바에 따라 관세청장에게 재심사를 신청할 수 있다. 이 경우 재심사의 기간 및 결과의 통보에 관하여는 제2항을 준용한다$\binom{\text{관세법}}{\text{제37조 제3항}}$.

세관장은 관세의 납세의무자가 제2항 또는 제3항에 따라 통보된 과세가격의 결정방법에 따라 납세신고를 한 경우 대통령령으로 정하는 요건을 갖추었을 때에는 그 결정방법에 따라 과세가격을 결정하여야 한다$\binom{\text{관세법}}{\text{제37조 제4항}}$.

특수관계가 있는 자들 간에 거래되는 물품의 과세가격 결정방법(제1항 제3호)에 따라 사전심사를 신청하여 과세가격결정방법(제2항)에 따라 결과를 통보받은 자는 심사결과 결정된 과세가격 결정방법을 적용하여 산출한 과세가격 및 그 산출과정 등이 포함된 보고서를 대통령령으로 정하는 바에 따라 관세청장에게 제출하여야 한다$\binom{\text{관세법}}{\text{제37조 제5항}}$. 관세청장은 과세가격산출가격 및 산출과정(제5항)에 따른 보고서를 제출하지 아니하는 등 대통령령으로 정하는 사유에 해당하는 경우에는 사전심사 결과를 변경, 철회 또는 취소할 수 있다. 이 경우 관세청장은 사전심사를 신청한 자에게 그 사실을 즉시 통보하여야 한다$\binom{\text{관세법}}{\text{제37조 제6항}}$.

(5) 과세가격 결정방법과 정상가격 사전조정

특수관계가 있는 자들 간에 거래되는 물품의 과세가격 결정방법$\binom{\text{관세법 제37조}}{\text{제1항 제3호}}$ 에 관하여 의문이 있어 같은 항에 따른 사전심사를 신청하는 자는 정상가격 산출방법$\binom{\text{국제조세조정에관한법률}}{\text{제6조 제1항의 사전승인}}$의 사전승인(같은 조 제2항 단서에 따른 일방적 사전승인의 대상인 경우에 한정한다)을 관

세청장에게 동시에 신청할 수 있다. 이 경우 관세청장은 국세청장과 협의하여 관세의 과세가격과 국세의 정상가격을 사전에 조정(이하 이 조에서 "사전조정"이라 한다)하여야 한다 $\left(\genfrac{}{}{0pt}{}{\text{관세법}}{\text{제37조의2 제1항}}\right)$. 사전조정의 대상은 관세의 과세가격 결정방법과 국세의 정상가격 산출방법이 유사한 경우로서 대통령령으로 정하는 경우로 한정한다 $\left(\genfrac{}{}{0pt}{}{\text{관세법}}{\text{제37조의2 제2항}}\right)$.

그리고 사전조정을 하는 관세청장은 국세청장에게 정상가격 산출방법의 사전승인 신청 서류를 첨부하여 신청을 받은 사실을 통보하고, 국세청장과 과세가격 결정방법, 정상가격 산출방법 및 사전조정 가격의 범위에 대하여 협의하여 결정하여야 한다 $\left(\genfrac{}{}{0pt}{}{\text{관세법}}{\text{제37조의2 제3항}}\right)$. 관세 청장은 사전조정의 결과를 사전조정을 신청한 자와 기획재정부장관에게 통보하여야 한다 $\left(\genfrac{}{}{0pt}{}{\text{관세법}}{\text{제37조의2 제4항}}\right)$.

3) 특수관계자 수입물품 과세가격결정자료 제출

세관장은 납세신고(관세법 제38조 제2항)에 따른 세액심사시 특수관계에 있는 자가 수입 하는 물품의 과세가격의 적정성을 심사하기 위하여 해당 특수관계자에게 과세가격결정자 료를 제출할 것을 요구할 수 있다. 이 경우 자료의 제출범위, 제출방법 등은 대통령령으로 정한다 $\left(\genfrac{}{}{0pt}{}{\text{관세법 제37}}{\text{조의4 제1항}}\right)$.

자료제출을 요구받은 자는 자료제출을 요구받은 날부터 60일 이내에 해당 자료를 제출 하여야 한다. 다만, 대통령령으로 정하는 부득이한 사유로 제출기한의 연장을 신청하는 경 우에는 세관장은 한 차례만 60일까지 연장할 수 있다 $\left(\genfrac{}{}{0pt}{}{\text{관세법}}{\text{제37조의4 제2항}}\right)$.

4. 과세가격결정

관세평가란 수입물품의 과세가격을 결정하는 절차와 방법을 말한다. 관세의 과세표준은 수입물품의 가격 또는 수량이다($^{관세법}_{제15조}$). 물품의 가격을 과세표준으로 하는 경우에 이를 종가세라 하고, 물품의 수량(개수·중량·길이·면적 등)을 과세표준으로 하는 경우에는 종량세라 한다. 현재 우리 관세법에서는 종가세가 주류를 이루고 있다. 종가세 대상물품의 경우 관세액을 산출하기 위한 과세표준은 수입물품의 가격인데, 이 가격을 과세표준으로 하는 수입물품에 대하여 정하여진 원칙에 따라 관세의 과세가격을 결정하는 절차를 관세평가(customs valuation)라 한다.

관세평가방법은 과세가격을 결정하는 방법을 말하며 현행 관세법 및 WTO 관세평가 협약은 과세가격의 결정방법을 합리적이고도 중립적인 6가지의 방법으로 다음과 같이 구분하여 규정하고 있다. 수입물품의 과세가격은 다음의 6가지 방법을 순차적으로 적용하며, 선순위의 평가방법을 적용할 수 없는 경우에 한하여 후순위의 평가방법을 적용한다.

다만, 수입자는 제4방법을 적용하기 전에 제5방법의 적용을 요청할 수 있는 선택권(importer's option)을 갖는다. 만약 수입자가 요청하였으나 제5방법에 의하여 과세가격을 결정할 수 없을 때에는 제4방법(이 방법이 가능한 경우)에 의하여 과세가격을 결정한다.

WTO관세평가 협약에서는 과세가격을 체약국의 임의대로 FOB 또는 CIF가격으로 할 수 있도록 규정하고 있는데 우리나라는 CIF가격(운임, 보험료 포함가격)을 과세가격으로 채택하고 있다. 관세법 및 WTO관세평가협정에서는 다음과 같은 6가지 방법에 의하여 과세가격을 결정하고 있으며, 선순위의 평가방법을 적용할 수 없는 경우에 한하여 후순위의 평가방법을 적용할 수 있다.

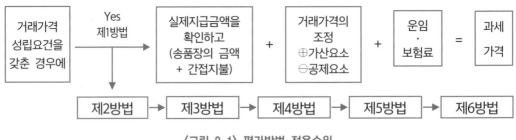

〈그림 2-1〉 평가방법 적용순위

<표 2-3> 과세가격결정방법

순 위	종 류	근 거	
		WTO관세평가협약	관세법
제1평가방법	당해물품의 거래가격을 기초로 한 과세가격의 결정방법	제1조	제30조
제2평가방법	동종·동질물품의 거래가격을 기초로 한 과세가격의 결정방법	제2조	제31조
제3평가방법	유사물품의 거래가격을 기초로 한 과세가격의 결정방법	제3조	제32조
제4평가방법	국내판매가격을 기초로 한 과세가격의 결정방법	제5조	제33조
제5평가방법	산정가격을 기초로 한 과세가격의 결정방법	제6조	제34조
제6평가방법	합리적인 기준에 의한 과세가격이 결정방법	제7조	제35조

1) 당해 물품의 거래가격을 기초로 한 과세가격 결정방법(제1방법)(관세법 제30조)

(1) 의의

제1 방법은 관세평가에 있어 가장 기본적이고 원칙적인 방법으로 여기에서 거래가격이라 함은 우리나라(수입국)에 수출판매된 물품에 대하여, ① 실제로 지급하였거나 지급하여야 할 가격에, ② 가산·조정되는 요소를 조정한 가격으로서, ③ 거래가격의 성립요건을 구비한 가격이며, ④ 운임보험료 포함한 가격이다.

(2) 과세가격 결정원칙

수입물품의 과세가격은 우리나라에 수출하기 위하여 판매되는 물품에 대하여 구매자가 실제로 지급하였거나 지급하여야 할 가격에 다음 각 호의 금액을 더하여 조정한 거래가격으로 한다. 다만, 다음 각 호의 금액을 더할 때에는 객관적이고 수량화할 수 있는 자료에 근거하여야 하며, 이러한 자료가 없는 경우에는 이 조에 규정된 방법으로 과세가격을 결정하지 아니하고 제31조부터 제35조까지(제2평가방법에서부터 제6평가방법)에 규정된 방법으로 과세가격을 결정한다(관세법 제30조 제1항).

1. 구매자가 부담하는 수수료와 중개료. 다만, 구매수수료는 제외한다.
2. 해당 수입물품과 동일체로 취급되는 용기의 비용과 해당 수입물품의 포장에 드는 노무비와 자재비로서 구매자가 부담하는 비용

3. 구매자가 해당 수입물품의 생산 및 수출거래를 위하여 대통령령으로 정하는 물품 및 용역을 무료 또는 인하된 가격으로 직접 또는 간접으로 공급한 경우에는 그 물품 및 용역의 가격 또는 인하차액을 해당 수입물품의 총생산량 등 대통령령으로 정하는 요소를 고려하여 적절히 배분한 금액

4. 특허권, 실용신안권, 디자인권, 상표권 및 이와 유사한 권리를 사용하는 대가로 지급하는 것으로서 대통령령으로 정하는 바에 따라 산출된 금액

5. 해당 수입물품을 수입한 후 전매·처분 또는 사용하여 생긴 수익금액 중 판매자에게 직접 또는 간접으로 귀속되는 금액

6. 수입항(輸入港)까지의 운임·보험료와 그 밖에 운송과 관련되는 비용으로서 대통령령으로 정하는 바에 따라 결정된 금액. 다만, 기획재정부령으로 정하는 수입물품의 경우에는 이의 전부 또는 일부를 제외할 수 있다.

① 구매수수료

구매수수료(이하 "구매수수료"라 한다)는 해당 수입물품의 구매와 관련하여 외국에서 구매자를 대리하여 행하는 용역의 대가로서 구매자가 구매대리인에게 지급하는 비용으로 한다($\binom{관세법시행령}{제17조의2 제1항}$). 구매자가 구매대리인에게 지급한 비용에 구매수수료 외의 비용이 포함된 경우에는 그 지급한 비용 중 구매수수료에 해당하는 금액이 따로 구분하여 산정될 수 있는 경우에만 해당 금액을 구매수수료로 한다($\binom{관세법시행령}{제17조의2 제2항}$). 세관장은 필요하다고 인정하는 경우 구매수수료에 관한 자료의 제출을 구매자에게 요청할 수 있다($\binom{관세법시행령}{제17조의2 제3항}$).

② 대통령령으로 정하는 물품 및 용역

"대통령령으로 정하는 물품 및 용역"이란 구매자가 직접 또는 간접으로 공급하는 것으로서 다음 각 호의 어느 하나에 해당하는 것을 말한다($\binom{관세법시행령}{제18조}$).
    1. 수입물품에 결합되는 재료·구성요소·부분품 및 그 밖에 이와 비슷한 물품
    2. 수입물품의 생산에 사용되는 공구·금형·다이스 및 그 밖에 이와 비슷한 물품으로서 기획재정부령으로 정하는 것
    3. 수입물품의 생산과정에 소비되는 물품
    4. 수입물품의 생산에 필요한 기술·설계·고안·공예 및 디자인. 다만, 우리나라에서 개발된 것은 제외한다.

③ 무료 또는 인하된 가격

무료 또는 인하된 가격으로 공급하는 물품 및 용역의 금액(실제 거래가격을 기준으로 산정한 금액을 말하며 국내에서 생산된 물품 및 용역을 공급하는 경우에는 부가가치세를 제외하고 산정한다)을 더하는 경우 다음 각 호의 요소를 고려하여 배분한다$\left(\begin{smallmatrix}관세법시행령\\제18조의1\ 제1항\end{smallmatrix}\right)$.

1. 해당 수입물품의 총생산량 대비 실제 수입된 물품의 비율
2. 공급하는 물품 및 용역이 해당 수입물품 외의 물품 생산과 함께 관련되어 있는 경우 각 생산 물품별 거래가격(해당 수입물품 외의 물품이 국내에서 생산되는 경우에는 거래가격에서 부가가치세를 제외한다) 합계액 대비 해당 수입물품 거래가격의 비율

납세의무자는 무료 또는 인하된 가격으로 공급하는 물품 및 용역의 가격 또는 인하차액 전액을 최초로 수입되는 물품의 실제로 지급하였거나 지급하여야 할 가격에 배분할 수 있다. 이 경우 수입되는 전체 물품에 관세율이 다른 여러 개의 물품이 혼재된 경우에는 전단에 따른 전액을 관세율이 다른 물품별로 최초로 수입되는 물품의 가격에 안분하여 배분한다$\left(\begin{smallmatrix}관세법시행령\\제18조의1\ 제2항\end{smallmatrix}\right)$.

④ 권리사용료의 산출(이와 유사한 권리

"이와 유사한 권리"라 함은 다음 각호의 1에 해당하는 것을 말한다$\left(\begin{smallmatrix}관세법시행령\\제19조\ 제1항\end{smallmatrix}\right)$.

1. 저작권 등의 법적 권리
2. 법적 권리에는 속하지 아니하지만 경제적 가치를 가지는 것으로서 상당한 노력에 의하여 비밀로 유지된 생산방법·판매방법 기타 사업활동에 유용한 기술상 또는 경영상의 정보 등(이하 "영업비밀"이라 한다)

당해 물품에 대하여 구매자가 실제로 지급하였거나 지급하여야 할 가격에 가산하여야 하는 특허권·실용신안권·디자인권·상표권 및 이와 유사한 권리를 사용하는 대가(특정한 고안이나 창안이 구현되어 있는 수입물품을 이용하여 우리나라에서 그 고안이나 창안을 다른 물품에 재현하는 권리를 사용하는 대가를 제외하며, 이하 "권리사용료"라 한다)는 당해 물품에 관련되고 당해 물품의 거래조건으로 구매자가 직접 또는 간접으로 지급하는 금액으로 한다$\left(\begin{smallmatrix}관세법시행령\\제19조\ 제2항\end{smallmatrix}\right)$.

다음 각호의 1에 해당하는 경우에는 권리사용료가 당해 물품과 관련되는 것으로 본다$\left(\begin{smallmatrix}관세법시행령\\제19조\ 제3항\end{smallmatrix}\right)$.

1. 권리사용료가 특허권에 대하여 지급되는 때에는 수입물품이 다음 각목의 1에 해당하는 물품인 경우

가. 특허발명품

나. 방법에 관한 특허에 의하여 생산된 물품

다. 국내에서 당해 특허에 의하여 생산될 물품의 부분품·원재료 또는 구성요소로서 그 자체에 당해 특허의 내용의 전부 또는 일부가 구현되어 있는 물품

라. 방법에 관한 특허를 실시하기에 적합하게 고안된 설비·기계 및 장치(그 주요 특성을 갖춘 부분품 등을 포함한다)

2. 권리사용료가 디자인권에 대하여 지급되는 때에는 수입물품이 당해 디자인을 표현하는 물품이거나 국내에서 당해 디자인권에 의하여 생산되는 물품의 부분품 또는 구성요소로서 그 자체에 당해 디자인의 전부 또는 일부가 표현되어 있는 경우

3. 권리사용료가 상표권에 대하여 지급되는 때에는 수입물품에 상표가 부착되거나 희석·혼합·분류·단순조립·재포장 등의 경미한 가공후에 상표가 부착되는 경우

4. 권리사용료가 저작권에 대하여 지급되는 때에는 수입물품에 가사·선율·영상·컴퓨터소프트웨어 등이 수록되어 있는 경우

5. 권리사용료가 실용신안권 또는 영업비밀에 대하여 지급되는 때에는 당해 실용신안권 또는 영업비밀이 수입물품과 제1호의 규정에 준하는 관련이 있는 경우

6. 권리사용료가 기타의 권리에 대하여 지급되는 때에는 당해 권리가 수입물품과 제1호 내지 제5호의 규정중 권리의 성격상 당해 권리와 가장 유사한 권리에 대한 규정에 준하는 관련이 있는 경우

컴퓨터소프트웨어에 대하여 지급되는 권리사용료는 컴퓨터소프트웨어가 수록된 마그네틱테이프·마그네틱디스크·시디롬 및 이와 유사한 물품[법 별표 관세율표 번호(이하 "관세율표 번호"라 한다) 제8523호에 속하는 것으로 한정한다]과 관련되지 아니하는 것으로 본다(관세법시행령 제19조 제4항).

다음 각호의 1에 해당하는 경우에는 권리사용료가 당해 물품의 거래조건으로 지급되는 것으로 본다(관세법시행령 제19조 제5항).

1. 구매자가 수입물품을 구매하기 위하여 판매자에게 권리사용료를 지급하는 경우

2. 수입물품의 구매자와 판매자간의 약정에 따라 구매자가 수입물품을 구매하기 위하여 당해 판매자가 아닌 자에게 권리사용료를 지급하는 경우

3. 구매자가 수입물품을 구매하기 위하여 판매자가 아닌 자로부터 특허권 등의 사용에 대한 허락을 받아 판매자에게 그 특허권 등을 사용하게 하고 당해 판매자가 아닌 자에게 권리사용료를 지급하는 경우

구매자가 지급하는 권리사용료에 수입물품과 관련이 없는 물품이나 국내 생산 및 그 밖의 사업 등에 대한 활동 대가가 포함되어 있는 경우에는 전체 권리사용료 중 수입물품과 관련된 권리사용료만큼 가산한다. 이 경우 관세청장은 필요한 계산식을 정할 수 있다 $\binom{관세법시행령}{제19조\ 제6항}$.

⑤ 해당물품 전매처분 또는 사용 후 수익금액

"해당 수입물품을 수입한 후 전매·처분 또는 사용하여 생긴 수익금액"이란 해당 수입물품의 전매·처분대금, 임대료 등을 말한다. 다만, 주식배당금 및 금융서비스의 대가 등 수입물품과 관련이 없는 금액은 제외한다$\binom{관세법시행령}{제19조의2}$.

⑥ 수입항(輸入港)까지의 운임·보험료 : 운임 등 결정

운임 및 보험료는 당해 사업자가 발급한 운임명세서·보험료명세서 또는 이에 갈음할 수 있는 서류에 의하여 산출한다$\binom{관세법시행령}{제20조\ 제1항}$.

운임 및 보험료를 산출할 수 없는 경우의 운임 및 보험료는 운송거리·운송방법 등을 고려하여 기획재정부령으로 정하는 바에 따라 산출한다$\binom{관세법시행령}{제20조\ 제2항}$.

기획재정부령으로 정하는 물품이 항공기로 운송되는 경우에는 제1항에도 불구하고 해당 물품이 항공기 외의 일반적인 운송방법에 의하여 운송된 것으로 보아 기획재정부령으로 정하는 바에 따라 운임 및 보험료를 산출한다$\binom{관세법시행령}{제20조\ 제3항}$.

다음 각 호의 어느 하나에 해당하는 물품의 운임이 통상의 운임과 현저하게 다른 때에는 관세법시행령 제1항에도 불구하고 관세법 제225조 제1항(보세화물을 취급하는 선박회사 또는 항공사는 대통령령으로 정하는 바에 따라 세관장에게 신고하여야 한다)에 따른 선박회사 또는 항공사(그 업무를 대행하는 자를 포함한다. 이하 이 항에서 "선박회사 등"이라 한다)가 통상적으로 적용하는 운임을 해당 물품의 운임으로 할 수 있다 $\binom{관세법시행령}{제20조\ 제4항}$.

1. 수입자 또는 수입자와 특수관계에 있는 선박회사 등의 운송수단으로 운송되는 물품
2. 운임과 적재수량을 특약한 항해용선계약에 따라 운송되는 물품(실제 적재수량이 특약수량에 미치지 아니하는 경우를 포함한다)
3. 기타 특수조건에 의하여 운송되는 물품

관세법 제30조 제1항 제6호(수입항까지의 운임, 보험료와 그밖의 운송과 관련된 비용으로 대통령령으로 정하는 바에 따라 결정된 금액)에 따른 금액은 해당 수입물품이 수입항

에 도착하여 본선하역준비가 완료될 때까지 발생하는 비용으로 한다$\binom{\text{관세법시행령}}{\text{제20조 제5항}}$.

산출된 운임 및 보험료를 적용받으려는 납세의무자는 해당 물품에 대하여 법 제27조에 따른 가격신고를 할 때 해당 물품이 제3항에 따른 기획재정부령으로 정하는 물품에 해당됨을 증명하는 자료를 세관장에게 제출해야 한다. 다만, 과세가격 금액이 소액인 경우 등으로서 세관장이 자료 제출이 필요하지 않다고 인정하는 경우는 제외한다$\binom{\text{관세법시행령}}{\text{제20조 제7항}}$.

(4) 구매자가 실제로 지급하였거나 지급하여야 할 가격

수입물품의 대가로서 구매자가 지급하였거나 지급하여야 할 총금액을 말하며, 구매자가 해당 수입물품의 대가와 판매자의 채무를 상계(相計)하는 금액, 구매자가 판매자의 채무를 변제하는 금액, 그 밖의 간접적인 지급액을 포함한다.

(5) 과세가격 공제요소

구매자가 지급하였거나 지급하여야 할 총금액에서 다음에 해당하는 금액을 명백히 구분할 수 있을 때에는 그 금액을 뺀 금액을 말한다$\binom{\text{관세법}}{\text{제30조 제2항}}$.

① 수입 후에 하는 해당 수입물품의 건설, 설치, 조립, 정비, 유지 또는 해당 수입물품에 관한 기술지원에 필요한 비용

② 수입항에 도착한 후 해당 수입물품을 운송하는 데에 필요한 운임·보험료와 그 밖에 운송과 관련되는 비용

③ 우리나라에서 해당 수입물품에 부과된 관세 등의 세금과 그 밖의 공과금

④ 연불조건(延拂條件)의 수입인 경우에는 해당 수입물품에 대한 연불이자

(6) 거래가격 외의 과세가격 결정

다음에 해당하는 경우에 거래가격$\binom{\text{관세법}}{\text{제30조 제1항}}$을 해당 물품의 과세가격으로 하지 아니하고 동종, 종질물품의 거래가격$\binom{\text{관세법}}{\text{제31조}}$, 유사물품의 거래가격$\binom{\text{관세법}}{\text{제32조}}$, 국내판매가격$\binom{\text{관세법}}{\text{제33조}}$, 산정가격$\binom{\text{관세법}}{\text{제34조}}$ 그리고 합리적 기준$\binom{\text{관세법}}{\text{제35조}}$에 규정된 방법으로 과세가격을 결정한다.

이 경우 세관장은 다음 각 호의 어느 하나에 해당하는 것으로 판단하는 근거를 납세의무자에게 미리 서면으로 통보하여 의견을 제시할 기회를 주어야 한다$\binom{\text{관세법}}{\text{제30조 제3항}}$.

① 해당 물품의 처분 또는 사용에 제한이 있는 경우. 다만, 세관장이 거래가격$\binom{\text{관세법}}{\text{제30조 제1항}}$에 실질적으로 영향을 미치지 아니한다고 인정하는 제한이 있는 경우 등 대통령령으

로 정하는 경우는 제외한다.

② 해당 물품에 대한 거래의 성립 또는 가격의 결정이 금액으로 계산할 수 없는 조건 또는 사정에 따라 영향을 받은 경우

③ 해당 물품을 수입한 후에 전매·처분 또는 사용하여 생긴 수익의 일부가 판매자에게 직접 또는 간접으로 귀속되는 경우. 다만, 거래가격$\left(\substack{\text{관세법} \\ \text{제30조 제1항}}\right)$에 따라 적절히 조정할 수 있는 경우는 제외한다.

④ 구매자와 판매자 간에 대통령령으로 정하는 특수관계(이하 "특수관계"라 한다)가 있어 그 특수관계가 해당 물품의 가격에 영향을 미친 경우. 다만, 해당 산업부문의 정상적인 가격결정 관행에 부합하는 방법으로 결정된 경우 등 대통령령으로 정하는 경우는 제외한다.

(7) 과세가격 불인정

세관장은 납세의무자가 거래가격으로 가격신고를 한 경우 해당 신고가격이 동종·동질물품 또는 유사물품의 거래가격과 현저한 차이가 있는 등 이를 과세가격으로 인정하기 곤란한 경우 대통령령으로 정하는 바에 따라 납세의무자에게 신고가격이 사실과 같음을 증명할 수 있는 자료를 제출할 것을 요구할 수 있다$\left(\substack{\text{관세법} \\ \text{제30조 제4항}}\right)$. 여기에서 "대통령령으로 정하는 경우"는 다음과 같다$\left(\substack{\text{관세법시행령} \\ \text{제24조 제1항}}\right)$.

① 납세의무자가 신고한 가격이 동종·동질물품 또는 유사물품의 가격과 현저한 차이가 있는 경우

② 납세의무자가 동일한 공급자로부터 계속하여 수입하고 있음에도 불구하고 신고한 가격에 현저한 변동이 있는 경우

③ 신고한 물품이 원유·광석·곡물 등 국제거래시세가 공표되는 물품인 경우 신고한 가격이 그 국제거래시세와 현저한 차이가 있는 경우

④ 신고한 물품이 원유·광석·곡물 등으로서 국제거래시세가 공표되지 않는 물품인 경우 관세청장 또는 관세청장이 지정하는 자가 조사한 수입물품의 산지 조사가격이 있는 때에는 신고한 가격이 그 조사가격과 현저한 차이가 있는 경우

⑤ 납세의무자가 거래처를 변경한 경우로서 신고한 가격이 종전의 가격과 현저한 차이가 있는 경우

⑥ 제1호부터 제4호까지의 사유에 준하는 사유로서 기획재정부령으로 정하는 경우

"대통령령으로 정하는 사유에 해당하여 신고가격을 과세가격으로 인정하기 곤란한 경우"란 다음 각 호의 어느 하나에 해당하는 경우를 말한다$\left(\substack{\text{관세법시행령} \\ \text{제24조 제3항}}\right)$.

① 납세의무자가 제출한 자료가 수입물품의 거래관계를 구체적으로 나타내지 못하는 경우

② 그 밖에 납세의무자가 제출한 자료에 대한 사실관계를 확인할 수 없는 등 신고가격의 정확성이나 진실성을 의심할만한 합리적인 사유가 있는 경우

2) 동종·동질물품의 거래가격을 기초로 한 과세가격 결정방법(제2방법)$\binom{\text{관세법}}{\text{제31조}}$

(1) 동종·동질물품의 정의

"동종·동질물품"이란 해당 수입물품의 생산국에서 생산된 것으로서 물리적 특성, 품질 및 소비자 등의 평판을 포함한 모든 면에서 동일한 물품(외양에 경미한 차이가 있을 뿐 그 밖의 모든 면에서 동일한 물품을 포함한다)을 말한다$\binom{\text{관세법시행령}}{\text{제25조 제1항}}$.

(2) 동종물품의 범위

"선적일"은 수입물품을 수출국에서 우리나라로 운송하기 위하여 선적하는 날로 하며, 선하증권, 송품장 등으로 확인한다. 다만, 선적일의 확인이 곤란한 경우로서 해당 물품의 선적국 및 운송수단이 동종·동질물품의 선적국 및 운송수단과 동일한 경우에는 같은 호에 따른 "선적일"을 "입항일"로, "선적"을 "입항"으로 본다$\binom{\text{관세법시행령}}{\text{제25조 제2항}}$.

"해당 물품의 선적일을 전후하여 가격에 영향을 미치는 시장조건이나 상관행에 변동이 없는 기간"은 해당 물품의 선적일 전 60일과 선적일 후 60일을 합한 기간으로 한다. 다만, 농림축산물 등 계절에 따라 가격의 차이가 심한 물품의 경우에는 선적일 전 30일과 선적일 후 30일을 합한 기간으로 한다$\binom{\text{관세법시행령}}{\text{제25조 제3항}}$.

가격차이의 조정은 다음 각 호의 구분에 따른 방법으로 한다$\binom{\text{관세법시행령}}{\text{제25조 제4항}}$.

1. 거래 단계가 서로 다른 경우 : 수출국에서 통상적으로 인정하는 각 단계별 가격차이를 반영하여 조정

2. 거래 수량이 서로 다른 경우 : 수량할인 등의 근거자료를 고려하여 가격차이를 조정

3. 운송 거리가 서로 다른 경우 : 운송 거리에 비례하여 가격차이를 조정

4. 운송 형태가 서로 다른 경우 : 운송 형태별 통상적으로 적용되는 가격차이를 반영하여 조정

동종동질물품을 적용할 때 해당 물품의 생산자가 생산한 동종·동질물품은 다른 생산자가 생산한 동종·동질물품보다 우선하여 적용한다$\binom{\text{관세법시행령}}{\text{제25조 제4항}}$.

(3) 거래가격의 요건

거래가격(제1방법)을 과세가격으로 결정할 수 없을 경우에는 동종·동질 품질의 거래가격으로서 다음 각 호의 요건을 갖춘 가격을 기초로 하여 과세가격을 결정한다($^{관세법}_{제31조 제1항}$).

1. 과세가격을 결정하려는 해당 물품의 생산국에서 생산된 것으로서 해당 물품의 선적일(船積日)에 선적되거나 해당 물품의 선적일을 전후하여 가격에 영향을 미치는 시장조건이나 상관행(商慣行)에 변동이 없는 기간 중에 선적되어 우리나라에 수입된 것이어야 한다.
2. 거래 단계, 거래 수량, 운송 거리, 운송 형태 등이 해당 물품과 같아야 하며, 두 물품간에 차이가 있는 경우에는 그에 따른 가격차이를 조정한 가격이어야 한다.

(4) 과세가격 결정의 기초자료에서 제외($^{관세법}_{제31조 제2항}$)

과세가격으로 인정된 사실이 있는 동종·동질물품의 거래가격이라 하더라도 그 가격의 정확성과 진실성을 의심할만한 합리적인 사유가 있는 경우 그 가격은 과세가격 결정의 기초자료에서 제외한다.

(5) 거래가격이 둘 이상 있는 경우($^{관세법}_{제31조 제3항}$)

동종·동질물품의 거래가격이 둘 이상 있는 경우에는 생산자, 거래 시기, 거래 단계, 거래 수량 등(이하 "거래내용 등"이라 한다)이 해당 물품과 가장 유사한 것에 해당하는 물품의 가격을 기초로 하고, 거래내용 등이 같은 물품이 둘 이상이 있고 그 가격도 둘 이상이 있는 경우에는 가장 낮은 가격을 기초로 하여 과세가격을 결정한다.

3) 유사물품의 거래가격을 기초로 한 과세가격 결정방법(제3방법)($^{관세법}_{제32조}$)

(1) 의의

수입물품의 과세가격을 결정함에 있어 거래가격(제1평가방법)과 동종,동질물품(제2평가방법)을 적용할 수 없는 경우에 과세가격으로 인정된 바 있는 유사물품의 거래가격을 기초로 과세가격을 결정하는 방법이다.

(2) 유사물품의 정의

유사물품이라 함은 당해 수입물품의 생산국에서 생산된 것으로서 모든 면에서 동일하지는 아니하더라도, 동일한 기능을 수행하고 대체사용이 가능할 수 있을 만큼 비슷한 특성과 구성요소를 가지고 있는 물품을 말한다($^{관세법시행령}_{제26조}$).

(3) 과세가격 결정의 기초자료에서 제외

과세가격으로 인정된 사실이 있는 유사물품의 거래가격이라 하더라도 그 가격의 정확성과 진실성을 의심할만한 합리적인 사유가 있는 경우 그 가격은 과세가격 결정의 기초자료에서 제외한다$\binom{관세법}{제32조\ 제2항}$.

(4) 거래가격이 둘 이상 있는 경우

유사물품의 거래가격이 둘 이상 있는 경우에는 거래내용 등이 해당 물품과 가장 유사한 것에 해당하는 물품의 가격을 기초로 하고, 거래내용 등이 같은 물품이 둘 이상 있고 그 가격이 둘 이상 있는 경우에는 가장 낮은 가격을 기초로 하여 과세가격을 결정한다$\binom{관세법}{제32조\ 제3항}$.

4) 국내판매가격을 기초로 한 과세가격 결정방법(제4방법)$\binom{관세법}{제33조}$

(1) 의의

거래가격(제1방법), 동종, 동질물품(제2방법) 내지 유사물품(제3방법)에 의하여 과세가격을 결정할 수 없는 때에는 국내판매가격을 기초로 과세가격을 결정한다$\binom{관세법}{제33조\ 제1항}$.

그러나 납세의무자(수입자)가 요청하면, 산정가격(제5평가방법)에 따라 과세가격을 결정하되, 산정가격(제5평가방법)에 따라 결정할 수 없을 경우에는 합리적 기준(제6평가방법)에 따라 과세가격을 결정한다.

(2) 국내판매가격의 요건

해당 물품, 동종·동질물품 또는 유사물품이 수입된 것과 동일한 상태로 해당 물품의 수입신고일 또는 수입신고일과 거의 동시에 특수관계가 없는 자에게 가장 많은 수량으로 국내에서 판매되는 단위가격을 기초로 하여 산출한 금액이다$\binom{관세법\ 제33조}{제1항\ 제1호}$. "국내에서 판매되는 단위가격"이란 수입 후 최초의 거래에서 판매되는 단위가격을 말한다$\binom{관세법시행령}{제27조\ 제1항}$. 다만, 다음 각 호의 어느 하나에 해당하는 경우의 가격은 이를 국내에서 판매되는 단위가격으로 보지 아니한다.

1. 최초거래의 구매자가 판매자 또는 수출자와 (관세법시행령 제23조 제1항에 따른) 특수관계에 있는 경우
2. 최초거래의 구매자가 판매자 또는 수출자에게 (관세법시행령 제18조 각호의) 물품 및 용역을 수입물품의 생산 또는 거래에 관련하여 사용하도록 무료 또는 인하된 가격으로 공급하는 경우

국내판매가격을 기초로 한 과세가격 결정(법 제33조 제1항 제1호)에 따른 금액을 산출할 때에는 해당 물품, 동종·동질물품, 유사물품의 순서로 적용한다. 이 경우 해당 수입자가 동종·동질물품 또는 유사물품을 판매하고 있는 경우에는 해당 수입자의 판매가격을 다른 수입자의 판매가격에 우선하여 적용한다$\binom{\text{관세법시행령}}{\text{제27조 제2항}}$.

(3) 과세가격의 산출

① 동일한 상태로 국내 판매되는 경우

해당 물품, 동종·동질물품 또는 유사물품이 수입된 것과 동일한 상태로 해당 물품의 수입신고일 또는 수입신고일과 거의 동시에 특수관계가 없는 자에게 가장 많은 수량으로 국내에서 판매되는 단위가격을 기초로 하여 산출한 금액에서 다음 각 호의 금액을 뺀 가격을 과세가격으로 한다$\binom{\text{관세법}}{\text{제33조 제1항}}$.

> ㉠ 국내판매와 관련하여 통상적으로 지급하였거나 지급할 것으로 합의된 수수료
> ㉡ 동종·동류의 수입물품이 국내에서 판매될 때 통상적으로 부가 되는 이윤 및 일반경비에 해당하는 금액
> ㉢ 수입항 도착 후 국내에서 발생된 통상의 운임·보험료, 기타 관련 비용(예 : 하역비, 수입국 내륙운송비용, 통관비용, 수입항 도착 이후에 발생하는 보험료, 수입부담금 등)
> ㉣ 해상 물품의 수입 및 국내판매와 관련하여 납부하였거나 납부하여야 할 조세 기타 공과금(예 : 관세, 부가가치세, 특별소비세, 주세, 농어촌특별세, 교육세)

국내판매와 관련하여 통상적으로 지급하였거나 지급할 것으로 합의된 수수료로 함은 수입신고일과 거의 동시에 판매되는 단위가격은 당해 물품의 종류와 특성에 따라 수입신고일의 가격과 가격변동이 거의 없다고 인정되는 기간중의 판매가격으로 한다. 다만, 수입신고일부터 90일이 경과된 후에 판매되는 가격을 제외한다$\binom{\text{관세법시행령}}{\text{제27조 제3항}}$.

그리고 동종·동류의 수입물품이 국내에서 판매될 때 통상적으로 부가 되는 이윤 및 일반경비에 해당하는 금액에서 "동종·동류의 수입물품"이라 함은 당해 수입물품이 제조되는 특정산업 또는 산업부문에서 생산되고 당해 수입물품과 일반적으로 동일한 범주에 속하는 물품(동종·동질물품 또는 유사물품을 포함한다)을 말한다$\binom{\text{관세법시행령}}{\text{제27조 제4항}}$.

② 수입 후 추가가공을 거치는 경우

해당 물품, 동종·동질물품 또는 유사물품이 수입된 것과 동일한 상태로 국내 판매되는 사례가 없는 경우에 납세의무자의 요청이 있는 때에는 당해 물품이 국내에서 가공된 후 특수관계가 없는 자에게 가장 많은 수량으로 판매되는 단위가격을 기초로 하여 산출된 금액에서 다음의 금액을 뺀 가격을 과세가격으로 한다$\binom{\text{관세법}}{\text{제33조 제3항}}$.

⊙ 국내판매와 관련하여 통상적으로 지급하였거나 지급할 것을 합의된 수수료
ⓛ 동종·동류의 수입물품이 국내에서 판매될 때 통상자금을 부가되는 이윤 일반경비에 해당하는 금액
ⓒ 수입항 도착 후 국내에서 발생된 통상의 운임·보험료, 기타 관련 비용
ⓔ 당해 물품이 수입 및 국내판매와 관련하여 납부하였거나 납부하여야 할 조세 기타 공과금
ⓜ 국내 가공에 따른 부가가치

그러나 국내에서 판매되는 단위가격이라 하더라도 그 가격의 정확성과 진실성을 의심할 만한 합리적인 사유가 있는 경우에는 국내판매가격$\binom{\text{관세법}}{\text{제33조 제1항}}$을 적용하지 아니할 수 있다$\binom{\text{관세법}}{\text{제33조 제2항}}$.

(4) 이윤 및 일반경비 동종종류비율 산정

세관장은 관세청장이 정하는 바에 따라 해당 수입물품의 특성, 거래 규모 등을 고려하여 동종·동류의 수입물품을 선정하고 이 물품이 국내에서 판매되는 때에 부가되는 이윤 및 일반경비의 평균값을 기준으로 동종·동류비율을 산출하여야 한다$\binom{\text{관세법시행령}}{\text{제27조 제6항}}$.

(5) 통보

세관장은 동종·동류비율 및 그 산출근거를 납세의무자에게 서면으로 통보하여야 한다$\binom{\text{관세법시행령}}{\text{제27조 제7항}}$.

(6) 이의제기

납세의무자는 세관장이 산출한 동종·동류비율이 불합리하다고 판단될 때에는 제7항에 따른 통보를 받은 날부터 30일 이내에 관세청장이 정하는 바에 따라 해당 납세의무자의 수입물품을 통관했거나 통관할 세관장을 거쳐 관세청장에게 이의를 제기할 수 있다. 이 경우

관세청장은 해당 납세의무자가 제출하는 자료와 관련 업계 또는 단체의 자료를 검토하여 동종·동류비율을 다시 산출할 수 있다$\binom{\text{관세법시행령}}{\text{제27조 제8항}}$.

(7) 추가비용

"그 밖의 관련 비용"이란 해당 물품, 동종·동질물품 또는 유사물품의 하역, 검수, 검역, 검사, 통관 비용 등 수입과 관련하여 발생하는 비용을 말한다$\binom{\text{관세법시행령}}{\text{제27조 제9항}}$.

(8) 기타

국내판매가격을 기초로 한 과세가격 결정(관세법 제33조 제2항4))에서 "그 가격의 정확성과 진실성을 의심할만한 합리적인 사유가 있는 경우"란 해당 물품의 국내판매가격이 동종·동질물품 또는 유사물품의 국내판매가격보다 현저하게 낮은 경우 등을 말한다$\binom{\text{관세법시행령}}{\text{제27조 제10항}}$.

5) 산정가격을 기초로 한 과세가격의 결정방법(제5방법)$\binom{\text{관세법}}{\text{제34조}}$

(1) 의의

거래가격(제1방법), 동종, 동질물품(제2방법), 유사물품(제3방법) 내지 국내판매가격(제4방법)으로 수입물품의 과세가격을 결정할 수 없는 경우에는 산정가격을 기초로 과세가격을 결정한다$\binom{\text{관세법}}{\text{제34조 제1항}}$. 당해 물품의 수출국의 외국제조업자가 수입국 세관에 제시한 제품의 원가계산서를 검토하여 생산하는 데에 소요된 비용을 산정하여 산출한 가격으로 과세가격을 결정하는 방법이다.

따라서, 제5평가방법은 수입물품의 생산 및 거래와 관련된 비용명세를 수입자를 통하여 간접적으로 얻을 수밖에 없기 때문에 수입자와 수출자가 같은 목적하에 연대되어 있는 다국적기업 등 특수관계거래에서 제한적으로 운용될 수 있을 것이다.

(2) 산정근거

관세법 제34조 제1항 제1호5)에 해당하는 금액은 해당 물품의 생산자가 생산국에서 일반적으로 인정된 회계원칙에 따라 작성하여 제공하는 회계장부 등 생산에 관한 자료를 근거

---

4) 국내에서 판매되는 단위가격이라 하더라도 그 가격의 정확성과 진실성을 의심할만한 합리적인 사유가 있는 경우에는 적용하지 아니할 수 있다.

5) 제34조(산정가격을 기초로 한 과세가격의 결정) ①제30조부터 제33조까지에 규정된 방법으로 과세가격을 결정할 수 없을 때에는 다음 각 호의 금액을 합한 가격을 기초로 하여 과세가격을 결정한다.
　　1. 해당 물품의 생산에 사용된 원자재 비용 및 조립이나 그 밖의 가공에 드는 비용 또는 그 가격

로 하여 산정한다$\binom{\text{관세법시행령}}{\text{제28조 제1항}}$.

　법 제34조 제1항 제1호에 따른 조립이나 그 밖의 가공에 드는 비용 또는 그 가격에는 법 제30조 제1항 제2호6)에 따른 금액이 포함되는 것으로 하며, 우리나라에서 개발된 기술·설계·고안·디자인 또는 공예에 드는 비용을 생산자가 부담하는 경우에는 해당 비용이 포함되는 것으로 한다$\binom{\text{관세법시행령}}{\text{제27조 제2항}}$.

(3) 과세가격의 산출

　다음 각 호의 금액을 합한 가격을 기초로 하여 과세가격을 결정한다.

① 해상 물품의 수입 및 국내판매와 관련하여 납부하였거나 납부하여야 할 조세 기타 공과금

② 수출국 내에서 해당 물품과 동종·동류의 물품의 생산자가 우리나라에 수출하기 위하여 판매할 때 통상적으로 반영하는 이윤 및 일반 경비에 해당하는 금액

③ 해당 물품의 수입항까지의 운임·보험료와 그 밖에 운송과 관련된 비용으로서 관세법 제30조 제1항 제6호(수입항(輸入港)까지의 운임·보험료와 그 밖에 운송과 관련되는 비용으로서 대통령령으로 정하는 바에 따라 결정된 금액. 다만, 기획재정부령으로 정하는 수입물품의 경우에는 이의 전부 또는 일부를 제외할 수 있다)에 따라 결정된 금액.

> 과세가격 = 생산원가(자재비+노무비+제조경비)+이윤 및 일반경비+운송비

6) 합리적인 기준에 의한 과세가격결정방법(제6방법)$\binom{\text{관세법}}{\text{제35조}}$

(1) 의의

　제1방법 내지 제5방법에 의해 과세가격을 결정할 수 없는 경우에는 대통령령으로 정하는 바에 따라서 제1방법 내지 제5방법까지 규정된 원칙과 부합되는 합리적인 기준에 따라 과세가격을 결정하는 방법이다$\binom{\text{관세법}}{\text{제35조 제1항}}$. 합리적인 기준에 의한 방법은 특별한 방법이 아니고 전술한 과세가격결정방법을 적용함에 있어 신축성을 부여하여 과세가격을 결정하는

---

6) 제30조(과세가격 결정의 원칙) ① 수입물품의 과세가격은 우리나라에 수출하기 위하여 판매되는 물품에 대하여 구매자가 실제로 지급하였거나 지급하여야 할 가격에 다음 각 호의 금액을 더하여 조정한 거래가격으로 한다. 다만, 다음 각 호의 금액을 더할 때에는 객관적이고 수량화할 수 있는 자료에 근거하여야 하며, 이러한 자료가 없는 경우에는 이 조에 규정된 방법으로 과세가격을 결정하지 아니하고 제31조부터 제35조까지에 규정된 방법으로 과세가격을 결정한다.
　　2. 해당 수입물품과 동일체로 취급되는 용기의 비용과 해당 수입물품의 포장에 드는 노무비와 자재비로서 구매자가 부담하는 비용

방법이다. 신축적으로 해석·적용하는 방법"이라 함은 다음 각호의 방법을 말한다$\left(\substack{\text{관세법시행규칙} \\ \text{제7조 제1항}}\right)$.

① 당해 물품의 생산국에서 생산된 것이라는 장소적 요건을 다른 생산국에서 생산된 것으로 확대하여 해석·적용하는 방법

② 당해 물품의 선적일 또는 선적일 전후라는 시간적 요건을 선적일 전후 90일로 확대하여 해석·적용하는 방법. 다만, 가격에 영향을 미치는 시장조건이나 상관행(商慣行)이 유사한 경우에는 90일을 초과하는 기간으로 확대하여 해석·적용할 수 있다.

그러나 합리적 기준에 따른 과세가격 결정방법으로 과세가격을 결정할 수 없을 때에는 국제거래시세·산지조사가격을 조정한 가격을 적용하는 방법 등 거래의 실질 및 관행에 비추어 합리적으로 인정되는 방법에 따라 과세가격을 결정한다$\left(\substack{\text{관세법} \\ \text{제35조 제2항}}\right)$.

(2) 합리적인 기준

합리적인 기준에 따라 과세가격을 결정함에 있어 우선적으로 다음 각 호의 규정을 적용한다.

① 제2·제3방법 적용요건의 신축 해석

동종·동질·유사물품의 거래가격을 기초로 과세가격을 결정함에 있어 다음의 요건을 신축적으로 해석·적용하는 방법

> ㉠ 동종·동질·유사물품은 과세가격을 결정하고자 하는 당해 물품의 생산국에서 생산된 것이어야 한다.
> ㉡ 동종·동질·유사물품은 당해 물품이 선적일에 선적되거나 선적일을 전후하여 가격에 영향을 미치는 시장조건이나 상관행에 변동이 없는 기간 중에 선적되어 우리나라에 수입된 것이어야 한다(선적시기에 관한 요건을 신축 해석·적용).

② 제4평가방법 적용요건의 신축 해석

국내판매가격을 기초로 과세가격을 결정함에 있어 다음의 요건을 신축적으로 해석·적용하는 방법

> ㉠ 과세가격을 결정할 때에 수입된 것과 동일한 상태로 판매되어야 한다는 요건
> ㉡ 과세가격을 결정할 때에 수입신고일로부터 90일 이내에 판매되어야 한다는 요건

③ 제4·제5방법의 신축 적용

국내 판매가격 및 산정가격을 기초로 과세가격을 결정함에 있어 과세가격으로 인정된 바 있는 동종·동질물품 또는 유사물품의 과세가격을 기초로 과세가격을 결정하는 방법

(3) 사용불가능한 가격

합리적인 기준에 의한 과세가격을 결정함에 있어 제1방법 내지 제5방법의 과세가격 결정방법을 신축적으로 해석·적용한다 할지라도 다음에 해당하는 가격을 기준으로 할 수 없다$\left(\genfrac{}{}{0pt}{}{\text{관세법시행령}}{\text{제29조 제2항}}\right)$.

① 우리나라에서 생산된 물품의 국내판매가격
② 선택가능한 가격 중 반드시 높은 가격을 과세가격으로 하여야 한다는 기준에 따라 결정하는 가격
③ 수출국의 국내판매가격
④ 동종·동질물품 또는 유사물품에 대하여 산정가격방법에 의하여 생산비용을 기초로 가격을 결정하는 방법 외에 다른 방법으로 생산비용을 기초로 결정된 가격
⑤ 우리나라 외의 국가에 수출하는 물품의 가격
⑥ 특정수입물품에 대하여 미리 설정하여 둔 최저과세기준 가격
⑦ 자의적 또는 가공적인 가격

(4) 기타 과세가격결정

관세청장은 다음 각호의 하나에 해당하는 물품에 대한 과세가격결정에 필요한 기초자료, 금액의 계산방법 등 과세가격결정에 필요한 세부사항을 정할 수 있다$\left(\genfrac{}{}{0pt}{}{\text{관세법시행령}}{\text{제29조 제3항}}\right)$.

① 수입신고전에 변질·손상된 물품
② 여행자 또는 승무원의 휴대품·우편물·탁송품 및 별송품
③ 임차수입물품
④ 중고물품
⑤ 제품과세$\left(\genfrac{}{}{0pt}{}{\text{관세법}}{\text{제188조 단서}}\right)$ 단서의 규정에 의하여 외국물품으로 보는 물품
⑥ 범칙물품
⑦ 기타 관세청장이 과세가격결정에 혼란이 발생할 우려가 있다고 인정하는 물품

7) 관세가격 결정시 과세환율

(1) 의의

송장, 선하증권(B/L) 등 과세가격을 결정하는 자료에는 일반적으로 외국통화로 가격이 표시되어 있다. 이렇게 수입물품의 가격이 외국통화로 표시되어 있을 때에는 그것을 내국통화로 환산하여 그 환산금액에 관세율을 곱하여 관세액을 산출한다. 이와 같이 과세가격 결정에 소요되는 환율을 과세환율이라 한다.

(2) 과세환율의 결정

과세가격을 결정함에 있어 외국통화로 표시된 가격을 내국통화로 환산할 때에는 다음 각 호에 규정하는 날이 속하는 주의 전주의 외국환매도율을 평균하여 관세청장이 그 율을 정한다.

〈표 2-4〉 관세환율기준시점

구분		과세환율 기준 시점
원칙	수입신고물품	수입신고일
	보세건설장 반입물품	수입신고일
예외	선(기)용품을 허가대로 적재하지 않아 과세를 추징하는 물품	적재허가를 받은 날
	보세구역 장치물품의 멸실·멸각으로 관세를 추징하는 물품	멸실 또는 멸각된 날
	보세공장외 작업시 지정기간이 경과하여 관세를 추징하는 물품	작업허가를 받은 날
	보세건설장 외 작업시 지정기간이 경과하여 관세를 추징하는 물품	작업허가를 받은 날
	보세운송시 지정기간이 경과하여 관세를 추징하는 물품	보세운송신고일 또는 승인일
	수입신고전 반출신고를 하고 반출된 물품	반출신고를 한날
	외국물품의 사용·소비를 수입으로 보아 관세를 추징하는 물품	소비 또는 사용한 날
	우편에 의하여 수입되는 물품	통관 우체국에 도착한 날
	도난 또는 분실물품	도난 또는 분실된 날
	관세법에 의한 매각물품	매각된 날
	기타 수입신고를 하지 않고 수입된 물품	수입된날

제5절

관세율

1. 관세율의 개요

1) 세율의 의의

세율이란, 과세의 4대 요건 중의 하나로서 세액을 결정하는 데 있어서 과세표준에 대하여 적용되는 비율을 말한다. 즉 세액은 「관세비율×과세표준」으로 산출되기 때문에 세율은 과세표준과 더불어 세액을 결정하는 2대 요인중의 하나로서 세액산출에 중요한 역할을 한다.

이러한 세율은 조세법률주의에 따라 국회에서 법률로 정하는 것이 원칙이나, 국내외 경제여건변화 등의 신속한 대응을 위해 법률에서 위임된 범위안에서 대통령령 또는 기획재정부령으로 탄력세율을 정할 수 있고, 또한 우리나라의 통상과 대외무역증진을 위하여 특정국가 또는 국제기구와 조약, 협약 등에 의하여 국제협력관세율(양허관세율)을 정할 수 있다.

개발도상국의 수출증대 및 공업화의 촉진을 위해 개발도상국으로부터 수입하는 농수산물, 공산품의 제품·반제품에 대하여 보상없이 일방적으로 무관세를 적용하거나 저율의 관세를 부과하는 특혜관세율을 적용하기도 한다.

이밖에도 휴대품 등에 대한 간이세율, 일괄수입신고된 다품목·소량물품에 대한 합의에 의한 세율, 및 용도에 따라 세율을 달리하는 용도세율이 있다.

2) 관세의 종류

(1) 관세율의 종류 $\left(\substack{\text{관세법}\\\text{제49조}}\right)$

우리나라의 관세율의 종류는 크게 국정세율과 협정세율로 분리 될 수 있다.

세율	대분류	협정세율	관세종류
관세율	국정관세		기본세율
			잠정세율
			간이세율
			일반특혜관세율(관세법 제76조)
			탄력세율
			환급에 갈음하는 인하세율
			WTO일반양허관세율
			WTO개도국간 양허관세율
			방콕협정 양허관세율
	협정관세	다자간 협정세율	GSTP에 의한 양허관세율
		양자간 협정세율	쌍무협정에 따른 양허관세율

(가) 국정세율

국정세율이란, 우리나라가 독자적으로 정한 세율을 말하며, 기본세율, 잠정세율, 탄력세율, 간이세율, 환급에 갈음하는 인하세율, 일반특혜관세율이 있다.

① 기본세율

관세법의 별표인 과세율표상의 기본세율을 말한다. 국회에서 제정된 법률에 의해 확정되며, 수입물품에 대하여 원칙적으로 적용되는 세율이다.

② 잠정세율

잠정세율이란, 관세율표에 기본세율과 함께 표시되어 있는데, 일정한 경우에 특정품목에 대하여 기본세율과는 다른 세율을 잠정적으로 적용하기 위하여 마련된 것을 말한다. 즉, 잠정세율은 법에서 구체적으로 부과목적을 규정하고 있지는 않다.

③ 탄력세율

급변하는 국제 경제환경에 대응하기 위하여 법률이 정한 일정한 범위내에서 행정안전부에게 관세율이 변경권을 위임하고 있는 관세율을 말한다.

현재 관세법 제51조 내지 제74조 까지 규정된 10가지 세율이 있다.

〈표 2-5〉 세율의 종류

종류	근거규정	국제협약 규정	결정당사자
덤핑방지관세	관세법 제51조	WTO 덤핑방지관세 협약	기획재정부령
상계관세	관세법 제57조	WTO 보조금·상계관세 협정	기획재정부령
보복관세	관세법 제63조	-	대통령령
긴급관세	관세법 제65조	WTO 긴급수입제한 조치에 관한 협정	기획재정부령
특정국 물품 긴급관세	관세법 제67조의2	중국측 WTO 가입조건	기획재정부령
농림축산물에 대한 특별긴급관세	관세법 제68조	WTO 농산물협정에 의한 특별긴급 수입제한 조치	기획재정부령
조정관세	관세법 제69조	-	대통령령
할당관세	관세법 제71조	-	대통령령
계절관세	관세법 제72조	-	기획재정부령
편익관세	관세법 제74조	-	대통령령
일반특혜관세	관세법 제76조	- WTO 일반특혜관세	대통령령

3) 관세의 종류의 내용

(1) 덤핑방지관세 $\left(\begin{smallmatrix} 관세법 \\ 제51조 \end{smallmatrix}\right)$

(가) 부과대상

국내산업에 이해관계가 있는 자로서 대통령령으로 정하는 자 또는 주무부장관이 부과요청을 한 경우로서 외국의 물품이 대통령령으로 정하는 정상가격 이하로 수입(이하 "덤핑")되어 다음 각 호에 해당하는 것(이하 "실질적 피해 등")으로 조사를 통하여 확인되고 해당 국내산업을 보호할 필요가 있다고 인정되는 경우에는 기획재정부령으로 그 물품과 공급자 또는 공급국을 지정하여 해당 물품에 대하여 정상가격과 덤핑가격 간의 차액(이하 "덤핑차액")에 상당하는 금액 이하의 관세(이하 "덤핑방지관세")를 추가하여 부과할 수 있다$\left(\begin{smallmatrix} 관세법 \\ 제51조 \end{smallmatrix}\right)$.

① 국내산업이 실질적인 피해를 받거나 받을 우려가 있는 경우
② 국내산업의 발전이 실질적으로 지연된 경우

〈표 2-6〉 정상가격과 덤핑가격 (관세법시행령 제58조 각항)

정상가격	덤핑가격
정상가격"이라 함은 당해 물품의 공급국에서 소비되는 동종물품의 통상거래가격을 말한다. 다만, 동종물품이 거래되지 아니하거나 특수한 시장상황 등으로 인하여 통상거래가격을 적용할 수 없는 때에는 당해 국가에서 제3국으로 수출되는 수출가격중 대표적인 가격으로서 비교가능한 가격 또는 원산지국에서의 제조원가에 합리적인 수준의 관리비 및 판매비와 이윤을 합한 가격(이하 "구성가격"이라 한다)을 정상가격으로 본다 (관세법시행령 제58조 제1항).	"덤핑가격"이라 함은 제60조의 규정에 의하여 조사가 개시된 조사대상물품에 대하여 실제로 지급하였거나 지급하여야 하는 가격을 말한다. 다만, 공급자와 수입자 또는 제3자 사이에 제23조 제1항의 규정에 의한 특수관계 또는 보상약정이 있어 실제로 지급하였거나 지급하여야 하는 가격에 의할 수 없는 때에는 다음 각호의 1의 가격으로 할 수 있다 (관세법시행령 제58조 제4항).
당해 물품의 원산지국으로부터 직접 수입되지 아니하고 제3국을 거쳐 수입되는 경우에는 그 제3국의 통상거래가격을 정상가격으로 본다. 다만, 그 제3국안에서 당해 물품을 단순히 옮겨 싣거나 동종물품의 생산실적이 없는 때 또는 그 제3국내에 통상거래가격으로 인정될 가격이 없는 때에는 원산지국의 통상거래가격을 정상가격으로 본다 (관세법시행령 제58조 제2항).	1. 수입물품이 그 특수관계 또는 보상약정이 없는 구매자에게 최초로 재판매된 경우에는 기획재정부령이 정하는 바에 따라 그 재판매 가격을 기초로 산정한 가격
당해 물품이 통제경제를 실시하는 시장경제체제가 확립되지 아니한 국가로부터 수입되는 때에는 제1항 및 제2항의 규정에 불구하고 다음 각호의 1에 해당하는 가격을 정상가격으로 본다. 다만, 시장경제체제가 확립되지 아니한 국가가 시장경제로의 전환체제에 있는 등 기획재정부령이 정하는 경우에는 제1항 및 제2항의 규정에 따른 통상거래가격 등을 정상가격으로 볼 수 있다 (관세법시행령 제58조 제3항).	2. 수입물품이 그 특수관계 또는 보상약정이 없는 구매자에게 재판매된 실적이 없거나 수입된 상태로 물품이 재판매되지 아니하는 때에는 기획재정부령이 정하는 합리적인 기준에 의한 가격
1. 우리나라를 제외한 시장경제국가에서 소비되는 동종물품의 통상거래가격 2. 우리나라를 제외한 시장경제국가에서 우리나라를 포함한 제3국으로의 수출가격 또는 구성가격	정상가격과 덤핑가격의 비교는 가능한 한 동일한 시기 및 동일한 거래단계(통상적으로 공장도 거래단계를 말한다)에서 비교하여야 한다. 이 경우 당해 물품의 물리적 특성, 판매수량, 판매조건, 과세상의 차이, 거래단계의 차이, 환율변동 등이 가격비교에 영향을 미치는 경우에는 기획재정부령이 정하는 바에 따라 정상가격 및 덤핑가격을 조정하여야 하며, 덤핑률 조사대상기간은 6월 이상의 기간으로 한다 (관세법시행령 제58조 제5항).

덤핑방지관세를 부과하는 때에는 다음 각호의 방법에 의한다. 덤핑방지관세를 정률세의 방법으로 부과하는 경우 : 다음의 산식에 의하여 산정된 덤핑률의 범위안에서 결정한 율을

과세가격에 곱하여 산출한 금액으로 한다$\binom{\text{관세법시행규칙}}{\text{제17조 제1항}}$.7)

(나) 덤핑방지관세 부과요청

덤핑방지관세 부과대상$\binom{\text{관세법}}{\text{제51조}}$ 규정에 의한 실질적 피해 등(이하 "실질적 피해 등"이라 한다)을 받은 국내산업에 이해관계가 있는 자 또는 당해 산업을 관장하는 주무부장관은 기획재정부령이 정하는 바에 따라 기획재정부장관에게 덤핑방지관세의 부과를 요청할 수 있으며, 이 요청은 「불공정무역행위 조사 및 산업피해구제에 관한 법률」 제27조에 따른 무역위원회(이하 "무역위원회"라 한다)에 대한 덤핑방지관세의 부과에 필요한 조사신청으로 갈음한다$\binom{\text{관세법시행령}}{\text{제59조 제1항}}$.

"국내산업에 이해관계가 있는 자"라 함은 실질적 피해 등을 받은 국내산업에 속하는 국내생산자와 이들을 구성원으로 하거나 이익을 대변하는 법인·단체 및 개인으로서 기획재정부령이 정하는 자를 말한다$\binom{\text{관세법시행령}}{\text{제59조 제3항}}$.

실질적 피해를 받은 국내산업 이해관계자가 덤핑방지관세 조사를 신청하고자 하는 자는 다음 각호의 자료를 무역위원회에 제출하여야 한다. 이 경우 무역위원회는 조사신청을 받은 사실을 기획재정부장관 및 관계행정기관의 장과 당해 물품의 공급국 정부에 통보하여야 한다$\binom{\text{관세법시행령}}{\text{제59조 제4항}}$.

① 다음 각목의 사항을 기재한 신청서 3부
  가. 당해 물품의 품명·규격·특성·용도·생산자 및 생산량
  나. 당해 물품의 공급국·공급자·수출실적 및 수출가능성과 우리나라의 수입자·수입실적 및 수입가능성
  다. 당해 물품의 공급국에서의 공장도가격 및 시장가격과 우리나라에의 수출가격 및 제3국에의 수출가격
  라. 국내의 동종물품의 품명·규격·특성·용도·생산자·생산량·공장도가격·시장가격 및 원가계산
  마. 당해 물품의 수입으로 인한 국내산업의 실질적 피해 등
  바. 국내의 동종물품생산자들의 당해 조사신청에 대한 지지 정도
  사. 신청서의 기재사항 및 첨부자료를 비밀로 취급할 필요가 있는 경우에는 그 사유
  아. 기타 기획재정부장관이 필요하다고 인정하는 사항
② 덤핑물품의 수입사실과 당해 물품의 수입으로 인한 실질적 피해 등의 사실에 관한 충분한 증빙자료 3부

---

7) 덤핑률 $= \dfrac{\text{조정된 정상가격} - \text{조정된 덤핑가격}}{\text{과세가격}} \times 100$

(다) 덤핑피해조사 개시

무역위원회는 제59조 제1항에 따른 조사신청을 받은 경우 덤핑사실과 실질적인 피해 등의 사실에 관한 조사의 개시여부를 결정하여 조사신청을 받은 날부터 2개월 이내에 그 결과와 다음 각 호의 사항을 기획재정부장관에게 통보하여야 한다($^{관세법시행령}_{제60조\ 제1항}$).

① 조사대상물품(조사대상물품이 많은 경우에는 기획재정부령이 정하는 바에 따라 선정된 조사대상물품)

② 조사대상기간

③ 조사대상 공급자(조사대상공급자가 많은 경우에는 기획재정부령이 정하는 바에 따라 선정된 조사대상 공급자)

무역위원회는 제1항의 규정에 의한 조사개시결정을 한 때에는 그 결정일부터 10일 이내에 조사개시의 결정에 관한 사항을 조사신청자, 당해 물품의 공급국 정부 및 공급자 기타 이해관계인에게 통지하고, 관보에 게재하여야 한다($^{관세법시행령}_{제60조\ 제3항}$).

(라) 실질적 피해조사

덤핑 사실과 실질적 피해 등의 사실에 관한 조사는 대통령령으로 정하는 바에 따르며, 기획재정부장관은 덤핑방지관세를 부과할 때 관련 산업의 경쟁력 향상, 물가안정, 통상협력 등을 고려할 필요가 있는 경우에는 이를 조사하여 반영할 수 있다($^{관세법}_{제52조\ 제1,2항}$).

① 덤핑 및 실질적 피해 등 조사($^{관세법}_{제52조}$) 의 규정에 의한 덤핑사실 및 실질적 피해 등의 사실에 관한 조사는 무역위원회가 담당한다. 이 경우 무역위원회는 필요하다고 인정하는 때에는 관계행정기관의 공무원 또는 관계전문가로 하여금 조사활동에 참여하도록 할 수 있다($^{관세법시행령}_{제61조\ 제1항}$).

② 무역위원회는 덤핑조사개시($^{관세법시행령}_{제60조\ 제3항}$) 의 규정에 의하여 조사개시의 결정에 관한 사항이 관보에 게재된 날부터 3월 이내에 덤핑사실 및 그로 인한 실질적 피해 등의 사실이 있다고 추정되는 충분한 증거가 있는지에 관한 예비조사를 하여 그 결과를 기획재정부장관에게 제출하여야 한다($^{관세법시행령}_{제61조\ 제2항}$).

③ 기획재정부장관은 제2항의 규정에 의한 예비조사결과가 제출된 날부터 1월 이내에 덤핑방지관세를 부과하기 전의 잠정조치($^{관세법}_{제53조\ 제1항}$) 의 규정에 의한 조치의 필요여부 및 내용에 관한 사항을 결정하여야 한다. 다만, 필요하다고 인정되는 경우에는 20일의 범위내에서 그 결정기간을 연장할 수 있다($^{관세법시행령}_{제61조\ 제3항}$).

④ 무역위원회는 제2항의 규정에 의한 예비조사에 따른 덤핑차액 또는 덤핑물품의 수입량이 기획재정부령이 정하는 기준에 미달하거나 실질적 피해 등이 경미한 것으로 인

정되는 때에는 제5항의 규정에 의한 본조사를 종결하여야 한다. 이 경우 기획재정부장관은 본조사 종결에 관한 사항을 관보에 게재하여야 한다(관세법시행령 제61조 제4항).

⑤ 무역위원회는 기획재정부령이 정하는 특별한 사유가 없는 한 제2항의 규정에 의한 예비조사결과를 제출한 날의 다음날부터 본조사를 개시하여야 하며, 본조사개시일부터 3월 이내에 본조사결과를 기획재정부장관에게 제출하여야 한다(관세법시행령 제61조 제5항).

⑥ 무역위원회는 제2항 및 제5항의 규정에 의한 조사와 관련하여 조사기간을 연장할 필요가 있거나 이해관계인이 정당한 사유를 제시하여 조사기간의 연장을 요청하는 때에는 2월의 범위내에서 그 조사기간을 연장할 수 있다(관세법시행령 제61조 제6항).

⑦ 기획재정부장관은 제5항에 따른 본조사 결과가 접수되면 제60조 제3항에 따른 관보게재일부터 12개월 이내에 덤핑방지관세의 부과여부 및 내용을 결정하여 법 제51조에 따른 덤핑방지관세의 부과조치를 하여야 한다. 다만, 특별한 사유가 있다고 인정되는 경우에는 관보게재일부터 18개월 이내에 덤핑방지관세의 부과조치를 할 수 있다(관세법시행령 제61조 제7항).

(마) 실질적 피해 등 판정

무역위원회는 실질적 피해 등의 사실을 조사·판정하는 때에는 다음 각호의 사항을 포함한 실질적 증거에 근거하여야 한다(관세법시행령 제63조 제1항).

① 덤핑물품의 수입물량(당해 물품의 수입이 절대적으로 또는 국내생산이나 국내소비에 대하여 상대적으로 뚜렷하게 증가되었는지 여부를 포함한다)(제1호)

② 덤핑물품의 가격(국내 동종물품의 가격과 비교하여 뚜렷하게 하락되었는지 여부를 포함한다)(제2호)

③ 덤핑차액의 정도(덤핑물품의 수입가격이 수출국내 정상가격과 비교하여 뚜렷하게 하락되었는지 여부를 포함한다)(제3호)

④ 국내산업의 생산량·가동률·재고·판매량·시장점유율·가격(가격하락 또는 인상억제의 효과를 포함한다)·이윤·생산성·투자수익·현금수지·고용·임금·성장·자본조달·투자능력·기술개발(제4호)

⑤ 제1호 및 제2호의 내용이 국내산업에 미치는 실재적 또는 잠재적 영향(제5호)

실질적인 피해 등을 조사·판정하는 경우 실질적 피해 등을 받을 우려가 있는지에 관한 판정은 관세법시행령 제63조 제1항 각호의 사항 외에 다음 각호의 사항을 포함한 사실에 근거를 두어야 하며, 덤핑물품으로 인한 피해는 명백히 예견되고 급박한 것이어야 한다(관세법시행령 제63조 제2항).

① 실질적인 수입증가의 가능성을 나타내는 덤핑물품의 현저한 증가율
② 우리나라에 덤핑수출을 증가시킬 수 있는 생산능력의 실질적 증가(다른 나라에의 수출가능성을 감안한 것이어야 한다)
③ 덤핑물품의 가격이 동종물품의 가격을 하락 또는 억제시킬 수 있는지 여부 및 추가적인 수입수요의 증대 가능성
④ 덤핑물품의 재고 및 동종물품의 재고상태

무역위원회는 (관세법시행령 제63조 제1항) 실질적 피해 등의 사실을 조사·판정함에 있어 2 이상의 국가로부터 수입된 물품이 동시에 조사대상물품이 되고 다음 각호에 해당하는 경우에는 그 수입으로부터의 피해를 누적적으로 평가할 수 있다$\binom{\text{관세법시행령}}{\text{제63조 제3항}}$.
① 덤핑차액 및 덤핑물품의 수입량이 기획재정부령이 정하는 기준에 해당하는 경우
② 덤핑물품이 상호 경쟁적이고 국내 동종물품과 경쟁적인 경우

무역위원회는 덤핑외의 다른 요인으로서 국내산업에 피해를 미치는 요인들을 조사하여야 하며, 이러한 요인들에 의한 산업피해 등을 덤핑에 의한 것으로 간주하여서는 아니된다$\binom{\text{관세법시행령}}{\text{제63조 제4항}}$.

(라) 잠정조치

기획재정부장관은 덤핑방지관세의 부과 여부를 결정하기 위하여 조사가 시작된 경우로서 다음 각 호의 어느 하나에 해당하는 경우에는 조사기간 중에 발생하는 피해를 방지하기 위하여 해당 조사가 종결되기 전이라도 대통령령으로 정하는 바에 따라 그 물품과 공급자 또는 공급국 및 기간을 정하여 잠정적으로 추계(推計)된 덤핑차액에 상당하는 금액 이하의 잠정덤핑방지관세를 추가하여 부과하도록 명하거나 담보를 제공하도록 명하는 조치(이하 "잠정조치")를 할 수 있다$\binom{\text{관세법}}{\text{제53조 제1항}}$.
① 해당 물품에 대한 덤핑 사실 및 그로 인한 실질적 피해 등의 사실이 있다고 추정되는 충분한 증거가 있는 경우(제1호)
② 덤핑방지관세와 관련된 약속을 위반하거나 약속의 이행에 관한 자료제출 요구 및 제출자료의 검증 허용 요구에 응하지 아니한 경우로서 이용할 수 있는 최선의 정보가 있는 경우(제2호)

(마) 담보해제

다음 각 호의 어느 하나에 해당하는 경우에는 대통령령으로 정하는 바에 따라 납부된 잠

정덤핑방지관세를 환급하거나 제공된 담보를 해제하여야 한다. 납부된 잠정덤핑방지관세를 환급하거나 제공된 담보를 해제하여야 한다($\binom{\text{관세법}}{\text{제53조 제2항}}$).

① 잠정조치를 한 물품에 대한 덤핑방지관세의 부과요청이 철회되어 조사가 종결된 경우(제1호)

② 잠정조치를 한 물품에 대한 덤핑방지관세의 부과 여부가 결정된 경우(제2호)

③ 덤핑방지관세와 관련된 약속이 수락된 경우(제3호)

(바) 잠정덤핑방지관세액 환급

다음 각 호의 어느 하나에 해당하는 경우 덤핑방지관세액이 잠정덤핑방지관세액을 초과할 때에는 그 차액을 징수하지 아니하며, 덤핑방지관세액이 잠정덤핑방지관세액에 미달될 때에는 그 차액을 환급하여야 한다($\binom{\text{관세법}}{\text{제53조 제3항}}$).

① 덤핑과 그로 인한 산업피해를 조사한 결과 해당 물품에 대한 덤핑 사실 및 그로 인한 실질적 피해 등의 사실이 있는 것으로 판정된 이후에 덤핑방지관세와 관련된 약속의 제의(제54조)에 따른 약속이 수락된 경우(제1호)

② 잠정조치가 적용된 물품에 대하여 국제협약에서 달리 정하는 경우, 덤핑방지관세를 소급하여 부과하는 경우(제2호)

(사) 덤핑방지관세의 부과 시기

덤핑방지관세의 부과와 잠정조치는 각각의 조치일 이후 수입되는 물품에 대하여 적용된다. 다만, 잠정조치가 적용된 물품에 대하여 국제협약에서 달리 정하는 경우와 그 밖에 대통령령으로 정하는 경우에는 그 물품에 대하여도 덤핑방지관세를 부과할 수 있다($\binom{\text{관세법}}{\text{제55조}}$).

(아) 덤핑방지관세 재심사

기획재정부장관은 필요하다고 인정될 때에는 대통령령으로 정하는 바에 따라 덤핑방지관세의 부과와 제54조에 따른 약속에 대하여 재심사를 할 수 있으며, 재심사의 결과에 따라 덤핑방지관세의 부과, 약속 내용의 변경, 환급 등 필요한 조치를 할 수 있다($\binom{\text{관세법}}{\text{제55조 제1항}}$). 기획재정부장관은 제1항에 따른 재심사에 필요한 사항으로서 덤핑방지조치 물품의 수입 및 징수실적 등 대통령령으로 정하는 사항을 조사할 수 있다($\binom{\text{관세법}}{\text{제55조 제2항}}$).

덤핑방지관세의 부과나 덤핑방지관세와 관련된 약속의 제의(제54조)에 따라 수락된 약속은 기획재정부령으로 그 적용시한을 따로 정하는 경우를 제외하고는 해당 덤핑방지관세 또는 약속의 시행일부터 5년이 지나면 그 효력을 잃으며, 제1항에 따라 덤핑과 산업피해를 재심사하고 그 결과에 따라 내용을 변경할 때에는 기획재정부령으로 그 적용시한을 따로 정하는 경우를 제외하고는 변경된 내용의 시행일부터 5년이 지나면 그 효력을 잃는다$\left(\substack{\text{관세법}\\\text{제55조 제3항}}\right)$.

(2) 상계관세

(가) 상계관세의 부과대상

국내산업에 이해관계가 있는 자로서 대통령령으로 정하는 자 또는 주무부장관이 부과요청을 한 경우로서, 외국에서 제조·생산 또는 수출에 관하여 직접 또는 간접으로 보조금이나 장려금(이하 "보조금 등"이라 함)을 받은 물품의 수입으로 인하여 다음 어느 하나에 해당하는 것(이하 "실질적 피해 등"이라 함)으로 조사를 통하여 확인되고 해당 국내산업을 보호할 필요가 있다고 인정되는 경우에는 기획재정부령으로 그 물품과 수출자 또는 수출국을 지정하여 그 물품에 대하여 해당 보조금 등의 금액 이하의 관세(이하 "상계관세"라 함)를 추가하여 부과할 수 있다$\left(\substack{\text{관세법}\\\text{제57조}}\right)$.

① 국내산업이 실질적인 피해를 받거나 받을 우려가 있는 경우
② 국내산업의 발전이 실질적으로 지연된 경우

기획재정부장관은 상계관세를 부과할 때 관련 산업의 경쟁력 향상, 물가안정, 통상협력 등을 고려할 필요가 있는 경우에는 이를 조사하여 반영할 수 있다$\left(\substack{\text{관세법}\\\text{제58조 제2항}}\right)$.

(나) 상계관세 부과요청

상계관세 부과대상$\left(\substack{\text{관세법}\\\text{제57조}}\right)$의 규정에 의한 실질적 피해 등을 받은 국내산업에 이해관계가 있는 자 또는 당해 산업을 관장하는 주무부장관은 기획재정부령이 정하는 바에 따라 기획재정부장관에게 상계관세의 부과를 요청할 수 있으며, 이 요청은 무역위원회에 대한 상계관세의 부과에 필요한 조사신청으로 갈음한다$\left(\substack{\text{관세법시행령}\\\text{제73조 제1항}}\right)$.

상계관세 부과대상$\left(\substack{\text{관세법}\\\text{제57조}}\right)$ 조를 적용함에 있어서의 국내산업은 보조금 등을 받은 물품과 동종물품의 국내생산사업(당해 수입물품의 수출국정부 또는 수출자 또는 수입자와 제23조 제1항의 규정에 의한 특수관계에 있는 생산자에 의한 생산사업과 당해 수입물품의 수입자인 생산자로서 기획재정부령이 정하는 자에 의한 생산사업을 제외할 수 있다. 이하 이 항에서 같다)의 전부 또는 국내총생산량의 상당부분을 점하는 국내생산사업으로 한다$\left(\substack{\text{관세법시행령}\\\text{제73조 제2항}}\right)$.

상계관세 부과대상(관세법 제57조 제1항)에서 "국내산업에 이해관계가 있는 자"라 함은 실질적 피해 등을 받은 국내산업에 속하는 국내생산자와 이들을 구성원으로 하거나 이익을

대변하는 법인·단체 및 개인으로서 기획재정부령이 정하는 자를 말한다$\binom{\text{관세법시행령}}{\text{제73조 제3항}}$.

보조금 등을 받은 물품의 수입으로 실질적 피해 등을 받은 국내산업에 이해관계가 있는 자가 제1항의 규정에 의하여 조사를 신청하고자 하는 때에는 다음 각호의 사항을 기재한 신청서에 관계증빙자료를 첨부하여 무역위원회에 제출하여야 한다$\binom{\text{관세법시행령}}{\text{제73조 제4항}}$.

① 당해 물품의 품명·규격·특성·용도·생산자 및 생산량(제1호)

② 당해 물품의 수출국·수출자·수출실적 및 수출가능성과 우리나라의 수입자·수입실적 및 수입가능성(제2호)

③ 당해 물품의 수출국에서의 공장도가격 및 시장가격과 우리나라로의 수출가격 및 제3국에의 수출가격(제3호)

④ 국내의 동종·동질물품 또는 유사물품의 품명·규격·특성·용도·생산자·생산량·공장도 가격·시장가격 및 원가계산(제4호)

⑤ 보조금 등을 받은 물품의 수입으로 인한 관련국내산업의 실질적 피해 등에 관한 사항(제5호)

⑥ 수출국에서 당해 물품의 제조·생산 또는 수출에 관하여 지급한 보조금 등의 내용과 이로 인한 당해 물품의 수출가격 인하효과(제6호)

⑦ 국내의 동종·동질물품 또는 유사물품 생산자들의 당해 조사신청에 대한 지지 정도(제7호)

⑧ 첨부한 자료를 비밀로 취급할 필요가 있는 때에는 그 사유(제8호)

⑨ 기타 기획재정부장관이 필요하다고 인정하는 사항(제9호)

상계관세를 부과하는 경우 상계관세는 다음의 산식에 의하여 산정된 보조금률의 범위안 에서 결정한 율을 과세가격에 곱하여 산출한다$\binom{\text{관세법시행규칙}}{\text{제29조 제1항}}$.[8] 관세법 시행영 제79조 제2항에 의하여 가중평균 상계관세율을 산정함에 있어서 보조금 등을 받는 수출자가 다수인 때에 는 수출자별 수출량에 따라 가중치를 둘 수 있다. 이 경우 보조금 등의 금액이 과세가격의 100분의 1 미만인 수출자를 상계관세율 산정대상에서 제외할 수 있다$\binom{\text{관세법시행규칙}}{\text{제29조 제2항}}$.

(다) 실질적 피해 판정

무역위원회는 보조금 등을 받은 물품의 수입 및 실질적 피해 등 조사$\binom{\text{관세법시행령}}{\text{제75조}}$의 규정 에 의하여 실질적 피해 등의 사실을 조사·판정하는 때에는 다음 각호의 사항을 포함한 실 질적 증거에 근거하여야 한다$\binom{\text{관세법시행령}}{\text{제77조 제1항}}$.

---

8) 보조금률 $= \dfrac{\text{보조금등의 금액}}{\text{과세가격}} \times 100$

① 보조금 등을 받은 물품의 수입물량(당해 물품의 수입이 절대적으로 또는 국내생산이나 국내소비에 대하여 상대적으로 뚜렷하게 증가되었는지 여부를 포함한다)

② 보조금 등을 받은 물품의 가격(국내의 동종물품의 가격과 비교하여 뚜렷하게 하락되었는지 여부를 포함한다)

③ 보조금 등의 금액의 정도(보조금 등을 받은 물품의 수입가격이 수출국내 정상가격과 비교하여 뚜렷하게 하락되었는지 여부를 포함한다)

④ 국내산업의 생산량·가동률·재고·판매량·시장점유율·가격(가격하락 또는 인상억제의 효과를 포함한다)·이윤·생산성·투자수익·현금수지·고용·임금·성장·자본조달·투자 능력·기술개발

⑤ 제1호 및 제2호의 내용이 국내산업에 미치는 실재적 또는 잠재적 영향

보조금을 받은 수입물량 및 보조금 등을 받은 물품의 가격(관세법 시행령 제77조 제1항)의 규정에 의하여 실질적 피해 등을 조사·판정하는 경우 실질적 피해 등을 받을 우려가 있는지의 판정은 각호의 사항외에 다음 각호의 사항을 포함한 사실에 근거를 두어야 하며, 보조금 등을 받은 물품으로 인한 피해는 명백히 예견되고 급박한 것이어야 한다(관세법시행령 제77조 제2항).

① 당해 보조금 등의 성격 및 이로부터 발생할 수 있는 무역효과

② 실질적인 수입증가의 가능성을 나타내는 보조금 등을 받은 물품의 현저한 증가율

③ 우리나라에 보조금 등을 받은 물품의 수출을 증가시킬 수 있는 생산능력의 실질적 증가 (다른 나라에의 수출가능성을 감안한 것이어야 한다)

④ 보조금 등을 받은 물품의 가격이 동종물품의 가격을 하락 또는 억제시킬 수 있는지의 여부 및 추가적인 수입수요의 증대가능성

⑤ 보조금 등을 받은 물품의 재고 및 동종물품의 재고상태

무역위원회는 제1항의 규정에 의하여 실질적 피해 등의 사실을 조사·판정함에 있어 2 이상의 국가로부터 수입된 물품이 동시에 조사대상물품이 되고 다음 각호에 해당하는 경우에는 그 수입에 따른 피해를 통산하여 평가할 수 있다(관세법시행령 제77조 제3항).

① 보조금 등의 금액 및 보조금 등을 받은 물품의 수입량이 기획재정부령이 정하는 기준에 해당하는 경우

② 보조금 등을 받은 물품이 상호 경쟁적이고 국내 동종물품과 경쟁적인 경우

무역위원회는 보조금 등을 받은 물품의 수입외의 다른 요인으로서 국내산업에 피해를 미치는 요인들을 조사하여야 하며, 이러한 요인들에 의한 산업피해 등을 보조금 등을 받은

물품의 수입에 의한 것으로 간주하여서는 아니된다$\left(\genfrac{}{}{0pt}{}{관세법시행령}{제77조\ 제4항}\right)$.

(라) 잠정조치

기획재정부장관은 상계관세의 부과 여부를 결정하기 위하여 조사가 시작된 물품이 보조금 등을 받아 수입되어 다음 각 호의 어느 하나에 해당한다고 인정되는 경우에는 대통령령으로 정하는 바에 따라 국내산업의 보호를 위하여 조사가 종결되기 전이라도 그 물품의 수출자 또는 수출국 및 기간을 정하여 보조금 등의 추정액에 상당하는 금액 이하의 잠정상계관세를 부과하도록 명하거나 담보를 제공하도록 명하는 조치(이하 "잠정조치")를 할 수 있다$\left(\genfrac{}{}{0pt}{}{관세법}{제59조\ 제1항}\right)$.

① 국내산업에 실질적 피해 등이 발생한 사실이 있다고 추정되는 충분한 증거가 있음이 확인되는 경우(제1호)

② 국내산업에 대한 피해효과가 제거될 수 있을 정도로 가격을 수정하겠다는 약속을 철회하거나 위반한 경우와 그 약속의 이행에 관한 자료를 제출하지 아니한 경우로서 이용할 수 있는 최선의 정보가 있는 경우(제2호)

잠정조치가 취하여진 물품에 대하여 상계관세의 부과요청이 철회되어 조사가 종결되거나 상계관세의 부과 여부가 결정된 경우 또는 국내산업에 대한 피해효과가 제거될 수 있을 정도로 가격을 수정하겠다는 약속이 수락된 경우에는 대통령령으로 정하는 바에 따라 납부된 잠정상계관세를 환급하거나 제공된 담보를 해제하여야 한다. 다만, 다음 각 호의 어느 하나에 해당하는 경우 상계관세액이 잠정상계관세액을 초과할 때에는 그 차액을 징수하지 아니하며, 상계관세액이 잠정상계관세액에 미달될 때에는 그 차액을 환급하여야 한다$\left(\genfrac{}{}{0pt}{}{관세법}{제59조\ 제2항}\right)$.

① 보조금 등의 지급과 그로 인한 산업피해를 조사한 결과 해당 물품에 대한 보조금 등의 지급과 그로 인한 실질적 피해 등의 사실이 있다고 판정된 이후에 보조금 등의 국내산업에 대한 피해효과가 제거될 수 있을 정도로 가격을 수정하겠다는 약속이 수락된 경우(제1호)

② 잠정조치가 적용된 물품에 대하여 국제협약에서 달리 정하고 있는 경우와 그 밖에 대통령령으로 정하는 경우에는 그 물품에 대하여도 상계관세를 부과할 수 있다(제61조 단서에 따라)에 대한 상계관세를 소급하여 부과하는 경우(제2호)

(마) 상계관세 약속의 제의

상계관세의 부과 여부를 결정하기 위하여 예비조사를 한 결과 보조금 등의 지급과 그로 인한 실질적 피해 등의 사실이 있는 것으로 판정된 경우 해당 물품의 수출국 정부 또는 기획재정부장관은 대통령령으로 정하는 바에 따라 해당 물품에 대한 보조금 등을 철폐 또는 삭감하거나 보조금 등의 국내산업에 대한 피해효과를 제거하기 위한 적절한 조치에 관한 약속을 제의할 수 있으며, 해당 물품의 수출자는 수출국 정부의 동의를 받아 보조금 등의 국내산업에 대한 피해효과가 제거될 수 있을 정도로 가격을 수정하겠다는 약속을 제의할 수 있다$\binom{\text{관세법}}{\text{제60조 제1항}}$.

위의 약속이 수락된 경우 기획재정부장관은 잠정조치 또는 상계관세의 부과 없이 조사가 중지 또는 종결되도록 하여야 한다. 다만, 기획재정부장관이 필요하다고 인정하거나 수출국 정부가 피해 조사를 계속하여 줄 것을 요청한 경우에는 그 조사를 계속할 수 있다 $\binom{\text{관세법}}{\text{제60조 제2항}}$.

(바) 상계관세의 부과 시기

상계관세의 부과와 잠정조치는 각각의 조치일 이후 수입되는 물품에 대하여 적용된다. 다만, 잠정조치가 적용된 물품에 대하여 국제협약에서 달리 정하고 있는 경우와 그 밖에 대통령령으로 정하는 경우에는 그 물품에 대하여도 상계관세를 부과할 수 있다$\binom{\text{관세법}}{\text{제61조}}$.

(사) 상계관세 재심사

기획재정부장관은 필요하다고 인정될 때에는 대통령령으로 정하는 바에 따라 상계관세의 부과와 약속에 대하여 재심사를 할 수 있으며, 재심사의 결과에 따라 상계관세의 부과, 약속 내용의 변경, 환급 등 필요한 조치를 할 수 있다$\binom{\text{관세법}}{\text{제62조 제1항}}$. 기획재정부장관은 상계관세 부과와 약속에 따른 재심사에 필요한 사항으로서 상계조치 물품의 수입 및 징수실적 등 대통령령으로 정하는 사항을 조사할 수 있다$\binom{\text{관세법}}{\text{제62조 제2항}}$.

상계관세의 부과나 수락된 약속은 기획재정부령으로 그 적용시한을 따로 정하는 경우를 제외하고는 해당 상계관세 또는 약속의 시행일부터 5년이 지나면 그 효력을 잃으며, 보조금 등의 지급과 산업피해를 재심사하고 그 결과에 따라 내용을 변경할 때에는 기획재정부령으로 그 적용시한을 따로 정하는 경우를 제외하고는 변경된 내용의 시행일부터 5년이 지나면 그 효력을 잃는다$\binom{\text{관세법}}{\text{제62조 제3항}}$.

(3) 보복관세$\binom{\text{관세법}}{\text{제63조}}$

(가) 보복관세의 부과대상

교역상대국이 우리나라의 수출물품 등에 대하여 다음 각 호의 어느 하나에 해당하는 행위를 하여 우리나라의 무역이익이 침해되는 경우에는 그 나라로부터 수입되는 물품에 대하여 피해상당액의 범위에서 관세(이하 "보복관세"라 한다)를 부과할 수 있다$\binom{관세법}{제63조\ 제1항}$.

① 관세 또는 무역에 관한 국제협정이나 양자 간의 협정 등에 규정된 우리나라의 권익을 부인하거나 제한하는 경우

② 그 밖에 우리나라에 대하여 부당하거나 차별적인 조치를 하는 경우

보복관세를 부과하여야 하는 대상 국가, 물품, 수량, 세율, 적용시한, 그 밖에 필요한 사항은 대통령령으로 정한다.

(나) 보복관세의 부과에 관한 협의
기획재정부장관은 보복관세를 부과할 때 필요하다고 인정되는 경우에는 관련 국제기구 또는 당사국과 미리 협의할 수 있다$\binom{관세법}{제64조}$.

(4) 긴급관세$\binom{관세법}{제65조}$

(가) 긴급관세의 부과대상
특정물품의 수입증가로 인하여 동종물품 또는 직접적인 경쟁관계에 있는 물품을 생산하는 국내산업이 심각한 피해를 받거나 받을 우려가 있음이 조사를 통하여 확인되고 해당 국내산업을 보호할 필요가 있다고 인정되는 경우에는 해당 물품에 대하여 심각한 피해 등을 방지하거나 치유하고 조정을 촉진(이하 "피해의 구제 등"이라 한다)하기 위하여 필요한 범위에서 관세(이하 "긴급관세"라 한다)를 추가하여 부과할 수 있다$\binom{관세법}{제65조\ 제1항}$.

긴급관세는 해당 국내산업의 보호 필요성, 국제통상관계, 긴급관세 부과에 따른 보상 수준 및 국민경제 전반에 미치는 영향 등을 검토하여 부과 여부와 그 내용을 결정한다$\binom{관세법}{제65조\ 제2항}$.

(나) 긴급관세 부과기간
기획재정부장관은 긴급관세를 부과하는 경우에는 이해당사국과 긴급관세부과의 부정적 효과에 대한 적절한 무역보상방법에 관하여 협의를 할 수 있다$\binom{관세법}{제65조\ 제3항}$.

긴급관세의 부과기간은 4년을 초과할 수 없으며, 잠정긴급관세는 200일을 초과하여 부과할 수 없다. 다만, 재심사의 결과에 따라 부과기간을 연장하는 경우에는 잠정긴급관세의 부과기간, 긴급관세의 부과기간, 수입수량제한 등(「대외무역법」 제39조 제1항에 따른)의 적용기간 및 그 연장기간을 포함한 총 적용기간은 8년을 초과할 수 없다$\binom{관세법}{제65조\ 제5항}$.

긴급관세 또는 잠정긴급관세를 부과하여야 하는 대상 물품, 세율, 적용기간, 수량, 수입관리방안, 그 밖에 필요한 사항은 기획재정부령으로 정한다(관세법 제65조 제6항).

(다) 잠정긴급관세의 부과

긴급관세의 부과 여부를 결정하기 위하여 조사가 시작된 물품 또는 「불공정무역행위 조사 및 산업피해구제에 관한 법률」 제7조 제1항에 따라 잠정조치가 건의된 물품에 대하여 조사기간 중에 발생하는 심각한 피해 등을 방지하지 아니하는 경우 회복하기 어려운 피해가 초래되거나 초래될 우려가 있다고 판단될 때에는 조사가 종결되기 전에 피해의 구제 등을 위하여 필요한 범위에서 잠정긴급관세를 추가하여 부과할 수 있다(관세법 제66조 제1항).

긴급관세의 부과 또는 수입수량제한 등의 조치 여부를 결정한 때에는 제1항에 따른 잠정긴급관세의 부과를 중단하며, 긴급관세의 부과 또는 수입수량제한 등의 조치 여부를 결정하기 위하여 조사한 결과 수입증가가 국내산업에 심각한 피해를 초래하거나 초래할 우려가 있다고 판단되지 아니하는 경우에는 납부된 잠정긴급관세를 환급하여야 한다(관세법 제66조 제2,3항).

잠정긴급관세(이하 "잠정긴급관세"라 한다)의 부과여부 및 그 내용은 무역위원회의 부과 건의가 접수된 날부터 1월 이내에 긴급관세의 부과대상(관세법 제65조 제2항)의 검토사항을 고려하여 결정하여야 한다. 다만, 기획재정부장관은 필요하다고 인정하는 경우에는 20일의 범위내에서 그 결정기간을 연장할 수 있다(관세법시행령 제88조 제1항).

(라) 특정국물품 긴급관세의 부과

국제조약 또는 일반적인 국제법규에 따라 허용되는 한도에서 대통령령으로 정하는 국가를 원산지로 하는 물품(이하 이 조에서 "특정국물품"이라 한다)이 다음 각 호의 어느 하나에 해당하는 것으로 조사를 통하여 확인된 경우에는 피해를 구제하거나 방지하기 위하여 필요한 범위에서 관세(이하 "특정국물품 긴급관세"라 한다)를 추가하여 부과할 수 있다(관세법 제67조의2 제1항).

① 해당 물품의 수입증가가 국내시장의 교란 또는 교란우려의 중대한 원인이 되는 경우[9]
② 세계무역기구 회원국이 해당 물품의 수입증가에 대하여 자국의 피해를 구제하거나 방지하기 위하여 한 조치로 인하여 중대한 무역전환이 발생하여 해당 물품이 우리나라로 수입되거나 수입될 우려가 있는 경우

---

9) "국내시장의 교란 또는 교란우려"란 특정국물품의 수입증가로 인하여 동종물품 또는 직접적인 경쟁관계에 있는 물품을 생산하는 국내산업이 실질적 피해를 받거나 받을 우려가 있는 경우를 말한다(관세법 제67조의2 제1항).

특정국물품 긴급관세 또는 특정국물품 잠정긴급관세를 부과하여야 하는 대상 물품, 세율, 적용기간, 수량, 수입관리방안 등에 관하여 필요한 사항은 기획재정부령으로 정한다(관세법 제67조의2 제3항).

기획재정부장관은 특정국물품 긴급관세를 부과할 때에는 이해당사국과 해결책을 모색하기 위하여 사전 협의를 할 수 있다(관세법 제67조의2 제4항).

특정국물품 긴급관세의 부과 여부를 결정하기 위한 조사가 시작된 물품에 대하여 조사 기간 중에 발생하는 국내시장의 교란을 방지하지 아니하는 경우 회복하기 어려운 피해가 초래되거나 초래될 우려가 있다고 판단될 때에는 조사가 종결되기 전에 피해를 구제하거나 방지하기 위하여 필요한 범위에서 특정국물품에 대한 잠정긴급관세(이하 "특정국물품 잠정긴급관세"라 한다)를 200일의 범위에서 부과할 수 있다(관세법 제67조의2 제5항).

특정국물품 긴급관세의 부과 여부를 결정하기 위하여 조사한 결과 국내시장의 교란 또는 교란우려가 있다고 판단되지 아니하는 경우에는 납부된 특정국물품 잠정긴급관세를 환급하여야 한다(관세법 제67조의2 제6항).

특정국물품 긴급관세 부과의 원인이 된 세계무역기구 회원국의 조치가 종료된 때에는 그 종료일부터 30일 이내에 특정국물품 긴급관세 부과를 중지하여야 한다(관세법 제67조의2 제7항).

(5) 농림축산물에 대한 특별긴급관세

(가) 의의

국제협력관세(제73조)에 따라 국내외 가격차에 상당한 율로 양허한 농림축산물의 수입 물량이 급증하거나 수입가격이 하락하는 경우에는 대통령령으로 정하는 바에 따라 양허한 세율을 초과하여 관세(이하 "특별긴급관세"라 한다)를 부과할 수 있다(관세법 제68조 제1항).

특별긴급관세를 부과하여야 하는 대상 물품, 세율, 적용시한, 수량 등은 기획재정부령으로 정한다.

(나) 특별긴급관세 조건

농림축산물에 대한 특별긴급관세(관세법 제68조 제1항)에 따라 특별긴급관세(이하 "특별긴급관세"라 한다)를 부과할 수 있는 경우는 다음 각 호의 어느 하나에 해당하는 경우로 한다. 다만, 다음 각 호 모두에 해당하는 경우에는 기획재정부령으로 정하는 바에 따라 그중 하나를 선택하여 적용할 수 있다(관세법시행령 제90조 제1항).

① 당해 연도 수입량이 (관세법시행령 제90조 제2항의 규정에 의한) 기준발동물량을 초과하는 경우

② 원화로 환산한 운임 및 보험료를 포함한 해당 물품의 수입가격(이하 "수입가격"이라 한다)이 1988년부터 1990년까지의 평균수입가격(별표 1에 해당하는 물품의 경우에는 1986년부터 1988년까지의 평균수입가격으로 하며, 이하 "기준가격"이라 한다)의 100분의 10을 초과하여 하락하는 경우

(다) 기준발동물량

기준발동물량은 자료입수가 가능한 최근 3년간의 평균수입량에 다음 각호의 구분에 의한 계수(이하 "기준발동계수"라 한다)를 곱한 것과 자료입수가 가능한 최근 연도의 당해 품목 국내소비량의 그 전년도대비 변화량을 합한 물량(이하 "기준발동물량"이라 한다)으로 한다. 다만, 기준발동물량이 최근 3년간 평균수입량의 100분의 105미만인 경우에는 기준발동물량을 최근 3년간 평균수입량의 100분의 105로 한다$\binom{\text{관세법시행령}}{\text{제90조 제2항}}$.

① 자료입수가 가능한 최근 3년동안의 당해 물품 국내소비량에 대한 수입량 비율(이하 "시장점유율"이라 한다)이 100분의 10 이하인 때 : 100분의 125
② 시장점유율이 100분의 10초과 100분의 30이하인 때 : 100분의 110
③ 시장점유율이 100분의 30을 초과하는 때 : 100분의 105
④ 시장점유율을 산정할 수 없는 때 : 100분의 125

(라) 적용 한계

특별긴급관세는 국내외가격차에 상당한 율인 당해 양허세율에 그 양허세율의 3분의 1까지를 추가한 세율로 부과할 수 있으며 당해 연도 말까지 수입되는 분에 대하여서만 이를 적용한다$\binom{\text{관세법시행령}}{\text{제90조 제3항}}$.

(마) 양허세율에 의한 관세

특별긴급관세는 국내외가격차에 상당한 율인 당해 양허세율에 의한 관세에 다음 각호의 구분에 의한 금액을 추가하여 부과할 수 있다. 다만, 수입량이 감소하는 때에는 기획재정부령이 정하는 바에 따라 동호의 규정에 의한 특별긴급관세는 이를 부과하지 아니할 수 있다$\binom{\text{관세법시행령}}{\text{제90조 제4항}}$.

① 기준가격과 대비한 수입가격하락률이 100분의 10 초과 100분의 40 이하인 때 : 기준가격의 100분의 10을 초과한 금액의 100분의 30
② 기준가격과 대비한 수입가격하락률이 100분의 40 초과 100분의 60 이하인 때 : (기준가격의 100분의 10 초과 100분의 40까지의 금액의 100분의 30) + (기준가격의 100분의 40을 초과한 금액의 100분의 50)

③ 기준가격과 대비한 수입가격하락률이 100분의 60 초과 100분의 75 이하인 때 : (기준가격의 100분의 10 초과 100분의 40까지 금액의 100분의 30) + (기준가격의 100분의 40 초과 100분의 60까지 금액의 100분의 50) + (기준가격의 100분의 60을 초과한 금액의 100분의 70)

④ 기준가격과 대비한 수입가격하락률이 100분의 75를 초과한 때 : (기준가격의 100분의 10초과 100분의 40까지 금액의 100분의 30) + (기준가격의 100분의 40초과 100분의 60까지 금액의 100분의 50) + (기준가격의 100분의 60초과 100분의 75까지 금액의 100분의 70) + (기준가격의 100분의 75를 초과한 금액의 100분의 90)

(바) 부패, 계절성 물품

부패하기 쉽거나 계절성이 있는 물품에 대하여는 기준발동물량을 산정함에 있어서는 3년보다 짧은 기간을 적용하거나 기준가격을 산정시 다른 기간동안의 가격을 적용하는 등 당해 물품의 특성을 고려할 수 있다$\left(\substack{관세법시행령\\제90조 제5항}\right)$.

(사) 특별긴급관세 제외

국제협력관세$\left(\substack{관세법\\제73조}\right)$ 규정에 의하여 국제기구와 관세에 관한 협상에서 양허된 시장접근물량으로 수입되는 물품은 특별긴급관세 부과대상에서 제외한다. 다만, 그 물품은 제1항 제1호의 규정에 의한 특별긴급관세의 부과를 위하여 수입량을 산정하는 때에는 이를 산입한다. 그리고 특별긴급관세가 부과되기 전에 계약이 체결되어 운송중에 있는 물품은 제1항 제1호의 규정에 의한 특별긴급관세 부과대상에서 제외한다. 다만, 당해 물품은 다음 해에 제1항 제1호의 규정에 의하여 특별긴급관세를 부과하기 위하여 필요한 수입량에는 산입할 수 있다$\left(\substack{관세법시행령\\제90조 제6,7항}\right)$.

(아) 특별긴급관세 요청

관계부처의 장 또는 이해관계인이 농림축산물에 대한 특별긴급관세$\left(\substack{관세법\\제68조}\right)$에 따른 조치를 요청하려는 경우에는 해당 물품과 관련된 다음 각 호의 사항에 관한 자료를 기획재정부장관에게 제출하여야 한다$\left(\substack{관세법시행령\\제90조 제8항}\right)$.

① 해당 물품의 관세율표 번호·품명·규격·용도 및 대체물품
② 해당 물품의 최근 3년간 연도별 국내소비량·수입량 및 기준가격
③ 인상하여야 하는 세율, 인상이유, 적용기간 및 그 밖의 참고사항

(6) 조정관세

(가) 조정관세의 적용 세율

조정관세는 해당 국내산업의 보호 필요성, 국제통상관계, 국제평화·국가안보·사회질서·국민경제 전반에 미치는 영향 등을 검토하여 부과 여부와 그 내용을 정한다(관세법 제70조 제1항). 조정관세를 부과하여야 하는 대상 물품, 세율 및 적용시한 등은 대통령령으로 정한다(관세법 제70조 제2항).

(나) 조정관세의 부과대상

다음의 경우는 100분의 100에서 해당 물품의 기본세율을 뺀 율을 기본세율에 더한 율의 범위에서 관세를 부과할 수 있다. 다만, 농림축수산물 또는 이를 원재료로 하여 제조된 물품의 국내외 가격차가 해당 물품의 과세가격을 초과하는 경우에는 국내외 가격차에 상당하는 율의 범위에서 관세를 부과할 수 있다(관세법 제69조).
① 산업구조의 변동 등으로 물품 간의 세율 불균형이 심하여 이를 시정할 필요가 있는 경우
② 공중도덕 보호, 인간·동물·식물의 생명 및 건강 보호, 환경보전, 한정된 천연자원 보존 및 국제평화와 안전보장 등을 위하여 필요한 경우
③ 국내에서 개발된 물품을 일정 기간 보호할 필요가 있는 경우
④ 농림축수산물 등 국제경쟁력이 취약한 물품의 수입증가로 인하여 국내시장이 교란되거나 산업기반이 붕괴될 우려가 있어 이를 시정하거나 방지할 필요가 있는 경우

(7) 할당관세

(가) 할당관세 부과

다음 각 호의 어느 하나에 해당하는 경우에는 100분의 40의 범위의 율을 기본세율에서 빼고 관세를 부과할 수 있다. 이 경우 필요하다고 인정될 때에는 그 수량을 제한할 수 있다(관세법 제71조 제1항).
① 원활한 물자수급 또는 산업의 경쟁력 강화를 위하여 특정물품의 수입을 촉진할 필요가 있는 경우
② 수입가격이 급등한 물품 또는 이를 원재료로 한 제품의 국내가격을 안정시키기 위하여 필요한 경우
③ 유사물품 간의 세율이 현저히 불균형하여 이를 시정할 필요가 있는 경우

(나) 초과부과세율

특정물품의 수입을 억제할 필요가 있는 경우에는 일정한 수량을 초과하여 수입되는 분에 대하여 100분의 40의 범위의 율을 기본세율에 더하여 관세를 부과할 수 있다. 다만, 농

림축수산물인 경우에는 기본세율에 동종물품·유사물품 또는 대체물품의 국내외 가격차에 상당하는 율을 더한 율의 범위에서 관세를 부과할 수 있다(관세법 제71조 제2항). 할당관세를 부과하여야 하는 대상 물품, 수량, 세율, 적용기간 등은 대통령령으로 정한다.

(다) 할당관세 실적 보고
기획재정부장관은 매 회계연도 종료 후 5개월 이내에 전년도 부과 실적 및 그 결과(관세 부과의 효과 등을 조사·분석한 보고서를 포함한다)를 국회 소관 상임위원회에 보고하여야 한다(관세법 제71조 제4항).

(8) 계절관세
(가) 의의
계절에 따라 가격의 차이가 심한 물품으로서 동종물품·유사물품 또는 대체물품의 수입으로 인하여 국내시장이 교란되거나 생산 기반이 붕괴될 우려가 있을 때에는 계절에 따라 해당 물품의 국내외 가격차에 상당하는 율의 범위에서 기본세율보다 높게 관세를 부과하거나 100분의 40의 범위의 율을 기본세율에서 빼고 관세를 부과할 수 있다(관세법 제72조 제1항).
계절관세를 부과하여야 하는 대상 물품, 세율 및 적용시한 등은 기획재정부령으로 정한다.

(나) 계절관세 요청
관계행정기관의 장 또는 이해관계인이 법 제72조의 규정에 의한 계절관세(이하 "계절관세"라 한다)의 부과를 요청하고자 하는 때에는 당해 물품에 관련한 다음 각호의 사항에 관한 자료를 기획재정부장관에게 제출하여야 한다(관세법시행령 제93조 제1항).
① 품명·규격·용도 및 대체물품
② 최근 1년간의 월별 수입가격 및 주요 국제상품시장의 가격동향
③ 최근 1년간의 월별 주요국내제조업체별 공장도가격
④ 당해 물품 및 주요관련제품의 생산자물가지수·소비자물가지수 및 수입물가지수
⑤ 계절관세를 적용하고자 하는 이유 및 그 적용기간
⑥ 계절별 수급실적 및 전망
⑦ 변경하고자 하는 세율과 그 산출내역

(다) 협조요청
기획재정부장관은 계절관세의 적용에 관하여 필요한 사항을 조사하기 위하여 필요하다고 인정하는 때에는 관계기관·수출자·수입자 기타 이해관계인에게 관계자료의 제출 기타

필요한 협조를 요청할 수 있다$\left(\begin{smallmatrix}관세법시행령\\제93조\ 제2항\end{smallmatrix}\right)$.

(9) 국제협력관세

정부는 우리나라의 대외무역 증진을 위하여 필요하다고 인정될 때에는 특정 국가 또는 국제기구와 관세에 관한 협상을 할 수 있다$\left(\begin{smallmatrix}관세법\\제73조\ 제1항\end{smallmatrix}\right)$. 협상을 수행할 때 필요하다고 인정 되면 관세를 양허할 수 있다. 다만, 특정 국가와 협상할 때에는 기본 관세율의 100분의 50 의 범위를 초과하여 관세를 양허할 수 없다. 그리고 국제협력관세를 부과하여야 하는 대상 물품, 세율 및 적용기간 등은 대통령령으로 정한다$\left(\begin{smallmatrix}관세법\\제73조\ 제3항\end{smallmatrix}\right)$.

(10) 편익관세

(가) 편익관세의 적용기준

관세에 관한 조약에 따른 편익을 받지 아니하는 나라의 생산물로서 우리나라에 수입되 는 물품에 대하여 이미 체결된 외국과의 조약에 따른 편익의 한도에서 관세에 관한 편익 (이하 "편익관세"라 한다)을 부여할 수 있다$\left(\begin{smallmatrix}관세법\\제74조\ 제1항\end{smallmatrix}\right)$. 편익관세를 부여할 수 있는 대상 국가, 대상 물품, 적용 세율, 적용방법, 그 밖에 필요한 사항은 대통령령으로 정한다$\left(\begin{smallmatrix}관세법\\제74조\ 제2항\end{smallmatrix}\right)$.

(나) 편익관세의 적용 정지

기획재정부장관은 다음 각 호의 어느 하나에 해당하는 경우에는 국가, 물품 및 기간을 지정하여 편익관세의 적용을 정지시킬 수 있다$\left(\begin{smallmatrix}관세법\\제75조\end{smallmatrix}\right)$.

① 편익관세의 적용으로 국민경제에 중대한 영향이 초래되거나 초래될 우려가 있는 경우
② 그 밖에 편익관세의 적용을 정지시켜야 할 긴급한 사태가 있는 경우

(다) 편익관세 수혜국

관세에 관한 편익을 받을 수 있는 국가는 다음 표와 같다$\left(\begin{smallmatrix}관세법시행령\\제95조\ 제1항\end{smallmatrix}\right)$.

지역	국 가
1. 아시아	부탄
2. 중동	이란·이라크·레바논·시리아
3. 대양주	나우르
4. 아프리카	코모로·에티오피아·소말리아
5. 유럽	안도라·모나코·산마리노·바티칸·덴마크(그린란드 및 페로제도에 한정한다)

(11) 일반특혜관세

(가) 일반특혜관세의 적용기준

대통령령으로 정하는 개발도상국가(이하 이 조에서 "특혜대상국"이라 한다)를 원산지로 하는 물품 중 대통령령으로 정하는 물품(이하 이 조에서 "특혜대상물품"이라 한다)에 대하여는 기본세율보다 낮은 세율의 관세(이하 이 관에서 "일반특혜관세"라 한다)를 부과할 수 있다$\left(\substack{관세법 \\ 제76조 \ 제1항}\right)$.

일반특혜관세를 부과할 때 해당 특혜대상물품의 수입이 국내산업에 미치는 영향 등을 고려하여 그 물품에 적용되는 세율에 차등을 두거나 특혜대상물품의 수입수량 등을 한정할 수 있다$\left(\substack{관세법 \\ 제76조 \ 제2항}\right)$.

국제연합총회의 결의에 따른 최빈(最貧) 개발도상국 중 대통령령으로 정하는 국가를 원산지로 하는 물품에 대하여는 다른 특혜대상국보다 우대하여 일반특혜관세를 부과할 수 있다$\left(\substack{관세법 \\ 제76조 \ 제3항}\right)$.

(나) 일반특혜관세의 적용 정지

기획재정부장관은 특정한 특혜대상 물품의 수입이 증가하여 이와 동종의 물품 또는 직접적인 경쟁관계에 있는 물품을 생산하는 국내산업에 중대한 피해를 주거나 줄 우려가 있는 등 일반특혜관세를 부과하는 것이 적당하지 아니하다고 판단될 때에는 대통령령으로 정하는 바에 따라 해당 물품과 그 물품의 원산지인 국가를 지정하여 일반특혜관세의 적용을 정지할 수 있다$\left(\substack{관세법 \\ 제77조 \ 제1항}\right)$.

기획재정부장관은 특정한 특혜대상국의 소득수준, 우리나라의 총수입액 중 특정한 특혜대상국으로부터의 수입액이 차지하는 비중, 특정한 특혜대상국의 특정한 특혜대상물품이 지니는 국제경쟁력의 정도, 그 밖의 사정을 고려하여 일반특혜관세를 부과하는 것이 적당하지 아니하다고 판단될 때에는 대통령령으로 정하는 바에 따라 해당 국가를 지정하거나 해당 국가 및 물품을 지정하여 일반특혜관세의 적용을 배제할 수 있다$\left(\substack{관세법 \\ 제77조 \ 제2항}\right)$.

(12) 양허관세

관세양허(tariff concession)는 국가간의 관세·무역에 관한 협상에서 협상 당사국의 특정품목의 관세를 일정수준 이상으로 부과하지 않겠다는 약속을 말한다. 관세양허의 형태로는 Reduction(현행 관세율을 인하하는 관세인하), Binding(관세를 더 이상 올리지 않겠다고 약속하는 거치), Ceiling binding(현행관세율을 인상하더라도 일정수준 이상으로는 올리지 않겠다는 한도 양허) 등이 있다.

(가) 양허의 철회 및 수정

정부는 외국에서의 가격 하락이나 그 밖에 예상하지 못하였던 사정의 변화 또는 조약상 의무의 이행으로 인하여 특정물품의 수입이 증가됨으로써 이와 동종의 물품 또는 직접 경쟁관계에 있는 물품을 생산하는 국내 생산자에게 중대한 피해를 가져오거나 가져올 우려가 있다고 인정되는 경우에는 다음 각 호의 구분에 따른 조치를 할 수 있다$\binom{\text{관세법}}{\text{제78조 제1항}}$.

① 조약에 따라 관세를 양허하고 있는 경우 : 해당 조약에 따라 이루어진 특정물품에 대한 양허를 철회하거나 수정하여 이 법에 따른 세율이나 수정 후의 세율에 따라 관세를 부과하는 조치

② 특정물품에 대하여 제1호의 조치를 하려고 하거나 그 조치를 한 경우 : 해당 조약에 따른 협의에 따라 그 물품 외에 이미 양허한 물품의 관세율을 수정하거나 양허품목을 추가하여 새로 관세의 양허를 하고 수정 또는 양허한 후의 세율을 적용하는 조치

양허의 철회 및 수정에 따른 조치의 시기 및 내용과 그 밖에 필요한 사항은 대통령령으로 정한다$\binom{\text{관세법}}{\text{제78조 제3항}}$.

(나) 대항조치

정부는 외국이 특정물품에 관한 양허의 철회·수정 또는 그 밖의 조치를 하려고 하거나 그 조치를 한 경우 해당 조약에 따라 대항조치를 할 수 있다고 인정될 때에는 다음 각 호의 조치를 할 수 있다$\binom{\text{관세법}}{\text{제79조 제1항}}$.

① 특정물품에 대하여 이 법에 따른 관세 외에 그 물품의 과세가격 상당액의 범위에서 관세를 부과하는 조치

② 특정물품에 대하여 관세의 양허를 하고 있는 경우에는 그 양허의 적용을 정지하고 이 법에 따른 세율의 범위에서 관세를 부과하는 조치

대항조치에 따른 조치의 대상 국가, 시기, 내용, 그 밖에 필요한 사항은 대통령령으로 정한다$\binom{\text{관세법}}{\text{제79조 제3항}}$.

(다) 양허 및 철회의 효력

조약에 따라 우리나라가 양허한 품목에 대하여 그 양허를 철회한 경우에는 해당 조약에 따라 철회의 효력이 발생한 날부터 이 법에 따른 세율을 적용한다$\binom{\text{관세법}}{\text{제80조 제1항}}$. 양허의 철회 및 효력에 따른 양허의 철회에 대한 보상으로 우리나라가 새로 양허한 품목에 대하여는 그 양허의 효력이 발생한 날부터 이 법에 따른 세율을 적용하지 아니한다$\binom{\text{관세법}}{\text{제80조 제2항}}$.

2. 세율의 적용

1) 관세율의 우선순위 (관세법 제50조)

동일한 수입물품에 대하여 2개 이상의 세율이 정해져 있는 경우 어느 세율을 적용하여야 할 것인가의 문제가 발생하게 된다. 이렇게 2개 이상의 세율이 경합하는 경우 실제로 적용되는 세율을 실행세율이라 하며, 관세법에서는 관세율 적용순서의 원칙을 규정하고 있다.

(1) 관세율 적용순서

특정물품에 대하여 여러 가지 관세율이 정해져 있는 경우에는 어떤 관세율이 우선 적용되어야 하는가의 문제가 있는바, 관세법 제50조에서는 관세율간의 적용순서에 관하여 규정하고 있다. 관세의 세율은 관세율표에 의하되, 잠정세율은 기본세율에 우선하여 적용한다. 그리고 관세법에 의해 대통령령 또는 기획재정부령이 정하는 세율은 다음 각 호의 순서에 따라 관세율표의 세율(잠정세율·기본세율)에 우선하여 적용한다.

〈표 2-7〉 관세율 적용

순위	세율
제1순위	덤핑방지관세·보복관세·긴급관세·농림축산물에 대한 특별긴급 관세 및 상계관세의 규정에 의한 세율(세율의 높낮이에 상관없이 최우선하여 적용)
제2순위	편익관세 및 국제협력관세의 규정에 의한 세율. 이 호의 세율은 기본세율·잠정세율 및 제3호의 각 세율(조정관세·물가평형관세·계절관세 및 할당 관세)보다 낮은 경우에 한하여 우선 적용한다. 다만, 국제기구와 관세에 관한 협상에서 국내외 가격차에 상당한 율로 양허하거나, 국내시장개방과 함께 기본세율보다 높은 세율로 양허한 농림축산물 중 대통령령이 정하는 물품에 대하여 양허한 세율(시장접근물량에 대한 양허세율을 포함한다)은 기본세율·잠정세율에 우선한다.
제3순위	조정관세·물가평형관세·계절관세 및 할당 관세의 규정에 의한 세율(할당관세는 4순위의 세율보다 낮은 경우에 한하여 우선하여 적용)
제4순위	일반특혜관세의 규정에 의한 세율
제5순위	잠정세율
제6순위	기본세율

(2) 상기(1)의 규정에 불구하고 우선적용

① 편익관세 및 국제협력관세는 타세율(③④⑤⑥)보다 낮은 경우에 한하여 우선 적용한다.

② 3순위의 할당관세는 4순위의 일반특혜관세 보다 세율이 낮은 경우에 한하여 우선 적용한다.

③ 다만, 국제협력관세중 농림축산물 양허관세는 잠정세율과 기본세율에 우선하여 적용한다.

④ 탄력관세규정에 의한 세율을 적용함에 있어서 적용대상물품이 관세율표상 종량세 대상인 경우에는 당해 종량세율을 적용하여 관세를 징수한다.

2) 관세율의 적용

(1) 잠정세율의 적용

(가) 의의

잠정세율이란, 관세율표에 기본세율과 함께 표시되어 있는데, 일정한 경우에 특정품목에 대하여 기본세율과는 다른 세율을 잠정적으로 적용하기 위하여 마련된 것을 말한다.

관세율 별표 관세율표 중 잠정세율은 기본세율과 같이 국회의 의결을 거친 것이나, 잠정세율을 적용받는 물품에 대하여는 대통령령으로 정하는 바에 따라 그 물품의 전부 또는 일부에 대하여 잠정세율의 적용을 정지하거나 기본세율과의 세율차를 좁히도록 잠정세율을 올리거나 내릴 수 있다$\left(\substack{\text{관세법} \\ \text{제50조 제4항}}\right)$.

(나) 잠정세율의 적용요청

① 잠정세율 개정의 요청

잠정세율의 적용을 받는 물품과 관련이 있는 관계부처의 장 또는 이해관계인은 잠정세율의 적용정지나 잠정세율의 인상 또는 인하의 필요가 있다고 인정할 때에는 다음 각 호의 사항에 관한 자료를 기획재정부장관에게 제출하여 이를 요청할 수 있다$\left(\substack{\text{관세법시행령} \\ \text{제57조 제1항}}\right)$.

관계부처의 장 또는 이해관계인은 제1항에 따른 요청을 하려는 경우에는 해당 물품과 관련된 다음 각 호의 사항에 관한 자료를 기획재정부장관에게 제출하여야 한다$\left(\substack{\text{관세법시행령} \\ \text{제57조 제2항}}\right)$.

> ㉠ 당해 물품의 세 번·품명·규격·용도 및 대체물품
> ㉡ 당해 물품의 제조용 투입원료 및 당해 물품을 원료로 하는 관련 제품의 제조공정설명서 및 용도
> ㉢ 적용 정지하여야 할 이유 및 기간

ⓔ 변경하여야 할 세율, 이유 및 그 적용기간
　　ⓜ 최근 1년간의 월별 주요 수입국별 수입가격 및 수입실적
　　ⓗ 최근 1년간의 월별 주요 국내제조업체별 공장도가격 및 출고실적
　　ⓢ 기타 참고사항

② 협조의 요청

기획재정부장관은 잠정세율의 적용정지 등에 관한 사항을 조사하기 위하여 필요하다고 인정할 때에는 관계기관·수출자·수입자 기타 이해 관계인에게 관계자료의 제출 기타 필요한 협조를 요청할 수 있다$\binom{관세법시행령}{제66조\ 제3항}$.

(2) 간이세율의 적용$\binom{관세법}{제81조}$

(가) 의의

수입물품에는 관세뿐만 아니라 부가가치세·특별소비세·주세 등의 내국소비세도 부과되는 바 소액물품 수입시 각 세제별로 세율과 과세가격을 결정하여 세액을 산출하는 방식은 매우 번잡하며, 여행자 휴대품과 같이 수입하는 물품의 종류는 많은 반면 그 금액은 소액인 경우에 각 품목마다 세제별로 과세 통관하는 것은 장기간이 소요되어 여행자에게 큰 불편을 주는 결과를 초래한다. 이에 따라 여행자 휴대품 또는 우편물 등에 대하여 관세·임시수입부가세 및 내국세의 세율을 기초로 하여 정한 단일세율을 적용하여 과세의 간소화를 통한 국민의 편의를 도모하고 있는 바 이때 적용되는 세율이 간이세율이다.

(나) 적용대상물품

다음 물품 중 대통령령으로 정하는 물품(간이 세율표 상의품목)에 대하여는 다른 법령에도 불구하고 간이세율을 적용할 수 있다$\binom{관세법}{제81조\ 제1항}$.
　① 여행자 또는 외국에 왕래하는 운수기관 승무원이 휴대하여 수입하는 물품
　② 우편물(수입신고를 하여야 하는 정상무역품은 제외)
　③ 탁송품 또는 별송품

간이세율은 수입물품에 대한 관세, 임시수입부가세 및 내국세의 세율을 기초로 하여 대통령령으로 정한다$\binom{관세법}{제81조\ 제3항}$. 그리고 여행자 또는 외국에 왕래하는 운수기관 승무원이 휴대하여 수입하는 물품(제1항 제1호)에 해당하는 물품으로서 그 총액이 대통령령으로 정하는 금액 이하인 물품에 대하여는 일반적으로 휴대하여 수입하는 물품의 관세, 임시수입부

가세 및 내국세의 세율을 고려하여 관세, 임시수입부가세 및 내국세(제3항)에 따른 세율을 단일한 세율로 할 수 있다$\binom{\text{관세법}}{\text{제81조 제4항}}$.

(다) 간이세율 적용 제외 물품

상기의 간이 세율 적용대상물품이라 할지라도 다음에 해당하는 물품에 대하여는 간이세율을 적용하지 않는다$\binom{\text{관세법시행령}}{\text{제105조 제2항}}$.

① 관세율이 무세인 물품과 관세가 감면되는 물품
② 수출용원재료
③ 관세법의 범칙행위에 관련된 물품
④ 종량세가 적용되는 물품
⑤ 상업용으로 인정되는 수량의 물품, 고가품, 당해 물품의 수입이 국내산업을 저해할 우려가 있는 물품
⑥ 여행자 또는 승무원의 휴대품으로서 그 총액이 대통령령으로 정하는 금액이하인 경우에 해당되어 관세·임시수입부가세 및 내국세 등의 세율을 감안하여 단일한 세율을 적용한 경우 이러한 단일한 간이세율의 적용이 과세형평을 현저히 저해할 우려가 있는 물품으로서 관세청장이 정하는 물품
⑦ 화주가 수입 신고시 과세대상물품이 전부에 대하여 간이세율의 적용을 받지 아니할 것을 요청한 경우의 당해 물품

(라) 간이세율 적용물품 세액 산출방식

① 휴대품, 우편물, 탁송품 및 별송품에 대하여는 실제거래가격이 과세가격이 된다.

$$\text{납부세액} = \text{과세가격} \times \text{과세환율} \times \text{간이세율}$$

② 외국에서 선박 또는 항공기의 일부를 수리 또는 개체하기 위하여 사용된 물품에 대하여는 수리 또는 개체를 위하여 지급하는 외화가격이 과세가격이 된다.

$$\text{납부세액} = \text{외화가격(수리비)} \times \text{과세환율} \times \text{간이세율}$$

(마) 간이세율 결정

간이세율은 수입물품(당해 선박 또는 항공기)에 대한 관세, 임시수입부가세 및 내국세의 세율을 기초로 하여 대통령령으로 정한다.

(3) 합의에 의한 세율 적용 (관세법 제82조)

(가) 의의

일괄하여 수입 신고된 물품으로서 물품별로 관세율이 다른 경우에는 각 품목마다 각 품목의 세율을 적용하는 것이 원칙이다. 그러나 일괄하여 수입신고가 된 물품으로서 물품별 세율이 다른 물품에 대하여는 신고인의 신청에 따라 그 세율 중 가장 높은 세율을 적용할 수 있다 (관세법 제82조 제1항). 이를 합의에 의한 세율적용이라고 하며 이는 과세편의와 신속통관을 도모하는 데 그 목적이 있다.

(나) 적용요건

합의에 의한 세율을 적용하기 위해서는 다음의 요건을 갖추어야 한다.
① 일괄하여 수입 신고된 물품이어야 한다.
② 물품별 세율이 상이하여야 한다.
③ 신고인의 신청이 있어야 한다.
④ 물품별 세율중 가장 높은 세율을 적용해야 한다.

(다) 세액산출방식

합의에 의한 세율은 품목별 세율 중 가장 높은 세율을 말한다.

> 납부세액 = 품목별 과세가격의 총계 × 합의에 의한 세율

(라) 행정쟁송제도의 적용 배제

합의에 의한 세율을 적용한 경우에는 사전에 납세의무자가 합의한 것이므로 심사청구와 심판청구와 같은 행정상 쟁송을 할 수 없다.

(4) 용도세율이 적용 (관세법 제83조)

(가) 의의

동일한 물품이라도 당해 물품의 용도에 따라 관세율이 상이한 경우가 있는데 이와 같이 동일한 물품의 경우에 용도에 따라 달리하는 세율 중에서 낮은 세율을 용도세율이라 한다. 즉, 국민 경제적으로 볼 때 수입을 늘려야 할 필요가 있는 용도에 사용하는 경우에는 세율을 인하해 줄 필요가 있고, 불요불급의 용도에 사용할 경우에는 세율을 올려야 할 경우가 있는데, 이때 적용하는 세율이 용도세율이다.

(나) 용도세율 적용대상

다음에 해당하는 탄력세율의 규정에 따른 대통령령 또는 기획재정부령으로 용도에 따라 세율을 다르게 정하는 물품을 세율이 낮은 용도에 사용하여 해당 물품에 그 낮은 세율(이하 "용도세율"이라 함)의 적용을 받으려는 자는 대통령령으로 정하는 바에 따라 세관장에게 신청하여야 한다. 다만, 물품의 성질과 형태가 그 용도 외의 다른 용도에 사용할 수 없는 경우에는 그러하지 아니하다.$\binom{\text{관세법}}{\text{제83조 제1항}}$.

> ① 별표 관세율표, 조정된 잠정세율
> ② 긴급관세, 농림축산물특별긴급관세
> ③ 조정관세, 할당관세, 계절관세
> ④ 국제협력관세, 일반특혜관세
> ※ 덤핑방지관세, 보복관세, 상계관세, 편익관세는 그 대상이 아니다.

(다) 용도세율의 사용, 양도

용도세율이 적용된 물품은 그 수입신고의 수리일부터 3년의 범위에서 대통령령으로 정하는 기준에 따라 관세청장이 정하는 기간에는 해당 용도 외의 다른 용도에 사용하거나 양도할 수 없다. 다만, 다음 각 호의 어느 하나에 해당하는 경우에는 그러하지 아니하다$\binom{\text{관세법}}{\text{제83조 제2항}}$.
① 대통령령으로 정하는 바에 따라 미리 세관장의 승인을 받은 경우
② 제1항 단서(물품의 성질과 형태가 그 용도 외의 다른 용도에 사용할 수 없는 경우에는 그러하지 아니하다.)에 해당하는 경우

(라) 용도세율의 관세징수

용도세율 적용 물품(제83조 제1항)을 수입신고 수리일부터 3년의 범위(제83조 제2항)에 따른 기간에 해당 용도 외의 다른 용도에 사용하거나 그 용도 외의 다른 용도에 사용하려는 자에게 양도한 경우에는 해당 물품을 특정용도 외에 사용한 자 또는 그 양도인으로부터 해당 물품을 특정용도에 사용할 것을 요건으로 하지 아니하는 세율에 따라 계산한 관세액과 해당 용도세율에 따라 계산한 관세액의 차액에 상당하는 관세를 즉시 징수하며, 양도인으로부터 해당 관세를 징수할 수 없을 때에는 그 양수인으로부터 즉시 징수한다. 다만, 재해나 그 밖의 부득이한 사유로 멸실되었거나 미리 세관장의 승인을 받아 폐기한 경우에는 그러하지 아니하다$\binom{\text{관세법}}{\text{제83조 제3항}}$.

(마) 용도세율 적용에 대한 승인

용도세율을 적용 받고자 하는 자는 세관장의 승인을 얻어야 하며(단, 물품이 성질 등이 낮은 세율이 적용되는 용도 밖에는 사용할 수 없는 상태에 있으면 승인이 불필요), 용도세율 적용신청을 하려면 그 물품의 용도·사용방법·사용장소 등을 기재한 신청서를 수입신고시부터 수입신고수리 전까지 제출해야 한다(관세법시행령 제106조).

3. 관세율 적용을 위한 품목분류

1) 관세율표

(1) 의 의

관세율표란 수입물품에 대하여 개별적으로 정한 관세율을 규정한 표로써 "기본세율 및 잠정세율은 별표 관세율표에 의한다"라고 관세법 제50조 제1항에 규정을 하고 있다.

즉, 관세율표는 과세물건인 수입물품을 분류하기 위한 상품품목표와 각 품목마다의 관세율로 구성되어 있고, 현행 관세율표는 통일상품명 및 부호체계에 관한 국제협약(HS협약)에 의해 품목이 분류되고 있으며, 이를 HS(조화제도)품목분류방식이라고 한다.

또한, 우리나라 관세율표의 구조는 관세율표 해석에 관한 원칙인 통칙 1부터 통칙 7까지를 정하고, 그 다음 본문 내용을 제1부에서 제21부로 나누고, 부 아래에 1류부터 97류까지 10단위 숫자로 분류하고 있다.

우리나라는 기획재정부장관이 통관 및 통계파악을 위하여 이 HS협약에 근거하여 작성한 관세·통계통합품목분류표인 HSK(Harmonized System of Korea)를 고시하여 운영하고 있으며, 관세법 별표인 관세율표도 이 HS협약에 맞추어 4단위 분류체계를 택하여 오다 2007년 1월 1일부터 6단위로 전환하여 운영하고 있다.

2007년 1월 1일부터 제4차 HS협약 개정 내용에 따라 6단위 체제로 전면 정비하여 6단위 코드수 5,052개, 10단위 품목수 11,703개로 정하여 운영하고 있다.

(2) HS협약

HS협약은 WCO가 국제적으로 거래되는 상품을 아라비아 숫자로 코드화하여 관세부과와 통계수집을 용이하게 하기 위한 정부간의 협약을 말하며, 본문 20개 조항과 부속서로 구성되어 있으며, 영어와 불어를 공식어로 사용하고 있다.

통상 부속서인 「HS품목표」를 HS로 통용하고 있고, 현재 한국, 미국, EU, 일본 등 세계 103개국에서 시행 중이며 동 협약에는 우리나라를 포함한 69개국이 가입하고 있다.

HS협약 제1조에 따라 부속서 협약의 필수적인 부분으로 규정되어 있고, 7개의 분류통칙과 21부, 97류, 6단위 5,052개, 10단위 11,703개 및 부·류의 주와 소호의 주로 구성되어 있다.

여기서, 부와 류 및 절의 제목은 편의상 부여한 것이므로 법적인 구속력은 없으며 이를 제외한 모든 내용은 협약으로 지켜야 할 사항으로서 용어, 구독점, 문장 등의 하나하나가 모두 법적 의미를 갖는다.

HS품목표는 소재부터 가공도가 높아지는 순서대로 물품을 분류하는 것을 원칙으로 하고, 여기에 성분별·용도별 분류를 추가하여 분류하여 나열한 품목표로서 경영학적인 상품분류 보다는 주로 물질의 성질을 기준으로 하여 자연과학적인 상품분류의 특성을 가지고 있다.

(3) HS품목표의 구조

HS의 분류체계는 무역거래되는 국제상품을 농·공산업별 생산품과 기술 제품순으로 상위 차원(대분류)수준에서 21개의 부로 수평배열하고, 각부는 중위차원으로 총 97개류로 하향 수직배열되어 있다.

즉, 부(Section) → 류(Chapter) → 호(Heading) → 소호(Sub-Heading)의 순으로 배열되어 있고, 소호 아래 7단위부터는 각국이 자체실정에 맞게 임의로 설정할 수 있다. 우리나라는 10단위로 소호를 세분류하여 HSK(Harmonized System of Korea)로 운영하고 있다.

(4) 관세·통계 통합 품목분류표(HSK)

HSK는 HS협약 가입국들이 자국의 사정에 맞추어 HS 6단위 분류코드를 기초로 품목을 세분류할 수 있도록 하고 있음에 따라 우리나라가 10단위 분류코드에 의해 상품분류를 하고 있는 관세·통계 통합 품목분류표를 말한다. 이러한 HSK는 관세율, 무역통계 작성뿐만 아니라 수출입공고, 통합공고, 감면 및 분할납부 품목, 관세환급제도상 품목운용에도 사용하고 있어서 관세·무역관계 업무수행에 기본요소가 되고 있다.

2) 품목분류

(1) HS의 분류기준

HS는 모든 상품을 동일한 기준에 따라 일률적으로 분류하지는 않는다. 무역거래의 특성상 다양한 상품을 각기 기준에 따라 분류하는 것이 합리적이기 때문이다. 물품의 배열은 관세율 적용이 편리하도록 일반적으로 원재료, 중간재, 완제품 순으로 가공도를 기준으로 배열한다. 상품의 배열에서는 구조, 용도, 기능 등이 유사한 품목의 관세율 적용이 형평성을 고려하여 산업별 분류기준을 택하여 어떤 산업의 원재료부터 제품까지를 동일한 부 또는 류에 분류하도록 하였다.

〈표 2-8〉 HS의 분류기준과 대상품목

분류기준	대상
원료	농산물, 축산물, 수산물, 임산물, 광산물, 무기화학약품, 유기화학약품 등
산업	식품공업제품, 피혁공업제품, 신발류산업제품, 제지공업제품, 섬유산업제품, 요업산업제품, 유리공업제품, 귀금속제품, 철강공업제품, 기타의 卑(비)금속제품, 기계공업제품, 전기전자제품, 자동차산업제품 등
재질	플라스틱제, 고무제, 목제, 지제, 卑(비)금속제, 광물제, 섬유제, 도자제 등
용도	접착제, 광물첨가제, 완성가공제, 살균제, 살충제, 고무배합제, 부동액조제품 등과 기계류의 용도분류
가공방법	• 커피, 차류는 제09류에 분류되는데 엑스, 에센스 제품의 경우는 제21류로 분류한다. • 육과어류의 훈제는 제02류 또는 제03류에 분류하며, 이들을 기타의 방법으로 익힌 것은 제16류에 분류한다.
가공정도	운반, 보존을 위한 단순가공과 그 외의 가공에 의한 분류
포장형태	소매용포장, 세트포장, 소매용포장의 연료, 화학적으로 단일한 성분이라도 의약품이나 살균 및 소독제로 소매용 포장한 것은 용도에 따라 달리분류
품질	어드칼라, 지방산, 지방성알콜, 벤젠, 토루엔, 크실렌, 나프탈렌 등
주기능 또는 주용도	복합기계, 다용도 기계, 범용성기계
주특성	혼합물, 복합재료로 구성된 물품
성분	화학약품 혼합조제품
산출과정	화학공업생산품, 잔류물, 웨이스트와 스크랩, 중고품

〈표 2-9〉 관세율표 해석에 관한 통칙
(General Rules for the Interpretation of the Harmonized System, GRI)

통칙1	이 표의 부, 류 및 절의 표제는 오로지 참조의 편의상 설정한 것이며, 법적인 목적상의 품목분류는 각 부, 각 류, 각 번호(이하 "호"라 한다)의 용어 및 관련 부 또는 류의 주에 의하여 결정하되, 이러한 각 호 또는 주에서 따로 규정하지 아니한 경우에는 이 통칙 제2호 내지 제6호에서 규정하는 바에 따라 결정한다.
통칙2	이 통칙 제1호에 의하여 품목분류를 결정할 수 없는 것에 대하여는 다음에 정하는 바에 따른다. 가. 각 호에 게기된 물품에는 불완전 또는 미완성의 물품이 제시된 상태에서 완전 또는 완성된 물품의 본질적인 특성을 지니고 있으면 그 불완전 또는 미완성의 물품이 포함되는 것으로 보며, 이 경우 미조립 또는 분해된 상태로 제시된 물품이 있는 때에는 완전 또는 완성된 물품(이 통칙에 의하여 완전 또는 완성된 것으로 분류되는 물품을 포함한다.)에 포함되는 것으로 본다.

	나. 각 호에 게기된 어떤 재료 또는 물질에는 당해 재료 또는 물질과 다른 재료 또는 물질과의 혼합물 또는 복합물이 포함되는 것으로 보며, 특정한 재료 또는 물질로 구성된 물품에는 전부 또는 일부가 당해 재료 또는 물질로 구성된 물품이 포함되는 것으로 보고, 2종 이상의 재료 또는 물질로 구성된 물품의 분류는 이 통칙 제3호에서 규정하는 바에 따른다.
통칙3	이 통칙 제2호의 나 또는 기타 다른 이류로 동일한 물품이 둘 이상의 호에 분류되는 것으로 볼 수 있는 경우의 품목분류는 다음에 규정하는 바에 따른다. 가. 가장 협의로 표현된 호가 일반적으로 표현된 호에 우선한다. 이 경우 둘 이상의 호가 혼합물 또는 복합물에 포함된 재료나 물질의 일부 또는 소매용으로 하기 위하여 세트로 된 물품의 일부에 대하여만 각각 규정하는 경우에는 그 중 하나의 호가 다른 호보다 그 물품에 대하여 더 완전하거나 명확하게 표현하는 때에도 이들 호는 그 물품에 대하여 동등하게 협의로 표현된 것으로 본다. 나. 혼합물, 서로 다른 재료로 구성되거나 서로 다른 구성요소로 제조된 복합물과 소매용으로 하기 위하여 세트로 된 물품으로서 가의 규정에 따라 분류할 수 없는 것은 가능한 한 이들 물품에 본질적인 특성을 부여하는 재료 또는 구성요소로 구성된 것으로 취급하여 분류한다. 다. '가' 또는 '나'의 규정에 따라 분류할 수 없는 물품은 동일하게 분류가 가능한 호 중에서 그 순서상 최종호에 분류한다.
통칙4	이 통칙 제1호 내지 제3호의 규정에 의하여 분류할 수 없는 물품은 당해 물품과 가장 유사한 물품이 해당하는 호에 분류한다.
통칙5	다음에 규정된 물품에 대하여는 이 통칙 제1호 내지 제4호의 규정을 적용하는 외에 다음 사항을 적용한다. 가. 사진기케이스·악기케이스·총케이스·제도기케이스·목걸이케이스 및 유사한 용기는 특정한 물품 또는 물품의 세트를 수용할 수 있도록 특정 모양으로 되어 있거나 알맞게 제조되어 있으며 장기간 사용하기에 적합하고 그 내용물과 함께 제시되는 경우에는 그 내용물과 함께 정상적으로 판매되는 종류의 물품에 분류한다. 다만, 용기가 전체물품에 본질적인 특성을 부여하는 경우에는 그러하지 아니한다. 나. '가'의 규정에 해당하는 것은 그에 따르고 내용물과 함께 제시되는 포장재료와 포장용기는 이들이 그러한 물품의 포장용으로 정상적으로 사용되는 종류의 것에 한하여 그 물품과 함께 분류한다. 다만 그러한 포장재료 또는 포장용기가 명백히 반복적으로 사용하기에 적합한 것인 경우에는 그러하지 아니한다.
통칙6	법적인 목적상 어느 호 중 소호의 품목분류는 동일한 수준의 소호들만을 서로 비교할 수 있다는 점을 조건으로 그 소호의 용어와 관련 소호의 주에 따라 결정되며 상기 제 통칙을 준용하여 결정한다. 또한 이 통칙에서 문맥상 달리 규정한 경우를 제외하고 관련 부 및 류의 주도 적용한다.
통칙7	이 관세율표에 규정되지 아니한 품목분류에 관한 사항은 「통일상품명 및 부호체계에 관한 국제협약」에 의한다.

<표 2-10> 관세율표의 분류체계

제1부 산동물 및 동물성 생산품	제01류 산동물 제02류 육과 식용설육 제03류 어류, 갑각류, 연체동물 및 기타 수생무척추동물 제04류 낙농품, 조란, 천연꿀 및 다른 류에 분류되지 아니한 식용의 동물성 생산품 제05류 다른 류에 분류되지 아니한 동물성 생산품
제2부 식물성 생산품	제06류 산수목과 기타의 식물 및 인경, 뿌리 및 이와 유사한 물품과 절화 및 장식용의 잎 제07류 식용의 채소, 뿌리 및 괴경 제08류 식용의 과실 및 견과류와 감귤류 또는 멜론의 껍질 제09류 커피, 차, 마테 및 향신료 제10류 곡물 제11류 제분공업의 생산품과 맥아, 전분, 아눌린 및 밀의 글루텐 제12류 채유용에 적합한 종자와 과실, 각종의 종자와 과실, 공업용 또는 의약용의 식물 짚과 사료용 식물 제13류 락, 검, 수지 및 기타의 식물성 수액 엑스 제14류 식물성 편조물용 재료와 다른 류에 분류되지 아니한 식물성 생산품
제3부 동식물성 유지 및 이들의분해 생산물, 조제식용지와 동식물성의 납	제15류 동식물성 유지 및 이들의 분해 생산물, 조재식용지와 동식물성의 납
제4부 조제식료품과 음료, 알코올, 식초 및 담배와 제조한 담배 대용물	제16류 육류, 어류, 갑각류, 연체동물 또는 기타 수생무척추동물의 조제품 제17류 당류와 설탕과자 제18류 코코아와 그 조제품 제19류 곡물, 분, 전분 또는 밀크의 조제품과 베이커리 제품 제20류 채소, 과실 또는 식물의 기타 부분품 조제품 제21류 각종의 조제 식료품 제22류 음료, 알코올 및 식초 제23류 식품공업에서 생기는 잔유물 및 웨이스트와 조제사료 제24류 담배와 제조한 담배 대용물
제5부 광물성 생산품	제25류 소금, 황, 토석류 및 석고, 석회와 시멘트 제26류 광, 슬랙 및 회 제27류 광물성 연료광유와 이들의 증류물, 역청물질 및 광물성 왁스

제6부 화학공업 또는 연관공업의 생산품	제28류 무기 화학품 및 귀금속, 희토류금속 방사성원소 또는 동위원 소의 유기 또는 무기화합물 제29류 유기화합물 제30류 의료용품 제31류 비료 제32류 유연 또는 염색엑스, 탄닌과 그들의 유도체, 염료, 안료와 기타 착색제 페인트와 바니쉬, 피티와 기타 매스틱 및 잉크 제33류 정유와 레지노이드 및 조제향료와 화장품류 또는 화장용품류 제34류 비누, 유기제면활성제, 조제세제, 조제윤활제, 인조왁스, 조 제왁스 광택 또는 연마조제품 양초와 이와 유사한 물품, 조형 용 페이스트 치과용 왁스와 플라스터를 기제로 한 치과용 조 제품 제35류 단백질계 물질, 변성전분 글루 및 효소 제36류 화학류, 화공품, 성냥, 발화성 합금 및 특정 가연성 조제품 제37류 사진용 또는 영화용의 재료 제38류 각종 화학공업 생산품
제7부 플라스틱과 그 제품 및 고무와 그 제품	제39류 플라스틱과 그 제품 제40류 고무와 그 제품
제8부 원피, 가죽, 모피 및 이들의 제품, 마구, 여행용구 핸드백 및 이와 유사한 용기와 동물거트(누에의 거트를 제외한다)의 제품	제41류 원피 제42류 가죽제품, 마구, 여행용품, 핸드백 및 이와 유사한 용기와 동 물의 거트(누에의 거트를 제외한다)의 제품 제43류 모피, 인조모피 및 이들의 제품
제9부 목재와 그 제품, 목탄 코르크와 그 제품, 짚, 에스파르토 또는 기타의 조물재료의 제품, 농세공물 및 지조세공물	제44류 목재와 그 제품 및 목탄 제45류 코르크와 그 제품 제46류 짚, 에스파르토 또는 기타 조물재료의 제품과 농세공물 및 지 조세공물
제10부 목재펄프 또는 기타 섬유질 셀룰로스재료의 펄프 및 지 또는 판자의 웨이스트와 스크랩, 지와 판지 및 이들의 제품	제47류 목재펄프 또는 기타 섬유질 셀룰로스제료의 펄프 및 지 또는 판지의 웨이스트와 스크랩 제48류 지와 판지, 제지용펄프, 지 또는 판지의 제품 제49류 인쇄서적, 산문, 회화 및 기타의 인쇄물, 수제문서, 타이프문 서 및 도면

제11부 방직용 섬유와 방직용 섬유의 제품	제50류 견
	제51류 양모, 섬수모 또는 조수모, 마모사 및 이들의 직물
	제52류 면
	제53류 기타 식물성 방직용섬유와 지사 및 지사의 직물
	제54류 인조필라멘트
	제55류 인조스테이플섬유
	제56류 워딩, 펠트 및 부직포, 특수사, 끈, 코디지, 로프 및 케이블과 이들의 제품
	제57류 양탄자류와 기타 방직용 섬유제의 바닥깔개
	제58류 특수직물, 터후트한 섬유직물, 레이스, 태피스트리, 트리밍과 자수포
	제59류 침투, 도포, 피복 또는 적층한 방직용 섬유의 직물, 공업용의 방직용 섬유제품
	제60류 메리야스 편물과 뜨개질 편물
	제61류 의류와 그 부속품(메리야스 편물 또는 뜨개질 편물의 것에 한 한다)
	제62류 의류와 그 부속품(메리야스 편물 또는 뜨개질 편물의 것을 제 외한다)
	제63류 제품으로 된 방직용 섬유의 기타물품, 세트, 사용하던 의류, 사용하던 방직용 섬유제품 및 넝마
제12부 신발류, 모자류, 산류 지팡이 시트시틱 채찍 및 이들의 부분품 조제우모와 그 제품, 조화, 인모제품	제64류 신발류, 각반 및 이와 유사한 것과 이들의 부분품
	제65류 모자류와 그 부분품
	제66류 산류, 지팡이, 시트스틱, 채찍 및 이들의 부분품
	제67류 조제우모와 솜털 및 그 제품, 조화, 인모제품
제13부 석, 플라스터, 시멘트, 석면, 운모 또는 이와 유사한 재료의 제품 도자제품, 유리와 유리제품	제68류 석, 플라스터, 시멘트, 석면, 운모 또는 이와 유사한 재료의 제품
	제69류 도자제품
	제70류 유리와 유리제품
제14부 천연 또는 양식진주, 귀석 또는 반귀석, 귀금속, 귀금속을 입힌 금속 및 이드르이 제품, 모조신변 장식품과 주화	제71류 천연 또는 양식진주, 귀석 또는 반귀석, 귀금속, 귀금속을 입 힌 금속 및 이들의 제품, 모조신변 장식품과 주화

제15부 비금속과 그 제품	제72류 철강
	제73류 철강의 제품
	제74류 동과 그 제품
	제75류 니켈과 그 제품
	제76류 알루미늄과 그 제품
	제77류 유보(blank)
	제78류 연과 그 제품
	제79류 아연과 그 제품
	제80류 주석과 그 제품
	제81류 기타 비금속, 서메트 이들의 제품
	제82류 비금속제의 공구, 도구, 칼붙이, 스푼과 포크 및 이들의 부분품
	제83류 비금속제의 각종제품
제16부 기계류와 전기기기 및 이들의 부분품	제84류 원자로, 보일러와 기계류 및 이들의 부분품
	제85류 전자기기와 그 부분품, 녹음기와 음성재생기, 텔레비전의 영상 및 음성의 기록기 재생기 및 이들의 부분품과 부속품
제17부 차량, 항공기, 선박과 수송기기 관련품	제86류 철도 또는 궤도용의 기관차, 차량과 이들의 부분품, 철도 또는 궤도용의 장비품과 그 부분품 및 기계식(전자기계식을 포함한다)의 각종 교통신호기
	제87류 철도 또는 궤도용 이외의 차량 및 그 부분품과 부속품
	제88류 항공기와 우주선 및 이들의 부분품
	제89류 선박과 수상구조물
제18부 광학기기, 사진용기기, 영화용기기, 측정기기, 검사기기, 정밀기기와 의료용 기기, 시계, 악기 및 이들의 부분품과 부속품	제90류 의료용기기, 시계, 악기 및 이들의 부분품과 부속품
	제91류 시계와 그 부분품
	제92류 악기 및 그 부분품과 부속품
제19부 무기 총포탄 및 이들의 부분품과 부속품	제93류 무기 총포탄 및 이들의 부분품과 부속품
제20부 잡품	제94류 가구와 침구, 매트리스서포트, 쿠션과 이와 유사한 물품 다른 류에 분류되지 아니한 램프와 조명기구, 조명용사인, 조명용, 네임플레이트와 이와 유사한 물품 및 조립식 건축물
	제95류 완구, 유희용구 및 이드르이 부분품과 부속품
	제96류 잡품
제21부 예술품, 수집품과 골동품	제97류 예술품·수집품과 골동품

(2) 품목분류의 수정 $\left(\frac{관세법}{제84조}\right)$

기획재정부장관은 「통일상품명 및 부호체계에 관한 국제협약」에 따른 관세협력이사회의 권고 또는 결정이나 새로운 상품의 개발 등으로 별표 관세율표 또는 국제협력관세(법 제73조) 및 일반특혜관세(제76조)에 따라 대통령령으로 정한 품목분류를 변경할 필요가 있는 경우 그 세율이 변경되지 아니하는 경우에는 대통령령으로 정하는 바에 따라 새로 품목분류를 하거나 다시 품목분류를 할 수 있다.

(3) 품목분류의 적용기준

기획재정부장관은 대통령령으로 정하는 바에 따라 품목분류를 적용하는 데에 필요한 기준을 정할 수 있다 $\left(\frac{관세법}{제85조\ 제1항}\right)$. 다음 각 호의 사항을 심의하기 위하여 관세청에 관세품목분류위원회(이하 이 조에서 "분류위원회"라 한다)를 둔다.

① 품목분류 적용기준의 신설 또는 변경과 관련하여 관세청장이 기획재정부장관에게 요청할 사항
② 특정물품에 적용될 품목분류의 사전심사(법제86조) 및 재심사
③ 특정물품에 적용될 품목분류의 변경(법제87조) 및 재심사
④ 그 밖에 품목분류에 관하여 관세청장이 분류위원회에 부치는 사항

(4) 특정물품에 적용될 품목분류의 사전심사

물품을 수출입하려는 자, 수출할 물품의 제조자 및 「관세사법」에 따른 관세사·관세법인 또는 통관취급법인(이하 "관세사 등"이라 한다)은 수출입신고(법 제241조 제1항[10])를 하기 전에 대통령령으로 정하는 서류를 갖추어 관세청장에게 해당 물품에 적용될 별표 관세율표상의 품목분류를 미리 심사하여 줄 것을 신청할 수 있다 $\left(\frac{관세법}{제86조\ 제1항}\right)$.

(5) 사전심사절차

사전심사의 신청을 받은 관세청장은 해당 물품에 적용될 품목분류를 심사하여 대통령령으로 정하는 기간 이내에 이를 신청인에게 통지하여야 한다. 다만, 제출자료의 미비 등으로 품목분류를 심사하기 곤란한 경우에는 그 뜻을 통지하여야 한다 $\left(\frac{관세법}{제86조\ 제2항}\right)$.

통지를 받은 자는 통지받은 날부터 30일 이내에 대통령령으로 정하는 서류를 갖추어 관세청장에게 재심사를 신청할 수 있다. 이 경우 재심사의 기간 및 결과의 통지에 관하여는

---

10) 물품을 수출·수입 또는 반송하려면 해당 물품의 품명·규격·수량 및 가격과 그 밖에 대통령령으로 정하는 사항을 세관장에게 신고하여야 한다.

사전심사절차(관세법 제86조 제2항)를 준용한다$\binom{관세법}{제86조 제3항}$.

관세청장은 품목분류를 심사한 물품 및 재심사 결과 적용할 품목분류가 변경된 물품에 대하여는 해당 물품에 적용될 품목분류와 품명, 용도, 규격, 그 밖에 필요한 사항을 고시 또는 공표하여야 한다. 다만, 신청인의 영업 비밀을 포함하는 등 해당 물품에 적용될 품목분류를 고시 또는 공표하는 것이 적당하지 아니하다고 인정되는 물품에 대하여는 고시 또는 공표하지 아니할 수 있다$\binom{관세법}{제86조 제4항}$.

(6) 품목분류변경

세관장은 수출입신고가 된 물품이 통지한 물품과 같을 때에는 그 통지 내용에 따라 품목분류를 적용하여야 한다. 이 경우 제3항에 따른 재심사 결과 적용할 품목분류가 변경되었을 때에는 신청인이 변경 내용을 통지받은 날과 고시 또는 공표일 중 빠른 날(이하 "변경일"이라 한다)부터 변경된 품목분류를 적용하되, 다음 각 호의 기준에 따라 달리 적용할 수 있다$\binom{관세법}{제86조 제5항}$.

① 변경일부터 30일이 지나기 전에 우리나라에 수출하기 위하여 선적된 물품에 대하여 변경 전의 품목분류를 적용하는 것이 수입신고인에게 유리한 경우 : 변경 전의 품목분류 적용

② 다음 각 목의 어느 하나에 해당하는 경우 : 변경일 전에 수출입신고가 수리된 물품에 대해서도 소급하여 변경된 품목분류 적용

가. 거짓자료 제출 등 신청인에게 책임 있는 사유로 품목분류가 변경된 경우

나. 다음의 어느 하나에 해당하는 경우로서 수출입신고인에게 유리한 경우

ⅰ. 신청인에게 자료제출 미비 등의 책임 있는 사유가 없는 경우

ⅱ. 신청인이 아닌 자가 관세청장이 결정하여 고시하거나 공표한 품목분류에 따라 수출입신고를 한 경우

(7) 품목분류 심사, 재심사

관세청장은 제2항 본문 및 제3항에 따라 품목분류를 심사 또는 재심사하기 위하여 해당 물품에 대한 구성재료의 물리적·화학적 분석이 필요한 경우에는 해당 품목분류를 심사 또는 재심사하여 줄 것을 신청한 자에게 기획재정부령으로 정하는 수수료를 납부하게 할 수 있다$\binom{관세법}{제86조 제6항}$.

통지받은 사전심사 결과의 유효기간은 해당 통지를 받은 날부터 3년으로 한다. 다만, 제3항에 따른 재심사 결과 품목분류가 변경된 경우에는 해당 통지를 받은 날부터 유효기간을

다시 기산한다$\binom{\text{관세법}}{\text{제86조 제7항}}$. 품목분류 사전심사 및 재심사의 절차, 방법과 그 밖에 필요한 사항은 대통령령으로 정한다$\binom{\text{관세법}}{\text{제86조 제8항}}$.

(8) 특정물품에 적용되는 품목분류의 변경 및 적용

관세청장은 특정물품에 적용될 품목분류의 사전심사(법제86조)에 따라 사전심사 또는 재심사한 품목분류를 변경하여야 할 필요가 있거나 그 밖에 관세청장이 직권으로 한 품목분류를 변경하여야 할 부득이한 사유가 생겼을 때에는 해당 물품에 적용할 품목분류를 변경할 수 있다$\binom{\text{관세법}}{\text{제87조 제1항}}$.

관세청장은 제1항에 따라 품목분류를 변경하였을 때에는 그 내용을 고시하고, 사전심사 및 재심사(법제86조 제2항 및 제3항)11)에 따라 통지한 신청인에게는 그 내용을 통지하여야 한다. 다만, 신청인의 영업 비밀을 포함하는 등 해당 물품에 적용될 품목분류를 고시하는 것이 적당하지 아니하다고 인정되는 물품에 대해서는 고시하지 아니할 수 있다$\binom{\text{관세법}}{\text{제87조 제2항}}$.

통지를 받은 자는 통지받은 날부터 30일 이내에 대통령령으로 정하는 서류를 갖추어 관세청장에게 재심사를 신청할 수 있다. 이 경우 재심사의 기간, 재심사 결과의 통지 및 고시·공표, 수수료 및 재심사의 절차·방법 등에 관하여는 제86조 제3항, 제4항, 제6항 및 제8항을 준용한다.

사전심사 또는 재심사한 품목분류가 변경되거나 재심사 결과 품목분류가 변경된 경우 품목분류의 유효기간은 해당 통지를 받은 날부터 3년으로 한다$\binom{\text{관세법}}{\text{제87조 제5항}}$.

---

11) 관세법 제86조 ② 제1항에 따른 심사(이하 "사전심사"라 한다)의 신청을 받은 관세청장은 해당 물품에 적용될 품목분류를 심사하여 대통령령으로 정하는 기간 이내에 이를 신청인에게 통지하여야 한다. 다만, 제출자료의 미비 등으로 품목분류를 심사하기 곤란한 경우에는 그 뜻을 통지하여야 한다.
　③ 제2항에 따라 통지를 받은 자는 통지받은 날부터 30일 이내에 대통령령으로 정하는 서류를 갖추어 관세청장에게 재심사를 신청할 수 있다. 이 경우 재심사의 기간 및 결과의 통지에 관하여는 제2항을 준용한다.

제3장

관세의 부과와 징수

제1절 관세의 부과
제2절 납세의무의 소멸
제3절 관세징수권 소멸시효

제1절
관세의 부과

1. 신고납부제도 ^(관세법 제38조)

1) 의의

　납세부과방법은 신고납세제도와 부과과세제도로 구분된다. 신고납세제도는 납세의무가 세법이 정하는 바에 따라 자율적으로 세액을 계산하여 세관장에게 신고함으로써 확정하는 것을 원칙으로 하며, 신고한 세액에 오류나 탈루가 있는 경우에 한하여 세관장의 행정처분에 의하여 확정하는 방법이다. 반면, 부과과세제도는 세관장의 행정처분인 납세의 고지에 의하여 납세의무의 내용을 확정하는 방법이다.

　신고납부란 관세의 납세의무자가 수입신고를 할 때에 스스로 과세표준 및 납부세액 등을 결정하여 납세신고하고 스스로 납부하는 제도를 말한다. 즉, 납세의무자가 스스로 세액을 결정하여 세관장에게 신고하여 납부하는 제도인데, 이를 자진신고 납부제라고도 한다. 신고납부대상은 부과고지 대상물품을 제외한 모든 수입물품이다.

2) 납세신고 ^(관세법 제38조)

(1) 의의

　납세신고란 납세자가 관세법의 규정에 따라 소정의 신고서를 갖추어 과세표준과 세액을 세관에 신고하는 요식행위이다. 즉, 물품(세관장이 부과고지하는 물품은 제외)을 수입하고자 하는 자는 수입신고를 하는 때에 대통령령이 정하는 바에 의해 세관장에게 관세의 납부에 관한 신고(이하 '납세신고')를 하여야 한다^(관세법 제38조 제1항).

(2) 납세신고인

납세신고자는 여러 납세의무자 가운데서도 원칙적으로 물품을 수입한 화주가 된다. 또한 수입신고인은 수입통관절차를 목적으로 한 신고인으로서 수입화주·관세사 또는 통관 취급 법인이 될 수 있으나, 납세신고는 납세의무자만이 할 수 있다.

(3) 납세신고 내용

납세신고자는 수입신고서에 다음 사항을 기재하여 제출하여야 한다$\left(\substack{\text{관세법시행령} \\ \text{제32조 제1항}}\right)$.
① 당해 물품의 품목분류·세율·납부세액 및 그 합계액
② 관세의 감면을 받는 경우에는 그 감면액과 법적근거
③ 특수관계의 범위에 해당하는지의 여부
④ 기타 과세가격 결정에 참고가 될 사항

2) 세액심사

세관장은 납세신고를 받으면 수입신고서에 기재된 사항과 이 법에 따른 확인사항 등을 심사하되, 신고한 세액에 대하여는 수입신고를 수리한 후에 심사한다.

다만, 신고한 세액에 대하여 관세채권을 확보하기가 곤란하거나, 수입신고를 수리한 후 세액심사를 하는 것이 적당하지 아니하다고 인정하여 기획재정부령으로 정하는 물품의 경우에는 수입신고를 수리하기 전에 이를 심사한다$\left(\substack{\text{관세법} \\ \text{제38조 제2항}}\right)$.

세관장은 납세실적, 수입규모 등을 고려하여 관세청장이 정하는 요건을 갖춘자가 신청하는 때에는 납세신고한 세액을 자체적으로 심사('자율심사'라 한다)하게 할 수 있다. 이 경우 납세의무자는 자율심사결과를 세관장에게 제출해야 한다$\left(\substack{\text{관세법} \\ \text{제38조 제3항}}\right)$.

(1) 원칙(수입신고수리 후 세액심사 : 사후세액심사)

세관장은 납세신고를 받은 때에는 수입신고서상의 기재사항과 관세법의 규정에 의한 확인 사항 등을 심사하되, 신고한 세액에 대하여는 수입신고 수리 후에 이를 심사한다$\left(\substack{\text{관세법 제38조} \\ \text{제2항 본문}}\right)$. 이에 따라 세액심사의 원활을 기하기 위하여 필요한 때에는 심사방법 등에 관한 기준을 정할 수 있다$\left(\substack{\text{관세법시행령} \\ \text{제32조 제2항}}\right)$.

(2) 예외(수입신고수리 전 세액심사 : 사전세액심사)

신고한 세액에 대하여 관세채권의 확보가 곤란하다고 인정되거나, 수입신고를 수리한 후 세액심사를 하는 것이 부적당하다고 인정되어 기획재정부령이 정하는 다음에 해당하는 경우에는 수입신고를 수리하기 전에 이를 심사한다$\binom{관세법 \ 제38조}{제2항 \ 단서}$ $\binom{관세법시행규칙}{제6조}$.

① 법률 또는 조약에 의하여 관세 및 내국세의 감면을 받고자 하는 물품

② 관세의 분할납부를 하고자 하는 물품

③ 관세의 체납중에 있는 자가 신고하는 물품

④ 납세자의 성실성 등을 참작하여 관세청장이 정하는 기준에 해당하는 불성실신고인이 신고하는 물품

⑤ 물품의 가격변동이 크거나 기타 수입신고 수리 후에 세액을 심사하는 것이 적합하지 아니하다고 인정하여 관세청장이 정하는 물품

수입신고수리 전에 세액심사를 하는 물품 중 ① 및 ②에 규정된 물품의 감면 또는 분할 납부의 적정여부에 대한 심사는 수입신고수리 전에 하고, 과세가격 및 세율 등에 대한 심사는 수입신고 후에 한다(동조 ②항).

3) 납세신고한 세액의 납부$\binom{관세법}{제9조}$

납세의무자는 수입신고가 수리된 날로부터 15일 이내에 당해 세액을 납부하여야 한다 (국고수납은행 또는 우체국). 이 경우 납세의무자는 수입신고수리 전에도 당해 세액을 납부 할 수 있다$\binom{관세법 \ 제9조}{제1항 \ 제1호}$.

(1) 사후납부원칙

신고납부방식에 의하여 납세신고한 납세의무자는 납세신고 수리일로부터 15일 이내에 당해 세액을 세관장에 납부하여야 한다. 이 경우 세관장은 관세에 상당하는 담보를 제공하 도록 하여야 한다$\binom{관세법}{제248조 \ 제2항}$.

(2) 사전납부

납세의무자는 수입신고가 수리되기 전에 당해 세액을 납부할 수 있다.

4) 세액의 변경 (관세법 제38조 제4항, 제38조의2 및 38조의3)

납부의무자가 과세표준, 세액 등을 계산, 자진하여 납세신고를 하거나 자진 신고납부한 후 세율적용, 과세가격 결정의 잘못으로 그 세액이 납부하여야 할 세액에 부족하거나 또는 초과 납부한 사실이 있음이 발견된 경우, 납세의무자와 세관장은 정당한 납부세액으로 고치게 되는데 이를 세액의 변경이라 한다.

당초에 신고한 과세표준과 세액에 오류가 있는 때에는 이를 정정(변경)할 수 있다. 정정 (변경)방법으로는 과세청장이 제척기간 내에 결정·경정하는 방법이 있으며, 이에 대응하여 납세의무자에게도 납부여부에 따라 납부 전 정정과 납부 후 정정이 있으며, 납부 후 정정 으로는 보정, 수정신고, 경정청구 등이 있다.

(1) 세액정정(제38조 제4항)

납세의무자는 납세신고한 세액을 납부하기 전에 당해 세액에 과부족인 있는 것을 안 때 에는 납세신고한 세액을 정정할 수 있다 (관세법 제38조 제4항).

납세의무자가 과세표준, 세액 등을 계산, 자진하여 납세신고를 하거나 자진 신고 납부한 후 세율적용 착오, 과세가격적용 착오 등 그 세액이 납부하여야 할 세액에 부족하거나 또 는 초과 납부한 사실이 있어 발견된 경우, 납세의무자와 과세관청은 납부하여야 할 정당한 세액으로 정정하게 된다. 이를 세액의 정정이라 한다.

세액정정방법으로는 세액을 정정하고자 하는 자는 당해 납세신고와 관련된 서류를 세관 장으로부터 교부받아 과세표준 및 세액 등을 정정하고, 그 정정한 부분에 서명 또는 날인 하여 세관장에게 제출하여야 한다.

세액을 정정하는 방법은 보정, 수정 및 경정으로 다음과 같다.

(2) 세액보정 (관세법 제38조의2)

(가) 의의

납세의무자는 신고납부한 세액이 부족하다는 것을 알게 되거나 세액산출의 기초가 되는 과세가격 또는 품목분류 등에 오류가 있는 것을 알게 되었을 때에는 신고납부한 날부터 6 개월 이내(이하 "보정기간"이라 한다)에 대통령령으로 정하는 바에 따라 해당 세액을 보정 (補正)하여 줄 것을 세관장에게 신청할 수 있다 (관세법 제38조의2 제1항).

납세의무자는 신고납부한 세액이 부족하다는 것을 알게되거나 보정신청한 세액 및 수정 신고한 세액이 과다한 것을 알게 되었을 때에는 최초로 납세신고를 한 날부터 5년 이내에 대통령령으로 정하는 바에 따라 신고한 세액의 경정을 세관장에게 청구할 수 있다 (관세법 제38조의2 제2항).

(나) 보정절차

신고납부한 세액을 보정하고자 하는 자는 세관장에게 세액 보정 신청한 다음에 이미 제출한 수입신고서를 교부받아 수입신고서상의 품목분류·과세표준·세율 및 세액 그 밖의 관련사항을 보정하고, 그 보정한 부분에 서명 또는 날인하여 세관장에게 제출하여야 한다.

(다) 세액의 심사제외

납세의무자의 신청 및 세관장의 통지에 의하여 보정한 세액에 대하여는 세관장의 세액심사와 자율심사를 하지 않는다(법 제38조 제2항 및 제3항). 다만, 거짓 그 밖의 부정한 방법으로 자료를 제출하거나 세액의 탈루가 명백한 경우 등 다음에 해당하는 경우에는 그러하지 아니하다.

① 세관장에게 거짓자료 또는 위조·변조된 자료를 제출한 경우
② 이 법 또는 다른 법령에 의한 조사결과 세액탈루의 사실이 확인된 경우

(라) 납부기한

납세의무자는 신고납부한 세액부족을 알게되거나 세액산출 기초가 되는 과세가격 또는 품목분류 등 오류가 있는 것을 알게 되었을 때, 부족한 세액에 대한 세액의 보정을 신청한 경우에는 당해 보정신청을 한 날의 다음날까지 당해 관세를 납부하여야 한다$\left(\substack{\text{관세법}\\\text{제38조의2 제4항}}\right)$.

(마) 가산금(이자) 징수

세관장은 신청에 따라 세액을 보정한 결과 부족한 세액이 있을 때에는 납부기한 다음 날부터 보정신청을 한 날까지의 기간과 금융회사의 정기예금에 대하여 적용하는 이자율을 고려하여 대통령령으로 정하는 이율에 따라 계산한 금액을 더하여 해당 부족세액을 징수하여야 한다. 다만, 다음 각 호의 어느 하나에 해당하는 경우에는 그러하지 아니하다$\left(\substack{\text{관세법}\\\text{제38조의2 제5항}}\right)$.

① 국가 또는 지방자치단체가 직접 수입하는 물품 등 대통령령으로 정하는 물품의 경우
② 신고납부한 세액의 부족 등에 대하여 납세의무자에게 대통령령으로 정하는 정당한 사유가 있는 경우

(3) 수정 $\left(\substack{\text{관세법}\\\text{제38조의3}}\right)$

(가) 수정의의

납세의무자는 신고납부한 세액이 부족한 경우에는 대통령령으로 정하는 바에 따라 수정신고(보정기간이 지난 날부터 관세부과의 제척기간(제21조 제1항)[12]에 따른 기간이 끝나기 전까지로 한정한다)를 할 수 있다. 이 경우 납세의무자는 수정신고한 날의 다음 날까지 해

당 관세를 납부하여야 한다$\binom{관세법}{제38조의2\ 제1항}$.

이는 납세자 스스로 자기 보정에 의하여 부족세액을 신고, 납부케 함으로써 행정력을 절감하고 납세의무자도 가산세의 감면 특혜를 받을 수 있도록 하는 제도이다.

(나) 신고서의 제출

수정신고를 하고자 하는 자는 다음 각 호의 사항을 기재한 수정신고서를 세관장에게 제출하여야 하며(영 제34조).

> ① 당해물품의 수입신고번호와 품명·규격 및 수량
> ② 수정신고전의 당해 물품의 품목분류·과세표준·세율 및 세액
> ③ 수정신고후의 당해 물품의 품목분류·과세표준·세율 및 세액
> ④ 가산세액
> ⑤ 기타참고사항

(다) 수정신고 시기

납세의무자가 보정기간이 경과한 후 세관장의 경정이 있기 전까지 수정신고를 할 수 있다.

(4) 경정$\binom{관세법}{제38조의3}$

(가) 의의

세관장은 납세의무자가 납세 신고한 세액 또는 납세 신고한 세액 또는 경정청구규정에 의해 경정청구한 세액을 심사한 결과 과부족이 있는 것을 발견한 때에는 대통령령이 정하는 바에 의하여 그 세액을 경정해야 한다.

(나) 경정사유

① 수입신고 수리 후에 세액을 심사한 결과 이미 신고납부한 세액에 과부족이 있음을 발견한 경우

② 사전세액심사 대상물품에 대하여 수입신고 수리전에 세액심사를 한 결과 납세의무자가 신고한 세액이 납부하여야 할 세액에 과부족이 있음을 발견한 경우

③ 경정청구한 세액을 심사한 결과 이미 신고납부한 세액에 과부족이 있을 발견한 경우

---

12) 제21조(관세부과의 제척기간) ① 관세는 해당 관세를 부과할 수 있는 날부터 5년이 지나면 부과할 수 없다. 다만, 부정한 방법으로 관세를 포탈하였거나 환급 또는 감면받은 경우에는 관세를 부과할 수 있는 날부터 10년이 지나면 부과할 수 없다.

(다) 경정절차

세관장은 세액을 경정하고자 할 때에는 다음 사항을 기재한 경정통지서를 납세의무자에게 교부하여야 한다($\frac{관세법시행령}{제39조 제1항}$). 이 경우 이미 납부한 세액에 부족이 있거나 납부할 세액에 부족이 있는 경우에는 그 부족세액에 대하여 세관장이 납세고지를 하여야 한다($\frac{관세법시행령}{제39조 제2항}$).

① 당해물품의 수입신고번호와 품명, 규격 및 수량
② 경정 전의 당해 물품의 과세표준, 세율, 세액, 품목분류
③ 경정 후의 당해 물품의 과세표준, 세율, 세액, 품목분류
④ 가산세액
⑤ 경정사유
⑥ 기타 참고사항

(라) 납기

경정에 의한 납기는 납세고지를 받은 날부터 15일 이내에 관세를 납부하여야 한다.

〈표 3-1〉 세액정정 방법의 비교

구분	시기	주체	납부기한	가산세	비고
보정	납세신고한 세액에 과부족이 발생한 경우	납세의무자	변동이 없음	해당이 없음	세액납부 전에 가능하다
수정	신고납부세액에 부족이 발생한 경우	납세의무자	수정신고와 동시	신고납부한 날로부터 6개월 이내 수정신고를 하는 경우 부족세액의 10%징수	수입신고수리와 관계가 없다. 경정이 있기 전까지 할 수 있다.
경정	신고납부한 세액 또는 납세신고한 세액에 과부족이 발생한 경우	세관장	납세고지를 받은 날로부터 15일이내	부족액의 2%징수	수정신고보다 범위가 넓다. 재경정이 가능하다.
경정청구	최초 납세신고일로부터 2년 이내	납세의무자		없음	

(5) 경정청구

경정청구제도는 신고납부한 납세의무자가 과다납부한 세액이 있는 경우 우선 이를 청구하고, 이에 대해 세관장이 부당한 결정을 할 경우, 행정쟁송으로 권리구제를 받을 수 있게 하는 제도이다. 이는 행정심판에 의하여 불복신청을 하기 전에 세관장에게 신고 납부세액에 대한 과다 납부금을 되돌려 달라는 요구를 할 수 있어 세관장이 이를 거부하지 않고 결정하면, 납세의무자는 굳이 행정심판을 거치지 않다도 신속하게 권리를 구제받을 수 있도록 납세자 권익을 합법화 한 제도이다.

(가) 의의

납세의무자는 보정기간이 경과한 후, 신고납부한 세액이 과다한 것을 알게 되었을 때에는 최초로 납세신고를 한 날부터 5년 이내에 대통령령으로 정하는 바에 따라 신고한 세액의 경정을 세관장에게 청구할 수 있다. 이 경우 경정의 청구를 받은 세관장은 그 청구를 받은 날부터 2개월 이내에 세액을 경정하거나 경정하여야 할 이유가 없다는 뜻을 청구한 자에게 통지하여야 한다.$\binom{관세법}{제38조의3 \; 제2항}$. 경정청구를 하고자 하는 자는 다음 각호의 사항을 기재한 경정청구서를 세관장에게 제출하여야 하다.

① 당해물품의 수입신고번호와 품명, 규격 및 수량
② 경정 전의 당해 물품의 과세표준, 세율, 세액, 품목분류
③ 경정 후의 당해 물품의 과세표준, 세율, 세액, 품목분류
④ 경정사유 및 기타 참고사항

(나) 요건

납세의무자는 최초의 신고 또는 경정에서 과세표준 및 세액의 계산근거가 된 거래 또는 행위 등이 그에 관한 소송에 대한 판결(판결과 같은 효력을 가지는 화해나 그 밖의 행위를 포함한다)에 의하여 다른 것으로 확정되는 등 대통령령으로 정하는 사유가 발생하여 납부한 세액이 과다한 것을 알게 되었을 때에는 제2항 전단에 따른 기간에도 불구하고 그 사유가 발생한 것을 안 날부터 2개월 이내에 대통령령으로 정하는 바에 따라 납부한 세액의 경정을 세관장에게 청구할 수 있다$\binom{관세법}{제38조의3 \; 제3항}$.

(6) 과세가격 조정에 따른 경정$\binom{관세법}{제38조의4}$

납세의무자는 국제조세조정에 관한 법률(제7조 제1항)에 따라 관할 지방국세청장 또는 세무서장이 해당 수입물품의 거래가격을 조정하여 과세표준 및 세액을 결정·경정 처분하

거나 국제조세조정에 관한 법률(법 제14조 제3항(일방적 사전승인의 대상인 경우에 한정)에 따라 국세청장이 해당 수입물품의 거래가격과 관련하여 소급하여 적용하도록 사전승인을 함에 따라 그 거래가격과 이 법에 따라 신고납부·경정한 세액의 산정기준이 된 과세가격 간 차이가 발생한 경우에는 그 결정·경정 처분 또는 사전승인이 있음을 안 날(처분 또는 사전승인의 통지를 받은 경우에는 그 받은 날)부터 3개월 또는 최초로 납세신고를 한 날부터 5년 내에 대통령령으로 정하는 바에 따라 세관장에게 세액의 경정을 청구할 수 있다$\left(\substack{\text{관세법}\\\text{제38조의4 제1항}}\right)$.

경정청구를 받은 세관장은 대통령령으로 정하는 바에 따라 해당 수입물품의 거래가격 조정방법과 계산근거 등이 합리적 기준에 의한 과세가격결정이 적합하다고 인정하는 경우에는 세액을 경정할 수 있다$\left(\substack{\text{관세법}\\\text{제38조의4 제2항}}\right)$. 또한 세관장은 경정청구를 받은 날부터 2개월 내에 세액을 경정하거나 경정하여야 할 이유가 없다는 뜻을 청구인에게 통지하여야 한다$\left(\substack{\text{관세법}\\\text{제38조의4 제3항}}\right)$.

세관장의 통지에 이의가 있는 청구인은 그 통지를 받은 날(2개월 내에 통지를 받지 못한 경우에는 2개월이 지난 날)부터 30일 내에 기획재정부장관에게 국세의 정상가격과 관세의 과세가격 간의 조정을 신청할 수 있다. 이 경우 「국제조세조정에 관한 법률」 제20조를 준용한다$\left(\substack{\text{관세법}\\\text{제38조의4 제4항}}\right)$. 청구인은 2개월 이내에 통지를 받지 못한 경우에는 그 2개월이 되는 날의 다음 날부터 이의신청, 심사청구, 심판청구 또는 「감사원법」에 따른 심사청구를 할 수 있다$\left(\substack{\text{관세법}\\\text{제38조의4 제5항}}\right)$. 세관장은 세액을 경정하기 위하여 필요한 경우에는 관할 지방국세청장 또는 세무서장과 협의할 수 있다$\left(\substack{\text{관세법}\\\text{제38조의4 제6항}}\right)$.

(7) 경정청구 등 우편제출 특례$\left(\substack{\text{관세법}\\\text{제38조의5}}\right)$

보정신청$\left(\substack{\text{관세법}\\\text{제38조의2 제1항}}\right)$, 수정신고 및 경정신청$\left(\substack{\text{관세법 제38조의3}\\\text{제1항~제3항}}\right)$, 수입물품의 과세가격 조정에 따른 경정신청$\left(\substack{\text{관세법 제38조의4}\\\text{제1항 및 제4항}}\right)$에 따른 각각의 기한까지 우편으로 발송(「국세기본법」 제5조의2에서 정한 날을 기준으로 한다)한 청구서 등이 세관장 또는 기획재정부장관에게 기간을 지나서 도달한 경우 그 기간의 만료일에 신청·신고 또는 청구된 것으로 본다.

2. 부과고지제도 $\binom{\text{관세법}}{\text{제39조}}$

1) 의의

부과고지방식이란 세관장의 행정처분에 의하여 납부하여야 할 관세액을 확정하는 방법을 말한다. 부과과세란 세관장의 부과처분에 의하여 과세표준과 세액을 결정하여 이를 고지하면 납세의무자가 고지를 받은 날로부터 고지된 세액을 소정의 기일내에 납부하는 제도를 말한다. 우리나라는 대부분의 수입물품에 대하여 신고납부방식에 의한 관세징수를 원칙으로 하고 있으나, 현재는 일부 예외적인 수입물품에 대하여만 부과고지방식을 적용하고 있다.

① 부과고지 대상은 과세가격 결정에 관한 자료가 미비한 여행자 또는 승무원의 휴대품 및 별송품과 우편물, ② 세액계산의 능력을 갖추지 못한 기업이 세율을 정하기 곤란하여 부과고지를 요청한 경우 등 특수한 경우로서 이러한 물품들은 납세의무자에 의한 세액결정은 정확을 기할 수 없는 것으로 보아 처음부터 세관에서 세액을 결정하여 고지하는 것으로 납세신고 하는 것이 부적당한 경우 경우에 부과고지를 하게 된다.

2) 부과고지의 대상물품

다음에 해당하는 물품의 신고납부규정에도 불구하고 세관장이 관세를 직접 부과 징수한다 $\binom{\text{관세법}}{\text{제39조 제1항}}$.

① 과세물건 확정시기의 예외적인 경우로 $\binom{\text{관세법 제16조 제1호~}}{\text{제6호 및 제8호~제11호}}$서 일정한 사실이 발생했을 때 관세를 부과 징수하는 경우

② 보세 건설장에서 건설된 시설물로서 $\binom{\text{관세법}}{\text{제248조}}$ 수입 신고 수리 전에 가동된 경우

③ 보세구역에 반입된 물품이 법 $\binom{\text{관세법}}{\text{제248조 제3항}}$을 위반하여 수입신고수리되기 전에 반출된 경우

④ 납세의무자가 관세청장이 정하는 사유로 과세가격, 관세율 등을 결정하기 곤란하여 부과고지를 요청하는 경우

⑤ 즉시 반출한 물품을 신고 기간내에 수입신고를 하지 아니하여 관세를 징수하는 경우 $\binom{\text{관세법 제253조}}{\text{제3항 참조}}$

⑥ 기타 납세신고 $\binom{\text{관세법}}{\text{제38조}}$가 부적당하다고 인정되는 기획재정부령으로 정하는 물품으로서 다음의 물품 $\binom{\text{관세법시행규칙}}{\text{제9조}}$

세관장은 과세표준, 세율, 관세의 감면 등에 관한 규정의 적용 착오 또는 그 밖의 사유로 이미 징수한 금액이 부족한 것을 알게 되었을 때에는 그 부족액을 징수한다$\left(\substack{\text{관세법}\\\text{제39조 제2항}}\right)$. 세관장이 관세를 징수하려는 경우에는 대통령령으로 정하는 바에 따라 납세의무자에게 납부고지를 하여야 한다$\left(\substack{\text{관세법}\\\text{제39조 제3항}}\right)$.

3) 납세고지

부과고지방식에 의해 세관장이 관세를 징수하고자 할 때는 납세의무자에게 납세고지를 하여야 한다. 이 경우 세관장은 관세를 징수하고자 하는 때에는 세목·세액·납부장소 등을 기재한 납세고지서를 납세의무자에게 교부하여야 한다. 납세고지의 방법에는 서면고지와 구두고지가 있다.

(1) 서면고지

서면고지는 납부하여야 할 세목, 세액, 납부기한 등을 기재한 납부고지서에 의한다. 납부고지서를 교부받은 납세의무자는 수납기관에 당해 관세를 납부하여야 한다.

(2) 구두고지

여행자의 휴대품 또는 조난선박에 적재된 물품으로서 보세구역이 아닌 장소에 장치한 물품에 대한 관세의 납세고지는 구두로 고지할 수 있고 또한 이 경우에는 그 물품을 검사한 공무원이 검사장소에서 직접 수납할 수 있다.

4) 납부기한

납세고지를 받은 자는 그 고지를 받은 날로부터 15일 내에 당해 세액을 세관장에게 납부하여야 한다. 가령, 수입업자가 10월 1일 세관장으로부터 납부고지서를 받은 경우에는 10월 16일까지 당해 세액을 납부하여야 한다(초일불산입, 말일산입).

5) 추징

신고납부 방식이나 부과고지 방식에 의해 관세를 징수한 후에 과세표준, 세율, 감면세 등에 착오가 있어 징수한 세액에 부족이 있음을 사후에 발견하여 그 부족액을 징수하는 것을 추징이라고 말한다. 이 경우도 부과고지 방식에 의하여 관세를 징수한다.

그리고 세관장은 납세의무자가 납부하여야 하는 세액이 대통령령으로 정하는 금액 미만인 경우에는 이를 징수하지 아니한다$\binom{관세법}{제40조}$.

3. 가산세 제도$\binom{관세법}{제42조}$

1) 의의

가산세란 관세법에 규정하는 의무의 성실한 이행을 확보하기 위하여 관세액에 가산하여 징수하는 금액을 말한다. 즉, 관세법에 규정된 의무를 성실히 이행하지 않은 자에 대한 관세법에 의해 산출된 세액에 가산하여 징수하는 관세채무이다. 납세의무자가 신고납부한 세액이 납부하여야 할 세액에 부족한 경우에는 그 부족한 관세액을 징수하는 때에 가산세를 추가하여 징수한다. 이러한 가산세는 납세의무자의 고의 또는 과실을 고려함이 없이 불성실신고에 대한 과태료적 성격을 가지고 있다.

2) 부족세액징수시

세관장은 납세의무자가 납부기한(이하 "법정납부기한"이라 함)까지 납부하지 아니한 관세액(이하 "미납부세액"이라 함)을 징수하거나 부족한 관세액(이하 "부족세액"이라 함)을 징수할 때에는 다음 각 호의 금액을 합한 금액을 가산세로 징수한다$\binom{관세법}{제42조\ 제1항}$.

3) 일반적인 경우

세관장은 부족한 관세액을 징수할 때는 다음의 금액을 가산세로 징수한다$\binom{관세법}{제42조\ 제1항의1,2}$.

신고불성실 가산세	해당 부족세액의 100분의 10
납부불성실 가산세	다음 각 목의 금액을 합한 금액 가. 미납부세액 또는 부족세액 × 법정납부기한의 다음 날부터 납부일까지의 기간(납부고지일부터 납부고지서에 따른 납부기한까지의 기간은 제외한다) × 금융회사 등이 연체대출금에 대하여 적용하는 이자율 등을 고려하여 대통령령으로 정하는 이자율 나. 법정납부기한까지 납부하여야 할 세액 중 납부고지서에 따른 납부기한까지 납부하지 아니한 세액 × 100분의 3(관세를 납부고지서에 따른 납부기한까지 완납하지 아니한 경우에 한정한다)

4) 부당한 경우

납세자가 부정한 행위(납세자가 관세의 과세표준 또는 세액계산의 기초가 되는 사실의 전부 또는 일부를 은폐하거나 가장하는 것에 기초하여 관세의 과세표준 또는 세액의 신고의무를 위반하는 것으로서 대통령령으로 정하는 행위를 말한다)로 과소신고한 경우에는 세관장은 부족세액의 100분의 40에 상당하는 금액과 제1항 제2호의 금액을 합한 금액을 가산세로 징수한다$\left(\begin{smallmatrix}관세법\\제42조\ 제2항\end{smallmatrix}\right)$.

신고불성실 가산세	세관장은 해당 부족세액의 100분의 40에 상당하는 금액
납부불성실 가산세	다음 각 목의 금액을 합한 금액 가. 미납부세액 또는 부족세액 × 법정납부기한의 다음 날부터 납부일까지의 기간(납부고지일부터 납부고지서에 따른 납부기한까지의 기간은 제외한다) × 금융회사 등이 연체대출금에 대하여 적용하는 이자율 등을 고려하여 대통령령으로 정하는 이자율 나. 법정납부기한까지 납부하여야 할 세액 중 납부고지서에 따른 납부기한까지 납부하지 아니한 세액 × 100분의 3(관세를 납부고지서에 따른 납부기한까지 완납하지 아니한 경우에 한정한다)

5) 수입신고하지 않고 수입된 물품 가산세

세관장은 수입신고를 하지 아니하고 수입된 물품$\left(\begin{smallmatrix}관세법\\제16조\ 제11항\end{smallmatrix}\right)$에 따른 물품에 대하여 관세를 부과·징수할 때에는 다음 각 호의 금액을 합한 금액을 가산세로 징수한다$\left(\begin{smallmatrix}관세법\\제42조\ 제3항\end{smallmatrix}\right)$. 다만, 여행자나 승무원의 휴대폰이나 우리나라로 거주를 이전하기 위해 입국할 때 수입하는 이사물품 등을 신고하지 아니하여 과세하는 경우$\binom{\text{관세법}}{\text{제241조 제5항}}$에 따라 가산세를 징수하는 경우와 천재지변 등 수입신고를 하지 아니하고 수입한 데에 정당한 사유가 있는 것으로 세관장이 인정하는 경우는 제외한다.

① 해당 관세액의 100분의 20(밀수출입죄$\binom{\text{관세법}}{\text{제269조}}$에 해당하여 처벌받거나 통고처분을 받은 경우에는 100분의 40)

② 다음 각 목의 금액을 합한 금액

   ⊙ 해당 관세액 × 수입된 날부터 납부일까지의 기간(납부고지일부터 납부고지서에 따른 납부기한까지의 기간은 제외한다) × 금융회사 등이 연체대출금에 대하여 적용하는 이자율 등을 고려하여 대통령령으로 정하는 이자율

   ⓒ 해당 관세액 중 납부고지서에 따른 납부기한까지 납부하지 아니한 세액 × 100분의 3(관세를 납부고지서에 따른 납부기한까지 완납하지 아니한 경우에 한정한다)

6) 기타 가산세 부과

납부기한까지 납부하지 않은 관세액, 부정한 행위로 과세신고 한 경우, 수입신고하지 않고 수입된 물품에 대해 가산제 징수 규정(관세법 제42조 1항~3항)을 용할 때 납부고지서에 따른 납부기한의 다음 날부터 납부일까지의 기간이 5년을 초과하는 경우에는 그 기간은 5년으로 한다$\binom{\text{관세법}}{\text{제42조 제4항}}$.

체납된 관세(세관장이 징수하는 내국세가 있을 때에는 그 금액을 포함한다)가 150만원 미만인 경우에는 미납부세액 또는 부족세액 × 법정납부기한의 다음 날부터 납부일까지의 기간 × 금융회사 등이 연체대출금에 대하여 적용하는 이자율 등을 고려하여 대통령령으로 정하는 경우에는(제1항 제2호 가목 및 제3항 제2호 가목) 가산세를 적용하지 아니한다$\binom{\text{관세법}}{\text{제42조 제5항}}$.

7) 가산세 부과 부적용 대상

신고납부한 세액이 납부하여야 할 세액에 부족이 있어 수정 또는 경정의 규정에 의하여 부족한 관세액을 징수하는 때 가산세를 징수하는데, 다음에 해당하는 경우에는 가산세를 부과하지 않는다

① 국가 또는 지방자치단체가 수입하는 물품

② 국가 또는 지방자치단체에 기증되는 물품

③ 우편물(수입신고 해야 하는 것을 제외함)

④ 수입신고가 수리되기 전에 관세를 납부한 결과 부족세액이 발생한 경우로서 수입신고가 수리되기 전에 납세의무자가 당해 세액에 대하여 수정신고를 하거나 세관장이 경정하는 경우

⑤ 잠정가격신고를 기초로 납세신고를 하고 이에 해당하는 세액을 납부하는 경우 다만, 납세의무자가 제출한 자료가 사실과 다름이 판명되어 추징의 사유가 발생한 경우에는 그러하지 아니하다.

⑥ 수입신고 수리 전 세액심사대상물품 중 감면대상 및 감면율을 잘못 적용하여 부족세액이 발생한 경우

8) 관세법상 가산세 징수대상

(1) 과세대상인 여행자 휴대품 등 미신고 가산세

세관장은 다음 각 호의 어느 하나에 해당하는 경우에는 해당 물품에 대하여 납부할 세액(관세 및 내국세를 포함한다)의 100분의 20(제1호의 경우에는 100분의 40으로 하되, 반복적으로 자진신고를 하지 아니하는 경우 등 대통령령으로 정하는 사유에 해당하는 경우에는 100분의 60)에 상당하는 금액을 가산세로 징수한다($\binom{관세법}{제241조\ 제5항}$).

① 여행자나 승무원이 휴대품, 탁송품, 별송품($\binom{관세법\ 제241조}{제2항\ 제1호}$)에 해당하는 휴대품[관세법 제96조(여행자 휴대품 등의 감면) 제1항 제1호 및 제3호에 해당하는 물품은 제외한다][13])을 신고하지 아니하여 과세하는 경우

② 우리나라로 거주를 이전하기 위하여 입국하는 자가 입국할 때에 수입하는 이사물품(제96조 제1항 제2호에 해당하는 물품은 제외한다)을 신고하지 아니하여 과세하는 경우

(2) 재수출 불이행 가산세

세관장은 관세를 면제받은 물품 중 규정된 기간 내에 수출되지 아니한 경우에는 500만원을 넘지 아니하는 범위에서 해당 물품에 부과될 관세의 100분의 20에 상당하는 금액을 가

---

13) 제96조(여행자 휴대품 및 이사물품 등의 감면) ①다음 각 호의 어느 하나에 해당하는 물품이 수입될 때에는 그 관세를 면제할 수 있다.
    1. 여행자의 휴대품 또는 별송품으로서 여행자의 입국 사유, 체재기간, 직업, 그 밖의 사정을 고려하여 기획재정부령으로 정하는 기준에 따라 세관장이 타당하다고 인정하는 물품
    2. 우리나라로 거주를 이전하기 위하여 입국하는 자가 입국할 때 수입하는 이사물품으로서 거주 이전의 사유, 거주기간, 직업, 가족 수, 그 밖의 사정을 고려하여 기획재정부령으로 정하는 기준에 따라 세관장이 타당하다고 인정하는 물품
    3. 국제무역선 또는 국제무역기의 승무원이 휴대하여 수입하는 물품으로서 항행일수, 체재기간, 그 밖의 사정을 고려하여 기획재정부령으로 정하는 기준에 따라 세관장이 타당하다고 인정하는 물품

산세로 징수한다$\left(\substack{관세법\\제97조 제4항}\right)$.

(3) 수입(반송)신고지연 가산세

수입 또는 반송을 하고자 하는 물품을 지정장치장 또는 보세창고에 반입하거나 보세구역외 장치 허가를 받아 보세구역이 아닌 장소에 장치한 자는 그 반입일 또는 허가일로부터 30일 이내에 수입 또는 반송의 신고를 하여야 한다. 이 경우 동기간을 경과한 물품 중 관세청장이 정하는 물품은 가산세 적용대상이 된다. 수입(반송)신고 지연에 따른 가산세율은 당해 과세가격의 100분의 2의 범위내에서 부과·징수한다$\left(\substack{관세법\\제241조 제3,4항}\right)$.

(4) 수입신고 전 즉시 반출신고를 하고 반출 물품을 기간내에 수입신고하지 않은 경우

즉시반출신고를 하고 반출을 한 자가 즉시반출신고를 한 날부터 10일 이내에 수입시고를 하여야 하나, 기간 내에 수입신고를 하지 아니하는 때에는 당해 물품에 대한 관세의 100분의 20에 상당하는 금액을 가산세로 징수한다$\left(\substack{관세법\\제254조 제4항}\right)$.

(5) 연속통관물품을 기간내에 신고하지 않은 경우$\left(\substack{관세법\\제241조 제6항}\right)$

연속 수출·수입 또는 반송하고자 하는 물품에 대한 신고사항을 1월 단위로 하여 다음달 10일까지 신고하지 아니한 때에는 당해 물품의 과세가격의 100분의 2에 상당하는 금액의 범위 안에서 대통령령이 정하는 금액을 가산세로 징수한다.

9) 가산세 감면$\left(\substack{관세법\\제42조의2 제1항}\right)$

① 수입신고가 수리되기 전에 관세를 납부한 결과 부족세액이 발생한 경우로서 수입신고가 수리되기 전에 납세의무자가 해당 세액에 대하여 수정신고를 하거나 세관장이 경정하는 경우 : 제42조 제1항 제1호 및 제2호의 금액을 합한 금액[14]
② 잠정가격신고를 기초로 납세신고를 하고 이에 해당하는 세액을 납부한 경우(납세의

---

14) 1. 부족세액의 100분의 10
　　2. 다음 각 목의 금액을 합한 금액
　　　가. 미납부세액 또는 부족세액 × 법정납부기한의 다음 날부터 납부일까지의 기간(납부고지일부터 납부고지서에 따른 납부기한까지의 기간은 제외한다) × 금융회사 등이 연체대출금에 대하여 적용하는 이자율 등을 고려하여 대통령령으로 정하는 이자율
　　　나. 법정납부기한까지 납부하여야 할 세액 중 납부고지서에 따른 납부기한까지 납부하지 아니한 세액 × 100분의 3(관세를 납부고지서에 따른 납부기한까지 완납하지 아니한 경우에 한정한다)

무자가 제출한 자료가 사실과 다름이 판명되어 추징의 사유가 발생한 경우는 제외한다) : 제42조 제1항 제1호 및 제2호의 금액을 합한 금액

③ 사전심사의 결과를 통보받은 경우 그 통보일부터 2개월 이내에 통보된 과세가격의 결정방법에 따라 해당 사전심사의 결과를 통보받은 날 전에 신고납부한 세액을 수정신고하는 경우 : 부족세액의 100분의 10에 해당하는 금액 (제42조 제1항 제1호의 금액)

④ 기획재정부령으로 정하는 물품 중 감면대상 및 감면율을 잘못 적용하여 부족세액이 발생한 경우 : 부족세액의 100분의 10에 해당하는 금액 (제42조 제1항 제1호의 금액)

⑤ 수정신고(제38조의2 제1항에 따른 보정기간이 지난 날부터 1년 6개월이 지나기 전에 한 수정신고로 한정한다)를 한 경우에는 다음 각 목의 구분에 따른 금액. 다만, 해당 관세에 대하여 과세표준과 세액을 경정할 것을 미리 알고 수정신고를 한 경우로서 기획재정부령으로 정하는 경우는 제외한다.

    ㉮ 보정기간이 지난 날부터 6개월 이내에 수정신고한 경우 : 부족세액의 100분의 10(제42조 제1항 제1호)의 금액의 100분의 20

    ㉯ 보정기간이 지난 날부터 6개월 초과 1년 6개월 이내에 수정신고한 경우 : 부족세액의 100분의 10(제42조 제1항 제1호) 금액의 100분의 10

⑥ 국가 또는 지방자치단체가 직접 수입하는 물품 등 대통령령으로 정하는 물품의 경우 : 제42조 제1항 제1호 및 제2호의 금액을 합한 금액

⑦ 제124조에 따른 관세심사위원회가 제118조 제3항 본문에 따른 기간 내에 과세전적부심사의 결정·통지(이하 이 호에서 "결정·통지"라 한다)를 하지 아니한 경우 : 결정·통지가 지연된 기간에 대하여 부과되는 가산세(제42조 제1항 제2호 가목에 따른 계산식에 결정·통지가 지연된 기간을 적용하여 계산한 금액에 해당하는 가산세를 말한다) 금액의 100분의 50

⑧ 신고납부한 세액의 부족 등에 대하여 납세의무자에게 대통령령으로 정하는 정당한 사유가 있는 경우 : 제42조 제1항 제1호 및 제2호의 금액을 합한 금액

4. 관세의 징수절차

신고 또는 부과에 의하여 확정되는 관세채권은 납세자의 자진납부 또는 과세관청의 납세고지에 의해 관세 등을 납부함으로써 실현된다. 관세채권의 실현은 납세자의 자진납부에 의한 방법과 납세고지를 한 후 납세자가 관세를 납부하지 않으면 과세관청이 다시 독촉에 의하여 그 이행을 최고하여 납부하게 하는 방법이 있는 바, 이와 같이 일련의 단계를 관세

채권의 임의적 실현절차(임의징수)라고 한다. 그런데 납세자가 독촉에 의하여 지정한 납부기한까지도 관세채무를 이행하지 아니하면 세관관서는 부득이 납세자의 재산을 압류한 후 재산을 환가하여 그 환가대금을 관세채권에 충당, 청산하는 절차를 밟게 된다. 이에는 징세관서의 강제권 발동이 수반되므로 이를 강제적 징수절차(체납처분)라고 한다.

1) 징수기관과 수납기관

납부고지서를 발부하는 기관을 징수기관(예산회계상으로는 '세입징수관'이라 한다)이라 하고 관세의 수납을 행하는 기관을 수납기관이라 한다. 예산회계법상 징수기관과 수납기관의 겸직은 원칙적으로 금하고 있다.

(1) 징수기관

신고납부서나 부과고지서를 발부하는 기관을 징수기관이라 하는데, 예산회계법상으로는 이것을 세입징수관이라 한다. 관세의 세입징수관은 세관장이 되고 필요한 경우에는 분입세임징수관(세관출장소장)이 된다.

(2) 수납기관

확정된 관세는 수납기관에 납부하여야 하는데, 직접 수납기관인 수입금 출납공무원에게 납부하는 경우와 위탁수납기관인 한국은행 또는 체신관서에 납부하는 경우가 있다.

2) 고지서의 송달 $\binom{\text{관세법}}{\text{제11조}}$

(1) 인편 또는 우편에 의한 송달

납세고지서는 납세의무자에게 직접 교부하는 경우를 제외하고는 인편, 우편 또는 전자송달의 방법으로 한다 $\binom{\text{관세법}}{\text{제11조 제1항}}$. 납세의무자는 납세고지를 받은 날부터 15일 이내에 당해 세액을 납부하도록 규정하여 도달주의를 채택하고 있으므로 우편으로 송달하는 경우에는 배달 증명서에 의해 '수교한 날'을 '받은 날'로 해석하고 있다.

(2) 공시송달

세관장은 납세의무자의 주소, 거소, 영업소 또는 사무소가 모두 불명인 때에는 당해 세관의 게시판이나 기타 적정한 장소에 납세고지 사항을 공시할 수 있으며 이 경우에는 납세고지사항을 공시하였을 때에는 공시일부터 14일이 지나면 관세의 납세의무자에게 납세고지서가 송달된 것으로 본다$\left(\begin{smallmatrix}관세법 \\ 제11조 제1,2항\end{smallmatrix}\right)$.

(3) 전자송달

세관장은 관세청장이 정하는 바에 의하여 전산처리설비를 이용하여 납세고지서를 송달할 수 있다. 이는 직접교부에 해당하게 된다.

3) 관세징수의 방법

(1) 관세의 임의징수(관세채권의 임의적 실현)

납세의무자가 스스로 신고납부서 또는 납세고지서에 의거 수납기관에 납부하는 것을 말한다. 관세의 현장수납도 임의징수로 볼 수 있다.

관세의 납부는 신고납부를 원칙으로 하는 바, 이 경우 세관장에게 납세신고를 하고 납세신고수리일 부터 15일 이내에 납부하게 되면 이를 자신신고납부라고 한다$\left(\begin{smallmatrix}관세법 \\ 제38조\end{smallmatrix}\right)$. 예외적으로 세관장의 부과고지에 의해 관세를 납부하게 되는 경우에는 부과결정하여 고지한 금액을 납부하게 되며, 이를 고지납부라고 한다$\left(\begin{smallmatrix}관세법 \\ 제39조\end{smallmatrix}\right)$.

이러한 자진신고납부와 고지납부는 세관의 자력집행권에 의해 납부되는 것이 아니고 납세의무자가 스스로 관세채무를 납부하는 것이므로 이를 합쳐서 자진납부라고 한다. 자진납부는 세관의 자력집행권에 의한 체납처분이 진행 중일 때도 가능한 것이다.

> 관세의 납부기한은 이 법에서 달리 규정하는 경우를 제외하고는 다음 각 호의 구분에 의한다$\left(\begin{smallmatrix}관세법 \\ 제9조\end{smallmatrix}\right)$.
> ① 자진 납세신고를 한 경우 : 납세신고수리일 부터 15일 이내
> ② 납세고지를 한 경우 : 납세고지를 받은 날로부터 15일 이내
> ③ 수입신고전 즉시반출신고를 한 경우 : 수입신고일부터 15일 이내
> 납세의무자는 상기 규정에 불구하고 수입신고가 수리되기 전에 당해 세액을 납부할 수 있다(동조 2항).

(2) 관세의 강제징수

관세의 납세의무자가 납부하여야 할 관세를 스스로 납부하지 않는 경우에 세관장이 강제적으로 관세채무의 이행을 실현시키는 방법을 말한다.

납세의무자가 관세채무를 납부기한까지 완전히 납부하지 아니하는 것을 관세의 체납이

라고 한다. 관세가 체납되면 세관은 사법권의 힘을 빌리지 않고 관세징수의 자력집행권을 발동하여 관세채권의 급부내용을 실현하게 되는 바, 이를 관세채권의 강제적 실현이라 한다.

(가) 담보의 관세충당

관세채권의 확보를 위해 관세법에는 납세담보제도를 두고 있는데, 관세법상의 담보제도란 국가가 담보물 위에 담보물권을 취득하고, 납세의무자가 관세를 납부하지 않을 경우에는 그 담보물에 의거 관세채무를 변제하는 일종의 공법상의 담보제도이다. 세관장은 담보를 제공한 납세의무자가 그 납부기한내에 당해 관세를 납부하지 아니한 때에는 기획재정부령이 정하는 바에 의하여 그 담보물을 당해 관세에 충당할 수 있다$\binom{\text{관세법}}{\text{제25조}}$.

(나) 담보 등이 없는 경우의 강제징수

'담보제공이 없거나 징수한 금액에 부족이 있는 관세의 징수에 관하여는 이 법에 규정이 있는 것을 제외하고는 국세기본법과 국세징수법의 예에 의한다$\binom{\text{관세법}}{\text{제26조 제1항}}$'라고 규정하고 있어 이 경우에는 국세징수법에 의한 체납처분절차에 의거 납세의무자의 재산을 압류한 후 매각한 대금을 관세에 충당하게 된다.

(다) 장치기간 경과물품의 매각

장치기간이 경과한 물품을 체화라고 한다. 세관장은 보세구역에 반입한 외국물품이 장치기간을 경과한 때에는 보세구역의 효율적 활용과 관세의 적기징수를 위하여 체화물품을 공고한 후 절차에 따라 매각할 수 있으며, 그 매각대금으로서 관세에 충당할 수 있다.

4) 관세의 현장수납$\binom{\text{관세법}}{\text{제43조}}$

(1) 의의

관세의 징수는 원칙적으로 신고납부서나 납세고지서를 교부하면 납세의무자가 수납기관에 수납하도록 되어 있으나 예외적으로 물품을 검사한 공무원이 현장에서 직접 수납하는 제도를 말한다$\binom{\text{관세법}}{\text{제43조 제1항}}$.

(2) 대상물품

① 여행자의 휴대품
② 조난선박에 적재된 물품으로 보세구역이 아닌 장소에 장치한 물품

(3) 납세고지

관세의 현장수납 대상물품에 대하여 물품을 검사한 공무원이 관세를 수납하는 경우에는 물품을 검사한 공무원으로 하여금 말로써 고지하게 할 수 있다.

(4) 관세징수절차 $\binom{관세법}{제43조 \ 제2,3,4항}$

① 물품을 검사한 공무원이 관세를 수납할 때에는 부득이한 사유가 있는 경우를 제외하고는 다른 공무원을 참여시켜야 한다.
② 출납공무원이 아닌 공무원이 관세를 수납한 때에는 지체없이 출납공무원에게 인계하여야 한다.
③ 출납공무원이 아닌 공무원이 선량한 관리자로서의 주의를 게을리 하여 수납한 현금을 망실한 때에는 변상하여야 한다.

5. 관세체납 $\binom{관세법}{제44조}$

세관장은 관세징수 또는 공익목적을 위하여 필요한 경우로서 "신용정보의 이용 및 보호에 관한 법률"(제2조 제5호)에 따른 신용정보회사 또는 신용정보집중기관, 그 밖에 대통령령으로 정하는 자가 다음 각 호의 어느 하나에 해당하는 체납자의 인적사항 및 체납액에 관한 자료(이하 "체납자료"라 한다)를 요구한 경우에는 이를 제공할 수 있다 $\binom{관세법}{제44조 \ 제1항}$.

① 체납 발생일부터 1년이 지나고 체납액이 대통령령으로 정하는 금액 이상인 자
② 1년에 3회 이상 체납하고 체납액이 대통령령으로 정하는 금액 이상인 자

다만, 체납된 관세 및 내국세 등과 관련하여 이 법에 따른 이의신청·심사청구 또는 심판청구 및 행정소송이 계류 중인 경우나 그 밖에 대통령령으로 정하는 경우에는 체납자료를 제공하지 아니한다.

체납자료를 제공받은 자는 이를 업무 목적 외의 목적으로 누설하거나 이용하여서는 아니 된다 $\binom{관세법}{제44조 \ 제3항}$.

제2절

납세의무의 소멸(관세법 제20조)

1. 납세의무 소멸

1) 의의

납세의무, 즉 관세채무(관세·가산금 또는 체납처분비의 납부할 의무를 총칭한다)는 그 목적인 급부가 실현되면 그 목적이 달성되어 소멸한다. 즉, 납세의무자의 이행에 의하여 소멸한다. 납세의무자의 이행은 구체적으로 확정된 관세채무를 납부기한까지 납부하는 것을 말한다.

납세의무는 목적의 소멸, 즉 납부이외의 원인에 의하여서도 소멸한다. 즉, 충당부과의 취소, 관세부과권의 제척기간 만료, 관세징수권의 소멸시효 완성, 면제, 결손처분에 의하여서도 납세의무는 소멸한다.

2) 소멸사유

성립 확정된 관세·가산금 또는 체납처분비에 대한 납세의무는 여러 가지 원인에 의해 소멸된다$\binom{\text{관세법}}{\text{제20조}}$.

① 관세를 납부하거나 관세에 충당한 때

② 관세부과가 취소된 때

③ 관세부과의 제척기간$\binom{\text{관세법}}{\text{제21조}}$에 따라 관세를 부과할 수 있는 기간에 관세가 부과되지 아니하고 그 기간이 만료된 때

④ 관세징수권 등의 소멸시효$\binom{\text{관세법}}{\text{제22조}}$에 따라 관세징수권의 소멸시효가 완성된 때

〈표 3-2〉 관세징수권 소멸

구분	소멸사유	내용
만족을 얻으면서 소멸하는 사유	납부	세액을 국고에 납부
	충당	납부할 관세 등과 관세환급금을 상계 공매대금으로 체납액을 충당
만족을 얻지 못하고 소멸하는 사유	부과취소	유효하게 행하여진 부과처분을 당초 처분시점 으로 소급하여 효력을 상실시키는 처분
	부과권의 제척기간의 만료	장래를 향하여 부과권 소멸
	징수권의 소멸시효의 완성	기산일에 소급하여 징수권 소멸
	결손처분	과세권자의 처분

2. 관세부과 제척기간

1) 일반적인 제척기간 $\left(\substack{\text{관세법} \\ \text{제21조 제1항}}\right)$

(1) 원칙

관세는 해당 관세를 부과할 수 있는 날부터 5년이 지나면 부과할 수 없다 $\left(\substack{\text{관세법} \\ \text{제21조 제1항}}\right)$. 관세부과의 제척기간에 따라 관세를 부과할 수 있는 날은 대통령령으로 정한다 $\left(\substack{\text{관세법} \\ \text{제21조 제3항}}\right)$.

(2) 예외

부정한 방법으로 관세를 포탈하였거나 환급 또는 감면받은 경우에는 관세를 부과할 수 있는 날부터 10년이 지나면 부과할 수 없다 $\left(\substack{\text{관세법} \\ \text{제21조 제1항}}\right)$.

2) 특례적인 제척기간

다음에 해당하는 경우에는 관세는 해당 관세를 부과할 수 있는 날부터 5년이 지나면 부과할 수 없다(관세법 제21조 제1항)에도 불구하고 해당 호에 규정된 기간까지는 해당 결정·판결·회신결과 또는 경정청구에 따라 경정이나 그 밖에 필요한 처분을 할 수 있다 $\left(\substack{\text{관세법} \\ \text{제21조 제2항}}\right)$.

① 다음에 해당하는 경우에는 그 결정·판결이 확정된 날부터 1년이다.

　　㉠ 심사와 심판$\binom{\text{관세법 제5장 제2절}}{\text{제119조~제132조}}$에 따른 이의신청, 심사청구 또는 심판청구에 대한 결정이 있은 경우

　　㉡ 「감사원법」에 따른 심사청구에 대한 결정이 있은 경우

　　㉢ 「행정소송법」에 따른 소송에 대한 판결이 있은 경우

　　㉣ 압수물품의 반환$\binom{\text{관세법}}{\text{제313조}}$ 결정이 있은 경우

② 관세법 「자유무역협정의 이행을 위한 관세법의 특례에 관한 법률」 및 조약·협정 등이 정하는 바에 따라 양허세율의 적용여부 및 세액 등을 확정하기 위하여 원산지증명서를 발급한 국가의 세관이나 그 밖에 발급권한이 있는 기관에게 원산지증명서 및 원산지증명서확인자료의 진위 여부, 정확성 등의 확인을 요청하여 회신을 받은 경우

③ 다음에 해당하는 경우에 경정청구일 또는 결정통지일로부터 2개월

　　㉠ 세액의 수정 및 경정$\binom{\text{관세법 제38조의3}}{\text{제2항, 제3항}}$ 또는 수입물품의 과세가격 조정에 따른 경정$\binom{\text{관세법}}{\text{제38조의4 제1항}}$에 따른 경정청구가 있는 경우

　　㉡ 수입물품의 과세가격 조정에 따른 경정$\binom{\text{관세법}}{\text{제38조의4 제4항}}$에 따른 조정 신청에 대한 결정통지가 있는 경우

3) 관세부과 제척기간의 기산일

관세를 부과할 수 있는 날은 다음과 같다$\binom{\text{관세법시행령}}{\text{제6조}}$.

① 원칙
　일반적인 경우 '관세를 부과할 수 있는 날'은 당해 물품의 수입신고한 날의 다음날이다.

② 예외, 다음 호의 경우에는 다음 호에 규정된 날을 관세를 부과할 수 있는 날로 한다.

　　① 과세물건 확정시기의 예외적인 경우에 해당하는 경우 : 그 사실이 발생한 날의 다음날
　　② 감면된 과세를 의무불이행 등의 사유로 징수하는 경우 : 감면받은 관세를 징수한 사유가 발생한 날의 다음날

③ 보세건설장에 반입된 외국물품의 경우 : 건설공사 완료보고를 한 날과 특허기간의 만료되는 날 중 먼저 도래한 날의 다음날
④ 과다환급 또는 부정환급 등의 사유로 관세를 징수하는 경우에는 환급한 날의 다음날
⑤ 법 제28조(잠정가격신고)에 따라 잠정가격을 신고한 후 확정된 가격을 신고한 경우에는 확정된 가격을 신고한 날의 다음 날(다만, 법 제28조 제2항에 따른 기간 내에 확정된 가격을 신고하지 아니하는 경우에는 해당 기간의 만료일의 다음날)

4) 중단과 정지

국세부과의 제척기간은 권리관계를 조속히 확정시키려는 것이므로 국제징수권 소멸시효와는 달리 진행기간의 중단이나 정지가 없다.

5) 제척기간 만료의 효과

제척기간이 만료되면 다음과 같은 효과가 발생한다.

첫째, 제척기간까지 국세를 부과하지 못한 경우 제척기간 이후에는 더 이상 국세를 부과할 수 없다.

둘째, 과세관청의 부과 또는 납세의무자의 신고에 의하여 국세가 확정된 후 제척기간이 만료된 경우 과세관청은 이미 확정된 과세표준과 세액을 변경시키는 어떤 결정, 경정도 할 수 없다.

제3절
관세징수권 소멸시효(관세법 제22조)

1. 개요

일정한 사실상태가 일정기간 계속된 경우에 그 상태가 진실한 권리관계에 합치하느냐 여부를 묻지 않고 그 사실상태를 그대로 존중하여 이로써 권리관계를 인정하려는 제도로 써 오랜기간 동안 권리를 행사하지 않는 경우 그 권리를 소멸시키는 것을 말한다.

2. 관세징수권의 소멸시효

1) 의의

관세징수권은 이미 확정된 납세의무에 관하여 국가가 납세고지, 체납처분 등에 의하여 그 이행을 청구하고 강제할 수 있는 권리로 청구권의 일종이며, 소멸시효란 국가가 관세징 수권을 일정기간 행사하지 않는 경우 그 징수권을 소멸시키는 것을 말한다. 이와같이, 국가 가 관세징수건을 일정기간 행사하지 않는 경우 납세의무가 소멸된다.

2) 소멸시효 완성의 효과

소멸시효가 완성되면 기산일에 소급하여 징수권이 소멸되는데, 이때에는 관세는 물론이 고 시효기간 중에 발생한 과세의 가산금, 체납처분 및 이자 상당세액도 함께 소멸된다.

관세징수권이 이처럼 소멸시효의 완성에 의하여 소멸하면 납세의무도 당연히 소멸하는 것이지만, 이미 납세의무가 확정된 바 있으므로 형식상 결손처분을 거치게 된다.

3) 관세징수권의 소멸시효의 완성(관세법 제22조)

관세법에서는 관세의 징수권에 대해 이를 행사할 수 있는 날부터 다음 각 호의 구분에 따른 기간 동안 행사하지 아니하면 소멸시효가 완성된다(관세법 제22조 제1항).

> 1. 5억원 이상의 관세(내국세를 포함한다. 이하 이 항에서 같다) : 10년
> 2. 5억원 이상의 관세(제1호) 외의 관세 : 5년

납세자의 과오납금 또는 그 밖의 관세의 환급청구권은 그 권리를 행사할 수 있는 날부터 5년간 행사하지 아니하면 소멸시효가 완성된다.(관세법 제22조 제2항) 그리고 관세의 징수권(관세법 제22조 제1항)과 과오납금 또는 그 밖의 관세의 환급청구권(관세법 제22조 제2항)을 행사할 수 있는 날은 대통령령으로 정한다(관세법 제22조 제3항).

4) 관세징수권의 소멸시효의 기산일(관세법시행령 제7조 제1항)

관세징수권 등의 소멸시효(관세법 제22조 제1항)에 따른 관세징수권을 행사할 수 있는 날은 다음 각 호의 날로 한다.

① 신고납부(관세법 제38조)에 따라 신고납부하는 관세에 있어서는 수입신고가 수리된 날부터 15일이 경과한 날의 다음날. 다만, 제1조의5에 따른 월별납부의 경우에는 그 납부기한이 경과한 날의 다음 날로 한다.

② 보정(관세법 제38조의2 제4항)의 규정에 의하여 납부하는 관세에 있어서는 부족세액에 대한 보정신청일의 다음날의 다음날

③ 수정 및 경쟁(관세법 제38조의3 제1항)의 규정에 의하여 납부하는 관세에 있어서는 수정신고일의 다음날의 다음날

④ 부과고지(관세법 제39조)의 규정에 의하여 부과고지하는 관세에 있어서는 납세고지를 받은 날부터 15일이 경과한 날의 다음날

⑤ 수입신고전의 물품반출(관세법 제253조 제3항)의 규정에 의하여 납부하는 관세에 있어서는 수입신고한 날부터 15일이 경과한 날의 다음날

⑥ 기타 법령에 의하여 납세고지하여 부과하는 관세에 있어서는 납부기한을 정한 때에는 그 납부기한이 만료된 날의 다음날

5) 소멸시효의 적용규정

소멸시효에 관하여 관세법에 규정이 있는 것을 제외하고는 민법의 규정을 준용한다.

3. 관세징수권의 시효중단

1) 의의

시효의 중단이란 시효가 진행되다가 어떤 사유에 의해서 진행을 중지하는 것을 말한다. 이 제도는 징수권의 확보, 환급권의 확보 등 권리자의 보호에 목적이 있다. 시효가 중단되면 중단사유가 발생한 날까지의 시효는 효력이 소멸되고, 당해 중단사유가 끝난 날부터 다시 진행된다.

2) 관세징수의 시효중단 사유

관세의 징수권에 대한 소멸시효의 중단사유는 다음과 같다$\binom{\text{관세법}}{\text{제23조 제1항}}$.
① 납부고지   ② 경정처분
③ 납부독촉   ④ 통고처분
⑤ 고발   ⑥ 특정범죄가중처벌법 제16조의 규정에 의한 공소제기
⑦ 교부청구   ⑧ 압류

3) 관세징수권의 시효중단기간

시효중단 사유에 의하여 중단된 관세징수권의 소멸시효는 다음 각 호의 기간이 경과한 때부터 새로 진행한다$\binom{\text{관세법시행령}}{\text{제9조}}$. 다음과 같은 사유가 발생되면 이미 진행한 시효기간은 그 효력이 상실되고 이러한 사유가 끝난 후에 다시 새로이 시효가 진행된다.

〈표 3-3〉 관세징수권 시효중단사유

시효중단사유	시효의 진행	비고
납세고지	납부기한이 지나면 시효가 다시 진행	납세고지서가 납세자에게 송달된 때 시효중단
경정처분	납부기한이 지나면 시효가 다시 진행	경정처분이 납세자에게 송달된 때 시효중단
납세독촉·최고	독촉·최고에 의한 납부기한(10일)이 지나면 시효가 다시 진행 최고의 독촉만이 시효중단의 효력이 있다.	독촉장 또는 납부최고서가 납세자에게 송달된 때 시효중단
통고처분	통고이행기한이 지나면 다시 시효가 진행	통고처분은 관세범의조사결과 범죄의 확증을 얻은 때 관세청장·세관장이 벌금에 해당하는 금액을 납부하는 것을 통고
고발	고발에 대한 확정(불기소, 판결 등)이 있은 후부터 다시 시효가 진행	고발 사유 - 관세범이 징역형에 해당 - 통고처분 불이행 - 통고처분을 이행능력이 없는 경우
특정범죄가중 처벌 등에 관한 법률 제16조의 규정에 의한 공소제기	공소에 대한 판결 등 확정이 있은 후부터 다시 시효가 진행	검사가 직접 공소제기
교부청구	교부받지 못한 관세 등은 그 청구의 익일부터 다시 시효가 진행	-
압류	압류해제 절차가 끝나면 다시 시효가 진행	-

4. 관세징수권의 시효정지

1) 의의

시효기간이 진행중에 권리자(조세채권자)가 중단사유에 해당하는 행위를 하는 것이 불가능하거나 현저히 곤란한 사유가 있는 경우 소멸시효의 완성을 유예하는 것이다. 즉, 시효의 진행을 일시적으로 멈추게 하고 그러한 사유가 해소되면 나머지 기간만 진행함으로써 시효가 완성되도록 하는 제도이다.

2) 시효의 중단 및 정지 $\binom{\text{관세법 제23조}}{\text{제2항~제5항}}$

① 환급청구권의 소멸시효는 환급청구권의 행사로 중단된다.
② 관세징수권의 소멸시효는 관세의 분할납부기간, 징수유예기간, 압류·매각의 유예기간 또는 사해행위(詐害行爲) 취소소송기간 중에는 진행하지 아니한다.
③ 제3항에 따른 사해행위 취소소송으로 인한 시효정지의 효력은 소송이 각하, 기각 또는 취하된 경우에는 효력이 없다.
④ 관세징수권과 환급청구권의 소멸시효에 관하여 이 법에서 규정한 것을 제외하고는 「민법」을 준용한다.

5. 환급청구권의 소멸시효

1) 의의

관세의 환급청구권은 이를 행사할 수 있는 날부터 3년간 행사하지 아니하면 소멸시효가 완성된다.

즉, 과오납금의 환급, 위약물품의 환급, 수출용원재료에 대한 환급에 대한 청구권의 시효기간은 3년으로, 이 기간 동안 행사하지 아니하면 그 권리가 소멸되고 국가는 지급할 의무가 없어지게 된다. 납세자와 과세채권자간에 형평성 문제가 발행하여 납세자권익보호를 위해 3년으로 연장하였다.

2) 관세환급청구권 행사할 수 있는 날

관세환급청구권을 행사할 수 있는 날은 다음 각 호의 날로 한다 $\binom{\text{관세법시행령}}{\text{제7조 제2항}}$.

① 법 제38조의3 제4항에 따른 경정으로 인한 환급의 경우에는 경정결정일

② 착오납부 또는 이중납부로 인한 환급의 경우에는 그 납부일

③ 계약 내용과 다른 물품 등에 대한 관세 환급(법 제106조 제1항)15)에 따른 계약과 상이한 물품 등에 대한 환급의 경우에는 당해 물품의 수출신고수리일 또는 보세공장반입신고일

④ 계약 내용과 다른 물품 등에 대한 관세 환급(법 제106조 제3항 및 제4항)16)에 따른 폐기, 멸실, 변질, 또는 손상된 물품에 대한 환급의 경우에는 해당 물품이 폐기, 멸실, 변질 또는 손상된 날

⑤ 수입한 상태 그대로 수출되는 자가사용물품 등에 대한 관세 환급(법 제106조의2 제1항에 따른 수입한 상태 그대로 수출되는 자가사용물품에 대한 환급의 경우에는 수출신고가 수리된 날. 다만, 수출신고가 생략되는 물품의 경우에는 운송수단에 적재된 날로 한다.

⑥ 수입한 상태 그대로 수출되는 자가사용물품 등에 대한 관세 환급(법 제106조의2)제2항17)에 따라 국제무역선, 국제무역기 또는 보세판매장에서 구입한 후 환불한 물품에 대한 환급의 경우에는 해당 물품이 환불된 날

⑦ 종합보세구역에서 물품을 판매하는 자가 종합보세구역의 판매물품에 대한 관세 등의 환급(관세법 제199조의2) 및 판매인에 대한 관세 등의 환급(관세법시행령 제216조의5 제2항)의 규정에 의하여 환급받고자 하는 경우에는 동규정에 의한 환급에 필요한 서류의 제출일

⑧ 수입신고 또는 입항전수입신고를 하고 관세를 납부한 후 신고 취하의 각하(관세법 제250조)의 규정에 의하여 신고가 취하 또는 각하된 경우에는 신고의 취하일 또는 각하일

⑨ 적법하게 납부한 후 법률의 개정으로 인하여 환급하는 경우에는 그 법률의 시행일

---

15) ① 수입신고가 수리된 물품이 계약 내용과 다르고 수입신고 당시의 성질이나 형태가 변경되지 아니한 경우로서 다음 각 호의 어느 하나에 해당하는 경우에는 그 관세를 환급한다.
  1. 외국으로부터 수입된 물품 : 보세구역(제156조 제1항에 따라 세관장의 허가를 받았을 때에는 그 허가받은 장소를 포함한다. 이하 이 조에서 같다) 또는 「자유무역지역의 지정 및 운영에 관한 법률」에 따른 자유무역지역 중 관세청장이 수출물품을 일정기간 보관하기 위하여 필요하다고 인정하여 고시하는 장소에 해당 물품을 반입(수입신고 수리일부터 1년 이내에 반입한 경우로 한정한다)하였다가 다시 수출한 경우
  2. 보세공장에서 생산된 물품 : 수입신고 수리일부터 1년 이내에 보세공장에 해당 물품을 다시 반입한 경우
16) ③ 제1항과 제2항에 따른 수입물품의 수출을 갈음하여 이를 폐기하는 것이 부득이하다고 인정하여 그 물품을 수입신고 수리일부터 1년 내에 보세구역에 반입하여 미리 세관장의 승인을 받아 폐기하였을 때에는 그 관세를 환급한다.
  ④ 수입신고가 수리된 물품이 수입신고 수리 후에도 지정보세구역에 계속 장치되어 있는 중에 재해로 멸실되거나 변질 또는 손상되어 그 가치가 떨어졌을 때에는 대통령령으로 정하는 바에 따라 그 관세의 전부 또는 일부를 환급할 수 있다.
17) ② 여행자가 제96조 제2항에 따라 자진신고한 물품이 다음 각 호의 어느 하나에 해당하게 된 경우에는 자진신고할 때 납부한 관세를 환급한다.
  1. 제143조 제1항 제2호에 따른 국제무역선 또는 국제무역기 안에서 구입한 물품이 환불된 경우
  2. 제196조에 따른 보세판매장에서 구입한 물품이 환불된 경우

3) 관세환급청구권 소멸시효의 기산일

환급청구권을 행사할 수 있는 날은 환급청구권 소멸시효의 기산일을 말하는 것으로 다음과 같다.

① 과오납금의 환급 경우에는 과오납을 한 날
② 위약물품 환급의 경우 당해 위약물품의 수출신고수리를 받은 날
③ 착오납부 또는 이중납부로 인한 환급의 경우에는 그 납부일
④ 수입신고 또는 입항전 수입신고를 하고 관세를 납부한 후 신오가 취하 또는 각하된 경우에는 신고의 취하일 또는 각하일
⑤ 경정으로 인한 환급의 경우에는 경정결정일

4) 관세환급청구권의 시효중단

(1) 시효중단 사유

환급청구권에 대한 소멸시효는 환급청구권의 행사로서 중단된다$\left(\begin{smallmatrix}관세법\\제23조\ 제2항\end{smallmatrix}\right)$. 환급청구권의 행사란, 환급금의 지급신청과 이에 의한 지급을 말한다.

(2) 시효의 진행

환급청구권의 소멸시효는 환급청구금액 중에서 일부가 지급된 경우에는 미지급금에 대하여 그 일부가 지급된 날부터 다시 진행된다.

5) 민법의 준용

환급청구권의 소멸시효에 관하여 이 법에 규정이 있는 것을 제외하고는 민법의 규정을 준용한다.

〈표 3-4〉 시효기간의 정리

구분	기간
관세부과권의 제척기간	원칙 2년, 예외 5년
관세징수권의 소멸시효	5년
관세환급 청구권의 소멸시효	3년

6. 관세부과권 및 징수권의 비교

관세채권을 행사하기 위하여 구체적인 납세의무의 내용을 확정하는 관세채권자의 권리를 관세부과권이라 하며, 부과권의 행사에 의하여 구체적인 납세의무의 내용이 확정된 경우에 그의 이행을 요구하는 관세채권자의 권리를 관세징수권이라 하는데, 부과권은 형성권이므로 시효중단 및 정지가 없는 제척기간의 적용 대상이며, 징수권은 청구권의 일종으로써 시효중단 및 정지가 있는 소멸시효의 적용대상이 된다.

〈표 3-5〉 관세부과 제척기간 징수권 소멸시효

구 분	관세부과의 제척기간	관세징수권의 소멸시효
개념	국가가 관세를 부과할 수 있는 기간	국가가 관세징수권을 장기간 행사하지 않는 경우에 그 징수권을 소멸시키는 것
대상	국가의부과권(형성권)	국가의 징수권(청구권)
기산일	관세를 부과할 수 있는 날	관세징수권을 행사할 수 있는 날
기간	5년(예외 10년)	5억 이상 관세 : 10년 5억 이상 관세 이외 관세 : 5년
중단 및 정지	없음	징수권행사로 인해 중단 징수권행사가 불가능한 기간에는 정지
기간만료의 효과	장래를 향하여 부과권 소멸 결손처분 불필요	기산일에 소급하여 징수권 소멸 결손처분 필요

제4절
관세의 납세담보

1. 의의

관세담보란 관세채권을 확보할 목적으로 관세법에 의하여 납세자 등으로부터 제공받는 담보를 말한다.

관세법상 담보제도는 국가가 일정한 물품에 대한 담보물권을 취득하고 추후에 납세의무자가 관세를 납부하지 않을 경우에 그 담보물을 처분하여 관세 채무를 변제하는 일종의 공법상의 담보제도이다. 관세의 담보는 일반적으로 일반담보와 특별담보 두 가지 형태가 있는데 일반담보란 관세를 납부하여야 할 물품자체를 말하고, 특별담보란 세관장의 담보제공 요청에 의거 특별히 제공되는 담보물을 말한다.

2. 담보물의 종류

관세법상 규정에 의하여 제공할 담보물의 종류는 다음과 같다$\binom{관세법}{제24조\ 제1항}$.[18]

1) 금전

금전은 담보제공의 부담이 크므로 대개 수입신고수리 전 반출의 담보로서 주로 이용된다.

---

18) 제24조(담보의 종류 등) ① 이 법에 따라 제공하는 담보의 종류는 다음 각 호와 같다.
　　1. 금전　　　　　2. 국채 또는 지방채　　　　3. 세관장이 인정하는 유가증권
　　4. 납세보증보험증권　5. 토지
　　6. 보험에 가입된 등기 또는 등록된 건물·공장재단·광업재단·선박·항공기 또는 건설기계
　　7. 세관장이 인정하는 보증인의 납세보증서

2) 국채 또는 지방채 $\binom{\text{관세법 제24조}}{\text{제1항 제2호}}$

3) 세관장이 인정하는 유가증권

국채 또는 지방채, 세관장이 인정하는 유가증권의 평가는 다음 호에 따른다$\binom{\text{관세법시행령}}{\text{제9조 제1항}}$.
① 「자본시장과 금융투자업에 관한 법률」에 따라 거래소가 개설한 증권시장에 상장된 유가증권 중 매매사실이 있는 것 : 담보로 제공하는 날의 전날에 공표된 최종시세가액
② 제1호 외의 유가증권 : 담보로 제공하는 날의 전날에 「상속세 및 증여세법 시행령」 제58조 제1항 제2호를 준용하여 계산한 가액

4) 납세보증보험증권

보험회사의 납세보증보험증권을 담보제공서에 첨부하여야 하고 세관장의 요청이 있는 경우에는 특정인이 납부하여야 할 금액을 일정기일 후에는 언제든지 세관장에게 지급한다는 내용의 것이어야 한다.

5) 토지

6) 보험에 가입된 등기 또는 등록된 건물·공장재단·광업재단·선박·항공기 또는 건설기계

토지와 보험에 가입된 등기 또는 등록된 건물·공장재단·광업재단·선박·항공기 또는 건설기계 등(법 제24조 제1항 제5호 및 제6호)[19]에 따른 담보물에 대한 평가는 다음 각 호에 따른다.
① 토지 또는 건물의 평가 : 「상속세 및 증여세법」 제61조를 준용하여 평가한 가액
② 공장재단·광업재단·선박·항공기 또는 건설기계 : 「감정평가 및 감정평가사에 관한 법률」에 따른 감정평가법인 등의 평가액 또는 「지방세법」에 따른 시가표준액

7) 세관장이 인정하는 보증인의 납세보증서

---

19) 5. 토지
　6. 보험에 가입된 등기 또는 등록된 건물·공장재단·광업재단·선박·항공기 또는 건설기계

3. 담보의 조건 (관세법 제24조 제2항~제4항)

납세보증보험증권 및 납세보증서는 세관장이 요청하면 특정인이 납부하여야 하는 금액을 일정 기일 이후에는 언제든지 세관장에게 지급한다는 내용의 것이어야 하며, 담보의 제공에 필요한 사항은 대통령령으로 정한다. 그리고 납세의무자(관세의 납부를 보증한 자를 포함한다)는 이 법에 따라 계속하여 담보를 제공하여야 하는 사유가 있는 경우에는 관세청장이 정하는 바에 따라 일정 기간에 제공하여야 하는 담보를 포괄하여 미리 세관장에게 제공할 수 있다.

4. 담보제공이 필요한 경우

일반적으로 수입물품 자체가 관세담보이나(일반담보), 관세채권을 확보하기 위하여 특별담보를 받을 수 있는 경우는 다음과 같다.

❏ **일반담보**
관세징수의 우선권이 부여된 관세 미납물품을 관세의 일반담보라 하며, 관세법상 자동적으로 인정되는 담보물이기 때문에 법정담보라고도 한다.

❏ **특별담보**
일반담보물(수입물품)이 보세구역 등에서 반출되는 경우에 관세징수의 확보를 위하여 세관장의 명령에 의하여 별도로 제공되는 특별한 담보를 말하며, 특별담보는 세관장과 납세의무자 사이의 특별한 법률행위에 의하여 설정되는 것으로 약정담보라고도 한다.

1) 덤핑방지관세의 잠정조치를 할 때 (관세법 제53조 제1항)

기획재정부장관은 덤핑 및 실질적인 피해 등의 예비조사 결과 덤핑과 산업피해에 대한 긍정판정이 있는 경우에 조사기간 중에 발생하는 피해를 방지하기 위하여 조사가 종결되기 전이라도 잠정적으로 추계된 잠정덤핑방지관세액에 상당하는 담보의 제공을 명하는 잠정조치를 취할 수 있다.

2) 상계관세의 잠정조치를 할 때 ($\binom{관세법}{제59조 제1항}$)

기획재정부장관은 상계관세의 부과여부를 결정하기 위하여 조사가 개시된 물품이 보조금 등을 받아 수입되어 국내산업에 실질적인 피해 등이 발생된 사실이 있다고 추정되는 충분한 증거가 있음이 확인되는 경우로서 국내산업을 보호하기 위하여 필요하다고 인정되는 경우에는 조사가 종결되기 전이라도 잠정적을 추계된 잠정 상계관세액에 상당하는 담보의 제공을 명하는 잠정조치를 할 수 있다.

3) 조건부 감면세 또는 분할납부의 경우 ($\binom{관세법}{제108조 제1항}$)

관세법 기타 법률 또는 조약에 의하여 관세의 감면 또는 분할납부의 승인을 받은 물품에 대하여 그 물품을 수입할 때에 감면 또는 분할 납부하는 관세액에 상당하는 담보를 제공하게 할 수 있다.

다만, 조건부 감면세는 재수출면세·재수출 감면세에 한하여 담보를 제공하게 할 수 있다 ($\binom{관세법시행령}{제46조 제5항}$).

4) 타소장치허가의 경우 ($\binom{관세법}{제156조 제2항}$)

수출신고가 수리된 물품으로서 보세구역 반입이 곤란하다고 세관장이 인정하는 물품과 거대중량 기타 사유로 보세구역에 장치하기가 곤란한 물품에 대하여 타소 장치허가를 하는 경우에는 관세에 상당하는 담보의 제공을 명할 수 있다.

5) 특허보세구역내의 담보 ($\binom{관세법}{제181조}$)

특허보세구역 설영인의 물품을 장치하기 위한 보세장치장·보세창고·보세전시장·보세건설장 및 보세판매장인 경우에는 다음 기준에 따라 장치물품에 상당하는 담보를 제공하게 할 수 있다.
① 관세법을 위반하였거나 관세 및 내국세를 체납한 사실이 있는 경우
② 자본금 등 재정적 능력이 취약하다고 인정되는 경우

위에 해당하는 경우로서 관세채권의 확보를 위한 조치가 필요하다고 인정되는 경우에 한하여 담보를 제공케 해야 한다.

6) 보세공장 외 작업의 경우 $\left(\genfrac{}{}{0pt}{}{관세법}{제187조\ 제2항}\right)$

세관장은 가공무역의 진흥에 필요한 때에는 보세공장 외에서의 보세작업을 허가할 수 있는데 허가시 당해 물품의 관세에 상당한 담보를 제공하게 할 수 있다.

7) 보세건설장의 역외작업의 경우 $\left(\genfrac{}{}{0pt}{}{관세법}{제195조\ 제2항}\right)$

세관장은 보세작업상 필요하다고 인정할 때에는 보세건설장 외에서 보세작업을 허가할 수 있는데 허가시 당해 물품의 관세에 상당한 담보를 제고하게 할 수 있다.

8) 보세운송의 경우 $\left(\genfrac{}{}{0pt}{}{관세법}{제218조}\right)$

세관장은 보세운송신고를 하거나 승인을 얻고자 하는 물품에 대한 관세의 담보를 제공하게 할 수 있다. 그러나 간이보세운송업자에게는 담보제공을 면제할 수 있다 $\left(\genfrac{}{}{0pt}{}{관세법}{제133조\ 제2항}\right)$.

9) 수입신고수리시 담보의 제공 $\left(\genfrac{}{}{0pt}{}{관세법}{제248조\ 제2항}\right)$

세관장은 관세를 납부할 물품에 대하여는 관세 등에 상당하는 담보가 제공된 경우에 수입신고수리를 한다. 다만, 다음의 경우는 담보제공을 면제한다.
 ① 관세의 감면, 징수기한의 연장 또는 분할납부 승인시 담보제공은 받지 아니한 경우
 ② 여행자 휴대품을 납세고지와 동시에 검사현장에서 반출 승인한 경우
 ③ 납부할 관세를 이미 납부한 경우
 ④ 정부 또는 지방자치단체가 직접 수입하는 경우
 ⑤ 최근 2년간 관세법 위반사실이 없는 수출업자
 ⑥ 신용평가 기관으로부터 신용도가 높은 것으로 평가를 받은 자가 수입하는 물품
 ⑦ 수출용 원재료 등 수입물품의 성질, 반입사유 등을 고려할 때 관세채권확보에 지장이 없는 물품

10) 수입신고수리 전 반출의 경우 $\left(\genfrac{}{}{0pt}{}{관세법}{제252조}\right)$

수입신고수리 전에 그 장치장으로부터 반출하고자 하는 경우에는 담보를 제공하여야 한다. 다만, 다음의 경우에는 담보제공을 면제한다.
 ① 정부 또는 지방자치단체가 직접 수입하는 물품

② 최근 2년간 관세법 위반사실이 없는 수출입자

③ 신용평가기관으로부터 신용도가 높은 것을 평가를 받은 자가 수입하는 물품

④ 수출용 원재료 등 수입물품의 성질, 반입사유 등을 고려할 때 관세채권확보에 지장이 없는 물품

11) 지적재산권보호를 위한 통관보류 요청의 경우 (관세법 제235조 제3항)

수출입신고된 물품이 상표권을 침해하는 물품인 경우 상표권을 보호받고자 하는 자는 세관장에게 담보를 제공하고 수출입신고된 물품의 통과보류를 요청할 수 있다.

12) 천재지변으로 인한 기한의 연장 (관세법 제10조, 제107조 제1항)

천재지변 등으로 인하여 1년의 범위 내에서 관세 등의 납부기한을 연장하거나 징수할 세액을 분할하여 납부하도록 하는 경우에 채권확보를 위하여 필요하다고 인정하는 때에는 담보를 제고하게 할 수 있다.

5. 담보의 제공절차

1) 담보제공

관세의 담보를 제공하고자 하는 자는 담보의 종류·수량·금액 및 담보사유를 기재한 담보제공서를 세관장에게 제출하여야 한다 (관세법시행령 제10조 제1항).

2) 담보제공 내용 (관세법시행령 제10조 제2항~제8항)

금전을 담보로 제공하려는 자는 「국고금 관리법 시행령」(제11조 제1항 각 호)의 금융기관 중 관세청장이 지정한 금융기관에 이를 납입하고 그 확인서를 담보제공서에 첨부해야 한다. 국채 또는 지방채를 담보로 제공하려는 자는 해당 채권에 관하여 모든 권리를 행사할 수 있는 자의 위임장을 담보제공서에 첨부하여야 한다 (관세법시행령 제10조 제3항).

담보중 세관장이 인정하는 유가증권(법 제24조 제1항 제3호)에 따른 유가증권을 담보로 제공하려는 자는 해당 증권발행자의 증권확인서와 해당 증권에 관한 모든 권리를 행사할

수 있는 자의 위임장을 담보제공서에 첨부하여야 한다.

담보중 납세보증보험(법 제24조 제1항 제4호 또는 제7호)에 따른 납세보증보험증권이나 세관장이 인정하는 보증인의 납세보증서를 담보로 제공하려는 자는 그 납세보증보험증권 또는 납세보증서를 담보제공서에 첨부하여야 한다. 이 경우 담보가 되는 보증 또는 보험의 기간은 해당 담보를 필요로 하는 기간으로 하되, 납부기한이 확정되지 아니한 경우에는 관세청장이 정하는 기간으로 한다.

담보중 토지(법 제24조 제1항 제5호~제6호)에 따른 토지와 건물·공장재단·광업재단·선박·항공기나 건설기계를 담보로 제공하려는 자는 저당권을 설정하는 데에 필요한 서류를 담보제공서에 첨부하여야 한다. 이 경우 세관장은 저당권의 설정을 위한 등기 또는 등록의 절차를 밟아야 한다.

담보중 보험에 가입된 등기 또는 등록된 건물·공장재단·광업재단·선박·항공기 또는 건설기계($^{관세법시행령}_{제10조 \ 제6항}$)에 따라 보험에 든 건물·공장재단·광업재단·선박·항공기나 건설기계를 담보로 제공하려는 자는 그 보험증권을 제출하여야 한다. 이 경우에 그 보험기간은 담보를 필요로 하는 기간에 30일 이상을 더한 것이어야 한다($^{관세법시행령}_{제10조 \ 제7항}$).

제공하고자 하는 담보의 금액은 납부하여야 하는 관세에 상당하는 금액이어야 한다. 다만, 그 관세가 확정되지 아니한 경우에는 관세청장이 정하는 금액으로 한다.

3) 담보를 제공하지 아니한 경우의 납세고지

세관장은 담보제공대상이 다음에 해당하는 경우에는 납세고지를 할 수 있다($^{관세법시행령}_{제10조 \ 제9항}$).
① 관세의 담보를 제공하고자 하는 자가 담보액의 확정일 부터 10일 내에 담보를 제공하지 아니한 경우
② 납세의무자가 수입신고 후 10일 이내에 담보를 제공하지 아니하는 경우

4) 담보변경

관세의 담보물을 제공한 자는 담보물의 가격감소에 따르는 세관장의 담보증가 또는 담보물 변경의 통지가 있을 때는 지체없이 이를 이행하여야 한다. 또한, 제공된 관세의 담보물·보증보험회사·은행지급 보증에 의한 지급기일 및 납세보증 보험기간을 변경하고자 할 때에는 세관장의 승인을 얻어야 한다.

6. 담보제공의 종류

1) 개별담보

담보제공사유가 있을 때마다 개별적으로 제공하는 것을 말한다.

2) 포괄담보

(1) 의의

담보제공에 있어서는 담보제공사유가 있을 때마다 개별적으로 제공하는 경우가 일반적이나 계속하여 담보를 제공하여야 할 사유가 있는 경우에는 관세청장이 정하는 바에 의하여 일정한 기간에 제공하여야 할 담보물을 포함하여 제공할 수 있는데 이를 포괄담보라 한다. 납세의무자(관세의 납부를 보증한 자를 포함한다)는 이 법에 따라 계속하여 담보를 제공하여야 하는 사유가 있는 경우에는 관세청장이 정하는 바에 따라 일정 기간에 제공하여야 하는 담보를 포괄하여 미리 세관장에게 제공할 수 있다($\binom{\text{관세법}}{\text{제24조 제4항}}$).

(2) 포괄담보의 용도

포괄담보는 다음 각 호의 사유가 발생하여 담보제공이 필요한 경우에 담보로 사용될 수 있다.
① 수입신고수리 후 관세납부
② 수입신고수리 전 반출승인
③ 재수출조건부 감면승인
④ 타소장치 허가
⑤ 보세공장의 공장 외 작업 허가
⑥ 보세건설장의 역외 작업 허가
⑦ 보세운송신고 또는 승인
⑧ 기타 세관장이 담보를 요구하는 경우

(3) 포괄담보제공

담보를 포괄하여 제공하고자 하는 자는 그 기간 및 담보의 최고액과 담보제공자의 전년도 수출입실적 및 예상수출입물량을 기재한 신청서를 세관장에게 제출하여야 한다. 담보를 포괄하여 제공할 수 있는 요건, 그 담보의 종류 기타 필요한 사항은 관세청장이 정한다 $\binom{\text{관세법시행령}}{\text{제11조 제1항~제2항}}$.

7. 담보물의 관세충당 (관세법 제25조)

1) 의의

세관장은 담보를 제공한 납세의무자가 그 납부기한 내에 당해 관세를 납부하지 아니한 때에는 그 담보물을 당해 관세에 충당할 수 있다. 이 경우에 담보로서 제공된 금전을 당해에 충당하는 때에는 납부기한 경과 후에 충당하더라고 가산금 규정을 적용하지 아니한다 (법 제25조 규칙 제1조).

담보물의 관세충당은 매각비용·관세·가산세·제세 및 가산금의 순서로 충당한다. 그리고 제공된 담보물로 이런 것들을 충당하는 데 부족하면 담보물이 없는 경우의 징수절차인 일반재산에 대한 강제집행을 하게 된다.

또한, 납기가 경과되어 담보물을 관세에 충당하는 경우에는 소정의 가산금이 부과되지만 현금을 담보로 제공하여 이를 관세에 충당할 때에는 납기가 지나 충당하더라고 가산금을 징수하지 않게 하고 있는데, 이는 현금을 담보로 제공한 것은 사실상 당해 관세액을 납부한 것과 동일한 적으로 간주되기 때문이다.

2) 담보물의 충당방법

담보를 제공한 납세의무자가 납부기한 내에 당해 관세를 납부하지 아니한 때의 담보물을 관세에 충당하는 경우에는 다음 방법에 의한다. (관세법 제26조 제1항~제3항)

세관장은 담보를 제공한 납세의무자가 그 납부기한까지 해당 관세를 납부하지 아니하면 기획재정부령으로 정하는 바에 따라 그 담보를 해당 관세에 충당할 수 있다. 이 경우 담보로 제공된 금전을 해당 관세에 충당할 때에는 납부기한이 지난 후에 충당하더라도 가산세(제42조)를 적용하지 아니한다. 그리고 세관장은 담보를 관세에 충당하고 남은 금액이 있을 때에는 담보를 제공한 자에게 이를 돌려주어야 하며, 돌려줄 수 없는 경우에는 이를 공탁할 수 있다. 세관장은 관세의 납세의무자가 아닌 자가 관세의 납부를 보증한 경우 그 담보로 관세에 충당하고 남은 금액이 있을 때에는 그 보증인에게 이를 직접 돌려주어야 한다.

3) 담보물의 매각

세관장은 담보물을 매각할 때에는 담보제공자의 주소·성명·담보물의 종류·수량·매각사유·매각장소 등을 공고하여야 한다. 매각 1일 전까지 관세와 비용을 납부한 때에는 매각을 중지하여야 한다. 세관장은 제공된 담보물을 매각하고자 하는 때에는 담보제공자의 주소·성명·

담보물의 종류·수량, 매각사유, 매각장소, 매각일시 기타 필요한 사항을 공고하여야 한다. 세관장은 납세의무자가 매각예정일 1일전까지 관세와 비용을 납부하는 때에는 담보물의 매각을 중지하여야 한다$\binom{\text{관세법시행령}}{\text{제14조 제1항~제2항}}$.

4) 잔금교부

세관장은 담보물을 관세에 충당하고 잔금이 있을 때에는 이를 담보를 제공한 자에게 교부하여야 하고, 교부할 수 없을 때에는 공탁할 수 있다. 또한, 관세의 납세의무자 이외의 자가 관세의 납부를 보증한 경우에 그 담보물로 관세에 충당하고 잔금이 있을 때에는 그 보증인에게 직접 교부한다.

8. 관세담보 등이 없는 경우의 관세징수$\binom{\text{관세법}}{\text{제26조}}$

담보 제공이 없거나 징수한 금액이 부족한 관세의 징수에 관하여는 이 법에 규정된 것을 제외하고는 「국세기본법」과 「국세징수법」의 예에 따른다. 세관장은 관세의 강제징수를 할 때에는 재산의 압류, 보관, 운반 및 공매에 드는 비용에 상당하는 강제징수비를 징수할 수 있다.

1) 장치기간 경과물품의 강제징수

(1) 매각방법

장치기간 경과물품의 매각은 일반경쟁입찰, 지명경쟁입찰, 수의계약, 경매 및 위탁판매에 의하여야 한다.

(2) 매각대금 충당

세관장은 매각방법의 규정에 의한 매각대금 중에서 그 물품매각에 관한 비용·관세 및 제세순으로 필요한 금액을 충당하고 잔금이 있을 때에는 화주에게 교부한다.

2) 관세담보 등이 있는 경우의 강제징수

관세의 담보가 제공되어 있는 경우의 강제징수에 대하여는 전술한 「관세담보제도」에서 상세히 설명하였으므로 생략하기로 한다.

3) 담보의 변경 $\binom{관세법시행령}{제12조}$

관세의 담보를 제공한 자는 당해 담보물의 가격감소에 따라 세관장이 담보물의 증가 또는 변경을 통지한 때에는 지체없이 이를 이행하여야 한다.

관세의 담보를 제공한 자는 담보물, 보증은행, 보증보험회사, 은행지급보증에 의한 지급기일 또는 납세보증보험기간을 변경하고자 하는 때에는 세관장의 승인을 얻어야 한다.

4) 담보해제

세관장은 납세담보의 제공을 받은 관세 및 강제징수비가 납부되었을 때에는 지체 없이 담보해제 절차를 밟아야 한다 $\binom{관세법}{제26조의2}$.

제공된 담보를 해제받고자 하는 자는 담보의 종류·수량 및 금액, 담보제공연월일과 해제사유를 기재한 신청서에 해제사유를 증명하는 서류를 첨부하여 세관장에게 제출하여야 한다. 다만, 국가관세종합정보망 $\binom{관세법시행령}{제13조}$ 의 전산처리설비를 이용하여 세관장이 관세의 사후납부사실 등 담보의 해제사유를 확인할 수 있는 경우에는 해당 사유를 증명하는 서류로서 관세청장이 정하여 고시하는 서류 등을 제출하지 아니할 수 있다 $\binom{관세법}{제327조}$.

제4장

관세감면·환급 및 분할납부

제1절 관세의 감면제도

제2절 관세분할 납부제도

제3절 관세환급제도

제1절
관세의 감면제도

1. 의의

1) 의의

관세는 재정수입의 확보 및 국내산업의 보호를 위하여 수입물품에 부과하고 있다. 그러나 국가가 특정 목적을 달성하기 위하여는 일률적으로 책정된 관세율을 그대로 적용해서는 소기의 목적을 달성할 수 없기 때문에 이러한 경우 관세납부의무를 전부 또는 일부를 면제해야 하는 경우가 있다. 이것을 관세의 감면제도라 한다.

관세의 감면(관세법 제88조~제101조)이라 함은 수입물품이 일정한 요건에 해당하는 경우에는 관세의 납부의무를 무조건 감면하거나, 일정용도에 사용할 것을 조건으로 감면하는 것을 말한다. 관세의 감면은 산출세액의 일부를 경감하는 감세와 산출세액의 전부를 면제하는 면세로 구분된다.

그런데 면세와 무세는 상이한 개념인데, 무세란 관세율표상 세율이 0인 것을 말하고, 면세는 관세율표상 세율은 있지만 일정한 요건에 해당하는 경우에 납세의무자의 신청에 의해 세액을 면제하는 것을 말한다.

2) 감면 목적

관세감면의 목적은 경제정책적, 문화정책적, 사회정책적 목적 등을 들 수 있고, 좀 더 구체적으로 살펴보면 외교관례, 기간산업의 육성, 자원개발촉진, 특정산업의 보호, 학술연구의 촉진, 사회정책의 수행, 가공무역의 증진, 교역의 증대, 소비자 보호, 물가의 안정 등 다양한 목적을 가지고 있다.

3) 감면제도의 필요성

(1) 산업지원을 위해 필요하다

　주로 시설·기자재를 수입하는 기업이나, 해당 산업을 관장하는 정부부처에서 주장한다. 감면제도를 통해 산업경쟁력 강화에 유용하게 이용된다. 또한 기업으로 하여금 정부의 정책방향을 제시함으로써 특정방향 또는 특정 부문으로 기업의 투자를 유인하는 효과가 있다.

(2) 국제관례 등의 존중을 위해 필요하다.

　외교관물품, 자선물품, 여행자휴대품, 이사물품, 재수출조건부 등

(3) 다양한 사회·문화 등의 정책적 수요에 부응하기 위해 필요하다.

　관세감면은 해당물품을 사용하는 소비자에게도 관세부담 완화에 따른 소비효과 즉, 후생증대효과를 발생시킨다. 이러한 소비효과는 특히 당해 물품의 사용목적이 사회·문화 등의 정책목적과 결부되어 있을 때 관세감면을 통해 조장해 주어야 할 이유가 된다.

(4) 기본관세율 구조의 불균형을 보완하기 위해 필요하다.

　양허관세의 증가 등으로 동일산업 내에서는 가공단계별로 원자재의 관세율이 완제품의 관세율보다 높은 역관세 현상이, 이종산업 간에는 동일 가공단계에서도 세율수준에 격차가 발생하는 불균형 현상이 증가하고 있다. 이를 "세율불균형"이라 하는데, 감면으로 이와 같은 관세율의 불균형을 시정하는 것이 불가피하다. 최근 세율분균형의 해소를 이유로 관세감면의 요구가 급증하고 있다.

2. 관세감면의 일반적인 절차

1) 관세경감율의 산정기준

　감면세 규정에 의한 관세의 경감에 있어서 경감율의 산정은 실제로 적용되는 관세율을 기준으로 한다. 그러나, 이 법 기타 법률 또는 조약에 의하여 관세를 면제하는 경우 면세되는 관세의 범위에 대하여 특별한 규정이 없을 때에는 일부 탄력세율(덤핑방지관세, 보복관세, 긴급관세, 농림축산물 특별긴급관세, 상계관세)은 면세되는 관세의 범위에 포함시키지 아니한다(관세법시행령 제121조 제1,2항).

2) 관세감면 신청

법, 기타 관세에 관한 법률 또는 조약에 의하여 관세의 감면을 받고자 하는 자는 당해 물품의 수입신고수리전(부과고지의 경우에는 당해 납부조치를 받는 날부터 5일 이내)에 감면 등이 필요한 사항을 기재한 신청서를 세관장에게 제출하여야 한다. 다만, 관세청장이 정하는 경우에는 감면신청을 간이한 방법을 하게 할 수 있다$\binom{관세법시행령}{제112조\ 제1항\ 단서}$.

3) 담보제공

세관장은 필요하다고 인정되는 때에는 대통령령이 정하는 범위 안에서 관세청장이 정하는 바에 의하여 이 법 기타 법령·조약·협정 등에 의하여 관세의 감면 승인을 얻은 물품에 대하여 그 물품을 수입하는 때에 감면되는 관세액에 상당하는 담보를 제공하게 할 수 있다 $\binom{관세법}{제108조\ 제1항}$.

4) 감면물품의 용도 외 사용 등에 대한 승인신청

사후관리 기간 내에 조건부 감면세, 외교관 면세 중 양수제한물품, 용도세율 적용물품을 용도외 사용하거나 양도하거나 하는 경우와 폐기한 물품 및 멸실된 물품에 대하여 관세를 면제받고자 하는 경우에는 세관장의 승인을 얻어야 한다. 즉, 사후관리 기간내에 용도외 사용, 용도외 사용할 자에게 양도 또는 폐기하기 위하여 세관장의 승인을 얻고자 하는 자는 승인신청 이유 등을 기재한 신청서를 당해 물품의 소재지를 관할하는 세관장에게 제출하여야 한다$\binom{관세법시행령}{제109조}$.

3. 관세감면의 사후관리

사후관리란 관세의 감면 또는 분할납부 승인을 받거나 용도세율을 적용받은 물품에 대하여 당해 조건대로 사용하고 있는지 또는 세관장의 승인을 받지 않고 무단 양도를 하였는지의 여부 등을 확인, 관리하는 것을 말한다. 감면 물품의 사후관리는 일정기간을 정하여 당해 기간 내에 부과된 감면 조건의 이행 여부를 확인하는 것이며, 만약 기간 내에 그 조건을 이행하지 않은 경우에는 감면 승인하였던 과세를 즉시 징수하게 된다.

1) 용도외 사용 및 양도제한

조건부 감면세 규정에 의하여 관세를 감면받은 물품(법 제89-91조, 법 제93조, 법 제95조 물품)은 수입신고 수리일 부터 3년의 범위 내에서 대통령령이 정하는 기준에 따라 관세청장이 정하는 기간 내에는 그 감면받은 용도외의 다른 용도로 사용하거나 양도(임대)할 수 없다. 다만 기획재정부령이 정하는 물품과 대통령령이 정하는 바에 의하여 미리 세관장의 승인을 얻은 물품의 경우에는 그러하지 아니한다($^{관세법}_{제102조 제1항}$).

2) 관세의 징수

사후관리 기간 내에 감면받은 물품이 다음에 해당하는 경우에는 감면된 관세를 즉시 징수한다.
① 감면받은 용도 외 사용 시
② 감면받은 용도 외 타용도에 사용하려 하는 자에게 양도시

다만, 재해 기타 부득이한 사유로 멸실되었거나 미리 세관장의 승인을 얻어 폐기한 때에는 그러하지 아니한다($^{관세법}_{제102조 제2항}$).

3) 징수세액과 징수의 면제

징수하는 세액은 당초 면세받은 금액이지만 변질, 손상 또는 사용으로 인한 가치 감소분은 손상 감면 규정에 의거 경감 받을 수 있다. 세관장의 승인을 받고 멸실, 폐기 또는 수출하거나 감면 승계에 해당하는 경우에는 감면된 관세를 징수하지 아니한다.

〈표 4-1〉 관세징수의 사유

사유	납세의무자
감면받은 용도외의 다른 용도로 사용한 때	그 용도외의 다른 용도로 사용한 자
감면받은 용도외의 다른 용도로 사용하고자 하는 자에게 양도한 때	그 양도인(임대인 포함) (양도인으로 부터 당해 관세를 징수할 수 없는 때에는 양수인(임차인포함))
재수출 이행기간 내에 재수출하지 아니한 때	재수출하지 아니한 자

4) 사후관리절차

(1) 조건 이행확인 서류의 제출

관세법 기타 법률·조약·협정 등에 의하여 관세의 감면 또는 분할납부의 승인을 받은 자는 대통령령이 정하는 바에 의하여 당해 조건의 이행을 확인하는 데에 필요한 서류를 세관장에게 제출하여야 한다(관세법 제108조 제2항). 즉, 사후관리의 방법은 현물관리와 서면관리의 두 가지가 있는데, 관세법에서는 조건이행을 확인함에 필요한 서류를 세관장에게 제출하여야 한다고 규정함으로써 서면관리를 원칙으로 하고 있다.

(2) 제의무의 이행

조건부 감면세의 감면적용을 받은 자는 수입신고 수리일로부터 1월 이내에 사용장소에 반입하여야 하고, 장부를 비치하여야 한다. 또한, 설치장소를 변경시에도 변경신고를 제출하고, 1월내에 설치장소에 반입하여야 한다.

(3) 사후관리의 위탁

관세청장은 조건의 이행을 확인하기 위하여 필요한 때에는 대통령령이 정하는 바에 의하여 당해 물품의 사후관리에 관한 사항을 주무부장관에게 위탁할 수 있다(관세법 제108조 제3항). 위탁된 물품에 대한 사후관리에 관한 사항을 위탁받은 부처의 장이 관세청장과 협의하여 정한다(관세법 제46조 제4항). 사후관리의 위탁을 받은 부처의 장은 당해 물품의 관세의 징수사유가 발생한 것을 확인한때에는 즉시 당해 물품의 관할지 세관장에게 징수사유 등을 기재한 통보서를 송부하여야 한다.

(4) 사후관리기간

원칙적인 사후관리기간은 다음과 같다.

〈표 4-2〉 감면세의 사후관리

구분	사후관리기간
외교관용 면세의 양수 제한품목	수입신고수리일~3년의 범위 내에서 관세청장이 정하는 기간
학술연구용품 감면세	수입신고수리일~3년의 범위 내에서 관세청장이 정하는 기간
특정물품감면세	수입신고수리일~3년의 범위 내에서 관세청장이 정하는 기간

구분	사후관리기간
환경오염 방지물품 감면세	수입신고수리일~3년의 범위 내에서 관세청장이 정하는 기간
종교, 자선, 장애자용품	수입신고수리일~3년의 범위 내에서 관세청장이 정하는 기간
세율불균형 감면세	사후관리 없음
재수출 면세	수입신고수리일~1년의 범위 내에서 관세청장이 정하는 기간 (1년연장 可)
재수출 감면세	수입신고수리일~2년의 범위 내에서 관세청장이 정하는 기간 (장기 4년 可)
타법령에 의한 감면	수입신고수리일~5년

(5) 사후관리의 종결

관세의 감면을 받은 물품을 세관장의 승인을 얻어 수출한 때에는 이 법의 적용에 있어서 용도외 사용으로 보지 아니하고 사후관리를 종결한다. 다만, 다음의 경우에는 사후관리를 계속한다($\binom{관세법}{제108조 제4항}$).

① 관세의 감면을 받은 물품을 가공 또는 수리를 목적을 수출한 후 다시 수입하여 해외 임가공물품의 감세규정에 의하여 감면을 받을 때
② 해외시험 및 연구목적으로 수출한 후 다시 수입하여 다시 재수입 면세규정에 의하여 감면을 받은 때

5) 관세감면물품의 용도 외 사용의 경우-감면의 승계($\binom{관세법}{제103조}$)

(1) 감면승계의 의의

법령·조약·협정 등에 의하여 관세를 감면받은 물품을 감면받은 용도 외에 다른 용도에 사용하거나 감면받은 용도 외에 다른 용도에 사용하고자 하는 자에게 양도하는 때에 일정한 감면승계요건에 해당하는 경우에는 관세법의 감면 규정에 의하여 징수하여야 하는 관세를 감면할 수 있다. 다만 이 법외의 법령·조약·협정 등에 의하여 그 감면된 관세를 징수하는 때에는 그러하지 아니한다($\binom{관세법}{제103조 제1항}$).

(2) 감면승계의 요건

감면세를 받은 물품을 감면세를 받은 용도 외에 사용하거나 용도 외에 사용할 자에게 양도하더라고 감면한 관세를 징수하지 아니하고 감면세를 승계시킬 수 있는 요건은 다음과 같다.

① 감면규정 등에 의하여 감면받은 용도 외에 다른 용도에 사용하는 경우로서
② 용도 외에 사용하거나 또는 양수하는 자가 물품을 수입한다면 법령·조약·협정 등에 의하여 감면 받을 수 있을 것
③ 양수인의 감면대상이 아닌 경우계열화 중소기업에 해당될 것
④ 전용에 관하여 세관장의 승인 또는 확인을 받을 것

(3) 대·중소기업상생협력촉진

대중소기업상생협력촉진에 관한 법률(제2조 제4호)에 따른 수위탁거래에 관계에 있는 기업에 양도할 수 있으며, 이 경우 무단 양도로 보지 않고 감면을 승계한다.

(가) 의의

상기 규정에도 불구하고 학술연구용품 감면세(법 제90조), 특정물품 면세(법 제93조), 환경오염방지물품 감면세(법 제95조), 재수출면세(법 제98조)의 규정에 의하여 관세를 감면받은 물품은 대·중소기업상생협력촉진에 관한 법률(제2조 제4호) 규정에 따른 수·위탁거래의 관계에 있는 기업에 양도할 수 있으며, 이 경우 재수출감면(관세법 제98조 제2항의) 규정에 의하여 징수할 관세를 감면할 수 있다. 다만, 이 법외의 법령·조약·협정 등에 의하여 그 감면된 관세를 징수하는 때에는 그러하지 아니하다(관세법 제103조 제2항).

(나) 대상물품

계열화 중소기업에 대한 감면승계의 적용을 받을 수 있는 물품은 다음과 같다.
① 학술연구용품 감면세
② 특정물품 감면세
③ 환경오염방지물품 등에 대한 감면세
④ 재수출감면세

6) 용도외 사용물품의 감면세 신청 등 (관세법시행령 제120조 제1항)

관세감면물품의 용도외 사용(관세법 제103조의 규정) 규정에 의하여 관세 감면을 받고자 하는 자는 승인 또는 확인신청시에 다음 각호의 사항을 기재한 신청서에 그 새로운 용도에

사용하기 위하여 수입하는 때에 관세의 감면을 받기 위하여 필요한 서류를 첨부하여 세관장에 제출하여야 한다.

① 당해 물품의 품명, 규격, 수량 및 가격
② 당해 물품의 수입신고번호, 수입신고수리 연월일 및 통관세관명
③ 당해 물품의 당초의 용도, 사업의 종류, 설치 또는 사용장소 및 관세감면의 법적 근거
④ 당해 물품의 새로운 용도, 사업의 종류, 설치 또는 사용장소 및 관세감면의 법적 근거

7) 감면물품의 용도외 사용 등의 금지기간

관세청장은 관세감면물품의 용도외 사용의 금지기간 및 양수·양도의 금지기간(이하 "사후관리기간"이라 한다)을 정하고자 하는 때에는 다음 각 호의 기준에 의하되, 각 호의 기준을 적용한 결과 동일물품에 대한 사후관리기간이 다르게 되는 때에는 그 중 짧은 기간으로 할 수 있다$\binom{\text{관세법시행령}}{\text{제110조}}$.

① 물품의 내용연수(「법인세법 시행령」 제28조에 따른 기준내용연수를 말한다)를 기준으로 하는 사후관리기간 : 다음 각 목의 구분에 의한 기간
  가. 내용연수가 5년 이상인 물품 : 3년. 다만, 학술연구용품의 감면(관세법 제90조)에 의하여 관세의 감면을 받는 물품의 경우는 2년으로 한다.
  나. 내용연수가 4년인 물품 : 2년
  다. 내용연수가 3년 이하인 물품 : 1년 이내
② 관세감면물품이 다른 용도로 사용될 가능성이 적은 경우의 사후관리기간 : 1년 이내. 다만, 장애인 등 특정인만이 사용하거나 금형과 같이 성격상 다른 용도로 사용될 수 없는 물품의 경우에는 수입신고수리일까지로 하며, 박람회·전시회 등 특정행사에 사용되는 물품의 경우에는 당해 용도 또는 행사가 소멸 또는 종료되는 때까지로 한다.
③ 관세감면물품이 원재료·부분품 또는 견품인 경우의 사후관리기간 : 1년 이내. 다만, 원재료·부분품 또는 견품 등이 특정용도에 사용된 후 사실상 소모되는 물품인 경우에는 감면용도에 사용하기 위하여 사용장소에 반입된 사실이 확인된 날까지로 하며, 감면받은 용도에 사용되지 아니하고 1년 이상 보관하는 경우에는 당해 물품이 최초로 사용되는 날까지로 한다.
④ 관세감면물품에 대한 법 제50조의 규정에 의한 세율에 감면율을 곱한 율을 기준으로 하는 사후관리기간 : 3퍼센트 이하인 경우에는 1년 이내, 3퍼센트 초과 7퍼센트 이하인 경우에는 2년 이내

4. 감면세의 종류

관세감면제도는 감면 승인시의 조건 유무에 따라 무조건 감면세와 조건부 감면세의 두 종류로 나눌 수 있다.

1) 무조건 감면세

무조건 감면세란 수입하는 때의 특정한 사실에 의거 감면을 하는 것으로서, 수입신고 수리 후에 예정된 용도가 아닌 다른 용도에 사용하였다 하더라도 원칙적으로 감면한 관세를 추징하지 아니하며, 또한 세관의 사후관리 대상도 아니다.

2) 조건부 감면세

조건부 감면세란 수입할 때 일정한 용도에 사용할 것을 조건을 관세를 감면하는 것으로서 지정된 용도외에 사용하게 되면 감면한 관세를 징수하는 것을 말한다. 관세법에서는 이러한 조건부 감면물품에 대하여 조건의 이행을 확인하기 위하여 사후관리제도를 두고 있다. 조건부 감면세 물품에 대하여는 그 조건 이행을 확인하기 위하여 사후관리제도를 두고 있으며 사후관리 기간은 통상 수입 신고 수리일로부터 3년이다.

〈표 4-3〉 관세감면종류

종류		목적	사후관리,조건	대상물품
조건부감면세	세율불균형물품 (제89조)	항공산업육성	사후관리 없음	항공기, 부분품 제조용 부분품, 원재료
	학술연구용품 감면세(제90조)	교육,학술사업지원	수입신고 수리일부터 3년	학술연구용품, 교육용품, 실험용품 등
	종교·자선·장애인용품 (제91조)	복지, 공익적목적		종교용품, 자선박용품 등
	특정물품면세 (제93조)	특정사업지원		종교, 자선, 국제적십자사구호용품
	환경오염방지물품 등에 대한 감면세 (제95조)	환경오염방지장비지원, 방위산업 원재료와 방위산업 소요물품지원		오염물질, 폐기물처리용품 등

종류	목적	사후관리,조건	대상물품
재수출면세 (제97조)	일시 수입물품을 수출할 때 관세면제하여 통관편의 증진	1년이내 수출	수입물품, 수출물, 보장용품, 일시입국자의 신변용품 등
재수출감면세 (제98조)	장기간 사용후 수출할 때 관세면제하여 통관편의 증진	2년이내 수출	내용연수가 5년이상, 간세액이 500만원 이상물품 등
수출용원자재 등의 감면세(제104조)	수출산업지원	수출이행기간동안	수출물품 제조하기 위한 원재료 등
외교관용 등 면세(제88조)	외교관 예우 준외교관 신분에 대한 관세 혜택	양도제한 물품은 3년	외교관용 물품, 공용품, 정부와의 사업계약자가 수입하는 물품
정부용품 등 면세(제92조)	정부기관 등 통과물품	사후관리 없음	국가기관, 지방자치 단체 기증품 등
소액물품 등 면세(제94조)	소액물품 등 통관편의	〃	주로 소액물품
여행자휴대품 이사물품 등 (제96조)	여행자의 통관절차 편의	〃	여행자 휴대용품 등
재수입면세(제99조)	내국물품이 수출되었다가 수입	수출된 물품은 1(2)년 이내 다시 수입. 다른 물품은 무기한	수출품, 수출품용기, 해외시험 및 연구용품 등
해외임가공물품감면세 (제101조)	가공·수리 등 목적을 원자재인 내국물품 만큼 감면	사후관리없음	가공수리품 85류(전기, 전자) 물품
손상감세(제100조)	수입신고수리이전 손상 부분만큼 감세	〃	

무조건감면세

3) 관세가 감면되는 학술연구용품

관세가 감면되는 물품은 다음 각호와 같다$\binom{\text{관세법시행규칙}}{\text{제37조 제1항}}$.

① 표본, 참고품, 도서, 음반, 녹음된 테이프, 녹화된 슬라이드, 촬영된 필름, 시험지, 시약류, 그 밖에 이와 유사한 물품 및 자료

② 다음 각목의 1에 해당하는 것으로서 국내에서 제작하기 곤란한 것중 당해 물품의 생산에 관한 업무를 담당하는 중앙행정기관의 장 또는 그가 지정하는 자가 추천하는 물품

　가. 개당 또는 셋트당 과세가격이 100만원 이상인 기기

　나. 가목에 해당하는 기기의 부분품 및 부속품

5. 무조건 감면세

1) 외교관 면세$\binom{\text{관세법}}{\text{제88조}}$

(1) 의의

외교관 면세란 외교기관 및 외교사절의 공용품과 자용품, 이들 가족의 자용품을 수입할 때 상호조건에 의하여 관세를 면제하는 것을 말한다.

외교관면세는 무조건면세이므로 외교관면세를 받은 물품을 수입 후에 임의 처분할 수 있으며, 이 경우 면제된 관세를 징수하지 아니한다. 그러나 일부 특정물품은 외교특권이 남용될 우려가 있을 뿐만 아니라 국내의 산업 또는 국민의 건전한 소비생활이 저해될 우려가 있으므로 이를 보호하기 위하여 일정기간 양수를 금지시키고, 양수한 경우에는 면제한 관세를 양수인으로부터 징수함으로써 간접적으로 양도를 금지하고 있다.

(2) 면세대상물품

(가) 무조건 면세대상$\binom{\text{관세법}}{\text{제88조 제1항}}$

외교관 면세규정에 의한 면세대상은 다음과 같다.

① 외국의 대사관, 공사관 기타 이에 준하는 기관에 속하는 업무용품

② 외국의 대사, 공사 기타 이에 준하는 사절 및 그 가족이 사용하는 물품

③ 외국의 영사관 기타 이에 준하는 기관에 속하는 업무용품

④ 외국의 대사관, 공사관, 영사관 기타 이에 준하는 기관의 직원과 그 가족이 사용하는 물품

⑤ 정부와의 사업계약을 수행하기 위하여 외국계약자가 계약조건에 따라 수입하는 업무 용품

⑥ 국제기구 또는 외국정부로부터 정부에 파견된 고문관, 기술단원 기타 기획재정부령이 정하는 자가 사용하는 물품

(나) 조건부 면세대상(양수제한물품)

관세를 면제받은 물품 중 기획재정부령으로 정하는 물품은 수입신고 수리일부터 3년의 범위에서 대통령령으로 정하는 기준에 따라 관세청장이 정하는 기간에 용도 외의 다른 용도로 사용하기 위하여 양수할 수 없다. 다만, 대통령령으로 정하는 바에 따라 미리 세관장의 승인을 받았을 때에는 그러하지 아니하다(관세법 제88조 제2항). 외교관 면세를 받은 물품 중 다음에 해당하는 물품은 수입신고수리 후 양수가 제한되는 물품이다.

① 자동차(자동삼륜차, 자동이륜차 포함)

② 선박

③ 피아노

④ 전자오르간과 파이프오르간

⑤ 엽총

면세대상에서 '공용품과 자용품'이라는 용어는 각각 '업무용품'으로 변경하였으며, 외교관 면세 조항과 준외교관 면세 조항은 그 성격이 비슷하여 하나로 통합되었다.

(4) 관세의 징수

기획재정부령이 정하는 물품을 사후관리 기간 내에 용도외의 다른 용도에 사용하기 위하여 양수한 때에는 그 양수자로부터 면제된 관세를 즉시 징수한다(관세법 제88조 제3항).

2) 정부용품 등 면세(관세법 제92조)

(1) 의의

정부용품 등 면세는 국가기관 또는 지방자치단체에의 기증품, 정부수입군수품, 여행자 휴대품, 이사물품, 상용견품 및 소액기증물품 등에 대하여 그 수입목적 및 당해 물품의 특성, 국제적 관례 등을 감안하여 수입시 관세를 무조건 면세해주는 제도이다. 따라서 면세조건 이행 여부의 사후관리나 추징 등의 문제는 따르지 않는다.

(2) 면제되는 물품

정부용품 등의 면세되는 다음의 물품이 수입될 때에는 그 관세를 면제할 수 있다($\binom{관세법}{제92조 \ 제3항}$).

① 국가기관이나 지방자치단체에 기증된 물품으로서 공용으로 사용하는 물품. 다만, 기획재정부령으로 정하는 물품은 제외한다.

② 정부가 외국으로부터 수입하는 군수품(정부의 위탁을 받아 정부 외의 자가 수입하는 경우를 포함). 다만, 기획재정부령으로 정하는 물품은 제외한다.

③ 국가원수의 경호용으로 사용하기 위하여 수입하는 물품

④ 외국에 주둔하는 국군이나 재외공관으로부터 반환된 공용품

⑤ 과학기술정보통신부장관이 국가의 안전보장을 위하여 긴요하다고 인정하여 수입하는 비상통신용 물품 및 전파관리용 물품

⑥ 정부가 직접 수입하는 간행물, 음반, 녹음된 테이프, 녹화된 슬라이드, 촬영된 필름, 그 밖에 이와 유사한 물품 및 자료

⑦ 국가나 지방자치단체(설립, 출연 또는 출자한 법인 포함)가 환경오염(소음 및 진동을 포함한다)을 측정하거나 분석하기 위하여 수입하는 기계·기구 중 기획재정부령으로 정하는 물품

⑧ 상수도 수질을 측정하거나 이를 보전·향상하기 위하여 국가나 지방자치단체가 수입하는 물품으로서 기획재정부령으로 정하는 물품

⑨ 국가정보원장 또는 그 위임을 받은 자가 국가의 안전보장 목적의 수행상 긴요하다고 인정하여 수입하는 물품

3) 특정물품의 면세($\binom{관세법}{제93조}$)

(1) 의의

특정물품 면세란 특정용도에만 사용하는 물품으로 주로 다른 면세 조항에 분류하기 곤란한 물품을 모아서 규정하여 정리한 것이다. 동 면세제도는 지정기간 내에 당해 용도에 사용하지 않을 경우에만 면제된 관세를 징수한다. 한편 특정물품의 용도는 법에서 규정하고 있지만 구체적인 감면 대상물품은 기획재정부령으로 지정하거나 제한하고 있다. 다음 각 호의 어느 하나에 해당하는 물품이 수입될 때에는 그 관세를 면제할 수 있다($\binom{관세법}{제93조}$).

(2) 면세대상물품

〈표 4-4〉 특정물품 면세

감면대상	감면율
① 동식물의 번식·양식 및 종자개량을 위한 물품 중 기획재정부령으로 정하는 물품 ② 박람회, 국제경기대회, 그 밖에 이에 준하는 행사 중 기획재정부령으로 정하는 행사에 사용하기 위하여 그 행사에 참가하는 자가 수입하는 물품 중 기획재정부령으로 정하는 물품 ③ 핵사고 또는 방사능 긴급사태 시 그 복구지원과 구호를 목적으로 외국으로부터 기증되는 물품으로서 기획재정부령으로 정하는 물품 ④ 우리나라 선박이 외국 정부의 허가를 받아 외국의 영해에서 채집하거나 포획한 수산물(이를 원료로 하여 우리나라 선박에서 제조하거나 가공한 것을 포함한다. 이하 이 조에서 같다) ⑤ 우리나라 선박이 외국의 선박과 협력하여 기획재정부령으로 정하는 방법으로 채집하거나 포획한 수산물로서 해양수산부장관이 추천하는 것 ⑥ 해양수산부장관의 허가를 받은 자가 기획재정부령으로 정하는 요건에 적합하게 외국인과 합작하여 채집하거나 포획한 수산물 중 해양수산부장관이 기획재정부장관과 협의하여 추천하는 것 ⑦ 우리나라 선박 등이 채집하거나 포획한 수산물과 제5호 및 제6호에 따른 수산물의 포장에 사용된 물품으로서 재사용이 불가능한 것 중 기획재정부령으로 정하는 물품 ⑧ 「중소기업기본법」 제2조에 따른 중소기업이 해외구매자의 주문에 따라 제작한 기계·기구가 해당 구매자가 요구한 규격 및 성능에 일치하는지를 확인하기 위하여 하는 시험생산에 필요한 원재료로서 기획재정부령으로 정하는 요건에 적합한 물품 ⑨ 우리나라를 방문하는 외국의 원수와 그 가족 및 수행원의 물품 ⑩ 우리나라의 선박이나 그 밖의 운송수단이 조난으로 인하여 해체된 경우 그 해체재(解體材) 및 장비 ⑪ 우리나라와 외국 간에 건설될 교량, 통신시설, 해저통로, 그 밖에 이에 준하는 시설의 건설 또는 수리에 필요한 물품 ⑫ 우리나라 수출물품의 품질, 규격, 안전도 등이 수입국의 권한 있는 기관이 정하는 조건에 적합한 것임을 표시하는 수출물품에 붙이는 증표로서 기획재정부령으로 정하는 물품 ⑬ 우리나라의 선박이나 항공기가 해외에서 사고로 발생한 피해를 복구하기 위하여 외국의 보험회사 또는 외국의 가해자의 부담으로 하는 수리 부분에 해당하는 물품 ⑭ 우리나라의 선박이나 항공기가 매매계약상의 하자보수 보증기간 중에 외국에서 발생한 고장에 대하여 외국의 매도인의 부담으로 하는 수리 부분에 해당하는 물품 ⑮ 국제올림픽·장애인올림픽·농아인올림픽 및 아시아운동경기·장애인아시아운동경기 종목에 해당하는 운동용구(부분품을 포함한다)로서 기획재정부령으로 정하는 물품 ⑯ 국립묘지의 건설·유지 또는 장식을 위한 자재와 국립묘지에 안장되는 자의 관·유골함 및 장례용 물품 ⑰ 피상속인이 사망하여 국내에 주소를 둔 자에게 상속되는 피상속인의 신변용품 ⑱ 보석의 원석(原石) 및 나석(裸石)으로서 기획재정부령으로 정하는 것	100%

4) 소액물품 등 면세 ($\frac{관세법}{제94조}$)

물품의 성격으로 보아 물품의 경제적 가치가 무시할 수 있을 정도로 작거나 이를 수입하는 자에게 경제적 이익을 크게 주는 것이 아닌 물품 등이다. 또한 기증여부를 객관적으로 확인하는데 시간과 비용이 소요되는 감면금액이 작으므로 이를 개선하여 징수비용 및 절감 및 납세자의 편의를 도모하기 위해 면제한다. 다음 각 호의 어느 하나에 해당하는 물품이 수입될 때에는 그 관세를 면제할 수 있다 ($\frac{관세법}{제94조}$).

소액물품 등 면세는 상거래와 직접적으로 관계없는 물품으로서 그 대상은 다음과 같다.

① 우리나라의 거주자에게 수여된 훈장, 기장(紀章) 또는 이에 준하는 표창장 및 상패

② 기록문서 기타의 서류

③ 상용견품 또는 광고용품으로서 기획재정부령으로 정하는 물품

④ 우리나라 거주자가 받는 소액물품으로서 기획재정부령으로 정하는 물품

5) 환경오염 방지물품 등의 감면세 ($\frac{관세법}{제95조}$)

(1) 의의

환경오염 방지물품 등에 대한 감면세는 환경문제의 중요성에 따라 오염물질의 배출방지, 산업폐기물 등 처리용품 및 산업재해 또는 직업병의 예방에 직접 사용되는 기계·기구 등과 공장자동화 기계 등 환경오염 방지 및 산업재해예방과 산업의 생산성제고를 위해 수입되는 물품에 대하여 이들 용도에 사용하는 것을 조건을 감면해 주는 제도이다.

(2) 감면대상 및 감면율

환경오염방지물품 등의 감면세 규정에 의한 감면대상물품으로서 국내에서 제작하기 곤란한 다음에 해당하는 물품이 수입될 때에는 그 관세를 감면할 수 있다. 이 규정에 따라 감면하는 경우 그 감면기간 및 감면율은 기획재정부령으로 정한다 ($\frac{관세법}{제95조 제1,2항}$).

① 오염물질(소음 및 진동포함)의 배출방지 또는 처리를 위하여 사용하는 기계·기구·시설·장비로서 기획재정부령이 정하는 것

② 폐기물처리(재활용 경우 포함)를 위하여 사용하는 기계·기구로서 기획재정부령이 정하는 것

③ 기계·전자기술 또는 정보처리기술을 응용한 공장자동화기계·기구·설비(그 구성기기를 포함한다) 및 그 핵심부분품으로서 기획재정부령으로 정하는 것

6) 여행자 휴대품 및 이사물품 등의 감면세 (관세법 제96조)

(1) 감면세

여행자 휴대품, 이사화물 등으로서 다음 각 호의 어느 하나에 해당하는 물품이 수입될 때에는 그 관세를 면제할 수 있다 (관세법 제96조 제1항).

① 여행자의 휴대품 또는 별송품으로서 여행자의 입국 사유, 체재기간, 직업, 그 밖의 사정을 고려하여 기획재정부령으로 정하는 기준에 따라 세관장이 타당하다고 인정하는 물품

② 우리나라로 거주를 이전하기 위하여 입국하는 자가 입국할 때 수입하는 이사물품으로서 거주 이전의 사유, 거주기간, 직업, 가족 수, 그 밖의 사정을 고려하여 기획재정부령으로 정하는 기준에 따라 세관장이 타당하다고 인정하는 물품

③ 국제무역선 또는 국제무역기의 승무원이 휴대하여 수입하는 물품으로서 항행일수, 체재기간, 그 밖의 사정을 고려하여 기획재정부령으로 정하는 기준에 따라 세관장이 타당하다고 인정하는 물품

여행자가 휴대품 또는 별송품(제1항 제1호에 해당하는 물품은 제외한다)을 기획재정부령으로 정하는 방법으로 자진신고하는 경우에는 20만원을 넘지 아니하는 범위에서 해당 물품에 부과될 관세(제81조에 따라 간이세율을 적용하는 물품의 경우에는 간이세율을 적용하여 산출된 세액을 말한다)의 100분의 30에 상당하는 금액을 경감할 수 있다.

(2) 관세 면제 소액물품

관세가 면제되는 소액물품은 다음 각호와 같다 (관세법시행규칙 제45조 제1항).

① 물품이 천공 또는 절단되었거나 통상적인 조건으로 판매할 수 없는 상태로 처리되어 견품으로 사용될 것으로 인정되는 물품

② 판매 또는 임대를 위한 물품의 상품목록·가격표 및 교역안내서 등

③ 과세가격이 미화 250달러 이하인 물품으로서 견품으로 사용될 것으로 인정되는 물품

④ 물품의 형상·성질 및 성능으로 보아 견품으로 사용될 것으로 인정되는 물품

(3) 관세가 면제되는 휴대품

관세가 면제되는 물품은 다음 각 호의 어느 하나에 해당하는 것으로 한다 (관세법시행규칙 제48조 제1항).

① 여행자가 휴대하는 것이 통상적으로 필요하다고 인정하는 신변용품 및 신변장식품일 것

② 비거주자인 여행자가 반입하는 물품으로서 본인의 직업상 필요하다고 인정되는 직업용구일 것

③ 세관장이 반출 확인한 물품으로서 재반입되는 물품일 것

④ 물품의 성질·수량·가격·용도 등으로 보아 통상적으로 여행자의 휴대품 또는 별송품인 것으로 인정되는 물품일 것

　관세의 면제 한도는 여행자 1명의 휴대품 또는 별송품으로서 각 물품(제1항제1호에 따른 물품으로서 국내에서 반출된 물품과 제1항 제3호에 따른 물품은 제외한다)의 과세가격 합계 기준으로 미화 800달러 이하(이하 이 항 및 제3항에서 "기본면세범위"라 한다)로 한다. 관세법 제196조 제1항 제1호 단서 및 같은 조 제2항20)에 따라 구매한 내국물품이 포함되어 있을 경우에는 기본면세범위에서 해당 내국물품의 구매가격을 공제한 금액으로 한다. 다만, 농림축산물 등 관세청장이 정하는 물품이 휴대품 또는 별송품에 포함되어 있는 경우에는 기본면세범위에서 해당 농림축산물 등에 대하여 관세청장이 따로 정한 면세한도를 적용할 수 있다($\binom{\text{관세법시행규칙}}{\text{제48조 제2항}}$).

　불구하고 술·담배·향수에 대해서는 기본면세범위와 관계없이 (<표 > 참조)에 따라 관세를 면제하되, 19세 미만인 사람이 반입하는 술·담배에 대해서는 관세를 면제하지 않고, 법 제196조 제1항 제1호 단서 및 같은 조 제2항에 따라 구매한 내국물품인 술·담배·향수가 포함되어 있을 경우에는 별도면세범위에서 해당 내국물품의 구매수량을 공제한다. 이 경우 해당 물품이 다음 표의 면세한도를 초과하여 관세를 부과하는 경우에는 해당 물품의 가격을 과세가격으로 한다($\binom{\text{관세법시행규칙}}{\text{제48조 제3항}}$).

〈표 4-5〉 면세한도

구분			면세한도	비고
술			2병	2병 합산하여 용량은 2리터(L) 이하, 가격은 미화 400달러 이하로 한다.
담배	궐련		200개비	2 이상의 담배 종류를 반입하는 경우에는 한 종류로 한정한다.
	엽궐련		50개비	
	전자담배	궐련형	200개비	
		니코틴용액	20㎖	
		기타 유형	110g	
	그 밖의 담배		250g	
향수			60㎖	

---

20) 관세법 제196조(보세판매장) ① 보세판매장에서는 다음 각 호의 어느 하나에 해당하는 조건으로 물품을 판매할 수 있다. 1. 해당 물품을 외국으로 반출할 것. 다만, 외국으로 반출하지 아니하더라도 대통령령으로 정하는 바에 따라 외국에서 국내로 입국하는 자에게 물품을 인도하는 경우에는 해당 물품을 판매할 수 있다. ② 제1항에도 불구하고 공항 및 항만 등의 입국경로에 설치된 보세판매장에서는 외국에서 국내로 입국하는 자에게 물품을 판매할 수 있다.

(4) 해외거주 우리나라 국민, 우리나라 거주 외국인

관세가 면제되는 물품은 우리나라 국민(재외영주권자를 제외한다. 이하 이 항에서 같다)으로서 외국에 주거를 설정하여 1년(가족을 동반한 경우에는 6개월) 이상 거주하였거나 외국인 또는 재외영주권자로서 우리나라에 주거를 설정하여 1년(가족을 동반한 경우에는 6개월) 이상 거주하려는 사람이 반입하는 다음 각 호의 어느 하나에 해당하는 것으로 한다. 다만, 자동차(제3호에 해당하는 것은 제외한다), 선박, 항공기와 개당 과세가격이 500만원이상인 보석·진주·별갑·산호·호박·상아 및 이를 사용한 제품은 제외한다(관세법시행규칙제48조 제4항).

① 해당 물품의 성질·수량·용도 등으로 보아 통상적으로 가정용으로 인정되는 것으로서 우리나라에 입국하기 전에 3개월 이상 사용하였고 입국한 후에도 계속하여 사용할 것으로 인정되는 것

② 우리나라에 상주하여 취재하기 위하여 입국하는 외국국적의 기자가 최초로 입국할 때에 반입하는 취재용품으로서 문화체육관광부장관이 취재용임을 확인하는 물품일 것

③ 우리나라에서 수출된 물품(조립되지 아니한 물품으로서 법 별표 관세율표상의 완성품에 해당하는 번호로 분류되어 수출된 것을 포함한다)이 반입된 경우로서 관세청장이 정하는 사용기준에 적합한 물품일 것

④ 외국에 거주하던 우리나라 국민이 다른 외국으로 주거를 이전하면서 우리나라로 반입(송부를 포함한다)하는 것으로서 통상 가정용으로 3개월 이상 사용하던 것으로 인정되는 물품일 것

그리고 사망이나 질병 등 관세청장이 정하는 사유가 발생하여 반입하는 이사물품에 대해서는 거주기간과 관계없이 관세를 면제할 수 있다(관세법시행규칙제48조 제5항). 이사물품 중 별도로 수입하는 물품은 천재지변 등 부득이한 사유가 있는 때를 제외하고는 여행자 또는 입국자가 입국한 날부터 6월 이내에 도착한 것이어야 한다(관세법시행규칙제48조 제6항).

〈표 4-6〉 상용견품 또는 광고용품 면세범위

상용견품 또는 광고용 물품으로서 관세를 면제할 물품은 다음과 같다.
① 물품이 천공 또는 절단되었거나 통상적인 조건으로 판매할 수 없는 상태로 처리되어 견품으로 사용될 것으로 인정되는 물품
② 판매 또는 임대를 위한 물품의 상품목록, 가격표 및 교역 안내서
③ 과세가격 10만원 이하의 물품으로서 견품으로 사용될 것으로 인정되는 물품. 다만, 수출물품 제조용 견품의 경우에는 과세가격 30만원 이하의 물품
④ 물품의 형상, 성질 및 성능으로 보아 견품으로 사용될 것으로 인정되는 물품

〈표 4-7〉 소액기증물품의 면세

① 당해 물품의 총 과세가격이 15만원 상당액 이하의 물품으로서 자가사용물품으로 인정되는 것
  (규칙 제45조 제2항 1호)
② 박람회 기타 이에 준하는 행사에 참가하는 자가 회장안내에서 관람자에게 무상으로 제공할 목적
  으로 수입하는 물품. 다만 관람자 1인당 제공량의 정상 도착가격이 미화 5달러 상당액 이하의
  것으로서 세관장이 타당하다고 인정하는 것에 한한다(규칙 제45조 제②항 2호).

7) 손상물품에 대한 감세($\binom{관세법}{제100조}$)

(1) 의의

수입신고한 물품이 수입신고가 수리되기 전에 변질되거나 손상되었을 때 대통령령으로
정하는 바에 따라 그 관세를 경감할 수 있다($\binom{관세법}{제100조\ 제1항}$). 이것을 손상감세라 한다.

(2) 감면대상

손상감세는 수입신고한 물품이 수입신고수리 전에 변질 또는 손상된 때에 감면하는 경
우와 관세 감면받은 물품을 용도 외 사용 또는 양도시 추징하는 경우에 그 물품이 변질,
손상 또는 사용으로 인하여 가치가 감소됨으로써 감세하는 경우의 두 가지가 있다.

> * "변질"이란 식품의 부패와 같이 화학적 변화에 의해 그 물품의 가치가 감소된 것
> * "손상"이란 기계의 파손과 같이 물리적 변화에 의해 물품의 가치가 감소된 것

(가) 수입신고수리전 손상감세

수입신고수리전 손상감세라 함은 수입신고에 의하여 과세물건이 확정되었으나 수입신고
가 수리되기 전에 변질 또는 손상된 때에 그로 인한 가치감소에 상응한 관세를 경감하는
것을 말한다($\binom{관세법}{제100조\ 제1항}$). 감세요건은 ① 수입신고이후 변질·손상되어야 하며 ② 수입신고
수리전에 변질, 손상된 경우이다.

(나) 또한 관세법이나 그 밖의 법률 또는 조약·협정 등에 따라 관세를 감면받은 물품에
  대하여 관세를 추징하는 경우 그 물품이 변질 또는 손상되거나 사용되어 그 가치가
  떨어졌을 때에는 대통령령으로 정하는 바에 따라 그 관세를 경감할 수 있다($\binom{관세법}{제100조\ 제2항}$).

(3) 관세경감액

손상감세액 즉, 관세 경감액은 다음 것 중 다액의 것으로 한다$\left(\substack{\text{관세법시행령}\\\text{제118조 제1항}}\right)$.

① 수입물품의 변질 또는 손상 사용으로 인한 가치의 감소에 따르는 가격의 저하분에 상응하는 관세액

② 수입물품의 관세액에서 변질, 손상 또는 사용을 인한 가치의 감소 후의 성질, 수량에 의하여 산출한 관세액을 공제한 차액

8) 재수입면세 $\left(\substack{\text{관세법}\\\text{제99조}}\right)$

(1) 의의

수입되는 물품에 대하여는 관세를 징수하는 것이 원칙이나 우리나라의 물품이 수출되었다가 단시간 내에 재수입되는 물품에 대하여는 관세를 징수하는 것이 원칙이나 우리나라의 물품이 수출되었다가 단기간 내에 재수입되는 물품에 대하여는 관세를 면제하는데 이것이 재수입면세제도이다. 즉, 가공 또는 수리 목적으로 수출된 일반 수출품 또는 수출품의 용기 등이 일정 기간내에 재수입되는 경우에 감면되는 것이다. 재수입면세는 국산품의 비과세, 소비세의 이중과세방지 및 수출을 촉진하고자 하는 데 그 제도적 의의가 있다. 개정 관세법에서는 '국외가공 목적 일시 수출인 경우'에는 해외임가공물품 감면세 조항으로 묶어서 규정하게 되었다.

(2) 면세대상

다음 각 호의 어느 하나에 해당하는 물품이 수입되는 때에는 대통령령이 정하는 바에 의하여 그 관세를 면제할 수 있다$\left(\substack{\text{관세법}\\\text{제99조}}\right)$.

(가) 일반 수출물품

우리나라에서 수출(보세가공수출을 포함한다)된 물품으로서 해외에서 제조·가공·수리 또는 사용(장기간에 걸쳐 사용할 수 있는 물품으로서 임대차계약 또는 도급계약 등에 따라 해외에서 일시적으로 사용하기 위하여 수출된 물품이나 박람회, 전시회, 품평회, 국제경기대회, 그 밖에 이에 준하는 행사에 출품 또는 사용된 물품 등 기획재정부령으로 정하는 물품의 경우는 제외한다)되지 아니하고 수출신고 수리일부터 2년 내에 다시 수입(이하 "재수입"이라 함)되는 물품. 다만, 다음 각 목의 어느 하나에 해당하는 경우에는 관세를 면제하지 아니한다$\left(\substack{\text{관세법}\\\text{제99조}}\right)$.

① 해당 물품 또는 원자재에 대하여 관세를 감면받은 경우
② 이 법 또는 「수출용원재료에 대한 관세 등 환급에 관한 특례법」에 따른 환급을 받은 경우
③ 이 법 또는 「수출용 원재료에 대한 관세 등 환급에 관한 특례법」에 따른 환급을 받을 수 있는 자 외의 자가 해당 물품을 재수입하는 경우. 다만, 재수입하는 물품에 대하여 환급을 받을 수 있는 자가 환급받을 권리를 포기하였음을 증명하는 서류를 재수입하는 자가 세관장에게 제출하는 경우는 제외한다.
④ 보세가공 또는 장치기간경과물품을 재수출조건으로 매각함에 따라 관세가 부과되지 아니한 경우

(나) 수출물품의 용기로서 다시 수입하는 물품

국제상거래의 원활화 및 수출지원 등을 위하여 우리나라에서 수출된 물품의 용기가 다시 수입되는 경우에는 관세를 면제한다.

(다) 해외시험 및 연구를 목적으로 수출된 후 재수입되는 물품

기업의 해외시험 및 연구사업을 지원하기 위하여 이들 물품이 수입되는 경우에는 관세를 면제하고 있다.

9) 해외임가공물품 감면세 ($\binom{관세법}{제101조}$)

(1) 대상

해외임가공물품 감면세 ($\binom{관세법\ 제100조}{제1항\ 제1호}$) 의 규정에 의하여 관세가 감면되는 물품은 법 별표 관세율표 제85류(전자기기와 그 부분품, 녹음기와 음성재생기, 텔레비전의 영상 및 음성의 기록기 및 이들의 부분품과 부속품) 및 제90류(의료기기, 시계, 악기 및 이들의 부분품과 부속품) 제9006호에 해당하는 것으로 한다 ($\binom{관세법시행규칙}{제56조\ 제1항}$) .

해외임가공물품 감면세 ($\binom{관세법\ 제101조}{제1항\ 제2호}$) 에서 "기획재정부령으로 정하는 기준에 적합한 물품" 이란 가공 또는 수리하기 위하여 수출된 물품과 가공 또는 수리 후 수입된 물품의 품목분류표상 10단위의 품목번호가 일치하는 물품을 말한다. 다만, 수율·성능 등이 저하되어 폐기된 물품을 수출하여 용융과정 등을 거쳐 재생한 후 다시 수입하는 경우와 제품의 제작일련번호 또는 제품의 특성으로 보아 수입물품이 우리나라에서 수출된 물품임을 세관장이 확인할 수 있는 물품인 경우에는 품목분류표상 10단위의 품목번호가 일치하지 아니하더라도 해외임가공물품 감면세 ($\binom{관세법\ 제101조}{제1항\ 제2호}$) 에 따라 관세를 경감할 수 있다 ($\binom{관세법시행규칙}{제56조\ 제2항}$) .

(가) 면세대상(원칙)

다음 각 호에 해당하는 물품이 수입되는 때에는 대통령령이 정하는 바에 의하여 그 관세를 경감할 수 있다$\left(\begin{smallmatrix}관세법\\제101조\ 제1항\end{smallmatrix}\right)$.

① 원재료 또는 부분품을 수출하여 기획재정부령으로 정하는 물품으로 제조하거나 가공한 물품

② 가공 또는 수리할 목적으로 수출한 물품으로서 기획재정부령으로 정하는 기준에 적합한 물품

(나) 면세제외대상$\left(\begin{smallmatrix}관세법\\제101조\ 제2항\end{smallmatrix}\right)$

다음 각 호의 어느 하나에 해당하는 경우에는 그 관세를 경감하지 아니한다.

① 해당 물품 또는 원자재에 대하여 관세의 감면을 받은 경우(다만, 상기 (가)의 ②의 경우는 제외한다)

② 관세법 또는 수출용원재료에 대한 관세 등 환급특례법에 의한 환급을 받은 경우

③ 보세가공 또는 장치기간 경과물품을 재수출조건으로 매각함에 따라 관세가 부과되지 아니한 경우는 관세를 경감하지 아니한다.

(2) 관세 경감액

해외임가공 물품에 대하여 경감하는 관세액은 다음과 같다$\left(\begin{smallmatrix}관세법시행령\\제129조\end{smallmatrix}\right)$.

(가) 임가공목적 물품

수입물품의 제조, 가공에 사용된 원재료 또는 부분품의 수출신고가격에 당해 수입물품에 적용되는 관세율을 곱한 금액$\left(\begin{smallmatrix}관세법\ 제101조\\제1항\ 제1호\end{smallmatrix}\right)$이다.

> 관세경감액 = 원재료(부분품)의 수출신고가격 × 수입물품의 관세율

(나) 가공수리목적 물품

가공, 수리물품의 수출신고가격에 당해 수입물품에 적용되는 관세율을 곱한 금액 $\left(\begin{smallmatrix}관세법\ 제101조\\제1항\ 제2호\end{smallmatrix}\right)$이다.

<표 4-8> 수출물품의 용기의 재수출면세와 재수입면세의 비교

① 수출물품의 포장용품(재수출면세 : $\binom{관세법시행규칙}{제50조\ 제1호}$)

여기서 말하는 수출물품의 포장용품은 국내생산이 곤란하거나 외국수입업자의 요구 등의 사유로 외국에서 수입한 포장용품을 우리나라에서 수출되는 물품에 포장하기 위한 것으로서 일정기간내에 재수출할 것을 조건으로 면세된다.

② 수출물품의 용기(재수입면세 : $\binom{관세법}{제99조\ 제2호}$).

여기서 말하는 수출품의 용기는 우리나라에서 수출되는 물품의 포장용기로서 수출된 후 다시 우리나라에 반입되는 것으로서 면세되는 것을 말한다.

③ 해외에서 시험 및 연구를 목적으로 수출된 후에 다시 수입되는 물품.

(3) 해외임가공 관세 감면신청

해외임가공물품 감면세$\binom{관세법\ 제101조}{제1항\ 제2호}$ 규정에 의하여 관세를 감면받고자 하는 자는 해외에서 제조·가공·수리(이하 이 조에서 "해외임가공"이라 한다)할 물품을 수출신고할 때 미리 해외임가공 후 수입될 예정임을 신고하고, 감면신청을 할 때 영 제112조 제1항 각호의 사항외에 수출국 및 적출지와 감면받고자 하는 관세액을 기재한 신청서에 제조인·가공인 또는 수리인이 발급한 제조·가공 또는 수리사실을 증명하는 서류와 당해 물품의 수출신고필증 또는 이에 갈음할 서류를 첨부하여 세관장에게 제출하여야 한다. 다만, 세관장이 다른 자료에 의하여 그 물품이 감면대상에 해당한다는 사실을 인정할 수 있는 경우에는 수출신고필증 또는 이를 갈음할 서류를 첨부하지 아니할 수 있다$\binom{관세법시행규칙}{제57조\ 제1항}$.

6. 조건부 감면세

1) 세율불균형 물품의 면세$\binom{관세법}{제89조}$

(1) 개요

세율불균형을 시정하기 위하여 「조세특례제한법」(제5조 제1항)에 따른 중소기업이 대통령령으로 정하는 바에 따라 세관장이 지정하는 공장에서 다음 각 호의 어느 하나에 해당하는 물품을 제조 또는 수리하기 위하여 사용하는 부분품과 원재료(수출한 후 외국에서 수리·가공되어 수입되는 부분품과 원재료의 가공수리분을 포함한다) 중 기획재정부령으로 정하는 물품에 대하여는 그 관세를 면제할 수 있다. 이를 세율불균형 물품의 감면세 제도라 한다$\binom{관세법}{제89조\ 제1항}$.

① 항공기(부분품을 포함한다)
② 반도체 제조용 장비(부속기기를 포함한다)

(2) 취지

세율불균형 물품의 감면세 제도는 외국으로부터 완제품을 수입하는 것보다 부분품이나 원재료를 수입하여 국내에서 조립, 가공하게 함으로써 외화절약, 국내고용확대 및 기술의 향상 등을 통해 경제기반을 확고히 하려는 정책적인 배려에서 마련된 것이다.

(3) 감면대상

항공기(부분품포함),반도체 제조용 장비(부속기기 포함)를 제조 또는 수리하기 위하여 사용되는 부분품 및 원재료(수출한 후 외국에서 수리, 가공되어 수입되는 부분품 및 원재료의 가공, 수리분을 포함)중 기획재정부령이 정하는 물품에 대하여는 그 관세를 감면할 수 있다$\left(\substack{관세법 \\ 제89조 제1항}\right)$.

(4) 제조·수리공장제도

부품이나 원재료를 감면 수입하여 그것을 감면받은 용도대로 사용하느냐의 여부를 관리하기 위하여 세관장이 지정한 공장에서 제조·수리가공하는 경우에만 감면할 수 있도록 하고 있는데, 이것을 '제조·수리공장제도'라고 한다.

(가) 지정기간

지정공장의 지정기간은 3년 내로 하되, 지정받은 자의 신청에 의하여 연장할 수 있다$\left(\substack{관세법 \\ 제89조 제3항}\right)$.

(나) 지정요건

제조공장의 지정을 받고자 하는 자는 제조공장 등 필요사항을 기재한 신청서에 사업계획서 등 서류를 첨부하여 세관장에게 제출하여야 하며, 운영인의 결격사유에 해당하는 자는 제조공장의 지정을 받을 수 없다$\left(\substack{관세법시행령 \\ 제214조 제1,2,3항}\right)$.

(다) 세율불균형물품의 면세를 지정받지 못한 자$\left(\substack{관세법 \\ 제89조 제2항}\right)$

① 관세법 운영인의 결격사유(제175조 제1호부터 제5호까지 및 제7호[21])의 어느 하나에

---

21) 관세법 제175조(운영인의 결격사유) 다음 각 호의 어느 하나에 해당하는 자는 특허보세구역을 설치·운영할 수 없다.

해당하는 자

② 지정이 취소(관세법 제89조 제4항에 따라)(제175조 제1호부터 제3호까지의 어느 하나에 해당하여 취소된 경우는 제외한다)된 날부터 2년이 지나지 아니한 자

③ 제1호 또는 제2호에 해당하는 사람이 임원(해당 공장의 운영업무를 직접 담당하거나 이를 감독하는 자로 한정한다)으로 재직하는 법인

(라) 세관장 지정 물품의 관세감면

중소기업이 아닌 자가 제1항의 대통령령으로 정하는 바에 따라 세관장이 지정하는 공장에서 항공기(관세법 제89조 제1항 제1호)의 물품을 제조 또는 수리하기 위하여 사용하는 부분품과 원재료에 대해서는 다음 각 호에 따라 그 관세를 감면한다($\binom{관세법}{제89조\ 제6항}$).

① 「세계무역기구 설립을 위한 마라케쉬 협정 부속서 4의 민간항공기 무역에 관한 협정」 대상 물품 중 기획재정부령으로 정하는 물품의 관세 감면에 관하여는 다음 표의 기간 동안 수입신고하는 분에 대하여는 각각의 적용기간에 해당하는 감면율을 적용한다.

2022년 1월 1일부터 2024년 12월 31일까지	2025년 1월 1일부터 12월 31일까지	2026년 1월 1일부터 12월 31일까지	2027년 1월 1일부터 12월 31일까지	2028년 1월 1일부터 12월 31일까지
100분의 100	100분의 80	100분의 60	100분의 40	100분의 20

② 「세계무역기구 설립을 위한 마라케쉬 협정 부속서 4의 민간항공기 무역에 관한 협정」 (제1호) 이외의 물품의 관세감면에 관하여는 다음 표의 기간 동안 수입신고하는 분에 대하여는 각각의 적용기간에 해당하는 감면율을 적용한다.

---

1. 미성년자
2. 피성년후견인과 피한정후견인
3. 파산선고를 받고 복권되지 아니한 자
4. 이 법을 위반하여 징역형의 실형을 선고받고 그 집행이 끝나거나(집행이 끝난 것으로 보는 경우를 포함한다) 면제된 후 2년이 지나지 아니한 자
5. 이 법을 위반하여 징역형의 집행유예를 선고받고 그 유예기간 중에 있는 자
6. 제178조 제2항에 따라 특허보세구역의 설치·운영에 관한 특허가 취소(이 조 제1호부터 제3호까지의 어느 하나에 해당하여 특허가 취소된 경우는 제외한다)된 후 2년이 지나지 아니한 자
7. 제269조부터 제271조까지, 제274조, 제275조의2 또는 제275조의3에 따라 벌금형 또는 통고처분을 받은 자로서 그 벌금형을 선고받거나 통고처분을 이행한 후 2년이 지나지 아니한 자. 다만, 제279조에 따라 처벌된 개인 또는 법인은 제외한다.

2019년 5월 1일부터 12월 31일까지	2020년 1월 1일부터 12월 31일까지	2021년 1월 1일부터 12월 31일까지	2022년 1월 1일부터 12월 31일까지	2023년 1월 1일부터 12월 31일까지	2024년 1월 1일부터 12월 31일까지	2025년 1월 1일부터 12월 31일까지
100분의 90	100분의 80	100분의 70	100분의 60	100분의 50	100분의 40	100분의 20

⑦ 국가 및 지방자치단체가 제1항 제1호의 물품을 제조 또는 수리하기 위하여 사용하는 부분품과 원재료에 관하여는 제6항에도 불구하고 제1항을 준용한다.

⑧ 제1항에 따라 지정을 받은 자가 지정사항을 변경하려는 경우에는 관세청장이 정하는 바에 따라 세관장에게 변경신고하여야 한다.

(마) 지정취소 $\binom{관세법}{제89조\ 제4항}$

세관장은 세율불균형 물품의 감면세(관세법 제89조 제1항)에 따라 지정을 받은 자가 다음 각 호의 어느 하나에 해당하는 경우에는 그 지정을 취소할 수 있다. 다만, 제1호 또는 제2호에 해당하는 경우에는 지정을 취소하여야 한다.

① 세율불균형물품의 면제를 지정받지 못하는 자 $\binom{관세법\ 제89조}{제2항\ 각호}$ 의 어느 하나에 해당하는 경우

② 거짓이나 그 밖의 부정한 방법으로 지정을 받은 경우

③ 1년 이상 휴업하여 세관장이 지정된 공장의 설치목적을 달성하기 곤란하다고 인정하는 경우

2) 학술연구용품 등 감면세 $\binom{관세법}{제90조}$

(1) 의의

본 감면세 제도는 상업적 목적이 아닌 학교·공공직업훈련원·박물관 기타 재경부령으로 정하는 과학기술의 연구 개발단체 등에서 수입하는 과학연구용품·교육용품 등에 대하여 감면할 것을 규정하고 있다. 수입의 주체는 주로 정부, 공공기관 등으로서 국가 정책상 우리나라의 교육과 학술의 진흥 및 연구·개발을 촉진시키기 위한 소정의 목적을 위해 사용되어야 하며, 감면받은 물품이 당해 용도에 사용되지 않을 경우에는 면제된 관세를 징수하도록 하고 있다.

(2) 감면조건

다음 각 호의 어느 하나에 해당하는 물품이 수입될 때에는 그 관세를 감면할 수 있다 $\binom{관세법}{제90조\ 제1항}$. 다음에 해당하는 사항에 대해 관세를 감면하는 경우 그 감면율은 기획재정부령으로 정한다$\binom{관세법}{제90조\ 제2항}$.

① 국가기관, 지방자치단체 및 기획재정부령으로 정하는 기관에서 사용할 학술연구용품·교육용품 및 실험실습용품으로서 기획재정부령으로 정하는 물품

② 학교, 공공의료기관, 공공직업훈련원, 박물관, 그 밖에 이에 준하는 기획재정부령으로 정하는 기관에서 학술연구용·교육용·훈련용·실험실습용 및 과학기술연구용으로 사용할 물품 중 기획재정부령으로 정하는 물품

③ 제2호의 기관에서 사용할 학술연구용품·교육용품·훈련용품·실험실습용품 및 과학기술연구용품으로서 외국으로부터 기증되는 물품. 다만, 기획재정부령으로 정하는 물품은 제외한다.

④ 기획재정부령으로 정하는 자가 산업기술의 연구개발에 사용하기 위하여 수입하는 물품으로서 기획재정부령으로 정하는 물품

(3) 감면대상물품 및 감면율

학술연구용품 등에 대한 감면세 규정에 의한 감면대상물품 및 감면율은 다음과 같다.

감 면 대 상	감 면 율
① 정부 또는 지방자치단체가 학교 또는 훈련원에서 사용하게 할 목적으로 수입하는 교육, 학술연구용품 및 실험실습용품	90%
② 학교교육, 의료기간 등에서 사용할 표본, 기록물 등 ③ ②호의기관에서 사용할 학술연구, 교육, 실험 실습용품.	80%
④ 외국으로부터 ②호의 기관에 기증되는 학술 연구용품 등 ⑤ 과학기술개발연구개발용으로 기증되는 물품 ⑥ ⑤호의 기관에서 수입하는 과학기술연구 개발용품.	90%
⑦ ② 및 ⑤호의 기관을 지원하기 위한 단체가 수입하는 시약류 ⑧ 정신문화의 연구개발용품 ⑨ 산업기술의 등에서 연구, 개발에 사용되는 물품	90%
⑩ 방위산업제품의 연구, 개발을 위한 시험 분석용품	전용업체 : 90%
	전용업체가 아닌 경우 : 80%

3) 종교용품·자선용품·장애인용품 등의 면세

국가가 국민복지 및 사회정책의 목적 실현을 위하여 수입되는 물품에 대하여 당해 용도에 사용하는 것을 조건으로 관세를 면제해 주는 제도를 말하는데, 종교용품, 자선용품 및 장애인용품 등은 국민복지 및 사회 공익적 목적으로 사용되는 물품으로 국가의 지원을 필요로 하는 것들로서 이들 물품이 수입될 때 관세를 면제해 주고 있다. 다음 각 호의 어느 하나에 해당하는 물품이 수입될 때에는 그 관세를 면제한다(관세법 제91조).

〈표 4-9〉 종교용품 등 면세

종교단체에 기증하는 물품	교회, 사원 등 종교단체의 의식(儀式)에 사용되는 물품으로서 외국으로부터 기증되는 물품. 다만, 기획재정부령으로 정하는 물품은 제외한다.
자선, 구호목적의 기증물품	자선 또는 구호의 목적으로 기증되는 물품 및 기획재정부령으로 정하는 자선시설·구호시설 또는 사회복지시설에 기증되는 물품으로서 해당 용도로 직접 사용하는 물품. 다만, 기획재정부령으로 정하는 물품은 제외한다.
평화봉사단체에 기증물품	국제적십자사·외국적십자사 및 기획재정부령으로 정하는 국제기구가 국제평화봉사활동 또는 국제친선활동을 위하여 기증하는 물품
장애인용 특수제작 물품	시각장애인, 청각장애인, 언어장애인, 지체장애인, 만성신부전증환자, 희귀난치성질환자 등을 위한 용도로 특수하게 제작되거나 제조된 물품 중 기획재정부령으로 정하는 물품
재활의료시설사용 의료물품	「장애인복지법」 제58조에 따른 장애인복지시설 및 장애인의 재활의료를 목적으로 국가·지방자치단체 또는 사회복지법인이 운영하는 재활병원·의원에서 장애인을 진단하고 치료하기 위하여 사용하는 의료용구

4) 재수출면세(관세법 제97조)

(1) 의의

재수출면세는 우리나라에 수입된 물품이 단기간 내에 다시 수출되는 것을 조건으로 하는 면세제도로서 조건부 면세의 하나이다. 동 면세제도는 일반무역의 증진, 가공무역의 증진, 외화의 절약, 기술의 도입, 관광객의 유치 등의 목적으로 수입된 물품이 단기간 내에 재수출될 물품인 용기, 휴대품, 운송기기 등에 대하여 관세를 면제해주는 제도이다.

(2) 재수출 면세 대상물품

재수출면세대상은 수출물품의 포장용품, 일시수입 신변용품 등 기획재정부령이 정하는 물품으로 재수출 면세규정에 의하여 면세되는 물품은 다음과 같다(관세법시행규칙 제50조 제1항).

1. 수입물품의 포장용품. 다만, 관세청장이 지정하는 물품을 제외한다.

2. 수출물품의 포장용품. 다만, 관세청장이 지정하는 물품을 제외한다.

3. 우리나라에 일시입국하는 자가 본인이 사용하고 재수출할 목적으로 직접 휴대하여 반입하거나 별도로 반입하는 신변용품. 다만, 관세청장이 지정하는 물품을 제외한다.

4. 우리나라에 일시입국하는 자가 본인이 사용하고 재수출할 목적으로 직접 휴대하여 반입하거나 별도로 반입하는 직업용품 및 「신문 등의 자유와 기능보장에 관한 법률」 제26조에 따라 지국 또는 지사의 설치허가를 받은 자가 취재용으로 반입하는 방송용의 녹화되지 아니한 비디오테이프

5. 관세청장이 정하는 시설에서 국제해운에 종사하는 외국선박의 승무원의 후생을 위하여 반입하는 물품과 그 승무원이 숙박기간중 당해 시설에서 사용하기 위하여 선박에서 하역된 물품

6. 박람회·전시회·공진회·품평회 기타 이에 준하는 행사에 출품 또는 사용하기 위하여 그 주최자 또는 행사에 참가하는 자가 수입하는 물품중 당해 행사의 성격·규모 등을 감안하여 세관장이 타당하다고 인정하는 물품

7. 국제적인 회의·회합 등에서 사용하기 위한 물품

8. 법 제90조 제1항 제2호[22]에 따른 기관 및 「국방과학연구소법」에 따른 국방과학연구소에서 학술연구 및 교육훈련을 목적으로 사용하기 위한 학술연구용품

9. 법 제90조 제1항 제2호에 따른 기관 및 「국방과학연구소법」에 따른 국방과학연구소에서 과학기술연구 및 교육훈련을 위한 과학장비용품

10. 주문수집을 위한 물품, 시험용 물품 및 제작용 견품

11. 수리를 위한 물품[수리를 위하여 수입되는 물품과 수리 후 수출하는 물품이 영 제98조 제1항에 따른 관세·통계통합품목분류표(이하 "품목분류표"라 한다)상 10단위의 품목번호가 일치할 것으로 인정되는 물품만 해당한다]

12. 수출물품 및 수입물품의 검사 또는 시험을 위한 기계·기구

---

22) 제90조(학술연구용품의 감면) ① 다음 각 호의 어느 하나에 해당하는 물품이 수입될 때에는 그 관세를 감면할 수 있다.
    1. 국가기관, 지방자치단체 및 기획재정부령으로 정하는 기관에서 사용할 학술연구용품·교육용품 및 실험실습용품으로서 기획재정부령으로 정하는 물품
    2. 학교, 공공의료기관, 공공직업훈련원, 박물관, 그 밖에 이에 준하는 기획재정부령으로 정하는 기관에서 학술연구용·교육용·훈련용·실험실습용 및 과학기술연구용으로 사용할 물품 중 기획재정부령으로 정하는 물품

13. 일시입국자가 입국할 때에 수송하여 온 본인이 사용할 승용자동차·이륜자동차·캠핑카·캬라반·트레일러·선박 및 항공기와 관세청장이 정하는 그 부분품 및 예비품
14. 관세청장이 정하는 수출입물품·반송물품 및 환적물품을 운송하기 위한 차량
15. 이미 수입된 국제운송을 위한 컨테이너의 수리를 위한 부분품
16. 수출인쇄물 제작원고용 필름(빛에 노출되어 현상된 것에 한한다)
17. 광메모리매체 제조용으로 정보가 수록된 마스터테이프 및 니켈판(생산제품을 수출할 목적으로 수입되는 것임을 당해 업무를 관장하는 중앙행정기관의 장이 확인한 것에 한한다)
18. 항공기 및 그 부분품의 수리·검사 또는 시험을 위한 기계·기구
19. 항공 및 해상화물운송용 파렛트
20. 수출물품 사양확인용 물품
21. 항공기의 수리를 위하여 일시 사용되는 엔진 및 부분품
22. 산업기계의 수리용 또는 정비용의 것으로서 무상으로 수입되는 기계 또는 장비
23. 외국인투자기업이 자체상표제품을 생산하기 위하여 일시적으로 수입하는 금형 및 그 부분품

(3) 재수출 기간 $\left(\begin{smallmatrix}관세법\\제97조 제1항\end{smallmatrix}\right)$

수입신고 수리일 부터 1년의 범위 안에서 대통령령이 정하는 기준에 따라 세관장이 정하는 기간(기획재정부령이 정하는 물품으로서 부득이한 사유가 있다고 인정하여 세관장이 승인한 물품에 대하여는 세관장이 지정하는 기간)내에 다시 수출하는 물품에 대하여는 그 관세를 면제할 수 있다. 다만, 세관장은 부득이한 사유가 있다고 인정할 때에는 1년의 범위 안에서 그 기간을 연장할 수 있다. 1년을 초과하여 수출하여야 할 부득이한 사유가 있는 물품으로서 기획재정부령으로 정하는 물품 : 세관장이 정하는 기간 $\left(\begin{smallmatrix}관세법 제97조\\제1항의1,2\end{smallmatrix}\right)$

(4) 재수출면세기간

세관장은 재수출면세기간을 정하고자 하는 때에는 다음 각호의 기간을 재수출면세기간으로 한다. 이 경우 재수출면세물품이 행정당국에 의하여 압류된 경우에는 당해 압류기간은 재수출면세 기간에 산입하지 아니한다 $\left(\begin{smallmatrix}관세법시행령\\제115조 제1항\end{smallmatrix}\right)$.

① 일시 입국하는 자가 본인이 사용하고 재수출할 목적으로 직접 휴대하여 수입하거나 별도로 수입하는 신변용품·취재용품 및 이와 유사한 물품의 경우에는 입국후 처음 출국하는 날까지의 기간

② 박람회·전시회·품평회 기타 이에 준하는 행사에 출품 또는 사용하기 위하여 수입하는 물품은 박람회 등의 행사기간종료일에 당해 물품을 재수출하는 데 필요한 기일을 더한 기간

③ 가공 또는 수리를 위한 물품 및 그 재료는 가공 또는 수리에 소요되는 것으로 인정되는 기간

④ 기타의 물품은 당해 물품의 반입계약에 관한 증빙서류에 의하여 확인되는 기간으로 하되, 반입계약에 관한 증빙서류에 의하여 확인할 수 없는 때에는 당해 물품의 성질·용도·수입자·내용연수 등을 고려하여 세관장이 정하는 기간

(5) 용도 외 사용제한 및 관세의 징수

(가) 용도 외 사용제한

관세의 면제를 받은 물품은 수입신고 수리일로부터 1년의 범위 내에서 용도외의 다른 용도에 사용하거나 양도할 수 없다. 다만, 대통령령이 정하는 바에 의하여 미리 세관장의 승인을 얻은 때에는 그러하지 아니한다(관세법 제97조 제2항).

(나) 징수 사유와 그 대상

다음 각 호에 해당하는 경우에는 수출을 하지 아니한 자, 용도 외에 사용한 자 또는 그 양도를 한 자로부터 그 양수인으로부터 면제된 관세를 즉시 징수한다. 다만, 재해 기타 부득이한 사유로 멸실되었거나 미리 관세장의 승인을 얻어 폐기한 때에는 그러하지 아니한다(관세법 제97조 제3항).

① 관세를 면제받은 물품을 동항에 규정된 기간 내에 수출하지 아니한 경우(제1호)
② 용도 외에 다른 용도에 사용하거나 해당 용도 외에 다른 용도에 사용하고자 하는 자에게 양도한 경우(제2호)

(다) 가산세 징수

세관장은 관세의 면세를 받은 물품 중 기획재정부령이 정하는 물품을 동항에 규정된 기간내에 수출하지 아니한 때에는 500만원을 초과하지 아니하는 범위에서 해당 물품에 부과될 관세의 100분의 20에 상당하는 금액을 가산세로 징수한다(관세법 제97조 제4항).

5) 재수출 감면세 ($\binom{관세법}{제98조}$)

(1) 의의

장기간에 걸쳐 사용할 수 있는 물품으로서 그 수입이 임대차 계약 및 도급계약의 이행과 관련하여 일시적으로 사용하기 위한 공사용 기계, 기구나 수리, 가공용 기계, 기구를 외국에서 빌려와 국내에서 사용하다가 다시 반송하거나 외국으로부터 선박을 나용(裸傭)해 와서 사용하다가 다시 반송하는 경우 그 물품 수입에 따른 관세를 감면해 주는 제도이다.

이는 과세의 형평상 국내에서 사용 소비된 부분에 대해서만 관세를 징수하고 수출되는 잔여분에 상당하는 관세를 경감해주기 위한 것이다.

다만, 외국과의 조약·협정 등에 의하여 수입되는 때에는 상호조건에 따라 그 관세를 면제한다.

(2) 감면대상 및 감면율

장기간에 걸쳐 사용할 수 있는 물품으로서 그 수입이 임대차계약에 의하거나 도급계약 또는 수출계약의 이행과 관련하여 국내에서 일시적으로 사용하기 위하여 수입하는 물품 중 기획재정부령으로 정하는 물품이 그 수입신고 수리일부터 2년(장기간의 사용이 부득이한 물품으로서 기획재정부령으로 정하는 것 중 수입하기 전에 세관장의 승인을 받은 것은 4년의 범위에서 대통령령으로 정하는 기준에 따라 세관장이 정하는 기간을 말한다) 이내에 재수출되는 것에 대해서는 다음 각 호의 구분에 따라 그 관세를 경감할 수 있다. 다만, 외국과 체결한 조약·협정 등에 따라 수입되는 것에 대해서는 상호 조건에 따라 그 관세를 면제한다($\binom{관세법}{제98조\ 제1항}$).

> ① 재수출기간이 6월 이내인 경우에는 그 물품에 대한 관세액의 100분의 85
> ② 재수출기간이 6월 초과 1년 이내인 경우에는 그 물품에 대한 관세액의 100분의 70
> ③ 재수출기간이 1년 초과 2년 이내인 경우에는 그 물품에 대한 관세액의 100분의 55
> ④ 재수출기간이 2년 초과 3년 이내인 경우에는 그 물품에 대한 관세액의 100분의 40
> ⑤ 재수출기간이 3년 초과 4년 이내인 경우에는 그 물품에 대한 관세액의 100분의 30

(3) 재수출기간

(가) 원칙

수입신고수리일 부터 2년 이내에 재수출되는 것에 대하여는 대통령령이 정하는 바에 의하여 그 관세를 경감할 수 있다.

(나) 예외

장기간의 사용이 부득이한 물품으로서 기획재정부령으로 정하는 것 중 수입하기 전에 세관장의 승인을 받은 것은 4년의 범위에서 대통령령으로 정하는 기준에 따라 세관장이 정하는 기간을 말한다

7. 기타 관세감면의 사후관리

1) 개요

(1) 의의

타 법령 등에 의한 감면규정으로는 외자도입법, 조세특례제한법, 해저광물자원개발법 등에 의한 것이 있으며, 조약 협정으로 SOFA 협정 등이 있다. 타 법령 등에 의한 관세감면은 일반적으로 특정용도에 사용할 것을 조건으로 감면하고 있는데, 각 개별법에서 관세추징의 규정이 없는 경우에는 관세법에 의한 추징을 할 수 있도록 규정하고 있다.

(2) 용도의 제한 및 확인

관세법 외의 법령이나 조약·협정 등에 따라 관세가 감면된 물품을 그 수입신고 수리일부터 3년 내에 해당 법령이나 조약·협정 등에 규정된 용도 외의 다른 용도로 사용하거나 양도하려는 경우에는 세관장의 확인을 받아야 한다. 다만, 해당 법령이나 조약·협정 등에 다른 용도로 사용하거나 양도한 경우에 해당 관세의 징수를 면제하는 규정이 있을 때에는 그러하지 아니하다$\binom{\text{관세법}}{\text{제109조 제1항}}$.

(3) 감면된 관세의 징수

세관장의 확인을 받아야 하는 물품에 대하여는 해당 용도 외의 다른 용도로 사용한 자 또는 그 양도를 한 자로부터 감면된 관세를 즉시 징수하여야 하며, 양도인으로부터 해당 관세를 징수할 수 없을 때에는 그 양수인으로부터 감면된 관세를 즉시 징수한다. 다만, 그 물품이 재해나 그 밖의 부득이한 사유로 멸실되었거나 미리 세관장의 승인을 받아 그 물품을 폐기하였을 때에는 예외로 한다$\binom{\text{관세법}}{\text{제97조 제2항}}$.

2) 시설대여업자에 대한 감면 $\binom{\text{관세법}}{\text{제105조}}$

여신전문금융업법에 따른 시설대여업자(이하 이 조에서 "시설대여업자"라 한다)가 관세법에 따라 관세가 감면되거나 분할납부되는 물품을 수입할 때에는 납세의무자(관세법 제19조)에도 불구하고 대여시설 이용자를 납세의무자로 하여 수입신고를 할 수 있다. 이 경우 납세의무자는 대여시설 이용자가 된다 $\binom{\text{관세법}}{\text{제105조 제1항}}$.

관세를 감면받거나 분할납부를 승인받은 물품에 대하여 관세를 징수하는 경우 납세의무자인 대여시설 이용자로부터 관세를 징수할 수 없을 때에는 시설대여업자로부터 징수한다 $\binom{\text{관세법}}{\text{제105조 제2항}}$.

3) 관세감면물품의 사후관리

(1) 관세감면물품의 사후관리

관세를 감면받은 물품은 수입신고 수리일부터 3년의 범위에서 대통령령으로 정하는 기준에 따라 관세청장이 정하는 기간에는 그 감면받은 용도 외의 다른 용도로 사용하거나 양도(임대를 포함한다. 이하 같다)할 수 없다. 다만, 기획재정부령으로 정하는 물품과 대통령령으로 정하는 바에 따라 미리 세관장의 승인을 받은 물품의 경우에는 그러하지 아니하다 $\binom{\text{관세법}}{\text{제102조 제1항}}$.

(2) 감면된 관세 징수

다음 각 호의 어느 하나에 해당하면 그 용도 외의 다른 용도로 사용한 자나 그 양도인(임대인을 포함한다. 이하 같다)으로부터 감면된 관세를 즉시 징수하며, 양도인으로부터 해당 관세를 징수할 수 없을 때에는 양수인(임차인을 포함한다. 이하 같다)으로부터 감면된 관세를 징수한다. 다만, 재해나 그 밖의 부득이한 사유로 멸실되었거나 미리 세관장의 승인을 받아 폐기하였을 때에는 그러하지 아니하다 $\binom{\text{관세법}}{\text{제102조 제2항}}$.

① 관세를 감면받은 물품을 감면받은 용도 외의 다른 용도로 사용한 경우
② 관세를 감면받은 물품을 감면받은 용도 외의 다른 용도로 사용하려는 자에게 양도한 경우

(3) 관세감면물품의 용도 외 사용

법령, 조약, 협정 등에 따라 관세를 감면받은 물품을 감면받은 용도 외의 다른 용도로 사용하거나 감면받은 용도 외의 다른 용도로 사용하려는 자에게 양도하는 경우(해당 물품을 다른 용도로 사용하는 자나 해당 물품을 다른 용도로 사용하기 위하여 양수하는 자가 그 물품을 다른 용도로 사용하기 위하여 수입하는 경우에는 그 물품에 대하여 법령 또는 조약, 협정 등에 따라 관세를 감면받을 수 있는 경우로 한정한다)에는 대통령령으로 정하는 바에 따라 징수하여야 하는 관세를 감면할 수 있다. 다만, 이 법 외의 법령, 조약, 협정 등에 따라 그 감면된 관세를 징수할 때에는 그러하지 아니하다$\left(\substack{\text{관세법}\\\text{제103조 제1항}}\right)$.

관세를 감면받은 물품은 「대·중소기업 상생협력 촉진에 관한 법률」(제2조 제4호)에 따른 수탁·위탁거래의 관계에 있는 기업에 양도할 수 있으며, 이 경우 징수할 관세를 감면할 수 있다. 다만, 이 법 외의 법령, 조약, 협정 등에 따라 그 감면된 관세를 징수할 때에는 그러하지 아니하다$\left(\substack{\text{관세법}\\\text{제103조 제2항}}\right)$. 이와 같이 관세를 감면받은 경우 그 사후관리기간은 당초의 수입신고 수리일부터 계산한다.

제2절
관세분할 납부제도(관세법 제107조)

1. 의의

관세의 분할납부제도는 특정물품에 대하여 부과된 관세를 일정기간 분할하여 납부하는 제도를 말한다.

세관장은 천재지변이나 그 밖에 대통령령으로 정하는 사유로 이 법에 따른 신고, 신청, 청구, 그 밖의 서류의 제출, 통지, 납부 또는 징수를 정하여진 기한까지 할 수 없다고 인정될 때에는 1년을 넘지 아니하는 기간을 정하여 대통령령으로 정하는 바에 따라 관세를 분할하여 납부하게 할 수 있다(관세법 제107조 제1항).

즉, 관세의 분할납부는 수입신고수리 전 또는 15일내에 관세의 전액을 납부함으로써 생기는 자금부담의 집중을 일정한 기간내에 분산시키고 이의 결과로 오는 자금의 이자부담을 경감시키는 효과가 있을 뿐만 아니라 수입물품을 분할납부기간에도 사용함으로써 생기는 이익금을 관세를 납부할 수 있는 편익이 있다.

2. 분할납부 대상 및 요건

관세를 분할 납부할 수 있는 물품은 법 기타 관세에 관한 법률 또는 조약에 의하여 관세의 감면을 받지 아니한 것으로 기획재정부장관이 정하는 시설기계류·기초설비품·건설용재료 및 그 구조물과 공사용장비 등에 해당하는 다음 물품이 수입될 때에는 세관장은 5년을 넘지 아니하는 기간을 정하여 관세의 분할납부를 승인할 수 있다(관세법 제107조 제2항).

1) 시설기계류 등 중요산업용 물품(제1호)

중요산업에 소요되는 시설기계류·기초설비품·건설용재료 및 그 구조물과 공사용장비는 관세를 분할납부할 수 있다. 이들 물품의 관세를 분할납부할 수 있게 한 것은 중요산업의 보호육성에 그 목적이 있다.

시설기계류, 기초설비품, 건설용 재료 및 그 구조물과 공사용 장비로서 기획재정부장관이 고시하는 물품. 다만, 기획재정부령으로 정하는 업종에 소요되는 물품은 제외한다$\binom{\text{관세법}}{\text{제107조 제1항의1}}$.

> ① 관세율표에서 부분품으로 분류되지 아니할 것
> ② 법 기타 관세에 관한 법률 또는 조약에 의하여 관세의 감면을 받지 아니할 것
> ③ 당해 관세액이 500만원 이상일 것. 다만, 중소기업이 수입하는 경우에는 100만원 이상일 것
> ④ 탄력관세의 적용을 받는 물품이 아닐 것

2) 정부·지방자치단체 물품(제2호)

정부 또는 지방자치단체가 직접 수입하는 물품으로서 기획재정부령이 정하는 물품

3) 학교·직업훈련원 물품 및 비영리법인의 공익사업용 물품(제3호)

학교 또는 직업훈련원에서 수입하는 물품 및 비영리법인이 공익사업을 위하여 수입하는 물품으로서 기획재정부령이 정하는 물품

4) 사회 복지기관 용품(제4호)

의료기관 등 기획재정부령으로 정하는 사회복지기관 및 사회복지시설에서 수입하는 물품으로서 기획재정부장관이 고시하는 물품

5) 기업부설 연구소 등의 연구기관용 기술개발연구용품(제5호)

기획재정부령으로 정하는 기업부설연구소, 산업기술연구조합 및 비영리법인인 연구기관, 그 밖에 이와 유사한 연구기관에서 수입하는 기술개발연구용품 및 실험실습용품으로서 기획재정부장관이 고시하는 물품

6) 중소제조업체 사용물품(제6호)

기획재정부령으로 정하는 중소제조업체가 직접 사용하려고 수입하는 물품. 다만, 기획재정부령으로 정하는 기준에 적합한 물품이어야 한다. 이 경우 관세를 분할납부할 수 있는 물품은 법 별표 관세율표 제84류·제85류 및 제90류에 해당하는 물품으로서 다음 각호의 요건을 갖추어야 한다.

① 법 기타 관세에 관한 법률 또는 조약에 의하여 관세의 감면을 받지 아니할 것
② 당해 관세액이 100만원 이상일 것
③ 탄력관세의 적용을 받는 물품이 아닐 것
④ 국내에서 제작이 곤란한 물품으로서 당해 물품의 생산에 관한 사무를 관장하는 주무부처의 장 또는 그 위임을 받은 기관의 장이 확인한 것일 것

7) 기업부설 직업훈련원 용품(제7호)

기획재정부령으로 정하는 기업부설 직업훈련원에서 직업훈련에 직접 사용하려고 수입하는 교육용품 및 실험실습용품 중 국내에서 제작하기가 곤란한 물품으로서 기획재정부장관이 고시하는 물품

〈표 4-10〉 관세분할 납부 대상 및 요건

물품 및 요건
• 중요산업용 시설기계류(제1호) 시설기계류, 기초설비품, 건설용재료 및 그 구조물과 공사용장비로서 기획재정부장관이 고시하는 물품(단, 기획재정부령이 정하는 업종에 소요되는 물품을 제외한다.) ① 관세율표에서 부분품으로 분류되지 아니할 것 ② 법 기타 관세에 관한 법률 또는 조약에 의하여 관세의 감면을 받지 아니할 것 ③ 당해 관세액이 500만원이상일 것(단, 중소기업 100만원) ④ 탄력관세의 적용을 받는 물품이 아닐 것
• 정부, 지방자치단체 물품(제2호) 정부 또는 지방자치단체가 직접 수입하는 물품으로서 기획재정부령이 정하는 물품
• 학교, 직업훈련원 물품 및 비영리법인의 공익사업용 물품(제3호)
• 사회복지기관용품(제4호)

- 기업부설 연구소 등의 연구기관용 기술개발 연구용품(제5호)

- 중소제조업체 시설재(제6호)
  ① 법 기타 관세에 관한 법률조약에 의하여 관세의 감면을 받지 아니할 것
  ② 당해 관세액이 100만원 이상일 것
  ③ 탄력관세의 적용을 받는 물품이 아닐 것
  ④ 국내에서 제작이 곤란한 물품으로서 당해 물품이 생산에 관한 사무를 관장하는 주무부처장 또는 그 위임을 받은 기관의 장이 확인한 것일 것

- 기업부설 직업훈련용품(제7호)

3. 분할납부의 적용절차

1) 분할납부신청

(1) 분할납부신청

관세의 분할납부 승인을 얻고자 하는 자는 당해 물품의 수입신고시부터 수입신고 수리 전까지 그 물품의 품명·규격·가격·수량·용도·사용장소와 사업의 종류를 기재한 신청서를 세관장에게 제출하여야 한다(관세법시행령 제126조).

(2) 담보의 제공

세관장은 필요하다고 인정하는 때에는 대통령령이 정하는 기준내에서 관세청장이 정하는 바에 따라 이 법 기타 법률 또는 조약에 의하여 분할납부의 승인을 받은 물품에 대하여 그 물품을 수입할 때에 분할 납부하는 관세액에 상당하는 담보를 제공하게 할 수 있다(관세법 제108조 제1항). 이 경우 관세청장은 담보를 제공하게 하고자 할 때에는 물품의 성질·종류 및 관세채권의 확보 가능성 등을 기준으로 한다(관세법시행령 제131조).

2) 납부고지

세관장은 분할납부 승인한 때에는 납부기한별로 납세고지를 하여야 한다(관세법 제127조). 이 경우 그 고지를 받은 자는 고지를 받은 날로부터 15일내에 당해 세액을 납부하여야 한다.

3) 신고의무

관세의 분할납부 승인을 얻은 법인이 합병·분할·분할합병 또는 해산하거나 파산선고를 받은 때 또는 관세의 분할납부 승인을 얻은 자가 파산선고를 받은 때에는 그 관세를 납부하여야 하는 자는 지체없이 그 사유를 세관장에게 신고하여야 한다$\binom{관세법}{제107조\ 제4항}$.

4. 분할납부의 조건

관세의 분할납부는 해제조건부 분할납부이며, 그 해제조건은 다음과 같이 용도변경하거나 양도한 때와 일정사유에 해당시 전액 즉시 징수하는 경우 등 두 가지가 있다.

1) 처벌 및 징수조건

(1) 용도변경·양도의 제한

관세의 분할납부 승인받은 자가 해당 물품의 용도를 변경하거나 그 물품을 양도하고자 하는 경우에는 미리 세관장의 승인을 받아야 한다$\binom{관세법}{제107조\ 제3항}$. 즉, 관세의 분할납부 승인을 얻은 물품은 분할납부 기간내에 세관장의 승인없이 그 물품의 용도변경 또는 양도가 금지되어 있으며 이를 위반하는 자는 관세법에 의하여 처벌을 받게 된다.

(2) 관세의 징수

관세의 분할납부를 승인받은 물품을 동일한 용도로 사용하려는 자에게 양도한 경우에는 그 양수인이 관세를 납부하여야 하며, 해당 용도 외의 다른 용도로 사용하려는 자에게 양도한 경우에는 그 양도인이 관세를 납부하여야 한다. 이 경우 양도인으로부터 해당 관세를 징수할 수 없을 때에는 그 양수인으로부터 징수한다$\binom{관세법}{제107조\ 제5항}$.

사유		납부의무자
양도시	동일용도에 사용하는 자	그 양수인
	당해 용도 외에 다른 용도에 사용하고자 하는 자	그 양수인(양도인으로 부터 당해 관세를 징수할 수 없는 때 : 그 양수인)

2) 미납 잔여 관세의 즉시 징수 요건

관세를 분할납부하는 중 다음의 사유가 발생하면 미납잔여관세의 전액을 즉시 징수한다.

(1) 관세의 즉시징수사유

다음 각 호의 어느 하나에 해당하는 경우에는 납부하지 아니한 관세의 전액을 즉시 징수한다$\left(\substack{\text{관세법} \\ \text{제107조 제9항}}\right)$.

> ① 관세의 분할납부 승인을 얻은 물품을 사후관리 기간내에 용도외에 사용하거나 용도외에 사용할 자에게 양도한 때
> ② 관세를 지정된 기한까지 납부하지 아니한 때. 다만, 관세청장이 부득이한 사유가 있다고 인정하는 경우는 제외한다.
> ③ 파산선고를 받은 때
> ④ 법인이 해산한 때

(2) 즉시 징수방법(납세고지)

세관장은 관세를 징수하는 때에는 10일이내의 납부기한을 정하여 납세고지를 하여야 한다.

5. 담보제공 및 분할납부 사후관리

1) 담보제공 및 사후관리 의의

사후관리란 분할납부의 승인을 받고 수입신고 수리된 물품에 대하여 당해 조건대로 사용하고 있는지 또는 세관장의 승인을 받지 않고 무단양도를 하지 않았는지 등을 세관(타기관에 위탁한 경우에는 위탁기관)에서 확인 또는 관리하는 것이다. 사후관리의 목적은 용도외 사용이나 세관장의 승인없이 양도나 임대함으로써 분할납부 받은 물품에 대하여 관세 등을 추징하여 관세 등을 확보함에 있다.

세관장은 필요하다고 인정될 때에는 대통령령으로 정하는 범위에서 관세청장이 정하는 바에 따라 이 법이나 그 밖의 법령·조약·협정 등에 따라 관세를 감면받거나 분할납부를 승인받은 물품에 대하여 그 물품을 수입할 때에 감면받거나 분할납부하는 관세액(제97조 제4항 및 제98조 제2항에 따른 가산세는 제외한다)에 상당하는 담보를 제공하게 할 수 있다$\left(\substack{\text{관세법} \\ \text{제108조 제1항}}\right)$.

2) 사후관리절차

(1) 조건이행 확인서류의 제출

관세법이나 그 밖의 법률·조약·협정 등에 따라 용도세율을 적용받거나 관세의 감면 또는 분할납부를 승인받은 자는 대통령령으로 정하는 바에 따라 해당 조건의 이행 여부를 확인하는 데에 필요한 서류를 세관장에게 제출하여야 한다$\binom{\text{관세법}}{\text{제108조 제2항}}$.

(2) 제의무의 이행

관세의 분할납부규정의 적용을 받은 자는 수입신고 수리일로부터 1년이내에 사용장소에 반입하여야 하고, 장부를 비치하여야 한다. 또한, 설치장소를 변경시에도 변경신고서를 제출하여, 1월내에 설치장소에 반입하여야 한다.

(3) 사후관리 대상물품의 이관

(가) 사후관리 대상물품의 이관

학술연구용품의 감면(관세법 제90조) 내지 환경오염방지물품 등에 대한 감면(관세법 제95조), 관세의 분할납부(관세법 제107조)의 규정에 의하여 관세의 감면 또는 분할납부의 승인을 받은 물품의 통관지 세관과 관할지 세관이 다른 때에는 통관지 세관장은 관세청장이 정하는 바에 의하여 관할지 세관장에게 당해 물품에 대한 관계서류를 인계한다$\binom{\text{관세법시행령}}{\text{제139조 제1항}}$.

(나) 관세의 징수

관계서류를 인계한 물품에 대하여 관세감면물품의 사후관리(관세법 제102조 제2항) 및 재수출면세(관세법 제97조 제3항), 재수출감면(관세법 제98조 제2항에서 준용하는 경우를 포함한다)의 규정에 의하여 징수할 관세는 관할지세관장이 이를 징수한다$\binom{\text{관세법시행령}}{\text{제139조 제2항}}$.

3) 사후관리의 위탁

관세청장은 관세감면물품의 사후관리(관세법 제102조 제2항)에 따른 조건의 이행 여부를 확인하기 위하여 필요한 경우에는 대통령령으로 정하는 바에 따라 해당 물품의 사후관리에 관한 업무를 주무부장관에게 위탁할 수 있으며, 주무부장관은 물품의 사후관리를 위하여 필요한 경우에는 미리 관세청장과 협의한 후 위탁받은 사후관리에 관한 업무를 관계기관이나 법인·단체 등에 재위임하거나 재위탁할 수 있다$\binom{\text{관세법}}{\text{제108조 제3항}}$. 위탁된 물품에 대한 사후관리에 관한 사항은 위탁받은 부처의 장이 관세청장과 협의하여 정한다. 사후관리의 위탁을 받은 부처의 장은 당해 물품의 관세의 징수사유가 발생한 것을 확인한 때에는 즉시 당해 물품의 관할지세관장에게 징수사유 등을 기재한 통보서를 송부하여야 한다$\binom{관세법\ 제141조}{제1,2,3항}$.

용도세율을 적용받거나 관세를 감면받은 물품을 세관장의 승인을 받아 수출한 경우에는 이 법을 적용할 때 용도 외의 사용으로 보지 아니하고 사후관리를 종결한다. 다만, 용도세율을 적용받거나 관세를 감면받은 물품을 가공하거나 수리할 목적으로 수출한 후 다시 수입하거나 해외시험 및 연구를 목적으로 수출한 후 다시 수입하여 감면을 받은 경우에는 사후관리를 계속한다$\binom{관세법}{제108조\ 제4항}$.

6. 납부의무의 승계 및 연대납세의무

1) 납세의무의 승계

납세의무의 승계는 관세의 분할납부 승인을 받은 자가 관세의 분할납부 중에 다음의 일정사유가 발생하였을 경우에는 그 조세채무가 포괄적으로 승계되는 납세의무의 확장에 해당한다. 관세의 분할납부를 승인받은 자가 파산선고를 받은 경우에는 그 파산관재인이 관세를 납부하여야 한다. 관세의 분할납부를 승인받은 법인이 해산한 경우에는 그 청산인이 관세를 납부하여야 한다$\binom{관세법}{제107조\ 제7,8항}$.

〈표 4-11〉 승계사유

승계사유	승계자
관세의 분할납부 승인을 얻은 자가 파산선고를 받은 때	그 파산관재인
관세의 분할납부 승인을 얻은 법인이 해산한 때	그 청산인

2) 연대납세의무

관세의 분할납부를 승인받은 법인이 합병·분할 또는 분할합병된 경우에는 합병·분할 또는 분할합병 후에 존속하거나 합병·분할 또는 분할합병으로 설립된 법인이 연대하여 관세를 납부하여야 한다$\binom{관세법}{제107조\ 제6항}$.

제3절

관세환급제도

관세환급은 세관에 이미 납부한 관세, 가산금, 가산세 및 체납처분비를 일정한 사유로 인하여 다시 되돌려 주는 것을 말한다. 즉, 관세환급이란 세관에서 일단 징수한 관세 등을 특정한 요건에 해당하는 경우에 그 일부 또는 전부를 환부하여 주는 것을 말하는데 관세법에 의한 환급과 환급특례법에 의한 환급이 있다.

관세법상 관세환급의 종류는 ① 관세환급금의 환급$\left(\substack{관세법\\제46조}\right)$, ② 위약물품의 관세 환급$\left(\substack{관세법\\제106조}\right)$, ③ 지정보세구역내 멸실되거나 변질 또는 손상으로 인한 물품의 관세환급$\left(\substack{관세법\\제106조 제4항}\right)$, ④ 수출용원재료 등의 관세환급(환특법)이 있다.

1. 관세환급금의 환급$\left(\substack{관세법\\제46조}\right)$

1) 의의

세관장은 납세의무자가 관세·가산금·가산세 또는 체납처분비의 과오납금23) 또는 이 법에 따라 환급하여야 할 환급세액의 환급을 청구할 때에는 대통령령으로 정하는 바에 따라 지체 없이 이를 관세환급금으로 결정하고 30일 이내에 환급하여야 하며, 세관장이 확인한 관세환급금은 납세의무자가 환급을 청구하지 아니하더라도 환급하여야 한다$\left(\substack{관세법\\제46조 제1항}\right)$.

---

23) 과오납금의 환급이란 착오로 납부하여야 할 세액보다 과다하게 납부하였음을 사후에 발견하고 이를 납세의무자에게 돌려주는 것을 말한다. 이러한 과오납은 부적법한 납부로서 일종의 부당이득에 속하며 납세자는 이에 대한 반환청구를 할 수 있는 바 그 환급청구권은 민법상의 부당이득 반환청구권이라 할 수 있다. 납세의무자가 납부하여야 할 금액을 초과하여 관세를 납부한 경우를 과납이라 하고, 착오에 의해 납부할 의무가 없는 관세를 납부한 경우를 오납이라 한다. 실무상 과오납금의 환급사유로는 다음과 같은 것들이 있다. ① 세관공무원 또는 납세의무자가 세율적용의 착오, 세액계산의 착오 등으로 과다 고지(납부)한 세액을 사후에 발견하여 직권으로 정정하였을 때 ② 납세의무자가 고지된 세액을 납부한 후 행정심판 또는 행정소송을 제기하여 용인의결을 받거나 승소하였을 때 ③ 업무착오 등으로 이중징수 또는 이중납부 하였을 때

2) 과오납금 충당 및 양도

세관장은 관세환급금을 환급하는 경우에 환급받을 자가 세관에 납부하여야 하는 관세와 그 밖의 세금, 가산금, 가산세 또는 체납처분비가 있을 때에는 환급하여야 하는 금액에서 이를 충당할 수 있다($\substack{\text{관세법}\\\text{제46조 제2항}}$). 그리고 납세의무자의 관세환급금에 관한 권리는 대통령령으로 정하는 바에 따라 제3자에게 양도할 수 있다($\substack{\text{관세법}\\\text{제46조 제3항}}$).

관세환급금의 환급은 「국가재정법」(제17조)에도 불구하고 대통령령으로 정하는 바에 따라 「한국은행법」에 따른 한국은행의 해당 세관장의 소관 세입금에서 지급한다($\substack{\text{관세법}\\\text{제46조 제4항}}$).

3) 과다환급관세의 징수

세관장은 관세환급금의 환급에 있어서 그 환급액이 과다한 것을 알게 되었을 때에는 해당 관세환급금을 지급받은 자로부터 과다지급된 금액을 징수하여야 한다($\substack{\text{관세법}\\\text{제47조 제1항}}$). 또한 세관장은 관세환급금의 과다환급액을 징수할 때에는 과다환급을 한 날의 다음 날부터 징수결정을 하는 날까지의 기간에 대하여 대통령령으로 정하는 이율에 따라 계산한 금액을 과다환급액에 더하여야 한다.

4) 관세환급가산금

세관장은 관세환급금을 환급하거나 충당할 때에는 대통령령으로 정하는 관세환급가산금 기산일부터 환급결정 또는 충당결정을 하는 날까지의 기간과 대통령령으로 정하는 이율에 따라 계산한 금액을 관세환급금에 더하여야 한다.[24]

다만, 국가나 지방자치단체가 직접수입하는 물품 등 대통령령으로 정하는 물품에 대하여는 가산금을 적용하지 아니한다(제41조 제4항에 따라 같은 조 제1항부터 제3항까지)[25]의

---

24) 과오납금을 환급 또는 충당하는 때에는 과오납부한 날의 다음날로부터 환급 또는 충당 결정을 하는 날까지의 기간에 대하여 일정한 이율(100원에 대하여 1일 3전)에 따라 계산한 금액을 환급금에 가산하여야 한다. 단, 다음에 해당하는 경우에는 가산금을 가산하지 않는다.
 ① 국가, 지방자치단체가 직접 수입하는 물품
 ② 국가, 지방자치단체에 기증하는 물품
 ③ 우편물(수입신고를 하여야 하는 것은 제외)
 ④ 관세의 담보로 제공한 금전을 납부기한이 경과하여 관세에 충당하는 경우
25) 관세법 제41조(가산금) ① 관세를 납부기한까지 완납(完納)하지 아니하면 그 납부기한이 지난 날부터 체납된 관세에 대하여 100분의 3에 상당하는 가산금을 징수한다.
 ② 체납된 관세를 납부하지 아니하면 그 납부기한이 지난 날부터 1개월이 지날 때마다 체납된 관세의 1천분의 12에 상당하는 가산금(이하 이 조에서 "중가산금"이라 한다)을 제1항에 따른 가

규정을 적용받지 아니하는 물품에 대하여는 그러하지 아니하다$\binom{\text{관세법}}{\text{제48조}}$.

2. 위약물품에 대한 환급$\binom{\text{관세법}}{\text{제106조}}$: 계약내용과 상이한 물품에 대한 관세환급

1) 의의

위약물품의 관세환급이란 수입신고가 수리된 물품이 계약내용과 상이하여 수출자에게 반환(수출)하거나 세관장의 승인을 얻어 멸각 또는 폐기하는 경우에 이미 납부한 관세의 전부 또는 일부를 환급하는 것을 말한다.

수입신고가 수리된 물품이 계약내용과 상이하고 수입신고 당시의 성질 또는 형태가 변경되지 아니한 경우 해당 물품을 수출하거나 보세공장에 반입하려는 자는 수출신고서 또는 보세공장물품반입신고서에 해당 물품의 품명·규격·수량·가격과 수출 또는 반입 사유를 적은 사유서, 해당 물품 수입에 관한 계약내용의 증빙서류와 수입신고필증 또는 이에 대신하는 세관의 증빙서류를 첨부하여 세관장에게 제출하여야 한다$\binom{\text{관세법시행령}}{\text{제121조 제1항}}$.

2) 환급요건

수입신고가 수리된 물품이 계약 내용과 다르고 수입신고 당시의 성질이나 형태가 변경되지 아니한 경우로서 다음 각 호의 어느 하나에 해당하는 경우에는 그 관세를 환급한다 $\binom{\text{관세법}}{\text{제106조 제1항}}$. 외국으로부터 수입된 물품이 보세구역 또는 「자유무역지역의 지정 및 운영에 관한 법률」에 따른 자유무역지역 중 관세청장이 수출물품을 일정기간 보관하기 위하여 필요하다고 인정하여 고시하는 장소에 해당 물품을 반입(수입신고 수리일부터 1년 이내에 반입한 경우로 한정한다)하였다가 다시 수출한 경우이다. 그리고 보세공장에서 생산된 물품은 수입신고 수리일부터 1년 이내에 보세공장에 해당 물품을 다시 반입한 경우이다.

산금에 다시 더하여 징수한다. 이 경우 중가산금을 더하여 징수하는 기간은 60개월을 초과하지 못한다.
③ 체납된 관세(세관장이 징수하는 내국세가 있을 때에는 그 금액을 포함한다)가 100만원 미만인 경우에는 제2항을 적용하지 아니한다.
④ 국가나 지방자치단체가 직접 수입하는 물품 등 대통령령으로 정하는 물품에 대하여는 제1항부터 제3항까지의 규정을 적용하지 아니한다.

(1) 수입신고수리를 받은 물품이라야 한다.

수입신고수리를 받지 않은 물품은 관세납부가 없기 때문에 환급의 문제는 없다. 수입신고수리를 받았더라도 무세품은 환급의 문제는 있을 수 없고 감면을 받은 물품도 감면세액의 납부란 있을 수 없고 일부세액에 대한 환급은 가능한 것이다. 징수유예나 분할납부중의 물품은 환급 대신에 부과 취소를 한다.

(2) 수입물품이 계약내용과 상이하여야 한다.

계약 내용이 상이한 다는 것은 일반적으로 클레임이 발생한 경우를 말한다. 예컨대 품질이 나쁜 물품이 수입된 경우 또는 품명·규격·수량 등이 상이한 물품이 수입된 경우를 말한다.

(3) 수입신고수리 당시의 성질 또는 형상이 변경되지 아니한 물품을 보세구역에 반입하여 수출하여야 한다.

수입물품 보관중에 성질이 바뀌거나 제조, 가공 등의 작업으로 형상이 바뀌는 경우는 환급을 받을 수 없다. 이는 수입 신고수리된 물품인지 여부를 확인하기가 곤란하기 때문이다.

(4) 수입신고 수리일로부터 1년 이내에 다음 각호의 어느 하나에 해당하면 그 관세를 환급한다.

보세구역에 반입하는 것은 환급받을 물품의 재수출을 확실히 하고 또 그 물품이 수입시고수리된 물품과 다름이 없는가를 조사, 확인하기 위해서이다.

① 외국으로부터 수입된 물품 : 보세구역[보세구역외 장치의 허가(관세법 제156조 제1항)에 따라 세관장의 허가를 받았을 때에는 그 허가받은 장소를 포함한다. 이하 이 조에서 같다]에 이를 반입하였다가 다시 수출하였을 것. 이 경우 수출은 수입신고 수리일부터 1년이 지난 후에도 할 수 있다.

② 보세공장에서 생산된 물품 : 보세공장에 이를 다시 반입하였을 것

3) 위약물품 관세환급(계약 내용과 다른 물품 등에 대한 관세 환급)

수입신고가 수리된 물품이 계약 내용과 다르고 수입신고 당시의 성질이나 형태가 변경되지 아니한 경우로서 다음 각 호의 어느 하나에 해당하는 경우에는 그 관세를 환급한다 $\binom{관세법}{제106조\ 제1항}$.

① 외국으로부터 수입된 물품으로서 보세구역 또는 「자유무역지역의 지정 및 운영에 관한 법률」에 따른 자유무역지역 중 관세청장이 수출물품을 일정기간 보관하기 위하여 필요하다고 인정하여 고시하는 장소에 해당 물품을 반입(수입신고 수리일부터 1년 이

내에 반입한 경우로 한정한다)하였다가 다시 수출한 경우에 환급한다(제1호).

② 보세공장에서 생산된 물품으로서 수입신고 수리일부터 1년 이내에 보세공장에 해당 물품을 다시 반입한 경우에 환급한다(제2호).

(1) 위약물품에 따른 수입물품으로서 세관장이 환급세액을 산출하는 데에 지장이 없다고 인정하여 승인한 경우에는 그 수입물품의 일부를 수출하였을 때에도 그 관세를 환급할 수 있다$\left(\frac{관세법}{제106조\ 제2항}\right)$.

(2) 위약물품으로서 세관장의 승인에 따른 수입물품의 수출을 갈음하여 이를 폐기하는 것이 부득이하다고 인정하여 그 물품을 수입신고 수리일부터 1년 내에 보세구역에 반입하여 미리 세관장의 승인을 받아 폐기하였을 때에는 그 관세를 환급한다$\left(\frac{관세법}{제106조\ 제3항}\right)$.

(3) 수입신고가 수리된 물품이 수입신고 수리 후에도 지정보세구역에 계속 장치되어 있는 중에 재해로 멸실되거나 변질 또는 손상되어 그 가치가 떨어졌을 때에는 대통령령으로 정하는 바에 따라 그 관세의 전부 또는 일부를 환급할 수 있다$\left(\frac{관세법}{제106조\ 제4항}\right)$.

4) 수입한 상태 그대로 수출되는 자가사용물품에 대한 관세 환급

수입신고가 수리된 개인의 자가사용물품이 수입한 상태 그대로 수출되는 경우로서 다음 각 호의 어느 하나에 해당하는 경우에는 수입할 때 납부한 관세를 환급한다. 이 경우 수입한 상태 그대로 수출되는 경우의 기준은 대통령령으로 정한다$\left(\frac{관세법}{제106조의2\ 제1항}\right)$.

① 수입신고 수리일부터 6개월 이내에 보세구역 또는 「자유무역지역의 지정 및 운영에 관한 법률」에 따른 자유무역지역 중 관세청장이 수출물품을 일정기간 보관하기 위하여 필요하다고 인정하여 고시하는 장소에 반입하였다가 다시 수출하는 경우

② 수입신고 수리일부터 6개월 이내에 관세청장이 정하는 바에 따라 세관장의 확인을 받고 다시 수출하는 경우

③ 수출신고가 생략되는 탁송품 또는 우편물로서 기획재정부령으로 정하는 금액 이하인 물품을 수입신고 수리일부터 6개월 이내에 수출한 후 관세청장이 정하는 바에 따라 세관장의 확인을 받은 경우

5) 여행자 자진신고물품 환급

여행자가 자진신고한 물품이 다음에 해당하게 된 경우에는 자진신고할 때 납부한 관세를 환급한다$\left(\frac{관세법}{제106조의2\ 제2항}\right)$.

① 국제무역선 또는 국제무역기 안에서 구입한 물품이 환불된 경우

② 보세판매장에서 구입한 물품이 환불된 경우

6) 환급절차

(1) 환급요건의 충족증명

(가) 수출의 경우

위약물품을 수출하고자 하는 자는 수출신고서 또는 보세공장 물품반입신고서에 당해 물품의 품명에 대한 내역, 사유서, 당해 물품수입에 관한 계약내용의 증빙서류와 수입신고필증 등 증명서를 첨부하여 세관장에게 제출하여야 한다$\binom{관세법시행령}{제121조\ 제2항}$.

(나) 폐기물품의 경우

물품의 폐기의 승인을 얻고자 하는 자는 폐기사유 등을 기재한 신청서에 당해 물품의 수입신고필증 등 증명서류와 폐기 등 증명서류를 첨부하여 세관장에게 제출하여야 한다$\binom{관세법시행령}{제122조\ 제1항}$.

(2) 환급신청

(가) 수출의 경우

물품을 수출하거나 보세공장에 반입하고 관세의 환급을 받고자 하는 자는 당해 물품에 대한 내역, 수입신고 사항 및 환급액을 기재한 신청서에 수출신고필증 등 증명서류를 첨부하여 세관장에게 제출하여야 한다$\binom{관세법시행령}{제121조\ 제2항}$.

(나) 폐기 물품의 경우

폐기물품에 대한 환급액은 그 물품에 대하여 이미 납부한 관세액으로 한다. 다만, 폐기에 의하여 생긴 잔존물에 대하여는 그 폐기한 때의 당해 잔존물의 성질, 수량 및 가격에 의하여 부과될 관세액을 공제한 금액으로 한다$\binom{관세법시행령}{제122조\ 제2항}$.

7) 관세미납 위약물품의 부과 취소

계약내용과 다른 물품의 관세환급(관세법 제106조 제1항부터 제4항까지)의 규정을 적용할 때 해당 수입물품에 대한 관세의 납부기한이 종료되기 전이거나 징수유예 중 또는 분할납부기간이 끝나지 아니하여 해당 물품에 대한 관세가 징수되지 아니한 경우에는 세관장은 해당 관세의 부과를 취소할 수 있다$\binom{관세법}{제106조\ 제5항}$. 이 경우 해당 기간 종료전에 신청서를 제출하여야 한다.

3. 멸각물품의 환급

수입물품의 수출에 갈음하여 이를 멸각 또는 폐기하는 것이 부득이하다고 인정하여 그 물품을 수입신고수리일로부터 1년(기획재정부령이 정하는 물품에 대하여는 6월)내에 보세구역에 반입하여 미리 수입지세관장의 승인을 얻어 멸각 또는 폐기한 때에는 그 관세를 환급한다.

1) 환급요건

위약물품을 수출하지 않고(상품가치가 없어 경비를 들여 수출할 실익이 없고 송화인의 요구가 있는 등)이를 국내에서 멸각하거나 폐기하는 경우에도 환급이 가능한 것이나, 이때에도 ① 위약물품이 수입시의 성질 또는 형상이 변경되지 않고, ② 1년 이내의 보세구역에 반입하여야 하고, ③ 미리 세관장의 승인을 받아 멸각 또는 폐기하여야 환급대상이 된다.

2) 환급신청

멸각 또는 폐기의 승인을 얻으려면 다음 각 호의 사항을 기재한 신청서에 그 물품의 수입신고필증 등과 멸각 또는 폐기가 부득이한 것을 증명하는 서류를 첨부하여 서류를 세관장에게 제출하여야 한다.

> ① 그 물품의 품명·규격·수량·수입신고수리 연월일·수입신고번호·장치장소
> ② 멸각 또는 폐기방법·폐기예정연월일·폐기장소
> ③ 멸각 또는 폐기사유

멸각 또는 폐기한 물품에 대한 환급을 받고자 하는 자는 다음 사항을 기재한 신청서에 세관장의 멸각 또는 폐기승인서를 첨부·제출하여야 한다.

> ① 그물품의 품명·규격·수량·수입신고수리 연월일·수입신고번호·장치장소
> ② 멸각 또는 폐기연월일
> ③ 멸각 또는 폐기에 의하여 생긴 잔존물의 품명·규격·수량

3) 환급액

멸각·폐기물품에 대한 이미 납부한 세액이다. 다만, 잔존물이 있을 대는 멸각 또는 폐기한 때의 당해 잔존물의 성질·수량 및 가격에 의하여 부과될 관세액의 공제할 금액을 환급한다.

4. 수출용원재료 등의 환급

1) 의의

수출용원재료 등의 관세의 환급은 관세를 납부한 수출용 원재료와 외화획득용 물품의 원재료를 사용하여 제조·가공한 물품을 일정기간 내에 수출 또는 판매한 때 그 납부한 관세를 환급하는 것을 말한다.

2) 환급요건

다음의 경우에 해당하는 물품을 수입신고수리일로부터 1년 내에 그 수출 또는 판매를 하거나 그 공사에 공할 것을 조건으로 수입시 관세를 납부한 물품에 대하여는 이미 납부한 관세액의 범위 안에서 대통령령이 정하는 바에 의하여 관세를 환급한다.

① 수출물품을 제조, 가공하기 위한 원재료
② 국내에서 외화로 판매하는 물품
③ 국내외화 물품의 원재료
④ 외화를 받는 공사에 사용하는 물품

5. 기타 환급 관련 관세법상 규정

1) 내국세의 관세환급

수입물품에 대하여 세관장이 부과하는 내국세와 가산금 및 가산세는 관세와 같이 과오납금 환급규정에 의하여 환급된다$\left(\begin{smallmatrix}\text{관세법}\\\text{제43조 제1항}\end{smallmatrix}\right)$. 그러나 부가가치세에 대한 관세법에 의한 환급은 관세와 더불어 세관장이 환급하지만, 수출용원재료에 대한 관세환급은 부가가치세법의 규정에 따라 세무서장에 의하여 환급된다.

2) 과세형벌(부정환급죄)

부정한 방법으로 관세를 감면받거나 관세를 감면받은 물품에 대한 관세의 징수를 면탈한 자는 3년 이하의 징역에 처하거나, 감면받거나 면탈한 관세액의 5배 이하에 상당하는 벌금에 처한다$\left(\begin{smallmatrix}\text{관세법}\\\text{제270조 제4항}\end{smallmatrix}\right)$.

(1) 성립요건

부정한 방법으로 관세를 환급받은 자는 3년 이하의 징역 또는 환급받은 세액의 5배 이하에 상당하는 벌금에 처한다. 이 경우 세관장은 부정한 방법으로 환급받은 세액을 즉시 징수한다$\left(\begin{smallmatrix}\text{관세법}\\\text{제270조 제5항}\end{smallmatrix}\right)$.

(2) 벌칙

① 3년 이하의 징역 또는 환급받은 세액의 5배 이하에 상당하는 벌금에 처한다. 이 경우 세관장은 사위 기타 부정한 방법으로 환급받은 세액을 즉시 징수한다.

② 밀수출입죄, 관세포탈죄, 가격조작죄, 미수범, 밀수품 취득죄를 저지른 자는 정상(情狀)에 따라 징역과 벌금을 병과할 수 있다$\left(\begin{smallmatrix}\text{관세법}\\\text{제275조}\end{smallmatrix}\right)$.

③ 교사, 방조자는 정범에 준해 처벌하고 예비, 미수범은 본죄에 준하여 처벌한다$\left(\begin{smallmatrix}\text{관세법}\\\text{제271조}\end{smallmatrix}\right)$.

제4절

납세자의 권리

1. 납세자 권리

1) 납세자권리헌장

(1) 납세자 권리헌장 고시

납세자의 권리보호에 관한 사항을 포함하는 납세자권리헌장(이하 "납세자권리헌장"이라 함)을 제정하여 고시하여야 한다$\binom{관세법}{제110조 \; 제1항}$.

(2) 납세자에게 권리헌장 제시

세관공무원은 다음 각 호의 어느 하나에 해당하는 경우에는 납세자권리헌장의 내용이 수록된 문서를 납세자에게 내주어야 하며, 조사사유, 조사기간, 납세자보호위원회[26]에 대한 심의 요청사항·절차 및 권리구제 절차 등을 설명하여야 한다$\binom{관세법}{제110조 \; 제2항}$.

① 관세포탈, 부정감면 또는 부정환급에 대한 범칙사건을 조사하는 경우
② 관세의 과세표준과 세액의 결정 또는 경정을 위하여 납세자를 방문 또는 서면으로 조사하는 경우
③ 그 밖에 대통령령으로 정하는 경우

(3) 납세자권리헌장 불제시

세관공무원은 납세자를 긴급히 체포·압수·수색하는 경우 또는 현행범인 납세자가 도주

---

[26] 제118조의4(납세자보호위원회) ① 납세자 권리보호에 관한 사항을 심의하기 위하여 제118조의2제2항의 세관 및 관세청에 납세자보호위원회(이하 "납세자보호위원회"라 한다)를 둔다.
제118조의2(관세청장의 납세자 권리보호) ② 납세자의 권리보호를 위하여 관세청에 납세자 권리보호 업무를 총괄하는 납세자보호관을 두고, 대통령령으로 정하는 세관에 납세자 권리보호업무를 수행하는 담당관을 각각 1명을 둔다.

할 우려가 있는 등 조사목적을 달성할 수 없다고 인정되는 경우에는 납세자권리헌장을 내주지 아니할 수 있다$\binom{관세법}{제110조\ 제3항}$.

(4) 납세자 성실성 추정

세관공무원은 납세자가 이 법에 따른 신고 등의 의무를 이행하지 아니한 경우 또는 납세자에게 구체적인 관세포탈 등의 혐의가 있는 경우 등 대통령령으로 정하는 경우를 제외하고는 납세자가 성실하며 납세자가 제출한 신고서 등이 진실한 것으로 추정하여야 한다$\binom{관세법}{제113조\ 제1항}$.

"대통령령으로 정하는 경우"란 다음 각 호의 어느 하나에 해당하는 경우를 말한다$\binom{관세법시행령}{제138조\ 제1항}$.

① 납세자가 법에서 정하는 신고 및 신청, 과세자료의 제출 등의 납세협력의무를 이행하지 아니한 경우
② 납세자에 대한 구체적인 탈세정보가 있는 경우
③ 신고내용에 탈루나 오류의 혐의를 인정할 만한 명백한 자료가 있는 경우
④ 납세자의 신고내용이 관세청장이 정한 기준과 비교하여 불성실하다고 인정되는 경우

그리고 세관공무원이 납세자가 제출한 신고서 등의 내용에 관하여 질문을 하거나 신고한 물품에 대하여 확인을 하는 행위 등 대통령령으로 정하는 행위를 하는 것을 제한하지 아니한다$\binom{관세법}{제113조\ 제2항}$.

2) 관세조사 대상자 선정

(1) 객관적 선정

세관장은 다음 각 호의 어느 하나에 해당하는 경우에 정기적으로 신고의 적정성을 검증하기 위하여 대상을 선정(이하 "정기선정"이라 한다)하여 조사를 할 수 있다. 이 경우 세관장은 객관적 기준에 따라 공정하게 그 대상을 선정하여야 한다$\binom{관세법}{제110조의3\ 제1항}$.

① 관세청장이 수출입업자의 신고 내용에 대하여 정기적으로 성실도를 분석한 결과 불성실 혐의가 있다고 인정하는 경우
② 최근 4년 이상 조사를 받지 아니한 납세자에 대하여 업종, 규모 등을 고려하여 대통령령으로 정하는 바에 따라 신고 내용이 적정한지를 검증할 필요가 있는 경우
③ 무작위추출방식으로 표본조사를 하려는 경우

(2) 추가조사

세관장은 정기선정에 의한 조사 외에 다음 각 호의 어느 하나에 해당하는 경우에는 조사를 할 수 있다$\left(\begin{smallmatrix}관세법\\제110조의3\ 제2항\end{smallmatrix}\right)$.

① 납세자가 이 법에서 정하는 신고·신청, 과세가격결정자료의 제출 등의 납세협력의무를 이행하지 아니한 경우

② 수출입업자에 대한 구체적인 탈세제보 등이 있는 경우

③ 신고내용에 탈세나 오류의 혐의를 인정할 만한 자료가 있는 경우

④ 납세자가 세관공무원에게 직무와 관련하여 금품을 제공하거나 금품제공을 알선한 경우

(3) 조사면제

세관장은 최근 2년간 수출입신고 실적이 일정금액 이하인 경우 등 대통령령으로 정하는 요건을 충족하는 자에 대해서는 제1항에 따른 조사를 하지 아니할 수 있다. 다만, 객관적인 증거자료에 의하여 과소 신고한 것이 명백한 경우에는 그러하지 아니하다$\left(\begin{smallmatrix}관세법\\제110조의3\ 제4항\end{smallmatrix}\right)$.

소규모 성실사업자에 대한 관세조사 면제로서 다음 각 호의 요건을 모두 충족하는 자에 대해서는 조사를 하지 아니할 수 있다$\left(\begin{smallmatrix}관세법시행령\\제135조의4\end{smallmatrix}\right)$.

① 최근 2년간 수출입신고 실적이 30억원 이하일 것

② 최근 4년 이내에 다음 각 목의 어느 하나에 해당하는 사실이 없을 것

　가. 수출입 관련 법령을 위반하여 통고처분을 받거나 벌금형 이상의 형의 선고를 받은 사실

　나. 관세 및 내국세를 체납한 사실

　다. 수정 및 경정$\left(\begin{smallmatrix}관세법\\제38조의3\ 제4항\end{smallmatrix}\right)$에 따라 신고납부한 세액이 부족하여 세관장으로부터 경정을 받은 사실

3) 관세조사권 남용금지

세관공무원은 적정하고 공평한 과세를 실현하고 통관의 적법성을 보장하기 위하여 필요한 최소한의 범위에서 관세조사를 하여야 하며 다른 목적 등을 위하여 조사권을 남용하여서는 아니 된다$\left(\begin{smallmatrix}관세법\\제111조\ 제1항\end{smallmatrix}\right)$. 세관공무원은 다음 각 호의 어느 하나에 해당하는 경우를 제외하고는 해당 사안에 대하여 이미 조사받은 자를 다시 조사할 수 없다$\left(\begin{smallmatrix}관세법\\제111조\ 제2항\end{smallmatrix}\right)$.

① 관세포탈 등의 혐의를 인정할 만한 명백한 자료가 있는 경우

② 이미 조사받은 자의 거래상대방을 조사할 필요가 있는 경우

③ 재조사 결정에 따라 재조사를 하는 경우(결정서 주문에 기재된 범위의 재조사에 한정한다)

④ 납세자가 세관공무원에게 직무와 관련하여 금품을 제공하거나 금품제공을 알선한 경우

⑤ 그 밖에 탈세혐의가 있는 자에 대한 일제조사 등 대통령령으로 정하는 경우

4) 관세조사의 사전통지와 연기신청

(1) 사전통지

세관공무원은 납세자 권리헌장의 제정 및 교부$\binom{\text{관세법}}{\text{제110조 제2항}}$ 각 호의 어느 하나에 해당하는 조사를 하기 위하여 해당 장부, 서류, 전산처리장치 또는 그 밖의 물품 등을 조사하는 경우에는 조사를 받게 될 납세자(그 위임을 받은 자를 포함한다. 이하 이 조에서 같다)에게 조사 시작 15일 전에 조사 대상, 조사 사유, 그 밖에 대통령령으로 정하는 사항을 통지하여야 한다. 다만, 다음 각 호의 어느 하나에 해당하는 경우에는 그러하지 아니하다$\binom{\text{관세법}}{\text{제114조 제1항}}$.

① 범칙사건에 대하여 조사하는 경우

② 사전에 통지하면 증거인멸 등으로 조사 목적을 달성할 수 없는 경우

(2) 관세조사기간

관세조사기간은 조사대상자의 수출입 규모, 조사 인원·방법·범위 및 난이도 등을 종합적으로 고려하여 최소한이 되도록 하되, 방문하여 조사하는 경우에 그 조사기간은 20일 이내로 한다$\binom{\text{관세법시행령}}{\text{제139조의2 제1항}}$.

다음 각 호의 어느 하나에 해당하는 경우에는 20일 이내의 범위에서 조사기간을 연장할 수 있다. 이 경우 2회 이상 연장하는 경우에는 관세청장의 승인을 받아 각각 20일 이내에서 연장할 수 있다$\binom{\text{관세법시행령}}{\text{제139조의2 제2항}}$.

① 조사대상자가 장부·서류 등을 은닉하거나 그 제출을 지연 또는 거부하는 등 조사를 기피하는 행위가 명백한 경우

② 조사범위를 다른 품목이나 거래상대방 등으로 확대할 필요가 있는 경우

③ 천재지변이나 노동쟁의로 조사가 중단되는 경우

④ 제1호부터 제3호까지에 준하는 사유로 사실관계의 확인이나 증거 확보 등을 위하여 조사기간을 연장할 필요가 있는 경우

세관공무원은 납세자가 자료의 제출을 지연하는 등 다음 각 호의 어느 하나에 해당하는 사유로 조사를 진행하기 어려운 경우에는 조사를 중지할 수 있다. 이 경우 그 중지기간은 (관세법시행령 제139조의2 제1항 및 제2항의) 조사기간 및 조사연장기간에 산입하지 아니

한다$\left(\begin{smallmatrix}관세법시행령\\제139조의2 \ 제3항\end{smallmatrix}\right)$.

① 납세자가 천재지변이나 관세조사의 연기신청$\left(\begin{smallmatrix}관세법시행령\\제140조 \ 제1항\end{smallmatrix}\right)$에 따른 관세조사 연기신청 사유에 해당하는 사유가 있어 조사중지를 신청한 경우

② 납세자가 장부·서류 등을 은닉하거나 그 제출을 지연 또는 거부하는 등으로 인하여 조사를 정상적으로 진행하기 어려운 경우

③ 노동쟁의 등의 발생으로 관세조사를 정상적으로 진행하기 어려운 경우

④ 그 밖에 관세조사를 중지하여야 할 특별한 사유가 있는 경우로서 관세청장이 정하는 경우

세관공무원은 (관세법시행령 제139조의2 제3항에 따라) 관세조사를 중지한 경우에는 그 중지사유가 소멸하면 즉시 조사를 재개하여야 한다. 다만, 관세채권의 확보 등 긴급히 조사를 재개하여야 할 필요가 있는 경우에는 그 중지사유가 소멸하기 전이라도 관세조사를 재개할 수 있다$\left(\begin{smallmatrix}관세법시행령\\제139조의2 \ 제4항\end{smallmatrix}\right)$.

(3) 연기신청

통지를 받은 납세자가 천재지변이나 그 밖에 대통령령으로 정하는 사유로 조사를 받기가 곤란한 경우에는 대통령령으로 정하는 바에 따라 해당 세관장에게 조사를 연기하여 줄 것을 신청할 수 있다$\left(\begin{smallmatrix}관세법\\제114조 \ 제2항\end{smallmatrix}\right)$.

"대통령령으로 정하는 사유"란 다음 각 호의 어느 하나에 해당하는 경우를 말한다 $\left(\begin{smallmatrix}관세법시행령\\제140조 \ 제1항\end{smallmatrix}\right)$.

① 화재나 그 밖의 재해로 사업상 심한 어려움이 있는 경우

② 납세자 또는 그 위임을 받은 자의 질병, 장기출장 등으로 관세조사가 곤란하다고 판단되는 경우

③ 권한있는 기관에 의하여 장부 및 증빙서류가 압수 또는 영치된 경우

④ 그 밖에 제1호부터 제3호까지의 규정에 준하는 사유가 있는 경우

관세조사의 연기를 받고자 하는 자는 다음 각호의 사항을 기재한 문서를 당해 세관장에게 제출하여야 한다$\left(\begin{smallmatrix}관세법시행령\\제140조 \ 제2항\end{smallmatrix}\right)$.

① 관세조사의 연기를 받고자 하는 자의 성명과 주소 또는 거소

② 관세조사의 연기를 받고자 하는 기간

③ 관세조사의 연기를 받고자 하는 사유

④ 기타 필요한 사항

관세조사 연기를 신청받은 세관장은 연기신청 승인 여부를 결정하고 그 결과를 조사 개시 전까지 신청인에게 통지하여야 한다$\binom{관세법시행령}{제140조\ 제3항}$.

(4) 관세조사 결과 통지

세관공무원은 세관공무원은 납세자 권리헌장의 제정 및 교부$\binom{관세법}{제110조\ 제2항}$ 각 호의 어느 하나에 해당하는 조사를 종료하였을 때에는 그 조사 결과를 서면으로 납세자에게 통지하여야 한다. 다만, 납세자가 폐업한 경우 등 대통령령으로 정하는 경우에는 그러하지 아니하다$\binom{관세법}{제115조}$.

"대통령령으로 정하는 경우"란 다음 각 호의 어느 하나에 해당하는 경우를 말한다$\binom{관세법시행령}{제141조}$.
① 납세자에게 통고처분을 하는 경우
② 범칙사건을 고발하는 경우
③ 폐업한 경우
④ 납세자의 주소 및 거소가 불명하거나 그 밖의 사유로 통지를 하기 곤란하다고 인정되는 경우

5) 비밀유지

세관공무원은 납세자가 이 법에서 정한 납세의무를 이행하기 위하여 제출한 자료나 관세의 부과·징수 또는 통관을 목적으로 업무상 취득한 자료 등(이하 "과세정보"라 한다)을 타인에게 제공하거나 누설하여서는 아니 되며, 사용 목적 외의 용도로 사용하여서도 아니 된다. 다만, 다음 각 호의 어느 하나에 해당하는 경우에는 그 사용 목적에 맞는 범위에서 납세자의 과세정보를 제공할 수 있다$\binom{관세법}{제116조\ 제1항}$.
① 국가기관이 관세에 관한 쟁송이나 관세범에 대한 소추(訴追)를 목적으로 과세정보를 요구하는 경우
② 법원의 제출명령이나 법관이 발부한 영장에 따라 과세정보를 요구하는 경우
③ 세관공무원 상호간에 관세를 부과·징수, 통관 또는 질문·검사하는 데에 필요하여 과세정보를 요구하는 경우
④ 통계청장이 국가통계작성 목적으로 과세정보를 요구하는 경우
⑤ 다음 각 목에 해당하는 자가 급부·지원 등의 대상자 선정 및 그 자격을 조사·심사하는 데 필요한 과세정보를 당사자의 동의를 받아 요구하는 경우

가. 국가행정기관 및 지방자치단체

　　나. 「공공기관의 운영에 관한 법률」에 따른 공공기관 중 대통령령으로 정하는 공공기관

　　다. 「은행법」에 따른 은행

　　라. 그 밖에 급부·지원 등의 업무와 관련된 자로서 대통령령으로 정하는 자

⑥ 공공기관이나 은행에 해당하는 자가 「대외무역법」 무역거래자의 거래, 지급, 수령 등을 확인하는 데 필요한 과세정보를 당사자의 동의를 받아 요구하는 경우

⑦ 다른 법률에 따라 과세정보를 요구하는 경우

　국가행정기관, 공공기관, 은행 등(관세법 제116조 제1항 제5호 및 제6호)에 해당하는 경우에 제공할 수 있는 과세정보의 구체적인 범위는 대통령령으로 정한다$\binom{\text{관세법}}{\text{제116조 제2항}}$. 국가기관이 관세에 관한 쟁송이나 관세범에 대한 소추(訴追)를 목적으로 과세정보를 요구하는 경우 등(관세법 제116조 제1항 제1호 및 제4호부터 제7호까지의) 규정에 따라 과세정보의 제공을 요구하는 자는 대통령령으로 정하는 바에 따라 문서로 관세청장 또는 해당 세관장에게 요구하여야 한다$\binom{\text{관세법}}{\text{제115조 제3항}}$. 세관공무원은 제1항부터 제3항까지의 규정에 위반되게 과세정보의 제공을 요구받으면 이를 거부하여야 한다$\binom{\text{관세법}}{\text{제115조 제4항}}$.

　관세청장은 국가행정기관, 공공기관, 은행 등(관세법 제116조 제1항 제5호부터 제7호까지)에 따른 과세정보의 제공 업무를 통계 및 증명서의 작성 및 교부 등(제322조 제5항)[27])에 따른 대행기관에 대행하게 할 수 있다. 이 경우 관세청장은 과세정보 제공 업무를 위한 기초자료를 대행기관에 제공하여야 한다$\binom{\text{관세법}}{\text{제115조 제5항}}$. 비밀유지(제1항)에 따라 과세정보를 알게 된 자 또는 관세청장은 국가행정기관, 공공기관, 은행 등(제5항)에 따라 과세정보의 제공 업무를 대행하는 자는 과세정보를 타인에게 제공하거나 누설하여서는 아니 되며, 그 목적 외의 용도로 사용하여서도 아니 된다$\binom{\text{관세법}}{\text{제115조 제6항}}$. 비밀유지(제1항)에 따라 과세정보를 알게 된 자 또는 관세청장은 국가행정기관, 공공기관, 은행 등(제5항)에 따라 과세정보의 제공 업무를 대행하는 자는 과세정보의 유출을 방지하기 위한 시스템 구축 등 대통령령으로 정하는 바에 따라 과세정보의 안전성 확보를 위한 조치를 하여야 한다$\binom{\text{관세법}}{\text{제115조 제7항}}$.

　이 조에 따라 과세정보를 제공받아 알게 된 자 또는 과세정보의 제공 업무를 대행하는 자 중 공무원이 아닌 자는 「형법」이나 그 밖의 법률에 따른 벌칙을 적용할 때 공무원으로 본다$\binom{\text{관세법}}{\text{제115조 제8항}}$.

---

27) 관세법 제322조 제5항 : 관세청장은 통계, 통계자료 및 통계작성 및 교부업무를 대행할 자(대행기관)를 지정하여 그 업무를 대행할 수 있다.

6) 체납자 명단 공개

관세청장은 체납발생일부터 1년이 지난 관세 및 내국세 등(이하 이 항에서 "체납관세 등"이라 한다)이 2억원 이상인 체납자에 대하여는 그 인적사항과 체납액 등을 공개할 수 있다. 다만, 체납관세 등에 대하여 이의신청·심사청구 등 불복청구가 진행 중이거나 체납액의 일정금액 이상을 납부한 경우 등 대통령령으로 정하는 사유에 해당하는 경우에는 그러하지 아니하다.$\binom{\text{관세법}}{\text{제116조의2 제1항}}$. 법 제116조의2 제1항 단서에서 "체납관세 등에 대하여 이의신청·심사청구 등 불복청구가 진행 중이거나 체납액의 일정금액 이상을 납부한 경우 등 대통령령으로 정하는 사유"란 다음 각 호의 어느 하나에 해당하는 경우를 말한다 $\binom{\text{관세법시행령}}{\text{제141조의5 제1항}}$. 다음 계산식에 따라 계산한 최근 2년간의 체납액 납부비율이 100분의 50 이상인 경우

$$최근\ 2년간의\ 체납액\ 납부비율 = \frac{B}{A+B}$$

A : 명단 공개 예정일이 속하는 연도의 직전 연도 12월 31일 당시 명단 공개 대상 예정자의 체납액

B : 명단 공개 예정일 속하는 연도의 직전 2개 연도 동안 명단 공개 대상 예정자가 납부한 금액

관세청장은 심의위원회의 심의를 거친 공개대상예정자에게 체납자 명단 공개대상예정자임을 통지하여 소명할 기회를 주어야 한다$\binom{\text{관세법}}{\text{제116조의2 제3항}}$.

관세청장은 제3항에 따라 통지한 날부터 6개월이 지나면 심의위원회로 하여금 체납액의 납부이행 등을 고려하여 체납자의 명단 공개 여부를 재심의하게 한다$\binom{\text{관세법}}{\text{제116조의2 제4항}}$.

공개는 관보에 게재하거나 관세청장이 지정하는 정보통신망 또는 관할 세관의 게시판에 게시하는 방법으로 한다$\binom{\text{관세법}}{\text{제116조의2 제5항}}$.

"대통령령으로 정하는 사유"란 다음 각 호의 어느 하나에 해당하는 경우를 말한다 $\binom{\text{관세법시행령}}{\text{제141조의2 제1항}}$.

① 체납액의 100분의 30이상을 납부한 경우

② 「채무자 회생 및 파산에 관한 법률」 제243조에 따른 회생계획인가의 결정에 따라 체납된 세금의 징수를 유예받고 그 유예기간 중에 있거나 체납된 세금을 회생계획의 납부일정에 따라 납부하고 있는 경우

③ 재산상황, 미성년자 해당여부 및 그 밖의 사정 등을 고려할 때 고액상습체납자의 명단공개$\binom{\text{관세법시행령}}{\text{제116조의2 제2항}}$에 따른 관세정보공개심의위원회가 공개할 실익이 없거나 공개하는 것이 부적절하다고 인정하는 경우

관세청장은 고액상습체납자의 명단공개$\binom{\text{관세법시행령}}{\text{제116조의2 제3항}}$에 따라 공개대상예정자에게 체납자 명단공개 대상예정자임을 통지하는 때에는 그 체납된 세금의 납부촉구와 명단공개 제외사유에 해당되는 경우 이에 관한 소명자료를 제출하도록 각각 안내하여야 한다$\binom{\text{관세법시행령}}{\text{제141조의2 제2항}}$.

체납자 명단공개시 공개할 사항은 체납자의 성명·상호(법인의 명칭을 포함한다)·연령·직업·주소, 체납액의 세목·납기 및 체납요지 등으로 하고, 체납자가 법인인 경우에는 법인의 대표자를 함께 공개한다$\binom{\text{관세법시행령}}{\text{제141조의2 제3항}}$.

7) 납세증명서 제출

(1) 납세증명서

납세자(미과세된 자를 포함한다.)는 다음 각 호의 어느 하나에 해당하는 경우에는 대통령령으로 정하는 바에 따라 납세증명서를 제출하여야 한다$\binom{\text{관세법}}{\text{제116조의3 제1항}}$.
① 국가, 지방자치단체 또는 대통령령으로 정하는 정부관리기관으로부터 대금을 지급받을 경우
② 「출입국관리법」 제31조에 따른 외국인등록 또는 「재외동포의 출입국과 법적 지위에 관한 법률」 제6조에 따른 국내거소신고를 한 외국인이 체류기간 연장허가 등 대통령령으로 정하는 체류허가를 법무부장관에게 신청하는 경우
③ 내국인이 해외이주 목적으로 해외이주법(제6조)에 따라 외교부장관에게 해외이주신고를 하는 경우

세관장은 납세자로부터 납세증명서의 발급신청을 받았을 때에는 그 사실을 확인하고 즉시 납세증명서를 발급하여야 한다$\binom{\text{관세법}}{\text{제116조의3 제2항}}$.

납세증명서의 유효기간은 그 증명서를 발급한 날부터 30일로 한다. 다만, 발급일 현재 납부기한이 진행 중인 관세 및 내국세 등이 있는 경우에는 그 납부기한까지로 할 수 있으며$\binom{\text{관세법시행령}}{\text{제141조의6 제1항}}$, 세관장은 제1항 단서에 따라 유효기간을 정할 경우에는 해당 납세증명서에 그 사유와 유효기간을 분명하게 적어야 한다$\binom{\text{관세법시행령}}{\text{제141조의6 제2항}}$.

(2) 고액상습체납자의 감치

법원은 검사의 청구에 따라 체납자가 다음 각 호의 사유에 모두 해당하는 경우 결정으로 30일의 범위에서 체납된 관세(세관장이 부과·징수하는 내국세 등을 포함한다. 이하 이 조에서 같다)가 납부될 때까지 그 체납자를 감치(監置)에 처할 수 있다($_{\text{제116조의4 제1항}}^{\text{관세법}}$).

① 관세를 3회 이상 체납하고 있고, 체납발생일부터 각 1년이 경과하였으며, 체납금액의 합계가 2억원 이상인 경우
② 체납된 관세의 납부능력이 있음에도 불구하고 정당한 사유 없이 체납한 경우
③ 재산상황, 미성년자 해당여부 및 그 밖의 사정 등을 고려할 때 고액상습체납자의 명단공개(제116조의2 제2항)에 따른 관세정보위원회의 의결에 따라 해당 체납자에 대한 감치 필요성이 인정되는 경우

관세청장은 체납자가 제1항 각 호의 사유에 모두 해당하는 경우에는 체납자의 주소 또는 거소를 관할하는 지방검찰청 또는 지청의 검사에게 체납자의 감치를 신청할 수 있다($_{\text{제116조의4 제2항}}^{\text{관세법}}$). 관세청장은 제2항에 따라 체납자의 감치를 신청하기 전에 체납자에게 대통령령으로 정하는 바에 따라 소명자료를 제출하거나 의견을 진술할 수 있는 기회를 주어야 한다($_{\text{제116조의4 제3항}}^{\text{관세법}}$). 고액상습체납자의 감치(제1항)의 결정에 대하여는 즉시항고를 할 수 있다($_{\text{제116조의4 제4항}}^{\text{관세법}}$). 고액상습체납자의 감치(제1항)에 따라 감치에 처하여진 체납자는 동일한 체납사실로 인하여 재차 감치되지 아니한다($_{\text{제116조의4 제5항}}^{\text{관세법}}$). 고액상습체납자의 감치(제1항)에 따라 감치에 처하는 재판을 받은 체납자가 그 감치의 집행 중에 체납된 관세를 납부한 경우에는 감치집행을 종료하여야 한다($_{\text{제116조의4 제6항}}^{\text{관세법}}$). 고액상습체납자의 감치(제1항)에 따른 감치집행시 세관공무원은 감치대상자에게 감치사유, 감치기간, 제6항에 따른 감치집행의 종료 등 감치결정에 대한 사항을 설명하고 그 밖의 감치집행에 필요한 절차에 협력하여야 한다($_{\text{제116조의4 제7항}}^{\text{관세법}}$). 고액상습체납자의 감치(제1항)에 따른 감치에 처하는 재판 절차 및 그 집행, 그 밖에 필요한 사항은 대법원규칙으로 정한다($_{\text{제116조의4 제8항}}^{\text{관세법}}$).

(3) 출국금지 요청

관세청장은 정당한 사유 없이 5천만원 이상의 관세(세관장이 부과·징수하는 내국세 등을 포함한다. 이하 이 조에서 같다)를 체납한 자 중 대통령령으로 정하는 자에 대하여 법무부장관에게 「출입국관리법」(제4조 제3항 및 같은 법 제29조 제2항)에 따라 출국금지 또는

출국정지를 즉시 요청하여야 한다$\binom{관세법}{제116조의5\ 제1항}$.

법무부장관은 제1항에 따른 출국금지 또는 출국정지 요청에 따라 출국금지 또는 출국정지를 한 경우에는 관세청장에게 그 결과를 「정보통신망 이용촉진 및 정보보호 등에 관한 법률」 제2조 제1항 제1호에 따른 정보통신망 등을 통하여 통보하여야 한다$\binom{관세법}{제116조의5\ 제2항}$.

관세청장은 다음 각 호의 어느 하나에 해당하는 경우에는 즉시 법무부장관에게 출국금지 또는 출국정지의 해제를 요청하여야 한다$\binom{관세법}{제116조의5\ 제3항}$.

① 체납자가 체납액을 전부 또는 일부 납부하여 체납된 관세가 5천만원 미만으로 된 경우
② 체납자 재산의 압류, 담보 제공 등으로 출국금지 사유가 해소된 경우
③ 관세징수권의 소멸시효가 완성된 경우
④ 그 밖에 대통령령으로 정하는 사유가 있는 경우

위의 규정한 사항 외에 출국금지 및 출국정지 요청 등의 절차에 관하여 필요한 사항은 대통령령으로 정한다$\binom{관세법}{제116조의5\ 제4항}$.

(4) 정보제공

세관공무원은 납세자가 납세자의 권리행사에 필요한 정보를 요구하면 신속하게 제공하여야 한다. 이 경우 세관공무원은 납세자가 요구한 정보와 관련되어 있어 관세청장이 정하는 바에 따라 납세자가 반드시 알아야 한다고 판단되는 그 밖의 정보도 함께 제공하여야 한다$\binom{관세법}{제117조}$.

8) 과세전 적부심사

(1) 부족분 납부세액 통지

세관장은 신고납부$\binom{관세법}{제38조의3\ 제6항}$ 또는 부과고지$\binom{관세법}{제39조\ 제2항}$에 따라 납부세액이나 납부하여야 하는 세액에 미치지 못한 금액을 징수하려는 경우에는 미리 납세의무자에게 그 내용을 서면으로 통지하여야 한다. 다만, 다음 각 호의 어느 하나에 해당하는 경우에는 통지를 생략할 수 있다.

① 통지하려는 날부터 3개월 이내에 과세부과의 제척기간$\binom{관세법}{제21조}$에 따른 관세부과의 제척기간이 만료되는 경우
② 잠정가격신고$\binom{관세법}{제28조\ 제2항}$에 따라 납세의무자가 확정가격을 신고한 경우

③ 신고납부($^{관세법}_{제38조\ 제2항}$) 단서에 따라 수입신고 수리 전에 세액을 심사하는 경우로서 그 결과에 따라 부족세액을 징수하는 경우

④ 재수출면제($^{관세법}_{제97조\ 제3항}$) 또는 관세감면물품의 사후관리($^{관세법}_{제102조\ 제2항}$)에 따라 감면된 관세를 징수하는 경우

⑤ 관세포탈죄($^{관세법}_{제270조}$)에 따른 관세포탈죄로 고발되어 포탈세액을 징수하는 경우

⑥ 그 밖에 관세의 징수가 곤란하게 되는 등 사전통지가 적당하지 아니한 경우로서 대통령령으로 정하는 경우

(2) 적법여부 심사

납세의무자는 과세적적부심사(관세법 제118조 제1항)[28]에 따른 통지를 받았을 때에는 그 통지를 받은 날부터 30일 이내에 기획재정부령으로 정하는 세관장에게 통지 내용이 적법한지에 대한 심사(이하 이 조에서 "과세전적부심사"라 한다)를 청구할 수 있다. 다만, 법령에 대한 관세청장의 유권해석을 변경하여야 하거나 새로운 해석이 필요한 경우 등 대통령령으로 정하는 경우에는 관세청장에게 이를 청구할 수 있다($^{관세법}_{제118조\ 제2항}$).

"법령에 대한 관세청장의 유권해석을 변경하여야 하거나 새로운 해석이 필요한 경우 등 대통령령으로 정하는 경우"란 다음 각 호의 어느 하나에 해당하는 경우를 말한다($^{관세법시행령}_{제143조}$).

① 관세청장의 훈령·예규·고시 등과 관련하여 새로운 해석이 필요한 경우

② 관세청장의 업무감사결과 또는 업무지시에 따라 세액을 경정하거나 부족한 세액을 징수하는 경우

③ 관세평가분류원장의 품목분류 및 유권해석에 따라 수출입물품에 적용할 세율이나 물품분류의 관세율표 번호가 변경되어 세액을 경정하거나 부족한 세액을 징수하는 경우

④ 동일 납세의무자가 동일한 사안에 대하여 둘 이상의 세관장에게 과세전적부심사를 청구하여야 하는 경우

⑤ 제1호부터 제4호까지의 규정에 해당하지 아니하는 경우로서 과세전적부심사 청구금액이 5억원 이상인 것

(3) 심사결과 통지

과세전적부심사를 청구받은 세관장이나 관세청장은 그 청구를 받은 날부터 30일 이내에 관세심사위원회의 심사를 거쳐 결정을 하고, 그 결과를 청구인에게 통지하여야 한다. 다만,

---

28) 세관장은 납부해야 하는 세액이 미치지 못한 금액을 징수하려는 경우에는 미리 납세의무자에게 그 내용을 서면으로 통지하여야 한다.

과세전적부심사 청구기간이 지난 후 과세전적부심사청구가 제기된 경우 등 대통령령으로 정하는 사유에 해당하는 경우에는 해당 위원회의 심사를 거치지 아니하고 결정할 수 있다$\left(\substack{관세법 \\ 제118조 제3항}\right)$.

(4) 청구결정

과세전적부심사 청구에 대한 결정은 다음 각 호의 구분에 따른다$\left(\substack{관세법 \\ 제118조 제4항}\right)$.

① 청구가 이유 없다고 인정되는 경우 : 채택하지 아니한다는 결정

② 청구가 이유 있다고 인정되는 경우 : 청구의 전부 또는 일부를 채택하는 결정. 이 경우 구체적인 채택의 범위를 정하기 위하여 사실관계 확인 등 추가적으로 조사가 필요한 경우에는 제1항 본문에 따른 통지를 한 세관장으로 하여금 이를 재조사하여 그 결과에 따라 당초 통지 내용을 수정하여 통지하도록 하는 재조사 결정을 할 수 있다.

③ 청구기간이 지났거나 보정기간 내에 보정하지 아니하는 경우 또는 적법하지 아니한 청구를 하는 경우 : 심사하지 아니한다는 결정

(5) 세액경정

관세법 제118조 제1항(납부세액이나 납부하여야 하는 세액에 미치지 못한 금액을 징수하려는 경우에는 미리 납세의무자에게 그 내용을 서면으로 통지) 각 호29) 외의 부분 본문에 따른 통지를 받은 자는 과세전적부심사를 청구하지 아니하고 통지를 한 세관장에게 통지받은 내용의 전부 또는 일부에 대하여 조기에 경정해 줄 것을 신청할 수 있다. 이 경우 해당 세관장은 즉시 신청받은 대로 세액을 경정하여야 한다$\left(\substack{관세법 \\ 제118조 제5항}\right)$.

---

29) 제118조(과세전적부심사) ① 세관장은 제38조의3제6항 또는 제39조 제2항에 따라 납부세액이나 납부하여야 하는 세액에 미치지 못한 금액을 징수하려는 경우에는 미리 납세의무자에게 그 내용을 서면으로 통지하여야 한다. 다만, 다음 각 호의 어느 하나에 해당하는 경우에는 통지를 생략할 수 있다.
　　1. 통지하려는 날부터 3개월 이내에 제21조에 따른 관세부과의 제척기간이 만료되는 경우
　　2. 제28조 제2항에 따라 납세의무자가 확정가격을 신고한 경우
　　3. 제38조 제2항 단서에 따라 수입신고 수리 전에 세액을 심사하는 경우로서 그 결과에 따라 부족세액을 징수하는 경우
　　4. 제97조 제3항(제98조 제2항에 따라 준용되는 경우를 포함한다)에 따라 면제된 관세를 징수하거나 제102조 제2항에 따라 감면된 관세를 징수하는 경우
　　5. 제270조에 따른 관세포탈죄로 고발되어 포탈세액을 징수하는 경우
　　6. 그 밖에 관세의 징수가 곤란하게 되는 등 사전통지가 적당하지 아니한 경우로서 대통령령으로 정하는 경우

8) 납세자권리보호

(1) 의의

관세청장은 직무를 수행할 때 납세자의 권리가 보호되고 실현될 수 있도록 성실하게 노력하여야 한다.$\binom{\text{관세법}}{\text{제118조의2 제1항}}$,

(2) 구성

납세자의 권리보호를 위하여 관세청에 납세자 권리보호업무를 총괄하는 납세자보호관을 두고, 대통령령으로 정하는 세관에 납세자 권리보호업무를 수행하는 담당관을 각각 1명을 둔다$\binom{\text{관세법}}{\text{제118조의2 제2항}}$. 관세청장은 제2항에 따른 납세자보호관을 개방형직위로 운영하고 납세자보호관 및 담당관이 업무를 수행할 때 독립성이 보장될 수 있도록 하여야 한다. 이 경우 납세자보호관은 관세·법률·재정 분야의 전문지식과 경험을 갖춘 사람으로서 다음 각 호의 어느 하나에 해당하지 아니하는 사람을 대상으로 공개모집한다$\binom{\text{관세법}}{\text{제118조의2 제3항}}$.

① 세관공무원

② 세관공무원으로 퇴직한 지 3년이 지나지 아니한 사람

(3) 정보 공개 및 납세자 보호관

관세청장은 납세자 권리보호업무의 추진실적 등의 자료를 일반 국민에게 정기적으로 공개하여야 한다$\binom{\text{관세법}}{\text{제118조의2 제4항}}$. 납세자보호관 및 담당관은 세금 관련 고충민원의 처리 등 대통령령으로 정하는 직무 및 권한을 가지며, 납세자보호관 및 담당관의 자격 등 납세자보호관 제도의 운영에 필요한 사항은 대통령령으로 정한다$\binom{\text{관세법}}{\text{제118조의2 제5항}}$.

2. 심사와 심판

1) 불복신청

이 법이나 그 밖의 관세에 관한 법률 또는 조약에 따른 처분으로서 위법한 처분 또는 부당한 처분을 받거나 필요한 처분을 받지 못하여 권리나 이익을 침해당한 자는 이 절의 규정에 따라 그 처분의 취소 또는 변경을 청구하거나 필요한 처분을 청구할 수 있다. 다만, 다음 각 호의 처분에 대해서는 그러하지 아니하다$\binom{\text{관세법}}{\text{제119조 제1항}}$.

① 이 법에 따른 통고처분

② 「감사원법」에 따라 심사청구를 한 처분이나 그 심사청구에 대한 처분

③ 이 법이나 그 밖의 관세에 관한 법률에 따른 과태료 부과처분

2) 이의신청

제1항 각 호 외의 부분 본문에 따른 처분이 관세청장이 조사·결정 또는 처리하거나 하였어야 할 것인 경우를 제외하고는 그 처분에 대하여 심사청구 또는 심판청구에 앞서 이 절의 규정에 따른 이의신청을 할 수 있다$\binom{\text{관세법}}{\text{제118조 제2항}}$.

3) 심사청구

(1) 심사청구제기

심사청구 또는 심판청구에 대한 처분에 대해서는 이의신청, 심사청구 또는 심판청구를 제기할 수 없다. 다만, 재조사 결정에 따른 처분청의 처분에 대해서는 해당 재조사 결정을 한 재결청에 심사청구 또는 심판청구를 제기할 수 있다$\binom{\text{관세법}}{\text{제119조 제3항}}$. 이의신청에 대한 처분과 재조사 결정에 따른 처분청의 처분에 대해서는 이의신청을 할 수 없다$\binom{\text{관세법}}{\text{제119조 제4항}}$. 심사청구는 그 처분을 한 것을 안 날(처분의 통지를 받았을 때에는 그 통지를 받은 날을 말한다)부터 90일 이내에 하여야 한다$\binom{\text{관세법}}{\text{제119조 제5항}}$. 심사청구를 거친 처분에 대한 행정소송은 행정소송법(제18조 제2항·제3항 및 같은 법 제20조)에도 불구하고 그 심사청구에 대한 결정을 통지받은 날부터 90일 내에 처분청을 당사자로 하여 제기하여야 한다$\binom{\text{관세법}}{\text{제119조 제6항}}$.

심사청구를 하는 때에는 관세청장이 정하는 심사청구서에 다음 각호의 사항을 기재하여야 한다. 이 경우 관계증거서류 또는 증거물이 있는 때에는 이를 첨부할 수 있다$\binom{\text{관세법시행령}}{\text{제145조 제1항}}$.

① 심사청구인의 주소 또는 거소와 성명

② 처분이 있은 것을 안 연월일(처분의 통지를 받은 경우에는 그 받은 연월일)

③ 처분의 내용

④ 심사청구의 요지와 불복의 이유

(2) 이의신청 및 심판청구

수입물품에 부과하는 내국세 등의 부과, 징수, 감면, 환급 등에 관한 세관장의 처분에 불복하는 자는 이 절에 따른 이의신청·심사청구 및 심판청구를 할 수 있다$\binom{\text{관세법}}{\text{제119조 제8항}}$.

이 법이나 그 밖의 관세에 관한 법률 또는 조약에 따른 처분으로 권리나 이익을 침해받게 되는 제2차 납세의무자 등 대통령령으로 정하는 이해관계인은 그 처분에 대하여 이 절에 따른 심사청구 또는 심판청구를 하여 그 처분의 취소 또는 변경이나 그 밖에 필요한 처분을 청구할 수 있다($\frac{관세법}{제119조 제9항}$). 동일한 처분에 대하여는 심사청구와 심판청구를 중복하여 제기할 수 없다($\frac{관세법}{제119조 제8항}$).

(3) 심사청구기간

심사청구는 해당 처분을 한 것을 안 날(처분하였다는 통지를 받았을 때에는 통지를 받은 날을 말한다)부터 90일 이내에 제기하여야 한다($\frac{관세법}{제121조 제1항}$).

이의신청을 거친 후 심사청구를 하려는 경우에는 이의신청에 대한 결정을 통지받은 날부터 90일 이내에 하여야 한다. 다만, 이의신청($\frac{관세법}{제132조 제4항}$) 단서에 따른 결정기간 내에 결정을 통지받지 못한 경우에는 결정을 통지받기 전이라도 그 결정기간이 지난 날부터 심사청구를 할 수 있다($\frac{관세법}{제121조 제2항}$).

기한 내에 우편으로 제출(「국세기본법」 제5조의2에서 정한 날을 기준으로 한다)한 심사청구서가 청구기간이 지나 세관장 또는 관세청장에게 도달한 경우에는 그 기간의 만료일에 청구된 것으로 본다($\frac{관세법}{제121조 제3항}$).

심사청구인이 천재지변으로 인한 기한의 연장($\frac{관세법}{제10조}$)에서 규정하는 사유(신고, 신청, 청구, 그 밖의 서류의 제출 및 통지에 관한 기한 연장 사유로 한정한다)로 제1항에서 정한 기간 내에 심사청구를 할 수 없을 때에는 그 사유가 소멸한 날부터 14일 이내에 심사청구를 할 수 있다. 이 경우 심사청구인은 그 기간 내에 심사청구를 할 수 없었던 사유, 그 사유가 발생한 날과 소멸한 날, 그 밖에 필요한 사항을 적은 문서를 함께 제출하여야 한다($\frac{관세법}{제121조 제4항}$).

(4) 심사청구절차

심사청구는 대통령령으로 정하는 바에 따라 불복하는 사유를 심사청구서에 적어 해당 처분을 하였거나 하였어야 하는 세관장을 거쳐 관세청장에게 하여야 한다($\frac{관세법}{제122조 제1항}$).

심사청구기간($\frac{관세법}{제121조}$)에 따른 심사청구기간을 계산할 때에는 제1항에 따라 해당 심사청구서가 세관장에게 제출된 때에 심사청구가 된 것으로 본다. 해당 심사청구서가 제1항에 따른 세관장 외의 세관장이나 관세청장에게 제출된 경우에도 또한 같다($\frac{관세법}{제122조 제2항}$).

해당 심사청구서를 제출받은 세관장은 이를 받은 날부터 7일 내에 그 심사청구서에 의견서를 첨부하여 관세청장에게 보내야 한다$\binom{\text{관세법}}{\text{제122조 제3항}}$. 관세청장은 제3항에 따라 세관장의 의견서를 받은 때에는 지체 없이 해당 의견서의 부본을 심사청구인에게 송부하여야 한다$\binom{\text{관세법}}{\text{제122조 제4항}}$. 심사청구인은 제4항에 따라 송부받은 의견서에 대하여 반대되는 증거서류 또는 증거물을 관세청장에게 제출할 수 있다$\binom{\text{관세법}}{\text{제122조 제5항}}$.

4) 심사청구서 보정

관세청장은 심사청구의 내용이나 절차가 이 절에 적합하지 아니하지만 보정할 수 있다고 인정되는 경우에는 20일 이내의 기간을 정하여 해당 사항을 보정할 것을 요구할 수 있다. 다만, 보정할 사항이 경미한 경우에는 직권으로 보정할 수 있다$\binom{\text{관세법}}{\text{제123조 제1항}}$. 제1항 본문의 요구를 받은 심사청구인은 보정할 사항을 서면으로 작성하여 관세청장에게 제출하거나, 관세청에 출석하여 보정할 사항을 말하고 그 말한 내용을 세관공무원이 기록한 서면에 서명 또는 날인함으로써 보정할 수 있다$\binom{\text{관세법}}{\text{제123조 제2항}}$. 제1항의 보정기간은 심사청구기간$\binom{\text{관세법}}{\text{제121조}}$에 따른 심사청구기간에 산입(算入)하지 아니한다$\binom{\text{관세법}}{\text{제123조 제3항}}$.

5) 대리인

이의신청인·심사청구인 또는 심판청구인은 변호사나 관세사를 대리인으로 선임할 수 있으며$\binom{\text{관세법}}{\text{제126조 제1항}}$, 이의신청인, 심사청구인 또는 심판청구인은 신청 또는 청구의 대상이 대통령령으로 정하는 금액 미만인 경우에는 배우자, 4촌 이내의 혈족 또는 배우자의 4촌 이내의 혈족을 대리인으로 선임할 수 있다$\binom{\text{관세법}}{\text{제126조 제2항}}$. 대리인의 권한은 서면으로 증명하여야 하며, 그리고 대리인은 본인을 위하여 청구에 관한 모든 행위를 할 수 있다. 다만, 청구의 취하는 특별한 위임을 받은 경우에만 할 수 있다$\binom{\text{관세법}}{\text{제126조 제4항}}$.

6) 결정

(1) 결정절차

심사청구절차$\binom{\text{관세법}}{\text{제122조}}$에 따른 심사청구가 있으면 관세청장은 관세심사위원회의 의결에 따라 결정하여야 한다. 다만, 심사청구기간이 지난 후 심사청구가 제기된 경우 등 대통령령으로 정하는 사유에 해당하는 경우에는 그러하지 아니다$\binom{\text{관세법}}{\text{제127조 제1항}}$. 관세청장은 제1항에 따른 관세심사위원회의 의결이 법령에 명백히 위반된다고 판단하는 경우 구체적인 사유를 적어 서면으로 관세심사위원회에 한 차례에 한정하여 다시 심의할 것을 요청할 수 있다$\binom{\text{관세법}}{\text{제127조 제2항}}$. 관세심사위원회의 회의는 공개하지 아니한다. 다만, 관세심사위원회의 위원장이 필요하다고 인정할 때에는 공개할 수 있다$\binom{\text{관세법}}{\text{제127조 제3항}}$.

(2) 심사청구 결정

심사청구에 대한 결정은 다음 각 호의 구분에 따른다$\binom{\text{관세법}}{\text{제128조 제1항}}$.

① 심사청구가 다음 각 목의 어느 하나에 해당하는 경우 : 그 청구를 각하하는 결정
   가. 심판청구를 제기한 후 심사청구를 제기(같은 날 제기한 경우도 포함한다)한 경우
   나. 제121조에 따른 심사청구 기간이 지난 후에 심사청구를 제기한 경우
   다. 제123조에 따른 보정기간 내에 필요한 보정을 하지 아니한 경우
   라. 적법하지 아니한 심사청구를 제기한 경우
   마. 가목부터 라목까지의 규정에 따른 경우와 유사한 경우로서 대통령령으로 정하는 경우
② 심사청구가 이유 없다고 인정되는 경우 : 그 청구를 기각하는 결정
③ 심사청구가 이유 있다고 인정되는 경우 : 그 청구의 대상이 된 처분의 취소·경정 또는 필요한 처분의 결정. 이 경우 취소·경정 또는 필요한 처분을 하기 위하여 사실관계 확인 등 추가적으로 조사가 필요한 경우에는 처분청으로 하여금 이를 재조사하여 그 결과에 따라 취소·경정하거나 필요한 처분을 하도록 하는 재조사 결정을 할 수 있다.

심사청구(관세법 제128조 제1항)에 따른 결정은 심사청구를 받은 날부터 90일 이내에 하여야 한다. 다만, 부득이한 사유가 있을 때에는 그러하지 아니하다$\binom{\text{관세법}}{\text{제128조 제2항}}$. 제1항에 따른 결정을 하였을 때에는 제2항의 결정기간 내에 그 이유를 적은 결정서를 심사청구인에게 통지하여야 한다$\binom{\text{관세법}}{\text{제128조 제3항}}$. 보정기간은 결정기간에 산입하지 아니한다$\binom{\text{관세법}}{\text{제128조 제4항}}$. 제1항 제3호 후단에 따른 재조사 결정이 있는 경우 처분청은 재조사 결정일부터 60일 이내에 결정서 주문에 기재된 범위에 한정하여 조사하고, 그 결과에 따라 취소·경정하거나 필요한 처분을 하여야 한다. 이 경우 처분청은 대통령령으로 정하는 바에 따라 조사를 연기 또는 중지하거나 조사기간을 연장할 수 있다$\binom{\text{관세법}}{\text{제128조 제5항}}$. 제1항 제3호 후단 및 제5항에서 규정한 사항 외에 재조사 결정에 필요한 사항은 대통령령으로 정한다.$\binom{\text{관세법 제128조}}{\text{제1항~제6항}}$

(3) 불고불리·불이익변경 금지

관세청장은 심사청구에 대한 결정(제128조)에 따른 결정을 할 때 심사청구를 한 처분 외의 처분에 대해서는 그 처분의 전부 또는 일부를 취소 또는 변경하거나 새로운 처분의 결정을 하지 못한다(관세법 제128조의2 제1항). 관세청장은 심사청구에 대한 결정(제128조)을 할 때 심사청구를 한 처분보다 청구인에게 불리한 결정을 하지 못한다.

7) 불복방법 통지

이의신청·심사청구 또는 심판청구의 재결청은 결정서에 다음 각 호의 구분에 따른 사항을 함께 적어야 한다(관세법 제129조 제1항).

① 이의신청인 경우 : 결정서를 받은 날부터 90일 이내에 심사청구 또는 심판청구를 제기할 수 있다는 뜻
② 심사청구 또는 심판청구인 경우 : 결정서를 받은 날부터 90일 이내에 행정소송을 제기할 수 있다는 뜻

이의신청·심사청구 또는 심판청구의 재결청은 해당 신청 또는 청구에 대한 결정기간이 지날 때까지 결정을 하지 못한 경우에는 지체 없이 신청인이나 청구인에게 다음 각 호의 사항을 서면으로 통지하여야 한다(관세법 제129조 제2항).

① 이의신청인 경우 : 결정을 통지받기 전이라도 그 결정기간이 지난 날부터 심사청구 또는 심판청구를 제기할 수 있다는 뜻
② 심사청구 또는 심판청구인 경우 : 결정을 통지받기 전이라도 그 결정기간이 지난 날부터 행정소송을 제기할 수 있다는 뜻

정보통신망을 이용한 불복청구청구 있어서 이의신청인, 심사청구인 또는 심판청구인은 관세청장 또는 조세심판원장이 운영하는 정보통신망을 이용하여 이의신청서, 심사청구서 또는 심판청구서를 제출할 수 있다(관세법 제129조의2 제1항). 제1항에 따라 이의신청서, 심사청구서 또는 심판청구서를 제출하는 경우에는 관세청장 또는 조세심판원장에게 이의신청서, 심사청구서 또는 심판청구서가 전송된 때에 이 법에 따라 제출된 것으로 본다(관세법 제129조의2 제2항).

8) 서류열람

이의신청인·심사청구인·심판청구인 또는 처분청(처분청의 경우 심판청구에 한정한다)은 그 청구와 관계되는 서류를 열람할 수 있으며 대통령령으로 정하는 바에 따라 해당 재결청에 의견을 진술할 수 있다$\left(\substack{\text{관세법} \\ \text{제130조}}\right)$.

9) 이의신청

이의신청은 대통령령으로 정하는 바에 따라 불복의 사유를 갖추어 해당 처분을 하였거나 하였어야 할 세관장에게 하여야 한다. 이 경우 우편물통관에 대한 결정$\left(\substack{\text{관세법} \\ \text{제258조}}\right)$에 따른 결정사항 또는 세관장의 통지$\left(\substack{\text{관세법} \\ \text{제259조 제1항}}\right)$에 따른 세액에 관한 이의신청은 해당 결정사항 또는 세액에 관한 통지를 직접 우송한 우체국의 장에게 이의신청서를 제출함으로써 할 수 있고, 우체국의 장이 이의신청서를 접수한 때에 세관장이 접수한 것으로 본다$\left(\substack{\text{관세법} \\ \text{제132조 제1항}}\right)$.

제5장

운송수단

제1절 운송수단 개요
제2절 선박과 항공기
제3절 차량

제1절
운송수단 개요

1. 운송수단의 개요

대외무역에 있어서 수출입물품이 국가간 이동을 하는 때에는 항공기, 선박, 차량 등에 의하여 운반되는데, 이러한 운수기관을 관세법상 운송수단이라고 한다. 운송수단은 사람과 물품을 운송하기 위해 우리나라와 외국을 왕래하는 데 있어 사람의 관리는 주로「출입국관리에 관한 법률」에서 규제하고, 물품에 대해서는「관세법」을 중심으로 통관측면에서 규제하고 있다.

특히 운송수단을 규제하는 이유는 관세를 납부하여야 하는 물품이 반입되는 동안 불법적으로 유출되는 것을 방지하여 관세를 적정히 징수하는 데 있는 것으로, 관세징수권의 확보 및 수출입 통관질서의 확립에 있다. 관세법상 운송수단이라 함은 관세법상의 대상이 되는 것으로 국제무역선(기)을 말한다.

2. 운송수단의 관리

관세법은 통관법적 성격에 따라 수출입물품을 규제대상으로 하고 있으며, 또한 수출입물품의 효과적인 규제를 위하여 수출입물품을 운송하는 운수수단도 그 규제대상으로 하고 있다.

관세법에서 규제대상에서 하고 있는 운수수단은 선박, 항공기, 차량이며, 이들 운수수단에 대한 규제는 그 운송수단의 용도에 따라 다르다. 즉, 운송수단은 그 용도에 따라 외국을 왕래하는 것과 내국을 왕래하는 것으로 크게 구분할 수 있는데 외국을 왕래하는 운송수단은 관세법의 규정대상이지만, 내국에서만 왕래하는 운송수단은 원칙적으로 관세법의 규제대상이 되지 않는다. 다만, 국내운송수단이 외국물품을 운송하는 경우는 관세법의 규제대상이 된다.

관세법의 규제대상이 되는 선박 또는 항공기를 관세법에서는 국제무역선 또는 국제무역기로 규정하고 있는바 국제무역선 또는 국제무역기는 무역을 위하여 우리나라와 외국을 왕래하는 선박 또는 항공기를 말한다.

운송수단에 대하여 규제를 하는 이유는 그 운송수단이 보세구역과 같은 성격을 갖고 있으므로 외국물품에 대한 무단반출 및 밀항을 방지하며 통관질서를 확립하고 외국물품에 대한 관세징수를 확보하기 위한 것이다.

3. 국제항

(1) 국제항의 지정

국제항은 대통령령으로 지정하며$\binom{관세법}{제133조 \ 제1항}$, 국제항의 시설기준 등에 관하여 필요한 사항은 대통령령으로 정한다. 그리고 국제항의 운영자는 국제항이 시설기준 등에 미치지 못하게 된 경우 그 시설 등을 신속하게 개선하여야 하며, 기획재정부장관은 대통령령으로 정하는 바에 따라 그 시설 등의 개선을 명할 수 있다$\binom{관세법}{제133조 \ 제3항}$.

2) 국제항 출입

국제무역선이나 국제무역기는 국제항에 한정하여 운항할 수 있다. 다만, 대통령령으로 정하는 바에 따라 국제항이 아닌 지역에 대한 출입의 허가를 받은 경우에는 그러하지 아니하다$\binom{관세법}{제134조 \ 제1항}$. 국제무역선의 선장이나 국제무역기의 기장은 제1항 단서에 따른 허가를 받으려면 기획재정부령으로 정하는 바에 따라 허가수수료를 납부하여야 한다$\binom{관세법}{제134조 \ 제2항}$. 세관장은 (관세법 제134조 제1항 단서에 따른) 허가의 신청을 받은 날부터 10일 이내에 허가 여부를 신청인에게 통지하여야 한다$\binom{관세법}{제134조 \ 제3항}$. 세관장이 허가신청한 날 10일(관세법 제134조 제3항) 내에 허가 여부 또는 민원 처리 관련 법령에 따른 처리기간의 연장을 신청인에게 통지하지 아니하면 그 기간(민원 처리 관련 법령에 따라 처리기간이 연장 또는 재연장된 경우에는 해당 처리기간을 말한다)이 끝난 날의 다음 날에 허가를 한 것으로 본다$\binom{관세법}{제134조 \ 제4항}$.

제2절
선박과 항공기

1. 개요

관세법상 운수기관이라 함은 선박·항공기 및 차량을 말하며 특히 운수기관 가운데 규제의 대상이 되는 것은 주로 국제무역선과 국제무역기관이다. 관세법에서 국제무역선(기)을 규제하는 이유는 이러한 운수기관이 외국물품을 운송하기 때문에 운송되는 외국물품에 대하여 우리나라 영해에 도착되는 시기로부터 시작하여 반출될 때까지 일정한 법적 규제를 하기 위해서이다. 또한 국제무역선(기) 이외의 선박이나 항공기로서 외국에 왕래하는 선박 또는 항공기에 대하여는 국제무역선 또는 국제무역기에 관한 규정을 준용하여 규제된다. 다만, 군납·군용기와 국가원수 또는 정부를 대표하는 외교사절이 전용하는 선박·항공기는 관세법의 규제대상이 되지 않는다.

그리고 국경하천만을 항해하는 내국선박 또는 원칙적으로 관세법의 규제대상이 되지 않는다.

2. 개항과 불개항의 출입

1) 국제항과 국내항

(1) 국제항

국제항이란 국내의 항구 또는 공항중 국제무역선(기)이 자유로이 출입항 할 수 있는 항구 또는 공항으로 대통령령이 지정한 항구 또는 공항을 말하는 바, 국제무역선이나 국제무역기는 국제항에 한정하여 운항할 수 있다. 다만, 대통령령으로 정하는 바에 따라 국제항이 아닌 지역에 대한 출입의 허가를 받은 경우에는 그러하지 아니하다$\binom{\text{관세법}}{\text{제134조 제1항}}$. 수출입화물의 적재와 하역이 이루어지고 내외국여행자들이 출입국하는 장소이다. 대통령령으로 지정된 국제항은 다음과 같이 25개 항구와 8개 공항이다$\binom{\text{관세법시행령}}{\text{제155조 제1항}}$.

구분	내용
항구	인천항, 부산항, 마산항, 여수항, 목포항, 군산항, 제주항, 동해·묵호항, 울산항, 통영항, 삼천포항, 장승포항, 포항항, 장항항, 옥포항, 광양항, 평택·당진항, 대산항, 삼척항, 진해항, 완도항, 속초항, 고현항, 경인항, 보령항
공항	인천공항, 김포공항, 김해공항, 제주공항, 청주공항, 대구공항, 무안공항, 양양공항

(2) 국제항의 지정요건

국제항의 지정요건은 다음 각 호와 같다$\binom{\text{관세법시행령}}{\text{제155조의1 제1항}}$.

첫째, 「선박의 입항 및 출항 등에 관한 법률」 또는 「공항시설법」에 따라 국제무역선(기)이 항상 입출항할 수 있을 것

둘째, 국내선과 구분되는 국제선 전용통로 및 그 밖에 출입국업무를 처리하는 행정기관의 업무수행에 필요한 인력·시설·장비를 확보할 수 있을 것

셋째. 공항 및 항구의 여객수 또는 화물량 등에 관한 다음 각 목의 구분에 따른 기준을 갖출 것. 공항의 경우에는 정기여객기가 주 6회 이상 입항하거나 입항할 것으로 예상될 것, 여객기로 입국하는 여객수가 연간 4만명 이상이어야 한다. 그리고 항구의 경우에는 국제무역선인 5천톤급 이상의 선박이 연간 50회 이상 입항하거나 입항할 것으로 예상될 것이다.

관세청장 또는 관계 행정기관의 장은 국제항이 (관세법시행령 제155조의 1 제1항에 따른) 지정요건을 갖추지 못하여 업무수행 등에 상당한 지장을 준다고 판단하는 경우에는 기획재정부장관에게 그 사실을 보고해야 한다. 이 경우 기획재정부장관은 관세청장 또는 국제항시설의 관리기관의 장과 국제항에 대한 현장점검을 할 수 있다$\binom{\text{관세법시행령}}{\text{제155조의1 제2항}}$.

기획재정부장관은 (관세법시행령 제155조의1 제2항에 따른) 보고 또는 현장점검 결과를 검토한 결과 시설 등의 개선이 필요한 경우에는 해당 국제항의 운영자에게 개선대책 수립, 시설개선 등을 명할 수 있으며 그 이행결과를 보고하게 할 수 있다$\binom{\text{관세법시행령}}{\text{제155조의1 제3항}}$.

2) 국제항이 아닌 지역에 대한 출입허가

국제항이 아닌 지역에 대한 출입의 허가를 받으려는 자는 다음 각 호의 사항을 기재한 신청서를 해당 지역을 관할하는 세관장에게 제출해야 한다. 다만, 국제무역선 또는 국제무역기 항행의 편의도모나 그 밖의 특별한 사정이 있는 경우에는 다른 세관장에게 제출할 수 있다$\left(\substack{\text{관세법시행령} \\ \text{제156조 제1항}}\right)$.

① 선박 또는 항공기의 종류·명칭·등록기호·국적과 총톤수 및 순톤수 또는 자체무게

② 지명

③ 당해 지역에 머무는 기간

④ 당해 지역에서 하역하고자 하는 물품의 내외국물품별 구분, 포장의 종류·기호·번호 및 개수와 품명·수량 및 가격

⑤ 당해 지역에 출입하고자 하는 사유

국제무역선 또는 국제무역기 항행의 편의도모나 그 밖의 특별한 사정이 있는 경우에는 다른 세관장에게 제출할 수 있다$\left(\substack{\text{관세법시행령} \\ \text{제156조 제1항}}\right)$. 이에 의하여 출입허가를 한 세관장은 지체없이 이를 당해 지역을 관할하는 세관장에게 통보하여야 한다$\left(\substack{\text{관세법시행령} \\ \text{제156조 제2항}}\right)$.

3. 입출항 절차$\left(\substack{\text{관세법} \\ \text{제135조}}\right)$

1) 입항절차

(1) 입항보고

국제무역선이나 국제무역기가 국제항(관세법 제134조 제1항 단서 : 대통령령으로 정한 바에 따라 국제항이 아닌 지역에 출항허가 받은 지역을 포함)에 입항하였을 때에는 선장이나 기장은 대통령령으로 정하는 사항이 적힌 선박용품 또는 항공기용품의 목록, 여객명부, 승무원명부, 승무원 휴대품목록과 적재화물목록을 첨부하여 지체 없이 세관장에게 입항보고를 하여야 하며, 국제무역선은 선박국적증서와 최종 출발항의 출항허가증이나 이를 갈음할 서류를 제시하여야 한다. 다만, 세관장은 감시·단속에 지장이 없다고 인정될 때에는 선박용품 또는 항공기용품의 목록이나 승무원 휴대품목록의 첨부를 생략하게 할 수 있다$\left(\substack{\text{관세법} \\ \text{제135조 제1항}}\right)$.

(2) 입항서류제출

세관장은 신속한 입항 및 통관절차의 이행과 효율적인 감시·단속을 위하여 필요할 때에는 관세청장이 정하는 바에 따라 입항하는 해당 선박 또는 항공기가 소속된 선박회사 또는 항공사(그 업무를 대행하는 자를 포함한다.)로 하여금 제1항에 따른 여객명부·적재화물목록 등을 입항하기 전에 제출하게 할 수 있다. 다만, 화물운송주선업자(제254조의2 제1항에 따른 탁송품 운송업자로 한정한다 : 관세청장 또는 세관장에게 등록한 자)로서 대통령령으로 정하는 요건을 갖춘 자가 작성한 적재화물목록은 관세청장이 정하는 바에 따라 해당 화물운송주선업자로 하여금 제출하게 할 수 있다$\left(\substack{\text{관세법}\\\text{제135조 제2항}}\right)$.

2) 출항절차 $\left(\substack{\text{관세법}\\\text{제136조}}\right)$

(1) 출항허가

국제무역선이나 국제무역기가 국제항을 출항하려면 선장이나 기장은 출항하기 전에 세관장에게 출항허가를 받아야 한다$\left(\substack{\text{관세법}\\\text{제136조 제1항}}\right)$.

(2) 적재목록의 제출

선장이나 기장은 (관세법 제136조 제1항에 따른) 출항허가를 받으려면 그 국제항에서 적재화물목록을 제출하여야 한다. 다만, 세관장이 출항절차를 신속하게 진행하기 위하여 필요하다고 인정하여 출항허가 후 7일의 범위에서 따로 기간을 정하는 경우에는 그 기간 내에 그 목록을 제출할 수 있다$\left(\substack{\text{관세법}\\\text{제136조 제2항}}\right)$.

세관장은 신속한 출항 및 통관절차의 이행과 효율적인 감시·단속을 위하여 필요한 경우에는 관세청장이 정하는 바에 따라 출항하는 해당 국제무역선 또는 국제무역기가 소속된 선박회사 또는 항공사로 하여금 (관세법 136조 제2항에 따른 : 보세화물을 취급하려는 자로서 다른 법령에 따라 화물운송의 주선을 업으로 하는 자 - 화물운송주선업자) 적재화물목록을 출항허가 신청 전에 제출하게 할 수 있다. 다만, 관세법 제222조 제1항 제2호(보세화물을 취급하려는 자로서 다른 법령에 따라 화물운송의 주선을 업으로 하는 자 - 이하 "화물운송주선업자"라 함)에 따른 화물운송주선업자(제254조의2 제1항 : 관세청장 또는 세관장에게 등록한 자에 따른 탁송품 운송업자로 한정한다.)로서 대통령령으로 정하는 요건을 갖춘 자가 작성한 적재화물목록은 관세청장이 정하는 바에 따라 해당 화물운송주선업자로 하여금 제출하게 할 수 있다$\left(\substack{\text{관세법}\\\text{제136조 제3항}}\right)$.

(3) 신청인 통지

세관장은 (관세법 제136조의 제2항에 따른) 허가의 신청을 받은 날부터 10일 이내에 허가 여부를 신청인에게 통지하여야 한다$\binom{관세법}{제136조\ 제4항}$. 세관장이 (관세법 제136조 제4항에서) 정한 기간 내에 허가 여부 또는 민원 처리 관련 법령에 따른 처리기간의 연장을 신청인에게 통지하지 아니하면 그 기간(민원 처리 관련 법령에 따라 처리기간이 연장 또는 재연장된 경우에는 해당 처리기간을 말한다)이 끝난 날의 다음 날에 허가를 한 것으로 본다$\binom{관세법}{제136조\ 제5항}$.

3) 간이 입출항 절차$\binom{관세법}{제137조}$

(1) 입항 후 24시간내 출항의 경우

국제무역선이나 국제무역기가 개항에 입항하여 물품(선박용품 또는 항공기용품과 승무원의 휴대품은 제외한다)을 하역하지 아니하고 입항한 때부터 24시간 이내에 출항하는 경우 세관장은

① 입항절차(관세법 제135조)에 따른 적하목록, 선박용품 또는 항공기용품의 목록, 여객 명부, 승무원명부, 승무원 휴대품목록 또는

② 출항절차(관세법 제136조)에 따른 적재화물목록의 제출을 생략하게 할 수 있다$\binom{관세법}{제137조\ 제1항}$.

(2) 다른 개항에 재입항의 경우

세관장은 국제무역선이나 국제무역기가 국제항에 입항하여 입항절차(제135조)를 마친 후 다시 우리나라의 다른 국제항에 입항할 때에는 상기규정을 준용하여 서류제출의 생략 등 간소한 절차로 입출항하게 할 수 있다$\binom{관세법}{제137조\ 제2항}$.

(3) 승객예약자료의 제공$\binom{관세법}{제137조의2}$

① 선박예약자료 요청

세관장은 다음 각 호의 어느 하나에 해당하는 업무를 수행하기 위하여 필요한 경우 입항절차$\binom{관세법}{제135조}$에 따라 입항하거나 출항절차$\binom{관세법}{제136조}$에 따라 출항하는 선박 또는 항공기가 소속된 선박회사 또는 항공사가 운영하는 예약정보시스템의 승객예약자료를 정보통신망을 통하여 열람하거나 기획재정부령으로 정하는 시한 내에 제출하여 줄 것을 선박회사 또는 항공사에 요청할 수 있다. 이 경우 해당 선박회사 또는 항공사는 이에 따라야 한다$\binom{관세법}{제137조의2\ 제1항}$.

1. 수출입금지$\binom{\text{관세법}}{\text{제234조}}$에 따른 수출입금지물품을 수출입한 자 또는 수출입하려는 자에 대한 검사업무

2. 수출입 또는 반송신고$\binom{\text{관세법}}{\text{제241조 제1,2항}}$를 위반한 자 또는 수출입신고 또는 반송신고$\binom{\text{관세법}}{\text{제241조 제1,2항}}$를 위반하여 다음 각 목의 어느 하나의 물품을 수출입하거나 반송하려는 자에 대한 검사업무

   가. 「마약류관리에 관한 법률」에 따른 마약류

   나. 「총포·도검·화약류 등 단속법」에 따른 총포·도검·화약류·분사기·전자충격기 및 석궁

② 승객예약자료

세관장이 선박예약자료의 열람이나 제출을 요청할 수 있는 승객예약자료는 다음 각 호의 자료로 한정한다$\binom{\text{관세법}}{\text{제137조의2 제2항}}$.

1. 국적, 성명, 생년월일, 여권번호 및 예약번호
2. 주소 및 전화번호
3. 예약 및 탑승수속 시점
4. 항공권 또는 승선표의 번호·발권일·발권도시 및 대금결제방법
5. 여행경로 및 여행사
6. 동반탑승자 및 좌석번호
7. 수하물 자료
8. 항공사 또는 선박회사의 회원으로 가입한 경우 그 회원번호 및 등급과 승객주문정보

또한 제공받은 승객예약자료를 열람할 수 있는 사람은 관세청장이 지정하는 세관공무원으로 한정하며, 세관공무원은 직무상 알게 된 승객예약자료를 누설 또는 권한 없이 처리하거나 타인이 이용하도록 제공하는 등 부당한 목적을 위하여 사용하여서는 아니 된다. 제공받은 승객예약자료의 열람방법, 보존기한 등에 관하여 필요한 사항은 대통령령으로 정한다$\binom{\text{관세법}}{\text{제137조의2 제3,4,5항}}$.

4. 재해 기타 부득이한 사유로 인한 면책 등

1) 의의

입출항 절차$\binom{\text{관세법}}{\text{제134조~제137조}}$ 및 물품의 하역$\binom{\text{관세법}}{\text{제140조~제143조}}$은 재해 기타 부득이한 사유에 의한 경우에는 적용하지 아니한다$\binom{\text{관세법}}{\text{제138조 제1항}}$.

2) 이행절차 및 종료보고

재해 기타 부득이한 사유로 인해 입출항 및 하역 등을 하는 경우에는 선장 또는 기장은 지체없이 그 이유를 세관공무원 또는 경찰공무원(세관공무원이 없는 때에 한한다)에게 신고하여야 하며, 경찰공무원은 지체없이 그 내용을 세관공무원에게 통보하여야 한다. 선장 또는 기장은 재해 기타 부득이한 사유가 종료된 때에는 지체없이 세관장에게 그 경과를 보고하여야 한다$\binom{\text{관세법}}{\text{제138조 제2,3,4항}}$.

3) 임시 외국 정박 또는 착륙의 보고

재해나 그 밖의 부득이한 사유로 국내운항선이나 국내운항기가 외국에 임시 정박 또는 착륙하고 우리나라로 되돌아왔을 때에는 선장이나 기장은 지체 없이 그 사실을 세관장에게 보고하여야 하며, 외국에서 적재한 물품이 있을 때에는 그 목록을 제출하여야 한다$\binom{\text{관세법}}{\text{제139조}}$.

임시 외국 정박 또는 착륙의 보고$\binom{\text{관세법}}{\text{제139조}}$의 규정에 의한 보고는 다음 각호의 사항을 기재한 보고서에 의하여야 한다$\binom{\text{관세법시행령}}{\text{제160조}}$.

① 선박 또는 항공기의 종류·명칭 또는 등록기호·국적·총톤수 및 순톤수 또는 자체무게
② 기착항명
③ 기착항에 머무른 기간
④ 기착사유
⑤ 기착항에서의 적재물품 유무

5. 물품의 하역 $\left(\substack{\text{관세법} \\ \text{제140조}}\right)$

1) 하역의 시기

국제무역선이나 국제무역기는 입항절차 $\left(\substack{\text{관세법} \\ \text{제135조}}\right)$에 따른 입항절차를 마친 후가 아니면 물품을 하역하거나 환적할 수 없다. 다만, 세관장의 허가를 받은 경우에는 그러하지 아니하다 $\left(\substack{\text{관세법} \\ \text{제140조 제1항}}\right)$. 세관장은 (관세법 제135조 제1항 단서에 따른) 허가의 신청을 받은 날부터 10일 이내에 허가 여부를 신청인에게 통지하여야 한다 $\left(\substack{\text{관세법} \\ \text{제140조 제2항}}\right)$. 세관장이 제2항에서 정한 기간 내에 허가 여부 또는 민원 처리 관련 법령에 따른 처리기간의 연장을 신청인에게 통지하지 아니하면 그 기간(민원 처리 관련 법령에 따라 처리기간이 연장 또는 재연장된 경우에는 해당 처리기간을 말한다)이 끝난 날의 다음 날에 허가를 한 것으로 본다 $\left(\substack{\text{관세법} \\ \text{제140조 제3항}}\right)$.

물품이 하역 $\left(\substack{\text{관세법} \\ \text{제140조 제1항}}\right)$ 단서의 규정에 의하여 물품을 하역 또는 환적하기 위하여 허가를 받고자 하는 자는 다음 각호의 사항을 기재한 신청서를 세관장에게 제출하여야 한다 $\left(\substack{\text{관세법시행령} \\ \text{제161조 제1항}}\right)$.

① 선박 또는 항공기의 종류·명칭·국적 및 입항연월일
② 물품의 내외국물품별 구분과 품명·수량 및 가격
③ 포장의 종류·기호·번호 및 개수
④ 신청사유

2) 하역의 절차

(1) 하역 등의 신고

국제무역선이나 국제무역기에 물품을 하역하려면 세관장에게 신고하고 현장에서 세관공무원의 확인을 받아야 한다. 다만, 세관공무원이 확인할 필요가 없다고 인정하는 경우에는 그러하지 아니하다 $\left(\substack{\text{관세법} \\ \text{제140조 제4항}}\right)$.

물품을 하역 또는 환적하고자 하는 자는 다음 각호의 사항을 기재한 신고서를 세관장에게 제출하고 그 신고필증을 현장세관공무원에게 제시하여야 한다. 다만, 수출물품의 경우에는 관세청장이 정하는 바에 따라 물품목록의 제출로써 이에 갈음할 수 있으며, 항공기인 경우에는 현장세관공무원에 대한 말로써 신고하여 이에 갈음할 수 있다 $\left(\substack{\text{관세법시행령} \\ \text{제161조 제2항}}\right)$.

① 선박 또는 항공기의 명칭

② 물품의 품명·개수 및 중량

③ 승선자수 또는 탑승자수

④ 선박 또는 항공기 대리점

⑤ 작업의 구분과 작업예정기간

(2) 통로제한

세관장은 감시·단속을 위하여 필요할 때에는 물품을 하역하는 장소 및 통로(이하 "하역통로"라 한다)와 기간을 제한할 수 있다$\binom{\text{관세법}}{\text{제140조 제5항}}$.

(3) 내·외국물품의 적재

국제무역선이나 국제무역기에는 내국물품을 적재할 수 없으며, 국내운항선이나 국내운항기에는 외국물품을 적재할 수 없다. 다만, 세관장의 허가를 받았을 때에는 그러하지 아니하다$\binom{\text{관세법}}{\text{제140조 제6항}}$.

내외국물품 적재(법 제140조 제6항 단서)의 규정에 의한 허가를 받고자 하는 자는 다음 각호의 사항을 기재한 신청서를 세관장에게 제출하여야 한다$\binom{\text{관세법시행령}}{\text{제161조 제4항}}$.

1. 물품의 내외국물품별 구분과 품명 및 수량

2. 포장의 종류 및 개수

3. 적재선박 또는 항공기의 명칭, 적재기간

4. 화주의 주소 및 성명

5. 신청사유

(4) 하역제한

세관장은 하역 등의 신고(관세법 제140조 제4항)에 따라 신고된 물품이 폐기물·화학물질 등 관세청장이 관계 중앙행정기관의 장과 협의하여 고시하는 물품으로서 하역 장소 및 통로, 기간을 제한하는 방법으로는 사회안전 또는 국민보건 피해를 방지하기 어렵다고 인정되는 경우에는 하역을 제한하고, 적절한 조치 또는 반송을 명할 수 있다$\binom{\text{관세법}}{\text{제140조 제7항}}$.

3) 외국물품의 일시양륙 등

다음 각 호의 하나에 해당하는 행위를 하고자 하는 때에는 세관장에게 신고를 하고, 현장에서 세관공무원의 확인을 받아야 한다. 세관공무원이 확인할 필요가 없다고 인정하는 때에는 그러하지 아니하다($^{관세법}_{제141조}$).

① 외국물품을 운송수단으로부터 일시적으로 육지에 내려놓고자 하는 경우
외국물품을 일시적으로 육지에 내려 놓고자 하는 경우에는 다음 각호의 사항을 기재한 신고서를 세관장에게 제출하고 그 신고필증을 현장세관공무원에게 제시하여야 한다($^{관세법시행령}_{제162조 제1호}$).
1. 선박 또는 항공기의 종류·명칭·국적
2. 입항연월일
3. 육지에 내려 놓고자 하는 일시 및 기간
4. 육지에 내려 놓고자 하는 물품의 품명·수량 및 가격과 그 포장의 종류·기호·번호·개수
5. 육지에 내려 놓고자 하는 물품의 최종도착지
6. 육지에 내려 놓고자 하는 장소
② 육지에 내려 놓고자 하는 외국물품을 장치할 수 있는 장소의 범위 등에 관하여는 관세청장이 정한다($^{관세법시행령}_{제162조 제2호}$).

4) 항외하역

국제무역선이 개항의 바깥에서 물품을 하역하거나 환적하고자 하는 때에는 선장은 세관장의 허가를 받아야 한다($^{관세법}_{제142조 제1항}$). 선장은 허가를 받고자 하는 때에는 기획재정부령이 정하는 바에 의하여 허가수수료를 납부하여야 한다($^{관세법}_{제142조 제2항}$).

개항의 바깥에서 하역 또는 환적하기 위하여 허가를 받고자 하는 자는 다음 각호의 사항을 기재한 신청서를 세관장에게 제출하여야 한다($^{관세법시행령}_{제165조}$).
① 개항의 바깥에서 하역 또는 환적하고자 하는 장소 및 일시
② 선박의 종류·명칭·국적·총톤수 및 순톤수
③ 당해 물품의 내외국물품별 구분과 품명·수량 및 가격
④ 당해 물품의 포장의 종류·기호·번호 및 개수
⑤ 신청사유

세관장은 (관세법 제142조 제1항에 따른) 허가의 신청을 받은 날부터 10일 이내에 허가

여부를 신청인에게 통지하여야 한다$\left(\substack{\text{관세법}\\\text{제142조 제3항}}\right)$. 세관장이 (관세법 제142조 제3항에서) 정한 기간 내에 허가 여부 또는 민원 처리 관련 법령에 따른 처리기간의 연장을 신청인에게 통지하지 아니하면 그 기간(민원 처리 관련 법령에 따라 처리기간이 연장 또는 재연장된 경우에는 해당 처리기간을 말한다)이 끝난 날의 다음 날에 허가를 한 것으로 본다$\left(\substack{\text{관세법}\\\text{제142조 제4항}}\right)$.

5) 선박용품 및 항공기용품 등의 하역

(1) 선박용품 및 항공기용품의 정의

'선박용품'이라 함은 음식물·연료·소모품·밧줄·수리용 예비부분품 및 부속품·집기 기타 이와 유사한 물품으로서 당해 선박에서만 사용되는 것을 말한다. '항공기용품'이라 함은 선박용품에 준하는 물품으로서 당해 항공기에서만 사용되는 것을 말한다.

(2) 선박용품 및 항공기용품의 범위

선박용품 또는 항공기용품, 국제무역선 또는 국제무역기 안에서 판매하는 물품의 종류와 수량은 선박이나 항공기의 종류, 톤수 또는 무게, 항행일수·운행일수 또는 조업일수, 여객과 승무원·선원의 수 등을 고려하여 세관장이 타당하다고 인정하는 범위이어야 한다$\left(\substack{\text{관세법}\\\text{제143조 제3항}}\right)$.

(3) 선(기)용품 등의 하역

다음 각 호의 어느 하나에 해당하는 물품을 국제무역선·국제무역기 또는 원양산업발전법(제2조 제6호)에 따른 조업에 사용되는 선박(이하 "원양어선")에 하역하거나 환적하려면 세관장의 허가를 받아야 하며, 하역 또는 환적허가의 내용대로 하역하거나 환적하여야 한다$\left(\substack{\text{관세법}\\\text{제143조 제1항}}\right)$.

① 선박용품 또는 항공기용품
② 국제무역선 또는 국제무역기 안에서 판매하는 물품
③ 원양산업발전법(제6조 제1항, 제17조 제1항 및 제3항)에 따라 해양수산부장관의 허가·승인 또는 지정을 받은 자가 조업하는 원양어선에 무상으로 송부하기 위하여 반출하는 물품으로서 해양수산부장관이 확인한 물품

국제무역선 또는 국제무역기에 물품을 하역하거나 환적하기 위하여 허가를 받고자 하는 자는 다음 각호의 사항을 기재한 신청서를 세관장에게 제출하여야 한다$\left(\substack{\text{관세법시행령}\\\text{제166조 제1항}}\right)$.

① 선박 또는 항공기의 종류·등록기호·명칭·국적과 여객 및 승무원의 수

② 당해 물품의 내외국물품별 구분과 품명·규격·수량 및 가격

③ 당해 물품의 포장의 종류·기호·번호 및 개수

④ 당해 물품의 하역 또는 환적예정연월일과 방법 및 장소

상기 (관세법시행령 제166조 제1항에 해당하는) 물품이 외국으로부터 우리나라에 도착한 외국물품일 때에는 보세구역으로부터 국제무역선·국제무역기 또는 원양어선에 적재하는 경우에만 그 외국물품을 그대로 적재할 수 있다$\binom{관세법}{제143조\ 제2항}$. 그리고 세관장은 제1항에 따른 허가의 신청을 받은 날부터 10일 이내에 허가 여부를 신청인에게 통지하여야 한다 $\binom{관세법}{제143조\ 제4항}$.

세관장이 위의 제4항에서 정한 기간 내에 허가 여부 또는 민원 처리 관련 법령에 따른 처리기간의 연장을 신청인에게 통지하지 아니하면 그 기간(민원 처리 관련 법령에 따라 처리기간이 연장 또는 재연장된 경우에는 해당 처리기간을 말한다)이 끝난 날의 다음 날에 허가를 한 것으로 본다$\binom{관세법}{제143조\ 제5항}$.

(4) 관세의 징수

외국물품이 하역 또는 환적허가의 내용대로 운송수단에 적재되지 아니한 경우에는 해당 허가를 받은 자로부터 즉시 그 관세를 징수한다. 다만, 다음 어느 하나에 해당하는 경우에는 그러하지 아니하다$\binom{관세법}{제143조\ 제6항}$.

① 세관장이 지정한 기간내 물품이 다시 보세구역에 반입된 경우

② 재해 기타 부득이한 사유에 의하여 멸실된 경우

③ 미리 세관장의 승인을 받고 폐기한 경우

6. 국제무역선의 국내운항선으로의 전환

국제무역선 또는 국제무역기를 국내운항선 또는 국내운항기로 전환하거나, 국내운항선 또는 국내운항기를 국제무역선 또는 국제무역기로 전환하려면 선장이나 기장은 세관장의 승인을 받아야 한다$\binom{관세법}{제144조}$. 한편, 선장 또는 기장에게 적용할 규정은 선장 또는 기장을 대리하여 그 직무를 행하는 자에게 적용한다$\binom{관세법}{제145조}$.

선박 또는 항공기의 전환의 승인을 얻고자 하는 자는 다음 각호의 사항을 기재한 신청서를 세관장에게 제출하여야 한다(관세법시행령 제167조).

① 선박 또는 항공기의 명칭·종류·등록기호·국적·총톤수 및 순톤수·자체무게·선적항
② 선박 또는 항공기의 소유자의 주소·성명
③ 국내운항선·국내운항기·국제무역선 또는 국제무역기 해당 여부
④ 전환하고자 하는 내용 및 사유

그러나 국경하천만을 운항하는 내국선박에 대해서는 국제무역선에 관한 규정을 적용하지 아니한다(관세법 제147조).

7. 기타 선박 또는 항공기

다음에 해당하는 선박이나 항공기는 국제무역선이나 국제무역기에 관한 규정을 준용한다. 다만, 대통령령으로 정하는 선박 및 항공기에 대해서는 그러하지 아니하다(관세법 제146조 제1항).

① 국제무역선 또는 국제무역기 외의 선박이나 항공기로서 외국에 운항하는 선박 또는 항공기
② 외국을 왕래하는 여행자와 제241조 제2항 제1호의 물품을 전용으로 운송하기 위하여 국내에서만 운항하는 항공기(이하 "환승전용국내운항기"라 한다)

위의 관세법 제146조 제1항에도 불구하고 환승전용국내운항기에 대해서는 선박용품 또는 항공기용품, 국제무역선 또는 국제무역기 안에서 판매하는 물품, 원양어선에 무상으로 송부하기 위하여 반출하는 물품(제143조 제2항)은 적용하지 아니하며 효율적인 통관 및 감시·단속을 위하여 필요한 사항은 대통령령으로 따로 정할 수 있다(관세법 제146조 제2항).

제3절
차 량

1. 개요

관세법에서 규제하는 차량은 국경을 출입하는 차량에 한한다. 그리고 국경을 출입하는 차량은 철도차량과 철도차량이 아닌 것으로 구분하는데 선박, 차량 또는 항공기가 아닌 운수기관은 철도차량이 아닌 차량으로 본다. 우리나라에는 현재 남북이 분단되어 있으므로 인접국경이 없다. 그러나 남북통일에 대비하여 관세법에서는 인접국경을 출입하는 차량에 관한 규정을 두고 있다.

2. 관세통로 $\left(\substack{관세법 \\ 제148조}\right)$

1) 경유 및 정차 의무

국경을 출입하는 차량은 관세통로를 경유하여야 하고 통관역 또는 통관장에 정차하여야 한다 $\left(\substack{관세법 \\ 제148조 \ 제1항}\right)$. 관세통로는 육상국경으로 부터 통관역에 이르는 일반수송용 철도와 육상국경으로 부터 통관장에 이르는 육로 또는 수로 중에서 세관장이 지정한다 $\left(\substack{관세법 \\ 제148조 \ 제2항}\right)$.

2) 통관역과 통관장의 지정

통관역은 국외와 연락되고 국경에 근접한 일반 수송용 철도역 중에서 관세청장이 지정한다 $\left(\substack{관세법 \\ 제148조 \ 제3항}\right)$. 통관장은 관세통로에 접속한 장소 중에서 세관장이 지정한다 $\left(\substack{관세법 \\ 제148조 \ 제4항}\right)$.

3. 국경 출입 차량의 도착절차

1) 목록 제출 및 도착보고

국경출입차량이 통관역이나 통관장에 도착하면 통관역장이나 도로차량의 운전자는 차량용품목록·여객명부·승무원명부 및 승무원 휴대품목록과 관세청장이 정하는 적재화물목록을 첨부하여 지체 없이 세관장에게 도착보고를 하여야 하며, 최종 출발지의 출발허가서 또는 이를 갈음하는 서류를 제시하여야 한다. 다만, 세관장은 감시·단속에 지장이 없다고 인정될 때에는 차량용품목록이나 승무원 휴대품목록의 첨부를 생략하게 할 수 있다$\left(\begin{smallmatrix}\text{관세법}\\\text{제149조 제1항}\end{smallmatrix}\right)$.

2) 도착전 목록 등 제출

세관장은 신속한 입국 및 통관절차의 이행과 효율적인 감시·단속을 위하여 필요한 경우에는 관세청장이 정하는 바에 따라 도착하는 해당 차량이 소속된 회사(그 업무를 대행하는 자를 포함한다)로 하여금 관세법 제149조 제1항에 따른 여객명부·적재화물목록 등을 도착하기 전에 제출하게 할 수 있다$\left(\begin{smallmatrix}\text{관세법}\\\text{제149조 제2항}\end{smallmatrix}\right)$.

일정기간 일정량으로 나누어 반복적으로 운송하는 데 사용되는 도로차량의 운전자는 도로차량의 국경출입$\left(\begin{smallmatrix}\text{관세법}\\\text{제152조 제2항}\end{smallmatrix}\right)$의 규정에 따라 사증을 받는 것으로 도착보고를 대신할 수 있다. 다만, 최종도착보고의 경우를 제외 한다$\left(\begin{smallmatrix}\text{관세법}\\\text{제149조 제3항}\end{smallmatrix}\right)$.

위 규정에 따라 사증을 받은 것으로 도착보고를 대신하는 도로차량의 운전자는 최종도착보고를 하는 때에 관세법 제149조 제1항 규정에 따른 서류를 한꺼번에 제출하여야 한다$\left(\begin{smallmatrix}\text{관세법}\\\text{제149조 제4항}\end{smallmatrix}\right)$.

국경출입차량의 출발절차는 통관역장 또는 도로차량의 운전자는 출발 전에 세관장에게 출발보고를 하고 출발허가를 받아야 한다$\left(\begin{smallmatrix}\text{관세법}\\\text{제150조 제1항}\end{smallmatrix}\right)$. 반복운송 도로차량 운전자는 도착보고 때와 같이 사증을 받은 것으로 출발보고 및 출발허가를 대신할 수 있다. 다만, 최초출발보고와 최초출발허가의 경우를 제외 한다$\left(\begin{smallmatrix}\text{관세법}\\\text{제150조 제3항}\end{smallmatrix}\right)$.

위 규정에 따른 도로차량을 운행하려는 자는 기획재정부령이 정하는 바에 따라 미리 세관장에게 신고하여야 한다$\left(\begin{smallmatrix}\text{관세법}\\\text{제150조 제4항}\end{smallmatrix}\right)$.

3) 국경출입차량의 국내운행차량으로의 전환$\left(\begin{smallmatrix} 관세법 \\ 제151조의2 \end{smallmatrix}\right)$

국경출입차량을 국내에서만 운행하는 차량(이하 "국내차량"이라한다)으로 전환하거나 국내운행차량을 국경출입차량으로 전환하려는 때에는 통관역장 또는 도로차량의 운전자는 세관장의 승인을 얻어야 한다. 다만, 기획재정부령이 정하는 차량의 경우에는 그러하지 아니 하다.

4) 도로차량의 국경출입

국경을 출입하는 도로차량의 운전자는 해당도로차량이 구경을 출입할 수 있음을 증명하는 서류를 세관장으로부터 교부받아야한다$\left(\begin{smallmatrix} 관세법 \\ 제152조 \ 제1항 \end{smallmatrix}\right)$. 국경을 출입하는 도로 차량의 운전자는 출입 할 때마다 관세법 제152조 제1항 규정에 따른 서류를 세관공무원에게 제시하고 사증을 받아야 한다. 이 경우 전자적인 방법으로 서류의 제시 및 사증을 받는 것을 대신할 수 있다$\left(\begin{smallmatrix} 관세법 \\ 제152조 \ 제2항 \end{smallmatrix}\right)$.

관세법 제152조 제2항 규정에 따른 사증을 받으려는 자는 기획재정부령이 정하는 바에 의하여 수수료를 납부하여야 한다. 다만, 기획재정부령이 정하는 차량은 수수료를 면제한다$\left(\begin{smallmatrix} 관세법 \\ 제152조 \ 제3항 \end{smallmatrix}\right)$.

4. 물품의 하역 등

통관역 또는 통관장에서 외국물품을 차량에서 하역하고자 하는 자는 세관장에게 신고를 하고, 현장에서 세관공무원의 확인을 받아야 한다. 다만, 세관공무원이 확인할 필요가 없다고 인정하는 때에는 그러하지 아니하다$\left(\begin{smallmatrix} 관세법 \\ 제151조 \ 제1항 \end{smallmatrix}\right)$.

차량용품과 국경출입차량 안에서 판매할 물품을 당해 차량에 하역하거나 환적 하는 때에는 관세법 제143조의 규정(선박용품, 항공기 용품의 하역)을 준용한다$\left(\begin{smallmatrix} 관세법 \\ 제151조 \ 제2항 \end{smallmatrix}\right)$.

제6장

보세구역제도

———

제1절 보세제도와 구역의 역할

제2절 보세구역의 의의

제3절 특허보세구역

제4절 종합보세구역

제5절 유치 및 예치

제6절 보세운송

제1절
보세제도와 구역의 역할

1. 보세제도의 개요

1) 보세제도의 의의

보세라 하면 대체로 관세유보 또는 관세미납의 뜻으로 해석하는 것이나, 관세의 부과 대상이 아닌 무세품도 수입신고수리 이전에는 보세화물이라고 부르고 있다는 사실에서 보세의 의의를 엄격히 정의하면 보세란 수입신고수리가 종료되지 않은 상태, 즉 수입신고수리 미필 상태라고 보는 것이 또한 통설이다.

「관세법」에서는 보세제도를 두고 있으며, 통관물품을 집중하여 반입하도록 감시와 관리의 효율성을 도모하는 동시에 수출지원 등의 효과를 기대하고자 보세구역제도를 두고 있으며, 통관절차의 효율화와 세관의 업무분산 등의 효과를 기대하고자 보세운송제도를 두고 있다.

2) 보세제도의 기능

(1) 관세징수권의 확보

보세구역 또는 보세운송은 보세화물을 세관의 엄격한 통제하에 둠으로써 부정유출을 방지하고, 원칙적으로 관세담보를 제공하고 수입신고수리를 받기 전에는 보세구역을 벗어나지 못하게 함으로써 관세채권을 확보할 수 있도록 하고 있다.

또한 보세운송 역시 도착관리 등을 함으로써 운송도중 화물의 부정유출을 방지하고 있다.

(2) 통관업무의 효율화

보세구역은 세관의 감시와 단속이 용이한 일정한 장소만을 지정·특허하고, 모든 수입통관물품을 이곳에 집중적으로 반입시켜서 세관장에게 관세징수, 수출입 허가사항 확인이라는 통관절차를 효율적으로 달성할 수 있도록 하고 있다.

(3) 수출 및 산업지원

보세구역은 외국물품을 보세상태로 반입하여 관세납부, 수입신고수리 등을 받지 않고도 보세구역에서 제조·가공하여 외국에 반출할 수 있도록 함으로써 가공무역의 진흥 등 수출지원에 이용되는 보세공장이 있고, 외국물품 그대로 사용하여 산업시설을 신속히 건설할 수 있는 보세건설장이 있어 국내산업 건설과 발전을 지원하고 있다.

3) 보세제도의 종류

보세제도는 보세구역제도와 보세운송제도로 나눌 수 있는데, 보세구역은 보세화물을 반입·장치·가공·건설·전시·판매하는 구역을 말하고, 보세운송은 보세화물을 보세상태에서 운송하는 것을 말한다. 전자를 정적보세제도라 하고, 후자를 동적보세제도라 한다.

(1) 보세구역제도 $\left(\begin{smallmatrix}\text{관세법}\\\text{제154조}\end{smallmatrix}\right)$

보세구역이란 외국물품을 수입신고수리 전 상태에서 장치·검사·전시·판매하거나 이를 사용하여 물품을 제조·가공하거나 산업시설을 건설할 수 있는 장소로서 관세청장 또는 세관장이 지정하거나 특허한 장소를 말한다.

보세구역은 지정보세구역·특허보세구역 및 종합보세구역으로 구분하고, 지정보세구역은 지정장치장 및 세관검사장으로 구분하며, 특허보세구역은 보세창고·보세공장·보세전시장·보세건설장 및 보세판매장으로 구분한다 $\left(\begin{smallmatrix}\text{관세법}\\\text{제154조}\end{smallmatrix}\right)$.

구분	종류	비고
지정보세구역	지정장치장, 세관검사장	세관장의 지정
특허보세구역	보세창고, 보세공장, 보세전시장, 보세건설장, 보세판매장	세관장의 특허
종합보세구역		관세청장의 지정

(2) 보세운송제도

보세운송은 외국물품을 국내에서 보세상태로 운송하는 하는 것을 말한다. 수입하고자 하는 물품의 도착지인 항구와 공항의 세관에서 통관하지 않고, 외국물품상태로 국내로 운송하여 자기의 공장, 창고를 관할하는 내륙지의 세관에서 통관할 수 있는데, 이를 보세운송제도로 한다. 동적인 보세제도라 한다.

2. 보세화물의 관리(보세구역의 통칙)

1) 물품의 장치(관세법 제155조 및 제156조)

(1) 보세구역 장치 원칙

외국물품과 내국운송의 신고를 하려는 내국물품은 보세구역이 아닌 장소에 장치할 수 없다(관세법 제155조 제1항). 보세구역에 장치하도록 한 이유는 일정 장소에 화물이 장치되어야 안전한 화물관리와 화주가 신속하고 손쉽게 물품을 통관해 갈 수 있을 뿐 아니라 세관의 감시, 단속을 용이하게 할 수 있기 때문이다.

(2) 보세구역 외 장치(관세법 제156조)

보세구역 외 장치란 보세구역이 아닌 장소에 외국물품 및 내국운송의 신고를 받고자 하는 내국물품을 장치하는 것을 말한다. 이를 타소장치라 한다.

(가) 보세구역 장치 외 대상물품

다음 각 호에 해당하는 것은 보세구역이 아닌 장소에 장치할 수 있다(관세법 제155조 단서).

> ① 수출신고가 수리된 물품
> ② 거대중량 기타의 사유로 보세구역에 장치하기 곤란하거나 부적당한 물품
> ③ 재해 기타 부득이한 사유로서 임시 장치한 물품
> ④ 검역물품
> ⑤ 압수물품
> ⑥ 우편물품

보세화물은 원칙적으로 보세구역에 장치해야 하지만, 화물의 성질상 보세구역에 반입할 수 없거나 보세구역에 반입할 실익이 없는 경우에는 보세구역이 아닌 장소에도 장치할 수 있도록 하고 있다.

(나) 보세구역 외 장치의 허가

크기나 무게의 과다, 기타의 사유로 보세구역에 장치하기 곤란하거나 부적당한 물품(관세법 제155조 제1항 제2호)에 해당하는 물품을 보세구역이 아닌 장소에 장치하고자 하는 자는 세관장의

허가를 받아야 한다$\left(\begin{smallmatrix}\text{관세법}\\\text{제156조 제1항}\end{smallmatrix}\right)$.

세관장은 외국물품에 대하여 ①항의 허가를 하고자 하는 때에는 그 물품의 관세에 상당하는 담보의 제공, 필요한 시설의 설치 등을 명할 수 있다$\left(\begin{smallmatrix}\text{관세법}\\\text{제156조 제2항}\end{smallmatrix}\right)$. 상기 규정에 의한 허가를 받고자 하는 자는 기획재정부령이 정하는 금액, 방법 등에 의하여 수수료를 납부하여야 한다$\left(\begin{smallmatrix}\text{관세법}\\\text{제156조 제3항}\end{smallmatrix}\right)$.

〈표 6-1〉 보세구역 외 장치허가 대상물품

① 물품의 크기 또는 무게의 과다로 보세구역의 관내에 장치하기 곤란한 물품

② 다량의 산물로서 보세구역에 장치 후 다시 운송하는 것이 불합리하다고 인정하는 물품

③ 부패·변질의 우려가 있거나, 부패·변질하여 다른 물품을 오손할 우려가 있는 물품과 방진, 방습 등 특수보관이 필요한 물품

④ 귀중품, 의약품, 살아 있는 동·식물 등으로서 보세구역에 장치하는 것이 곤란하다고 인정하는 물품

⑤ 보세구역이 아닌 검역시행장에 반입할 검역물품

⑥ 보세구역과의 교통이 불편한 지역에 양륙된 물품으로서 보세구역으로 운반하는 것이 불합리하다고 인정하는 물품

⑦ 「대외무역관리규정」 제3-4-1조 제1항 제8호에서 규정한 중계무역물품으로서 보수작업이 필요한 경우 시설미비, 장소협소 등의 사유로 인하여 보세구역 내에서 보수작업이 곤란하고 감시단속상 문제가 없다고 세관장이 인정하는 물품

⑧ 자가공장 및 시설(용광로 또는 전기로, 압연시설을 말한다)을 갖춘 실수요자가 수입하는 고철 등의 물품

⑨ 기타 세관장이 보세구역 외 장치를 허가할 필요가 있다고 인정하는 물품

(3) 보세구역 장치 외(타소장치)허가신청

보세구역 외 장치의 허가신청$\left(\begin{smallmatrix}\text{관세법}\\\text{제155조 제1항}\end{smallmatrix}\right)$에 따른 허가를 받으려는 자는 해당 물품에 관하여 다음 각 호의 사항을 기재한 신청서에 송품장과 선하증권·항공화물운송장 또는 이에 갈음하는 서류를 첨부하여 세관장에게 제출하여야 한다$\left(\begin{smallmatrix}\text{관세법시행령}\\\text{제175조}\end{smallmatrix}\right)$.

① 장치장소 및 장치사유

② 수입물품의 경우 당해 물품을 외국으로부터 운송하여 온 선박 또는 항공기의 명칭 또는 등록기호·입항예정연월일·선하증권번호 또는 항공화물운송장번호

③ 해당 물품의 내외국물품별 구분과 품명·규격·수량 및 가격

④ 당해 물품의 포장의 종류·번호 및 개수

(4) 보세구역외 장치 대상물품의 장치물품에 대한 규정준용 $\left(\substack{\text{관세법} \\ \text{제155조 제2항}}\right)$

보세구역외 장치하는 물품 중에서 ① 수출신고가 수리된 물품 ② 거대중량 기타의 사유로서 보세구역에 장치하기가 곤란하거나 부적당한 물품 ③ 재해 기타 부득이한 사유로서 일시 장치한 물품 ④ 검역물품에 해당하는 물품은 다음과 같은 보세구역 장치물품에 대한 규정사항을 준용한다(제155조 ①항 제1호 내지 제4호에 해당되는 물품에 대하여는 제157조 내지 제161조, 제163조, 제172조, 제177조, 제208조 내지 제321조의 규정을 준용한다)

법 제157조(물품의 반출입)	법 제127조(장치물품의 폐기)
법 제159조(해체절단 등의 작업)	법 제158조(보수작업)
법 제161조(견품반출)	법 제160조(물품의 폐기)
법 제172조(물품보관책임)	법 제163조(세관공무원의 파견)
법 제208조 내지 제212조	
법 제321조(세관의 휴일, 개청시(장치기간 경과물품 처리)간, 물품취급시간)	

2) 물품의 반입·반출 $\left(\substack{\text{관세법} \\ \text{제157조}}\right)$

물품의 반출입 절차는 다음과 같다.

(1) 반출입신고

보세구역에 물품을 반입, 반출하고자 하는 자는 대통령령이 정하는 바에 의하여 세관장에게 신고하여야 한다 $\left(\substack{\text{관세법} \\ \text{제157조 제1항}}\right)$. 물품의 반출입신고 규정에 의한 물품의 반입신고는 다음 각호의 사항을 기재한 신고서에 의하여야 한다 $\left(\substack{\text{관세법시행령} \\ \text{제176조 제1항}}\right)$.

(가) 수입물품의 경우
① 당해 물품을 외국으로부터 운송하여 온 선박 또는 항공기의 명칭·입항일자·입항세관·적재항
② 물품의 반입일시, 선하증권번호 또는 항공화물운송장번호와 화물관리번호
③ 물품의 품명, 포장의 종류, 반입개수와 장치위치

(나) 내국물품(수출신고가 수리된 물품을 포함한다)의 경우
① 물품의 반입일시
② 물품의 품명, 포장의 종류, 반입개수, 장치위치와 장치기간

(2) 입회와 검사

반입 또는 반출을 하고자 하는 때에는 세관장은 세관공무원을 입회시킬수 있으며, 세관공무원은 당해 물품에 대하여 검사를 할 수 있다$\left(\begin{smallmatrix}관세법\\제157조\ 제2항\end{smallmatrix}\right)$.

반입신고된 물품의 반출신고는 다음 각호의 사항을 기재한 신고서에 의하여야 한다 $\left(\begin{smallmatrix}관세법시행령\\제176조\ 제2항\end{smallmatrix}\right)$.

① 반출신고번호·반출일시·반출유형·반출근거번호

② 화물관리번호

③ 반출개수 및 반출중량

(3) 반출입의 제한

세관장은 보세구역에 반입할 수 있는 물품의 종류를 제한할 수 있다$\left(\begin{smallmatrix}관세법\\제157조\ 제3항\end{smallmatrix}\right)$.

(4) 수입신고수리물품의 반출$\left(\begin{smallmatrix}관세법\\제157조의2\end{smallmatrix}\right)$

관세청장이 정하는 보세구역에 반입하여 수입신고가 수리된 물품의 화주 또는 반입자는 장치기간$\left(\begin{smallmatrix}관세법\\제177조\end{smallmatrix}\right)$의 규정에 불구하고 그 수입신고 수리일부터 15일 이내에 당해 물품을 보세구역으로부터 반출하여야 한다. 다만, 외국물품을 장치하는 데에 방해가 되지 아니하는 것으로 인정되어 세관장으로부터 해당 반출기간의 연장승인을 받았을 때에는 그러하지 아니하다.

만약 이를 위반한 경우에는 100만원 이하의 과태료에 처한다$\left(\begin{smallmatrix}관세법\ 제277조\\제6항\ 제3호\end{smallmatrix}\right)$.

3) 보수작업$\left(\begin{smallmatrix}관세법\\제158조\end{smallmatrix}\right)$

(1) 의의

보세구역에 장치한 물품에 대하여는 그 물품의 현상유지를 위하여 수송도중에 파손된 포장을 보수하거나 녹슨 기계에 기름을 치는 등 보수를 할 필요가 있으며, 하역 또는 통관을 위하여 물품의 포장을 바꾸거나 개장·구분·분할·합병 등의 조치를 할 필요가 있다. 이처럼 보세화물의 현상을 보존, 유지하기 위하여 물품의 성질이 변하지 않는 범위에서 물품에 대하여 가하는 작업을 보수작업이라 한다. 보세구역에 장치된 물품은 그 현상을 유지하기 위하여 필요한 보수작업과 그 성질을 변하지 아니하게 하는 범위에서 포장을 바꾸거나 구분·분할·합병을 하거나 그 밖의 비슷한 보수작업을 할 수 있다. 이 경우 보세구역에서의 보수작업이 곤란하다고 세관장이 인정할 때에는 기간과 장소를 지정받아 보세구역 밖에서 보수작업을 할 수 있다(관세법 제158조 제1항).

(2) 보수작업의 한계와 재료

보수작업의 허용범위는 물품의 보존을 위해 필요한 작업 등 보세화물고시 제19조 ①항에 근거한 범위에 한하여 HS상품분류의 변화를 가져오는 것은 보수작업으로 인정할 수 없다. 외국물품은 수입될 물품의 보수작업의 재료로 사용할 수 없으며 이러한 보수작업으로 외국물품에 부가된 내국물품은 외국물품으로 본다(법 제158조).

(3) 보수작업의 대상

① 보세구역에 장치된 물품이 운송도중에 파손 또는 변질되어 시급히 보수하여야 할 필요가 있는 경우
② 보세구역에 장치된 물품에 대하여 통관을 하기 위하여 개장·분할·구분·합병 기타 이와 유사한 작업을 하고자 하는 경우
③ 중계무역물품으로서 수출을 하기 위하여 제품검사·선별·기능보완 등 이와 유사한 작업이 필요한 경우

(4) 보수작업의 범위

보수작업의 범위는 아래와 같으며, HS 품목분류에 변화를 가져오는 경우에는 보수작업으로 인정되지 아니한다.
① 물품의 보존을 위해 필요한 작업
② 물품의 상품성 향상을 위한 개수작업
③ 선적을 위한 준비작업
④ 단순한 조립작업
⑤ 위와 같은 유사한 작업

(5) 보수작업의 절차
(가) 보수작업의 승인

보수작업을 하고자 하는 자는 세관장의 승인을 얻어야 하며(관세법 제158조 제2항), 보수작업 승인을 얻고자 하는 자는 보수작업에 필요한 사항, 사용할 재료의 품명·수량 및 가격, 보수작업의 목적·방법 및 예정기간과 장치장소를 기재한 신청서를 세관장에게 제출하여야 한다

$\left(\substack{\text{관세법시행령}\\\text{제185조 제1항}}\right)$. 세관장은 (관세법 제158조 제2항에 따른) 승인의 신청을 받은 날부터 10일 이내에 승인 여부를 신청인에게 통지하여야 한다$\left(\substack{\text{관세법}\\\text{제158조 제3항}}\right)$. 세관장이 (관세법 제158조 제3항에서 정한) 기간 내에 승인 여부 또는 민원 처리 관련 법령에 따른 처리기간의 연장을 신청인에게 통지하지 아니하면 그 기간(민원 처리 관련 법령에 따라 처리기간이 연장 또는 재연장된 경우에는 해당 처리기간을 말한다)이 끝난 날의 다음 날에 승인을 한 것으로 본다$\left(\substack{\text{관세법}\\\text{제158조 제4항}}\right)$.

보세구역에 장치된 물품은 그 현상을 유지하기 위하여 필요한 보수작업으로 외국물품에 부가된 내국물품은 외국물품으로 본다$\left(\substack{\text{관세법}\\\text{제158조 제5항}}\right)$. 외국물품은 수입될 물품의 보수작업의 재료로 사용할 수 없다$\left(\substack{\text{관세법}\\\text{제158조 제6항}}\right)$.

(나) 보수작업의 완료

보수작업을 완료한 때에는 당해 물품의 품명·수량 및 가격, 포장의 종류·기호·번호 및 개수, 사용한 재료의 품명·수량 및 가격, 잔존재료의 품명·수량 및 가격과 작업완료 월일을 기재한 보고서를 세관장에게 제출하여 그 확인을 받아야 한다$\left(\substack{\text{관세법시행령}\\\text{제185조 제2항}}\right)$.

4) 해체·절단 등의 작업$\left(\substack{\text{관세법}\\\text{제159조}}\right)$

(1) 의의

보세구역에 장치된 물품에 대하여는 세관장의 허가를 받은 후에 그 원형을 변경하거나 해체·절단 등의 작업을 할 수 있으며$\left(\substack{\text{관세법}\\\text{제159조 제1항}}\right)$, 작업을 하려는 자는 세관장의 허가를 받아야 한다$\left(\substack{\text{관세법}\\\text{제159조 제2항}}\right)$. 세관장은 허가의 신청을 받은 날부터 10일 이내에 허가 여부를 신청인에게 통지하여야 한다$\left(\substack{\text{관세법}\\\text{제159조 제3항}}\right)$. 세관장이 (관세법 제159조 제3항에서 정한) 기간 내에 허가 여부 또는 민원 처리 관련 법령에 따른 처리기간의 연장을 신청인에게 통지하지 아니하면 그 기간(민원 처리 관련 법령에 따라 처리기간이 연장 또는 재연장된 경우에는 해당 처리기간을 말한다)이 끝난 날의 다음 날에 허가를 한 것으로 본다$\left(\substack{\text{관세법}\\\text{제159조 제4항}}\right)$. 작업을 할 수 있는 물품의 종류는 관세청장이 정한다$\left(\substack{\text{관세법}\\\text{제159조 제5항}}\right)$.

(2) 해체·절단 등의 작업대상물품

원형변경·해체 또는 절단할 수 있는 물품은 이러한 작업을 하지 아니하면 아니 되는 특

수한 물품에 한하여야 하므로 이들 작업을 할 수 있는 물품은 관세청장이 정하도록 되어
있다.

> 해체·절단 등의 작업을 할 수 있는 물품의 종류는 관세청장이 정하며 다음과 같다.
>   ① 해체용 선박
>   ② 각종 설비 중 세관장이 원형변경·해체·절단 등의 작업이 필요하다고 인정하는
>   물품
>   ③ 세관장이 견품진정화 작업이 필요하다고 인정하는 물품 등이다.

(3) 해체·절단 등의 작업명령

세관장은 수입신고한 물품에 대하여 필요하다고 인정될 때에는 화주 또는 그 위임을 받은 자에게 해체·절단(관세법 제159조 제1항)에 따른 작업을 명할 수 있다($\binom{관세법}{제159조 제6항}$). 해체·절단 등의 작업의 허가를 받고자 하는 자는 다음 각호의 사항을 기재한 신청서를 세관장에게 제출하여야 한다($\binom{관세법시행령}{제178조 제1항}$).

① 당해 물품의 품명·규격·수량 및 가격
② 작업의 목적·방법 및 예정기간
③ 기타 참고사항

해체절단 작업을 완료한 때에는 다음 각호의 사항을 기재한 보고서를 세관장에게 제출하여 그 확인을 받아야 한다($\binom{관세법시행령}{제178조 제2항}$).

① 작업후의 물품의 품명·규격·수량 및 가격
② 작업개시 및 종료연월일
③ 작업상황에 관한 검정기관의 증명서(세관장이 특히 지정하는 경우에 한한다)
④ 기타 참고사항

(4) 작업절차

해체·절단 등의 작업의 허가를 받고자 하는 자는 다음 각 호의 사항을 기재한 신청서를 세관장에게 제출하여야 하며 작업을 완료한 때에는 작업완료 보고서를 세관장에게 제출하여 그 확인을 받아야 한다($\binom{관세법시행령}{제186조 제1,2항}$).

5) 장치물품의 폐기 $\binom{\text{관세법}}{\text{제160조}}$

(1) 폐기의 승인

부패·손상 기타의 사유로 보세구역에 장치된 물품을 폐기하고자 하는 자는 세관장의 승인을 받아야 한다 $\binom{\text{관세법}}{\text{제160조 제1항}}$.

(2) 멸실, 폐기 물품의 징수

(가) 일반적인 경우

보세구역에 장치된 외국물품이 멸실되거나 폐기된 때에는 그 운영인 또는 보관인으로부터 즉시 그 관세를 징수한다. 다만, 재해 기타 부득이한 사유로 인하여 멸실된 때와 미리 세관장의 승인을 얻어 폐기한 때에는 예외로 한다 $\binom{\text{관세법}}{\text{제160조 제2항}}$.

(나) 잔존물품에 대한 관세징수

제①항의 규정에 의한 승인을 얻어 외국물품 중 폐기 후에 남아 있는 부분에 대하여는 폐기 후의 성질과 수량에 따라 관세를 부과한다 $\binom{\text{관세법}}{\text{제160조 제3항}}$.

(3) 장치화물에 대한 세관장의 폐기

(가) 의의

세관장은 보세구역에 장치된 물품 중 폐기사유(부패하거나 사람의 생명을 해할 우려가 있는 물품들)에 해당하는 것은 화주 등에게 이를 반송 또는 폐기할 것을 명하거나 화주 등에게 통고한 후 이를 폐기할 수 있다(법 제160조 ④항).

(나) 폐기사유

다음에 해당하는 것은 폐기할 수 있다. 다만 급박하여 통고할 여유가 없는 때에는 폐기한 후 즉시 통고해야 한다 $\binom{\text{관세법}}{\text{제160조 제4항}}$.

① 사람의 생명이나 재산을 해할 우려가 있는 물품
② 부패 또는 변질한 물품
③ 유효기간이 경과한 물품
④ 상품가치를 상실한 물품
⑤ 제①호, 제④호에 준하는 물품으로서 관세청장이 정하는 물품

(다) 폐기절차

① 폐기명령

　세관장은 보세구역에 장치된 물품 중 폐기사유에 해당하는 것은 화주나 반입자, 그 위임을 받은 자 또는 국세기본법 제2차 납세의무자(이하 화주 등)(관세법 제38조 내지 제41조)의 규정에 따라 이를 반송 또는 폐기할 것을 명하거나 화주 등에게 통고한 후 이를 폐기할 수 있다. 다만, 급박하여 통고할 여유가 없을 때에는 폐기한 후 즉시 통고하여야 한다.

② 폐기공고

　폐기 통고를 함에 있어서 화주 등의 주소 및 거소가 불명하거나 기타의 사유로 인하여 통고할 수 없는 때에는 공고로써 이를 갈음할 수 있다$\left(\substack{관세법\\제160조\ 제5항}\right)$.

③ 폐기 비용

　세관장이 물품을 폐기하거나 화주 등이 물품을 폐기 또는 반송한 경우 그 비용은 화주 등이 부담한다$\left(\substack{관세법\\제160조\ 제6항}\right)$.

6) 견품반출$\left(\substack{관세법\\제161조}\right)$

　보세구역에 장치한 외국물품은 화주가 상거래 등의 필요한 이유에 의해 또는 통관절차상 세관의 검사를 받기 위하여 견품으로 반출하는 경우가 있는 바, 이를 견품반출이라 한다. 보세구역장치물품을 견품으로 반출하는 경우는 상거래 등의 필요에 의하여 반출하는 경우와 세관의 물품검사상의 필요에 의하여 반출하는 경우로 나뉘며, 그 사유는 다음과 같다.

(1) 견품반출 사요

　보세구역에 장치된 외국물품의 전부 또는 일부를 견품으로 반출하고 할 때에는 세관장의 허가를 받아야 한다$\left(\substack{관세법\\제161조\ 제1항}\right)$. 세관장은 제1항에 따른 허가의 신청을 받은 날부터 10일 이내에 허가 여부를 신청인에게 통지하여야 한다$\left(\substack{관세법\\제161조\ 제3항}\right)$.

　세관장이 제2항에서 정한 기간 내에 허가 여부 또는 민원 처리 관련 법령에 따른 처리기간의 연장을 신청인에게 통지하지 아니하면 그 기간(민원 처리 관련 법령에 따라 처리기간이 연장 또는 재연장된 경우에는 해당 처리기간을 말한다)이 끝난 날의 다음 날에 허가를 한 것으로 본다$\left(\substack{관세법\\제161조\ 제3항}\right)$.

(2) 검사상 필요에 의한 견품의 직권채취

세관공무원은 보세구역에 반입된 물품에 대하여 검사상 필요하면 그 물품의 일부를 견본품으로 채취할 수 있다$\left(\substack{\text{관세법} \\ \text{제161조 제4항}}\right)$. 다음 각 호의 어느 하나에 해당하는 물품이 사용·소비된 경우에는 수입신고를 하여 관세를 납부하고 수리된 것으로 본다$\left(\substack{\text{관세법} \\ \text{제161조 제5항}}\right)$.

① 관세법 161조 제4항에 따라 채취된 물품
② 다른 법률에 따라 실시하는 검사·검역 등을 위하여 견본품으로 채취된 물품으로서 세관장의 확인을 받은 물품

7) 물품 취급자에 대한 단속$\left(\substack{\text{관세법} \\ \text{제162조}}\right)$

(1) 물품 취급자에 대한 단속

다음 각 호의 어느 하나에 해당하는 자는 물품 및 보세구역감시에 관한 세관장의 명령을 준수하고 세관공무원의 지휘를 받아야 한다.

① 보세구역 장치물품을 취급하는 자$\left(\substack{\text{관세법 제155조} \\ \text{제1항 각호}}\right)$의 물품
② 보세구역에 출입하는 자

(2) 세관공무원의 파견

세관장은 보세구역에 세관공무원을 파견하여 세관사무의 일부를 처리하게 할 수 있다$\left(\substack{\text{관세법} \\ \text{제163조}}\right)$.

8) 보세구역의 자율관리$\left(\substack{\text{관세법} \\ \text{제164조}}\right)$

(1) 의의

보세구역 중 물품의 관리와 세관감시에 지장이 없다고 인정하여 관세청장이 정하는 바에 의하여 세관장이 지정하는 보세구역(이하 "자율관리보세구역"이라 한다)에 장치한 물품에 대하여는 물품의 반입, 반출$\left(\substack{\text{관세법} \\ \text{제157조}}\right)$의 규정에 의한 세관공무원의 참여와 이 법의 규정에 의한 절차 중 관세청장이 정하는 절차를 생략한다$\left(\substack{\text{관세법} \\ \text{제164조 제1항}}\right)$.

보세구역 중 물품의 관리와 세관감시에 지장이 없다고 인정되는 보세구역에 대하여 물품관리에 대하여는 물품관리에 관한 세관절차의 일부를 생략하고 세관공무원의 파견도 하

지 아니하는 대신 보세구역의 관리인 또는 운영인이 보세화물에 관한 경험 또는 지식이 있는 보세사를 채용하여 보세물품의 관리업무를 자율적으로 하도록 한 것을 보세화물의 자율관리라 하며, 이러한 보세구역을 자율관리보세구역이라 한다.

즉, 자율관리 보세구역은 지정보세구역 또는 특허보세구역 중 물품의 관리 및 세관감시에 지장이 없다고 인정되고 보세사를 채용하여 장치물품의 관리업무에 종사하게 하는 보세구역을 말한다.

(2) 자율관리보세구역의 지정절차

(가) 지정신청

지정보세구역 또는 특허보세구역의 화물관리인 또는 운영인은 자율관리보세구역의 지정을 받고자 하는 때에는 세관장에게 지정을 신청하여야 한다. 자율관리보세구역의 지정을 신청하고자 하는 자는 당해 보세구역에 장치된 물품을 관리하는 자(이하 보세사라 한다)를 채용하여야 한다$\left(\begin{smallmatrix}관세법\\제164조 \ 제3항\end{smallmatrix}\right)$.

(나) 지정

세관장은 지정신청을 받은 경우 당해 보세구역의 위치·시설상태 등을 확인하여 자율관리보세구역으로 적합하다고 인정되는 때에는 당해 보세구역을 자율관리보세구역으로 지정할 수 있다$\left(\begin{smallmatrix}관세법\\제164조 \ 제4항\end{smallmatrix}\right)$.

(3) 자율관리보세구역의 감독 및 취소

(가) 감독

자율관리보세구역의 지정을 받은 자는 물품의 반출입 상황을 장부에 기재하고 이를 정기적으로 세관장에게 보고하여야 한다$\left(\begin{smallmatrix}관세법\\제164조 \ 제5항\end{smallmatrix}\right)$.

(나) 취소

세관장은 자율관리보세구역의 지정을 받은 자가 이 법의 규정에 의한 의무를 위반하거나 세관감시에 지장이 있다고 인정되는 사유가 발생한 경우에는 지정을 취소할 수 있다$\left(\begin{smallmatrix}관세법\\제164조 \ 제6항\end{smallmatrix}\right)$

세관장은 자율관리보세구역의 지정취소 처분을 하고자 하는 때에는 청문을 실시하여야 한다$\left(\begin{smallmatrix}관세법\\제328조\end{smallmatrix}\right)$.

9) 보세사

(1) 보세사의 자격 등

보세사는 운영인의 결격사유$\left(\begin{smallmatrix}\text{관세법 제175조}\\\text{제1호 내지 제7호}\end{smallmatrix}\right)$30)의 어느 하나에 해당하지 아니하는 사람으로서 보세화물의 관리업무에 관한 시험(이하 이 조에서 "보세사 시험"이라 한다)에 합격한 사람은 보세사의 자격이 있다$\left(\begin{smallmatrix}\text{관세법}\\\text{제165조 제1항}\end{smallmatrix}\right)$.

관세법 제165조 제1항에도 불구하고 일반직공무원으로 5년 이상 관세행정에 종사한 경력이 있는 사람이 보세사 시험에 응시하는 경우에는 시험 과목 수의 2분의 1을 넘지 아니하는 범위에서 대통령령으로 정하는 과목을 면제한다. 다만, 다음 각 호의 어느 하나에 해당하는 사람은 면제하지 아니한다$\left(\begin{smallmatrix}\text{관세법}\\\text{제165조 제2항}\end{smallmatrix}\right)$.

① 탄핵이나 징계처분에 따라 그 직에서 파면되거나 해임된 자
② 강등 또는 정직처분을 받은 후 2년이 지나지 아니한 자

(2) 보세사의 등록과 취소

(가) 등록

보세사의 자격을 갖춘 사람이 보세사로 등록하려는 자는 등록신청서를 세관장에게 제출하여야 한다$\left(\begin{smallmatrix}\text{관세법}\\\text{제165조 제2항}\end{smallmatrix}\right)$. 등록이 취소(관세법 제175조 제1호부터 제3호까지의 어느 하나에 해당하여 등록이 취소된 경우는 제외한다)된 후 2년이 지나지 아니한 사람은 보세사 등록을 할 수 없다$\left(\begin{smallmatrix}\text{관세법}\\\text{제165조 제4항}\end{smallmatrix}\right)$. 보세사는 관세청장이 정하는 바에 의하여 그 업무수행에 필요한 교육을 받아야 한다$\left(\begin{smallmatrix}\text{관세법시행령}\\\text{제185조 제4항}\end{smallmatrix}\right)$.

---

30) 관세법 제175조(운영인의 결격사유) 다음 각 호의 어느 하나에 해당하는 자는 특허보세구역을 설치·운영할 수 없다.
   1. 미성년자
   2. 피성년후견인과 피한정후견인
   3. 파산선고를 받고 복권되지 아니한 자
   4. 이 법을 위반하여 징역형의 실형을 선고받고 그 집행이 끝나거나(집행이 끝난 것으로 보는 경우를 포함한다) 면제된 후 2년이 지나지 아니한 자
   5. 이 법을 위반하여 징역형의 집행유예를 선고받고 그 유예기간 중에 있는 자
   6. 제178조 제2항에 따라 특허보세구역의 설치·운영에 관한 특허가 취소(이 조 제1호부터 제3호까지의 어느 하나에 해당하여 특허가 취소된 경우는 제외한다)된 후 2년이 지나지 아니한 자
   7. 제269조부터 제271조까지, 제274조, 제275조의2 또는 제275조의3에 따라 벌금형 또는 통고처분을 받은 자로서 그 벌금형을 선고받거나 통고처분을 이행한 후 2년이 지나지 아니한 자. 다만, 제279조에 따라 처벌된 개인 또는 법인은 제외한다.
   8. 제2호부터 제7호까지에 해당하는 자를 임원(해당 보세구역의 운영업무를 직접 담당하거나 이를 감독하는 자로 한정한다)으로 하는 법인

(나) 취소

세관장은 보세사 등록을 한 자가 다음에 해당하는 때에는 그 등록의 취소, 6개월 이내의 업무정지, 견택 또는 그 밖에 필요한 조치를 할 수 있다. 다만, 제1호 및 제2호에 해당하면 등록을 취소하여야 한다$\binom{\text{관세법}}{\text{제165조 제5항}}$.

① 운영인이 결격사유(법 제175조 1호~7호)의 어느 하나에 해당하는 경우

② 사망한 때

③ 이 법이나 이 법에 따른 명령을 위반한 경우

(다) 보세사 전형정지, 무효

관세청장은 다음 각 호의 어느 하나에 해당하는 사람에 대하여는 해당 시험을 정지시키거나 무효로 하고, 그 처분이 있는 날부터 5년간 시험 응시자격을 정지한다$\binom{\text{관세법}}{\text{제165조 제6항}}$.

① 부정한 방법으로 시험에 응시한 사람

② 시험에서 부정한 행위를 한 사람

보세사의 직무, 보세사 시험 및 등록절차와 그 밖에 필요한 사항은 대통령령으로 정한다$\binom{\text{관세법}}{\text{제165조 제7항}}$.

(라) 보세사 명의대여 금지

보세사는 다른 사람에게 자신의 성명·상호를 사용하여 보세사 업무를 하게 하거나 그 자격증 또는 등록증을 빌려주어서는 아니 된다$\binom{\text{관세법}}{\text{제165조의2 제1항}}$. 누구든지 다른 사람의 성명·상호를 사용하여 보세사의 업무를 수행하거나 자격증 또는 등록증을 빌려서는 아니 된다$\binom{\text{관세법}}{\text{제165조의2 제2항}}$. 또한 누구든지 관세법 제165조의2 제1항 또는 제2항의 행위를 알선해서는 아니 된다$\binom{\text{관세법}}{\text{제165조의2 제3항}}$.

(3) 보세사의 의무

보세사는 이 법과 이 법에 따른 명령을 준수하여야 하며, 그 직무를 성실하고 공정하게 수행하여야 한다$\binom{\text{관세법}}{\text{제165조의3 제1항}}$. 보세사는 품위를 손상하는 행위를 하여서는 아니 되며, 보세사는 직무를 수행할 때 고의로 진실을 감추거나 거짓 진술을 하여서는 아니 된다$\binom{\text{관세법 제165조의3}}{\text{제2항~제3항}}$.

(4) 금품제공 금지

보세사는 다음 각 호의 행위를 하여서는 아니 된다$\left(\substack{\text{관세법} \\ \text{제165조의4 제1항}}\right)$.

① 공무원에게 금품이나 향응을 제공하는 행위 또는 그 제공을 약속하는 행위

② 제1호의 행위를 알선하는 행위

(5) 보세사 징계위원회

세관장은 보세사가 관세법이나 관세법에 따른 명령을 위반한 경우(제165조 제5항 제3호)에 해당하여 등록의 취소 등 필요한 조치를 하는 경우 보세사징계위원회의 의결에 따라 징계처분을 한다. 제1항에 따른 보세사징계위원회의 구성 및 운영 등에 필요한 사항은 대통령령으로 정한다$\left(\substack{\text{관세법 제165조의5} \\ \text{제1항~제2항}}\right)$.

(6) 보세사의 직무

보세사의 직무는 다음과 같다$\left(\substack{\text{관세법시행령} \\ \text{제185조 제1항}}\right)$.

① 보세화물 및 내국물품의 반입 또는 반출에 대한 참관 및 확인

② 보세구역안에 장치된 물품의 관리 및 취급에 대한 참관 및 확인

③ 보세구역출입문의 개폐 및 열쇠관리의 감독

④ 보세구역의 출입자관리에 대한 감독

⑤ 견본품의 반출 및 회수

⑥ 기타 보세화물의 관리를 위하여 필요한 업무로서 관세청장이 정하는 업무

(7) 보세사 시험

보세화물의 관리업무에 관한 시험의 과목은 다음 각 호와 같고, 해당 시험의 합격자는 매과목 100점을 만점으로 하여 매과목 40점 이상, 전과목 평균 60점 이상을 득점한 사람으로 결정한다$\left(\substack{\text{관세법시행령} \\ \text{제185조 제5항}}\right)$.

① 수출입통관절차　　② 보세구역관리　　③ 화물관리

④ 수출입안전관리　　⑤ 자율관리 및 관세벌칙

(8) 보세사 과목

법 제165조 제2항 각 호 외의 부분 본문에서 "대통령령으로 정하는 과목"이란 다음 각 호의 과목을 말한다$\left(\substack{\text{관세법시행령} \\ \text{제185조 제6항}}\right)$.

① 수출입통관절차　　② 보세구역관리

법 제165조 제2항[31])을 적용할 때 그 경력산정의 기준일은 해당 시험의 응시원서 접수 마감일로 한다(관세법시행령 제185조 제7항).

관세청장은 법 제165조 제1항[32])에 따른 보세화물의 관리업무에 관한 시험을 실시할 때에는 그 시험의 일시, 장소, 방법 및 그 밖에 필요한 사항을 시험 시행일 90일 전까지 공고하여야 한다(관세법시행령 제185조 제8항).

---

31) 제165조(보세사의 자격 등) ① 제175조 제1호부터 제7호까지의 어느 하나에 해당하지 아니하는 사람으로서 보세화물의 관리업무에 관한 시험(이하 이 조에서 "보세사 시험"이라 한다)에 합격한 사람은 보세사의 자격이 있다.
　　② 제1항에도 불구하고 일반직공무원으로 5년 이상 관세행정에 종사한 경력이 있는 사람이 제1항의 보세사 시험에 응시하는 경우에는 시험 과목 수의 2분의 1을 넘지 아니하는 범위에서 대통령령으로 정하는 과목을 면제한다. 다만, 다음 각 호의 어느 하나에 해당하는 사람은 면제하지 아니한다.
　　1. 탄핵이나 징계처분에 따라 그 직에서 파면되거나 해임된 자
　　2. 강등 또는 정직처분을 받은 후 2년이 지나지 아니한 자
32) 제165조(보세사의 자격 등) ① 제175조 제1호부터 제7호까지의 어느 하나에 해당하지 아니하는 사람으로서 보세화물의 관리업무에 관한 시험(이하 이 조에서 "보세사 시험"이라 한다)에 합격한 사람은 보세사의 자격이 있다.

제2절
보세구역의 의의

1. 개요

1) 보세구역의 의의

보세구역은 외국물품을 장치·전시·판매하거나 이것을 사용·소비하여 물품을 제조·가공하거나 산업시설을 건설할 수 있고, 반송신고수리 또는 내국운송승인을 받고자 하는 내국물품을 장치할 수 있는 장소로서 관세청장 또는 세관장이 지정하거나 세관장이 특허한 장소를 의미한다.

2) 보세구역의 종류

(1) 설치형식에 의한 분류

보세구역은 관세청장이 지정하는 종합보세구역, 세관장이 지정하는 지정보세구역 및 세관장이 특허하는 특허보세구역으로 분류된다.

〈표 6-2〉 보세구역의 설치형식 종류

구 분	내 용	종 류
종합보세구역	관세청장이 일정한 지역전체를 보세구역으로 지정한 곳으로서 외국물품을 통관되지 않은 상태에서 장치·보관·제조·전시·판매 등을 할 수 있는 국가	
지정보세구역	세관·국가·지방자치단체 또는 공공단체의 시설중에서 세관장이 지정한 구역	지정장치장, 세관검사장
특허보세구역	민간인이 영리를 목적으로 하는 시설중에서 신청에 의한 세관장이 특허한 구역	보세창고, 보세공장, 보세전시장, 보세건설장, 보세판매장

(2) 설치목적에 의한 기준

보세구역은 설치목적에 따라 소극적 보세구역과 적극적 보세구역으로 구분한다.

〈표 6-3〉 보세구역의 설치기준 종류

구 분	내 용	종 류
소극적 보세구역	수출입통관절차의 편의를 위하여 물품을 일시세관의 감독하에 두어야 할 필요에 의하여 설치한 보세구역	지정보세구역과 특허보세구역중 과거 보세장치장
적극적 보세구역	물품의 통관절차의 이행을 유예하여 상기의 포착, 물품의 제조·가공, 박람회의 개최, 출국자에 대한 판매, 산업시설을 건설함으로써 무역을 진흥시키고 산업시설의 건설을 신속히 하는 등의 경제적 목적으로 설치하는 보세구역	특허보세구역 중 과거 보세장치장을 제외한 보세구역 (보세창고, 보세공장, 보세전시장, 보세건설장, 보세판매장) 및 종합보세구역

2. 지정보세구역의 지정·취소·처분

1) 지정보세구역의 의의

지정보세구역이란 통관을 하고자 하는 물품을 일시장치 또는 검사하기 위한 장소로서 국가·지방자치단체·공항 또는 항만시설을 관리하는 법인이 소유 또는 관리하는 토지·건물 기타의 시설 중에서 세관장이 지정하는 구역을 말한다. 지정보세구역에서는 지정자치장과 세관검사장이 있다$\binom{\text{관세법}}{\text{제154조}}$.

2) 지정보세구역의 지정

세관장은 다음 각 호의 1에 해당하는 자기 소유 또는 관리하는 토지, 건물 기타의 시설 (이하'토지 등')을 지정보세구역으로 지정할 수 있다$\binom{\text{관세법}}{\text{제166조 제1항}}$. 세관장은 당해 세관장이 관리하지 아니하는 토지 등을 지정보세구역으로 지정하고자 하는 때에는 당해 토지 등의 소유자 또는 관리자의 동의를 얻어야 한다. 이 경우 세관장은 임차료 등을 지급할 수 있다 $\binom{\text{관세법}}{\text{제166조 제2항}}$.

① 국가   ② 지방자치단체

③ 공항시설 또는 항만시설을 관리하는 법인

3) 취소

세관장은 수출입물량의 감소 기타의 사유로 인하여 지정보세구역의 전부 또는 일부를 보세구역으로 존속시킬 필요가 없어졌다고 인정되는 때에는 그 지정을 취소하여야 한다 $\left(\begin{smallmatrix}관세법\\제167조\end{smallmatrix}\right)$.

4) 지정보세구역의 처분

지정보세구역의 지정을 받은 토지 등의 소유자나 관리자는 다음 각 호의 어느 하나에 해당하는 행위를 하려면 미리 세관장과 협의하여야 한다. 다만, 해당 행위가 지정보세구역으로서의 사용에 지장을 주지 아니하거나 지정보세구역으로 지정된 토지 등의 소유자가 국가 또는 지방자치단체인 경우에는 그러하지 아니하다 $\left(\begin{smallmatrix}관세법\\제168조 제1항\end{smallmatrix}\right)$. 그리고 세관장은 협의에 대하여 정당한 이유 없이 이를 거부하여서는 아니 된다 $\left(\begin{smallmatrix}관세법\\제168조 제2항\end{smallmatrix}\right)$.

> 1. 해당 토지 등의 양도, 교환, 임대 또는 그 밖의 처분이나 그 용도의 변경
> 2. 해당 토지에 대한 공사나 해당 토지 안에 건물 또는 그 밖의 시설의 신축
> 3. 해당 건물 또는 그 밖의 시설의 개축·이전·철거나 그 밖의 공사

3. 지정보세구역의 종류

1) 지정장치장 $\left(\begin{smallmatrix}관세법\\제169조\end{smallmatrix}\right)$

(1) 의의

지정장치장은 소극적 보세구역의 일종으로서 통관하고자 하는 물품을 일시장치하기 위한 장소로 세관장이 지정한 구역을 말한다 $\left(\begin{smallmatrix}관세법\\제169조\end{smallmatrix}\right)$.

(2) 장치물품

지정장치장에 장치되는 물품은 통관하고자 하는 물품으로서 다음과 같다.
① 수입신고수리를 받고자 하는 외국물품
② 반송신고수리를 받고자 하는 외국물품

③ 내국운송승인을 받고자 하는 내국물품

④ 검사물품

(3) 장치기간

지정장치의 물품의 장치기간은 6월의 범위내에서 관세청장이 정한다$\left(\begin{smallmatrix}관세법\\제170조\end{smallmatrix}\right)$. 다만, 관세청장이 정하는 기준에 의하여 세관장은 3개월 범위 내에서 그 기간을 연장할 수 있다.

(4) 장치물품의 보관책임

(가) 화주의 보관책임

지정장치장에 반입한 물품에 대하여는 화주 또는 반입자가 그 보관의 책임을 진다 $\left(\begin{smallmatrix}관세법\\제171조 제1항\end{smallmatrix}\right)$.

(나) 화물관리인의 지정

세관장은 지정장치장의 질서유지와 화물의 안전관리를 위하여 필요하다고 인정하는 때에는 대통령령이 정하는 바에 의하여 화주에 갈음하여 보관의 책임을 지는 화물관리인을 지정할 수 있다.

다만, 세관장이 관리하는 시설이 아닌 때에는 세관장은 당해 시설의 소유자 또는 관리자와 협의하여 화물관리인을 지정하여야 한다$\left(\begin{smallmatrix}관세법\\제172조 제2항\end{smallmatrix}\right)$. 세관장은 불가피한 사유로 화물관리인을 지정할 수 없을 때에는 화주를 대신하여 직접 화물관리를 할 수 있다. 이 경우 화물관리비용을 화주로부터 징수할 수 있다$\left(\begin{smallmatrix}관세법\\제172조 제5항\end{smallmatrix}\right)$. 화물관리인의 지정기준, 지정절차, 지정의 유효기간, 재지정 및 지정 취소 등에 필요한 사항은 대통령령으로 정한다$\left(\begin{smallmatrix}관세법\\제172조 제6항\end{smallmatrix}\right)$.

화물관리인 지정의 유효기간은 5년 이내로 한다$\left(\begin{smallmatrix}관세법시행령\\제187조 제4항\end{smallmatrix}\right)$. 화물관리인으로 재지정을 받으려는 자는 유효기간이 끝나기 1개월 전까지 세관장에게 재지정을 신청하여야 한다 $\left(\begin{smallmatrix}관세법시행령\\제187조 제5항\end{smallmatrix}\right)$.

(다) 관리비용의 징수

지정장치장의 화물관리인은 화물관리에 필요한 비용(세관설비사용료를 포함)을 화주로부터 징수할 수 있다. 다만, 요율에 대하여는 세관장의 승인을 얻어야 한다$\left(\begin{smallmatrix}관세법\\제172조 제3항\end{smallmatrix}\right)$. 지정장치장의 화물관리인은 징수한 비용 중 세관설비사용료에 해당하는 금액을 세관장에게 납부하여야 한다$\left(\begin{smallmatrix}관세법\\제172조 제4항\end{smallmatrix}\right)$.

2) 세관검사장 ($\binom{\text{관세법}}{\text{제173조}}$)

(1) 의의

세관검사장은 통관하려는 물품을 검사하기 위한 장소로서 세관장이 지정하는 지역으로 한다($\binom{\text{관세법}}{\text{제173조 제1항}}$). 다른 보세구역은 물품의 장치와 검사를 동시에 할 수 있는 데 반하여 세관검사장은 통관하고자 하는 물품의 검사만을 목적으로 설정된 장소이다.

(2) 반입대상물품

세관검사장에 반입될 수 있는 물품은 통관하고자 하는 물품 중에서 검사하기 위한 물품이다. 세관장은 관세청장이 정하는 바에 따라 검사를 받을 물품의 전부 또는 일부를 세관검사장에 반입하여 검사할 수 있다($\binom{\text{관세법}}{\text{제173조 제2항}}$).

(3) 검사대상물품의 채취 및 운반

세관검사장에 반입되는 물품의 채취·운반 등에 필요한 비용(이하 "검사비용"이라 한다)은 화주가 부담한다. 다만, 국가는 중소기업기본법(제2조)에 따른 중소기업 또는 중견기업 성장촉진 및 경쟁력 강화에 관한 특별법(제2조 제1호)에 따른 중견기업의 컨테이너 화물로서 해당 화물에 대한 검사 결과 이 법 또는 「대외무역법」 등 물품의 수출입과 관련된 법령을 위반하지 아니하는 경우의 물품 등 대통령령으로 정하는 물품에 대해서는 예산의 범위에서 관세청장이 정하는 바에 따라 해당 검사비용을 지원할 수 있다($\binom{\text{관세법}}{\text{제173조 제3항}}$).

제3절
특허보세구역

1. 개요

특허보세구역이란 외국물품의 장치, 제조·가공, 전시, 건설, 판매 등을 목적으로 私人(사인)의 신청에 의하여 세관장이 특허한 구역으로서 주로 私人(사인)의 토지, 시설 등에 대하여 세관장이 보세구역으로 특허한 장소를 말한다. 특허보세구역은 외국물품이나 통관하려는 물품의 장치, 보세가공, 보세전시, 보세건설, 보세판매 등의 목적에 따라 보세창고, 보세공장, 보세건설장, 보세전시장, 보세판매장으로 구분된다. 여기서 보세장치장은 소극적 보세구역이며 기타의 보세구역은 적극적 보세구역이다.

특허보세구역은 타인의 물품을 장치하기 위한 보세구역인 영업용 보세구역과 설영인의 물품을 장치하기 위한 보세구역인 자가용 보세구역으로 구분된다.

2. 설치·운영에 관한 특허 $\binom{관세법}{제174조}$

1) 설치·운영에 관한 특허

(1) 의의

특허보세구역을 설치·운영하고자 하는 자는 세관장의 특허를 받아야 한다. 기존의 특허를 갱신하고자 하는 경우에도 또한 같다. 특허보세구역의 설치·운영에 관한 특허를 받고자 하는 자와 이미 받은 특허를 갱신하고자 하는 자는 기획재정부으로 정하는 바에 의하여 수수료를 납부하여야 한다 $\binom{관세법}{제174조 \ 제1,2항}$.

특허보세구역의 설치·운영에 관한 특허의 신청 $\binom{관세법}{제174조 \ 제1항}$ 에 의한 특허보세구역(이하 "특허보세구역"이라 한다)의 설치·운영에 관한 특허를 받고자 하는 자는 다음 각호의 사항을 기재한 신청서에 기획재정부령이 정하는 서류를 첨부하여 세관장에게 제출하여야 한다$\binom{\text{관세법시행령}}{\text{제188조 제1항}}$.

① 특허보세구역의 종류 및 명칭, 소재지, 구조, 동수와 면적 및 수용능력
② 장치할 물품의 종류
③ 설치·운영의 기간

(2) 특허기준

특허를 받을 수 있는 요건은 보세구역의 종류별로 대통령령이 정하는 기준에 따라 관세청장이 정한다$\binom{\text{관세법}}{\text{제174조 제3항}}$. 보세구역 설치·운영의 특허기준은 다음과 같다$\binom{\text{관세법시행령}}{\text{제189조}}$.

(가) 체납요건
체납된 관세 및 내국세가 없을 것

(나) 특허보세구역 결격사유가 없을 것
다음 각 호의 어느 하나에 해당하는 자는 특허보세구역을 설치·운영할 수 없다. 다만, 제6호에 해당하는 자의 경우에는 같은 호 각 목의 사유가 발생한 해당 특허보세구역을 제외한 기존의 다른 특허를 받은 특허보세구역에 한정하여 설치·운영할 수 있다$\binom{\text{관세법}}{\text{제175조}}$.

① 미성년자
② 금치산자와 한정치산자
③ 파산선고를 받고 복권되지 아니한 자
④ 이 법을 위반하여 징역형의 실형을 선고받고 그 집행이 종료(집행이 종료된 것으로 보는 경우를 포함)되거나 면제된 후 2년이 경과되지 아니한 자
⑤ 이 법을 위반하여 징역형의 집행유예의 선고를 받고 그 유예기간 중에 있는 자
⑥ 특허보세구역의 설치·운영에 관한 특허가 취소된 후 2년이 경과되지 아니한 자
⑦ 벌금형 또는 통고처분을 받은 자로서 그 벌금형을 선고받거나 통고처분을 이행한 후 2년이 경과되지 아니한 자. 다만, 관세법 제279조[33) 규정에 의하여 처벌된 본인·

---

33) 관세법 제279조(양벌 규정) ① 법인의 대표자나 법인 또는 개인의 대리인, 사용인, 그 밖의 종업원이 그 법인 또는 개인의 업무에 관하여 제11장에서 규정한 벌칙(제277조의 과태료는 제외한다)에 해당하는 위반행위를 하면 그 행위자를 벌하는 외에 그 법인 또는 개인에게도 해당 조문의 벌금형을 과(科)한다. 다만, 법인 또는 개인이 그 위반행위를 방지하기 위하여 해당 업무에 관하여 상당한 주의와 감독을 게을리하지 아니한 경우에는 그러하지 아니하다.
② 제1항에서 개인은 다음 각 호의 어느 하나에 해당하는 사람으로 한정한다.
   1. 특허보세구역 또는 종합보세사업장의 운영인
   2. 수출(「수출용원재료에 대한 관세 등 환급에 관한 특례법」 제4조에 따른 수출 등을 포함한다)·수입 또는 운송을 업으로 하는 사람

법인을 제외한다.

⑧ 관세법 제175조 제2호 내지 제7호에 해당하는 자를 임원(당해 보세구역의 운영업무를 직접 담당하거나 이를 감독하는 자에 한한다)으로 하 는 법인

(다) 위험요건

「위험물안전관리법」에 따른 위험물 또는 「화학물질관리법」에 따른 유해화학물질 등 관련 법령에서 위험물품으로 분류되어 취급이나 관리에 관하여 별도로 정한 물품(이하 이 호에서 "위험물품"이라 한다)을 장치·제조·전시 또는 판매하는 경우에는 위험물품의 종류에 따라 관계행정기관의 장의 허가 또는 승인 등을 받을 것($\binom{관세법시행령}{제189조의3}$).

(라) 물적요건

관세청장이 정하는 바에 따라 보세화물의 보관·판매 및 관리에 필요한 자본금·수출입규모·구매수요·장치면적 및 시설·장비 등에 관한 요건을 갖출 것($\binom{관세법시행령}{제189조의4}$).

2) 특허기간 ($\binom{관세법}{제176조}$)

(1) 원칙

특허보세구역의 특허기간은 10년 이내로 한다($\binom{관세법}{제176조 \ 제1항}$). 다만, 관세청장은 보세구역의 합리적 운영을 위하여 필요한 경우에는 신청인이 신청한 기간과 달리 특허기간을 정할 수 있다.

종 류	특허 기간
보세창고	10년 이내
보세공장	10년 이내
보세전시장	당해 박람회 등의 기간을 고려하여 세관장이 정하는 기간
보세건설장	당해 건설공사의 기간을 고려하여 세관장이 정하는 기간
보세판매장	10년 이내

3. 관세사
4. 개항 안에서 물품 및 용역의 공급을 업으로 하는 사람
5. 제327조의2 제1항에 따른 국가관세종합정보망 운영사업자 및 제327조의3 제3항에 따른 전자문서중계사업자

(2) 예외

보세전시장 및 보세건설장의 특허기간은 다음 각 호의 1과 같다. 다만, 세관장은 전시목적의 달성 또는 공사의 진척을 위하여 부득이하다고 인정할 만한 사유가 있는 때에는 그 기간을 연장할 수 있다$\binom{\text{관세법}}{\text{제176조 제2항}}$.

① 보세전시장 : 당해 박람회 등의 회기를 고려하여 세관장이 정하는 기간

② 보세건설장 : 당해 건설공사의 기간을 고려하여 세관장이 정하는 기간

(3) 특허기간 특례$\binom{\text{관세법}}{\text{제176조의2}}$

(가) 특허부여

세관장은 물품을 판매하는 보세판매장 특허를 부여하는 경우에 중소기업기본법(제2조)에 따른 중소기업 및 중견기업 성장촉진 및 경쟁력 강화에 관한 특별법(제2조 제1호)에 따른 중견기업으로서 매출액, 자산총액 및 지분 소유나 출자 관계 등이 대통령령으로 정하는 기준에 맞는 기업 중 특허를 받을 수 있는 요건을 갖춘 자(이하 "중소기업 등"이라 한다)에게 대통령령으로 정하는 일정 비율 이상의 특허를 부여하여야 하고, 독점규제 및 공정거래에 관한 법률(제31조 제1항)에 따른 상호출자제한기업집단에 속한 기업에 대해 대통령령으로 정하는 일정 비율 이상의 특허를 부여할 수 없다. 다만, 세관장은 물품을 판매하는 보세판매장의 경우에는 중소기업 등에게만 특허를 부여할 수 있다$\binom{\text{관세법}}{\text{제176조의2 제1항}}$. 관세법 제176조의1 제1항에도 불구하고 기존 특허가 만료되었으나 관세법 제176조의2 제3항에 따른 신규 특허의 신청이 없는 등 대통령령으로 정하는 경우에는 관세법 제176조의2 제1항을 적용하지 아니한다$\binom{\text{관세법}}{\text{제176조의2 제2항}}$.

(나) 심사부여

보세판매장의 특허는 대통령령으로 정하는 일정한 자격을 갖춘 자의 신청을 받아 대통령령으로 정하는 평가기준에 따라 심사하여 부여한다. 기존 특허가 만료되는 경우(관세법 제176조의2 제6항에 따라 갱신되는 경우는 제외한다)에도 또한 같다$\binom{\text{관세법}}{\text{제176조의2 제3항}}$.

(다) 특허 수수료 및 특허기간

보세판매장의 특허수수료는 운영인의 보세판매장별 매출액(기업회계기준에 따라 계산한 매출액을 말한다)을 기준으로 기획재정부령으로 정하는 바에 따라 다른 종류의 보세구역 특허수수료와 달리 정할 수 있다. 다만, 재난 및 안전관리 기본법(제3조 제1호)의 재난으로 인하여 보세판매장의 영업에 현저한 피해를 입은 경우 보세판매장의 특허수수료를 감경할

수 있다$\binom{관세법}{제176조의2\ 제4항}$.

(라) 특허기간

특허를 받은 자는 두 차례에 한정하여 대통령령으로 정하는 바에 따라 특허를 갱신할 수 있다. 이 경우 갱신기간은 한 차례당 5년 이내로 한다$\binom{관세법}{제176조의2\ 제6항}$. 또한 기획재정부장관은 매 회계연도 종료 후 4개월 이내에 보세판매장별 매출액을 대통령령으로 정하는 바에 따라 국회 소관 상임위원회에 보고하여야 한다$\binom{관세법}{제176조의2\ 제7항}$. 그 밖에 보세판매장 특허절차에 관한 사항은 대통령령으로 정한다$\binom{관세법}{제176조의2\ 제8항}$.

(4) 보세판매장 특허심사위원회

보세판매장의 특허에 관한 다음 각 호의 사항을 심의하기 위하여 관세청에 보세판매장 특허심사위원회(이하 "특허심사위원회"라 한다)를 둔다$\binom{관세법}{제176조의3\ 제1항}$.
① 보세판매장 특허 신청자의 평가 및 선정, 특허갱신의 심사
② 그 밖에 보세판매장 운영에 관한 중요 사항

보세판매장 특허심사위원회의 설치·구성 및 운영방법 등에 관하여 필요한 사항은 대통령령으로 정한다$\binom{관세법}{제176조의3\ 제2항}$.

(5) 보세판매장 제도운영위원회

보세판매장의 특허 수 등 보세판매장 제도의 중요 사항을 심의하기 위하여 기획재정부에 보세판매장 제도운영위원회를 둔다$\binom{관세법}{제176조의4\ 제1항}$. 보세판매장 제도운영위원회의 설치·구성 및 운영 등에 필요한 사항은 대통령령으로 정한다$\binom{관세법}{제176조의4\ 제2항}$.

3) 장치기간

특허보세구역의 물품의 장치기간은 다음 각 호의 구분에 따른다$\binom{관세법}{제177조\ 제1항}$.

(1) 보세창고 $\binom{관세법\ 제177조}{제1항\ 제1호}$

보세창고 장치물품의 장치기간은 다음과 같다.

① 외국물품 : 1년의 범위내에서 관세청장이 정하는 기간, 다만, 세관장이 필요하다고 인정하는 경우에는 1년의 범위에서 그 기간을 연장할 수 있다.

② 내국물품(다목에 해당하는 물품은 제외한다) : 1년의 범위에서 관세청장이 정하는 기간

③ 정부비축용물품, 정부와의 계약이행을 위하여 비축하는 방위산업용물품, 장기간 비축이 필요한 수출용원재료와 수출품보수용 물품으로서 세관장이 인정하는 물품, 국제물류의 촉진을 위하여 관세청장이 정하는 물품 : 비축에 필요한 기간

(2) 기타 특허보세구역 $\binom{\text{관세법 제177조}}{\text{제1항 제2호}}$

해당 특허보세구역의 특허기간에 의한다.

(3) 특허보세구역 물품 반출 및 명의대여 금지

세관장은 물품관리상 필요하다고 인정되는 때에는 장치기간 내에도 운영인에 대하여 그 반출을 명할 수 있다 $\binom{\text{관세법}}{\text{제177조 제2항}}$. 특허보세구역의 운영인은 다른 사람에게 자신의 성명·상호를 사용하여 특허보세구역을 운영하게 해서는 아니 된다 $\binom{\text{관세법}}{\text{제177조의2}}$.

4) 반입의 정지 등과 특허의 취소 $\binom{\text{관세법}}{\text{제178조}}$

(1) 반입정지 등

세관장은 특허보세구역의 운영인이 다음 각 호의 어느 하나에 해당하는 경우에는 관세청장이 정하는 바에 따라 6개월의 범위에서 해당 특허보세구역에의 물품반입 또는 보세건설·보세판매·보세전시 등(이하 이 조에서 "물품반입 등"이라 한다)을 정지시킬 수 있다 $\binom{\text{관세법}}{\text{제178조 제1항}}$.

1. 장치물품에 대한 관세를 납부할 자금능력이 없다고 인정되는 경우
2. 본인이나 그 사용인이 이 법 또는 이 법에 따른 명령을 위반한 경우
3. 해당 시설의 미비 등으로 특허보세구역의 설치 목적을 달성하기 곤란하다고 인정되는 경우
4. 그 밖에 제1호부터 제3호까지의 규정에 준하는 것으로서 대통령령으로 정하는 사유에 해당하는 경우

(2) 특허의 취소

세관장은 특허보세구역의 운영인이 다음 각 호의 어느 하나에 해당하는 경우에는 그 특허를 취소할 수 있다. 다만, 제1호, 제2호 및 제5호에 해당하는 경우에는 특허를 취소하여야 한다$\left(\substack{관세법\\제178조\ 제2항}\right)$.

> ① 거짓이나 그 밖의 부정한 방법으로 특허를 받은 경우
> ② 운영인의 결격사유$\left(\substack{관세법\\제175조\ 각호}\right)$의 어느 하나에 해당하게 된 경우, 다만, 제175조 제8호에 해당하는 경우로서 같은 조 제2호 또는 제3호에 해당하는 사람을 임원으로 하는 법인이 3개월 이내에 해당 임원을 변경한 경우에는 그러하지 아니하다.
> ③ 1년 이내에 3회 이상 물품반입 등의 정지처분(제3항에 따른 과징금 부과처분을 포함한다)을 받은 경우
> ④ 2년 이상 물품의 반입실적이 없어서 세관장이 특허보세구역의 설치 목적을 달성하기 곤란하다고 인정하는 경우
> ⑤ 특허보세구역 운영인의 명의대여 금지$\left(\substack{관세법\\제177조의2}\right)$를 위반하여 명의를 대여한 경우

(3) 과징금 부과

세관장은 제1항에 따른 물품반입 등의 정지처분이 그 이용자에게 심한 불편을 주거나 공익을 해칠 우려가 있는 경우에는 특허보세구역의 운영인에게 물품반입 등의 정지처분을 갈음하여 해당 특허보세구역 운영에 따른 매출액의 100분의 3 이하의 과징금을 부과할 수 있다. 이 경우 매출액 산정, 과징금의 금액, 과징금의 납부기한 등에 관하여 필요한 사항은 대통령령으로 정한다$\left(\substack{관세법\\제178조\ 제3항}\right)$.

5) 특허의 효력상실 및 승계$\left(\substack{관세법\\제179조\ 및\ 제182조}\right)$

(1) 특허의 상실 사유

특허보세구역의 설치·운영에 관한 특허는 다음 각 호의 1에 해당하는 때에는 그 효력을 상실한다$\left(\substack{관세법\\제179조\ 제1항}\right)$.

> ① 운영인이 특허보세구역을 운영하지 아니하게 된 때
> ② 운영인이 해산 또는 사망한 때
> ③ 특허기간이 만료한 때
> ④ 특허가 취소된 때

(2) 보고의무

상기 규정(관세법 제179조 제1항) 중 특허보세구역을 운영하지 아니한 때(관세법 제179조 제1항 제1호) 및 해산 또는 사망한 때(관세법 제179조 제1항 제2호의 경우)에는 운영인, 그 상속인, 청산법인은 합병·분할·분할 합병 후 존속하거나 합병·분할·합병으로 인하여 설립된 법인(이하 '승계법인')은 지체없이 세관장에게 그 사실을 보고하여야 한다$\binom{관세법}{제179조\ 제2항}$.

(3) 신고 및 승계

(가) 상속인의 신고의무

특허보세구역의 설치·운영에 관한 특허를 받은 자가 사망 또는 해산한 경우 상속인 또는 승계법인이 계속하여 그 특허보세구역을 운영하고자 하는 때에는 피상속인 또는 피승계법인이 사망 또는 해산한 날부터 30일 이내에 특허요건을 갖추어 대통령령이 정하는 바에 따라 세관장에게 신고하여야 한다$\binom{관세법}{제179조\ 제3항}$.

(나) 특허의 승계

상속인 또는 승계법인이 제3항에 따른 신고를 하였을 때에는 피상속인 또는 피승계법인이 사망하거나 해산한 날부터 신고를 한 날까지의 기간 동안 피상속인 또는 피승계법인의 특허보세구역의 설치·운영에 관한 특허는 상속인 또는 승계법인에 대한 특허로 본다$\binom{관세법}{제179조\ 제4항}$.

(4) 특허의 효력 상실시 조치 등$\binom{관세법}{제182조}$

(가) 물품반출 의무

특허보세구역의 설치·운영에 관한 특허의 효력이 상실되었을 때에는 운영인이나 그 상속인 또는 승계법인은 해당 특허보세구역에 있는 외국물품을 지체 없이 다른 보세구역으로 반출하여야 한다$\binom{관세법}{제182조\ 제1항}$

(나) 특허의 의제

특허보세구역의 설치·운영에 관한 특허의 효력이 상실되었을 때에는 해당 특허보세구역에 있는 외국물품의 종류와 수량 등을 고려하여 6개월의 범위에서 세관장이 지정하는 기간 동안 그 구역은 특허보세구역으로 보며, 운영인이나 그 상속인 또는 승계법인에 대해서는 해당 구역과 장치물품에 관하여 특허보세구역의 설치·운영에 관한 특허가 있는 것으로 본다$\binom{관세법}{제182조\ 제2항}$.

6) 특허 보세구역의 설치·운영에 관한 감독

(1) 운영에 관한 감독

세관장은 특허보세구역의 운영인을 감독한다$\left(\substack{\text{관세법}\\\text{제180조 제1항}}\right)$.

(2) 운영에 관한 보고와 검사

세관장은 특허보세구역의 운영인에 대하여 그 설치·운영에 관한 보고를 명하거나 세관공무원으로 하여금 특허보세구역의 운영상황을 검사하게 할 수 있다$\left(\substack{\text{관세법}\\\text{제180조 제2항}}\right)$.

(3) 세관장은 특허보세구역의 운영에 관하여 필요한 시설·기계 및 기구의 설치를 명할 수 있다$\left(\substack{\text{관세법}\\\text{제180조 제3항}}\right)$.

(4) 반출명령권

특허보세구역에 반입된 물품이 당해 특허보세구역의 설치목적에 합당하지 아니한 때에는 세관장은 당해 물품에 대하여 다른 보세구역으로 반출을 명할 수 있다$\left(\substack{\text{관세법}\\\text{제180조 제4항}}\right)$.

3. 특허보세구역의 종류

1) 보세창고

(1) 의의

보세창고에는 외국물품 또는 통관을 하고자 하는 물품을 장치하기 위한 구역으로서 세관장의 특허를 받은 곳을 말한다$\left(\substack{\text{관세법}\\\text{제183조 제1항}}\right)$. 보세창고는 통상 장기간에 거쳐 장치할 수 있는 보세구역으로서 보세창고도거래(BWT)방식의 수출입시에 적절히 활용하기도 한다.

(2) 장치물품

(가) 외국물품

보세창고는 장기간에 걸쳐 장치해야 할 외국물품을 장치하는 보세구역이므로 단시일내에 통관하고자 하는 물품을 장치할 수 없다. 따라서 보세창고에는 다음과 같은 물품이 장치된다.

① 중계물품

② bonded warehouse transaction(보세창고도거래)조건으로 수입하는 물품

③ 정부비축용으로 수입하는 수출용원재료

④ 정부비축용 물품

⑤ 정부의 계약이행을 위하여 비축하는 방위산업용품

(나) 내국물품

① 장치의 신고

운영인은 미리 세관장에게 신고를 하고 물품의 장치에 방해되지 아니하는 범위 안에서 보세창고에 내국물품을 장치할 수 있다. 다만, 동일한 보세창고에 장치되어 있는 동안 수입신고가 수리된 물품은 신고없이 계속하여 장치할 수 있다$\left(\substack{관세법\\제183조\ 제2항}\right)$.

② 장치의 승인

운영인은 보세창고에 1년(관세법 제183조 제2항 단서의 규정에 의한 물품은 6월)이상 계속하여 내국물품만을 장치하고자 하는 때에는 세관장의 승인을 받아야 한다$\left(\substack{관세법\\제183조\ 제3항}\right)$.

③ 적용의 제외

세관장의 승인을 받은 보세창고 내국물품만을 장치하는 기간에는 견품반출$\left(\substack{관세법\\제161조}\right)$ 및 장치기간$\left(\substack{관세법\\제177조}\right)$의 규정을 적용하지 아니한다$\left(\substack{관세법\\제183조\ 제4항}\right)$.

(3) 장치기간 경과한 내국물품

신고 후 장치된 내국물품으로서 장치기간이 경과한 물품은 그 기간경과 후 10일내에 그 운영인의 책임으로 반출하여야 한다$\left(\substack{관세법\\제184조\ 제1항}\right)$.

승인 후 장치 규정에 의하여 승인을 얻은 내국물품으로서 그 승인기간이 경과한 때에도 또한 같다$\left(\substack{관세법\\제184조\ 제2항}\right)$.

2) 보세공장$\left(\substack{관세법\\제185조}\right)$

(1) 의의

보세공장(bonded factory)이라 함은 보세공장에서는 외국물품을 원료 또는 재료로 하거나 외국물품과 내국물품을 원료 또는 재료로 하여 제조·가공하거나 그 밖에 이와 비슷한 작업

을 할 수 있다($\substack{\text{관세법} \\ \text{제185조 제1항}}$).

보세공장제도는 외국물품 만을 원료 또는 재료로 하여 제품을 제조·가공하거나, 내·외국물품을 혼용하여 제품을 제조·가공하여 수출하거나 국내로 수입하기 때문에 가공무역진흥, 관련기술개발촉진, 고용창출, 소득증대효과 등을 통해 국민경제에 기여하게 된다.

'제조·가공 등의 작업'을 하기 위한 구역이라는 점에서 물품장치를 목적으로 하는 보세창고와 구별되며, 외국물품의 전시·건설 및 판매를 목적으로 하는 보세전시장, 보세건설장 및 보세판매장과 구별된다.

(2) 보세공장 역할

보세공장에서는 세관장의 허가를 받지 아니하고는 내국물품만을 원료로 하거나 재료로 하여 제조·가공하거나 그 밖에 이와 비슷한 작업을 할 수 없다($\substack{\text{관세법} \\ \text{제185조 제2항}}$). 세관장은 제2항에 따른 허가의 신청을 받은 날부터 10일 이내에 허가 여부를 신청인에게 통지하여야 한다($\substack{\text{관세법} \\ \text{제185조 제3항}}$). 세관장이 관세법 제185조 제3항에서 정한 기간 내에 허가 여부 또는 민원 처리 관련 법령에 따른 처리기간의 연장을 신청인에게 통지하지 아니하면 그 기간(민원 처리 관련 법령에 따라 처리기간이 연장 또는 재연장된 경우에는 해당 처리기간을 말한다)이 끝난 날의 다음 날에 허가를 한 것으로 본다($\substack{\text{관세법} \\ \text{제185조 제4항}}$).

세관장은 수입통관 후 보세공장에서 사용하게 될 물품에 대하여는 보세공장에 직접 반입하여 수입신고를 하게 할 수 있다. 이 경우 제241조 제3항[34]을 준용한다($\substack{\text{관세법} \\ \text{제185조 제6항}}$).

(3) 보세공장의 기능

(가) 가공무역의 진흥

보세공장에 반입될 외국물품은 관세를 납부하지 않은 보세상태 그대로 사용하여 물품을 제조·가공한 후에 다시 반송(수출)하거나 국내로 수입할 수 있도록 함으로써 가공무역의 진흥을 위하여 마련된 제도이다.

(나) 수출지원

보세공장에서 물품을 제조, 가공하여 외국으로 반송하게 되면 외국에서 수입한 원재료에 관세의 부담을 주지 아니하므로 수출물품의 국제경쟁력이 제고되어 수출이 진흥된다.

---

34) 제241조(수출·수입 또는 반송의 신고) ③ 수입하거나 반송하려는 물품을 지정장치장 또는 보세창고에 반입하거나 보세구역이 아닌 장소에 장치한 자는 그 반입일 또는 장치일부터 30일 이내(제243조 제1항에 해당하는 물품은 관세청장이 정하는 바에 따라 반송신고를 할 수 있는 날부터 30일 이내)에 제1항에 따른 신고를 하여야 한다.

(다) 통관절차의 간소화

수출용 보세공장의 경우 관세환급제도와 비교하면 관세의 부과와 징수는 물론 환급에 따른 복잡한 절차를 거치지 아니하므로 업무 간소화의 효과가 크다. 특히 내수용 보세공장의 경우 제조하고자 하는 제품이 다종, 다량의 원재료를 필요로 하는 경우 반입시마다 수입통관을 거치제 되면 업무부담과 관세기술상 난점을 초래하게 된다. 따라서 이런 문제점을 해결하기 위해 제품이 완성되면 과세통관하도록 하는 제도를 둔 것이다.

(라) 특정산업 육성 및 기술개발 촉진

보세공장의 운영에 따른 제조·가공기술의 개발촉진, 고용과 소득의 창출, 제품의 생산에 따른 부가가치의 창출, 금융업, 화물운송, 보관업 등의 발달을 가져오는 효과가 있다.

특정산업(해외 의존 원자재와 제품이 국내에서 필요)을 육성하기 위해 필요하며, 이것은 타업종에 비해 비교우위에 있기 때문에 국가의 업종 전문화 정책에도 맥락을 같이 한다고 본다.

(마) 관세환급제도의 보완

관세환급제도는 수출용원자재의 수입시 관세를 일단 납부하였다가 수출 후 세액을 환급받는 제도로서 제조기간 동안은 납부세액만큼 자금부담을 받을 뿐 아니라 수입통관, 관세환급 등 복잡한 절차를 거쳐야 한다는 점에서 이러한 절차를 거치지 않는 보세공장제도보다 불리하다.

(4) 보세공장의 종류

보세공장을 수출용보세공장과 내수용보세공장, 수출·내수겸용 보세공장 및 일반보세공장과 특별보세공장 등으로 나눌 수 있다.

(가) 수출용보세공장

수출용보세공장은 외국물품 또는 내·외국물품을 원재료로 하여 제조·가공한 물품을 외국에 수출하는 공장을 말한다. 보세공장의 원래 취지는 수출용보세공장에서 찾아 볼 수 있으며, 오늘날에도 개도국에서 수출지원방안의 하나로 널리 이용하고 있다.

이러한 수출용보세공장에서 만든 제품을 외국으로 수출하는 것을 관세법상으로는 '반송'이라 하는데, 대외무역법상으로는 '수출'이라고 한다.

(나) 내수용보세공장

내수용보세공장은 수입할 물품을 제조·가공하는 것을 목적으로 하는 보세공장을 말하며, 제조·가공 후 이를 수입통관하여 국내에서 사용하는 것이다.

(5) 보세공장의 작업

(가) 보세작업절차

① 사용신고 및 검사

운영인은 보세공장에 반입된 물품에 대하여 그 사용전에 세관장에게 사용신고를 하여야 한다. 이 경우 세관공무원은 그 물품에 대하여 검사를 할 수 있다$\binom{관세법}{제186조\ 제1항}$.

② 허가 및 승인조건 구비

사용신고를 한 외국물품이 허가·승인·표시 기타 조건$\binom{관세법}{제226조}$의 구비를 요하는 것인 때에는 이를 구비한 것임을 증명하여야 한다$\binom{관세법}{제186조\ 제2항}$.

③ 소요량의 계산서 등 제출

세관장은 물품의 성질, 보세작업의 종류, 기타의 사정을 고려하여 감시상 필요하다고 인정할 때에는 보세작업으로 생산된 제품에 소요된 원자재 소요량을 계산한 서류를 제출하게 할 수 있다$\binom{관세법시행령}{제209조\ 제1항}$. 원자재 소요량을 계산한 서류의 작성 및 그에 필요한 소요량 책정 등에 관하여 필요한 사항은 관세청장이 정한다$\binom{관세법시행령}{제209조\ 제2항}$.

④ 기장의무 등

보세공장의 운영인은 물품에 관한 장부를 비치하고 반입물품, 보세작업 등에 관한 내용을 기재하여야 한다$\binom{관세법시행령}{제206조}$. 세관장은 제출한 원자재 소요량을 계산한 서류의 적정 여부 및 기장의무의 성실한 이해 여부 등을 확인하기 위하여 필요한 경우 보세공장에 대한 재고조사를 실시할 수 있다$\binom{관세법시행령}{제207조}$.

(나) 보세작업의 제한

① 내국물품의 작업제한

보세공장에서는 세관장의 허가를 받지 아니하고는 내국물품만을 원료로 하거나 재료로 하여 제조·가공·기타 이와 비슷한 작업을 할 수 없다$\binom{관세법}{제185조\ 제2항}$. 즉, 세관장의 허가를 받고 내국물품만을 원료로 하거나 재료로 하여 제조·가공 기타 이와 비슷한 작업을 하는 것을 내국작업이라 한다.

보세공장의 가동률이 낮아지는 경우와 같이 보세공장에 일시적으로 유휴시설이 발생한 경우에 그 보세공장이 경제성을 고려하여 내국물품만을 원료·재료로 사용하는 내국작업을 예외적으로 허용하고 있다.

② 내수용 업종제한

보세공장 중 수입하는 물품을 제조·가공하는 것을 목적으로 하는 보세공장의 업종은 기획재정부령으로 정하는 바에 따라 제한할 수 있다(관세법 제185조 제5항).

관세청장은 국내공급상황을 고려하여 필요하다고 인정되는 때에는 세관장은 보세공장 허가의 신청을 받은 날부터 10일 이내에 허가여부를 신청인에게 통지해야 한다(관세법 제185조 제3항). 이의 규정에 따라 보세공장에 대하여는 외국물품의 반입을 제한할 수 있다.

(다) 보세공장에서 수입하는 물품의 과세(내수용 물품의 과세)

① 제품과세

ㄱ 원칙

보세공장에서 외국물품 또는 외국물품과 내국물품을 원료로 하거나 재료로 하여 작업을 하는 때에는 그로써 생긴 물품은 외국으로부터 우리나라에 도착된 물품으로 본다(관세법 제188조).

ㄴ 혼용승인

대통령령으로 정하는 바에 따라 세관장의 승인을 받고 외국물품과 내국물품을 혼용하는 경우에는 그로써 생긴 제품 중 해당 외국물품의 수량 또는 가격에 상응하는 것은 외국으로부터 우리나라에 도착한 물품으로 본다(관세법 제188조 단서).

② 원료관세(관세법 제189조)

보세공장에서 제조·가공한 물품을 수입하는 경우에는 원칙적으로 수입신고하는 때의 물품의 수량과 성질에 따라 과세하는 것이나, 당해 물품의 원료인 외국물품에 대하여는 사용신고(관세법 제186조) 전에 미리 세관장에게 해당물품의 원료인 외국물품에 대한 과세의 적용을 신청한 때에는 과세물건확정시기(관세법 제16조)에도 불구하고 사용신고(관세법 제186조)에 따른 사용신고를 하는 때의 그 원료의 성질 및 수량에 의하여 관세를 부과한다(관세법 제189조 제1항).

세관장은 대통령령으로 정하는 기준에 해당하는 보세공장에 대하여는 1년의 범위에서 원료별, 제품별 또는 보세공장 전체에 대하여 관세법 제189조 제1항에 따른 신청을 하게 할 수 있다(관세법 제189조 제2항).

(라) 보세공장원재료 범위 $\binom{\text{관세법시행령}}{\text{제199조}}$

보세공장에서 보세작업을 하기 위하여 반입되는 원료 또는 재료(이하 "보세공장원재료" 라 한다)는 다음 각호에 해당하는 것을 말한다 $\binom{\text{관세법시행령}}{\text{제199조 제1항}}$.

① 당해 보세공장에서 생산하는 제품에 물리적 또는 화학적으로 결합되는 물품

② 당해 보세공장에서 생산하는 제품을 제조·가공하거나 이와 비슷한 공정에 투입되어 소모되는 물품. 다만, 기계·기구 등의 작동 및 유지를 위한 물품 등 제품의 생산에 간접적으로 투입되어 소모되는 물품을 제외한다.

③ 당해 보세공장에서 생산하는 제품의 포장용품

보세공장원재료는 당해 보세공장에서 생산하는 제품에 소요되는 수량(이하 "원자재소요량"이라 한다)을 객관적으로 계산할 수 있는 물품이어야 한다 $\binom{\text{관세법시행령}}{\text{제199조 제2항}}$.

세관장은 물품의 성질, 보세작업의 종류 등을 고려하여 감시상 필요하다고 인정되는 때에는 보세공장의 운영인으로 하여금 보세작업으로 생산된 제품에 소요된 원자재소요량을 계산한 서류를 제출하게 할 수 있다 $\binom{\text{관세법시행령}}{\text{제199조 제3항}}$.

(6) 보세공장 외 보세작업 $\binom{\text{관세법}}{\text{제187조}}$

(가) 작업허가

세관장은 가공무역 또는 국내산업의 진흥에 필요한 때에는 대통령령이 정하는 바에 의하여 기간·장소·물품 등을 정하여 당해 보세공장 외에서 보세작업을 허가할 수 있다 $\binom{\text{관세법}}{\text{제187조 제1항}}$. 세관장은 제1항에 따른 허가의 신청을 받은 날부터 10일 이내에 허가 여부를 신청인에게 통지하여야 한다 $\binom{\text{관세법}}{\text{제187조 제2항}}$. 세관장이 제2항에서 정한 기간 내에 허가 여부 또는 민원 처리 관련 법령에 따른 처리기간의 연장을 신청인에게 통지하지 아니하면 그 기간(민원 처리 관련 법령에 따라 처리기간이 연장 또는 재연장된 경우에는 해당 처리기간을 말한다)이 끝난 날의 다음 날에 허가를 한 것으로 본다 $\binom{\text{관세법}}{\text{제187조 제3항}}$.

(나) 검사

허가를 한 경우 세관공무원은 당해 물품이 보세공장에서 반출되는 때에 이를 검사할 수 있다 $\binom{\text{관세법}}{\text{제187조 제4항}}$.

(다) 보세공장의 의제

허가를 받아 지정된 장소(이하 공장외 작업장이라 한다)에 반입된 외국물품은 지정된 기간이 만료될 때까지는 보세공장에 있는 것으로 본다$\binom{관세법}{제187조\ 제5항}$.

(라) 작업재료의 직접 반입

세관장은 제1항에 따라 허가를 받은 보세작업에 사용될 물품을 관세청장이 정하는 바에 따라 공장외 작업장에 직접 반입하게 할 수 있다$\binom{관세법}{제187조\ 제6항}$

(마) 관세의 징수

지정된 기간이 지난 경우 해당 공장외작업장에 허가된 외국물품이나 그 제품이 있을 때에는 해당 물품의 허가를 받은 보세공장의 운영인으로부터 그 관세를 즉시 징수한다$\binom{관세법}{제187조\ 제7항}$.

3) 보세전시장$\binom{관세법}{제190조}$

(1) 의의

보세전시장에서는 박람회, 전람회, 견본품 전시회 등의 운영을 위하여 외국물품을 장치·전시하거나 사용할 수 있다$\binom{관세법}{제190조}$. 즉, 박람회 등으로 들어오는 물품을 그 전시장을 보세구역으로 지정하여 전시한 후 관세부담없이 다시 외국으로 반출하게 하는 제도를 말한다.

(2) 장치제한

세관장이 필요하다고 인정되는 때에는 보세전시장 안에서 장치물품에 대하여 장치할 장소를 제한하거나 그 사용사항을 조사하거나 운영인으로 하여금 필요한 보고를 할 수 있다$\binom{관세법시행령}{제209조\ 제1항}$.

(3) 보세전시장 안에서 사용

박람회 등의 운영을 위한 외국물품의 사용에는 다음 각 호의 행위가 포함되는 것으로 한다$\binom{관세법시행령}{제208조}$
① 당해 외국물품의 성질 또는 현상에 변경을 가하는 행위
② 당해 박람회의 주최자·출품자 및 관람자가 그 보세전시장 안에서 소비하는 행위

(4) 수리전 사용금지

전시장에 장치된 판매용 외국물품은 수입신고 수리전에는 이를 사용 못한다$\left(\begin{smallmatrix}관세법시행령\\제209조 \ 제2항\end{smallmatrix}\right)$.

(5) 수리전 반출금지

보세전시장에서 장치된 전시용 외국물품을 현장에서 직매하는 경우 수입신고 수리전에는 이를 인도해서는 안 된다$\left(\begin{smallmatrix}관세법시행령\\제209조 \ 제3항\end{smallmatrix}\right)$.

4) 보세건설장$\left(\begin{smallmatrix}관세법\\제191조\end{smallmatrix}\right)$

(1) 의의

보세건설장에서는 산업시설의 건설에 소요되는 외국물품인 기계류, 설비품 또는 공사용 장치·사용하여 당해 건설공사를 할 수 있다$\left(\begin{smallmatrix}관세법\\제191조\end{smallmatrix}\right)$. 즉, 산업시설의 건설에 소요될 외국물품인 기계류, 설비품 또는 공사용 장비를 장치, 사용하여 당해 건설공사를 하는 구역을 말한다.

보세건설장에서 시설물을 공사, 완료 후 시설물 단위로 수입통관하게 되면 일반적으로 ① 통관 절차의 간편 ② 회사의 자금부담 경감 ③ 관세상의 편익 등의 이점이 있다.

보세건설장은 발전소와 같은 대규모의 산업시설의 건설시에 사용되는 미조립상태의 외국설비품 또는 기계류 등이 부분품이나 소재상태로 수입되는 경우, 이러한 부분품들을 하나하나 개별적으로 수입신고가 수리된 다음에 공사에 투입하면 대단히 번잡하기 때문에 이와 같은 물품들은 외국물품 상태로 공사장에 반입하여 수입신고만 해놓고 공사에 투입하면 산업시설 등의 공사를 진행하고 부분적으로 하나의 과세단위가 되는 시설물이 완성될 때마다 수입신고의 수리를 받도록 하는 제도이다.

(2) 보세작업 절차

(가) 사용전 수입신고

운영인은 보세건설장에 외국물품을 반입할 때에는 사용 전에 당해 물품에 대하여 수입신고를 하고 세관공무원의 검사를 받아야 한다. 다만, 세관공무원이 필요가 없다고 인정하는 때에는 검사를 하지 아니할 수 있다$\left(\begin{smallmatrix}관세법\\제192조\end{smallmatrix}\right)$.

(나) 반입물품의 장치제한

세관장은 보세건설장에 반입된 외국물품에 대하여 필요하다고 인정되는 때에는 보세건설장 안에서 그 물품을 장치할 장소를 제한하거나 그 사용상황에 관하여 운영인으로 하여금 보고하게 할 수 있다$\left(\substack{관세법\\제193조}\right)$.

(다) 건설공사 완료보고

수입신고를 한 물품을 사용한 건설공사가 완료된 때에는 그 보세건설장 운영인은 지체 없이 그 공사가 완료되었음을 세관장에게 보고하여야 한다$\left(\substack{관세법시행령\\제221조}\right)$.

(라) 보세건설 물품의 가동제한

운영인은 보세건설장에서 건설된 시설의 전부 또는 일부를 수입신고가 수리되기 전에 가동하여서는 아니된다$\left(\substack{관세법\\제194조}\right)$.

(3) 보세건설장외 작업허가

(가) 의의

세관장은 보세작업을 위하여 필요하다고 인정될 때에는 대통령령으로 정하는 바에 따라 기간, 장소, 물품 등을 정하여 해당 보세건설장 외에서의 보세작업을 허가할 수 있다$\left(\substack{관세법\\제195조 제1항}\right)$.

(나) 보세건설장 외 작업절차

보세공장 외 작업허가$\left(\substack{관세법 제187조\\제1항 내지 제6항}\right)$의 규정은 관세법 제195조 ①항의 경우에 준용한다. 즉, 물품의 검사, 담보의 제공, 역외작업의 보세작업 의제, 역외작업 기간 경과 물품의 관세징수$\left(\substack{관세법 제100조\\제2항 내지 제5항}\right)$규정은 보세건설장 역외 작업규정에도 준용된다.

5) 보세판매장

(1) 의의

보세판매장이란 외국물품을 외국으로 반출하거나 외교관 면세규정$\left(\substack{관세법 제188조 제1항\\제1호 내지 제4호 규정}\right)$에 의하여 면제를 받을 수 있는 자가 사용하는 것을 조건으로 외국물품을 판매할 수 있다. 즉, 보세판매장은 관광산업의 진흥, 외화의 획득 및 원활한 국제외교를 위해 필요한 보세구역이다. 보세판매장에서는 다음 각 호의 어느 하나에 해당하는 조건으로 물품을 판매할 수 있다$\left(\substack{관세법\\제196조 제1항}\right)$.

① 해당 물품을 외국으로 반출할 것. 다만, 외국으로 반출하지 아니하더라도 대통령령으로 정하는 바에 따라 외국에서 국내로 입국하는 자에게 물품을 인도하는 경우에는 해당 물품을 판매할 수 있다.

② 관세의 면제를 받을 수 있는 자가 해당 물품을 사용할 것

(2) 보세판매장의 관리 등 $\binom{관세법시행령}{제213조}$

① 기록유지의 의무

보세판매장의 운영인은 보세판매장에서 물품을 판매하는 때에는 판매사항, 구매자 인적사항 기타 필요한 사항을 관세청장이 정하는 바에 따라 기록·유지하여야 한다.

② 판매방법

관세청장은 보세판매장에서의 판매방법, 구매자에 대한 인도방법 등을 정할 수 있다. 제1항에도 불구하고 공항 및 항만 등의 입국경로에 설치된 보세판매장에서는 외국에서 국내로 입국하는 자에게 물품을 판매할 수 있다$\binom{관세법}{제196조 \ 제2항}$. 보세판매장에서 판매하는 물품의 반입, 반출, 인도, 관리에 필요한 사항은 대통령령으로 정한다$\binom{관세법}{제196조 \ 제3항}$.

③ 판매한도

보세판매장의 운영인이 외국으로 출국하는 내국인에게 보세판매장의 물품을 판매하는 때에는 관세청장이 정하는 금액 한도 안에서 판매하여야 한다. 세관장은 보세판매장에서 판매할 수 있는 물품의 수량, 장치장소 등을 제한할 수 있다. 다만, 보세판매장에서 판매할 수 있는 물품의 종류, 판매한도는 기획재정부령으로 정한다$\binom{관세법}{제196조 \ 제4항}$.

④ 보세판매장 재고량 등 조사

세관장은 연 2회 이상 보세화물의 반출입량, 판매량, 외국반출현황, 재고량 등을 파악하기 위하여 보세판매장에 대한 조사를 실시할 수 있다.

(3) 시내보세판매장

① 시내보세판매장 설치 이유

보세판매장 중 공항 및 항만 등의 출입국경로의 보세구역 외의 장소에 설치되는 보세판매장(이하 "시내보세판매장"이라 함)에서 (관세법 제196조 제1항 제1호 본문의 조건으로)[35] 외국인에게 내국물품을 판매하고 이를 판매 현장에서 인도하는 경우에는

대통령령으로 정하는 바에 따라 해당 물품을 인도할 수 있다$\binom{\text{관세법}}{\text{제196조의2 제1항}}$.

② 시내보세판매장 관리

세관장은 관세법 제196조의2 제1항에 따라 판매 현장에서 인도된 물품의 외국 반출 여부를 확인하기 위하여 물품 구매자의 출입국관리기록 등 대통령령으로 정하는 정보 또는 자료를 관계 중앙행정기관의 장에게 요청할 수 있다. 이 경우 요청을 받은 관계 중앙행정기관의 장은 정당한 사유가 없으면 이에 따라야 한다$\binom{\text{관세법}}{\text{제196조의2 제2항}}$.

③ 인도제한

세관장은 관세법 제196조의2 제2항에 따른 물품 구매자의 출입국관리기록 등을 확인 하여 대통령령으로 정하는 사람에 대해서는 제1항에 따른 인도를 제한할 수 있다 $\binom{\text{관세법}}{\text{제196조의2 제3항}}$. 세관장은 제3항에 따라 인도가 제한되는 사람의 명단을 시내보세판매 장의 운영인에게 통보하여야 한다$\binom{\text{관세법}}{\text{제196조의2 제4항}}$.

시내보세판매장의 운영인은 제4항에 따라 통보 받은 명단의 사람에게 물품을 판매할 때에는 해당 물품을 판매 현장에서 인도하여서는 아니되고, 관세청장이 정하는 바에 따라 인도하여야 한다$\binom{\text{관세법}}{\text{제196조의2 제5항}}$.

---

35) 해당물품을 외국으로 반출하는 물품에 대해서는 물품을 판매할 수 있다. 다만 외국으로 반출하지 아 니하더라도 대통령령으로 정하는 방에 따라 외국에서 국내로 입국하는 자에게 물품을 인도하는 경우 에는 해당 물품을 판매할 수 있다.

〈표 6-4〉 보세구역 종합

종류		의의	주요 내용	특허기간	장치기간
지정보세구역	지정장치장	통관하고자 하는 물품의 일시 장치를 위한 장소로서 세관장이 지정한 구역	1. 공항, 부두의 세관구내창고 2. 수입 및 반송신고수리를 받은물품 장치 3. 화주가보관책임부담(관리인지정 可) 4. 내국물품 장치 불허 5. 수입신고수리물품의15일내반출의무	없음	6월내 관세청장이 정하는 기간
	세관검사장	통관하고자 하는물품의검사를 위한장소로서 세관장이 지정한 구역	1. 견본검사 또는 수입물품 전부반입 가능한 물품의 검사 2. 채취운반 비용은 화주 부담	없음	없음
특허보세구역	보세창고	통관하고자 하는 물품의 단기 장치나 외국물품을 장기 장치하기 위한 구역으로 세관장의 특허를 받은 곳	1. 세관장에 신고로 내국물품장치가능 2. 1년 이상 계속 내국물품 장치시 승인 3. 제조업체에서 수출입 업체까지 특허확대 4. 중계무역의 진흥이 목적	10년내갱신 可 의제는 6월내	외국물품은 1년내 내국물품은 1년(수입신고 수리물품은 6월) 정부비축물품은 필요기간
	보세공장	외국물품 또는 내외국물품을 원재료로 하여 제조, 가공작업을 하기 위한 장소로서 세관장의 특허를 받은 곳	1. 반입후, 사용신고 허용 2. 제품과세와 원료과세(사전에 신청분은 모두 원료과세) 3. 내수용 보세공장 업종 확대 4. 내수용, 수출용, 겸용,기내식, 귀금속류보세공장 있음	10년내 갱신 可 의제는 6월내	설치·운영에 관한 특허기간
	보세전시장	박람회 등의 운영을 위하여 외국물품의 장치, 전시, 사용하는 구역으로서 세관장의 특허를 받은 곳	1. 반입신고만으로 물품확인 2. 외국물품 반입즉시 세관검사요함 3. 특허소멸후의 외국물품은 운영인이 다른 보세구역으로 반출	기간고려 세관장 정함 의제는 6월내	특허기간과 동일
	보세건설장	산업시설의 건설에 소요될 외국물품인 기계류, 설비품, 공사용 장비를 장치, 사용하여 건설공사를 하는 구역으로서 세관장의 특허를 받은 곳	1. 반입신고 후 반입, 사용전 수입신고, 검사 2. 적용법령시점은 수입신고가 수리된 날 3. 환율적용시점은 수입신고시점 4. 시설재는 부가세 면제 5. HS단위별로 조립한 후 건설완료보고 후 과세	공사기간 고려 세관장 정함 의제는 6월내	특허기간과 동일
	보세판매장	외국으로 반출하거나 외교관이 사요할 물품을 판매하는 구역으로서 세관장의 특허를 받은 곳	1. 반입신고만으로 반입하고 그 물품을 검사 可 2. 세관장은 판매할 물품의 종류, 장치, 장소 등을 제한할 수 있음 3. 출국장, 시내, 모피류, 귀금속류, 면세매점 등	10년내 갱신 可 의제는 6월내	특허기간과 동일

제4절
종합보세구역

1. 종합보세구역 의의

종합보세구역은 일정한 지역 전체를 보세구역으로 지정한 곳으로서, 이 구역에서는 외국물품을 통관되지 않은 상태에서 장치, 보관, 제조·가공, 전시, 판매 등을 할 수 있는 구역을 말한다. 즉, 종합보세구역에서는 보세창고·보세공장·보세전시장·보세건설장 또는 보세판매장의 기능 중 2 이상의 기능(종합보세기능이라 함)을 종합적으로 수행 할 수 있는 지역이다.

즉, 특허보세구역에서 수행되는 기능을 복합적으로 수행할 수 있도록 지정된 지역을 말한다. 즉, 특허보세구역의 개별적으로 특허를 받아 보세창고, 공장, 전시, 건설, 판매하는 기능 중 둘 이상의 기능을(이하 '종합보세기능') 관세청장이 일정지역을 지정하여 그 지역내에서 특허보세구역의 기능을 종합적으로 수행하도록 한 것이다$\binom{관세법}{제197조 제2항}$.

관세유보상태로 외국물품을 기간 제한없이 장치·보관하면서 제조·가공 등 생산행위와 포장·수리 등 보수작업 및 보세화물의 국제적인 상설 전시(sample mart) 및 판매(stock sale) 행위를 수행하고 물품의 자율관리로 세관절차의 간소화 및 물류비 절감을 기할 수 있다.

2. 종합보세구역의 지정 및 설치·운영

1) 지정

(1) 의의

관세청장은 직권으로 또는 관계 중앙행정기관의 장이나 지방자치단체의 장, 그 밖에 종합보세구역을 운영하려는 자(이하 "지정요청자"라 한다)의 요청에 따라 무역진흥에의 기여정도, 외국물품의 반입·반출 물량 등을 고려하여 일정한 지역을 종합보세구역으로 지정할 수 있다$\binom{\text{관세법}}{\text{제197조 제1항}}$. 종합보세구역에서는 보세창고·보세공장·보세전시장·보세건설장 또는 보세판매장의 기능 중 둘 이상의 기능(이하 "종합보세기능"이라 한다)을 수행할 수 있다$\binom{\text{관세법}}{\text{제197조 제2항}}$.

한편 세관장은 종합보세구역의 설치·운영절차와 반출입, 물품관리에 관한 업무를 담당하도록 하고 있다.

(2) 지정요건

종합보세구역의 지정요건, 지정절차 등에 관하여 필요한 사항은 대통령령으로 정한다$\binom{\text{관세법}}{\text{제197조 제3항}}$.

종합보세구역의 지정요건은 다음 각 호의 하나에 해당하는 지역으로서 외국인 투자촉진·수출증대 및 물류촉진 등의 효과가 있을 것으로 예상되어 종합보세구역으로 지정할 필요가 있다고 관세청장이 인정하는 지역으로 한다$\binom{\text{관세법시행령}}{\text{제214조 제1항}}$. 또한 관세청장이 직권으로 종합보세구역을 지정하고자 하는 경우에는 관계 중앙행정기관의 장 또는 지방자치단체의 장과 협의하여야 한다$\binom{\text{관세법시행령}}{\text{제214조 제2,3항}}$. 종합보세구역(이하 "종합보세구역"이라 한다)은 다음 각 호의 어느 하나에 해당하는 지역으로서 관세청장이 종합보세구역으로 지정할 필요가 있다고 인정하는 지역을 그 지정대상으로 한다$\binom{\text{관세법시행령}}{\text{제214조 제1항}}$.

> ① 「외국인투자촉진법」에 의한 외국인투자지역
> ② 「산업입지 및 개발에 관한 법률」에 의한 산업단지
> ③ 「유통산업발전법」에 의한 공동집배송센터
> ④ 「물류시설의 개발 및 운영에 관한 법률」에 따른 물류단지
> ⑤ 기타 종합보세구역으로 지정됨으로써 외국인투자촉진·수출증대 또는 물류촉진 등의 효과가 있을 것으로 예상되는 지역

2) 입주업체의 설치·운영 신고 등

(1) 설치·운영 신고

종합보세구역에서 종합보세기능을 수행하고자 하는 자는 그 기능을 정하여 세관장에게 종합보세사업장의 설치·운영에 관한 신고를 하여야 한다$\binom{\text{관세법}}{\text{제198조 제1항}}$. 종합보세구역의 입주 업체의 설치·운영 신고의 절차에 관여하는 운영인의 특허보세구역의 특허신청(영 제196조)의 규정을 준용한다$\binom{\text{관세법시행령}}{\text{제225조 제1항}}$.

(2) 입주의 제한

운영인의 결격사유$\binom{관세법}{제175조}$에 해당하는 자는 종합보세사업장의 설치·운영에 관한 신고를 할 수 없다$\binom{관세법}{제198조 \ 제2항}$.

(3) 종합보세기능의 변경

종합보세사업장의 운영인은 그가 수행하는 종합보세기능을 변경하고자 하는 때에는 세관장에게 이를 신고하여야 한다$\binom{관세법}{제198조 \ 제3항}$.

3. 물품의 반출입 $\binom{관세법}{제199조}$

1) 물품반출입의 신고

종합보세구역에 물품을 반입·반출하고자 하는 자는 세관장에게 신고를 하여야 한다.

2) 내국물품 반출입 신고생략

종합보세구역에 반입·반출되는 물품이 내국물품인 때에는 신고를 생략하거나 간이한 방법으로 반입·반출하게 할 수 있다. 그러나 다음에 해당하는 내국물품은 반출입신고를 해야한다$\binom{관세법시행규칙}{제70조}$.
① 세관장의 허가를 받고 내국물품만을 원료로 하여 제조·가공 등을 하는 경우 그 원료또는 재료
② 혼용작업에 소요되는 원재료
③ 보세판매장에서 판매하고자 하는 물품
④ 당해 내국물품이 외국에서 생산된 물품으로서 종합보세구역 안의 외국물품과 구별되는 필요가 있는 물품(보세전시장의 기능을 수행하는 경우에 한함)

3) 반출입 물품의 범위 $\binom{관세법}{제200조}$

(1) 소비·사용물품의 제한

종합보세구역에서 소비 또는 사용되는 물품으로서 기획재정부령이 정하는 물품은 수입

통관 후 이를 소비 또는 사용하여야 한다$\left(\genfrac{}{}{0pt}{}{관세법}{제200조\ 제1항}\right)$

① 제조 또는 가공에 사용되는 시설기계류 및 그 수리용 물품

② 연료·윤활유·사무용품 등 제조 또는 가공에 직접적으로 사용하지 아니하는 물품

(2) 반출입의 제한

세관장은 종합보세구역에 반입·반출되는 물품으로 인하여 국가 안전·공공질서·국민보건 또는 환경보전 등에 지장이 초래되거나 종합보세구역의 지정목적에 부합되지 아니하는 물품이 반입·반출되고 있다고 인정되는 때에는 당해 물품의 반입·반출을 제한할 수 있다$\left(\genfrac{}{}{0pt}{}{관세법}{제200조\ 제3항}\right)$.

(3) 장치기간

종합보세구역에 반입한 물품의 장치기간은 이를 제한하지 아니한다. 다만 관세청장이 수출입물품의 원활한 유통을 촉진하기 위하여 필요하다고 인정하여 지정한 장소에 반입되는 물품에 대하여는 1년의 범위 안에서 관세청장이 정하는 장치기간을 그 장치기간으로 한다$\left(\genfrac{}{}{0pt}{}{관세법}{제200조\ 제2항}\right)$.

4) 반출입 신고

종합보세구역에 물품을 반입·반출하고자 하는 자는 대통령령이 정하는 바에 의하여 세관장에게 신고하여야 한다$\left(\genfrac{}{}{0pt}{}{관세법}{제199조\ 제1항}\right)$. 다만, 종합보세구역에 반입·반출되는 물품이 내국물품인 때에는 기획재정부령이 정하는 바에 의하여 관세법 제199조 제1항의 규정에 의한 신고를 생략하거나 간이한 방법으로 반입·반출하게 할 수 있다$\left(\genfrac{}{}{0pt}{}{관세법}{제199조\ 제2항}\right)$. 외국인관광객이 종합보세구역에서 구입한 물품을 해외로 반출시 관세를 환급 받을 수 있으며, 환급범위, 판매방법, 환급절차 등에 관한 사항을 정한다$\left(\genfrac{}{}{0pt}{}{관세법시행령\ 제216조의2}{내지\ 제216조의64}\right)$.

5) 종합보세구역의 판매물품에 대한 환급$\left(\genfrac{}{}{0pt}{}{관세법}{제199조의2}\right)$

(1) 취지

외국인 관광객 등 대통령령이 정하는 자가 종합보세구역에서 구입한 물품을 국외로 반출하는 경우에는 당해 물품을 구입할 때 납부한 관세 및 내국세 등을 환급받을 수 있다. 이는 종합보세구역 내의 보세판매장에서 외국물품을 구매할 경우 현품을 즉시 구매인에게

인도하고 동 물품을 국외로 반출할 때 이미 납부한 관세 및 내국세 등 수입제세를 환급해 줌으로써 보세운송과 출국장의 물품인도 절차로 인한 번거로움을 해소하여 구매자의 편의를 제고시키고 종합보세구역제도의 활성화를 도모하려고 하는 것이다.

(2) 의의

외국인 관광객 등이 종합보세구역에서 구입한 물품을 국외로 반출하는 경우 당해 물품을 구입할 때 납부한 관세 및 내국세 등을 환급받을 수 있다($\binom{관세법}{제199조의1 제1항}$). 관세 및 내국세 등의 환급 절차 및 방법 등에 관하여 필요한 사항은 대통령령으로 정한다($\binom{관세법}{제199조의1 제2항}$).

(3) 외국인 관광객의 범위

외국인 관광객 등 대통령령이 정하는 자는 외국환거래법 제3조의 규정에 의한 비거주자를 말한다. 그러나 다음 각 호의 자를 제외한다.
① 법인
② 국내에 주재하는 외교관(외국공관원 포함)
③ 국내에 주재하는 국제연합군과 미국군의 장병 및 군무원

(4) 종합보세구역에서의 물품 판매 등

① 판매물품에 대한 수입신고 및 신고납부
종합보세구역에서 외국인 관광객 등에게 물품을 판매하는 자는 판매물품에 대한 수입신고 및 신고납부를 하여야 한다.

② 판매인의 물품판매확인서 교부
판매인은 판매물품이 수입신고가 수리된 경우에는 구매자에게 당해 물품을 인도하되, 국외 반출할 목적으로 구매한 외국인 관광객 등에게 판매한 경우에는 물품판매확인서를 교부하여야 한다.

③ 판매물품의 종류 등의 제한
관세청장은 종합보세구역의 위치 및 규모 등을 고려하여 판매하는 물품의 종류 및 수량 등을 제한할 수 있다.

(5) 외국인 관광객 등에 대한 관세 등의 환급

① 판매확인서 등의 확인
외국인관광객 등이 종합보세구역에서 물품을 구매할 때에 부담한 관세 등을 환급 또

는 송금받고자 하는 경우에는 출국하는 때에 출국항을 관할하는 세관장(이하 "출국항 관할세관장"이라 한다)에게 판매확인서와 구매물품을 함께 제시하여 확인을 받아야 한다$\binom{\text{관세법시행령}}{\text{제216조의4 제1항}}$.

② 판매확인서의 날인 및 교부

출국항 관할 세관장은 외국인 관광객이 제시한 판매확인서의 기재사항과 물품을 일치여부를 확인한 후 판매확인서에 확인인을 날인하고, 외국인 관광객 등에게 이를 교부하거나 판매인에게 송부하여야 한다$\binom{\text{관세법시행령}}{\text{제216조의4 제2항}}$.

③ 환급 및 송금

외국인 관광객 등이 판매확인서를 교부받은 때에는 환급창구운영사업자에게 이를 제시하고, 환급 또는 송금받을 수 있다. 다만, 판매인이 출국항 관할 세관장으로부터 판매확인서를 송부받은 경우에는 그 송부받은 날로부터 20일 이내에 외국인 관광객 등이 종합보세구역에서 물품을 구매한 때 부담한 관세 등을 당해 외국인 관광객 등에게 송금하여야 한다$\binom{\text{관세법시행령}}{\text{제216조의4 제3항}}$.

(6) 판매인에 대한 관세 등의 환급

① 관세환급의 요건

판매인은 종합보세구역에서 관세 및 내국세 등이 포함된 가격으로 물품을 판매한 후 다음에 해당하는 경우에는 관세 등을 환급받을 수 있다.

> ❑ 외국인 관광객 등이 구매한 날부터 3월 이내에 물품을 국외로 반출한 사실이 확인되는 경우
> ❑ 판매인이 환급창구운영사업자를 통하여 당해 관세 등을 환급 또는 송금하거나 외국인 관광객 등에게 송금한 것이 확인되는 경우

② 환급 관련 서류의 제출

판매인이 관세 등을 환급받고자 하는 경우에는 환급신청서에 세관장이 확인한 판매확인서 및 수입신고필증 그 밖에 관세 등의 납부사실을 증빙하는 서류와 환급 또는 송금 사실을 증명하는 서류를 첨부하여 당해 종합보세구역을 관할하는 세관장에게 제출하여야 한다. 이 경우 관세 등의 환급에 관하여는 영 제54조(환급의 절차) 및 제55조(미지급자금의 정리)의 규정을 준용한다.

(7) 환급창구 운영사업자

① 환급창구 운영사업자의 지정 운영

관세청장은 외국인 관광객 등이 종합보세구역에서 물품을 구입한 때에 납부한 관세 등을 판매인을 대리하여 환급 또는 송금하는 사업을 영위하는 자를 지정하여 운영할 수 있다$\left(\begin{smallmatrix}관세법시행령\\제216조의6\ 제1항\end{smallmatrix}\right)$.

② 특례규정의 준용

환급창구운영사업자에 대하여는 외국인 관광객 등에 대한 부가가치세 및 특별소비세 특례 규정(제5조의 2 제2항 내지 제5항, 제10조의 2, 제10조의 3 및 제14조 제2항)을 준용한다.

---

4. 운영인의 물품 관리 및 설비유지$\left(\begin{smallmatrix}관세법\\제201조\end{smallmatrix}\right)$

1) 운영인의 물품관리

(1) 기능별 관리

운영인은 대통령령이 정하는 바에 의하여 종합보세기능의 수행에 필요한 시설 및 장비 등을 유지하여야 한다$\left(\begin{smallmatrix}관세법\\제201조\ 제1항\end{smallmatrix}\right)$.36) 세관장은 종합보세구역에 장치된 물품(제208조 제1항 단서에 해당되는 물품37))은 매각할 수 있다$\left(\begin{smallmatrix}관세법\\제201조\ 제2항\end{smallmatrix}\right)$.38)

---

36) 제201조(운영인의 물품관리) ① 운영인은 종합보세구역에 반입된 물품을 종합보세기능별로 구분하여 관리하여야 한다.
37) 제208조(매각대상 및 매각절차) ① 세관장은 보세구역에 반입한 외국물품의 장치기간이 지나면 그 사실을 공고한 후 해당 물품을 매각할 수 있다. 다만, 다음 각 호의 어느 하나에 해당하는 물품은 기간이 지나기 전이라도 공고한 후 매각할 수 있다.
　　　1. 살아 있는 동식물
　　　2. 부패하거나 부패할 우려가 있는 것
　　　3. 창고나 다른 외국물품에 해를 끼칠 우려가 있는 것
　　　4. 기간이 지나면 사용할 수 없게 되거나 상품가치가 현저히 떨어질 우려가 있는 것
　　　5. 관세청장이 정하는 물품 중 화주가 요청하는 것
　　　6. 제26조에 따른 강제징수, 「국세징수법」 제30조에 따른 강제징수 및 「지방세징수법」 제39조 의2에 따른 체납처분을 위하여 세관장이 압류한 수입물품(제2조 제4호 가목의 외국물품으로 한정한다)
38) 제201조(운영인의 물품관리) ② 세관장은 종합보세구역에 장치된 물품 중 제208조 제1항 단서에 해당되는 물품은 같은 조에 따라 매각할 수 있다.

(2) 물품의 기록 유지 의무

운영인은 종합보세구역에 반입된 물품을 종합보세구역 안에서 이동·사용 또는 처분을 하는 때에는 장부 또는 전산처리장치를 이용하여 그 기록을 유지하여야 한다. 이 경우 기획재정부령이 정하는 물품에 대하여는 미리 세관장에게 신고하여야 한다$\binom{\text{관세법}}{\text{제201조 제3항}}$.

(3) 운영인이 외국물품 매각요청

운영인은 종합보세구역에 장치된 물품 중 반입한 날부터 6개월 이상의 범위에서 관세청장이 정하는 기간이 지난 외국물품이 다음 각 호의 어느 하나에 해당하는 경우에는 관세청장이 정하여 고시하는 바에 따라 세관장에게 그 외국물품의 매각을 요청할 수 있다$\binom{\text{관세법}}{\text{제201조 제5항}}$.

① 화주가 분명하지 아니한 경우
② 화주가 부도 또는 파산한 경우
③ 화주의 주소·거소 등 그 소재를 알 수 없는 경우
④ 화주가 수취를 거절하는 경우
⑤ 화주가 거절의 의사표시 없이 수취하지 아니한 경우

2) 운영인의 설비, 장비 등의 유지

운영인은 대통령령으로 정하는 바에 따라 종합보세기능의 수행에 필요한 시설 및 장비 등을 유지하여야 한다$\binom{\text{관세법}}{\text{제202조 제1항}}$. 종합보세구역의 운영인이 유지해야 하는 시설 및 장비 등의 설비는 다음 각 호의 설비로 한다$\binom{\text{관세법시행령}}{\text{제217조 제1항}}$.

① 제조·가공·전시·판매·건설 및 장치 기타 보세작업에 필요한 기계시설 및 기구
② 반입·반출물품의 관리 및 세관의 업무검사에 필요한 전산설비
③ 소방·전기 및 위험물관리 등에 관한 법령에서 정하는 시설 및 장비
④ 보세화물의 분실과 도난 방지를 위한 시설

당해 설비가 천재지변 기타 불가피한 사유로 인하여 일시적으로 기준에 미달하게 된 때에는 종합보세구역의 운영인은 관세청장이 정하는 기간 내에 이를 갖추어야 한다.

3) 보수작업

종합보세구역에 장치된 물품에 대하여 보수작업을 하거나 종합보세구역 밖에서 보세작업을 하고자 하는 자는 대통령령이 정하는 바에 의하여 세관장에게 신고하여야 한다$\binom{\text{관세법}}{\text{제202조 제2항}}$.

이 경우 담보제공·반출검사 등에 관하여는 보세공장외 작업허가(관세법 제187조)의 제187 조의 규정을 준용한다$\left(\substack{관세법\\제202조\ 제3항}\right)$. 즉, 보수작업을 하거나 종합보세구역 밖에서 보세작업을 하고자 하는 경우 당해 물품에 관한 담보제공, 반출검사 등에 관하여는 제158조(보수작업), 제187조(보세공장외 작업허가)의 규정을 준용한다.

5. 종합보세구역에 대한 세관의 관리$\left(\substack{관세법\\제203조}\right)$

1) 출입통제 및 물품검사

세관장은 관세채권의 확보, 감시, 단속 등 종합보세구역의 효율적인 운영을 위하여 종합보세구역에 출입하는 인원 및 차량 등의 출입을 통제하거나 휴대 또는 운송하는 물품을 검사할 수 있다$\left(\substack{관세법\\제203조\ 제1항}\right)$.

2) 검사 및 보고

세관장은 종합보세구역에 반입·반출되는 물품의 반입·반출 상황, 그 사용 또는 처분내역 등을 확인하기 위하여 운영인의 물품관리$\left(\substack{관세법\\제201조\ 제3항}\right)$의 규정에 의한 장부나 전산처리장치를 이용한 기록을 검사 또는 조사할 수 있으며, 운영인으로 하여금 업무실적 등 필요한 사항을 보고하게 할 수 있다$\left(\substack{관세법\\제203조\ 제2항}\right)$.

3) 시설설치 등의 요구

관세청장은 종합보세구역안에 있는 외국물품의 감시·단속에 필요하다고 인정되는 때에는 종합보세구역의 지정을 요청한 중앙행정기관의 장이나 지방자치단체의 장에게 보세화물의 불법유출, 분실, 도난방지 등을 위한 시설의 설치를 요구할 수 있다. 이 경우 지정 요청자는 특별한 사유가 없는 한 이에 응하여야 한다$\left(\substack{관세법\\제203조\ 제3항}\right)$.

4) 긴급공매 해당물품의 매각

세관장은 종합보세구역에 장치된 물품 중 매각대상 및 매각절차$\left(\substack{관세법\ 제208조\\제1항\ 단서}\right)$의 규정에 해당되는 물품은 동조의 규정에 의하여 이를 매각할 수 있다$\left(\substack{관세법\\제201조\ 제2항}\right)$.

6. 종합보세구역의 지정취소 등

1) 지정취소

관세청장은 종합보세구역에 반입·반출되는 물량이 감소하거나 그 밖에 대통령령으로 정하는 사유로 종합보세구역을 존속시킬 필요가 없다고 인정될 때에는 종합보세구역의 지정을 취소할 수 있다$\left(\substack{관세법 \\ 제204조\ 제1항}\right)$.

① 종합보세구역의 지정요청자가 지정취소를 요청한 경우
② 종합보세구역의 지정요건이 소멸한 경우

2) 종합보세기능 수행의 중지

세관장은 종합보세사업장의 운영인이 다음 각 호의 어느 하나에 해당하는 경우에는 6개월의 범위에서 운영인의 종합보세기능의 수행을 중지시킬 수 있다$\left(\substack{관세법 \\ 제204조\ 제2항}\right)$.

① 운영인이(제202조 제1항) 설비의 유지의무를 위반한 경우
② 운영인이 수행하는 종합보세기능과 관련하여 반입·반출되는 물량이 감소하는 경우
③ 1년 동안 계속하여 외국물품의 반입·반출 실적이 없는 경우

3) 종합보세사업장 폐쇄

세관장은 종합보세사업장의 운영인이 다음 각 호의 어느 하나에 해당하는 경우에는 그 종합보세사업장의 폐쇄를 명하여야 한다$\left(\substack{관세법 \\ 제204조\ 제3항}\right)$.

① 거짓이나 그 밖의 부정한 방법으로 종합보세사업장의 설치·운영에 관한 신고를 한 경우
② 운영인이 결격사유$\left(\substack{관세법 \\ 제175조}\right)$에 해당하게 된 경우. 다만, 제175조 제8호에 해당하는 경우로서 같은 조 제2호 또는 제3호에 해당하는 사람을 임원으로 하는 법인이 3개월 이내에 해당 임원을 변경한 경우에는 그러하지 아니하다.
③ 다른 사람에게 자신의 성명·상호를 사용하여 종합보세사업장을 운영하게 한 경우

제5절
유치 및 예치

1. 유치 및 예치

1) 유치$\left(\begin{smallmatrix}\text{관세법}\\\text{제206조}\end{smallmatrix}\right)$

세관장은 여행자 휴대품 또는 우리나라와 외국을 왕래하는 운수기관에 종사하는 승무원의 휴대품과 유치사유(2호)에 해당하는 경우에는 해당물품을 유치할 수 있다$\left(\begin{smallmatrix}\text{관세법}\\\text{제206조 제1항}\end{smallmatrix}\right)$.

(1) 유치대상 : 다음 각 목의 어느 하나에 해당하는 물품$\left(\begin{smallmatrix}\text{관세법 제206조}\\\text{제1항 제1호}\end{smallmatrix}\right)$

　　가. 여행자의 휴대품
　　나. 우리나라와 외국 간을 왕래하는 운송수단에 종사하는 승무원의 휴대품

(2) 유치사유 : 다음 각 목의 어느 하나에 해당하는 경우$\left(\begin{smallmatrix}\text{관세법 제206조}\\\text{제1항 제2호}\end{smallmatrix}\right)$

　　가. 허가·승인 등의 증명 및 확인$\left(\begin{smallmatrix}\text{관세법}\\\text{제226조}\end{smallmatrix}\right)$에 따라 필요한 허가·승인·표시 또는 그 밖의 조건이 갖추어지지 아니한 경우
　　나. 관세의 면제 기준을 초과하여 반입하는 물품에 대한 관세를 납부하지 아니한 경우
　　다. 지식재산권 보호$\left(\begin{smallmatrix}\text{관세법}\\\text{제235조}\end{smallmatrix}\right)$에 따른 지식재산권을 침해하는 물품을 수출하거나 수입하는 등 이 법에 따른 의무사항을 위반한 경우
　　라. 불법·불량·유해물품 등 사회안전 또는 국민보건을 해칠 우려가 있는 물품으로서 대통령령으로 정하는 경우

2) 유치사유

유치한 물품은 해당 사유가 없어졌거나 반송하는 경우에만 유치를 해제한다$\left(\substack{\text{관세법} \\ \text{제206조 제2항}}\right)$. 관세법 제206조 제1항 제1호 각 목의 어느 하나에 해당하는 물품으로서 수입할 의사가 없는 물품은 세관장에게 신고하여 일시 예치시킬 수 있다. 다만, 부패·변질 또는 손상의 우려가 있는 물품 등 관세청장이 정하는 물품은 그러하지 아니하다$\left(\substack{\text{관세법} \\ \text{제206조 제3항}}\right)$.

관세법 유치 및 예치(제206조 제1항 제2호 라목)[39]에서 "대통령령으로 정하는 경우"란 다음 각 호의 경우를 말한다$\left(\substack{\text{관세법시행령} \\ \text{제219조 제1항}}\right)$.

1. 해당 물품에 대해 식품의약품안전처장 등 관계 기관의 장으로부터 부적합 통보 또는 통관 제한 요청을 받은 경우
2. 성분 또는 규격 등이 불명확한 물품으로서 식품의약품안전처 등 관계 기관의 확인 또는 물품 또는 운송수단 등에 대한 검사(관세법 제265조의2)에 따른 물품분석이 필요한 경우
3. 그 밖에 유해 성분이 포함된 식품·의약품 등 세관장이 사회안전 또는 국민보건을 위해 유치가 필요하다고 인정하는 경우

3) 예치

(1) 의의

여행자 또는 우리나라와 외국을 왕래하는 운수기관에 종사하는 승무원의 휴대품으로서 수입할 의사가 없는 물품은 세관장에게 신고하여 일시 예치시킬 수 있다$\left(\substack{\text{관세법} \\ \text{제206조 제3항}}\right)$. 예치기간은 6월의 범위 안에서 관세청장이 정한다.

즉, 예치란 우리나라를 일시 여행하는 자가 그의 휴대품을 입국지 세관에 일시 보관해 두는 것을 말한다. 따라서 예치는 수입할 의사가 없는 물품의 일시보관이라는 점에서 수출 또는 수입의 통관을 목적으로 한 휴대품을 수출입의 허가 등 조건을 갖추지 못하여 유보되는 유치와 다르다.

(2) 물품의 유치·예치 및 해제절차

세관장이 물품을 유치 또는 예치한 때에는 당해 물품의 포장종류·개수·품명·규격·수량·유치 또는 예치사유와 보관장소를 기재한 유치증 또는 예치증을 교부하여야 한다$\left(\substack{\text{관세법시행령} \\ \text{제219조 제1항}}\right)$.

---

39) 불법, 불량, 유해물품 등 사회안전 또는 국민보건을 해칠 우려가 있는 물품으로서 정하는 경우

그리고 유치물품을 수입허가 등의 구비조건을 갖추어 통관하기 위하여 유치를 해제하거나 출국할 때 예치물품의 반환을 받고자 하는 자는 유치증 또는 예치증을 세관장에게 제출하고 물품을 인도하여야 한다$\binom{\text{관세법시행령}}{\text{제219조 제3항}}$.

(3) 유치 또는 예치물품의 보관

유치하거나 예치한 물품은 세관장이 관리하는 장소에 보관한다. 다만, 세관장이 필요하다고 인정할 때에는 그러하지 아니하다$\binom{\text{관세법}}{\text{제207조 제1항}}$.

세관장은 유치되거나 예치된 물품의 원활한 통관을 위하여 필요하다고 인정될 때에는 수출입 또는 반송통고(관세법 제209조)에도 불구하고 관세청장이 정하는 바에 따라 해당 물품을 유치하거나 예치할 때에 유치기간 또는 예치기간 내에 수출·수입 또는 반송하지 아니하면 매각한다는 뜻을 통고할 수 있다$\binom{\text{관세법}}{\text{제207조 제3항}}$.

2. 체화물품의 처리

1) 의의

세관장은 보세구역에 반입한 외국물품의 장치기간이 지나면 그 사실을 공고한 후 해당 물품을 매각할 수 있다. 다만, 다음 각 호의 어느 하나에 해당하는 물품은 기간이 지나기 전이라도 공고한 후 매각할 수 있다$\binom{\text{관세법}}{\text{제208조 제1항}}$. 여기서 체화물품이란 장치기간이 경과한 물품을 말한다.

외국으로부터 우리나라에 도착된 수입화물은 부두를 포함한 보세구역을 경유하게 되는데 이런 보세구역에 수입물품이 장기간 방치될 경우 다른 정상 수출입화물의 물류흐름을 저해하고, 관세징수에도 차질을 초래할 수 있다. 따라서 보세구역에 장기간 방치된 이러한 수입화물을 처분함으로써 물류원활화를 도모하고 관세징수권을 확보하며, 보세구역의 활용효율을 높이기 위해서 체화처분제도를 운영하고 있다.

또한 보세구역에 장치되어 있는 외국물품이 사람의 생명을 해할 우려가 있는 등의 사유가 있을 때에는 그 외국물품을 폐기처분할 수 있다.

2) 보세장치화물의 매각

(1) 의의

세관장은 보세구역에 반입한 외국물품의 장치기간이 지나면 그 사실을 공고한 후 해당 물품을 매각할 수 있다. 다만, 다음 각 호의 어느 하나에 해당하는 물품은 기간이 지나기 전이라도 공고한 후 매각할 수 있다($\binom{관세법}{제208조 \ 제1항}$).

① 살아 있는 동식물
② 부패하거나 부패할 우려가 있는 것
③ 창고나 다른 외국물품에 해를 끼칠 우려가 있는 것
④ 기간이 지나면 사용할 수 없게 되거나 상품가치가 현저히 떨어질 우려가 있는 것
⑤ 관세청장이 정하는 물품 중 화주가 요청하는 것
⑥ 제26조에 따른 강제징수, 「국세징수법」 제30조에 따른 강제징수 및 「지방세징수법」 제39조의2에 따른 체납처분을 위하여 세관장이 압류한 수입물품(제2조 제4호 가목의 외국물품으로 한정한다)

"형법"기타 법률에 의한 벌칙적용에 있어서는 매각대행기관의 임직원을 세관공무원으로 본다($\binom{관세법}{제208조 \ 제7항}$).

(2) 매각절차

(가) 반출통고

세관장은 장치기간 경과물품에 따라(제208조 제1항) 외국물품을 매각하려면 그 화주 등에게 통고일부터 1개월 내에 해당 물품을 수출·수입 또는 반송할 것을 통고하여야 한다($\binom{관세법}{제209조 \ 제1항}$). 화주 등이 분명하지 아니하거나 그 소재가 분명하지 아니하여 제1항에 따른 통고를 할 수 없을 때에는 공고로 이를 갈음할 수 있다($\binom{관세법}{제209조 \ 제2항}$).

(나) 매각공고

세관장은 매각을 할 때에는 매각물건·매각수량·매각예정가격 등을 매각 개시 10일전에 공고하여야 한다($\binom{관세법}{제210조 \ 제7항}$).

(다) 긴급공매

다음 물품에 대하여는 장치기간 경과 전이라도 공고한 후 매각할 수 있으며($\binom{관세법 \ 제208조}{제1항 \ 단서}$)

급박하여 공고할 여유가 없을 때에는 매각한 후 공고할 수 있다$\left(\substack{\text{관세법}\\\text{제208조 제2항}}\right)$.

① 살아있는 동식물

② 부패하거나 부패할 우려가 있는 것

③ 창고나 다른 외국물품을 해할 우려가 있는 것

④ 기간경과로 사용할 수 없게 되거나 상품가치가 현저히 감소할 우려가 있는 것

⑤ 관세청장이 정하는 물품 중 화주의 요청이 있는 물품

(3) 매각대행

세관장은 매각을 할 때 다음 각 호의 어느 하나에 해당하는 경우에는 대통령령으로 정하는 기관(이하 이 절에서 "매각대행기관"이라 한다)에 이를 대행하게 할 수 있다$\left(\substack{\text{관세법}\\\text{제208조 제4항}}\right)$.

① 신속한 매각을 위하여 사이버몰 등에서 전자문서를 통하여 매각하려는 경우

② 매각에 전문지식이 필요한 경우

③ 그 밖에 특수한 사정이 있어 직접 매각하기에 적당하지 아니하다고 인정되는 경우

매각대행기관이 매각을 대행하는 경우(제211조 제6항에 따라 매각대금의 잔금처리를 대행하는 경우를 포함한다)에는 매각대행기관의 장을 세관장으로 본다$\left(\substack{\text{관세법}\\\text{제208조 제5항}}\right)$. 세관장은 매각대행기관이 매각을 대행하는 경우에는 매각대행에 따른 실비 등을 고려하여 기획재정부령으로 정하는 바에 따라 수수료를 지급할 수 있다$\left(\substack{\text{관세법}\\\text{제208조 제6항}}\right)$.

(4) 매각대행기관

매각대행(관세법 제208조 제4항)에 따라 세관장이 매각을 대행하게 할 수 있는 기관은 다음 각 호의 기관 또는 법인·단체 중에서 관세청장이 지정하는 기관·법인 또는 단체(이하 "매각대행기관"이라 한다)로 한다$\left(\substack{\text{관세법시행령}\\\text{제220조}}\right)$.

① 「한국자산관리공사 설립 등에 관한 법률」에 따른 한국자산관리공사

② 「한국보훈복지의료공단법」에 의하여 설립된 한국보훈복지의료공단

③ 관세청장이 정하는 기준에 따라 전자문서를 통한 매각을 수행할 수 있는 시설 및 시스템 등을 갖춘 것으로 인정되는 법인 또는 단체

(5) 매각방법

장치기간 경과물품의 매각은 일반경쟁입찰, 지명경쟁입찰, 수의계약, 경매 및 위탁판매에 의하여야 한다$\left(\substack{\text{관세법}\\\text{제210조 제1항}}\right)$.

매각방법(관세법 제210조의 규정)[40]에 의하여 매각한 물품으로 다음 각호의 1에 해당하는 물품은 수출하거나 외화를 받고 판매하는 것을 조건으로 매각한다. 다만, 제2호의 물품으로서 관세청장이 필요하다고 인정하는 물품은 주무부장관 또는 주무부장관이 지정하는 기관의 장과 협의하여 수입하는 것을 조건으로 판매할 수 있다$\left(\begin{smallmatrix}\text{관세법시행령}\\\text{제222조 제8항}\end{smallmatrix}\right)$.

① 법률에 의하여 수입이 금지된 물품
② 기타 관세청장이 지정하는 물품

(가) 경쟁입찰

① 개요

경쟁입찰의 방법으로 매각하려는 경우 매각되지 아니하였을 때에는 5일 이상의 간격을 두어 다시 입찰에 부칠 수 있으며 그 예정가격은 최초 예정가격의 100분의 10 이내의 금액을 입찰에 부칠 때마다 줄일 수 있다. 이 경우에 줄어들 예정가격 이상의 금액을 제시하는 응찰자가 있을 때에는 대통령령으로 정하는 바에 따라 그 응찰자가 제시하는 금액으로 수의계약을 할 수 있다$\left(\begin{smallmatrix}\text{관세법}\\\text{제210조 제2항}\end{smallmatrix}\right)$.

② 예정가격의 체감

법 제210조 제2항의 규정에 의한 예정가격의 체감은 제2회 경쟁입찰할 때부터 하되, 그 체감 한도액은 최초예정가격의 100분의 50으로 한다. 다만, 관세청장이 정하는 물품을 제외하고는 최초예정가격을 기초로 하여 산출한 세액 이하의 금액으로 체감할 수 있다$\left(\begin{smallmatrix}\text{관세법시행령}\\\text{제222조 제1항}\end{smallmatrix}\right)$.

---

40) 제210조(매각방법) ① 제208조에 따른 매각은 일반경쟁입찰·지명경쟁입찰·수의계약·경매 및 위탁판매의 방법으로 하여야 한다.

② 경쟁입찰의 방법으로 매각하려는 경우 매각되지 아니하였을 때에는 5일 이상의 간격을 두어 다시 입찰에 부칠 수 있으며 그 예정가격은 최초 예정가격의 100분의 10 이내의 금액을 입찰에 부칠 때마다 줄일 수 있다. 이 경우에 줄어들 예정가격 이상의 금액을 제시하는 응찰자가 있을 때에는 대통령령으로 정하는 바에 따라 그 응찰자가 제시하는 금액으로 수의계약을 할 수 있다.

③ 다음 각 호의 어느 하나에 해당하는 경우에는 경매나 수의계약으로 매각할 수 있다.
  1. 제2항에 따라 2회 이상 경쟁입찰에 부쳐도 매각되지 아니한 경우
  2. 매각물품의 성질·형태·용도 등을 고려할 때 경쟁입찰의 방법으로 매각할 수 없는 경우

④ 제3항에 따른 방법으로도 매각되지 아니한 물품과 대통령령으로 정하는 물품은 위탁판매의 방법으로 매각할 수 있다.

⑤ 제1항부터 제4항까지에 따라 매각된 물품에 대한 과세가격은 제30조부터 제35조까지의 규정에도 불구하고 제2항에 따른 최초 예정가격을 기초로 하여 과세가격을 산출한다.

⑥ 매각할 물품의 예정가격의 산출방법과 위탁판매에 관한 사항은 대통령령으로 정하고, 경매절차에 관하여는 「국세징수법」을 준용한다.

⑦ 세관장은 제1항에 따라 매각할 때에는 매각 물건, 매각 수량, 매각 예정가격 등을 매각 시작 10일 전에 공고하여야 한다.

(나) 수의계약

① 대상

일정사유에 해당되어 경쟁입찰의 방법에 의하여 매각할 수 없는 때에는 경매 또는 수의계약에 의하여 매각할 수 있으며, 그 사유는 다음과 같다$\left(\genfrac{}{}{0pt}{}{\text{관세법}}{\text{제222조 제2항}}\right)$.

㉠ 2회 이상 경쟁입찰에 붙여도 매각되지 아니한 때

㉡ 매각물품의 성질·형태·용도 등을 고려할 때 경쟁입찰의 방법으로 매각할 수 없는 경우

응찰가격중 다음 회의 입찰에 체감될 예정가격보다 높은 것이 있는 때에는 응찰가격의 순위에 따라 (관세법 제210조 제2항[41])의 규정에 의한) 매각방법에 있어서 경쟁입찰방법으로 매각하려는 경우 매각되지 아니하였을 때에는 수의계약을 체결할 수 있다. 단독응찰자의 응찰가격이 다음 회의 입찰시에 체감될 예정가격보다 높은 경우 또는 공매절차가 종료한 물품을 최종 예정가격이상의 가격으로 매수하려는 자가 있는 때에도 또한 같다$\left(\genfrac{}{}{0pt}{}{\text{관세법시행령}}{\text{제222조 제2항}}\right)$.

② 예정가격의 결정과 참가 제한

수의계약을 체결하지 못하고 재입찰에 붙인 때에는 직전 입찰에서의 최고응찰가격을 다음 회의 예정가격으로 한다$\left(\genfrac{}{}{0pt}{}{\text{관세법시행령}}{\text{제222조 제3항}}\right)$. 수의계약을 할 수 있는 자로서 그 체결에 응하지 아니하는 자는 당해 물품에 대한 차회 이후의 경쟁입찰에 참가할 수 없다 $\left(\genfrac{}{}{0pt}{}{\text{관세법시행령}}{\text{제222조 제4항}}\right)$.

(다) 경매

경매란 물품을 매수할 청약자에게 구두 등으로 순차, 매수 신청하는 것을 말한다. 경매절차를 관여하는 국세징수법을 준용한다$\left(\genfrac{}{}{0pt}{}{\text{관세법}}{\text{제210조 제6항}}\right)$.

경쟁입찰(관세법 제210조 제3항 제2호)에서 "매각물품의 성질·형태·용도 등을 고려할 때 경쟁입찰의 방법으로 매각할 수 없는 경우"란 다음 각 호의 어느 하나에 해당하는 경우를 말한다$\left(\genfrac{}{}{0pt}{}{\text{관세법시행령}}{\text{제222조 제9항}}\right)$.

---

41) 제210조(매각방법) ② 경쟁입찰의 방법으로 매각하려는 경우 매각되지 아니하였을 때에는 5일 이상의 간격을 두어 다시 입찰에 부칠 수 있으며 그 예정가격은 최초 예정가격의 100분의 10 이내의 금액을 입찰에 부칠 때마다 줄일 수 있다. 이 경우에 줄어들 예정가격 이상의 금액을 제시하는 응찰자가 있을 때에는 대통령령으로 정하는 바에 따라 그 응찰자가 제시하는 금액으로 수의계약을 할 수 있다.

① 부패·손상·변질 등의 우려가 현저한 물품으로서 즉시 매각하지 아니하면 상품가치가 저하할 우려가 있는 경우
② 물품의 매각예정가격이 50만원미만인 경우
③ 경쟁입찰의 방법으로 매각하는 것이 공익에 반하는 경우

(라) 위탁판매

① 대상

다음에 해당하는 물품은 위탁판매 방식에 의하여 매각할 수 있다(법 제210조 ④항).

㉠ 경매 또는 수의계약에 의하여 매각되지 아니한 물품

㉡ 대통령령이 정하는 다음의 물품$\left(\begin{smallmatrix}관세법시행령 \\ 제222조\ 제5항\end{smallmatrix}\right)$

> ❑ 부패하거나 부패의 우려가 있는 물품
> ❑ 기간경과로 실용가치가 없어지거나 현저히 감소할 우려가 있는 물품
> ❑ 공매하는 경우 매각의 효율성이 저하되거나 공매에 전문지식이 필요하여 직접 공매하기에 부적합한 물품

② 판매가격

매각할 물품의 예정가격의 산출방법과 위탁판매에 관한 사항은 다음과 같이 대통령령이 정하고, 경매절차에 관여하는 국세징수법을 준용한다$\left(\begin{smallmatrix}관세법 \\ 제210조\ 제6항\end{smallmatrix}\right)\left(\begin{smallmatrix}관세법시행령 \\ 제222조\ 제5항\end{smallmatrix}\right)$.

㉠ 위탁판매 하는 경우에 그 판매가격은 당해 물품의 최초예정가격(단, 상기의 시행령으로 지정한 물품$\left(\begin{smallmatrix}관세법시행령 \\ 제222조\ 제5항\end{smallmatrix}\right)$은 관세청장이 정하여 산출한다)

㉡ 기타 매각한 물품의 예정가격과 매각된 물품의 과세가격은 관세청장이 정하는 바에 의하여 산출한다.

(4) 매각대금의 처리

(가) 매각대금의 제세 충당

세관장은 매각대금 중에서 물품매각 비용·관세 및 제세순으로 필요한 금액을 충당하고 잔금이 있을 때에는 화주에게 교부한다$\left(\begin{smallmatrix}관세법 \\ 제211조\ 제1항\end{smallmatrix}\right)$.

(나) 매각된 물품의 과세가격

매각된 물품에 대한 과세가격은 과세가격결정(제30조 내지 제35조)의 규정에 불구하고 그 물품의 최초 예정가격을 기초로 하여 과세가격을 산출한다$\left(\begin{smallmatrix}관세법 \\ 제210조\ 제5항\end{smallmatrix}\right)$.

매각대금의 예정가격산출방법과 위탁판매에 관한사항은 대통령령으로 정하고 경매절차에 관하여는 "국세징수법'을 준용 한다$\binom{\text{관세법}}{\text{제210조 제6항}}$.

(다) 매각대금의 잔금처리
① 질권, 유치권자의 물품인도의무
매각된 물품에 대한 질권자 또는 유치권자는 다른 법령의 규정에 불구하고 그 물품을 매수인에게 인도하여야 한다$\binom{\text{관세법}}{\text{제208조 제3항}}$.

② 잔금교부방법
㉠ 권리증명 서류의 제출
매각하는 물품에 대한 질권자 또는 유치권자는 당해 물품을 매각한 날로부터 1월 내에 그 권리를 증명하는 서류를 세관장에게 제출하여야 한다$\binom{\text{관세법}}{\text{제211조 제2항}}$.
㉡ 질권자, 유치권자에 대한 교부
매각한 물품에 대한 질권자 또는 유치권자가 있을 때에는 그 잔금을 화주에게 교부하기 전에 그 질권 또는 유치권에 의하여 담보된 체권의 금액을 질권자 또는 유치권자에게 교부한다$\binom{\text{관세법}}{\text{제211조 제3항}}$.

③ 배분 순위 및 금액
질권자 또는 유치권자에게 공매대금의 잔금을 교부할 경우 그 잔금액이 질권 또는 유치권자에 의하여 담보된 채권액에 미달하고 교부받을 권리자가 2인 이상인 때에는 세관장은 민법 기타 법령의 규정에 의하여 배분할 순위와 금액을 정하여 배분하여야 한다$\binom{\text{관세법}}{\text{제211조 제4항}}$.

(라) 잔금교부의 보류
매각대금을 제세에 충당하고 질권자나 유치권자에게 당해 채권액을 교부하고 남은 잔금을 화주에게 교부함에 있어서는 관세청장이 정하는 바에 의하여 그 교부를 일시 보류할 수 있다$\binom{\text{관세법}}{\text{제211조 제5항}}$.

(마) 잔금처리의 대행
매각대행기관이 매각을 대행한 경우 세관장이 매각대금의 잔금처리는 매각대행기관이 이를 대행할 수 있다$\binom{\text{관세법}}{\text{제211조 제6항}}$.

(5) 매각의 제한과 대행

(가) 매각의 제한

매각규정에 의하여 매각한 물품으로 다음 각 호의 1에 해당하는 물품은 수출하거나 외화를 받고 판매하는 것을 조건으로 매각한다. 다만, 관세법 제211조 ②항 물품으로서 관세청장이 필요하다고 인정하는 물품은 주무부장관 또는 주무부장관이 지정하는 기관의 장과 협의하여 수입하는 것을 조건으로 판매할 수 있다.

① 법률에 의하여 수입이 금지된 물품
② 기타 관세청장이 지정하는 물품

(나) 매각업무의 대행

세관장은 매각을 함에 있어 다음 각 호의 각호에 해당하는 경우에는 대통령령이 정하는 기관(매각대행기관)으로 하여금 이를 대행하게 할 수 있다$\left(\begin{smallmatrix}\text{관세법}\\\text{제208조 제4항}\end{smallmatrix}\right)$.

① 신속한 매각을 위하여 사이버몰 등에서 전자문서를 통하여 매각하고자 하는 경우
② 매각에 전문지식이 필요한 경우
③ 기타 특수한 사정이 있어 직접 매각하기에 적당하지 아니하다고 인정되는 경우

매각대행기관이 매각을 대행하는 경우(매각대금의 잔금처리를 대행하는 경우를 포함)에는 매각대행기관의 장을 세관장으로 본다.

3. 보세장치화물의 국고귀속 $\left(\begin{smallmatrix}\text{관세법}\\\text{제212조}\end{smallmatrix}\right)$

1) 국고귀속의 의의

국고귀속이란 화주의 소유권은 없어지고 그 물품의 소유권이 국가에 귀속하게 되는 것을 말한다. 즉, 장치기간이 경과한 외국물품 또는 타소장치물품 등을 매각하려고 공매에 붙였으나 매각되지 않는 경우에 장치장소에서 그 물품을 반출할 수 있는 기회를 다시 한 번 부여하고 그래도 반출되지 않을 때에는 부득이 국민의 사유재산권이 다소 제한되더라도 그 물품의 소유권을 국고에 귀속시킬 수 있다.

2) 국고귀속 대상

세관장은 매각절차에 의하여 처분되지 아니한 다음 외국물품은 국고귀속절차를 거쳐 국고귀속시킬 수 있다.

① 보세구역의 장치물품
② 타소장치된 것으로서 다음에 해당하는 물품

> ㉠ 수출신고가 수리된 물품
> ㉡ 거대 중량 기타 사유로 보세구역에 장치하기 곤란하거나 부적당한 물품
> ㉢ 재해 기타 부득이한 사유로 임시 장치한 물품
> ㉣ 검역물품

③ 여행자·승무원의 휴대품으로서 수출입요건을 구비하지 않아 유치된 물품
④ 여행자·승무원의 휴대품으로서 수입할 의사가 없어 일시 예치한 물품

3) 국고귀속 절차

(1) 반출통고

세관장은 매각방법($\frac{관세법}{제210조}$)의 규정에 의하여 매각되지 아니한 물품에 대하여는 그 물품의 화주 등에 대하여는 그 물품의 화주 등에 대하여 장치장소로부터 지체없이 반출할 것을 통고하여야 한다($\frac{관세법}{제212조\ 제1항}$).

(2) 국고귀속처분

관세법 제212조 제1항 상기 (1)의 매각되지 아니한 물품의 반출통고에 대해 반출통고일로부터 당해 물품이 1월 내에 반출되지 아니할 때에는 소유권이 포기된 것으로 보고 국고에 귀속시킬 수 있다($\frac{관세법}{제212조\ 제2항}$).

(3) 충당금 납부 통지 및 국고 귀속

세관장은 국세징수법(제30조에 따른 강제징수) 및 지방세징수법(제39조의2에) 따른 체납처분을 위하여 세관장이 압류한 수입물품(제208조 제1항 제6호)이 매각방법(제210조)에 따른 방법으로 매각되지 아니한 경우에는 납세의무자에게 1개월 이내에 대통령령으로 정하는 유찰물품의 가격에 상당한 금액을 관세 및 체납액(관세·국세·지방세의 체납액을 말한

다. 이하 이 조에서 같다) 충당금으로 납부하도록 통지하여야 한다$\binom{관세법}{제212조 \ 제3항}$. 제3항에 따른 통지를 받은 납세의무자가 그 기한 내에 관세 및 체납액 충당금을 납부하지 아니한 경우에는 같은 항에 따른 유찰물품의 소유권을 포기한 것으로 보고 이를 국고에 귀속시킬 수 있다$\binom{관세법}{제212조 \ 제4항}$.

4. 보세장치화물의 폐기

1) 의의

세관장은 보세구역에 장치된 물품 등의 부패하거나 사람의 생명을 해할 우려가 있는 등 특별한 사유가 있을 때에는 그 물품의 장치기간에도 불구하고 폐기처분할 수 있다 $\binom{관세법 \ 제160조}{제4항 \ 단서}$.

2) 폐기대상

세관장은 다음에 해당하는 물품이 사람의 생명을 해할 우려가 있는 등 특별한 사유가 있을 때에는 폐기처분할 수 있다.
① 보세구역의 장치물품
② 타소 장치된 것으로서 다음에 해당하는 물품

> ㉠ 수출신고가 수리된 물품
> ㉡ 거대 중량 기타 사유로 보세구역에 장치하기 곤란하거나 부적당한 물품
> ㉢ 재해 기타 부득이한 사유로 임시 장치한 물품
> ㉣ 검역물품

③ 여행자·승무원의 휴대품으로서 수출입요건을 구비하지 않아 유치된 물품
④ 여행자·승무원의 휴대품으로서 수입할 의사가 없어 일시 예치한 물품

3) 폐기사유

세관장은 보세구역에 장치된 물품 등이 다음에 해당하는 것은 화주 등에게 이를 반송 또는 폐기할 것을 명하거나 화주 등에게 통고한 후 이를 폐기할 수 있다. 다만, 급박하여 통고할 여유가 없을 때에는 폐기한 후 즉시 통고하여야 한다(관세법 제160조 제1항 단서).

① 사람의 생명이나 재산을 해할 우려가 있을 물품
② 부패 또는 변질한 물품
③ 실용시효가 경과한 물품
④ 상품가치를 상실한 물품
⑤ 제①호 내지 제④호에 준하는 물품으로서 관세청장이 정하는 물품

4) 폐기절차

세관장은 보세구역 장치물품 등 전술한 폐기사유에 해당하는 경우에는 그 화주 등에게 해당 물품을 반송 또는 폐기할 것을 명하는 통고를 하여야 한다. 이러한 통고를 함에 있어 화주 등의 주소 및 거소가 불명하거나 기타 사유로 인하여 통고할 수 없을 때에는 공고로써 이를 갈음할 수 있다(관세법 제160조 제5항).

5) 폐기비용

세관장은 폐기하거나 화주 등이 폐기 또는 반송한 경우에는 그 비용은 화주 등이 부담한다(관세법 제160조 제6항).

제6절
보세운송

1. 보세운송

1) 보세운송의 의의

보세운송이란 외국물품을 보세구역간에 보세상태로 국내에서 운송하는 것을 말한다. 외국물품을 국내에서 운송함에 있어서는 수입관세 징수확보, 수입신고수리전 반출의 방지 등을 위하여 보세운송의 발송지와 도착지를 한정하여 개항, 보세구역, 타소장치장, 세관관서, 통관역 및 통관장소간에만 보세운송 할 수 있게 하고 있으며, 필요시에는 보세운송시 담보를 제공하도록 하고 있다.

보세운송은 업체의 경비절감, 신속통관 등 수출입업체의 지원과 공·항만지역 장치장소난 해소, 통관업무 분산 등 세관업무 편의상 확대할 필요가 있으나, 한편으로 세관은 보세화물이 세관의 관리·통제로부터 이탈하게 되므로 관세채권의 확보 등을 위해 담보를 제공토록 하거나 도착지 보세구역 설영인의 반입신고를 통해 감시업무를 수행하고 있다.

2) 보세운송의 구간

외국물품은 다음 각 호의 장소 간에 한정하여 외국물품 그대로 운송할 수 있다. 다만, 신고의 수리($_{제248조}^{관세법}$)에 따라 수출신고가 수리된 물품은 해당 물품이 장치된 장소에서 다음 각 호의 장소로 운송할 수 있다($_{제213조\ 제1항}^{관세법}$).

> 1. 국제항　　　　2. 보세구역
> 3. 보세구역외 장치외 허가(관세법 제156조)의 규정에 의하여 허가된 장소
> 4. 세관관서　　　　5. 통관역　　　6. 통관장　　　7. 통관우체국

3) 보세운송의 신고인(관세법 제214조)

보세신고 또는 승인신청은 ① 화주, ② 관세사 등, ③ 보세운송을 업으로 하는 자(이하 보세운송업자라 한다)중 위 각호의 하나에 해당하는 자의 명의로 하여야 한다(관세법 제214조).

4) 보세운송절차

(1) 보세운송 신고 및 승인

(가) 의의

보세운송을 하고자 하는 자는 관세청장이 정한 바에 따라 세관장에게 보세운송의 신고를 하여야 한다(관세법 제213조 제2항).

(나) 승인대상

다음의 물품은 감시 등을 위하여 필요하다고 인정하여 대통령령이 정하는 경우에는 세관장의 승인을 얻어야 한다(관세법 제213조 제2항 단서, 시행령 제226조). 다음의 물품 중 관세청장이 보세운송 승인대상으로 하지 아니하여도 화물관리 및 불법 수출입의 방지에 지장이 없다고 판단하여 정하는 물품에 대하여는 신고만으로 보세운송할 수 있다(관세법시행령 제226조).

① 보세운송된 물품 중 다른 보세구역 등으로 재보세운송하고자 하는 물품
② 검역법, 식물방역법, 가축전염병예방법 등의 규정에 의하여 검역을 요하는 물품
③ 소방법, 유해화학물질관리법에 의한 위험
④ 비금속성
⑤ 화물이 국내에 도착된 후 최초로 보세구역에 반된 날부터 30일이 경과한 물품
⑥ 통관이 보류되거나 수입신고수리가 불가한 물품
⑦ 법 제236조의 규정에 의하여 통관지가 제한되는 물품
⑧ 귀석, 귀금속, 한약재, 의약품, 향료 등과 같이 부피가 작고 고가인 물품
⑨ 화주 또는 화물에 대한 권리를 가진 자가 직접 보세 운송하는 물품
⑩ 보세구역외장치 허가를 받은 장소로 운송하는 물품
⑪ 적하목록상 동일한 화주의 선하증권 단위의 물품을 분할하여 보세운송하는 경우 그 물품
⑫ 불법 수출입의 방지 등을 위하여 세관장이 지정한 물품
⑬ 관세법 및 이 법에 의한 세관장의 명령을 위반한 보세운송업자가 운송하는 물품

(다) 신고의 생략

수출신고가 수리된 물품에 대하여는 관세청장이 따로 정하는 것을 제외하고는 보세운송 절차를 생략한다$\binom{\text{관세법}}{\text{제213조 제4항}}$.

(2) 담보의 제공

세관장은 보세운송신고를 하거나 승인을 얻고자 하는 물품에 대한 관세의 담보를 제공하게 할 수 있다$\binom{\text{관세법}}{\text{제218조}}$.

보세운송을 하는 외국물품은 세관의 감시, 단속으로부터 일시 벗어날 뿐만 아니라 운송기간 내에 운송목적지에 도착하지 아니하는 등 사고가 발생하여 그 물품의 관세를 징수하여야 할 경우도 생기므로 관세채권 확보를 위하여 관세 및 제세상당액의 담보를 제공토록 하고 있다.

보세운송시 담보제공 대상(관세기본 통칙)

세관장은 관세채권 확보를 위하여 보세운송 승인신청한 물품에 대하여는 관세 및 제세 상당액을 담보로 제공하게 하여야 한다. 다만, 다음 각 호의 경우에는 그러하지 아니한다.

① 무세 또는 관세가 면제될 것이 확실하다고 인정하는 물품
② 수출용보세공장에 반입하는 물품
③ 다른 규정에 의하여 화주가 신용담보 또는 포괄담보를 제공하거나 당해 물품에 대하여 이미 담보를 제공한 물품
④ 간이보세운송업자가 보세운송의 승인을 신청한 물품

---

(3) 신고서류의 제출

보세운송신고를 하거나 승인을 얻고자 하는 자는 목적지, 운송기간 등을 기재한 신고(또는 신청)서를 세관장에게 제출하여야 한다. 다만, 국제무역선 또는 국제무역기의 효율적인 적재·하선(기)을 위하여 필요하거나 세관의 감시·단속에 지장이 없다고 인정하여 관세청장이 따로 정하는 경우에는 그 정하는 바에 의한다$\binom{\text{관세법시행령}}{\text{제226조 제1항}}$.

(4) 검사

(가) 의의

세관공무원은 감시, 단속을 위하여 필요하다고 인정하는 경우에는 관세청장이 정하는바에 의하여 당해 물품에 대한 검사를 할 수 있다$\binom{\text{관세법}}{\text{제213조 제3항}}$.

(나) 검사장소

통관단계의 검사장소$\binom{관세법}{제248조}$ 규정은 '보세운송'의 경우에도 준용한다$\binom{관세법}{제213조\ 제5항}$. 따라서 보세운송물품의 검사는 보세구역에 장치된 물품은 보세구역에서 검사를 하고 보세구역 이외의 장소에 장치된 물품은 그 장소에서 행한다. 다만, 수출물품인 경우에는 당해 물품이 장치되어 있는 당해 장소에서 행한다.

(5) 보세운송신고서의 처리

(가) 보세운송 신고수리

화물관리 공무원은 보세운송 신고사항을 심사한 후 신고내용이 타당한때에는 즉시 보세운송신고를 수리하여야 한다(보세운송고지 3-1-6호).

(나) 보세운송 신고의 취하$\binom{관세법}{제134조}$

신고의 취하 및 각하$\binom{관세법}{제250조}$의 규정은 보세운송에 이를 준용한다$\binom{관세법}{제213조\ 제5항}$. 즉, 보세운송신고는 정당한 이유가 있는 경우에 한하여 세관장의 승인을 얻어 취하할 수 있으며 신고 취하에 대한 세관장의 승인을 얻은 경우에는 그 보세운송 신고의 효력은 상실된다.

(6) 통로와 기간제한

세관장은 보세운송물품의 감시, 단속을 위하여 필요하다고 인정하는 경우에는 관세청장이 정하는 바에 따라 운송통로를 제한할 수 있다$\binom{관세법}{제216조\ 제1항}$. 보세운송은 관세청장이 정한 기간내에 종료하여야 한다. 다만, 세관장은 재해 기타 부득이한 사유로 필요하다고 인정한 경우에는 그 기간을 연장할 수 있다$\binom{관세법}{제216조\ 제2항}$.

(7) 보세운송 도착보고

보세운송신고를 하거나 승인을 얻은 자는 당해 물품이 운송목적지에 도착한 때에는 관세청장이 정하는 바에 따라 도착지의 세관장에게 보고하여야 한다$\binom{관세법}{제214조}$.

외국물품을 보세운송할 때에는 세관의 감시, 단속에서 일시 벗어날 뿐만 아니라 그 물품이 지정된 운송기간내에 운송목적지에 도착하지 아니할 때에는 그 물품의 관세를 징수하거나 기타 관세법 위반 여부를 조사하여야 하므로 이와 같이 보세운송물품의 도착보고를 하도록 하고 있다.

5) 보세운송기간 경과시 징수

보세운송신고를 하거나 승인을 얻고 보세운송하는 외국물품이 그 지정한 기간내에 운송목적지에 도착하지 아니한 때에는 즉시 그 관세를 징수한다. 다만, 당해 물품이 재해 기타 부득이한 사유로 망실되었거나 미리 세관장의 승인을 얻어 폐기한 때에는 예외로 한다$\binom{\text{관세법}}{\text{제217조}}$.

〈표 6-5〉 보세운송 기간 경과시 징수

과세 요건	추징 내용
납세의무자	보세운송신고인(승인을 받은 자)
과세물건 확정	보세운송의 신고(승인)를 한 때
적용법령의 시기	보세운송의 신고(승인)를 한 때
관세부과 제척기간 기산일	보세운송의 신고(승인)를 한날의 다음 날

6) 간이 보세운송

세관장은 보세운송을 하고자 하는 물품의 성질 및 형태, 보세운송업자의 신용도 등을 감안하여 관세청장이 정하는 바에 의하여 보세운송업자 또는 물품을 지정하여 다음 각 호의 조치를 할 수 있다$\binom{\text{관세법}}{\text{제220조}}$.

① 신고절차의 간소화$\binom{\text{관세법}}{\text{제213조 제2항 규정}}$

② 검사의 생략$\binom{\text{관세법}}{\text{제213조 제3항 규정}}$

③ 담보제공의 면제$\binom{\text{관세법}}{\text{제218조 규정}}$

2. 조난물품의 운송

1) 의의

재해 기타 부득이한 사유로 인하여 선박 또는 항공기로부터 내린 외국물품은 그 물품이 있는 장소로부터 개항, 보세구역, 보세구역외 장치의 허가를 받은 장소, 세관관서, 통관역, 통관장, 통관우체국$\binom{\text{관세법}}{\text{제213조 제1항 각호}}$에 까지 운송할 수 있는데 이를 조난물품의 운송이라 한다$\binom{\text{관세법}}{\text{제219조 제1항}}$.

2) 조난물품의 운송신고 및 승인

재해 기타 부득이한 사유로 인하여 선박 또는 항공기로부터 내린 외국물품을 운송하고자 하는 자는 세관장의 승인을 얻어야 한다. 따만, 긴급을 요하는 때에는 세관공무원 또는 국가경찰공무원(세관공무원이 없는 때에 한함)에게 신고하여야 한다.

재해나 그 밖의 부득이한 사유로 선박 또는 항공기로부터 내려진 외국물품을 운송하고자 하는 자는 보세운송신고$\binom{\text{관세법}}{\text{제213조 제2항}}$의 규정에 의한 승인을 받아야 한다. 다만, 긴급을 요하는 때에는 세관공무원 또는 경찰공무원(세관공무원이 없는 때에 한함)에게 신고하여야 한다$\binom{\text{관세법}}{\text{제219조 제2항}}$. 신고를 받은 경찰공무원은 지체없이 그 요지를 세관공무원에게 통보하여야 한다$\binom{\text{관세법}}{\text{제219조 제3항}}$.

3. 내국운송

1) 의의

내국운송이란 내국물품을 세관장에게 신고를 한 후에 국제무역선(기)으로 국내운송하는 것을 말한다$\binom{\text{관세법}}{\text{제221조}}$. 내국물품은 원칙적으로 관세법상 규제대상이 아니나, 국제무역선(기)에 적재된 내국물품은 관세법에 규정된 통관절차를 거치지 않고 외국으로 밀수출될 우려가 있으므로 보세운송규정의 일부조항을 준용하여 규제하는 것이다.

2) 내국운송의 물품의 보세구역 장치

　내국운송의 승인을 얻고자 하는 내국물품은 보세구역에 장치하여야 한다. 다만, 크기나 무게의 과다 기타 사유로 보세구역에 장치하기 곤란하다고 부적당하여 보세구역이 아닌 장소에 장치하는 데 대하여 세관장의 허가를 받은 경우에는 보세구역이 아닌 장소에 장치할 수 있다$\left(\genfrac{}{}{0pt}{}{\text{관세법}}{\text{제155조 제1항}}\right)$.

3) 내국운송의 신고와 승인 절차

　외국물품을 국제무역선이나 국제무역기로 운송하려는 자는 대통령령으로 정하는 바에 따라 세관장에게 내국운송의 신고를 하여야 한다$\left(\genfrac{}{}{0pt}{}{\text{관세법}}{\text{제221조 제1항}}\right)$. 내국운송에는 보세운송보고$\left(\genfrac{}{}{0pt}{}{\text{관세법}}{\text{제219조 제1항}}\right)$, 보세운송 통로$\left(\genfrac{}{}{0pt}{}{\text{관세법}}{\text{제216조}}\right)$, 검사$\left(\genfrac{}{}{0pt}{}{\text{관세법}}{\text{제246조}}\right)$, 검사장소$\left(\genfrac{}{}{0pt}{}{\text{관세법}}{\text{제247조}}\right)$ 및 신고의 취하, 각하$\left(\genfrac{}{}{0pt}{}{\text{관세법}}{\text{제250조}}\right)$의 규정을 준용한다$\left(\genfrac{}{}{0pt}{}{\text{관세법}}{\text{제155조 제2항}}\right)$.

4. 보세운송업자 등

1) 보세운송업자의 등록$\left(\genfrac{}{}{0pt}{}{\text{관세법}}{\text{제222조}}\right)$

(1) 등록대상자

　다음 각 호의 어느 하나에 해당하는 자(이하 "보세운송업자 등")는 대통령령으로 정하는 바에 따라 관세청장이나 세관장에게 등록하여야 하며$\left(\genfrac{}{}{0pt}{}{\text{관세법}}{\text{제222조 제1항}}\right)$, 등록의 기준, 절차 등에 관하여 필요한 사항은 대통령령으로 정한다$\left(\genfrac{}{}{0pt}{}{\text{관세법}}{\text{제222조 제2항}}\right)$. 보세운송업자의 등록보고서에서 구매대행자 중 대통령령으로 정하는 자(관세법 제222조 제1항 제7호)에서 "대통령령으로 정하는 자"란 「전자상거래 등에서의 소비자보호에 관한 법률」 제12조 제1항에 따라 통신판매업자로 신고한 자로서 직전 연도 구매대행한 수입물품의 총 물품가격이 10억원 이상인 자를 말한다$\left(\genfrac{}{}{0pt}{}{\text{관세법시행령}}{\text{제231조 제1항}}\right)$

> 1. 보세운송업자
> 2. 보세화물을 취급하려는 자로서 다른 법령에 따라 화물운송의 주선을 업으로 하는 자(이하 "화물운송주선업자"라 한다)

3. 국제무역선·국제무역기 또는 국경출입차량에 물품을 하역하는 것을 업으로 하는 자

4. 국제무역선·국제무역기 또는 국경출입차량에 다음 각 목의 어느 하나에 해당하는 물품 등을 공급하는 것을 업으로 하는 자

    가. 선박용품

    나. 항공기용품

    다. 차량용품

    라. 선박·항공기 또는 철도차량 안에서 판매할 물품

    마. 용역

5. 국제항 안에 있는 보세구역에서 물품이나 용역을 제공하는 것을 업으로 하는 자

6. 국제무역선·국제무역기 또는 국경출입차량을 이용하여 상업서류나 그 밖의 견본품 등을 송달하는 것을 업으로 하는 자

7. 구매대행업자 중 대통령령으로 정하는 자

관세청장이나 세관장은 이 법의 준수 여부를 확인하기 위하여 필요하다고 인정할 때에는 보세운송업자 등에게 업무실적, 등록사항 변경, 업무에 종사하는 자의 성명이나 그 밖의 인적사항 등 그 영업에 관하여 보고를 하게 하거나 장부 또는 그 밖의 서류를 제출하도록 명할 수 있다. 이 경우 영업에 관한 보고 또는 서류제출에 필요한 사항은 관세청장이 정한다(관세법 제222조 제3항).

(2) 보세운송업자 등의 등록 요건

보세운송업자 등은 다음 각 호의 요건을 갖춘 자이어야 한다(관세법 제223조).

① 운영인의 결격사유(관세법 제175조) 각호의 1에 해당하지 아니할 것[42]

---

42) 제175조(운영인의 결격사유) 다음 각 호의 어느 하나에 해당하는 자는 특허보세구역을 설치·운영할 수 없다. 다만, 제6호에 해당하는 자의 경우에는 같은 호 각 목의 사유가 발생한 해당 특허보세구역을 제외한 기존의 다른 특허를 받은 특허보세구역에 한정하여 설치·운영할 수 있다.

    1. 미성년자

    2. 피성년후견인과 피한정후견인

    3. 파산선고를 받고 복권되지 아니한 자

    4. 이 법을 위반하여 징역형의 실형을 선고받고 그 집행이 끝나거나(집행이 끝난 것으로 보는 경우를 포함한다) 면제된 후 2년이 지나지 아니한 자

    5. 이 법을 위반하여 징역형의 집행유예를 선고받고 그 유예기간 중에 있는 자

    6. 다음 각 목의 어느 하나에 해당하는 경우에는 해당 목에서 정한 날부터 2년이 지나지 아니한 자. 이 경우 동일한 사유로 다음 각 목 모두에 해당하는 경우에는 그 중 빠른 날을 기준으로 한다.

        가. 제178조 제2항에 따라 특허보세구역의 설치·운영에 관한 특허가 취소(이 조 제1호부터 제3호까지의 규정 중 어느 하나에 해당하여 특허가 취소된 경우는 제외한다)된 경우:

② 항만운송사업법 등 관련 법령에 의한 면허, 허가 지정 등을 받거나 등록을 할 것

③ 관세 및 국세의 체납이 없을 것

④ 보세운송업자 등이 등록이 취소된 후 2년이 경과될 것

(3) 등록증의 교부

세관장은 등록신청을 한 자가 상기의 등록요건을 갖추고 다음 각 호에 해당하는 경우에는 해당 등록부에 필요한 사항을 기재하고 등록증을 교부한다$\left(\substack{\text{관세법시행령}\\\text{제231조 제2항}}\right)$.

① 보세운송, 하역물품의 제공, 국제운송 등에 필요하다고 관세청장이 정하는 운송수단 또는 설비를 갖추고 있는 경우

② 관세청장이 정하는 일정금액 이상의 자본금 또는 예금을 보유한 경우

③ 법 및 법에 의한 세관장의 명령에 위반하여 관세법으로 조사받고 있거나 기소중에 있지 아니한 경우

(4) 영업의 보고 등

관세청장 또는 세관장은 필요하다고 인정하는 때는 ①항 각 호의 자에 대하여 그 영업에 관하여 보고를 하게 하거나 정부 기타 서류의 제출을 명할 수 있다$\left(\substack{\text{관세법}\\\text{제231조 제3항}}\right)$.

관세청장이나 세관장은 화물운송주선업자에게 보세화물 취급 선박회사 등의 신고 및 보고(제225조 제2항)에 따라 해당 업무에 관하여 보고하게 할 수 있다.

(5) 등록의 취소

세관장은 보세운송업자 등이 다음 각 호의 1에 해당하는 경우에 관세청장이 정하는 바에 의하여 등록이 취소, 6개월 범위 내에서 업무의 정지 기타 필요한 조치를 할 수 있다$\left(\substack{\text{관세법}\\\text{제224조 제1항}}\right)$. 다만, 제1호 및 제2호에 해당하는 경우에는 등록을 취소하여야 한다.

① 거짓이나 그 밖의 부정한 방법으로 등록을 한 경우

② 운영인의 결격사유제$\left(\substack{\text{관세법}\\\text{제175조 각호}}\right)$의 어느 하나에 해당하는 경우

해당 특허가 취소된 날

나. 제276조 제3항 제3호의2 또는 같은 항 제6호(제178조 제2항 제1호·제5호에 해당하는 자만 해당한다)에 해당하여 벌금형 또는 통고처분을 받은 경우: 벌금형을 선고받은 날 또는 통고처분을 이행한 날

7. 제268조의2, 제269조, 제270조, 제270조의2, 제271조, 제274조, 제275조의2 또는 제275조의3에 따라 벌금형 또는 통고처분을 받은 자로서 그 벌금형을 선고받거나 통고처분을 이행한 후 2년이 지나지 아니한 자. 다만, 제279조에 따라 처벌된 개인 또는 법인은 제외한다.

8. 제2호부터 제7호까지에 해당하는 자를 임원(해당 보세구역의 운영업무를 직접 담당하거나 이를 감독하는 자로 한정한다)으로 하는 법인

③「항만운송사업법」등 관련 법령에 따라 면허·허가·지정·등록 등이 취소되거나 사업정지처분을 받은 경우

④ 보세운송업자 등(그 임직원 및 사용인을 포함한다)이 보세운송업자 등의 업무와 관련하여 이 법이나 이 법에 따른 명령을 위반한 경우

⑤「항만운송사업법」등 관련 법령에 따른 면허·허가·지정 등을 받거나 등록 등의 규정$\binom{\text{관세법}}{\text{제223조의2 제1항}}$를 위반한 경우

⑥ 보세운송업자 등(그 임직원 및 사용인을 포함한다)이 보세운송업자 등의 업무와 관련하여 조세범 처벌법(제4조 제4항)에 따른 과태료를 부과받은 경우

(6) 업무정지

세관장은 관세법 제224조 제1항에 따른 업무정지가 그 이용자에게 심한 불편을 주거나 공익을 해칠 우려가 있을 경우에는 보세운송업자 등에게 업무정지처분을 갈음하여 해당 업무 유지에 따른 매출액의 100분의 3 이하의 과징금을 부과할 수 있다. 이 경우 매출액 산정, 과징금의 금액 및 과징금의 납부기한 등에 관하여 필요한 사항은 대통령령으로 정한다$\binom{\text{관세법}}{\text{제224조 제2항}}$.

위의 관세법 제224조 제2항에 따른 과징금을 납부하여야 할 자가 납부기한까지 납부하지 아니한 경우 과징금의 징수에 관하여는 담보 등이 없는 경우의 관세징수$\binom{\text{관세법}}{\text{제26조}}$를 준용한다$\binom{\text{관세법}}{\text{제224조 제3항}}$.

(7) 등록유효기간

보세운송업자의 등록의 유효기간은 3년으로 하되, 대통령령으로 정하는 바에 따라 갱신할 수 있다. 다만, 관세청장이나 세관장은 안전관리 기준의 준수 정도 측정·평가 결과가 우수한 자가 등록을 갱신(관세법 제255조의2 제7항에 따른)하는 경우에는 유효기간을 2년의 범위에서 연장하여 정할 수 있다$\binom{\text{관세법}}{\text{제222조 제5항}}$. 보세운송업자 등록의 유효기간은 3년으로 하며, 대통령령으로 정하는 바에 따라 갱신할 수 있다. 다만 관세청장이나 세관장은 안전관리 기준의 준수정도, 측정, 평가 결과가 우수한 자가 등록을 갱신하는 경우에 유효기간을 2년의 범위에서 연장할 수 있다. (관세법 제222조 제5항 본문에 따라) 등록의 유효기간을 갱신하려는 자는 등록갱신신청서를 기간만료 1개월 전까지 관할지세관장에게 제출하여야 한다$\binom{\text{관세법시행령}}{\text{제231조 제4항}}$. 세관장은 관세법시행령 제231조 제2항에 따라 등록을 한 자에게 등록의 유효기간을 갱신하려면 등록의 유효기간이 끝나는 날의 1개월 전까지 등록 갱신을 신청해야 한다는 사실과 갱신절차를 등록의 유효기간이 끝나는 날의 2개월 전까지 휴대폰에 의한 문자

전송, 전자메일, 팩스, 전화, 문서 등으로 미리 알려야 한다$\left(\substack{\text{관세법시행령} \\ \text{제231조 제5항}}\right)$.

그리고 보세운송업자 등은 다른 사람에게 자신의 성명·상호를 사용하여 보세운송업자 등의 업무를 하게 하거나 그 등록증을 빌려주어서는 아니 된다$\left(\substack{\text{관세법} \\ \text{제223조의2}}\right)$.

(8) 보세운송업 등의 등록 효력상실

다음 각 호의 어느 하나에 해당하면 보세운송업자 등의 등록은 그 효력을 상실한다$\left(\substack{\text{관세법} \\ \text{제224조의2}}\right)$.
① 보세운송업자 등이 폐업한 경우
② 보세운송업자 등이 사망한 경우(법인인 경우에는 해산된 경우)
③ 국제항 안에 있는 보세구역에서 물품이나 용역을 제공하는 것을 업으로 하는 자(제222조 제5항에 따른)의 등록의 유효기간이 만료된 경우
④ 세관장은 보세운송업자 등이 다음 각 호의 어느 하나에 해당하는 경우에는 등록의 취소, 6개월의 범위에서의 업무정지 또는 그 밖에 필요한 조치를 취함(제224조 제1항)에 따라 등록이 취소된 경우

2) 보세화물 취급 선박회사 등$\left(\substack{\text{관세법} \\ \text{제225조}}\right)$

(1) 신고의무

보세화물을 취급하는 선박회사 또는 항공사(그 업무를 대행하는 자를 포함한다. 이하 같다)는 대통령령으로 정하는 바에 따라 세관장에게 신고하여야 한다. 신고인의 주소 등 대통령령으로 정하는 중요한 사항을 변경한 때에도 또한 같다$\left(\substack{\text{관세법} \\ \text{제225조 제1항}}\right)$.

(2) 신고절차

보세화물을 취급하고자 하는 자는 다음 각 호의 요건을 갖추어 주소, 성명, 상호 및 영업장소 등을 기재한 신고서를 세관장에게 제출하여야 한다$\left(\substack{\text{관세법시행령} \\ \text{제232조 제1항}}\right)$.
① 보세구역 특허시 운영인의 결격사유에 해당되지 아니할 것
② 화물운송주선업의 종류에 따라 관련 법령에 의한 등록을 할 것

(3) 업무 등의 보고의무

세관장은 통관의 신속을 기하고 보세화물의 관리절차를 간소화하기 위하여 필요하다고 인정되는 때에는 대통령령이 정하는 다음 사항을 화물운송주선업자로 하여금 당해 업무에 관하여 보고하게 할 수 있다$\left(\substack{\text{관세법} \\ \text{제225조 제2항}}\right)$ 43) $\left(\substack{\text{관세법시행령} \\ \text{제232조 제3항}}\right)$ 44).

① 화물 운송 주선업자가 발행한 선화증권 또는 항공화물운송장의 내역
② 화물운송 주선과정에서 발견된 보세화물의 이상 유무 등 통관의 신속 또는 관세법의 조사상 필요한 사항

(4) 국제무역선(기)에 관한 규정의 준용

국제무역선(기)외에 선박이나 항공기로서 외국에 왕래하는 선박 또는 항공기에 대하여는 국제무역선(기)에 관한 규정을 준용한다.

다만, 대통령령이 정하는 군함, 군용기와 국가원수 또는 정부를 대표하는 외교사절이 전용하는 선박 및 항공기에 관하여는 그러하지 아니하다(관세법 제146조 제1항). 또한 국경하천만을 항해하는 내국선박에 대하여는 국제무역선에 관한 규정을 적용하지 아니한다(관세법 제147조).

---

43) 제225조(보세화물 취급 선박회사 등의 신고 및 보고) ② 세관장은 통관의 신속을 도모하고 보세화물의 관리절차를 간소화하기 위하여 필요하다고 인정할 때에는 대통령령으로 정하는 바에 따라 제1항에 따른 선박회사 또는 항공사로 하여금 해당 업무에 관하여 보고하게 할 수 있다.

44) 제232조(보세화물 취급 선박회사 등의 신고 및 보고) ③ 세관장은 법 제225조 제2항에 따라 다음 각 호의 사항을 선박회사 또는 항공사로 하여금 보고하게 할 수 있다.
    1. 선박회사 또는 항공사가 화주 또는 법 제222조 제1항 제2호에 따른 화물운송주선업자에게 발행한 선하증권 또는 항공화물운송장의 내역
    2. 화물 취급과정에서 발견된 보세화물의 이상 유무 등 통관의 신속 또는 관세범의 조사상 필요한 사항

제7장

통관제도

제1절 통관의 요건
제2절 수출·수입 및 반송
제3절 수출통관절차
제4절 반송통관
제5절 통관절차의 특례

제1절
통관의 요건

1. 통관의 개요

통관(customs clearance)은 말 그대로 '세관을 통과하는 것', 즉 수출입절차의 한 과정으로서 수출입 물품이 관세선(세관)을 통과할 때 수출입에 따른 각종 법령의 적법성을 보장(확인)하기 위하여 세관(장)에 그 사실을 신고하여 면허를 받게 하는 일련의 과정을 의미한다. 그러나, 관세법에서는 통관이란 「관세법에서 규정한 절차를 이행하여 수출·수입 및 반송하는 것을 말한다」($\frac{관세법}{제2조 제1,2,3항}$) 라고 규정하고 있으므로 통관은 수출입하고자 하는 물품이 관세법상의 제반절차 즉, 세관에 수출·수입·반송의 신고를 하고 법령규제사항을 세관에서 확인 후 신고수리를 하는 일련의 과정을 거쳐 수출·수입·반송하는 것이라고 할 수 있다.

1) 통관의 기능

통관의 기능으로는 수출입관련법령의 실효성확보와 재정수입의 확보가 있다.

(1) 재정수입의 확보

수출입 되는 물품에 대하여 통관이라는 과정을 거치게 함으로써 관세법 및 내국세법에서 관세 및 내국세를 납부하도록 규정한 물품에 대하여 관세 및 내국세 등을 부과 징수함으로써 국가의 재정수입을 확보하는 기능이 있다.

(2) 수출입관련 법령의 실효성 확보

관세법 또는 기타 수출입관련법령에서 물품의 수출입에 대하여 국가정책상 필요한 각종의 규제사항을 두고 있는데 통관의 과정을 거치면서 실물에 입각하여 적법여부를 확인하여 수출입여부를 결정함으로써 수출입관련법령의 실효성을 확보하는 기능이 있다.

2) 통관의 종류

(1) 물품의 성질과 이동경로에 따른 분류

① 수입통관 : 물품이 외국에서 국내로 이동하는 경우의 통관

② 수출통관 : 물품이 국내에서 외국으로 이동하는 경우의 통관

③ 반송통관 : 외국물품이 국내에 이동을 했다가 외국물품 상태대로 다시 외국으로 이동
하는 경우의 통관

(2) 대금결제방식에 따른 분류

① 유환통관 : 수입한 물품의 소유권 이전에 대한 대금을 결재하는 방식에 의한 통관(일
반수입물품)

② 무환통관 : 수입한 물품의 대금을 결재하지 않는 방식에 의한 통관(별송품, 탁송품, 여
행자 휴대품)

(3) 통관절차의 편의에 따른 분류

① 일반(정식)통관 : 관세법상 규정된 제반절차를 정식적으로 거쳐 통관하는 것을 말한
다(일반 수입물품).

② 간이통관 : 통관절차의 일부를 생략하고 간이한 방법으로 통관하는 것을 말한다(예 :
우편물, 여행자 휴대품, 이사화물, 별송품, 탁송품, 국제운송을 위한 컨테이너 등).

---

2. 통관요건

1) 허가, 승인 등의 증명 및 확인$\binom{관세법}{제226조}$

(1) 의의

수출입에 있어서 법령이 정하는 바에 의하여 허가·승인·표시 기타 조건의 구비를 요하
는 물품은 세관장에게 그 허가·승인·표시 기타 조건을 구비한 것임을 증명하여야 한다
$\binom{관세법}{제226조\ 제1항}$.

(2) 확인방법의 공고

통관에 있어서 구비조건에 대한 세관장의 확인이 필요한 수출입물품에 대하여는 다른
법령의 규정에 불구하고 그 물품과 확인방법을 대통령령이 정하는 바에 의하여 미리 공고

하여야 한다$\left(\genfrac{}{}{0pt}{}{관세법}{제226조\ 제2항}\right)$. 상기 규정에 의한 증명에 관하여는 제245조 ②항의 규정을 준용한다$\left(\genfrac{}{}{0pt}{}{관세법}{제226조\ 제3항}\right)$.

(3) 구비조건의 확인

관세법 제226조 제2항(허가승인 등의 증명 및 확인)의 규정에 의한 허가·승인·표시 기타 조건(이하 이 조에서 "구비조건"이라 한다)의 구비를 요하는 물품에 대하여 관세청장은 주무부장관의 요청을 받아 세관공무원에 의하여 확인이 가능한 사항인지 여부, 물품의 특성 기타 수출입물품의 통관여건 등을 고려하여 세관장의 확인대상물품, 확인방법, 확인절차(관세청장이 지정·고시하는 정보통신망을 이용한 확인신청 등의 절차를 포함한다), 그 밖에 확인에 필요한 사항을 공고하여야 한다$\left(\genfrac{}{}{0pt}{}{관세법시행령}{제233조}\right)$.

2) 의무이행의 요구$\left(\genfrac{}{}{0pt}{}{관세법}{제227조}\right)$

(1) 의의

세관장은 다른 법령의 규정에 의하여 수입 후 특정한 용도에의 사용 등 의무를 이행하도록 되어 있는 물품에 대하여는 문서로 당해 의무를 이행할 것을 요구할 수 있다$\left(\genfrac{}{}{0pt}{}{관세법}{제227조\ 제1항}\right)$. 의무의 이행을 요구받는 자는 특별한 사유가 없는 한 당해 물품에 대하여 부가된 의무를 이행하여야 한다$\left(\genfrac{}{}{0pt}{}{관세법}{제227조\ 제2항}\right)$. 세관장은 관세법 제227조 제1항에 따라 의무의 이행을 요구받은 자의 이행 여부를 확인하기 위하여 필요한 경우 세관공무원으로 하여금 조사하게 할 수 있다. 이 경우 유통이력 조사(관세법 제240조의3)를 준용한다$\left(\genfrac{}{}{0pt}{}{관세법}{제227조\ 제3항}\right)$.

(2) 의무이행의 면제

수입신고 수리시에 부과된 의무를 면제받고자 한 자는 다음 각 호의 1에 해당하는 경우에 한하여 당해 의무이행을 요구한 세관장의 승인을 얻어야 한다$\left(\genfrac{}{}{0pt}{}{관세법시행령}{제224조}\right)$.

① 법령이 정하는 허가·승인·추천 기타 조건을 구비하여 의무이행이 필요하지 아니하게 된 경우
② 법령의 개정 등으로 의무이행이 해제된 경우
③ 관계행정기관의 장의 요청 등으로 부가된 의무를 이행할 수 없는 사유가 있다고 인정된 경우

3) 통관표지 ($\binom{관세법}{제228조}$)

(1) 의의

세관장은 관세보전을 위하여 필요하다고 인정할 때에는 대통령령이 정하는 바에 의하여 수입하는 물품에 통관표지의 첨부를 명할 수 있다($\binom{관세법시행령}{제235조}$).

(2) 첨부대상물품

세관장은 다음 각 호의 1에 해당하는 물품에 대하여는 관세보전을 위하여 통관표지의 첨부를 명할 수 있다($\binom{관세법시행령}{제235조\ 제1항}$).

① 법에 의하여 관세의 감면 또는 용도세율의 적용은 받는 물품
② 관세의 분할납부 승인을 얻은 물품
③ 부정수입물품과 구별하기 위하여 관세청장이 지정하는 물품

통관표지첨부대상, 통관표지의 종류, 첨부방법 등에 관하여 필요한 사항은 관세청장이 정한다($\binom{관세법시행령}{제235조\ 제2항}$).

3. 관세관련 원산지 제도

1) 원산지제도의 개요

(1) 의의

원산지란 물품이 성장하거나 생산·제조·가공된 국가 즉, 물품의 국을 말하는 것이며 일정한 기준에 의하여 판정하게 된다. 원산지 규정이란 원산지 규정의 인정기준에 의하여 상품의 국적을 판정하기 위한 제반법령과 절차를 말한다. 원산지 규정의 구성은 원산지를 결정하기 위한 기준. 그 기준을 적용하기 위하여 필요한 증명서류, 확인절차, 결정된 원산지를 소비자가 쉽게 알아볼 수 있도록 표시하는 방법 및 원산지를 허위로 신고하거나 오인하도록 표시한 경우 등 원산지 규정의 위반에 대한 처벌 규정으로 이루어진다.

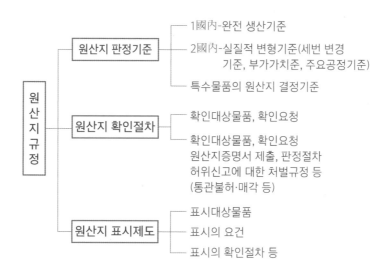

(2) 필요성

수입물품에 원산지를 표시하는 이유는 일반적으로 다음과 같다.

(가) 소비자의 피해방지

원산지 표시는 임금이 싼 국가로부터 저가 수입품 급증 및 OEM방식으로 생산한 수입품이 국산품으로 둔갑하는 것을 방지하게 된다 또한, 생산활동의 세계화 현상으로 인해 생산활동이 2개국 이상에서 이루어지는 경우가 빈번해지고 있는데 이에 따른 상품의 품질 저하우려도 제거한다. 즉, 구매과정에서 소비자가 피해를 보지 않게 해주고, 특정지역 생산품또는 양질의 물품을 생산하는 자(국가)는 원산지를 표시함으로써 소비자로부터 우선 구매의 혜택을 받게 된다.

(나) 국민보건 등 보호기능

병충해 발생지역(국가)로부터 반입되는 물품에 대하여는 검역과 검사를 강화하고, 멸종위기에 처한 동식물 등이 특정지역에서 반입되는 것을 막아주므로 국민 보건과 자연환경에 대한 보호기능을 해준다.

(다) 양허 및 할당제 적용 등 정책적 기능

특정국가나 지역으로부터 수입하는 특정물품에 대하여 호혜적으로 관세양허 등 특혜조치를 취하거나 저가 수입물품에 대한 덤핑방지관세 부과, 긴급수입제한조치 또는 수입수량을 할당할 때는 당해 물품의 원산지가 기준이 되므로 원산지 표시는 산업 및 무역정책에서아주 중요한 기능을 담당하게 된다.

(3) 체계

(가) 특혜규정

특혜규정은 '수입물품이 특혜관세 혜택을 받기 위한 조건'을 정한 것으로서 대표적인 것은 일반특혜관세제도(GSP)와 쌍방적 특혜제도인 UNCTAD 개도국간 양허관세제도(GSTP), ESCAP 개도국간 양허관세제도(방콕협정), WTO 개도국간 양허관세제도(TNDC)가 있다.

(나) 비특혜 규정

비특혜제도의 대표적인 것으로서 우리나라에서는 원산지 표시제도를 들 수 있는데 국제적으로는 덤핑방지관세 및 상계관세 부과, 긴급수입제한(세이프가드) 등 통상조치시 적용되는 것이 여기에 속한다. 반덤핑관세 등의 통상정책수단은 덤핑수출을 한 국가의 상품에 한하여 적용되기 때문에 그 전제로서 원산지 결정이 필요하다.

2) 원산지의 확인 등

(1) 원산지의 확인 기준

원산지 확인은 확인 기준에 따라 원산지를 실제 확인하는 것으로 실제 물품을 검사하는 방법에서 시작하여 원산지증명서에 의한 방법까지 여러 가지가 있다.

이 법, 조약, 협정 등에 따른 관세의 부과·징수, 수출입물품의 통관, 원산지증명서 등의 확인요청 및 조사$\binom{\text{관세법}}{\text{제233조 제3항}}$의 확인요청에 따른 조사 등을 위하여 원산지를 확인할 때에는 다음 각 호의 어느 하나에 해당하는 나라를 원산지로 한다$\binom{\text{관세법}}{\text{제229조 제1항}}$.

> ① 당해 물품의 전부를 생산·가공·제조한 나라
> ② 당해 물품이 2개국 이상에 걸쳐 생산·가공 또는 제조된 경우에는 그 물품의 본질적 특성을 부여하기에 충분한 정도의 실질적인 생산·가공·제조과정이 최종적으로 수행된 나라

(가) 일반물품의 원산지 결정기준

상기 규정을 적용할 물품의 범위, 구체적 확인기준 등 기타 필요한 사항은 기획재정부령으로 정한다. 따라서 시행규칙의 규정에 따라 당해 물품의 전부를 생산한 나라를 원산지로 한다. 이러한 기준이 적용되는 물품은 다음과 같다$\binom{\text{관세법시행규칙}}{\text{제74조 제1항}}$.

① 당해 국의 영역에서 생산한 광산물과 식물성 생산물
② 당해 국의 영역에서 번식 또는 사육한 산동물과 이들로부터 채취한 물품

③ 당해 국의 영역에서의 수렵·어로로 체포한 물품

④ 당해 국의 선박에 의하여 체포한 어획물 기타의 물품

⑤ 당해 국에서 제조·가공의 공정 중에 발생한 부스러기

⑥ 당해 국 또는 당해 국의 선박에서 상기 각호의 물품을 원재료로 하여 제조가공한 물품

(나) 실질적 변형기준

① 원칙

2개국 이상의 국가에서 생산된 원재료 또는 구성품으로 생산된 물품에 대해서는 실질적 변형기준을 적용하여 원산지를 결정한다. 즉, 당해 물품이 2개국 이상에 걸쳐 생산·가공·제조된 경우에는 그 물품에 대하여 실질적인 변화를 가져오게 하고, 새로운 특성을 부여한 행위를 최종적으로 행한 나라를 원산지로 한다.

② 세번변경기준

관세법상 실질적 변형기준은 2개국 이상에 걸쳐 생산, 가공 또는 제조(이하 "생산" 이라 함)된 물품의 원산지는 당해 물품의 생산과정에서 사용되는 물품의 품목분류표상 6단위 품목번호와 다른 6단위 품목번호의 물품을 최종적으로 생산한 국가로 한다$\binom{\text{관세법시행규칙}}{\text{제74조 제2항}}$.

③ 세번변경기준이 적용될 수 없는 경우

다음 각호의 어느 하나에 해당하는 작업이 수행된 국가는 상기의 '실질적 변형' 규정에 의한 원산지로 인정하지 아니한다$\binom{\text{관세법시행규칙}}{\text{제74조 제4항}}$.

> ㉠ 운송 또는 보세구역 장치 중에 있는 물품의 보존을 위하여 필요한 작업
> ㉡ 판매를 위한 물품의 포장개선 또는 상표표시 등 상품성 향상을 위한 개수작업
> ㉢ 단순한 선별·구분·절단 또는 세척작업
> ㉣ 재포장 또는 단순한 조립작업
> ㉤ 물품의 특성이 변하지 아니하는 범위 안에서의 원산지가 다른 물품과의 혼합작업
> ㉥ 가축의 도축작업

(2) 특수물품의 원산지 결정기준

촬영된 영화용 필름, 부속품·예비부분품 및 공구와 포장용품은 다음 각 호의 구분에 따라 원산지를 인정한다$\binom{\text{관세법시행규칙}}{\text{제75조}}$.

① 촬영된 영화용 필름은 그 제작자가 속하는 국가

② 기계·기구·장치 또는 차량에 사용되는 부속품·예비부분품 및 공구로서 기계·기구·장치 또는 차량과 함께 수입되어 동시에 판매되고 그 종류 및 수량으로 보아 통상 부속품·예비부분품 및 공구라고 인정되는 물품은 당해 기계·기구 또는 차량의 원산지

③ 포장용품은 그 내용물품의 원산지. 다만, 품목분류표상 포장용품과 내용품을 각각 별개의 품목번호로 하고 있는 경우에는 그러하지 아니한다.

(가) 기계·기구·장치 또는 차량에 사용되는 부속품 등

기계·기구·장치 또는 차량에 사용되는 부속품·예비부품 및 공구가 다음 요건을 모두 갖춘 경우에는 당해 기계·기구·장치 또는 차량의 원산지와 동일한 것으로 본다$\left(\substack{\text{관세법시행규칙}\\\text{제75조 제2항}}\right)$.

① 부속품 등이 기계·기구·장치 또는 차량 등과 함께 수입되어야 한다.

② 부속품 등이 당해 기계·기구·장치 또는 차량 등과 동시에 판매 되어야 한다.

③ 그 종류 및 수량을 보아 부속품·예비부분품 및 공구라고 통상적으로 인정되는 물품이어야 한다.

(나) 포장용품

포장용품의 원산지는 당해 내용품의 원산지와 동일한 것으로 본다. 다만, 관세율표상포장용품과 내용품을 각각 별개로 구분하여 품목분류를 하도록 규정된 경우에는 그러하지 아니하다$\left(\substack{\text{관세법시행규칙}\\\text{제75조 제3항}}\right)$.

(3) 원산지 불인정

다음 각호의 1에 해당하는 작업이 수행된 국가는 관세법시행규칙 제74조 제2항45)의 규정에 의한 원산지로 인정하지 아니한다$\left(\substack{\text{관세법시행규칙}\\\text{제74조 제4항}}\right)$.

① 운송 또는 보세구역장치중에 있는 물품의 보존을 위하여 필요한 작업

② 판매를 위한 물품의 포장개선 또는 상표표시 등 상품성 향상을 위한 개수작업

③ 단순한 선별·구분·절단 또는 세척작업

④ 재포장 또는 단순한 조립작업

⑤ 물품의 특성이 변하지 아니하는 범위안에서의 원산지가 다른 물품과의 혼합작업

⑥ 가축의 도축작업

---

45) 2개국 이상에 걸쳐 생산, 가공 또는 제조된 물품의 원산지는 당해 물품의 생산과정에 사용되는 물품의 품목분류상 6단위 품목번호와 다른 6단위 품목번호의 물품을 최종적으로 생산한 국가로 한다.

3) 직접운송원칙

직접운송원칙($^{관세법}_{제229조}$)에 따라 원산지를 결정할 때 해당 물품이 원산지가 아닌 국가를 경유하지 아니하고 직접 우리나라에 운송·반입된 물품인 경우에만 그 원산지로 인정한다. 다만, 다음 각 호의 어느 하나에 해당하는 물품인 경우에는 우리나라에 직접 반입한 것으로 본다($^{관세법시행규칙}_{제76조}$).

4) 원산지 허위표시물품 통관제한과 환적 물품에 대한 조치

(1) 원산지 허위표시물품 등의 통관제한

세관장은 법령에 따라 원산지를 표시하여야 하는 물품이 다음 각 호의 어느 하나에 해당하는 경우에는 해당 물품의 통관을 허용하여서는 아니 된다. 다만, 그 위반사항이 경미한 경우에는 이를 보완·정정하도록 한 후 통관을 허용할 수 있다($^{관세법}_{제230조}$).

① 원산지 표시가 법령에서 정하는 기준과 방법에 부합되지 아니하게 표시된 경우
② 원산지 표시가 부정한 방법으로 사실과 다르게 표시된 경우
③ 원산지 표시가 되어 있지 아니한 경우

(2) 품질 등 허위, 오인 표시물품의 통관 제한

세관장은 물품의 품질, 내용, 제조 방법, 용도, 수량(이하 이 조에서 "품질 등"이라 한다)을 사실과 다르게 표시한 물품 또는 품질 등을 오인(誤認)할 수 있도록 표시하거나 오인할 수 있는 표지를 부착한 물품으로서 「부정경쟁방지 및 영업비밀보호에 관한 법률」, 「식품위생법」, 「산업표준화법」 등 품질 등의 표시에 관한 법령을 위반한 물품에 대하여는 통관을 허용하여서는 아니 된다($^{관세법}_{제230조의2}$).

(3) 환적물품 등에 대한 유치 등(법 제231조)

(가) 유치

세관장은 외국물품의 일시양륙(관세법 제141조)에 따라 일시적으로 육지에 내려지거나 다른 운송수단으로 환적 또는 복합환적되는 외국물품 중 원산지를 우리나라로 허위 표시한 물품은 유치할 수 있다($^{관세법}_{제231조 제1항}$).

(나) 보관

상기 관세법 제231조 제1항 규정에 따라 유치하는 외국물품은 세관장이 관리하는 장소에 보관하여야 한다. 다만, 세관장이 필요하다고 인정할 때에는 그러하지 아니하다($^{관세법}_{제231조 제2항}$).

(다) 유치사실 통지

세관장은 관세법 제231조 제1항에 따라 외국물품을 유치할 때에는 그 사실을 그 물품의 화주나 그 위임을 받은 자에게 통지하여야 한다$\left(\substack{\text{관세법}\\\text{제231조 제3항}}\right)$.

(라) 조치명령

세관장은 관세법 제231조 제3항에 따른 통지를 할 때에는 이행기간을 정하여 원산지 표시의 수정 등 필요한 조치를 명할 수 있다. 이 경우 지정한 이행기간 내에 명령을 이행하지 아니하면 매각한다는 뜻을 함께 통지하여야 한다$\left(\substack{\text{관세법}\\\text{제231조 제4항}}\right)$.

(마) 유치해제

세관장은 관세법 제231조 제4항 전단에 따른 명령이 이행된 경우에는 제1항에 따른 물품의 유치를 즉시 해제하여야 한다$\left(\substack{\text{관세법}\\\text{제231조 제5항}}\right)$.

(바) 매각 및 준용

세관장은 제4항 전단에 따른 명령이 이행되지 아니한 경우에는 이를 매각할 수 있다. 이 경우 매각 방법 및 절차에 관하여는 장치물품의 폐기(관세법 제160조 제4항부터 제6항까지) 및 매각방법(관세법 제210조)을 준용한다$\left(\substack{\text{관세법}\\\text{제231조 제6항}}\right)$.

5) 원산지증명서$\left(\substack{\text{관세법}\\\text{제232조}}\right)$

(1) 의의

원산지란 당해 물품이 성장했거나 생산·제조·가공된 나라를 의미하는 것이고, 원산지 증명서는 수입통관 또는 수출대금의 결제시에 구비서류의 하나로서 당해 물품이 당해국에서 생산·제조 또는 가공되었다는 증명서로 이는 특정 국가나 지역으로부터 수입을 금지 또는 제한하기 위한 정책적 목적, 호혜통상협정이 체결된 국가간의 수입물품에 대한 협정세율의 적용을 위한 관세의 감면혜택의 부여목적, 선진국의 개발도상국가에 대한 특혜관세공여 목적, 기타 국별 수입통계의 목적으로 발급되고 있다.

(2) 원산지 증명서 제출

(가) 의의

이 법, 조약, 협정 등에 의하여 원산지 확인이 필요한 물품을 수입하는 자는 당해 물품이 원산지를 증명하는 서류(이하 '원산지증명서')를 제출하여야 한다. 다만, 대통령령으로 정하는 물품의 경우에는 그러하지 아니하다($\frac{\text{관세법}}{\text{제232조 제1항}}$).

(나) 제출대상자

다음 각 호의 어느 하나에 해당하는 자는 해당 물품의 수입신고 시에 그 물품의 원산지를 증명하는 서류(이하 "원산지증명서"라 한다)를 세관장에게 제출하여야 한다. 다만, 제1호에 해당하는 자로서 수입신고 전에 원산지증명서를 발급받았으나 분실 등의 사유로 수입신고 시에 원산지증명서를 제출하지 못한 경우에는 제4항에 따른 원산지증명서 유효기간 내에 해당 원산지증명서 또는 그 부본을 제출할 수 있다.($\frac{\text{관세법시행령}}{\text{제236조 제1항}}$).

① 이 법·조약·협정 등에 의하여 다른 국가의 생산(제조·가공을 포함)물품에 적용되는 세율보다 낮은 세율을 적용받고자 하는 자로서 원산지 확인이 필요하다고 관세청장이 정하는 자

② 관세율의 적용 등 기타 사유로 인하여 원산지확인이 필요하다고 관세청장이 지정한 물품을 수입하는 자

(다) 원산지 증명서 미제출시 처리

세관장은 원산지 확인이 필요한 물품을 수입하는 자가 원산지증명서를 제출하지 아니하는 경우에는 이 법, 조약, 협정 등에 따른 관세율을 적용할 때 일반특혜관세·국제협력관세 또는 편익관세를 배제하는 등 관세의 편익을 적용하지 아니할 수 있다($\frac{\text{관세법}}{\text{제232조 제2항}}$).

(4) 원산지증명서의 인정범위

원산지증명서는 당해 수입물품의 품명, 수량, 생산지, 수출자 등 관세청장이 정하는 사항이 기재되어 있어야 하며, 수입신고일부터 1년 이내에 발행된 것이어야 한다. 세관장에게 제출하는 원산지증명서는 다음 각 호의 1에 해당하는 것이어야 한다($\frac{\text{관세법시행령}}{\text{제236조 제3항}}$).

① 원산지국가의 세관 기타 발급권한이 있는 기관 또는 상공회의소가 당해 물품에 대하여 원산지국가(지역을 포함)를 확인 또는 발행한 것

② 원산지국가에서 바로 수입되지 아니하고 제3국을 경유하여 수입된 물품에 대하여 그 제3국의 세관 기타 발급권한이 있는 기관 또는 상공회의소가 확인 또는 발행한 경우에는 원산지 국가에서 당해 물품에 대하여 발행된 원산지증명서를 기초로 하여 원산지국가(지역을 포함)를 확인 또는 발행한 것

③ 관세청장이 정한 물품의 경우에는 당해 물품의 상업송장 또는 관련서류에 생산자·공급자·수출자 또는 권한이 있는 자가 원산지 국가를 기재한 것

(5) 원산지 확인 자료의 제출 ($^{관세법}_{제232조}$)

(가) 의의

세관장은 원산지확인이 필요한 물품의 수입한 자로 하여금 제출받은 원산지 증명서의 내용을 확인하기 위하여 필요한 자료(원산지증명서 확인자료)를 제출하게 할 수 있다($^{관세법}_{제232조\ 제3항}$).

(나) 미제출시 불인정

원산지 확인이 필요한 물품을 수입한 자가 정당한 사유없이 원산지 증명서 확인자료를 제출하지 아니하는 때에는 세관장은 수입신고시 제출받은 원산지 증명서의 내용을 인정하지 아니할 수 있다($^{관세법}_{제232조\ 제3항}$).

(다) 자료 비공개의 요청

세관장은 원산지증명서 확인 자료를 제출한 자가 정당한 사유를 제시하여 그 자료를 공개하지 아니할 것을 요청한 때에는 그 제출인의 명시적 동의 없이는 당해 자료를 공개하지 아니할 것을 요청한 때에는 그 제출인의 명시적 동의 없이는 당해 자료를 공개하여서는 아니 된다($^{관세법}_{제232조\ 제4항}$).

원산지 증명서(관세법 제232조 제1항부터 제4항까지)의 규정에도 불구하고 조약·협정 등의 시행을 위하여 원산지증명서 제출 등에 관한 사항을 따로 정할 필요가 있을 때에는 기획재정부령으로 정한다($^{관세법}_{제232조\ 제5항}$).

(4) 원산지 증명서의 제출면제

다음 각 호의 1에 해당하는 물품에 대하여는 관세법 제232조 ①항의 규정은 이를 적용하지 아니한다($^{관세법시행령}_{제236조\ 제2항}$).

① 물품의 종류·성질·형상 또는 그 상표·생산국명·제조자 등에 의하여 원산지가 인정되는 물품

② 우편물(법 제258 ②항에 해당하는 것을 제외한다)

③ 과세가격(종량세의 경우에는 이를 법 제15조의 규정에 준하여 산출한 가격)이 15만원 이하인 물품

④ 개인에게 무상 송부된 탁송품·별송품 또는 여행자의 휴대품

⑤ 기타 관세청장이 관계행정기관의 장과 협의하여 인정하는 물품

(5) 원산지증명서 발급$\binom{관세법}{제232조의2}$

이 법, 조약, 협정 등에 따라 관세를 양허받을 수 있는 물품의 수출자가 원산지증명서의 발급을 요청하는 경우에는 세관장이나 그 밖에 원산지증명서를 발급할 권한이 있는 기관은 그 수출자에게 원산지증명서를 발급하여야 한다$\binom{관세법}{제232조의2\ 제1항}$.

세관장은 제1항에 따라 발급된 원산지증명서의 내용을 확인하기 위하여 필요하다고 인정되는 경우에는 다음 각 호의 자로 하여금 원산지증명서확인자료(대통령령으로 정하는 자료로 한정한다)를 제출하게 할 수 있다. 이 경우 자료의 제출기간은 20일 이상으로서 기획재정부령으로 정하는 기간 이내로 한다$\binom{관세법}{제232조의2\ 제2항}$.

① 원산지증명서를 발급받은 자
② 원산지증명서를 발급한 자
③ 그 밖에 대통령령으로 정하는 자("대통령령으로 정하는 자"란 해당 수출물품의 생산자 또는 수출자를 말한다$\binom{관세법시행령}{제236조의6\ 제2항}$)

여기에서 "대통령령으로 정하는 자료"란 다음 각 호의 구분에 따른 자료로서 수출신고 수리일부터 3년 이내의 자료를 말한다$\binom{관세법시행령}{제236조의6\ 제1항}$.

(가) 수출물품의 생산자가 제출하는 다음 각 목의 자료

① 수출자에게 해당 물품의 원산지를 증명하기 위하여 제공한 서류
② 수출자와의 물품공급계약서
③ 해당 물품의 생산에 사용된 원재료의 수입신고필증(생산자 명의로 수입신고한 경우만 해당한다)
④ 해당 물품 및 원재료의 생산 또는 구입 관련 증명 서류
⑤ 원가계산서·원재료내역서 및 공정명세서
⑥ 해당 물품 및 원재료의 출납·재고관리대장
⑦ 해당 물품의 생산에 사용된 재료를 공급하거나 생산한 자가 그 재료의 원산지를 증명하기 위하여 작성하여 생산자에게 제공한 서류
⑧ 원산지증명서 발급 신청서류(전자문서를 포함하며, 생산자가 원산지증명서를 발급받은 경우만 해당한다)

(나) 수출자가 제출하는 다음 각 목의 자료

① 원산지증명서가 발급된 물품을 수입하는 국가의 수입자에게 제공한 원산지증명서(전
  자문서를 포함한다)

② 수출신고필증

③ 수출거래 관련 계약서

④ 원산지증명서 발급 신청서류(전자문서를 포함하며, 수출자가 원산지증명서를 발급받
  은 경우만 해당한다)

⑤ 제1호 라목부터 바목까지의 서류(수출자가 원산지증명서를 발급받은 경우만 해당한다)

(다) 원산지증명서를 발급한 자가 제출하는 다음 각 목의 자료

① 발급한 원산지증명서(전자문서를 포함한다)

② 원산지증명서 발급신청 서류(전자문서를 포함한다)

③ 그 밖에 발급기관이 보관 중인 자료로서 원산지 확인에 필요하다고 판단하는 자료

(6) 세관장의 원산지 증명서의 확인요청

(가) 의의

세관장은 원산지증명서를 발행한 국가의 세관 기타 발급 권한이 있는 기관에게 제출된
원산지증명서 및 원산지증명서 확인자료의 진위여부, 정확성 등의 확인을 요청할 수 있다.
이 경우 세관장의 확인요청은 당해 물품의 수입신고가 수리된 이후에 행하여야 한다($\binom{관세법}{제233조}$).

(나) 확인요청 통보

세관장은 원산지증명서를 발급한 국가의 세관이나 그 밖에 발급권한이 있는 기관(이하
이 조에서 "외국세관 등"이라 한다)에 원산지증명서(제232조 제1항 및 제3항)[46]에 따라 제
출된 원산지증명서 및 원산지증명서확인자료의 진위 여부, 정확성 등의 확인을 요청할 수
있다. 이 경우 세관장의 확인요청은 해당 물품의 수입신고가 수리된 이후에 하여야 하며,

---

[46] 제232조(원산지증명서 등) ① 이 법, 조약, 협정 등에 따라 원산지 확인이 필요한 물품을 수입하는 자
  는 해당 물품의 원산지를 증명하는 서류(이하 "원산지증명서"라 한다)를 제출하여야 한다. 다만, 대통
  령령으로 정하는 물품의 경우에는 그러하지 아니하다.
  ② 세관장은 제1항에 따라 원산지 확인이 필요한 물품을 수입하는 자가 원산지증명서를 제출하지
  아니하는 경우에는 이 법, 조약, 협정 등에 따른 관세율을 적용할 때 일반특혜관세·국제협력관세
  또는 편익관세를 배제하는 등 관세의 편익을 적용하지 아니할 수 있다.
  ③ 세관장은 원산지 확인이 필요한 물품을 수입한 자로 하여금 제1항에 따라 제출받은 원산지증명
  서의 내용을 확인하기 위하여 필요한 자료(이하 "원산지증명서확인자료"라 한다)를 제출하게 할
  수 있다. 이 경우 원산지 확인이 필요한 물품을 수입한 자가 정당한 사유 없이 원산지증명서확인
  자료를 제출하지 아니할 때에는 세관장은 수입신고 시 제출받은 원산지증명서의 내용을 인정하
  지 아니할 수 있다.

세관장은 확인을 요청한 사실 및 회신 내용과 그에 따른 결정 내용을 수입자에게 통보하여야 한다$\binom{관세법}{제233조\ 제1항}$.

(다) 차액의 부과징수

제1항에 따라 세관장이 확인을 요청한 사항에 대하여 조약 또는 협정에서 다르게 규정한 경우를 제외하고 다음 각 호의 어느 하나에 해당하는 경우에는 일반특혜관세·국제협력관세 또는 편익관세를 적용하지 아니할 수 있다. 이 경우 세관장은 세액경정$\binom{관세법}{제38조의3\ 제4항}$ 및 부족분에 대한 부과고지$\binom{관세법}{제39조\ 제2항}$에 따라 납부하여야 할 세액 또는 납부하여야 할 세액과 납부한 세액의 차액을 부과·징수하여야 한다$\binom{관세법}{제233조\ 제2항}$.

> 1. 외국세관 등이 기획재정부령으로 정한 기간 이내에 그 결과를 회신하지 아니한 경우
> 2. 세관장에게 신고한 원산지가 실제 원산지와 다른 것으로 확인된 경우
> 3. 외국세관 등의 회신내용에 원산지 확인기준$\binom{관세법}{제229조}$에 따른 원산지증명서 및 원산지증명서확인자료를 확인하는 데 필요한 정보가 포함되지 아니한 경우

(다) 서면 및 현지조사

세관장은 원산지증명서 발급(관세법 제232조의2)에 따라 원산지증명서가 발급된 물품을 수입하는 국가의 권한 있는 기관으로부터 원산지증명서 및 원산지증명서확인자료의 진위 여부, 정확성 등의 확인을 요청받은 경우 등 필요하다고 인정되는 경우에는 관세법 제232 조의2 제2항 각 호[47]의 어느 하나에 해당하는 자를 대상으로 서면조사 또는 현지조사를 할 수 있다$\binom{관세법}{제233조\ 제3항}$.

관세법 제232조의2 제1항부터 제4항까지의 규정에도 불구하고 조약·협정 등의 시행을 위하여 원산지증명서 확인요청 및 조사 등에 관한 사항을 따로 정할 필요가 있을 때에는 기획재정부령으로 정한다$\binom{관세법}{제233조\ 제5항}$.

---

47) 원산지증명서 발급 등(관세법 제232조의2 제2항) 세관장은 제1항에 따라 발급된 원산지증명서의 내용을 확인하기 위하여 필요하다고 인정되는 경우에는 다음 각 호의 자로 하여금 원산지증명서확인자료(대통령령으로 정하는 자료로 한정한다)를 제출하게 할 수 있다. 이 경우 자료의 제출기간은 20일 이상으로서 기획재정부령으로 정하는 기간 이내로 한다.
    1. 원산지증명서를 발급받은 자
    2. 원산지증명서를 발급한 자
    3. 그 밖에 대통령령으로 정하는 자

(라) 원산지 증명서의 요건

① 발급권자

세관장에게 제출하는 원산지증명서는 다음 각 호의 어느 하나에 해당하는 것이어야 한다$\left(\substack{\text{관세법시행령}\\\text{제236조 제3항}}\right)$.

ㄱ) 원산지 국가의 발급기관의 발행 : 원산지 국가의 세관 기타 발급권한이 있는 기관 또는 상공회의소가 당해 물품에 대하여 원산지 국가(지역을 포함)를 확인 또는 발행한 것

ㄴ) 제3국 경유시 : 원산지 국가에서 바로 수입되지 아니하고 제3국을 경유하여 수입된 물품에 대하여 그 제3국의 세관 기타 발급권한이 있는 기관 또는 상공회의소가 확인 또는 발행한 경우에는 원산지 국가에서 당해 물품에 대하여 발행된 원산지 증명서를 기초로 하여 원산지 국가를 확인 또는 발행한 것

ㄷ) 관세청장이 정한 물품의 경우 : 관세청장이 정한 물품의 경우에는 당해 물품의 상업송장 또는 관련 서류에 생산자·공급자·수출자 또는 권한 있는 자가 원산지 국가를 기재한 것

② 유효기간

원산지증명서에는 해당 수입물품의 품명, 수량, 생산지, 수출자 등 관세청장이 정하는 사항이 적혀 있어야 하며, 제출일부터 소급하여 1년(다음 각 호의 구분에 따른 기간은 제외한다) 이내에 발행된 것이어야 한다. $\left(\substack{\text{관세법시행령}\\\text{제236조 제4항}}\right)$.

ㄱ) 원산지증명서 발행 후 1년 이내에 해당 물품이 수입항에 도착하였으나 수입신고는 1년을 경과하는 경우 : 물품이 수입항에 도착한 날의 다음 날부터 해당 물품의 수입신고를 한 날까지의 기간

ㄴ) 천재지변, 그 밖에 이에 준하는 사유로 원산지증명서 발행 후 1년이 경과한 이후에 수입항에 도착한 경우 : 해당 사유가 발생한 날의 다음 날부터 소멸된 날까지의 기간

③ 확인요청 사항

세관장이 원산지증명서에 대한 진위여부 등의 확인을 원산지 발행 또는 확인기관 등에 요청할 경우에는 다음 각 호의 사항을 포함하여야 한다$\left(\substack{\text{관세법시행령}\\\text{제236조 제5항}}\right)$. 이 경우 원산지 발행 또는 확인기관이 통보한 내용 또는 자료는 공개되어서는 아니 되며 관세행정의 목적으로만 사용되어야 한다.

㉠ 원산지증명서의 진위여부에 대하여 의심을 갖게 된 사유 및 요청사항
　　㉡ 당해 물품에 적용되는 원산지에 관한 규정
　　㉢ 원산지증명서의 원본 또는 사본
　　㉣ 관련 송장 등 원산지 확인에 필요한 서류

(7) 수출입물품의 원산지정보 수집·분석

(가) 정보수집분석

관세청장은 이 법과 「자유무역협정의 이행을 위한 관세법의 특례에 관한 법률」 및 조약·협정 등에 따라 수출입물품의 원산지 확인·결정 또는 검증 등의 업무에 필요한 정보를 수집·분석할 수 있다 $\binom{\text{관세법}}{\text{제233조의1 제1항}}$. 수출입물품의 원산지정보 수집·분석을 위하여 필요한 사항은 대통령령으로 정한다 $\binom{\text{관세법}}{\text{제233조의2 제3항}}$.

(나) 경비지원

관세청장은 제1항에 따른 정보를 효율적으로 수집·분석하기 위하여 필요한 경우 대통령령으로 정하는 업무의 일부를 대통령령으로 정하는 법인 또는 단체에 위탁할 수 있다. 이 경우 관세청장은 예산의 범위에서 위탁업무의 수행에 필요한 경비를 지원할 수 있다 $\binom{\text{관세법}}{\text{제233조의2 제2항}}$.

(다) 원산지표시위반단속기관협의회

이 법, 「농수산물의 원산지표시에 관한 법률」 및 「대외무역법」에 따른 원산지표시 위반 단속업무에 필요한 정보교류 등 대통령령으로 정하는 사항을 협의하기 위하여 관세청에 원산지표시위반단속기관협의회를 둔다 $\binom{\text{관세법}}{\text{제233조의3 제1항}}$.

제1항에 따른 원산지표시위반단속기관협의회의 구성·운영과 그 밖에 필요한 사항은 대통령령으로 정한다 $\binom{\text{관세법}}{\text{제233조의3 제2항}}$.

(8) 한국원산지정보원의 설립

정부는 이 법과 「자유무역협정의 이행을 위한 관세법의 특례에 관한 법률」 및 조약·협정 등에 따라 수출입물품의 원산지정보 수집·분석과 활용 및 검증 지원 등에 필요한 업무를 효율적으로 수행하기 위하여 한국원산지정보원(이하 "정보원"이라 한다)을 설립한다 $\binom{\text{관세법}}{\text{제233조의2 제1항}}$.

정보원은 법인으로 해야 하며, 정부는 정보원의 운영 및 사업수행에 필요한 경비를 예산

의 범위에서 출연하거나 보조할 수 있다. 그리고 정보원은 설립목적을 달성하기 위하여 다음 사업을 수행한다$\binom{\text{관세법}}{\text{제233조의2 제4항}}$.

① 자유무역협정과 원산지 관련 제도·정책·활용 등에 관한 정보의 수집·분석·제공

② 수출입물품의 원산지정보 관리를 위한 시스템의 구축 및 운영에 관한 사항

③ 원산지인증수출자 인증, 원산지검증 등의 지원에 관한 사항

④ 자유무역협정 및 원산지 관련 교육·전문인력양성에 필요한 사업

⑤ 자유무역협정과 원산지 관련 정부, 지방자치단체, 공공기관 등으로부터 위탁받은 사업

⑥ 그 밖에 제1호부터 제5호까지의 사업에 따른 부대사업 및 정보원의 설립목적을 달성하는 데 필요한 사업

또한 정보원에 대하여 이 법과 「공공기관의 운영에 관한 법률」에서 규정한 것 외에는 「민법」 중 재단법인에 관한 규정을 준용한다$\binom{\text{관세법}}{\text{제233조의2 제5항}}$. 관세법에 따른 정보원이 아닌 자는 한국원산지정보원 또는 이와 유사한 명칭을 사용하지 못하며$\binom{\text{관세법}}{\text{제233조의2 제6항}}$, 관세청장은 정보원의 업무를 지도·감독한다$\binom{\text{관세법}}{\text{제233조의2 제7항}}$.

4. 통관의 제한

1) 수출입의 금지$\binom{\text{관세법}}{\text{제234조}}$

(1) 의의

무역관련 법규에서는 수출입에 관련하여 각각 법의 실효성을 확보하기 위하여 일정한 제한을 하고 있다. 관세법에서는 수출입을 금지하는 품목은 절대적 금지 품목에 해당하며, 대외무역법 등 기타 무역관련 법규에서 규제하는 품목은 상대적 금지 품목이라고 할 수 있다. 관세법상 일부 수출입 품목의 금지 목적은 국가의 재정수입 확보나 관세행정 질서유지에 있는 것이 아니라 국가안전, 사회공공의 안전, 통화의 안전 등을 확보하려는 데 있다.

(2) 수출입 금지 품목

다음 각 호의 어느 하나에 해당하는 물품은 수출 또는 수입할 수 없다$\binom{\text{관세법}}{\text{제234조}}$.

① 헌법질서를 문란하게 하거나 공공의 안녕, 질서 또는 풍속을 해치는 서적·간행물·도화·영화·음반·비디오물·조각물 기타 이에 중하는 물품

② 정부의 기밀을 누설하거나 첩보활동에 활용되는 물품

③ 화폐·채권 기타 유가증권의 위조품·변조품 또는 모조품

(3) 금지 품목의 수출입시 제재

① 10년 이하의 징역 또는 2천만원 이하의 벌금에 처한다.

② 몰수할 물품의 전부 또는 일부를 몰수할 수 없는 때에는 물품의 범칙 당시의 국내도매 가격에 상당한 금액을 범인으로부터 추징한다.

③ 벌금과 징역을 병과할 수 있다.

④ 밀수출입죄, 관세포탈죄 등의 죄를 범할 목적으로 그 예비를 한 자와 미수범은 본 죄에 준하여 처벌하도록 하고 있다.

(4) 지식재산권보호

(가) 의의

지적재산권이란 물화, 예술, 과학작품, 산업활동 등 인간의 지적 창작활동의 결과로 생기는 모든 무형의 소산물에 대한 권리로서 지식재산권은 동산, 부동산 등의 유체물에 대한 유체재산권과는 달리 인간의 지적 정신적 실물로서 외형적인 형태가 없는 무체물에 대한 재산권이므로 일종의 무체 재산권에 속한다.

(나) WTO 지적재산권협정(TRIPs)

지식재산권은 관련 국제조약에 의해 보호되고 있는 바, 이는 기존 협약들의 대부분이 지식재산권 권리보호를 각국의 국내법에 위임시키는 속지주의의 원칙을 채택하는 등 신기술 보호에는 미흡하다. 이에 선진국들이 기존 협약들이 가지고 있는 미비점을 보완하고자 UR 에서 논의하여 WTO 설립에 관한 협정문의 부속서로서 UR 지식재산권협정을 체결하였다.

(다) 관세법상 지식재산권 보호의 대상(관세법 제235조 제1항)

다음 각 호의 어느 하나에 해당하는 지식재산권을 침해하는 물품은 수출하거나 수입할 수 없다(관세법 제235조 제1항).

① 「상표법」에 따라 설정등록된 상표권

② 「저작권법」에 따른 저작권과 저작인접권(이하 "저작권 등"이라 한다)

③ 「식물신품종 보호법」에 따라 설정등록된 품종보호권

④ 「농수산물 품질관리법」에 따라 등록되거나 조약·협정 등에 따라 보호대상으로 지정된 지리적표시권 또는 지리적표시(이하 "지리적표시권 등"이라 한다)

⑤ 「특허법」에 따라 설정등록된 특허권
⑥ 「디자인보호법」에 따라 설정등록된 디자인권

(라) 상표권 및 저작권 등의 신고

관세청장은 관세법 제235조 제1항 각 호에 따른 지식재산권을 침해하는 물품을 효율적으로 단속하기 위하여 필요한 경우에는 해당 지식재산권을 관계 법령에 따라 등록 또는 설정등록한 자 등으로 하여금 해당 지식재산권에 관한 사항을 신고하게 할 수 있다(관세법 제235조 제2항). 이에 따라 상표권이나 저작권, 저작인접권을 신고하려는 자는 다음의 사항을 적은 신고서 및 상표법 또는 저작권법에 따라 등록한 증명서류를 세관장에 제출하여야 한다(관세법시행령 제237조 제1항). 지식재산권의 신고절차 및 기간, 그 밖에 필요한 사항은 관세청장이 정하여 고시한다(관세법시행령 제237조 제2항).

① 상표권 또는 저작권 등을 사용할 수 있는 권리자
② 상표권 또는 저작권 등의 내용 및 범위
③ 침해가능성이 있는 수출입자 또는 수출입 국가
④ 침해사실을 확인하기 위하여 필요한 사항

(마) 지식재산권 침해여부 확인

세관장은 수출입신고 등이 된 물품 또는 통관우체국에 도착한 물품의 지식재산권 침해여부를 판단하기 위하여 필요하다고 인정되는 경우에는 해당 지식재산권의 권리자로 하여금 지식재산권에 대한 전문인력 또는 검사시설을 제공하도록 할 수 있다(관세법시행령 제242조 제1항).

세관장은 지식재산권의 권리자, 수출입신고 등을 한 자 또는 지식재산권보호(관세법 제235조 제3항 제6호)에 해당하는 물품의 화주가 지식재산권의 침해 여부를 판단하기 위하여 지식재산권보호(관세법 제235조 제3항)에 따라 수출입신고 등의 사실 또는 통관우체국 도착 사실이 통보된 물품 또는 지식재산권보호(관세법 제235조 제5항 본문)에 따라 통관보류 등이 된 물품에 대한 검사 및 견본품의 채취를 요청하면 해당 물품에 관한 영업상의 비밀 보호 등 특별한 사유가 없는 한 이를 허용해야 한다(관세법시행령 제239조 제2항). 지식재산권 침해 여부의 확인, 통관보류 등의 절차 등에 관하여 필요한 사항은 관세청장이 정한다(관세법시행령 제239조 제3항).

(바) 신고된 상표권 및 저작권 등 침해 우려물품의 통관보류

세관장은 다음 각 호의 어느 하나에 해당하는 물품(관세법 제235조 제2항)에 따라 신고된 지식재산권을 침해하였다고 인정될 때에는 그 지식재산권을 신고한 자에게 해당 물품의 수출입, 환적, 복합환적, 보세구역 반입, 보세운송 또는 일시양륙의 신고(관세법 제141조 제1호)에 따른 일시양륙의 신고(이하 이 조에서 "수출입신고 등"이라 한다) 사실을 통보하여야 한다. 이 경우 통보를 받은 자는 세관장에게 담보를 제공하고 해당 물품의 통관 보류나 유치를 요청할 수 있다(관세법 제235조 제3항).

세관장은 다음 각 호의 어느 하나에 해당하는 물품(관세법 제235조 제2항)에 따라 신고된 지식재산권을 침해하였다고 인정될 때에는 그 지식재산권을 신고한 자에게 해당 물품의 수출입, 환적, 복합환적, 보세구역 반입, 보세운송(관세법 제141조 제1호)에 따른 일시양륙의 신고(이하 이 조에서 "수출입신고 등") 또는 통관우체국 도착 사실을 통보하여야 한다. 이 경우 통보를 받은 자는 세관장에게 담보를 제공하고 해당 물품의 통관 보류나 유치를 요청할 수 있다.

① 수출입신고된 물품
② 환적 또는 복합환적 신고된 물품
③ 보세구역에 반입신고된 물품
④ 보세운송신고된 물품
⑤ 일시양륙의 신고(관세법 제141조 제1호)에 따라 일시양륙이 신고된 물품
⑥ 통관우체국에 도착한 물품

또한 지식재산권을 보호받으려는 자는 세관장에게 담보를 제공하고 해당 물품의 통관 보류나 유치를 요청할 수 있다.

(사) 통관허용 또는 유치 해제

지식재산권(관세법 제235조 제3항 또는 제4항)에 따른 요청을 받은 세관장은 특별한 사유가 없으면 해당 물품의 통관을 보류하거나 유치하여야 한다. 다만, 수출입신고 등을 한 자 또는 관세법 제235조 제3항 제6호에 해당하는 물품의 화주가 담보를 제공하고 통관 또는 유치 해제를 요청하는 경우에는 다음 각 호의 물품을 제외하고는 해당 물품의 통관을 허용하거나 유치를 해제할 수 있다(관세법 제235조 제5항).

① 위조하거나 유사한 상표를 부착하여 상표권을 침해하는 물품

② 불법복제된 물품으로서 저작권 등을 침해하는 물품

③ 같거나 유사한 품종명칭을 사용하여 품종보호권을 침해하는 물품

④ 위조하거나 유사한 지리적표시를 사용하여 지리적표시권 등을 침해하는 물품

⑤ 특허로 설정등록된 발명을 사용하여 특허권을 침해하는 물품

⑥ 같거나 유사한 디자인을 사용하여 디자인권을 침해하는 물품

지식재산권에 관한 신고, 담보 제공, 통관의 보류·허용 및 유치·유치해제 등에 필요한 사항은 대통령령으로 정한다. 세관장은 관세법 제235조 제3항 각 호에 따른 물품이 제1항 각 호의 어느 하나에 해당하는 지식재산권을 침해하였음이 명백한 경우에는 대통령령으로 정하는 바에 따라 직권으로 해당 물품의 통관을 보류하거나 해당 물품을 유치할 수 있다. 이 경우 세관장은 해당 물품의 수출입신고 등을 한 자 또는 관세법 제235조 제3항 제6호에 해당하는 물품의 화주에게 그 사실을 즉시 통보하여야 한다$\binom{\text{관세법}}{\text{제235조 제6,7항}}$.

2) 통관물품 및 통관절차와 제한

관세청장이나 세관장은 감시에 필요하다고 인정될 때에는 통관역·통관장 또는 특정한 세관에서 통관할 수 있는 물품을 제한할 수 있다$\binom{\text{관세법}}{\text{제236조}}$.

3) 통관의 보류

(1) 통관보류

세관장은 다음 각 호의 어느 하나에 해당하는 경우에는 해당 물품의 통관을 보류할 수 있다$\binom{\text{관세법}}{\text{제237조 제1항}}$.

① 수출·수입 또는 반송에 관한 신고서의 기재사항에 보완이 필요한 경우

② 수출입 신고서의 제출서류 등이 갖추어지지 아니하여 보완이 필요한 경우

③ 이 법에 따른 의무사항(대한민국이 체결한 조약 및 일반적으로 승인된 국제법규에 따른 의무를 포함한다)을 위반하거나 국민보건 등을 해칠 우려가 있는 경우

④ 물품에 대한 안전성 검사$\binom{\text{관세법}}{\text{제246조의3 제1항}}$에 따른 안전성 검사가 필요한 경우

⑤ 물품검사에 따른 손실보상(관세법 제246조의3 제1항)에 따른 안전성 검사 결과 불법·불량·유해 물품으로 확인된 경우

⑥ 국세징수법(제30조) 및 지방세징수법(제39조의2)에 따라 세관장에게 강제징수 또는

체납처분이 위탁된 해당 체납자가 수입하는 경우

⑦ 그 밖에 이 법에 따라 필요한 사항을 확인할 필요가 있다고 인정하여 대통령령으로 정하는 경우

세관장은 통관보류 등을 요청한 자가 관세법 제237조 제2항에 따라 해당 물품에 대한 통관보류 등의 사실을 통보받은 후 10일(법 제8조 제3항 각 호에 해당하는 날은 제외한다. 이하 이 항에서 같다) 이내에 법원에의 제소사실 또는 무역위원회에의 조사신청사실을 입증하였을 때에는 해당 통관보류 등을 계속할 수 있다. 이 경우 통관보류 등을 요청한 자가 부득이한 사유로 인하여 10일 이내에 법원에 제소하지 못하거나 무역위원회에 조사신청을 하지 못하는 때에는 상기 입증기간은 10일간 연장될 수 있다$\left(\begin{smallmatrix}관세법시행령 \\ 제239조 \ 제3항\end{smallmatrix}\right)$.

(2) 통관보류, 유치물품 담보제공

관세법(제235조 제3항 및 제4항)에 따라 통관 보류나 유치를 요청하려는 자와 관세법(제235조 제5항 각 호 외의 부분 단서)에 따라 통관 또는 유치 해제를 요청하려는 자는 세관장에게 해당 물품의 과세가격의 100분의 120에 상당하는 금액의 담보를 관세법(관세법 제24조 제1항 제1호부터 제3호까지 및 제7호)에 따른 금전 등으로 제공하여야 한다$\left(\begin{smallmatrix}관세법시행령 \\ 제241조 \ 제1항\end{smallmatrix}\right)$. 관세법 시행령 제241조 제1항에 따른 담보 금액은 담보를 제공해야 하는 자가 「조세특례제한법」(제6조 제1항)에 따른 중소기업인 경우에는 해당 물품의 과세가격의 100분의 40에 상당하는 금액으로 한다$\left(\begin{smallmatrix}관세법시행령 \\ 제241조 \ 제2항\end{smallmatrix}\right)$. 제1항 또는 제2항에 따라 담보를 제공하는 자는 제공된 담보를 법원의 판결에 따라 수출입신고 등을 한 자 또는 통관보류 등을 요청한 자가 입은 손해의 배상에 사용하여도 좋다는 뜻을 세관장에게 문서로 제출하여야 한다$\left(\begin{smallmatrix}관세법시행령 \\ 제241조 \ 제3항\end{smallmatrix}\right)$.

세관장은 관세법(제235조 제3항 및 제4항)에 따라 통관보류 등이 된 물품의 통관을 허용하거나 유치를 해제하였을 때 또는 관세법(제235조 제5항 단서)에 따른 통관 또는 유치 해제 요청에도 불구하고 통관보류 등을 계속할 때에는 제1항 또는 제2항에 따라 제공된 담보를 담보제공자에게 반환하여야 한다$\left(\begin{smallmatrix}관세법시행령 \\ 제241조 \ 제4항\end{smallmatrix}\right)$.

(3) 통관보류 통지

세관장은 관세법(제235조 제5항 및 제7항)에 따라 통관보류 등을 한 경우 그 사실을 해당 물품의 수출입, 환적 또는 복합환적, 보세구역 반입, 보세운송, 관세법(제141조 제1호)에 따른 일시양륙의 신고(이하 "수출입신고 등"이라 한다)를 한 자 또는 관세법(제235조 제3항 제6호)에 해당하는 물품의 화주에게 통보해야 하며, 지식재산권의 권리자에게는 통관보류

등의 사실 및 다음 각 호의 사항을 통보해야 한다.$\binom{\text{관세법시행령}}{\text{제239조 제2항}}$.

① 다음 각 목에 해당하는 자의 성명과 주소

　가. 수출입신고 등을 한 자 또는 관세법(제235조 제3항 제6호)에 해당하는 물품의 화주

　나. 물품발송인

　다. 물품수신인

② 통관보류 등을 한 물품의 성질·상태 및 수량

③ 원산지 등 그 밖의 필요한 사항

(4) 통관보류 요청한자의 손해 배상

통관보류 요청한자에 입은 손해 배상(관세법 시행령 제241조 제3항)에도 불구하고 해당 통관보류 등이 법원의 임시보호조치에 따라 시행되는 상태이거나 계속되는 경우 통관보류 등의 기간은 다음 각 호의 구분에 따른다$\binom{\text{관세법시행령}}{\text{제239조 제4항}}$.

① 법원에서 임시보호조치 기간을 명시한 경우 : 그 마지막 날

② 법원에서 임시보호조치 기간을 명시하지 않은 경우 : 임시보호조치 개시일부터 31일

(5) 통관보류물품 통관 또는 유치해제 요청

수출입신고 등을 한 자 또는 관세법(제235조 제3항 제6호)에 해당하는 물품의 화주가 관세법(제235조 제5항 단서)에 따라 통관 또는 유치 해제를 요청하려는 때에는 관세청장이 정하는 바에 따라 신청서와 해당 물품이 지식재산권을 침해하지 않았음을 소명하는 자료를 세관장에게 제출해야 한다$\binom{\text{관세법시행령}}{\text{제240조 제1항}}$.

제1항에 따른 요청을 받은 세관장은 그 요청사실을 지체 없이 통관보류 등을 요청한 자에게 통보하여야 하며, 그 통보를 받은 자는 침해와 관련된 증거자료를 세관장에게 제출할 수 있다$\binom{\text{관세법시행령}}{\text{제240조 제2항}}$.

세관장은 관세법시행령 제240조 제1항에 따른 요청이 있는 경우 해당 물품의 통관 또는 유치 해제 허용 여부를 요청일부터 15일 이내에 결정한다. 이 경우 세관장은 관계기관과 협의하거나 전문가의 의견을 들어 결정할 수 있다$\binom{\text{관세법시행령}}{\text{제240조 제1~4항}}$.

(6) 통관보류 해제

세관장은 관세법시행령 제240조 제2항에 따라 통지할 때에는 이행기간을 정하여 통관의 보류 해제에 필요한 조치를 요구할 수 있다$\binom{\text{관세법}}{\text{제237조 제3항}}$. 관세법시행령 제240조 제2항에 따라 통관의 보류 사실을 통지받은 자는 세관장에게 제1항 각 호의 통관 보류사유에 해당하

지 아니함을 소명하는 자료 또는 제3항에 따른 세관장의 통관 보류 해제에 필요한 조치를 이행한 사실을 증명하는 자료를 제출하고 해당 물품의 통관을 요청할 수 있다. 이 경우 세관장은 해당 물품의 통관 허용 여부(허용하지 아니하는 경우에는 그 사유를 포함한다)를 요청받은 날부터 30일 이내에 통지하여야 한다$\binom{관세법}{제237조 제4항}$.

4) 보세구역 반입명령$\binom{관세법}{제238조}$

(1) 의의

관세청장이나 세관장은 다음 각 호의 어느 하나에 해당하는 물품으로서 이 법에 따른 의무사항을 위반하거나 국민보건 등을 해칠 우려가 있는 물품에 대해서는 대통령령으로 정하는 바에 따라 화주(화주의 위임을 받은 자를 포함한다) 또는 수출입 신고인에게 보세구역으로 반입할 것을 명할 수 있다$\binom{관세법}{제238조 제1항}$.

① 수출신고가 수리되어 외국으로 반출되기 전에 있는 물품
② 수입신고가 수리되어 반출된 물품

(2) 반입명령 대상물품

관세청장 또는 세관장은 수출입신고가 수리된 물품이 다음에 해당하는 경우에는 당해 물품을 보세구역으로 반입할 것을 명할 수 있다. 다만, 상기 규정에도 불구하고 당해 물품이 수출입신고가 수리된 후 3개월이 경과되었거나 관련 법령에 의하여 관계 행정기관의 장의 시정조치가 있는 경우에는 반입명령 대상에서 제외한다$\binom{관세법시행령}{제245조 제1항}$. 보세구역에(제1항) 반입명령을 받은 자(이하 이 조에서 "반입의무자"라 한다)는 해당 물품을 지정받은 보세구역으로 반입하여야 한다$\binom{관세법}{제238조 제2항}$.

① 원산지 표시가 적법하게 표시되지 아니하였거나 수출입 신고수리 당시와 다르게 표시되어 있는 경우
② 수입 후 의무이행의 요구를 하였으나 이를 이행하지 아니한 경우
③ 상표권 및 저작권을 침해한 경우

(3) 반입절차

(가) 반입명령서의 송달

관세청장 또는 세관장이 반입명령을 하는 경우에는 반입대상물품. 반입할 보세구역, 반

입사유, 반입기한을 기재한 명령서를 화주 또는 수출입신고자에게 송달하여야 한다$\left(\substack{\text{관세법시행령}\\\text{제245조 제2항}}\right)$.

(나) 명령사항의 공시

관세청장 또는 세관장은 명령서를 받을 자의 주소 또는 거소가 불분명한 때에는 관세청 또는 세관의 게시판 및 기타 적당한 장소에 반입명령사항을 공시할 수 있다. 이 경우 공시한 날부터 2주일이 경과한 때에는 명령서를 받을 자에게 반입명령서가 송달된 것으로 본다$\left(\substack{\text{관세법시행령}\\\text{제245조 제3항}}\right)$.

(다) 물품의 반입

반입명령서를 받은 자는 관세청장 또는 세관장이 정한 기간 내에 반입명령 대상 물품으로서 명령서에 기재된 물품을 지정 받은 보세구역에 반입하여야 한다. 다만, 반입기한 내에 반입하기 곤란한 사유가 있는 경우에는 관세청장 또는 세관장의 승인을 얻어 반입기한을 연장할 수 있다$\left(\substack{\text{관세법시행령}\\\text{제245조 제4항}}\right)$.

(5) 보세구역 반입의 기타

관세청장이나 세관장은 반입의무자에게 관세법 제238조 제2항에 따라 반입된 물품을 국외로 반출 또는 폐기할 것을 명하거나 반입의무자가 위반사항 등을 보완 또는 정정한 이후 국내로 반입하게 할 수 있다. 이 경우 반출 또는 폐기에 드는 비용은 반입의무자가 부담한다$\left(\substack{\text{관세법}\\\text{제238조 제3항}}\right)$.

관세법 제238조 제2항에 따라 반입된 물품이 관세법 제238조 제3항에 따라 국외로 반출 또는 폐기되었을 때에는 당초의 수출입 신고 수리는 취소된 것으로 본다. 이 경우 해당 물품을 수입할 때 납부한 관세는 관세환급금의 환급(관세법 제46조) 및 관세환급가산금(관세법 제48조)에 따라 환급한다$\left(\substack{\text{관세법}\\\text{제238조 제4항}}\right)$.

관세법 제238조 제1항에도 불구하고 관세청장이나 세관장은 법 위반사항이 경미하거나 감시·단속에 지장이 없다고 인정되는 경우에는 반입의무자에게 해당 물품을 보세구역으로 반입하지 아니하고 필요한 조치를 하도록 명할 수 있다$\left(\substack{\text{관세법}\\\text{제238조 제5항}}\right)$.

5. 통관의 예외 적용

1) 수입으로 보지 아니하는 소비 또는 사용 $\left(\begin{smallmatrix}관세법\\제239조\end{smallmatrix}\right)$

(1) 의의

　원칙적으로 수입물품에는 관세를 부과한다. 그러나 물품이 국내에 반입된 것이라고 볼 수 없는 경우나 또는 수입이 이루어졌으나 과세를 하는 것이 불리한 경우가 있다. 이러한 경우에는 수입이 아닌 소비로 규정하여 수입통관절차를 거치지 않고 과세대상에서 제외시키고 있다.

(2) 수입이 아닌 소비 또는 사용

　외국물품의 소비나 사용이 다음에 해당하는 경우에는 이를 수입으로 보지 아니한다 $\left(\begin{smallmatrix}관세법\\제239조\end{smallmatrix}\right)$.

　① 선박용품·항공기용품 또는 차량용품을 운송수단 안에서 그 용도에 따라 소비하거나 사용하는 경우

　② 선박용품·항공기용품 또는 차량용품을 관세청장이 정하는 지정보세구역에서 「출입국관리법」에 따라 출국심사를 마치거나 우리나라에 입국하지 아니하고 우리나라를 경유하여 제3국으로 출발하려는 자에게 제공하여 그 용도에 따라 소비하거나 사용하는 경우

　③ 여행자가 휴대품을 운송수단 또는 관세통로에서 소비하거나 사용하는 경우

　④ 이 법에서 인정하는 바에 따라 소비하거나 사용하는 경우

2) 수출입의 의제 $\left(\begin{smallmatrix}관세법\\제240조\end{smallmatrix}\right)$

(1) 의의

　원칙적으로 수출입물품은 통관절차를 거친 후에 국내에 반입할 수 있다. 그러나 수출입되는 물품의 특수성과 관세징수의 확보 등 관세법의 목적에 지장이 없는 경우에는 통관절차를 거치지 않고도 적법한 절차에 의해 수출입신고수리를 받은 것으로 간주하는데 이를 수출입의 의제라고 한다 $\left(\begin{smallmatrix}관세법\\제240조\end{smallmatrix}\right)$.

(2) 수입의제

다음 각 호의 어느 하나에 해당하는 외국물품은 이 법의 규정에 의하여 적법하게 수입된 것으로 보고 관세 등은 따로 징수하지 아니한다(관세법 제240조 제1항).

① 체신관서가 수취인에게 내준 우편물
② 이 법에 따라 매각된 물품
③ 이 법에 따라 몰수된 물품
④ 밀수출입죄 등에 의해 이 법에 따른 통고처분으로 납부된 물품
⑤ 법령에 의하여 국고에 귀속된 물품
⑥ 몰수 규정에 의하여 몰수에 갈음하여 추징된 물품

(3) 수출 또는 반송의 의제

체신관서가 외국으로 발송한 우편물은 이 법의 규정에 의하여 적법하게 수출되거나 반송된 것으로 본다(관세법 제240조 제2항).

6. 통관 후 유통이력 관리

1) 의의

특정한 수입물품이 통관된 후 불법행위가 발생함으로써 국민의 건강을 침해하고 소비자 피해가 속출하여 수입물품에 대한 안전성과 신뢰도가 심각한 사회문제로 대두되고 있다.

국내에 반입된 위해 수입물품으로부터 국민보호를 위한 안전확보, 국민보건 수준을 향상하기 위하여 수입업자 및 수입물품 유통업자로 하여금 유통이력을 신고하게 하고, 신고의무 위반시 500만원 이하의 과태료를 부과하도록 하여 처벌의 실효성을 확보하면서, 지나친 형사처벌로 인하여 국민의 경제활동이 위축되지 않도록 하려는 목적을 가진다.

2) 통관 후 유통이력 신고(관세법 제240조의2)

(1) 의의

외국물품을 수입하는 자와 수입물품을 국내에서 거래하는 자(소비자에 대한 판매를 주된 영업으로 하는 사업자는 제외한다)는 사회안전 또는 국민보건을 해칠 우려가 현저한 물품 등으로서 관세청장이 지정하는 물품(이하 "유통이력 신고물품"이라 한다)에 대한 유통

단계별 거래명세(이하 "유통이력"이라 한다)를 관세청장에게 신고하여야 한다$\binom{\text{관세법}}{\text{제240조의2 제1항}}$.

(2) 유통이력의 기록 및 자료의 보관

유통이력 신고의 의무가 있는 자(이하 "유통이력 신고의무자"라 한다)는 유통이력을 장부에 기록(전자적 기록방식을 포함한다)하고, 그 자료를 거래일부터 1년간 보관하여야 한다$\binom{\text{관세법}}{\text{제240조의2 제2항}}$.

(3) 지정

(가) 지정협의

관세청장은 유통이력 신고물품을 지정할 때 미리 관계 행정기관의 장과 협의하여야 한다$\binom{\text{관세법}}{\text{제240조의2 제3항}}$.

(나) 지정 등

관세청장은 유통이력 신고물품의 지정, 신고의무 존속기한 및 신고대상 범위 설정 등을 할 때 수입물품을 내국물품에 비하여 부당하게 차별하여서는 아니 되며, 이를 이행하는 유통이력 신고의무자의 부담이 최소화 되도록 하여야 한다$\binom{\text{관세법}}{\text{제240조의2 제4항}}$.

(다) 기타

유통이력 신고물품별 신고의무 존속기한, 유통이력의 범위, 신고절차, 그 밖에 유통이력 신고에 필요한 사항은 관세청장이 정한다$\binom{\text{관세법}}{\text{제240조의2 제5항}}$.

3) 유통이력조사$\binom{\text{관세법}}{\text{제240조의3}}$

관세청장은 통관 후 유통이력신고(제240조의2)를 시행하기 위하여 필요하다고 인정할 때에는 세관공무원으로 하여금 유통이력 신고의무자의 사업장에 출입하여 영업 관계의 장부나 서류를 열람하여 조사하게 할 수 있다$\binom{\text{관세법}}{\text{제240조의3 제1항}}$.

유통이력 신고의무자는 정당한 사유 없이 관세법 제240조의3 제1항에 따른 조사를 거부·방해 또는 기피하여서는 아니 된다$\binom{\text{관세법}}{\text{제240조의3 제2항}}$.

관세법 제240조의3 제1항에 따라 조사를 하는 세관공무원은 신분을 확인할 수 있는 증표를 지니고 이를 관계인에게 보여 주어야 한다$\binom{\text{관세법}}{\text{제240조의3 제3항}}$.

4) 과태료의 부과 $\left(\substack{\text{관세법} \\ \text{제277조 제3항}}\right)$

다음 각 호의 어느 하나에 해당하는 자에게는 500만원 이하의 과태료를 부과한다.

① 유통이력을 신고하지 아니하거나 거짓으로 신고한 자

② 장부기록자료를 보관하지 아니한 자

7. 통관절차 등의 국제협력 $\left(\substack{\text{관세법} \\ \text{제240조의4}}\right)$

1) 무역원활화 기본계획의 수립 및 시행

기획재정부장관은 「세계무역기구 설립을 위한 마라케쉬협정」에 따라 이 법 및 관련법에서 정한 통관 등 수출입 절차의 원활화 및 이와 관련된 국제협력의 원활화(이하 "무역원활화"라 한다)를 촉진하기 위하여 다음 각 호의 사항이 포함된 무역원활화 기본계획(이하 "기본계획"이라 한다)을 수립·시행하여야 한다 $\left(\substack{\text{관세법} \\ \text{제240조의4 제1항}}\right)$.

> ① 무역원활화 정책의 기본 방향에 관한 사항
> ② 무역원활화 기반 시설의 구축과 운영에 관한 사항
> ③ 무역원활화의 환경조성에 관한 사항
> ④ 무역원활화와 관련된 국제협력에 관한 사항
> ⑤ 무역원활화와 관련된 통계자료의 수집·분석 및 활용방안에 관한 사항
> ⑥ 무역원활화 촉진을 위한 재원 확보 및 배분에 관한 사항
> ⑦ 그 밖에 무역원활화를 촉진하기 위하여 필요한 사항

기획재정부장관은 기본계획을 시행하기 위하여 대통령령으로 정하는 바에 따라 무역원활화에 관한 업무를 수행하는 기관 또는 단체에 필요한 지원을 할 수 있다 $\left(\substack{\text{관세법} \\ \text{제240조의4 제2항}}\right)$.

2) 상호주의에 따른 통관절차 간소화

국제무역 및 교류를 증진하고 국가 간의 협력을 촉진하기 위하여 우리나라에 대하여 통관절차의 편익을 제공하는 국가에서 수입되는 물품에 대하여는 상호 조건에 따라 대통령령으로 정하는 바에 따라 간이한 통관절차를 적용할 수 있다 $\left(\substack{\text{관세법} \\ \text{제240조의5}}\right)$.

3) 국가 간 세관정보의 상호 교환 등

① 관세청장은 물품의 신속한 통관과 이 법을 위반한 물품의 반입을 방지하기 위하여 세계관세기구에서 정하는 수출입 신고항목 및 화물식별번호를 발급하거나 사용하게 할 수 있다(관세법 제240조의6 제1항).

② 관세청장은 세계관세기구에서 정하는 수출입 신고항목 및 화물식별번호 정보를 다른 국가와 상호 조건에 따라 교환할 수 있다(관세법 제240조의6 제2항).

③ 관세청장은 관세의 부과와 징수, 과세 불복에 대한 심리, 형사소추 및 수출입신고의 검증을 위하여 수출입신고자료 등 대통령령으로 정하는 사항을 대한민국 정부가 다른 국가와 관세행정에 관한 협력 및 상호지원에 관하여 체결한 협정과 국제기구와 체결한 국제협약에 따라 다른 법률에 저촉되지 아니하는 범위에서 다른 국가와 교환할 수 있다(관세법 제240조의6 제3항).

④ 제3항에도 불구하고 관세청장은 상호주의 원칙에 따라 상대국에 수출입신고자료 등을 제공하는 것을 제한할 수 있다(관세법 제240조의6 제4항).

⑤ 관세청장은 관세법 제240조의6 제3항에 따라 다른 국가와 수출입신고자료 등을 교환하는 경우 대통령령으로 정하는 바에 따라 이를 신고인 또는 그 대리인에게 통지하여야 한다(관세법 제240조의6 제5항).

제2절
수출·수입 및 반송

1. 수출입, 반송신고

　물품을 수출·수입 또는 반송하려면 해당 물품의 품명·규격·수량 및 가격과 그 밖에 대통령령으로 정하는 사항[48]을 세관장에게 신고하여야 한다$\binom{관세법}{제241조\ 제1항}$. 물품을 수입하고자 할 때에는 세관장에게 수입신고를 하여야 하고, 그 신고를 받은 세관장은 신고가 관세법의 규정에 따라 적법하고 정당하게 이루어진 경우에는 이를 지체없이 수입신고를 수리하여 물품이 반출될 수 있도록 하는 일련의 절차를 수입통관 절차라고 한다.

　다음 각 호의 어느 하나에 해당하는 물품은 대통령령[49]으로 정하는 바에 따라 제1항에 따른 신고를 생략하게 하거나 관세청장이 정하는 간소한 방법으로 신고하게 할 수 있다 $\binom{관세법}{제241조\ 제2항}$.

---

48) 관세법시행령 제246조(수출·수입 또는 반송의 신고) ①법 제241조 제1항에서 "대통령령으로 정하는 사항"이란 다음 각 호의 사항을 말한다.
　　1. 포장의 종류·번호 및 개수
　　2. 목적지·원산지 및 선적지
　　3. 원산지표시 대상물품인 경우에는 표시유무·방법 및 형태
　　4. 상표
　　5. 납세의무자 또는 화주의 상호(개인의 경우 성명을 말한다)·사업자등록번호·통관고유부호와 해외공급자부호 또는 해외구매자부호
　　6. 물품의 장치장소
　　7. 그 밖에 기획재정부령으로 정하는 참고사항
49) 관세법시행령 제246조 제4항, 관세법 제241조 제2항의 규정에 의하여 신고를 생략하게 하는 물품은 다음 각호의 1과 같다. 다만, 법 제226조의 규정에 해당하는 물품을 제외한다.
　　1. 법 제96조 제1항 제1호에 따른 여행자휴대품
　　2. 법 제96조 제1항 제3호에 따른 승무원휴대품
　　3. 우편물(법 제258조 제2항에 해당하는 것을 제외한다)
　　4. 국제운송을 위한 컨테이너(법 별표 관세율표중 기본세율이 무세인 것에 한한다)
　　5. 기타 서류·소액면세물품 등 신속한 통관을 위하여 필요하다고 인정하여 관세청장이 정하는 탁송품 또는 별송품

① 휴대품·탁송품 또는 별송품

② 우편물

③ 관세가 면제되는 물품

④ 허가의 대상이 되는 운송수단. 다만, 다음 각 목의 어느 하나에 해당하는 운송수단은 제외한다.

    가. 우리나라에 수입할 목적으로 최초로 반입되는 운송수단

    나. 해외에서 수리하거나 부품 등을 교체한 우리나라의 운송수단

    다. 해외로 수출 또는 반송하는 운송수단

⑤ 국제운송을 위한 컨테이너(별표 관세율표 중 기본세율이 무세인 것으로 한정한다)

2. 수입신고 (관세법 제241조)

1) 수입신고의 의의

물품을 수입하고자 하는 자는 세관장에게 수입신고를 하여야 한다. 이러한 수입신고는 물품을 수입하려는 의사를 세관장에게 표시하는 것으로, 수입신고를 함으로써 적용법령, 관세물건 및 납세의무자가 확정된다. 물품을 수입하고자 할 때에는 당해 물품의 품명, 규격, 수량 및 가격 기타 대통령령이 정하는 사항을 세관장에게 신고하여야 한다(관세법 제241조 제1항).

2) 신고시기

수입하고자 하는 자는 출항 전 신고, 입항 전 신고, 보세구역 도착 전 신고 및 보세구역 장치 후 신고 중에서 필요에 따라 신고방법을 선택하여 수입신고 할 수 있다.

(1) 입항 후 수입신고 원칙

수출, 수입 또는 반송신고(관세법 제241조 제1항)에 따른 수입의 신고는 해당 물품을 적재한 선박이나 항공기가 입항된 후에만 할 수 있다(관세법 제243조 제2항). 반송의 신고는 해당 물품이 이 법에 따른 장치 장소에 있는 경우에만 할 수 있다(관세법 제243조 제3항). 입항후 수입신고는 정치 여부를 기준으로 '보세구역 도착전 신고'와 '보세구역 장치후 신고'로 분류할 수 있다. 밀수출 등 불법행위가 발생할 우려가 높거나 감시단속을 위하여 필요하다고 인정하여 대통령령으로 정하는 물품은 관세청장이 정하는 장소에 반입한 후 수출의 신고를 하게 할 수

있다$\left(\substack{\text{관세법}\\\text{제243조 제4항}}\right)$.

(가) 입항후 보세구역 도착전 신고

수입물품을 선(기)적한 선박 등 입항하여 당해 물품을 통관하기 위하여 반입하고자 하는 보세구역에 도착하기 전에 수입신고하는 것을 말한다(수입통관고시 제1-0-3조 3호).

(나) 입항후 보세구역 장치 후 신고

수입물품을 보세구역에 장치한 후 수입신고하는 것을 말한다(수입통관고지 제1-0-3조 4호).

(2) 출항 전 수입신고

수입하고자 하는 물품의 신속한 통관이 필요한 경우 당해 물품을 선(기)적한 선박 또는 항공기가 입항하기 전에 수입신고를 할 수 있으나 출항부터 입항까지의 기간이 단기간인 경우 등 당해 선박 등이 출항한 후에 신고하는 것이 곤란하다고 인정되어 출항하기 전에 신고하게 할 필요가 있는 경우에는 출항 전 수입신고를 할 수 있다$\left(\substack{\text{관세법시행령}\\\text{제249조 제2항}}\right)$.

(3) 입항 전 수입신고$\left(\substack{\text{관세법}\\\text{제244조}}\right)$

(가) 의의

수입하려는 물품의 신속한 통관이 필요할 때에는 입항 후 신고$\left(\substack{\text{관세법}\\\text{제243조 제2항}}\right)$에도 불구하고 대통령령으로 정하는 바에 따라 해당 물품을 적재한 선박이나 항공기가 입항하기 전에 수입신고를 할 수 있다. 이 경우 입항전수입신고가 된 물품은 우리나라에 도착한 것으로 본다.

입항전수입신고가 수리되고 보세구역 등으로부터 반출되지 아니한 물품에 대하여는 해당 물품이 지정보세구역에 장치되었는지 여부와 관계없이 관세법 제106조 제4항50)을 준용한다$\left(\substack{\text{관세법}\\\text{제244조 제5항}}\right)$. 입항전수입신고된 물품의 통관절차 등에 관하여 필요한 사항은 관세청장이 정한다$\left(\substack{\text{관세법}\\\text{제244조 제6항}}\right)$.

---

50) 제106조(계약 내용과 다른 물품 등에 대한 관세 환급) ④ 수입신고가 수리된 물품이 수입신고 수리 후에도 지정보세구역에 계속 장치되어 있는 중에 재해로 멸실되거나 변질 또는 손상되어 그 가치가 떨어졌을 때에는 대통령령으로 정하는 바에 따라 그 관세의 전부 또는 일부를 환급할 수 있다.
    4. 제241조 또는 제244조에 따른 수입신고일을 기준으로 최근 2년간 관세 등 조세를 체납한 사실이 있는 자
    5. 수입실적, 수입물품의 관세율 등을 고려하여 대통령령으로 정하는 관세채권의 확보가 곤란한 경우에 해당하는 자

(나) 입항 전 수입신고물품의 검사 및 신고수리

입항전 수입신고된 물품은 우리나라에 도착된 물품으로 보며, 세관장은 입항 전 수입신고를 한 물품에 대하여 검사의 실시를 결정한 경우에 이를 통보하여야 하고 검사대상으로 결정된 물품은 수입신고한 세관의 관할 보세구역(타소장치허가 포함)에 반입되어야 한다. 그러나 거사대상을 결정되지 아니한 물품에 대하여는 입항 전에 그 수입신고를 수리할 수 있다.

(다) 멸실·변질·손상 등의 관세환급 규정의 적용

입항 전 수입신고 수리된 물품이 그 수리 후 지정보세구역 자치여부를 불문하고 재해로 인하여 멸실·변질·손상을 인하여 그 가치가 감소된 때에는 그 관세의 전부 또는 일부를 환급할 수 있다.

3) 수입신고 세관

수입신고는 원칙적으로 당해 물품을 통관하고자 하는 세관에 하여야 한다. 그런데 출항전 신고 또는 입항 전 신고는 수입물품을 적재한 선박 등의 입항예정지를 관할하는 세관장에 하여야 하고, 보세구역 도착전 신고는 당해 물품이 도착할 보세구역을 관할하는 세관장에게 하여야 한다. 또한 보세구역 장치 후 신고는 당해 물품이 장치된 보세구역을 관할하는 세관장에게 신고하여야 한다.

4) 수입신고인

수입신고는 관세사, 관세사법 제17조의 규정에 의한 관세사법인, 관세사법 제19조의 규정에 의한 통관취급법인(이하 '관세사 등'이라 한다)또는 수입화주의 명의로 한다.

5) 수입신고 기간

(1) 반입일로부터 30일내의 신고의무

수입하거나 반송하려는 물품을 지정장치장 또는 보세창고에 반입하거나 보세구역이 아닌 장소에 장치한 자는 그 반입일 또는 장치일부터 30일 이내에 수입 또는 반송 신고를 하여야 한다(관세법 제241조 제3항).

(2) 가산세 부과

세관장은 대통령령으로 정하는 물품을 수입하거나 반송하는 자가 수출입반송신고(관세법 제241조 제3항에 따른) 반입일 또는 장치일로 부터 30일 이내 기간 내에 수입 또는 반송의 신고를 하지 아니한 경우에는 해당 물품 과세가격의 100분의 2에 상당하는 금액의 범위에서 대통령령으로 정하는 금액을 가산세로 징수한다(관세법 제241조 제4항).

다음 각 호의 보세구역에 반입된 물품은 반입일로부터 30일 이내에 수입 또는 반송 신고하여야 한다.

세관장은 다음 각 호의 어느 하나에 해당하는 경우에는 해당 물품에 대하여 납부할 세액(관세 및 내국세를 포함한다)의 100분의 20(제1호의 경우에는 100분의 40으로 하되, 반복적으로 자진신고를 하지 아니하는 경우 등 대통령령으로 정하는 사유에 해당하는 경우에는 100분의 60)에 상당하는 금액을 가산세로 징수한다(관세법 제241조 제5항).

> ① 여행자나 승무원이 휴대품(제96조 제1항 제1호 및 제3호에 해당하는 물품은 제외한다)을 신고하지 아니하여 과세하는 경우
> ② 우리나라로 거주를 이전하기 위하여 입국하는 자가 입국할 때에 수입하는 이사물품(제96조 제1항 제2호에 해당하는 물품은 제외한다)을 신고하지 아니하여 과세하는 경우

(3) 해외 수리 운송수단 수입신고의 특례

해외에서 수리하거나 부품 등을 교체한 우리나라의 운송수단(제241조 제2항 제3호의2 나목)에 따른 운송수단을 수입신고하는 경우 해당 운송수단의 가격은 수리 또는 부품 등이 교체된 부분의 가격으로 한다(관세법 제241조의2).

6) 신고시 제출서류

수입신고를 하는 자는 과세자료 외에 대통령령이 정하는 서류를 제출하여야 한다(법 제245조 ①항).

(1) 제출서류

수입신고를 할 때에는 신고인은 가격신고 규정에 의한 과세자료 외에 다음 정하는 서류를 제출하여야 한다(관세법시행령 제250조 제1,2항).
① 당해 물품의 선하증권 사본, 원산지증명서, 기타 참고서류
② 수출입신고를 하는 물품이 '허가 등 증명확인 대상'에 해당되어 증명을 필요로 하는 것이 때에는 관련 증명서류를 첨부(단, 세관장이 필요 없다고 인정할 때에는 생략 가능)

(2) 수입신고서류의 생략

서류를 제출하여야 하는 자가 당해 서류를 관세사 등에게 제출하고, 관세사 등이 당해 서류를 확인한 후 수출·수입 또는 반송에 관한 신고를 하는 때에는 당해 서류의 제출을 생략하게 하거나 당해 서류를 수입신고수리 후에 제출하게 할 수 있다(관세법 제245조 제2항).

(3) 자료의 제출 요구

서류의 제출을 생략하게 하거나 수입신고 수리 후에 서류를 제출하게 하는 경우 세관장이 필요하다고 인정하여 신고인에게 관세청장이 정하는 장부 기타 관계 자료의 제시 또는 제출을 요청하는 때에는 신고인은 이에 응하여야 한다(관세법 제245조 제3항).

3. 심사와 검사

1) 통관심사

(1) 심사의 의의

심사는 세액 심사와 통관심사로 구분하는 바, 심사란 신고된 세 번, 세율, 과세가격의 적정여부, 수입승인사항과 신고사항의 일치여부, 법령에 의한 수입요건이 충족여부 등을 검토하기 위하여 서류나 분석결과를 확인하는 것을 말한다(수입통관고시 1-0-3-7조).

(2) 심사방법

(가) 형식적 요건심사

세관장은 수입신고서를 접수한 때에는 신고서의 형식적 요건의 구비여부를 심사한다(관세청 고시). 형식적인 요건 심사결과 이상이 없는 때에는 즉시 이를 수리하여야 한다.

형식적 요건심사에는 ① 신고내용이 수출신고서 작성요령에 의하여 정확하게 작성되었는지 여부, ② 수출신고시 서류제출대상 물품인지의 여부, ③ 세 번의 정확여부, ④ 기타 수출물품 통관을 위하여 필요한 사항 등에 관하여 심사하게 된다.

(나) 실질적 요건심사

신고서류의 구비요건이 충족되면 실질적 요건심사를 하게 된다. 즉, 수입신고서에 서류제출대상인 물품, C/S조회 결과 우범성 정보가 있는 물품인 경우 등이 그 대상이다.

실질적인 요건심사에는 ① 수출신고시 서류제출대상 물품인 경우, ② 위조상품수출 등

지적재산권 침해 우려가 있는 경우, ③ 관세환급과 관련하여 위장 수출의 우려가 있는 경우, ④ 기타 불법 수출에 대한 우범성 정보가 있는 경우 등에 관한 사항을 심사한다.

(다) 심사절차

수입신고서의 배부를 받은 접수담당은 수입통관시스템에 조회하여 C/S결과 우범성 정보 등 주의를 요하는 사항이 있는지를 확인한 후 즉시수리대상, 심사대상, 물품검사대상 중 한 가지를 선택하여 신고서의 처리방법을 결정한다. 이 경우 서류제출대상 물품과 검사대상물품인 경우에는 실질적인 내용을 심사한 후 이를 수리하여야 한다(관세청고시).

① 즉시수리

즉시수리란 수입신고 내용중 세 번, 세율, 과세가격, 원산지표시, 지적재산권 침해 등과 관련하여 세관공무원이 물품검사를 하지 아니하고 신고서의 형식적 요건의 구비여부만 확인하고 지체없이 수입신고를 수리하는 것을 말한다. 즉, 신고서 및 제출서류의 형식적 요건을 구비하였는지의 여부만 확인한 후 심사를 종결한다.

② 심사

심사란 신고된 세 번, 세율과 과세가격의 적정여부, 수입승인사항과 신고사항의 일치여부, 법령에 의한 수입요건의 충족여부 등을 검토하기 위하여 관련 서류나 분석 결과를 확인하는 것을 말한다(수입통관 고시 1-0-3-7조). 심사 대상물품은 세 번의 정확여부 등의 필요한 사항을 중점 심사한다.

㉠ 심사대상(수입통관고시) : 심사대상은 다음에서 정하는 물품으로 한다.

ⓐ 법 제145조 규정에 의한 세관장 확인 물품 및 확인방법 및 확인방법 지정고시 중 수입신고 수리 전에 요건구비의 증명이 필요한 물품
ⓑ 신고수리전 세액심사(사전세액심사)대상 물품
ⓒ 통관시스템에 조회결과 심사유의사항이 있는 물품 중 심사가 필요하다고 인정되는 물품
ⓓ 관세사 신고내용으로 보아 심사가 필요하다고 인정되는 물품
ⓔ 기타 통관 후 관세채권의 확보, 원상회복, 위법한 사실에 관한 증거의 화고가 곤란할 우려가 있어 과장이 심사대상을 선별 한 물품

ⓒ 심사방법 : 심사대상물품은 다음 각 호의 사항 중 필요한 사항을 중점 심사한다.

    ⓐ 수입신고시 제출서류가 구비되었는지 여부
    ⓑ 세 번의 정확여부
    ⓒ 분석의뢰 필요성 유무
    ⓓ 사전세액심사 대상물품은 세율, 과세가격, 세액, 감면, 분납의 정확성 유무
    ⓔ 수입통관 허용여부를 결정하기 위하여 필요한 사항

ⓒ 검사대상 : 즉시수리 또는 심사대상이 아닌 물품은 C/S조회에 의거하여 검사하게 된다.

2) 물품검사

(1) 물품검사의 의의

세관공무원은 수출·수입 또는 반송하려는 물품에 대하여 검사를 할 수 있으며, 관세청장은 검사의 효율을 거두기 위하여 검사대상, 검사범위, 검사방법 등에 관하여 필요한 기준을 정할 수 있다. 화주는 수입신고를 하려는 물품에 대하여 수입신고 전에 관세청장이 정하는 바에 따라 확인을 할 수 있다(관세법 제246조 제1,2,3항). 세관장은 수입신고를 하지 아니한 물품에 대하여는 관세청장이 정하는 바에 의하여 직권으로 이를 검사할 수 있다(관세법시행령 제261조 제1,2항).

(2) 안전성 검사(관세법 제246조의3)

관세청장은 중앙행정기관의 장의 요청을 받아 세관장으로 하여금 (관세법 제226조에 따른) 세관장의 확인이 필요한 수출입물품 등 다른 법령에서 정한 물품의 성분·품질 등에 대한 안전성 검사(이하 "안전성 검사"라 한다)를 하게 할 수 있다. 다만, 관세청장은 (관세법 제226조에 따른) 세관장의 확인이 필요한 수출입물품에 대하여는 필요한 경우 해당 중앙행정기관의 장에게 세관장과 공동으로 안전성 검사를 할 것을 요청할 수 있다(관세법 제246조의3 제1항). 중앙행정기관의 장은 관세법 제246조의3 제1항에 따라 안전성 검사를 요청하는 경우 관세청장에게 해당 물품에 대한 안전성 검사 방법 등 관련 정보를 제공하여야 하고, 필요한 인력을 제공할 수 있다(관세법 제246조의3 제2항).

관세청장은 관세법 제246조의3 제1항에 따라 중앙행정기관의 장의 안전성 검사 요청을 받거나 중앙행정기관의 장에게 안전성 검사를 요청한 경우 해당 안전성 검사를 위하여 필요한 인력 및 설비 등을 고려하여 안전성 검사 대상 물품을 지정하여야 하고, 그 결과를 해당 중앙행정기관의 장에게 통보하여야 한다(관세법 제246조의3 제3항).

(3) 안전성검사 협업검사 센터설치

관세청장은 안전성 검사를 위하여 협업검사센터를 주요 공항·항만에 설치할 수 있고, 세관장에게 제3항에 따라 지정된 안전성 검사 대상 물품의 안전성 검사에 필요한 자체 검사 설비를 지원하는 등 원활한 안전성 검사를 위한 조치를 취하여야 한다$\binom{관세법}{제246조의3\ 제4항}$. 세관장은 제3항에 따라 안전성 검사 대상 물품으로 지정된 물품에 대하여 중앙행정기관의 장과 협력하여 안전성 검사를 실시하여야 한다$\binom{관세법}{제246조의3\ 제5항}$.

(4) 불량, 유해물품 공개

관세청장은 안전성 검사 결과 불법·불량·유해 물품으로 확인된 물품의 정보를 관세청 인터넷 홈페이지를 통하여 공개할 수 있다$\binom{관세법}{제246조의3\ 제6항}$.

안전성 검사에 필요한 정보교류, 제264조의10에 따른 불법·불량·유해물품에 대한 정보 등의 제공 요청 등 대통령령으로 정하는 사항을 협의하기 위하여 관세청에 수출입물품안 전관리기관협의회를 둔다$\binom{관세법}{제246조의3\ 제7항}$. ⑧ 제7항에 따른 수출입물품안전관리기관협의회의 구성·운영과 그 밖에 필요한 사항은 대통령령으로 정한다$\binom{관세법}{제246조의3\ 제8항}$. 제1항부터 제8항까지에서 규정한 사항 외에 안전성 검사의 방법·절차 등에 관하여 필요한 사항은 관세청장이 정한다$\binom{관세법}{제246조의3\ 제9항}$.

(5) 검사대상

우범화물자동선별시스템(C/S : cargo selectivity)에서 우범성이 있어 검사대상을 선별된 물품과 무작위 추출방식에 의하여 선별된 물품이 주로 검사대상이 된다.

세관장은 C/S 등에 의해 검사대상 여부를 결정한 때에는 즉시 이를 수입신고인에게 통보하고 통관시스템에 입력하여야 한다.

(6) 검사방법

검사방법은 단수검사와 복수검사, 전량검사와 발췌검사 및 분석검사가 있다. 단수검사를 원칙으로 하되 우범성정보가 있는 물품 등은 예외적으로 복수검사를 실시한다.

또한 수입화주의 신용도, 물품의 성질, 수량, 가격, 장치장소 및 C/S결과 검사 유의 사항 등을 참착하여 결정하지만, 물품의 검사는 시간과 인력상 일반적으로 발췌검사를 원칙으로 하되, 다음 각 호의 1에 해당하는 물품의 경우에는 전량 검사를 실시한다.

① 우범성 정보가 있거나 불성실업체에서 수입신고한 물품

② 변질 또는 손상된 물품

③ 종량세물품

④ 부과고지대상물품

⑤ 기타 일부 발췌검사로는 물품의 수량, 규격, 성질 등을 확인하기 곤란하다고 세관장이 인정한 물품

발췌검사시 검사해야 할 물품과 수량의 결정은 수입담당과장이 검사지시에서 특별히 정한 경우를 제외하고 당해 검사담당 세관공무원이 결정하되, 물품의 품명, 규격 등의 동일성과 포장 단위별 수량의 동일성 및 포장상태 등을 종합 판단하여 동일한 포장상태별 수송포장 단위를 기준으로 2개 이상을 검사하여야 한다.

(7) 검사장소

수입물품의 검사대상으로 결정된 물품의 검사장소는 다음과 같다.

(가) 장치가능 장소 검사원칙

보세공장 사용신고 물품검사(제186조 ①항) 또는 수입신고물품의 검사(제246조)의 규정에 의한 검사는 보세구역장치 원칙(보세구역외 장치 포함)에 의거 장치할 수 있는 장소에서 행한다($^{관세법}_{제247조\ 제1항}$). 다만 수출하려는 물품은 해당 물품이 장치되어 있는 장소에서 검사한다.

(나) 보세구역 반입 후 검사

상기 규정에도 불구하고 세관장은 효율적인 검사를 위하여 부득이 하다고 인정되는 때에는 관세청장이 정하는 바에 의하여 당해 물품을 보세구역에 반입하게 한 후 검사할 수 있다($^{관세법}_{제247조\ 제2항}$). 제1항에 따른 검사 장소가 지정장치장이나 세관검사장이 아닌 경우 신고인은 기획재정부령으로 정하는 바에 따라 수수료를 납부하여야 한다. 다만, 다음 각 호의 어느 하나에 해당하는 경우에는 수수료를 납부하지 아니한다($^{관세법}_{제247조\ 제3항}$).

① 검사 장소가 보세창고인 경우로서 신고인이 운영인과 다른 경우

② 검사 대상이 수출물품인 경우

보세구역 반입 후 검사($^{관세법}_{제247조\ 제2항}$)에 따라 내는 검사수수료는 다음 계산식에 따른다. 다만, 수출물품에 대한 검사의 경우에는 기본수수료를 면제한다($^{관세법시행규칙}_{제78조\ 제1항}$).

[기본수수료(시간당 기본수수료 2천원 × 해당 검사에 걸리는 시간)] + 실비상당액(세관과 검사장소와의 거리 등을 고려하여 관세청장이 정하는 금액)

(8) 물품의 검사에 따른 손실보상

관세청장 또는 세관장은 이 법에 따른 세관공무원의 적법한 물품검사로 인하여 물품에 손실이 발생한 경우 그 손실을 입은 자에게 보상(이하 "손실보상"이라 한다)하여야 한다 $\left(\substack{\text{관세법}\\\text{제246조의2 제1항}}\right)$. 제1항에 따른 손실보상의 기준, 보상금액에 관한 사항은 대통령령으로 정한다 $\left(\substack{\text{관세법}\\\text{제246조의2 제2항}}\right)$. 제1항에 따른 손실보상의 지급절차 및 방법, 그 밖에 필요한 사항은 관세청장이 정한다 $\left(\substack{\text{관세법}\\\text{제246조의2 제3항}}\right)$.

4. 신고의 처리

1) 수입신고수리

(1) 의의

수입신고수리는 행정법상 준법 행위적 행정행위로서, 수입신고자의 수입신고행위를 유효한 행위라고 판단하여 당해 법령에 의하여 수령하는 행위를 말한다.

(2) 신고필증교부 등

(가) 신고필증교부$\left(\substack{\text{관세법}\\\text{제248조}}\right)$

세관장은 수출, 수입 또는 반송신고(관세법 제241조) 또는 입항전수입신고(관세법 제244조)에 따른 신고가 이 법에 따라 적합하게 이루어졌을 때에는 이를 지체 없이 수리하고 신고인에게 신고필증을 발급하여야 한다. 다만, 국가관세종합정보망의 구축 및 운영(관세법 제327조 제2항)에 따라 국가관세종합정보망의 전산처리설비를 이용하여 신고를 수리하는 경우에는 관세청장이 정하는 바에 따라 신고인이 직접 전산처리설비를 이용하여 신고필증을 발급받을 수 있다$\left(\substack{\text{관세법}\\\text{제248조 제1항}}\right)$.

(나) 신고사항의 보완

세관장은 다음 각 호의 1에 해당하는 경우에는 수입신고가 수리되기 전까지 이를 보완하게 할 수 있다. 다만, 미비된 사항이 경미하고 신고수리 후에 보완이 가능하다고 인정되는 경우에는 관세청장이 정하는 바에 의하여 신고수리 후 이를 보완하게 할 수 있다$\left(\substack{\text{관세법}\\\text{제249조}}\right)$.

① 수입신고(입항전 수입신고 포함)규정에 의한 수출·수입 또는 반송에 관한 신고서의 기재사항이 미비한 경우

② 제245조의 규정(수입신고시 제출서류)에 의한 제출서류가 갖추어지지 아니한 경우

(3) 담보의 제공

세관장은 관세를 납부하여야 하는 물품에 대하여는 수입신고를 수리하는 때에 다음 각어느 하나에 해당하는 자에게 관세에 상당하는 담보를 제공하도록 하여야 한다$\binom{\text{관세법}}{\text{제248조 제2항}}$.

① 이 법 또는 「수출용원재료에 대한 관세 등 환급에 관한 특례법」$\binom{\text{관세법}}{\text{제23조}}$을 위반하여 징역형의 실형을 선고받고 그 집행이 끝나거나(집행이 끝난 것으로 보는 경우를 포함한다) 면제된 후 2년이 지나지 아니한 자

② 이 법 또는 「수출용원재료에 대한 관세 등 환급에 관한 특례법」$\binom{\text{관세법}}{\text{제23조}}$을 위반하여 징역형의 집행유예를 선고받고 그 유예기간 중에 있는 자

③ 밀수출입죄$\binom{\text{관세법}}{\text{제269조}}$부터, 관세포탈죄$\binom{\text{관세법}}{\text{제270조}}$, 미수범$\binom{\text{관세법}}{\text{제271조}}$까지, 밀수품의 취득죄$\binom{\text{관세법}}{\text{제274조}}$, 체납처분면탈죄$\binom{\text{관세법}}{\text{제275조의2}}$, 타인에 대한 명의대여죄$\binom{\text{관세법}}{\text{제275조의3}}$ 또는 「수출용원재료에 대한 관세 등 환급에 관한 특례법」$\binom{\text{관세법}}{\text{제23조}}$에 따라 벌금형 또는 통고처분을 받은 자로서 그 벌금형을 선고받거나 통고처분을 이행한 후 2년이 지나지 아니한 자

④ 수출, 수입 또는 반송신고$\binom{\text{관세법}}{\text{제241조}}$ 또는 입항전수입신고$\binom{\text{관세법}}{\text{제244조}}$에 따른 수입신고일을 기준으로 최근 2년간 관세 등 조세를 체납한 사실이 있는 자

⑤ 수입실적, 수입물품의 관세율 등을 고려하여 대통령령으로 정하는 관세채권의 확보가 곤란한 경우에 해당하는 자

(4) 수리전 반출금지

수입신고 수리전에는 운송수단·관세통로·하역통로 또는 이 법에 규정된 장치장소로부터 신고된 물품을 반출하여서는 아니 된다$\binom{\text{관세법}}{\text{제248조 제3항}}$.

2) 수입신고의 취하 및 각하

(1) 수입신고의 취하

(가) 취하 방법 및 시기

신고는 정당한 이유가 있는 경우에만 세관장의 승인을 받아 취하할 수 있다. 다만, 수입 및 반송의 신고는 운송수단, 관세통로, 하역통로 또는 이 법에 규정된 장치 장소에서 물품

을 반출한 후에는 취하할 수 없다($^{관세법}_{제250조 제1항}$).

(나) 취하 승인의 효력

수출·수입 또는 반송의 신고를 수리한 후 관세법 제250조 제1항에 따라 신고의 취하를 승인한 때에는 신고수리의 효력이 상실된다($^{관세법}_{제250조 제2항}$).

(2) 수입신고의 각하

(가) 의의

세관장은 수입신고(입항전 수입신고 포함)가 그 요건을 갖추지 못하였거나 사위 기타 부정한 방법으로 된 때에는 당해 수출·수입 또는 반송의 신고를 각하할 수 있다($^{관세법}_{제250조 제3항}$).

(나) 신고승인

세관장은 제1항에 따른 승인의 신청을 받은 날부터 10일 이내에 승인 여부를 신청인에게 통지하여야 한다($^{관세법}_{제250조 제4항}$). 세관장이 관세법 제250조 제4항에서 정한 기간 내에 승인 여부 또는 민원 처리 관련 법령에 따른 처리기간의 연장을 신청인에게 통지하지 아니하면 그 기간(민원 처리 관련 법령에 따라 처리기간이 연장 또는 재연장된 경우에는 해당 처리기간을 말한다)이 끝난 날의 다음 날에 승인을 한 것으로 본다($^{관세법}_{제250조 제5항}$).

(다) 신고각하의 대상

신고를 각하할 수 있는 경우는 다음 각호와 같다(관세기본통칙).
① 수출·수입·반송된 신고가 형식적인 요건을 갖추지 못한 경우
② 신고된 물품에 대해 폐기, 공매, 경매낙찰, 몰수확정 또는 국고귀속이 결정된 경우
③ 사위 기타 부정한 방법으로 신고한 경우

(라) 신고각하의 통지

세관장은 신고를 각하한 때에는 즉시 그 신고인에게 신고의 종류, 신고연월일, 신고번호와 각하 사유를 기재한 통지서를 송부하여야 한다($^{관세법시행령}_{제254조}$).

5. 수입통관 질서의 확립

1) 관세범칙조사 의뢰

수입물품에 대한 심사 및 검사결과 신고사항이 다음 각 호의 1에 해당할 때에는 관세법 등 위반혐의로 조사 의뢰하여야 한다.

① 수입신고에 있어 품명, 규격, 수량, 가격, 원산지 등 주요사항을 정당한 사유없이 허위로 신고하였을 때
② 신고물품 이외의 물품이 수입되었을 때(다만, 범칙혐의가 있는 경우에 한함)
③ 수입승인서, 송품장, 포장명세서, 원산지증명서 등 서류를 위조 또는 변조한 것으로 인정하였을 때
④ 관세법상 수입금지품목이나 타법령에서 수입을 제한하고 있는 품목이 불법 수입되었을 때. 다만, 범칙혐의가 있는 경우에 한한다.
⑤ 출항 전 또는 입항 전 수입신고를 하고 정당한 사유없이 신고취하 신청을 한 경우
⑥ 관세사가 제2-4-3조 제2항의 규정을 위반하여 수입신고필증을 교부한 때
⑦ 제2-4-3조 제5항의 규정에 의한 서류의 보관 및 제출을 이행하지 아니한 때
⑧ 보세구역 반입명령을 이행하지 아니한 경우
⑨ 기타 세관장이 범칙혐의가 있다고 인정할 때

2) 제재

세관장은 관세사 등 신고인이 다음 각호의 1에 해당하는 때에는 당해 신고인에 대하여 수입신고를 제한하거나 관세사 업무 및 통관업무 운영에 관한 고시에 따라 제재할 수 있다.

① 전자자료 교환방식에 의한 통관업무처리 승인을 받지 않고 신고한 경우
② 관세청장에게 등록된 프로그램을 임의로 변경하거나 등록되지 아니한 프로그램으로 수입신고서를 작성하여 전송한 경우
③ 신고자료 전송 후 당일 또는 그 익일까지 제2-1-7조 규정에 의한 서류를 제출하지 아니하는 경우
④ 전자서류에 의한 수입신고물품이 심사과정에서 서류제출대상으로 변경되어 서류제출을 통보하였으나 통보일로부터 익일이 경과할 때까지 서류를 제출하지 아니하는 경우
⑤ 기타 수입신고인이 신고서 등 세관에 제출하거나 전송하는 서류 또는 자료의 작성, 송부와 관련하여 빈번하게 오류를 발생하게 하여 신속통관을 저해하는 경우

제3절
수출통관절차

1. 수출통관절차의 개요

수출통관절차라 함은 수출하고자 하는 물품을 수출자의 제조공장 또는 제품창고 등 세관검사를 받고자 하는 장소에 장치한 후 세관에 수출신고를 하고 수출신고수리를 받아 물품을 국제무역선(기)에 선적하기까지의 일련의 절차를 말한다.

2. 수출신고

1) 수출신고의 의의

물품을 수출하고자 하는 자는 세관장에게 수출신고를 하여야 한다. 물품을 수출하고자 할 때에는 당해 물품의 품명, 규격, 수량 및 가격 기타 대통령령으로 정하는 사항을 세관장에게 신고하여야 한다$\binom{\text{관세법}}{\text{제241조 제1항}}$.

이와 같이 수출물품의 내역과 기타 관련사항을 세관장에게 신고하는 것을 수출신고라 하며, 수출신고는 세관장에게 물품을 수출하고자 하는 최초의 의사표시를 하는 것이다.

2) 수출신고의 요건

수출절차의 간소화를 위하여 수출신고는 수출물품의 선(기)적전에 시점과 장소의 제한 없이 가능하도록 되어 있다. 수출신고는 당해 물품을 선(기)적하기 전까지 당해 물품의 소재지 관할 세관장에게 수출신고를 하고 수리를 받아야 한다.

수입신고는 그 물품을 적재한 선박 또는 항공기가 입항된 후에 한하여 할 수 있고 반송신고는 대상물품이 관세법에서 정하는 장치장소에 있는 경우에 한하여 이를 할 수 있는 데 반하여 수출신고는 그 물품이 어느 장소에 있어도 이를 할 수 있다.

3) 수출 신고인

수출, 수입 또는 반송신고는 화주 또는 관세사 등의 명의로 하여야 한다. 다만, 수출신고의 경우에는 화주에게 해당 수출물품을 제조하여 공급한 자의 명의로 할 수 있다(관세법 제242조).

4) 신고서류의 제출

수출·수입 또는 반송의 신고를 하는 자는 과세가격결정자료 외에 대통령령으로 정하는 서류를 제출하여야 한다(관세법 제245조 제1항).

(1) 제출서류

수출신고를 할 때에는 신고인은 가격신고 규정에 의한 과세자료 외에 다음 정하는 서류를 제출하여야 한다.

① 수출신고서의 제출서류 규정에 의한 당해 물품의 선하증권 사본 기타 참고 서류
② 수출신고를 하는 물품이 세관장 확인대상에 해당되어 증명을 필요로 하는 것인 때에는 관련 증명서류를 첨부(단, 세관장이 필요없다고 인정할 때에는 생략이 가능)

(2) 수출신고서류의 생략

서류를 제출하여야 하는 자가 당해 서류를 관세사 등에게 제출하고, 관세사 등이 당해 서류를 확인한 후 수출에 관한 신고를 하는 때에는 당해 서류의 제출을 생략하게 하거나 당해 서류를 수출신고수리 후에 제출하게 할 수 있다(관세법 제245조 제2항).

(3) 자료의 제출요구

서류의 제출을 생략하게 하거나 수출신고 수리 후에 서류를 제출하게 하는 경우 세관장이 필요하다고 인정하여 신고인에게 관세청장이 정하는 장부 기타 관계 자료의 제시 또는 제출을 요청하는 때에는 신고인은 이에 응하여야 한다(관세법 제245조 제3항).

3. 심사와 검사

1) 통관심사

(1) 심사의 의의

심사는 세액심사와 통관심사로 구분하는 바 심사란 신고된 세 번, 수출승인사항, 신고사항의 일치여부, 법령에 의한 수출요건의 충족여부 등을 검토하기 위하여 관련 서류나 분석결과를 확인하는 것을 말한다(수입통관고서 1-0-3-7조).

(2) 심사방법

(가) 형식적 요건심사

세관장은 수출신고서를 접수한 때에는 신고서의 형식적 요건의 구비여부를 심사한다(관세청 고시). 형식적인 요건 심사 결과 이상이 없는 때에는 즉시 이를 수리하여야 한다.

(나) 실질적 요건심사

신고서류의 구비요건이 충족되면 실질적 요건심사를 하게 된다. 즉, 수출신고시에 서류제출대상인 물품 C/S 조회 결과 우범성 정보가 있는 물품인 경우 등이 그 대상이다.

(3) 심사절차

수출신고서의 배부를 받은 접수담당은 수출입통관시스템에 조회하여 C/S심사 결과 우범성 정보 등 주의를 요하는 사항이 있는지를 확인한 후 즉시수리대상, 심사대상, 물품검사대상 중 한가지를 선택하여 신고서 처리방법을 결정하다. 이 경우 서류제출 대상물품과 검사대상물품인 경우에는 실질적인 내용을 심사한 후 이를 수리하여야 한다.

2) 물품검사

(1) 의의

세관공무원은 수출하고자 하는 물품에 대하여 검사를 할 수 있다($\binom{관세법}{제246조}$). 세관장은 수출신고를 하지 아니한 물품에 대하여는 관세청장이 정하는 바에 의하여 직권으로 이를 검사할 수 있다.

수출검사의 목적은 수출물품이 수출신고서상에 기재된 물품과 동일품명, 동일규격의 물품인가 또는 수출 금지 물품이 아닌가를 확인하고 당해 수출물품의 제조·가공에 사용된 원재료의 소요량을 확인하여 관세 등 환급액을 산출하는 데 있어서 정확을 기하고자 하는 데 있다.

(2) 검사대상

우범물품 선별기준에 의하여 선별된 물품, 무작위선별방식에 의하여 선별된 물품 등에 대하여는 수출검사를 하고 있다.

(3) 검사방법

(가) 파출검사

파출검사는 수출물품이 장치되어 있는 장소에 세관직원이 출장하여 검사하는 방법으로 검사시에 발췌검사를 한다.

(나) 견본검사

수출검사에 있어서 수출물품이 성질·수량·장치장소·수출자의 신용도 등을 감안하여 견본검사에 의하여도 부정수출의 우려가 없다고 인정될 때에는 파출검사를 생략하고 견본검사를 할 수 있다.

(4) 검사장소

(가) 당해 물품의 장치장소

수출하고자 하는 물품에 대한 검사는 당해 물품이 장치되어 있는 당해 장소에서 하는 것이 원칙이다(법 제247조 단서).

(나) 보세구역

부정수출 또는 부정환급의 우범성정보가 있거나 물품의 성질, 업체의 신용도를 감안하여 세관장이 효율적인 검사를 위하여 필요하다고 인정하는 경우에는 당해 물품을 보세구역에 반입하게 한 후 검사할 수 있다(관세법 제247조 제2항). 검사장소가 지정장치장 또는 세관검사장이 아닌 경우에는 수출신고인은 일정 수수료를 납부하여야 한다.

4. 수출신고수리 및 물품선적

1) 수출신고수리

(1) 의의

세관장은 수출, 수입 그리고 반송(제241조 또는 제244조)에 따른 신고가 이 법에 따라 적합하게 이루어졌을 때에는 이를 지체 없이 수리하고 신고인에게 신고필증을 발급하여야 한다. 다만, 국가관세종합정보망의 구축 및 운영(관세법 제327조 제2항)에 따라 국가관세종합정보망의 전산처리설비를 이용하여 신고를 수리하는 경우에는 관세청장이 정하는 바에 따라 신고인이 직접 전산처리설비를 이용하여 신고필증을 발급받을 수 있다$\binom{관세법}{제248조\ 제1항}$.

수출신고수리는 행정법상 준법률행위적 행정행위로서, 수출신고자의 수출신고행위를 유효한 행위라고 판단하여 법령에 의하여 수령하는 행위를 말한다.

(2) 신고사항의 보완

세관장은 다음 각 호의 하나에 해당하는 경우에는 수출신고가 수리되기전까지 갖추어지지 아니한 사항을 보완하게 할 수 있다. 다만, 해당 사항이 경미하고 신고수리 후에 보완이 가능하다고 인정되는 경우에는 관세청장이 정하는 바에 따라 신고수리 후 이를 보완하게 할 수 있다$\binom{관세법}{제247조\ 제2항}$.

① 수출신고 규정에 의한 수출·수입 또는 반송에 관한 신고서의 기재사항이 미비된 경우
② 제245조의 규정(수출신고시 제출서류)에 의한 제출서류가 미비된 경우

(3) 물품선적

(가) 수출신고후 물품선적

수출신고가 수리된 물품은 수출신고가 수리된 날부터 30일 이내에 운송수단에 적재하여야 한다. 다만, 기획재정부령으로 정하는 바에 따라 1년의 범위에서 적재기간의 연장승인을 받은 것은 그러하지 아니하다$\binom{관세법}{제251조\ 제1항}$.

수출이 신고되면 특별한 사유가 없는 한 즉시 신고필증을 교부하여 물품을 반출할 수 있다. 그러나, 수출보세운송이 생략됨에 따라 수출신고가 수리된 물품이 보세구역이 아닌 장소에 장치되어 세관통제를 벗어나므로 환급·수출·통계 등의 목적으로 수출이 이행되었는지의 여부를 확인하기 위하여 수출신고가 수리된 물품은 수출신고일로부터 30일 내에 선(기)적 하여야 한다. 다만, 선(기)적기간 연장승인을 받아 연장할 수 있다$\binom{관세법}{제66조\ 제3항}$.

(나) 신고수리 전 물품선적

수출하고자 하는 물품이 다음에 해당하는 경우에는 세관장에게 수출신고의 수리 전 선(기)적 승인서를 제출하고 그 허가를 받아 선박 또는 항공기에 적재·장치할 수 있다.

① 선적한 후 공인검정기관의 검정서에 의하여 수출물품의 수량을 확인하는 물품

② 수출신고의 수리 전 선적이 불가피한 물품으로서 검사가 생략되거나 선상에서 개장 검사가 가능한 물품

③ 물품의 신서도 유지가 필요한 물품 등 수출신고 수리 전 선적이 불가피하다고 인정되는 물품

2) 수출신고의 취하 및 각하

(1) 신고취하

수출신고를 하였으나 수입자의 사정 등으로 수출물품을 인수하기 어려운 상황이 발생하면 수출신고를 취하해야 한다. 신고취하는 정당한 사유가 있는 경우에 한하여 세관장의 승인을 받아야 한다. 수출신고 취하는 신고 이후부터 당해 물품을 선적한 선박이 출항하기 전까지 가능하다.

수출, 수입 도는 반송신고를 수리한 후 상기 규정에 의하여 신고의 취하를 승인한 때에는 신고수리의 효력은 상실된다(관세법 제250조 제2항). 따라서 수출신고수리로 외국물품이 된 물품은 다시 내국물품이 된다.

① 수출신용장이 취소된 경우

② 기타 부득이한 사유로 신고한 물품을 수출할 수 없게 되었다고 세관장이 인정하는 경우

(2) 신고각하

세관장은 다음 각 호의 1에 해당하는 경우 수출신고를 각하할 수 있다.

① 세관장으로부터 수출신고서 또는 첨부서류의 보완을 요구받고 지정된 기간내에 보완하지 아니한 경우(예 : 전략물자 수출허가서 등)

② 보세구역 반입지시를 받고 지정된 보세구역에 반입하지 아니하는 경우

③ 기타 관세법의 위반혐의 등으로 수출신고 수리를 할 수 없다고 판단되는 경우

(3) 수출신고수리의 취소

세관장은 수출신고수리된 물품을 수출신고일로부터 30일 이내에 선(기)적하지 않은 물품에 대하여는 수출신고 수리를 취소할 수 있다(관세법 제251조 제2항). 다만, 다음의 경우에 그러하지

아니한다($^{관세법시행령}_{제265조\ 제1항}$).

① 신고취하 승인의 신청이 정당한 사유가 있다고 인정되는 경우

② 선(기)적기간 연장승인의 신청이 정당한 사유가 있다고 인정되는 경우

③ 세관장이 수출신고의 수리를 취소하기 전에 당해 물품의 적재를 확인한 경우

④ 기타 세관장이 선(기)적기간 내에 선(기)적이 곤란하다고 인정되는 경우

세관장이 수출신고의 수리를 취소하는 경우에는 즉시 신고인에게 그 내용을 통지하여야 한다.

제4절

반송통관

1. 반송통관의 개요

1) 의의

반송이라 함은 우리나라에 도착한 물품을 어떠한 사정에 의하여 수출신고수리를 받지 아니하고 보세구역에서 다시 외국으로 반출하는 것을 말한다. 이는 외국물품 그대로 반출하는 점에서 내국물품을 외국으로 수출하는 수출과 구분된다.

따라서 반송통관이란, 물품을 반송하고자 하는 자가 당해 물품을 세관에게 신고하고, 세관장은 반송신고가 적법하게 이루어진 경우에는 지체없이 반송신고를 수리하여 물품이 반출될 수 있도록 하는 일련의 과정을 말한다.

2) 반송물품의 적용범위

관세법상 반송물품이란 다음 각 호의 하나에 해당하는 물품을 말한다.

① 외국으로부터 보세구역에 반입된 물품으로서 계약상이, 국내시장 여건변화 등의 사유로 수입신고를 하지 아니한 상태에서 다시 외국으로 반출되는 물품(이하 '단순반송물품'이라 한다)

② 외국으로부터 보세구역에 반입된 물품으로서 수입하고자 수입신고를 하였으나 수입신고수리 요건 등의 불비로 통관이 보류되어 다시 외국으로 반출되는 물품(이하 '통관보류물품'이라 한다)

③ 해외 위탁가공 후 보세구역에 반입된 물품으로서 수출할 목적으로 다시 외국으로 반출되는 물품(이하 '위탁가공물품'이라 한다)

④ 중계무역방식에 의하여 보세구역 등에 반입되어 다시 외국으로 반출되는 물품(이하 '중계무역물품'이라 한다)

⑤ 외국으로부터 보세창고에 반입된 물품으로서 국내 수입화주의 결정지연 등으로 수입하지 아니한 상태에서 다시 외국으로 반출되는 물품(이하 '보세창고반입물품'이라 한다)
⑥ 수출용 보세공장에서 외국으로부터 반입된 원재료로 제조, 가공한 물품을 다시 외국으로 반출하는 물품

2. 반송신고

1) 반송신고의 의의

물품을 반송하고자 할 때에는 당해 물품의 품명·규격·수량 및 가격 기타 대통령령이 정하는 사항을 세관장에게 신고하여야 한다($^{관세법}_{제241조\ 제1항}$). 수출·수입 또는 반송의 신고를 하고자 하는 자는 기획재정부령으로 정하는 수출·수입 또는 반송의 신고서를 세관장에게 제출하여야 한다($^{관세법시행령}_{제246조\ 제2항}$).

그런데 반송하고자 하는 물품을 지정장치장에 반입하거나 타소장치 허가를 받아 보세구역이 아닌 장소에 장치한 자는 그 반입일 또는 허가일로부터 30일 이내에 반송신고를 하여야 한다($^{관세법}_{제241조\ 제3항}$). 이는 반송대상물품의 보세구역장치 의무제가 시행되고 있는 것이다.

이와 같이 반송물품의 내역과 관련사항을 세관장에게 신고하는 것을 반송신고라고 하며, 반송신고는 세관장에게 물품을 반송하고자 하는 최초의 의사표시를 하는 것이다.

"대통령령으로 정하는 사항"이란 다음 각 호의 사항을 말한다($^{관세법시행령}_{제246조\ 제1항}$).

① 포장의 종류·번호 및 개수
② 목적지·원산지 및 선적지
③ 원산지표시 대상물품인 경우에는 표시유무·방법 및 형태
④ 상표
⑤ 납세의무자 또는 화주의 상호(개인의 경우 성명을 말한다)·사업자등록번호·통관고유부호와 해외공급자부호 또는 해외구매자부호
⑥ 물품의 장치장소
⑦ 그 밖에 기획재정부령으로 정하는 참고사항

2) 반송신고의 요건

유치 및 예치물품 중 여행자휴대품(제206조 제1항 제1호)의 물품 중 관세청장이 정하는

물품은 관세청장이 정하는 바에 따라 반송방법을 제한할 수 있다$\binom{\text{관세법}}{\text{제243조 제1항}}$.

반송하고자 하는 외국물품은 보세구역이 아닌 장소에 장치할 수 없다. 타소장치 사유에 해당하는 물품은 보세구역이 아닌 장소에 장치할 수 있다$\binom{\text{관세법}}{\text{제155조 제1항}}$. 따라서 '관세법에 규정한 장치장소'란 보세구역 및 타소장치장을 말한다.

3) 반송신고인

반송신고는 관세사, 관세법인, 통관취급법인 또는 화주의 명의로 하여야 한다.

4) 반송신고기간

(1) 반입일로부터 30일내의 신고의무

반송하고자 하는 물품을 지정장치장 또는 보세장치장에 반입하거나 타소장치한 자는 반입일 또는 타소장치 허가일로부터 30일이내에 반송신고를 하여야 한다$\binom{\text{관세법}}{\text{제241조 제3항}}$.

(2) 가산세 부과

물품을 반송하는 자가 반입일 또는 타소장치 허가일로부터 30일내에 수입신고를 하지 않는 경우에는 당해 물품의 과세가격의 2/100에 상당하는 금액을 가산세로 징수한다$\binom{\text{관세법}}{\text{제241조 제4항}}$.

(가) 가산세 대상물품

가산세를 징수하여야 하는 물품은 물품의 신속한 유통이 긴요하다고 인정하여 보세구역의 종류와 물품의 특성을 감안하여 관세청장이 정하는 물품으로 한다$\binom{\text{관세법시행령}}{\text{제248조}}$.

(나) 가산세액

가산세액은 다음의 율에 의하여 산출한다. 다만, 가산세액은 500만원을 초과할 수 없으며 신고기한 경과한 후 보세운송된 물품의 경과일수 계산은 신고기한이 경과한 날부터 30일 내에 신고를 한 때에는 당해 물품의 과세가격을 징수한다$\binom{\text{관세법시행령}}{\text{제247조 제1항}}$

구 분	가산세율
신고기한이 경과한 날로부터 20일 이내에 신고	과세가격의 5/1,000
신고기한이 경과한 날로부터 50일 이내에 신고	과세가격의 10/1,000
신고기한이 경과한 날로부터 80일 이내 신고	과세가격의 15/1,000
신고기한이 경과일로부터 80일을 초과하여 신고	과세가격의 20/1,000

5) 반송신고시 제출서류

(1) 신고서류 $\left(\substack{\text{관세법시행령}\\\text{제250조}}\right)$

반송신고를 하는 자는 대통령령이 정하는 수출신고에 준하는 서류를 제출하여야 한다 $\left(\substack{\text{관세법}\\\text{제245조 제1항}}\right)$.

① 선하증권 사본 또는 항공화물운송장 사본
② 원산지증명서
③ 기타 참고서류

(2) 수출신고서류의 생략

서류를 제출하여야 하는 자가 당해 서류를 관세사 등에게 제출하고, 관세사 등의 당해 서류를 확인한 후 수출에 관한 신고를 하는 때에는 당해 서류의 제출을 생략하게 하거나 당해 서류를 반송신고 수리 후에 제출하게 할 수 있다 $\left(\substack{\text{관세법}\\\text{제245조 제2항}}\right)$.

(3) 자료의 제출요구

서류의 제출을 생략하게 하거나 반송신고 수리후에 서류를 제출하게 하는 경우 세관장이 필요하다고 인정하여 신고인에게 관세청장이 정하는 장부 기타 관계 자료의 제시 또는 제출을 요청하는 때에는 신고인은 이에 응하여야 한다 $\left(\substack{\text{관세법}\\\text{제245조 제3항}}\right)$.

3. 심사와 검사

1) 통관심사

(1) 심사의 의의

심사는 세액심사와 통관심사로 구분하는 바 심사란 신고된 세 번, 반송승인사항, 신고사항의 일치여부, 법령에 의한 수출요건의 충족여부 등을 검토하기 위하여 관련 서류나 분석결과를 확인하는 것을 말한다.

(2) 심사방법

(가) 형식적 요건심사

세관장은 반송신고서를 접수한 때에는 신고서의 형식적 요건의 구비여부를 심사한다(관세청 고시). 형식적인 요건 심사 결과 이상이 없는 때에는 즉시 이를 수리하여야 한다.

(나) 실질적 요건심사

신고서류의 구비요건이 충족되면 실질적 요건심사를 하게 된다. 즉, 반송신고서에 서류제출대상인 물품 C/S 조회 결과 우범성 정보가 있는 물품인 경우 등이 그 대상이다.

(3) 심사절차

반송신고서의 배부를 받은 접수담당은 수출입통관시스템에 조회하여 C/S심사 결과 우범성 정보 등 주의를 요하는 사항이 있는지를 확인한 후 즉시수리대상, 심사대상, 물품검사대상 중 한가지를 선택하여 신고서 처리방법을 결정하다. 이 경우 서류제출 대상물품과 검사대상물품인 경우에는 실질적인 내용을 심사한 후 이를 수리하여야 한다(관세청 고시).

2) 물품검사

(1) 의의

세관공무원은 수출하고자 하는 물품에 대하여 검사를 할 수 있다(법 제246조). 반송신고 물품검사의 목적은 당초 반입된 물품의 품명·규격 등과 일치하는지의 여부와 마약류 등 부정물품의 혼재 또는 은닉여부를 확인하는 데 있다.

(2) 검사방법

(가) 파출검사

파출검사는 반송물품이 장치되어 있는 장소에 세관직원이 출장하여 검사하는 방법으로 검사시에 발췌검사를 한다.

(나) 견본검사

반송검사에 있어서 수출물품이 성질·수량·장치장소·반송자의 신용도 등을 감안하여 견본검사에 의하여도 부정수출의 우려가 없다고 인정될 때에는 파출검사를 생략하고 견본검사를 할 수 있다.

(3) 검사장소

(가) 관세법 규정에 의한 장치장소

반송 신고한 물품에 대한 검사는 보세구역 또는 타소 장치상에 해당되어 타소 장치된 경우에는 그 물품이 장치된 장소에서 행한다($\binom{\text{관세법}}{\text{제247조}}$).

(나) 보세구역

세관장이 효율적인 검사를 위하여 필요하다고 인정하는 경우에는 당해 물품을 보세구역에 반입하게 한 후 검사할 수 있다($_{제247조 제2항}^{관세법}$). 검사장소가 지정장치장 또는 세관검사장이 아닌 경우에는 반송신고인은 일정 수수료를 납부하여야 한다.

4. 반송신고의 처리

1) 반송신고수리

(1) 신고필증 교부

세관장은 반송신고가 관세법의 규정에 따라 적법하고 정당하게 이루어진 경우는 이를 지체없이 수리하고 신고인에게 반송 신고필증을 교부하여야 한다($_{제248조 제1항}^{관세법}$).

(2) 반송신고수리 전 반출 금지

반송의 신고를 한 자는 반송신고수리 전에는 운수기관·관세통로 또는 관세법에 규정된 장치장소로부터 신고된 물품을 반출하여서는 안 된다($_{제248조 제3항}^{관세법}$).

2) 반송신고의 취하 및 각하

(1) 반송신고의 취하

반송신고는 정당한 이유가 있는 경우에 한하여 세관장의 승인을 얻어 취하할 수 있다. 신고취하의 시기는 반송신고 후 신고 수리시까지는 물론이고 반송신고수리 이후에도 가능하나 운송수단·관세통로 또는 관세법에서 규정된 장치장소에서 물품을 반출한 후에는 취하할 수 없다. 반송신고를 수리한 후 신고의 취하를 승인하였을 때에는 신고수리의 효력은 상실된다($_{제250조}^{관세법}$).

(2) 반송신고의 각하

세관장은 신고가 그 요건을 갖추지 못하였거나 사위 기타 부정한 방법으로 된 경우에는 당해 반송신고를 각하할 수 있다($_{제250조 제3항}^{관세법}$). 세관장은 신고를 각하한 때에는 즉시 그 신고인에게 신고의 종류, 신고연월일, 각하사유를 기재한 통지서를 송부하여야 한다($_{제265조}^{관세법시행령}$).

제5절

통관절차의 특례

1. 통관절차 특례의 개요

1) 의의

물품의 통관은 정상통관절차에 의하는 것이 원칙이다. 그러나 수출입물품 또는 수출입형 태에 특수성이 있는 경우에는 그 물품의 특수성에 의하여 통관절차를 간소화하여야 하는 경우가 있고, 국제사회에서의 상호주의 또는 조약에 의하여 통관절차를 간소화하여야 하는 경우가 있다.

이러한 특수통관절차를 간이통관절차와 상호주의에 의한 통관절차, 국제조약에 의한 통 관절차로 구분하여 살펴보기로 하자.

〈표 7-1〉 통관절차특례

구분	통관절차의 특례
유형	수입신고수리 전 반출(법 제252조)
	수입신고 전 물품반출(법 제253조)
	전자상거래물품 등 특별 통관(법 제254조)
	탁송품의 특별통관(법 제254조의 2)
	수출입 안전관리 우수공인업체(법 제255조의 2)

구분	기타 특례통관 유형
유형	간이통관(간이신고 등)(법 제241조 제2항)
	우편물 통관(법 제256조 내지 제261조)

2) 물품 반출의 특례

(1) 신고수리전 반출($^{관세법}_{제252조}$)

(가) 의의

수입신고를 한 물품을 세관장이 수리전에 당해 물품이 장치된 장소로부터 반출하고자 하는 자는 납부하여야 할 관세에 상당하는 담보를 제공하고 세관장의 승인을 얻어야 한다 ($^{관세법}_{제252조}$).

(나) 담보의 제공

수입신고 수리전에 물품을 반출하고자 하는 자는 납부하여야 할 관세에 상당하는 담보를 제공하여야 한다. 다만, 정부 또는 지방자치단체가 수입하거나 신고의 수리(제248조 ②항 내지 제3호)(담보제공생략)[51]에 해당하는 때에는 담보의 제공을 생략할 수 있다($^{관세법}_{제252조 \ 단서}$).[52]

(다) 반출승인의 효과

① 내국물품 간주 : 신고수리전 반출 승인에 의하여 반출된 물품은 내국물품으로 본다 ($^{관세법}_{제143조 \ 제3항}$).

② 기간계산의 특례 : 이 법에 규정된 기간의 계산에 있어서 신고수리전 반출승인을 얻은 경우에는 그 승인일을 수입신고 수리일로 본다($^{관세법}_{제237조 \ 제2항}$).

---

51) 제248조(신고의 수리) ② 세관장은 관세를 납부하여야 하는 물품에 대하여는 제241조 또는 제244조에 따른 신고를 수리할 때에 다음 각 호의 어느 하나에 해당하는 자에게 관세에 상당하는 담보의 제공을 요구할 수 있다.
  1. 이 법 또는 「수출용원재료에 대한 관세 등 환급에 관한 특례법」 제23조를 위반하여 징역형의 실형을 선고받고 그 집행이 끝나거나(집행이 끝난 것으로 보는 경우를 포함한다) 면제된 후 2년이 지나지 아니한 자
  2. 이 법 또는 「수출용원재료에 대한 관세 등 환급에 관한 특례법」 제23조를 위반하여 징역형의 집행유예를 선고받고 그 유예기간 중에 있는 자
  3. 제269조부터 제271조까지, 제274조, 제275조의2, 제275조의3 또는 「수출용원재료에 대한 관세 등 환급에 관한 특례법」 제23조에 따라 벌금형 또는 통고처분을 받은 자로서 그 벌금형을 선고받거나 통고처분을 이행한 후 2년이 지나지 아니한 자
  4. 제241조 또는 제244조에 따른 수입신고일을 기준으로 최근 2년간 관세 등 조세를 체납한 사실이 있는 자
  5. 수입실적, 수입물품의 관세율 등을 고려하여 대통령령으로 정하는 관세채권의 확보가 곤란한 경우에 해당하는 자
52) 제252조(수입신고수리전 반출) 수입신고를 한 물품을 제248조에 따른 세관장의 수리 전에 해당 물품이 장치된 장소로부터 반출하려는 자는 납부하여야 할 관세에 상당하는 담보를 제공하고 세관장의 승인을 받아야 한다. 다만, 정부 또는 지방자치단체가 수입하거나 담보를 제공하지 아니하여도 관세의 납부에 지장이 없다고 인정하여 대통령령으로 정하는 물품에 대하여는 담보의 제공을 생략할 수 있다.

(2) 수입신고 전 반출(즉시반출)$\left(\substack{\text{관세법}\\\text{제253조}}\right)$

(가) 의의

수입하고자 하는 물품을 수입 신고전에 운송수단·과세통로·하역통로 또는 이 법의 규정에 의한 장치장소로부터 즉시 반출하고자 하는 자는 대통령령이 정하는 바에 의하여 세관장에게 즉시 반출신고를 하여야 한다. 이 경우 세관장은 납부하여야 하는 관세에 상당하는 담보를 제공하게 할 수 있다$\left(\substack{\text{관세법}\\\text{제253조 제1항}}\right)$.

(나) 대상(주체와 객체)

즉시반출을 할 수 있는 자 또는 물품은 대통령령이 정하는 바에 의하여 세관장이 지정한다$\left(\substack{\text{관세법}\\\text{제253조 제2항}}\right)$. 따라서 즉시반출 대상은 다음 각 호의 하나에 해당하는 것 중 '통관 구비조건 물품과 확인방법의 공고'의 규정에 의한 구비조건의 확인에 지장이 없는 경우로서 세관장이 지정하는 것에 한한다$\left(\substack{\text{관세법시행령}\\\text{제257조 제2항}}\right)$.

① 관세 등의 체납이 없고 최근 3년 동안 수출입 실적이 있는 제조업자 또는 외국인 투자자가 수입하는 시설재 또는 원부자재
② 기타 관세 등의 체납우려가 없는 경우로서 관세청장이 정하는 물품

(다) 절차

① 신고기한

즉시반출신고를 하고 반출을 하는 자는 즉시반출신고를 한 날부터 10일이내에 수입신고를 하여야 한다$\left(\substack{\text{관세법}\\\text{제253조 제3항}}\right)$.

② 결정고지

세관장은 상기 규정에 의하여 반출을 한 자가 신고기간 내에 수입신고를 하지 아니하는 때에는 관세를 부과·징수한다.

③ 가산세 징수

상기 기간내에 수입신고를 하지 않는 경우에는 당해 물품에 대한 관세의 100의 20에 상당하는 금액을 가산세로 징수하고 즉시 반출의 지정을 취소할 수 있다$\left(\substack{\text{관세법}\\\text{제253조 제4항}}\right)$.

2. 전자상거래 물품의 특별통관

1) 전자상거래 물품 등의 특별통관

관세청장은 전자상거래물품에 대하여 대통령령으로 정하는 바에 따라 수출입신고·물품 검사 등 통관에 필요한 사항을 따로 정할 수 있다.$\binom{\text{관세법}}{\text{제254조 제1항}}\binom{\text{관세법시행령}}{\text{제268조 제1항}}$.53)

요청받은 정보의 제공은 관세청장이 정하는 전자적 매체를 통해 제공하는 방법으로 한 다$\binom{\text{관세법시행령}}{\text{제268조 제3항}}$. 정보를 제공하는 경우 그 제공 기간은 전자상거래물품의 선하증권 또는 화 물운송장 번호가 생성되는 시점부터 수입신고 전까지로 한다$\binom{\text{관세법시행령}}{\text{제268조 제4항}}$.

관세청장은 관세의 부과·징수 및 통관을 위하여 필요한 경우 사이버몰을 운영하는 구매 대행업자, 「전자상거래 등에서의 소비자보호에 관한 법률」에 따른 통신판매업자 또는 통신 판매중개를 하는 자에게 전자상거래물품의 주문·결제 등과 관련된 거래정보로서 대통령령 으로 정하는 정보를 제1항에 따른 수입신고 전에 제공하여 줄 것을 요청할 수 있다 $\binom{\text{관세법}}{\text{제254조 제2항}}$.54)

제2항에 따라 요청받은 정보의 제공 방법·절차 등 정보의 제공에 필요한 사항은 대통령 령으로 정한다$\binom{\text{관세법}}{\text{제254조 제3항}}$.55) 관세청장은 납세자의 권리 보호를 위하여 화주에게 전자상거 래물품의 통관 및 납세와 관련된 사항으로서 대통령령으로 정하는 사항을 안내할 수 있다

---

53) 관세법시행령 제258조(전자상거래물품의 특별통관 등) ① 관세청장은 법 제254조 제1항에 따라 전자 상거래물품에 대하여 다음 각 호의 사항을 따로 정할 수 있다.
　　1. 특별통관 대상 거래물품 또는 업체
　　2. 수출입신고 방법 및 절차
　　3. 관세 등에 대한 납부방법
　　4. 물품검사방법
　　5. 그 밖에 관세청장이 필요하다고 인정하는 사항
54) 관세법시행령 제258조(전자상거래물품의 특별통관 등) ② 법 제254조 제2항에서 "대통령령으로 정하는 정보"란 다음 각 호의 정보를 말한다.
　　1. 주문번호 및 구매 일자
　　2. 물품수신인의 성명 및 통관고유부호
　　3. 물품의 품명 및 수량
　　4. 물품의 결제금액
　　5. 그 밖에 관세청장이 전자상거래물품의 통관을 위하여 수입신고 전에 제공받을 필요가 있다고 인정하여 고시하는 정보
55) 관세법시행령 제258조(전자상거래물품의 특별통관 등) ③ 법 제254조 제2항에 따라 요청받은 정보의 제 공은 관세청장이 정하는 전자적 매체를 통해 제공하는 방법으로 한다.
　　관세법시행령 제258조(전자상거래물품의 특별통관 등) ④ 제3항에 따라 정보를 제공하는 경우 그 제공 기간은 전자상거래물품의 선하증권 또는 화물운송장 번호가 생성되는 시점부터 수입신고 전까지로 한다.

$\left(\begin{smallmatrix}\text{관세법} \\ \text{제254조 제4항}\end{smallmatrix}\right).56)$

2) 탁송품 특별통관 $\left(\begin{smallmatrix}\text{관세법} \\ \text{제254조의2}\end{smallmatrix}\right)$

(1) 탁송품 수입신고 생략

탁송품으로서 기획재정부령으로 정하는 물품은 운송업자(제222조 제1항 제6호에 따라 관세청장 또는 세관장에게 등록한 자를 말한다. 이하 "탁송품 운송업자"라 한다)가 다음 각 호에 해당하는 사항이 적힌 목록(이하 "통관목록"이라 한다)을 세관장에게 제출함으로써 수입신고를 생략할 수 있다 $\left(\begin{smallmatrix}\text{관세법} \\ \text{제254조의2 제1항}\end{smallmatrix}\right)$. 탁송품 운송업자는 통관목록을 사실과 다르게 제출하여서는 아니 된다 $\left(\begin{smallmatrix}\text{관세법} \\ \text{제254조의2 제2항}\end{smallmatrix}\right)$.

① 물품의 송하인 및 수하인의 성명, 주소, 국가
② 물품의 품명, 수량, 중량 및 가격
③ 탁송품의 통관목록에 관한 것으로 기획재정부령으로 정하는 사항

(2) 탁송품 주소지 제출

탁송품 운송업자는 제1항에 따라 제출한 통관목록에 적힌 물품수신인의 주소지(제241조 제1항에 따른 수입신고를 한 탁송품의 경우에는 수입신고서에 적힌 납세의무자의 주소지)가 아닌 곳에 탁송품을 배송하거나 배송하게 한 경우(「우편법」 제31조 단서에 해당하는 경우는 제외)에는 배송한 날이 속하는 달의 다음달 15일까지 실제 배송한 주소지를 세관장에게 제출하여야 한다 $\left(\begin{smallmatrix}\text{관세법} \\ \text{제254조의2 제3항}\end{smallmatrix}\right)$.

(3) 탁송품 통관절차 배제

세관장은 탁송품 운송업자가 관세법 제254조의2 제2항 또는 관세법 제254조의2 제3항을 위반하거나 이 법에 따라 통관이 제한되는 물품을 국내에 반입하는 경우에는 제1항에 따른 통관절차의 적용을 배제할 수 있다 $\left(\begin{smallmatrix}\text{관세법} \\ \text{제254조의2 제4항}\end{smallmatrix}\right)$.

---

56) 관세법시행령 제258조(전자상거래물품의 특별통관 등 ⑤ 법 제254조 제4항에서 "대통령령으로 정하는 사항"이란 다음 각 호의 사항을 말한다.
    1. 물품의 품명
    2. 납부세액
    3. 선하증권 또는 화물운송장 번호
    4. 그 밖에 관세청장이 전자상거래물품의 화주에게 안내할 필요가 있다고 인정하여 고시하는 정보

(4) 검사

관세청장 또는 세관장은 탁송품에 대하여 세관공무원으로 하여금 검사하게 하여야 하며, 탁송품의 통관목록의 제출시한, 실제 배송지의 제출, 물품의 검사 등에 필요한 사항은 관세청장이 정하여 고시한다$\left(\substack{관세법\\제254조의2\ 제5항}\right)$.

(5) 탁송품의 검사설비

탁송품의 특별통관(관세법 제254조의2 제6항 단서[57])에 따라 세관장이 탁송품 운송업자가 운영하는 보세창고 또는 시설(이하 이 조부터 제258조의4까지에서 "자체시설"이라 한다)에서 탁송품을 통관하는 경우 탁송품 운송업자가 갖추어야 할 검사설비는 다음 각 호와 같다$\left(\substack{관세법시행령\\제258조의2\ 제1항}\right)$.

① **X-Ray** 검색기
② 자동분류기
③ 세관직원전용 검사장소

제1항에 따른 검사설비의 세부기준은 관세청장이 고시로 정한다$\left(\substack{관세법시행령\\제258조의2\ 제2항}\right)$.

(6) 탁송품 통관

세관장은 관세청장이 정하는 절차에 따라 별도로 정한 지정장치장에서 탁송품을 통관하여야 한다. 다만, 세관장은 탁송품에 대한 감시·단속에 지장이 없다고 인정하는 경우 탁송품을 해당 탁송품 운송업자가 운영하는 보세창고 또는 시설(「자유무역지역의 지정 및 운영에 관한 법률」 제11조에 따라 입주계약을 체결하여 입주한 업체가 해당 자유무역지역에서 운영하는 시설에 한정한다)에서 통관할 수 있다$\left(\substack{관세법\\제254조의2\ 제6항}\right)$.

관세법 제254조의2 제6항 단서에 따라 탁송품 운송업자가 운영하는 보세창고 또는 시설에서 통관하는 경우 그에 필요한 탁송품 검사설비 기준, 설비이용 절차, 설비이용 유효기간 등에 관하여 필요한 사항은 대통령령으로 정한다$\left(\substack{관세법\\제254조의2\ 제8항}\right)$.

세관장은 제1항에 따른 통관절차가 적용되지 아니하는 탁송품으로서 관세법 제254조의2 제5항에 따른 검사를 마치고 탁송품에 대한 감시·단속에 지장이 없다고 인정하는 경우에는 관세법 제254조의2 제6항에도 불구하고 관세청장이 정하는 보세구역 등에서 탁송품을

---

57) 제254조의2(탁송품의 특별통관) ⑥ 세관장은 관세청장이 정하는 절차에 따라 별도로 정한 지정장치장에서 탁송품을 통관하여야 한다. 다만, 세관장은 탁송품에 대한 감시·단속에 지장이 없다고 인정하는 경우 탁송품을 해당 탁송품 운송업자가 운영하는 보세창고 또는 시설(「자유무역지역의 지정 및 운영에 관한 법률」 제11조에 따라 입주계약을 체결하여 입주한 업체가 해당 자유무역지역에서 운영하는 시설에 한정한다)에서 통관할 수 있다.

통관하게 할 수 있다($\substack{관세법 \\ 제254조의2 \ 제7항}$). 관세청장은 탁송품의 신속한 통관과 탁송품에 대한 효율적인 감시·단속 등을 위하여 필요한 세관장과 탁송품 운송업자간 협력에 관한 사항 등 대통령령으로 정하는 사항에 대하여 고시할 수 있다($\substack{관세법 \\ 제254조의2 \ 제9항}$).

(6) 세관장과 탁송품 운송업자간 협력

탁송품의 특별통관(관세법 제254조의2 제9항[58])에서 "세관장과 탁송품 운송업자간 협력에 관한 사항 등 대통령령으로 정하는 사항"이란 다음 각 호의 사항을 말한다($\substack{관세법시행령 \\ 제258조의5}$).

① 밀수출입 정보교환 및 법에 따른 정보제공 등 세관장과 탁송품 운송업자 간 협력에 관한 사항
② 신속한 통관을 위한 절차 개선 협약 등 세관장과 탁송품 운송업자 간 업무협약 체결에 관한 사항
③ 세관장의 탁송품 운송업자에 대한 법 제255조의7 제1항 및 제2항에 따른 평가 및 관리에 관한 세부사항
④ 그 밖에 관세청장이 필요하다고 인정하는 사항

3. 수출입 안전관리 우수업체 통관혜택

1) 수출입 안전관리 우수업체

관세청장은 수출입물품의 제조·운송·보관 또는 통관 등 무역과 관련된 자가 시설, 서류관리, 직원 교육 등에서 이 법 또는「자유무역협정의 이행을 위한 관세법의 특례에 관한 법률」등 수출입에 관련된 법령의 준수 여부, 재무 건전성 등 대통령령으로 정하는 안전관리 기준을 충족하는 경우 수출입 안전관리 우수업체로 공인할 수 있다($\substack{관세법 \\ 제255조의2 \ 제1항}$).

2) 안전관리기준

① (관세법 제255조의2 제1항에 따른) 안전관리 기준(이하 "안전관리기준"이라 한다)은 다음 각 호와 같다($\substack{관세법시행령 \\ 제259조의2 \ 제1항}$).

---

[58] 제254조의2(탁송품의 특별통관) ⑨ 관세청장은 탁송품의 신속한 통관과 탁송품에 대한 효율적인 감시·단속 등을 위하여 필요한 세관장과 탁송품 운송업자간 협력에 관한 사항 등 대통령령으로 정하는 사항에 대하여 고시할 수 있다.

1. 「관세법」, 「자유무역협정의 이행을 위한 관세법의 특례에 관한 법률」, 「대외무역법」 등 수출입에 관련된 법령을 성실하게 준수하였을 것
2. 관세 등 영업활동과 관련한 세금을 체납하지 않는 등 재무 건전성을 갖출 것
3. 수출입물품의 안전한 관리를 확보할 수 있는 운영시스템, 거래업체, 운송수단 및 직원교육체계 등을 갖출 것
4. 그 밖에 세계관세기구에서 정한 수출입 안전관리에 관한 표준 등을 반영하여 관세청장이 정하는 기준을 갖출 것

3) 수출입 안전관리 우수업체의 공인절차 등

관세법(제255조의2 제1항)에 따라 수출입 안전관리 우수업체(이하 "수출입안전관리우수업체"라 한다)로 공인받으려는 자는 신청서에 다음 각 호의 서류를 첨부하여 관세청장에게 제출하여야 한다$\binom{\text{관세법시행령}}{\text{제259조의3 제1항}}$.
① 자체 안전관리 평가서
② 안전관리 현황 설명서
③ 그 밖에 업체의 안전관리 현황과 관련하여 관세청장이 정하는 서류

관세법(제255조의2 제5항)에 따라 공인을 갱신하려는 자는 공인의 유효기간이 끝나는 날의 6개월 전까지 신청서에 제1항 각 호에 따른 서류를 첨부하여 관세청장에게 제출해야 한다$\binom{\text{관세법시행령}}{\text{제259조의3 제2항}}$.

4) 공인갱신신청

관세청장은 공인을 받은 자에게 공인을 갱신하려면 공인의 유효기간이 끝나는 날의 6개월 전까지 갱신을 신청하여야 한다는 사실을 해당 공인의 유효기간이 끝나는 날의 7개월 전까지 휴대폰에 의한 문자전송, 전자메일, 팩스, 전화, 문서 등으로 미리 알려야 한다$\binom{\text{관세법시행령}}{\text{제259조의3 제3항}}$.

관세청장은 관세법시행령 제259조의3 제1항 또는 관세법시행령 제259조의3 제2항에 따른 신청을 받은 경우 안전관리기준을 충족하는 업체에 대하여 공인증서를 교부하여야 한다$\binom{\text{관세법시행령}}{\text{제259조의3 제4항}}$.

수출입안전관리우수업체에 대한 공인의 등급, 안전관리 공인심사에 관한 세부절차, 그 밖에 필요한 사항은 관세청장이 정한다. 다만, 「국제항해선박 및 항만시설의 보안에 관한

법률」 등 안전관리에 관한 다른 법령과 관련된 사항에 대해서는 관계기관의 장과 미리 협의해야 한다 $\binom{\text{관세법시행령}}{\text{제259조의3 제5항}}$.

5) 심사

관세청장은 관세법시행령 제255조의2 제1항[59]에 따른 공인을 받기 위하여 심사를 요청한 자에 대하여 대통령령으로 정하는 바에 따라 심사하여야 한다 $\binom{\text{관세법}}{\text{제255조의2 제2항}}$.

6) 심사생략

관세청장은 관세법(제255조의2 제2항)에 따른 심사를 할 때 「국제항해선박 및 항만시설의 보안에 관한 법률」(제12조)에 따른 국제선박보안증서를 교부받은 국제항해선박소유자또는 같은 법(제27조)에 따른 항만시설적합확인서를 교부받은 항만시설소유자에 대하여는제1항 각 호의 안전관리 기준 중 일부에 대하여 심사를 생략할 수 있다 $\binom{\text{관세법시행령}}{\text{제259조의2 제2항}}$.

7) 수출입안전관리 우수업체 공인 취소

관세청장은 수출입안전관리우수업체가 다음 각 호의 어느 하나에 해당하는 경우에는 공인을 취소할 수 있다. 다만, 제1호에 해당하는 경우에는 공인을 취소하여야 한다 $\binom{\text{관세법}}{\text{제255조의5}}$.

① 거짓이나 그 밖의 부정한 방법으로 공인을 받거나 공인을 갱신받은 경우
② 수출입안전관리우수업체가 양도, 양수, 분할 또는 합병 등으로 공인 당시의 업체와 동일하지 아니하다고 관세청장이 판단하는 경우
③ (관세법 제255조의2 제1항에 따른) 안전관리 기준을 충족하지 못하는 경우
④ (관세법 제255조의3 제3항에 따른) 정지 처분을 공인의 유효기간 동안 5회 이상 받은 경우
⑤ (관세법 제255조의3 제4항에 따른) 시정명령을 정당한 사유 없이 이행하지 아니한 경우
⑥ 그 밖에 수출입 관련 법령을 위반한 경우로서 대통령령으로 정하는 경우

---

59) 제255조의2(수출입 안전관리 우수업체의 공인) ① 관세청장은 수출입물품의 제조·운송·보관 또는 통관 등 무역과 관련된 자가 시설, 서류 관리, 직원 교육 등에서 이 법 또는 「자유무역협정의 이행을 위한 관세법의 특례에 관한 법률」 등 수출입에 관련된 법령의 준수 여부, 재무 건전성 등 대통령령으로 정하는 안전관리 기준을 충족하는 경우 수출입 안전관리 우수업체로 공인할 수 있다.

8) 수출입안전관리우수업체에 대한 사후관리

수출입안전관리우수업체는 관세법 제255조의4 제2항에 따라 안전관리기준의 충족 여부를 평가·보고하는 관리책임자를 지정해야 한다(관세법시행령 제259조의5 제1항).

수출입안전관리우수업체는 관세법 제255조의4 제2항에 따라 안전관리기준의 충족 여부를 매년 자율적으로 평가하여 그 결과를 해당 업체가 수출입안전관리우수업체로 공인된 날이 속하는 달의 다음 달 15일까지 관세청장에게 보고해야 한다. 다만, 관세법시행령 제259조의3 제2항60)에 따라 공인의 갱신을 신청한 경우로서 공인의 유효기간이 끝나는 날이 속한 연도에 실시해야 하는 경우의 평가는 생략할 수 있다(관세법시행령 제259조의5 제2항).

관세법(제255조의5 제6호)에서 "대통령령으로 정하는 경우"란 수출입안전관리우수업체(대표자 및 제1항에 따라 지정된 관리책임자를 포함한다)가 다음 각 호의 어느 하나에 해당하는 경우를 말한다. 다만, 양벌규정(관세법 제279조 제1항, 제2항 또는 제3호·제4호61))에서 정한 법률의 양벌규정에 따라 처벌받은 경우는 제외한다(관세법시행령 제259조의5 제3항).

① 관세법 (제268조의2, 제269조, 제270조, 제270조의2, 제271조, 제274조 및 제275조의2부터 제275조의4까지의) 규정에 따라 벌금형 이상의 형을 선고받거나 통고처분을 받은 경우
② 허위신고죄(관세법 제276조)에 따라 벌금형의 선고를 받은 경우
③ 「자유무역협정의 이행을 위한 관세법의 특례에 관한 법률」, 「대외무역법」, 「외국환거

---

60) 제259조의3(수출입 안전관리 우수업체의 공인절차 등) ① 법 제255조의2제1항에 따라 수출입 안전관리 우수업체(이하 "수출입안전관리우수업체"라 한다)로 공인받으려는 자는 신청서에 다음 각 호의 서류를 첨부하여 관세청장에게 제출하여야 한다.
　　1. 자체 안전관리 평가서
　　2. 안전관리 현황 설명서
　　3. 그 밖에 업체의 안전관리 현황과 관련하여 관세청장이 정하는 서류
　② 법 제255조의2제5항에 따라 공인을 갱신하려는 자는 공인의 유효기간이 끝나는 날의 6개월 전까지 신청서에 제1항 각 호에 따른 서류를 첨부하여 관세청장에게 제출해야 한다.
61) 제279조(양벌 규정) ① 법인의 대표자나 법인 또는 개인의 대리인, 사용인, 그 밖의 종업원이 그 법인 또는 개인의 업무에 관하여 제11장에서 규정한 벌칙(제277조의 과태료는 제외한다)에 해당하는 위반행위를 하면 그 행위자를 벌하는 외에 그 법인 또는 개인에게도 해당 조문의 벌금형을 과(科)한다. 다만, 법인 또는 개인이 그 위반행위를 방지하기 위하여 해당 업무에 관하여 상당한 주의와 감독을 게을리하지 아니한 경우에는 그러하지 아니하다.
　② 제1항에서 개인은 다음 각 호의 어느 하나에 해당하는 사람으로 한정한다.
　　1. 특허보세구역 또는 종합보세사업장의 운영인
　　2. 수출(「수출용원재료에 대한 관세 등 환급에 관한 특례법」 제4조에 따른 수출 등을 포함한다)·수입 또는 운송을 업으로 하는 사람
　　3. 관세사
　　4. 국제항 안에서 물품 및 용역의 공급을 업으로 하는 사람
　　5. 제327조의2제1항에 따른 국가관세종합정보망 운영사업자 및 제327조의3제3항에 따른 전자문서중계사업자

래법」, 「수출용 원재료에 대한 관세 등 환급에 관한 특례법」 등 수출입과 관련된 법령을 위반하여 벌금형 이상의 형을 선고받은 경우

④ 「관세사법」 제29조에 따라 벌금형 이상의 형을 선고받거나 통고처분[같은 조 제4항 및 같은 법 제32조(같은 법 제29조 제4항과 관련된 부분으로 한정한다)에 따라 적용되는 이 법 제311조에 따른 통고처분은 제외한다]을 받은 경우

9) 수출입안전관리우수업체의 공인 관련 지원사업

관세청장은 「중소기업기본법」 제2조에 따른 중소기업 중 수출입물품의 제조·운송·보관 또는 통관 등 무역과 관련된 기업을 대상으로 수출입안전관리우수업체로 공인을 받거나 유지하는 데에 필요한 상담·교육 등의 지원사업을 할 수 있다(관세법 제255조의6).

10) 수출입 안전관리 기준 준수도의 측정·평가

관세청장은 수출입안전관리우수업체로 공인받기 위한 신청 여부와 관계없이 수출입물품의 제조·운송·보관 또는 통관 등 무역과 관련된 자 중 대통령령으로 정하는 자를 대상으로 (관세법 제255조의2 제1항에 따른) 안전관리 기준을 준수하는 정도를 대통령령으로 정하는 절차에 따라 측정·평가할 수 있다(관세법 제255조의7 제1항).

관세청장은 제1항에 따른 측정·평가 대상자에 대한 지원·관리를 위하여 같은 항에 따라 측정·평가한 결과를 대통령령으로 정하는 바에 따라 활용할 수 있다(관세법 제255조의7 제2항).

4. 간이통관절차

1) 개요

여행자 또는 운수기관승무원의 휴대품과 같이 그 금액이 적고, 대금결제를 수반하지 아니하며, 관세가 면제되고, 신속한 수출입이 요구되는 등 특수성이 있는 물품과 우편물, 무세인 국제운송용 컨테이너 등은 그 수출입 형태에 특수성이 있으므로 간이한 절차에 의하여 통관한다.

2) 간이통관절차 대상

다음에 해당하는 물품에 대하여는 수출·수입·반송의 신고를 생략하거나 관세청장이 정하는 간이한 방법으로 신고를 하게 할 수 있다$\binom{\text{관세법}}{\text{제241조 제2항}}$.

① 휴대품·탁송품·별송품
② 우편물
③ 재수출 면세 및 정부용품 면세규정에 의해 관세가 면제되는 물품
④ 기본세율이 무세인 국제운송을 위한 컨테이너

다만, 다음에 해당하는 경우에는 수출·수입 또는 반송의 신고를 생략한다. 그러나 법령에서 수출입할 때 허가 또는 승인을 받거나 표시 기타 조건을 구비하도록 정한 물품은 수출입 신고를 하여야 한다$\binom{\text{관세법시행령}}{\text{제246조 제3항}}$.

① 관세법에 의하여 관세가 면제되는 여행자 휴대품
② 관세법에 의하여 관세가 면제되는 승무원 휴대품
③ 우편물(단, 대외무역법에 의해 수출승인을 받은 물품으로서 수출입신고를 하여야 하는 것은 제외)
④ 기본세율이 무세인 국제운송을 위한 컨테이너
⑤ 기타 서류, 소액면세물품 등 신속한 통관을 위하여 필요하다고 인정하여 관세청장이 정하는 탁송품 또는 별송품

3) 간이통관절차대상물품의 반출

수입신고가 생략되거나 간이한 방법으로 수입신고하는 물품 중 관세가 면제되거나 무세인 물품은 그 물품에 대한 세관공무원의 검사가 끝나는 때에 그 물품에 대한 수입신고가 수리된 것으로 보고 그 즉시 운수기관·관세통로 또는 관세법에 규정된 장치장소에 반출하여 수입할 수 있다$\binom{\text{관세법시행령}}{\text{제256조 제4항}}$.

4) 간이한 통관절차 적용대상 국가

상호주의에 따른 통관절차 간소화$\binom{\text{관세법}}{\text{제240조의5}}$에 따른 간이한 통관절차(이하 "통관절차의 특례"라 한다)를 적용받을 수 있는 국가는 다음 각 호의 국가로 한다$\binom{\text{관세법시행령}}{\text{제245조의4 제1항}}$.

① 우리나라와 통관절차의 편익에 관한 협정을 체결한 국가
② 우리나라와 무역협정 등을 체결한 국가

통관절차의 특례 부여의 절차 및 특례 부여 중지, 그 밖에 필요한 사항은 관세청장이 정하여 고시한다(관세법시행령 제245조의4 제2항).

5) 수입신고의 생략 및 간이한 신고

(1) 수입신고의 생략(B/L제시 즉시인도물품)

다음 각호의 어느 하나에 해당하는 물품 중 관세가 면제되거나 무세인 물품은 수입신고를 생략한다. 다만, 특급탁송화물의 우편물의 통관은 별도로 정한다.
① 외교행낭으로 반입되는 면세대상물품
② 우리나라에 내방하는 외국의 원수와 그 가족 및 수행원에 속하는 면세대상물품(법 제30호 제4호) - 이들 ①, ②호 물품은 B/L만 제시하면 물품보관장소에서 즉시인도하며, 이때 세관직원은 B/L 원본을 확인하고 물품인수에 관한 권한 있는 자의 신분을 확인하여 인수증을 제출받은 후 인계하여야 한다.
이것은 외교관의 면세특권과 내방하는 외국원수에 대한 국빈자격으로서 예우에 따른 간편한 통관절차의 적용이다.
③ 유해 및 유골 - 유해(유골)인도시에는 유족의 신분 등을 파악하여 안보 유해물품이 위장 반입되지 아니하도록 주위하여야 한다.
④ 신문, 뉴스를 취재한 필름·녹음테이프로서 문화관광부에 등록된 언론기관의 보도용품
⑤ 재외공관 등에서 외무부에 발송되는 자료
⑥ 카탈로그, 공고용품, 기록문서와 서류 - 이에 해당하는 물품에 대한 검사는 무작위 선별방식에 의해 선별된 물품만을 검사한다.

(2) 목록통관특송물품

다음의 통관특송물품의 수입통관은 특송업체가 제출하는 통관목록 2부에 의한다.
① (관세법 제94조 제4호의) 우리나라 거주자에게 기증되는 소액물품으로서 기획재정부령이 정하는 물품 중 당해 물품의 총과세가격이 60달러 이하의 소액면세 대상물품
② (관세법 제94조 제3호의) 상용견품 또는 광고용 물품으로서 총리령이 정하는 물품 중 당해 물품의 총과세가격이 60달러 이하의 면세되는 상용견품. 이는 수입신고시 제출서류로 통관목록 2부를 제출하며, 검사대상 선별은 무작위 선별상식에 의한다.

(3) 우편물목록통관물품

우편물 중 수입승인면제물품의 수입통관은 우체국장이 제출하는 국제우편통관목록 및 수령통지서(우편물목록)에 의한다.

이 우편물목록에는 품명·규격·수량·가격·관세 등 최소한의 필요한 사항만을 기재한다.

(4) 수입신고서에 의한 간이신고

B/L제시 즉시인도물품 중 과세되는 물품과 다음 각 호의 1에 해당하는 물품은 첨부서류 없이 수입신고서에 수입신고사항을 기재하여 간이신고한다.

① 당해 물품의 총과세가격이 15만원 이하의 국내거주자에게 기증되는 소액면세 대상물품
② 당해 물품의 총과세가격이 15만원 이하의 면세되는 상용견품
③ 설계도 중 수입승인이 면제되는 것
④ 외국환거래법의 규정에 의하여 금융기관이 외환업무를 영위하기 위하여 수입하는 지불수단

이 경우에 품명과 규격이 각기 다른 소액물품으로서 물품의 관세 등이 면제되거나 합의 세율을 적용하는 경우에는 주요물품명 ○○ 등이라고 표기할 수 있다. 이 간이신고시에는 납세의무자의 주소·성명, 공급국, B/L번호, 주요품명, 규격 및 과세요건 등을 신고하여야 한다.

6) 신고의무 및 가산세

(1) 수입신고기간

(가) 반입일~30일내 신고의무

수입 또는 반송을 하고자 하는 물품을 지정장치장 또는 보세창고에 반입하거나 보세구역이 아닌 장소에 장치한 자는 그 반입일 또는 장치일부터 30일 이내에 신고를 하여야 한다(관세법 제241조 제3항).

(나) 신고지연 가산세

세관장은 대통령령이 정하는 물품을 수입 또는 반송하는 자가 기간내에 수입 또는 반송의 신고를 하지 아니하는 때에는 당해 물품의 과세가격의 100분의 2에 상당하는 금액의 범위안에서 대통령령이 정하는 금액을 가산세로 징수한다(관세법 제241조 제4항).

(2) 여행자 휴대품 등 미신고 가산세

세관장은 다음 각 호의 어느 하나에 해당하는 경우에는 해당 물품에 대하여 납부할 세액 (관세 및 내국세를 포함한다)의 100분의 20(제1호의 경우에는 100분의 40으로 하되, 반복적으로 자진신고를 하지 아니하는 경우 등 대통령령으로 정하는 사유에 해당하는 경우에는 100분의 60)에 상당하는 금액을 가산세로 징수한다($\binom{\text{관세법}}{\text{제241조 제5항}}$).62)

전기·유류 등 대통령령으로 정하는 물품을 그 물품의 특성으로 인하여 전선이나 배관 등 대통령령으로 정하는 시설 또는 장치 등을 이용하여 수출·수입 또는 반송하는 자는 1개월을 단위로 하여 해당 물품에 대한 제1항의 사항을 대통령령으로 정하는 바에 따라 다음 달 10일까지 신고하여야 한다. 이 경우 기간 내에 수출·수입 또는 반송의 신고를 하지 아니하는 경우의 가산세 징수에 관하여는 관세법 제241조 제4항을 준용한다($\binom{\text{관세법}}{\text{제241조 제6항}}$).

7) 다른 국가와 수출입신고자료 교환($\binom{\text{관세법시행령}}{\text{제245조의5}}$)

국가간 세관정보의 상호교환($\binom{\text{관세법}}{\text{제240조의6 제3항}}$)에서 "수출입신고자료 등 대통령령으로 정하는 사항"이란 다음 각 호의 어느 하나에 해당하는 사항을 말한다($\binom{\text{관세법시행령}}{\text{제245조의5 제1항}}$).

① 수출·수입 또는 반송의 신고와 관련된 다음 각 목의 자료

　　가. 신고서

　　나. 송품장, 포장명세서, 원산지증명서 및 선하증권 등 신고 시 제출한 자료

　　다. 가목 및 나목의 서류 또는 자료의 진위 확인에 필요한 자료

② 해당 물품에 대한 법 제30조부터 제35조까지의 규정에 따른 과세가격의 결정 및 관세율표상의 품목분류의 정확성 확인에 필요한 자료

③ 수출입의 금지법($\binom{\text{관세법}}{\text{제234조}}$) 및 지식재산권($\binom{\text{관세법}}{\text{제235조}}$)에 따라 수출하거나 수입할 수 없는 물품의 반출입과 관련된 자료

④ 관세법($\binom{\text{관세법시행령}}{\text{제283조}}$)부터 무자력고발($\binom{\text{관세법}}{\text{제318조}}$)까지의 규정에 따른 관세범의 조사 및 처분과 관련된 자료

관세청장은 관세법시행령 제245조의5 제1항 제1호63)에 따른 자료를 다른 국가와 교환한

---

62) 1. 여행자나 승무원이 제2항 제1호에 해당하는 휴대품(제96조 제1항 제1호 및 제3호에 해당하는 물품은 제외한다)을 신고하지 아니하여 과세하는 경우

　　2. 우리나라로 거주를 이전하기 위하여 입국하는 자가 입국할 때에 수입하는 이사물품(제96조 제1항 제2호에 해당하는 물품은 제외한다)을 신고하지 아니하여 과세하는 경우

63) ① 수출·수입 또는 반송의 신고와 관련된 다음 각 목의 자료

경우에는 국가간 세관정보의 상호교환$\binom{\text{관세법}}{\text{제240조의6 제5항}}$에 따라 그 교환한 날부터 10일 이내에 자료의 교환 사실 및 내용 등을 해당 신고인 또는 그 대리인에게 통지하여야 한다$\binom{\text{관세법시행령}}{\text{제245조의5 제2항}}$.

관세청장은 관세법시행령 제245조의5 제2항에도 불구하고 해당 통지가 다음 각 호의 어느 하나에 해당하는 경우에는 6개월의 범위에서 통지를 유예할 수 있다. 다만, 제1호에 해당하는 경우에는 6개월을 초과하여 유예할 수 있다$\binom{\text{관세법시행령}}{\text{제245조의5 제3항}}$.

① 사람의 생명이나 신체의 안전을 위협할 우려가 있는 경우
② 증거인멸 등 공정한 사법절차의 진행을 방해할 우려가 있는 경우
③ 질문·조사 등의 행정절차 진행을 방해하거나 지나치게 지연시킬 우려가 있는 경우
④ 다른 국가로부터 해당 통지의 유예를 서면으로 요청받은 경우

5. 우편물 통관

1) 의의

우편물이란 우편로선을 통해 우송되는 화물을 말하며, 소액·소량의 물품으로서 국제사회에서 무상으로 기증되거나 상품의 견본 등이 대부분이다. 실무상으로는 소포(20Kg이하), 특급, 통상(2Kg이하)우편물로 분류된다.

이 우편물은 간이통관절차에 의하여 수출입 되고 있고$\binom{\text{관세법}}{\text{제241조}}$, 보세구역에 장치할 필요도 없으며$\binom{\text{관세법}}{\text{제155조 제1항}}$, 우편물 중 수입승인 면제물품은 수입신고 없이 우편물목록에 의해 수입신고 수리절차가 간단히 이루어지고 있다.

그리하여 체신관서가 수취인에게 교부한 우편물은 신고수리절차를 거치지 않아도 관세법에 의해 정식으로 수입된 것으로 보고$\binom{\text{관세법}}{\text{제240조}}$, 체신관서가 외국으로 발송한 우편물은 적법하게 수출 또는 반송의 신고수리가 된 것으로$\binom{\text{관세법}}{\text{제240조}}$ 수출입의제하고 있다. 그러나 우편물 중 정상무역물품인 수입승인대상 우편물은 일반수입통관절차의 규정을 적용한다.

가. 신고서
나. 송품장, 포장명세서, 원산지증명서 및 선하증권 등 신고 시 제출한 자료
다. 가목 및 나목의 서류 또는 자료의 진위 확인에 필요한 자

2) 통관우체국 $\left(\begin{smallmatrix}관세법\\제256조\end{smallmatrix}\right)$

(1) 우편물의 통관우체국 경유 원칙

수출·수입 또는 반송하고자 하는 우편물(신서는 제외)은 통관우체국을 경유하여야 한다 $\left(\begin{smallmatrix}관세법\\제256조\ 제1항\end{smallmatrix}\right)$.

우편물의 수입통관절차는 수입우편물이 통관우체국에 도착하면 우체국은 세관장에게 우편물목록(국제우편물통관목록 및 수령통지서)을 제출하고 그 우편물의 검사를 받고, 세관장은 통관여부와 징수할 세액을 우체국에 통지하면 우체국은 수취인에게 이를 통지하여 수입통관의 허용물품에 대하여 수취인이 관세 등을 납부하면 우체국은 그 물품을 수취인에게 교부한다.

수입우편물에 부과할 관세의 과세가격은 실거래 가격을 적용하는 것을 원칙으로 한다.

(2) 통관우체국의 지정

통관우체국은 체신관서 중에서 관세청장이 지정한다 $\left(\begin{smallmatrix}관세법\\제256조\ 제2항\end{smallmatrix}\right)$. 현재 통관우체국 지정고시에 의하여 지정된 통관우체국은 다음과 같다(19개 우체국).

① 서울국제우체국, 송파우체국, 무역센터우체국, 부산국제우체국, 대구우체국, 포항우체국, 인천우체국, 북광주우체국, 대전우체국, 청주우체국, 동해우체국, 마산우체국, 여수우체국, 군사우체국, 제주우체국, 진주우체국, 천안우체국, 구미우체국

② 익산공단우체국

(3) 우편물의 사전전자정보 제출

(가) 전자정보

통관 우체국의 장은 수입하려는 우편물의 발송국으로부터 해당 우편물이 발송되기 전에 세관신고정보를 포함하여 대통령령으로 정하는 전자정보(이하 "사전전자정보"라 한다)를 제공받은 경우에는 그 제공받은 정보를 해당 우편물이 발송국에서 출항하는 운송수단에 적재되기 전까지 세관장에게 제출하여야 한다 $\left(\begin{smallmatrix}관세법\\제256조의2\ 제1항\end{smallmatrix}\right)$.

"대통령령으로 정하는 전자정보"란 다음 각 호의 정보를 말한다 $\left(\begin{smallmatrix}관세법시행령\\제259조의8\ 제1항\end{smallmatrix}\right)$.

① 사전 통관정보 : 우편물에 관한 전자적 통관정보로서 다음 각 목의 정보

　　가. 우편물번호, 발송인 및 수취인의 성명과 주소, 총수량 및 총중량

　　나. 개별 우편물의 품명·수량·중량 및 가격

　　다. 그 밖에 수입하려는 우편물에 관한 통관정보로서 관세청장이 정하여 고시하는 정보

② 사전 발송정보 : 개별 우편물이 들어있는 우편 용기에 관한 전자적 발송정보로서 다음

각 목의 정보

가. 우편물 자루번호 및 우편물번호

나. 발송·도착 예정 일시, 발송국·도착국 공항 또는 항만의 명칭, 운송수단

다. 그 밖에 수입하려는 우편물에 관한 발송정보로서 관세청장이 정하여 고시하는 정보

(나) 반송통지

세관장은 관세청장이 우정사업본부장과 협의하여 사전전자정보 제출대상으로 정한 국가에서 발송한 우편물 중 사전전자정보가 제출되지 아니한 우편물에 대해서는 통관우체국의 장으로 하여금 반송하도록 할 수 있다$\binom{관세법}{제256조의2\ 제2항}$.

세관장은 사전전자정보가 제출되지 않은 우편물을 통관우체국의 장으로 하여금 반송하도록 하기로 결정한 경우에는 그 결정사항을 통관우체국의 장에게 통지해야 한다$\binom{관세법시행령}{제259조의8\ 제3항}$.

통지를 받은 통관우체국의 장은 우편물의 수취인이나 발송인에게 그 결정사항을 통지하고 반송해야 한다$\binom{관세법시행령}{제259조의8\ 제4항}$.

(다) 우편목록제출

통관우체국의 장은 사전전자정보가 제출된 우편물에 대해서는 제257조 본문에 따른 우편물목록의 제출을 생략하고 세관장에게 검사를 받을 수 있다. 다만, 통관우체국의 장은 세관장이 통관절차의 이행과 효율적인 감시·단속을 위하여 대통령령으로 정하는 사유에 해당하여 우편물목록의 제출을 요구하는 경우에는 이를 제출하여야 한다$\binom{관세법}{제256조의2\ 제3항}$.

관세법(제256조의2 제3항 단서)에서 "대통령령으로 정하는 사유"란 다음 각 호의 사유를 말한다$\binom{관세법시행령}{제259조의8\ 제5항}$.

① 세관장이 부과고지(관세법 제39조)에 따라 관세를 부과·징수하려는 경우

② 세관장이 지식재산권(관세법 제235조) 또는 통관보류(관세법 제237조)에 따라 우편물의 통관을 보류하거나 유치할 필요가 있는 경우

③ 우편물의 사전전자정보제출(관세법 제256조의2 제1항)에 따라 제출된 사전전자정보가 불충분하거나 불분명한 경우

④ 우편물통관에 대한 결정(관세법 제258조 제2항)에 따라 수출입또는 반송신고(관세법 제241조 제1항)에 따른 수입신고를 해야 하는 경우

⑤ 세관장이 관세 관계 법령 위반 혐의가 있는 우편물을 조사하려는 경우

3) 수출입신고대상 우편물

관세법(제258조 제2항 : 우편물통관에 대한 결정)에서 "대통령령으로 정하는 기준에 해당하는 것"이란 다음 각 호의 어느 하나에 해당하는 우편물을 말한다(^{관세법시행령} ^{제261조}).

① 법령에 따라 수출입이 제한되거나 금지되는 물품

② 통관의 허가, 승인 등의 증명 및 확인(관세법 제226조)에 따라 세관장의 확인이 필요한 물품

③ 판매를 목적으로 반입하는 물품 또는 대가를 지급하였거나 지급하여야 할 물품(통관 허용여부 및 과세대상여부에 관하여 관세청장이 정한 기준에 해당하는 것으로 한정한다)

④ 가공무역을 위하여 우리나라와 외국간에 무상으로 수출입하는 물품 및 그 물품의 원·부자재

⑤ 다음 각 목의 어느 하나에 해당하는 물품

　가.「건강기능식품에 관한 법률」제3조 제1호에 따른 건강기능식품

　나.「약사법」제2조 제4호에 따른 의약품

　다. 그 밖에 가목 및 나목의 물품과 유사한 물품으로서 관세청장이 국민보건을 위하여 수출입신고가 필요하다고 인정하여 고시하는 물품

⑥ 그 밖에 수출입신고가 필요하다고 인정되는 물품으로서 관세청장이 정하는 금액을 초과하는 물품

4) 우편물 통관

(1) 우편물의 검사

통관우체국이 관세법 제256조 ①항의 우편물을 접수할 때에는 세관장에게 우편물목록을 제출하고 당해 우편물에 대한 검사를 받아야 한다. 다만, 관세청장이 정하는 우편물에 대하여는 이를 생략할 수 있다(^{관세법} ^{제257조}).

통관우체국의 장은 우편물검사(관세법 제257조)에 따른 검사를 받는 때에는 소속공무원을 참여시켜야 한다(^{관세법시행령} ^{제271조 제1항}).

통관우체국의 장은 (관세법 제256조 제1항에 따른) 검사를 위하여 세관공무원이 해당 우편물의 포장을 풀고 검사할 필요가 있다고 인정하는 경우에는 그 우편물의 포장을 풀었다가 다시 포장해야 한다(^{관세법시행령} ^{제271조 제2항}).

(2) 우편물통관에 관한 결정

(가) 우편물의 수입통관

우편물 중 수입승인면제물품의 수입통관은 우체국장이 제출하는 우편물목록(국제우편물 통관목록 및 수령통지서)에 의한다. 이 우편물목록에는 품명·규격·수량·가격·관세 등 다른 소액물품으로서 합의세율을 신청하는 경우에는 주요물품명 ○○ 등이라고 표기 할 수 있다.

과세물품의 경우에는 세관공무원이 물품보관관리자의 입회하에 수취인이 수령할 수 있도록 해당세액을 기재하여 우편엽서로 통지할 수 있다.

(나) 감면물품의 처리와 우편물목록작성

관세감면물품은 현품과 대조하여 이상여부를 확인한 후 우편물목록 적용란에 소정의 감면세인을 날인하거나 또는 적색글씨로 '감면세'라고 표기한다.

또한 우편물에 대한 검사 및 심사를 완료하였을 때에는 우편물목록 3부에 품명·규격·수량·과세가격·세번·세율·제세액 등 필요한 사항을 기입하고, 면세품 또는 금지품에는 그 적용조항 또는 근거를 기입하여 우체국 입회직원과 함께 우편물목록에 날인한 후 동 목록 2부는 우체국에 송부하며, 다른 1부는 수입과장의 결재를 받은 후 세관에 보관한다.

(다) 압수처분시의 우체국과의 연락 및 협조

우편물의 압수, 소유권 포기물의 취득 기타 필요한 처분을 하였을 때에는 동 요지를 우체국장에게 통보하는 등 필요한 조치를 취하여야 하고, 우체국장은 수취인에게 그 요지를 통보하여야 한다.

(라) 통관불허의 결정

통관우체국의 장은 세관장이 우편물에 대하여 수출·수입 또는 반송을 할 수 없다고 결정하였을 때에는 그 우편물을 발송하거나 수취인에게 내줄 수 없다$\binom{\text{관세법}}{\text{제258조 제1항}}$.

우편물이 「대외무역법」 제11조[64])에 따른 수출입의 승인을 받은 것이거나 그 밖에 대통령령으로 정하는 기준에 해당하는 것일 때에는 해당 우편물의 수취인이나 발송인은 수출·수입 또는 반송신고(관세법 제241조 제1항)에 따른 신고를 하여야 한다$\binom{\text{관세법}}{\text{제258조 제2항}}$.

---

64) 대외무역법 제11조 (수출입의 제한 등) ① 지식경제부장관은 헌법에 따라 체결·공포된 조약과 일반적으로 승인된 국제법규에 따른 의무의 이행, 생물자원의 보호 등을 위하여 필요하다고 인정하면 물품 등의 수출 또는 수입을 제한하거나 금지할 수 있다

(3) 세관장의 통지

세관장은 통관불허의 결정을 하였을 때에는 그 결정사항을, 관세를 징수하고자 할 때에는 그 액을 통관우체국에 통지하여야 한다$\left(\substack{\text{관세법} \\ \text{제259조 제1항}}\right)$.

세관장의 통지(관세법 제259조 ②항)에 해당하는 정상무역우편물에 대한 세관장의 세액통지는 수출입의 신고수리 또는 신고수리 전 반출승인을 받은 서류를 당해 신고인이 통관우체국에 제출하는 것으로 갈음한다$\left(\substack{\text{관세법시행령} \\ \text{제272조 제1항}}\right)$.

그리고 세관장의 통관불허 결정통지 또는 결정세액통지를 받은 통관우체국은 우편물의 수취인 또는 그 발송인에게 그 결정사항을 통지하여야 한다$\left(\substack{\text{관세법} \\ \text{제153조 제2항}}\right)$.

정상무역우편물에 대한 통관우체국의 납세통지는 세관장이 발행하는 납세고지서로서 이에 갈음한다$\left(\substack{\text{관세법시행령} \\ \text{제272조 제2항}}\right)$.

(4) 우편물의 납세절차

(가) 관세의 납부

통관우체국으로부터 납세통지를 받은 자는 대통령령으로 정하는 바에 따라 해당 관세를 수입인지 또는 금전으로 납부하여야 한다$\left(\substack{\text{관세법} \\ \text{제260조 제1항}}\right)$. 체신관서는 관세를 징수하여야 하는 우편물은 관세를 징수하기 전에 수취인에게 내줄 수 없다$\left(\substack{\text{관세법} \\ \text{제260조 제2항}}\right)$.

(나) 납세의무의 소멸

우편물에 대한 관세의 납세의무는 당해 우편물이 반송됨으로써 소멸한다$\left(\substack{\text{관세법} \\ \text{제261조}}\right)$.

(5) 우편물 통관에 대한 예외 규정(수출입의 의제)

수출입의 의제 규정에 의하여 우편물은 정식 수출입 통관절차 없이 통관우체국에서 교부한 우편물은 수입신고가 수리된 것으로 간주되고 또한 체신관서가 외국으로 발송한 우편물은 수출 또는 반송이 이루어진 것으로 본다$\left(\substack{\text{관세법} \\ \text{제240조}}\right)$.

6. 여행자 휴대품 통관

1) 여행자 휴대품의 인정범위

여행자 휴대품이란 일시적으로 출입국하는 여행자가 출입국시에 휴대하여 반출입하는 물품(특수한 사정으로 선·후착된 휴대품을 포함한다)으로서 여행자의 입국목적, 체류기간, 입국자의 직업, 기타의 사유를 종합 감안하여 판단하되, 물품의 수량 또는 가격이 과다하거나 전매할 것으로 인정되는 것은 해당되지 아니한다. 따라서 여행자가 반입한 물품 중 휴대품에 해당하지 아니하는 물품은 일반적인 수입물품의 통관절차를 적용한다.

여행자 휴대품의 인정범위는 통관절차가 적용되는 여행자 휴대품은 여행자 및 승무원 휴대품 통관에 관한 고시 제2조제3호[65]의 물품 중(「대외무역법 시행령」제19조 제1호, 「대외무역관리규정」제19조에 따른 별표 3의 제1호가목 또는 별표 4의 제1호가목의 기준에 따라) 여행자의 여행(출입국)목적, 여행(체류)기간, 직업, 연령과 반출입물품의 성질, 수량, 가격, 용도, 반출입사유 등을 고려하여 여행자가 일반적으로 휴대하는 것이 타당하다고 세관장이 인정하는 물품으로 한다. 다만, 여행자 및 승무원 휴대품 통관에 관한 고시 제2조제12호[66]에 따른 우범여행자를 제외하고 반출입수량이 과다하다는 것만을 이유로 간이한 통관절차의 적용을 배제하지 않는다(여행자 및 승무원 휴대품 통관에 관한 고시 제4조 제1항).

여행자가 일반적으로 휴대하는 것이 타당하다고 세관장이 인정하는 물품이란 다음 각 호의 어느 하나에 해당하는 물품을 말한다(여행자 및 승무원 휴대품 통관에 관한 고시 제4조 제2항).

① 여행자 개인용의 자가사용물품
② 선물용으로 타당하다고 인정되는 수량 또는 가격의 물품
③ 여행자가 현재 사용 중이거나 명확하게 여행 중에 사용한 것으로 인정되는 의류, 화장품 등의 신변용품 및 신변장식용품
④ 비거주자인 여행자 본인의 직업상 필요하다고 세관장이 인정하는 직업용구
⑤ 그 밖에 여행자의 신분, 직업, 연령 등을 고려하여 관세청장이 지정한 기준에 적합한 물품「지식재산권 보호를 위한 수출입통관 사무처리에 관한 고시」제3조에 해당하는 상업용이 아닌 지식재산권 침해물품(품목당 1개, 전체 2개) 포함]

---

65) 여행자 및 승무원 휴대품 통관에 관한 고시 제2조(정의) 3. "휴대품"이란 일시적으로 출입국하는 여행자가 출입국 시에 휴대하여 반출입하는 물품과 특수한 사정으로 사전 또는 사후에 도착된 물품(이하 "미검수하물"이라 한다)을 말한다.
66) 제2조(정의) 12. "우범여행자"란 출입국하는 자 중에서 밀수, 마약 등 범죄와 연관되었거나 그러한 우려가 있는 자 또는 적정한 세관통관절차를 이행하지 않아 법규준수도가 낮은 자 등을 말한다.

여행자가 회사용으로 휴대 수입하는 미화 1만불 이하의 수리용 물품·견본품 및 원·부자재 등은 여행자 및 승무원 휴대품 통관에 관한 고시 제4조 제1항과 제2항에 해당되지 않더라도 여행자 휴대품의 간이한 현장통관절차를 준용한다(여행자 및 승무원 휴대품 통관에 관한 고시 제4조 제3항).

2) 여행자 휴대품 면제 금액

여행자 휴대품 및 이사물품 등의 감면(관세법 제96조제1항제1호) 및 관세가 면제되는 여행자 휴대품(관세법 시행규칙 제48조제1항·제2항)에 따른 관세의 면제 한도는 여행자 1명이 반입한 여행자 휴대품 인정범위(여행자 및 승무원 휴대품 통관에 관한 고시 제4조에) 따른 여행자 휴대품으로서 각 물품의 과세가격 합계 기준으로 미화 800달러 이하(이하 "기본면세범위"라 한다)로 한다. 이 경우 제20조 및 제21조의 농림축수산물(한약재를 포함한다) 및 한약의 면세범위는 기본면세범위에 포함한다(여행자 및 승무원 휴대품 통관에 관한 고시 제18조 제1항, 2항).

두 개 이상의 휴대품 취득가액 합계가 미화 800달러(제4항의 경우에는 미화 150달러를 말한다)를 초과하는 경우에는 기본면세범위에서 여행자 휴대품 및 이사물품 등의 감면(법 제196조제1항제1호 단서)에 따른 입국장인도장에서 인도받거나 여행자 휴대품 및 이사물품 등의 감면(법 제196조 제2항)에 따른 보세판매장에서 구매한 내국물품, 고세율품목 순서로 공제한다.

다음 각 호의 어느 하나에 해당하는 물품은 기본면세범위를 적용하지 않는다(여행자 및 승무원 휴대품 통관에 관한 고시 제18조 제3항).

① 술
② 담배
③ 향수
④ 판매 목적으로 사용할 물품
⑤ 수리용품·견본품 등 회사용품

쿠리어에 대해서는 기본면세범위를 미화 150달러 이하로 한다(여행자 및 승무원 휴대품 통관에 관한 고시 제18조 제4항).

3) 면세와 과세대상물품

(1) 면세대상물품

여행자 휴대품 및 이사물품 등의 감면(관세법 제96조 제1항)은 다음 각 호의 어느 하나에 해당하는 물품이 수입될 때에는 그 관세를 면제할 수 있다.

> ① 여행자의 휴대품 또는 별송품으로서 여행자의 입국 사유, 체재기간, 직업, 그 밖의 사정을 고려하여 기획재정부령으로 정하는 기준에 따라 세관장이 타당하다고 인정하는 물품
> ② 우리나라로 거주를 이전하기 위하여 입국하는 자가 입국할 때 수입하는 이사물품으로서 거주 이전의 사유, 거주기간, 직업, 가족 수, 그 밖의 사정을 고려하여 기획재정부령으로 정하는 기준에 따라 세관장이 타당하다고 인정하는 물품
> ③ 국제무역선 또는 국제무역기의 승무원이 휴대하여 수입하는 물품으로서 항행일수, 체재기간, 그 밖의 사정을 고려하여 기획재정부령으로 정하는 기준에 따라 세관장이 타당하다고 인정하는 물품

위의 관세법 제96조 제1항 제1호에 의해 관세가 면제되는 물품은 다음 각 호의 어느 하나에 해당하는 것으로 한다(관세법 시행규칙 제48조 제1항).

> ① 여행자가 통상적으로 몸에 착용하거나 휴대할 필요성이 있다고 인정되는 물품일 것
> ② 비거주자인 여행자가 반입하는 물품으로서 본인의 직업상 필요하다고 인정되는 직업용구일 것
> ③ 세관장이 반출 확인한 물품으로서 재반입되는 물품일 것
> ④ 물품의 성질·수량·가격·용도 등으로 보아 통상적으로 여행자의 휴대품 또는 별송품인 것으로 인정되는 물품일 것

관세법 시행규칙 제48조 제1항에 따른 관세의 면제 한도는 여행자 1명의 휴대품 또는 별송품으로서 각 물품의 과세가격 합계 기준으로 미화 800달러 이하로 하고, 관세법 제196조 제1항제1호 단서 및 같은 조 제2항[67])에 따라 구매한 내국물품이 포함되어 있을 경우에는

---

67) 제196조(보세판매장) ① 보세판매장에서는 다음 각 호의 어느 하나에 해당하는 조건으로 물품을 판매할 수 있다.
  1. 해당 물품을 외국으로 반출할 것. 다만, 외국으로 반출하지 아니하더라도 대통령령으로 정하는 바에 따라 외국에서 국내로 입국하는 자에게 물품을 인도하는 경우에는 해당 물품을 판매할 수

기본면세범위에서 해당 내국물품의 구매가격을 공제한 금액으로 한다. 다만, 농림축산물 등 관세청장이 정하는 물품이 휴대품 또는 별송품에 포함되어 있는 경우에는 기본면세범위에서 해당 농림축산물 등에 대하여 관세청장이 따로 정한 면세한도를 적용할 수 있다(관세법 시행규칙 제48조 제2항).

술·담배·향수에 대해서는 기본면세범위와 관계없이 다음 (<표 > 참조)에 따라 관세를 면제하되, 19세 미만인 사람이 반입하는 술·담배에 대해서는 관세를 면제하지 않고, 법 제196조제1항제1호 단서 및 같은 조 제2항에 따라 구매한 내국물품인 술·담배·향수가 포함되어 있을 경우에는 별도면세범위에서 해당 내국물품의 구매수량을 공제한다. 이 경우 해당 물품이 다음 표의 면세한도를 초과하여 관세를 부과하는 경우에는 해당 물품의 가격을 과세가격으로 한다(관세법 시행규칙 제48조 제3항).

〈표 7-2〉 관세면제물품 및 범위

구분			면세한도	비고
술			2병	2병 합산하여 용량은 2리터(L) 이하, 가격은 미화 400달러 이하로 한다.
담배	궐련		200개비	2 이상의 담배 종류를 반입하는 경우에는 한 종류로 한정한다.
	엽궐련		50개비	
	전자담배	궐련형	200개비	
		니코틴용액	20㎖	
		기타 유형	110g	
	그 밖의 담배		250g	
향수			60㎖	

있다.
2. 관세법 제88조제1항제1호부터 제4호((외교관용 물품 등의 면세))까지의 규정에 따라 관세의 면제를 받을 수 있는 자가 해당 물품을 사용할 것(① 다음 각 호의 어느 하나에 해당하는 물품이 수입될 때에는 그 관세를 면제한다. 1. 우리나라에 있는 외국의 대사관·공사관 및 그 밖에 이에 준하는 기관의 업무용품 2. 우리나라에 주재하는 외국의 대사·공사 및 그 밖에 이에 준하는 사절과 그 가족이 사용하는 물품 3. 우리나라에 있는 외국의 영사관 및 그 밖에 이에 준하는 기관의 업무용품 4. 우리나라에 있는 외국의 대사관·공사관·영사관 및 그 밖에 이에 준하는 기관의 직원 중 대통령령으로 정하는 직원과 그 가족이 사용하는 물품)
② 관세법 제196조 제1항에도 불구하고 공항 및 항만 등의 입국경로에 설치된 보세판매장에서는 외국에서 국내로 입국하는 자에게 물품을 판매할 수 있다.

(2) 면세범위

여행자가 반입하는 휴대품 중 다음 각 호의 어느 하나에 해당하는 물품은 기본면세범위
와 관계없이 관세를 면제한다(여행자 및 승무원 휴대품 통관에 관한 고시 제19조 제1항).

① 국내에서 반출된 제4조제2항제3호에[68] 따른 신변용품 및 신변장식용품
② 다음 각 목의 물품. 이 경우 단위당 용량 또는 금액이 각 목에 따른 기준을 초과하여
   과세하는 경우에는 해당 물품의 가격을 과세가격으로 한다.
   가. 술: 2병(전체 용량이 2ℓ 이하이고 총 가격이 미화 400달러 이하의 것으로 한정
       한다). 다만, 술 2병의 합계 용량 또는 총 가격이 면세범위를 초과한 경우라도
       면세범위 내의 1병은 면세할 수 있으며 그 외 면세범위를 초과하는 구간에
       있는 술은 전체 취득가격에 대하여 과세한다.
   나. 담배: 규칙 제48조제3항에 따른 면세범위

담배종류		수량
궐련		200개비
엽궐련		50개비
전자담배	궐련형	200개비
	니코틴용액	20㎖
	기타 유형	110g
그 밖의 담배		250g

   다. 향수: 60밀리리터(㎖) 또는 이에 준하는 부피 또는 중량 이내의 것(예: 60g, 2oz 등)
③ 세관장이 반출확인한 물품으로서 본인이 재반입하는 물품
④ 일시 입국하는 자가 본인이 사용하고 재수출할 목적으로 직접 휴대하여 반입하거
   나 별도 수입하는 신변용품, 신변장식용품 및 직업용품으로서 세관장이 재수출조
   건부로 일시반입을 허용하는 경우
⑤ 비거주자(다만, 제2조제12호에 따른 우범여행자는 제외한다)가 현재 사용 중인 물
   품으로서 직접 휴대하여 수입하는 스틸 및 활동사진 카메라, 슬라이드 또는 필름
   프로젝터와 그 부속품, 망원경, 휴대용 테이프녹음기 및 CD재생기, 휴대용 라디오
   수신기, 휴대전화, 휴대용 TV세트, 휴대용 타자기, 휴대용 개인용 컴퓨터와 그 부분
   품, 휴대용 전자계산기, 유모차, 장애인용 휠체어

---

[68] 여행자 및 승무원 휴대품 통관에 관한 고시 제4조(여행자 휴대품의 인정범위) ② 제1항에서 여행자가
   일반적으로 휴대하는 것이 타당하다고 세관장이 인정하는 물품이란 다음 각 호의 어느 하나에 해당
   하는 물품을 말한다. 3. 여행자가 현재 사용 중이거나 명확하게 여행 중에 사용한 것으로 인정되는
   의류, 화장품 등의 신변용품 및 신변장식용품

만 19세 미만인 자가 반입하는 술 및 담배에 대해서는 관세를 면제하지 않으며, 우범여행자 및 쿠리어가 반입하는 술은 1ℓ 이하로서 미화 60달러 이하의 것 1병만 면세한다(여행자 및 승무원 휴대품 통관에 관한 고시 제19조 제2항).

입국장인도장에서 인도받거나 보세판매장에서 구매한 내국물품인 술·담배·향수가 포함되어 있을 경우에는 별도 면세범위에서 해당 내국물품의 구매수량을 우선 공제한다(여행자 및 승무원 휴대품 통관에 관한 고시 제19조 제3항).

(3) 농림축수산물 및 한약재 등의 면세범위

농림축수산물 및 한약재 등의 면세범위는 다음 각 호의 기준에 따르되 총량 40kg 이내, 전체 해외취득가격 10만원 이내로 한다. 다만, 면세통관범위 내라 하더라도 「식물방역법」, 「가축전염병예방법」, 「수산생물질병 관리법」에 따른 검역대상물품은 검역에 합격된 경우에만 관세를 면제한다(이하 같다)(여행자 및 승무원 휴대품 통관에 관한 고시 제20조 제1항).

〈표 7-3〉 농림축수산물

품목	면세허용량	품목	면세허용량
참기름	5Kg	잣	1Kg
참깨	5Kg	쇠고기	10Kg
꿀	5Kg	돼지고기	10Kg
고사리, 더덕	5Kg	그 밖의 농림축수산물	품목당 5Kg

〈표 7-4〉 한약재

품목	면세허용량
인삼(수삼, 백삼, 홍삼 등 포함), 상황버섯, 차가버섯	300g
녹용	150g
그 밖의 한약재	품목당 3Kg

제1항에도 불구하고 단위당 용량 또는 중량이 품목별 면세범위를 초과하여 과세하는 경우에는 전체 물품 가격을 과세가격으로 한다(여행자 및 승무원 휴대품 통관에 관한 고시 제20조 제2항).

(4) 무세물품

여행자휴대품으로 주로 반입하는 물품 중 관세법 별표 관세율표에서 정한 주요 무세물품은 다음 각 호와 같다.

① 서적, 신문, 잡지, 지도, 설계도, 우표 등(다만, 그림엽서, 캘린더는 제외)
② 컴퓨터소프트웨어를 수록한 디스켓, 디스크, 마그네틱테이프 등
③ 그림, 조각, 제작 후 100년을 초과한 골동품

이 여행자 휴대품은 간이세율을 적용한다.

그리고 1997년 1월 1일부터 해외여행자가 과세대상물품(구입가격 US$400이상)을 신고하지 않고 세관을 통과하려다 적발되면 10%의 가산세를 물리고 있다(법 제137조 ⑤항).

(5) 별송품 신고

입국하는 여행자의 휴대품 중 별송품이 있는 경우에는 휴대품신고서 2매를 작성하여 1매는 세관에 제출하고, 1매는 세관검사공무원의 확인을 받아 보관하고 있다가 차후 별송품 수입통관시 이를 제출함으로써 관세법시행규칙 제25조 ⑤항의 규정에 의한 주요물품 통관 내역서의 제출에 갈음할 수 있다.

3) 통관절차

(1) 여행자 휴대품 신고대상물품

① 다음 각 호의 1에 해당하는 물품을 휴대반입하는 여행자와 승무원은 해당 물품의 휴대반입여부와 반입물품의 내역을 신고서에 기재한 후, 자진신고 검사대의 세관공무원에게 신고서를 제출하여야 한다.

> ㉠ 외국에서 취득(무상취득물품 포함)하거나 국내면세점에서 구입한 후 입국시 반입하는 모든 물품. 다만, 외국에서 취득하여 사용하였거나 입국시 착용하고 있는 신변용품으로서 여행자가 휴대하는 것이 통상적으로 인정되는 물품
> ㉡ 1인당 면세기준을 초과하는 주류, 담배, 향수. 다만, 만 19세 미만인 자가 반입하는 주류 및 담배는 모두 신고하여야 한다
> ㉢ 판매를 목적으로 반입하는 상용물품
> ㉣ 총기·도검 등 무기류(모의 또는 장식용 포함)와 폭발 및 유독성 물질류
> ㉤ 마약·향정신성 의약품류·대마류 및 이들의 제품
> ㉥ 국헌·공안·풍속을 저해하는 서적, 사진, 비디오테이프, 필름, LD, CD, CD-ROM 등의 물품 ㉦ 위조·변조된 화폐, 지폐 및 기타 유가증권

◎ 동물(고기, 가죽, 박제류 포함), 농림축수산물, 국제협약(CITES)에서 보호하는 멸종위기의 야생 동·식물 및 이들의 제품

㉯ US $10,000 상당을 초과하는 외화와 800만원을 초과하는 원화 등 지급수단(약속어음, 환어음, 신용장을 제외한 대외지급수단과 내국통화 및 원화표시 여행자수표를 포함한다)

② 외국인여행자 등 비거주자가 재반출조건부 일시반입물품을 면세통관하고자 하는 경우에는 신고서 해당란에 총수량과 금액을 신고하여야 한다.

③ 정부, 지방자치단체, 국제기구 간에 기증되었거나 기증될 통상적인 선물용품은 신고대상물품에서 제외한다.

④ ①항 제1호의 규정에서 정한 물품의 금액 합계가 US$600이하이고 ①항 제2호 내지 제10호의 규정에서 정한 물품을 반입하지 아니한 여행자는 신고서에 그 사항을 기재한 후, 면세통로의 세관 공무원에게 신고서를 제출하여야 한다. 이 경우 신고서 뒷면의 신고내역란 기재는 생략할 수 있다.

그리고 입국하는 여행자로부터 외화신고를 접수한 세관검사공무원은 여행자가 작성 제출한 외국환등록증을 확인하여 1매는 보관하고, 1매는 여행자에게 교부하여야 한다.

만약 여행자가 대외지급수단 등을 허위로 신고하거나 신고하지 아니한 경우에는 그 대외지급수단 등을 반출할 수 없게 되거나 기타 필요한 조치를 받게 된다.

(2) 통관규제

여행자 휴대품의 통관규제에 관하여는 타법령에서 수출입을 규제하는 규정을 적용하지 아니하고, 다음과 같은 별도의 통관 규제사항을 적용하고 있다.

① 물품의 성질 또는 수량으로 보아 여행자의 여행목적에 적합하지 아니하거나 사용으로 공해질 것으로 인정되는 물품

② 수출입금지 품목($\binom{관세법}{제234조}$)에 해당하는 물품

③ 총포·도검 및 화약류단속법에 규정하는 물품

④ 마약법 및 향정신성 의약품관리법에서 규정하는 물품

⑤ 수출입에 관한 특별법 및 동 시행령에서 직접적으로 여행자 휴대품에 대한 반출입을 규제하는 물품

⑥ 관세청장이 타법령에 의한 행정목적과 여행자 개인의 권익 및 여구검사업무의 실정에 비추어 반출을 규제할 필요가 있다고 인정하는 물품

또한 동·식물 검역법에 의거한 검역대상물품에 대하여는 해당 검역기관에 인계하여야 한다.

(3) 과세통관

여행자 휴대품으로서 면세범위를 초과하는 물품은 과세통관한다. 원칙적으로 일단 물품을 유치한 후 휴대품수입신고서를 작성·제출하고 관세 등(간이세율 적용)을 납부한 후 통관한다. 납기는 고지일로부터 15일로 한다. 여행자 휴대품의 세액은 신고한 금액을 US$로 환산한 금액에서 US$800을 공제한 후 잔여금액을 원화로 환산하고 해당물품의 세율을 적용하여 계산한다.

(4) 선통관 세금 사후납부

휴대품 선통관 세금 사후납부를 할 수 있는 자는 국내에 거주지를 두고 주민등록이 있는 자등 신분확인 가능한 자로서 다음 각호의 1에 해당하는 자를 말한다.

① 신용카드 소지자
② 언론기관의 임직원
③ 공무원 및 공직자
④ 교원 및 상장기업임직원
⑤ 기타 세관장이 인정하는 자

그리고 선통관 세금 사후납부 대상물품은 ①여행자 휴대품 범위에 해당하는 물품, ②통관규제대상 또는 수입제한 대상이 아닌 물품, ③휴대품 검사현장에서 즉시 인도를 요청하는 물품 등이다.

4) 승무원 휴대품 통관

우리나라와 외국간을 왕래하는 선박 또는 항공기의 승무원이 당해 선박 또는 항공기에 승무하여 출입국할 때에 반출하는 개인용품으로서 세관장이 타당하다고 인정하는 물품은 승무원 휴대품으로 인정되어 통관 및 면세처리된다. 이 통관 및 면세범위는 여행자 휴대품보다 더 제한적이다(해외 총 취득가격이 US$800 이하 상당 물품으로 하되, 품목당 1개 또는 1조에 한한다)

5) 내국지급수단 휴대반출 한도

한국은행의 허가없이 원화표시 화폐와 우표, 수입인지, 유가증권 등 내국지급수단을 휴대반출할 수 있는 한도는 800만원까지 허용되도록 되어 있다(통합공고).

7. 이사물품 통관

1) 이사물품의 요건

관세법령상 이사물품이 되려면 당해 물품이 이사물품의 범위에 들어야 하고 그 물품의 반입자(주거이전자)가 주거이전의 인정기준에 합당하여야 한다.

(1) 이사물품의 범위

이사물품이라 함은 ① 이사자가 입국할 때 휴대하거나 별송으로 반입하는 물품 중 주거를 설정하여 생활하는 데 필요한 것으로서 세관장이 당해 이사자의 직업, 거주이전의 사유 등을 감안하여 타당하다고 인정하는 물품, ② 외국에 주거를 설정하고 거주하던 우리나라 국민이 사망함에 따라 송부되어오는 본인이 사용하던 물품, ③ 우리나라 국민(재외영주권자 제외)으로서 외국에 주거를 설정하여 2년이상(가족을 통반한 경우는 1년이상)거주한 자. 다만, 외국에 주거를 이전하였으나 예기치 못한 사유로 조기 귀국하게 된 경우에는 1년이상(가족을 동반하는 경우에는 6월 이상)거주한 자가 외국에서 다른 외국으로 주거를 이전하면서 이전하는 나라에서 사용할 필요가 없어 우리나라로 송부한, 이전 전거주국에서 사용하던 물품 등을 말한다(이사물품수입통관 사무처리에 관한 고시 제1-2조④항).

(2) 주거이전의 인정기준

주거이전의 인정은 이사물품의 면세여부에 직접 관계되므로 엄격히 심사하여야 한다.

① 우리나라 국민(재외영주권자 제외)으로서 외국에 주거를 설정하여 2년이상(가족을 동반한 경우는 1년 이상거주한 자, 다만, 외국에 주거를 이전하였으나 예기치 못한 사유로 조기 귀국하게 된 경우에는 1년이상(가족을 동반한 경우에는 6월 이상)거주한 자

여기에서 '가족을 동반 한다'함은 이사자 또는 준이사자가 그와 가족관계에 있는 자와 동일세대를 구성하여 이사자 본인의 최저소요 거주기간의 3분의 2이상의 기간을 함께 거주하는 경우를 말한다. 그리고 '가족'이라 함은 배우자와 본인 및 배우자의 직계존비속과 형제자매를 말한다.

② 해외거주여권을 소지한 우리나라 국민(재외영주권자)으로서 영주귀국하는자 또는 취업 등의 사유로 우리나라에 주거를 설정하여 2년 이상(가족을 동반하는 경우에는 1년이상)거주할 자

이의 영주귀국의 확인은 외무부장관이 발급한 여권무효확인서에 의하고, 취업자의 거주예정기간은 고용계약서 등 세관장이 타당하다고 인정하는 거주이전 증명서류에 의하여 확인한다.

③ 외국인(시민권자 포함)으로서 우리나라에 주거를 설정하여 2년이상(가족을 동반하는 경우에는 1년 이상)거주할 자)

외국인이 국내거주를 목적으로 입국한 자의 거주기간 인정은 ①출입국관리법 제33조에 의거 출입국관리소장이 발급한 외국인등록증. 다만, 외국인등록증이 발급되기 전에는 여권법에 의한 비자. ②외국인 등록상의 체류기간이 주거이전 기준에 미달되는 경우에는 출입국관리법시행령 제12조에 규정된 외국인 체류자격별 체류기간의 상한 범위내에서 우리나라에서의 체류예정기간이 명시된 고용계약서 등 세관장이 타당하다고 인정하는 서류 등에 의한다.

2) 통관절차

(1) 이사물품의 수입신고

이사물품 등(이사물품, 준이사물품 및 단기체류용물품)의 수입신고는 이사자, 준이사자, 단기체류자 또는 그 동반가족이 직접 신고함을 원칙으로 한다.

이사물품 등의 수입신고를 하고자 하는 자는 수입신고서에 다음 각호의 서류를 첨부하여 세관장에게 제출하여야 한다. 다만, 제5호 서류는 미리 준비한 자에 한한다.

① 거주이전 및 운송관련사항 신고서
② 주요물품명세서
③ 포장명세서
④ 선하증권(B/L)또는 화물운송장(Airway Bill)사본
⑤ 여행자휴대품 신고서 또는 주요물품통관내역서
⑥ 여권, 외국인등록증 등 거주기간의 확인에 필요한 서류
⑦ 기타 세관장이 필요하다고 인정하여 요구하는 서류

상기 첨부서류 중 제1, 2호의 서류는 신고자가 직접 작성하여야 하며, 해당란을 빠짐없이 기재하고 서명 또는 날인하여야 한다.

(2) 신고서 배부와 물품검사

(가) 신고서의 배부와 검사방법 지정

이사물품 등의 통관담당과장(이하 '담당과장'이라 한다)은 순번제 또는 전산시스템에 의하여 검사담당자를 지정하고, 담당주무는 이사자 등의 직업, 거주이전 또는 체류의 사유, 물품내역 등을 신고서류에 의하여 검토한 후 검사기준에 따라 전량검사, 발췌검사 또는 검사생략 등 검사의 방법을 결정한다. 다만, 제출된 서류가 불분명하거나 의심이 가는 때에는 신고자를 면접 관찰한 후 검사방법을 결정한다.

(나) 발췌검사

담당주무는 이사물품 등이 다음 각 호의 1에 해당하는 경우에는 전체 포장수량의 20%내외에서 검사할 포장을 정하여 발췌검사하게 한다. 이때 포장명세서에서 검사할 포장을 정하여 발췌검사하게 한다. 이때 포장명세서에 검사할 포장의 번호를 표시하여야 한다.

① 우리나라에 취업한 외국인의 이사물품 등

② '대한민국과 미합중국간의 상호방위조약 제4조에 의한 시설과 구역 및 대한민국에서의 미합중국군대의 지위에 관한 협정'의 적용대상자(이하 'SOFA 대상자'라 한다)가 반입하는 물품

③ 반입물품의 총중량이 제3-2조 제5호의 전량검사대상과 제3-4조 제4호의 검사 생략대상 중량의 사이에 해당하고 반입물품의 내용을 누락없이 성실하게 신고한 때

(다) 전량검사

담당주무는 이사물품 등의 신고서 기재내용, 반입중량 및 운송업체가 다음 각 호의 1에 해당하는 경우에는 물품 포장 전부를 개장하여 검사하게 하여야 한다.

① 제2-2조 제1호의 거주이전 및 운송관련사항신고서의 기재내용과 여권, 선하증권 등의 증빙서류의 기재내용이 상이한 때

② 제2-2조 제2호의 주요물품명세서의 반입품명별 상표명 및 모델, 수량, 취득 가격, 사용월수를 명확하게 기재하지 아니한 때

③ 신고자가 반입물품의 내용을 잘 알지 못할 때

④ 제3-3조의 규정에 의한 발췌검사결과 신고내용과 현품과의 불일치, 취득가격의 허위신고, 물품의 은닉, 신고서 허위기재 등의 사실을 발견한 때

⑤ 반입물품의 총중량(우리나라로부터 수출된 것으로서 재수입된 물품을 제외한다)이 다음 각목의 기준중량을 초과한 때

> ㉠ 동반가족이 없는 경우 : 500Kg
>
> ㉡ 동반가족이 있는 경우 : 1,000Kg(다만, 거주를 이전하는 세대의 구성원이 3인 이상일 경우에는 2인을 초과하는 동반가족 1인당 200Kg을 가산한 중량으로 한다)

⑥ 포장명세서 및 주요물품명세서에 기재된 물품의 수량을 기초로 하여 추정한 전체반입물품의 중량과 선하증권상의 중량이 30%이상 차이가 있다고 판단한 때

⑦ 이사물품 등의 운송업체가 과거 1년 이내에 이사물품 등의 통관과 관련하여 과다반입, 물품은닉, 타인물품 반입, 신고누락 또는 허위신고 등을 교사하거나 방조한 사실이 있는 때

⑧ 이사물품 등의 운송업체가 과거에 이사물품 등의 통관과 관련하여 세관공무원에게 금품 또는 향응을 제공한 사실이 있는 때

⑨ 이사자 또는 운송업체가 이사자 본인이 아닌 제3자의 물품을 혼적하여 반입한 때

⑩ 밀수에 관한 정보 또는 첩보가 있거나 이사자 등의 연령, 직업 및 가족수 등으로 보아 반입물품이 과다한 때

(3) 통관심사

(가) 이사물품 등의 인정범위

세관장은 이사자의 직업, 거주이전사유, 가족수, 물품의 성질·수량 및 용도 등을 고려하여 이사물품으로 인정할 수 있는지 여부를 철저히 심사하여야 하며, 다음 각 호의 1에 해당하는 물품은 수입승인면제대상인 준이사물품으로 보지 아니한다.

① 타인의 의뢰를 받아 반입하는 물품

② 직업 또는 신분에 적합하지 아니한 물품

③ 가족수에 적합하지 아니한 물품

④ 개인용 또는 가족용으로 적합하지 아니한 물품

⑤ 수입 신고한 이사자 본인 또는 동반가족의 명의로 등록하여 운행한 사실이 없거나, 가구당 1대를 초과하는 자동차

(나) 준이사자가 반입하는 물품 중 수입승인면제대상인 준이사물품으로 보지 아니하는 물품

① 상기①항 각호의 물품

② 선박·항공기

③ 수입신고한 준이사자 본인 또는 동반가족의 명의로 등록하여 운행한 사실이 없거나, 가구당 1대를 초과하는 자동차

(다) 단기체류자 반입물품 중 수입승인면제대상인 단기체류용품으로 보지 아니하는 물품

① 상기①항 각호의 물품

② 선박·항공기·자동차(단, 3월이상 1년미만의 단기체류자가 반입한 자동차는 체류용 물품으로 보지 않아 통관할 수 없었으나 1997. 4. 4.부터 6개월이상 사용한 국산자동차의 경우는 체류물품으로 인정하여 과세통관을 허용하고 있다.)

(라) 수입제한조건

당 고시에 의하여 통관이 허용되는 것이라도 당해 물품이 각종 법령에 의하여 수입이 금지된 것은 통관할 수 없으며, 수입에 관하여 허가·승인 또는 조건구비를 요하는 다음 각 호의 물품을 통관하고자 하는 자는 관세법 제145조의 규정에 의하여 증명을 하여야 한다.

① 총포·도검·화약류단속법 또는 방위산업에 관한 특별조치법에서 규제하는 총포·도검(일본도)·화약류

② 마약법·식물방역법·가출전염병예방법·수산업법·잠업법 또는 주요농작물 종자법에서 규제하는 검역대상물품

③ 자연환경보존법·조수보호 및 수렵에 관한 법률 또는 약사법에서 규제하는 CITES(멸종위기에 처한 야생 동·식물종의 국제거래에 관한 협약) 대상물품

(마) 이사물품통관지 세관

이사물품은 물품이 항구세관 또는 공항세관에서 통관하는 것을 원칙으로 하되, 이사자의 편의를 위하여 다음 각 호의 세관으로 보세운송하여 통관할 수 있다.

① 서울세관

② 용당세관

③ 인천세관

(4) 과세 및 면세

(가) 필수과세품목

이사물품 중 다음 각 호의 물품은 사용여부에 관계없이 과세한다. 다만, 그 물품이 우리나라에서 출국할 때 휴대하거나 별송으로 반출되었거나 다시 반입되는 것임이 수출신고필증 또는 다른 서류에 의하여 확인되는 것을 그러하지 아니한다.

① 선박

② 항공기

③ 보석·진주·별갑·산호 및 호박과 이를 사용한 제품으로서 개당 과세가격이 100만원 이상인 것

④ 자동차(2륜 자동차와 3륜 자동차 포함)

(나) 기타 과세물품

① 사용하지 아니한 물품(신품)

② 물품품목당 수량이 1개 또는 1조를 초과하여 면세대상에서 제외 되는 물품

(다) 면세범위

이사물품 중 다음의 조건이 충족되는 것은 과세를 면제한다(법 제30조 제13호).

① 해외에서 거주하던 때에 사용하던 이사물품은 과세를 면제하되 다음 각 호의 물품은 사용하던 것이라도 품목당 1개 또는 1조에 한하여 면세한다.

㉠ 피아노, 전자오르간 및 기타 악기로서 개 또는 조당 국내도매 가격이 200만원을
　　　 초과하는 것
　　㉡ 전기음향기기로서 개 또는 조당 국내도매가격이 200만원을 초과하는 것
　　㉢ 고급가구와 조명기구로서 개 또는 조당 국내도매가격이 200만원을 초과 하는 것
　　㉣ 실크수직양탄자로서 넓이가 5평방미터를 초과하는 것
　　㉤ 엽총
　　㉥ 냉장고로서 용량이 600리터를 초과하는 것
　　㉦ 형광면의 길이가 29인치를 초과하는 것

② 이사물품에 해당하는 자동차로서 다음 각 호의 1에 해당하는 것은 관세를 면제한다.

　　㉠ 수출된 자동차(완성품의 관세율표 번호에 분류되는 조립되지 아니한 자동차)로
　　　 서 6개월 이상 등록하여 사용하거나 소유한 것(9인승까지의 승용차)
　　㉡ 제26조 ④항 제2호(우리나라에 상주하여 취재하기 위하여 입국하는 외국 국적
　　　 의 기자가 최초 입국시에 반입하는 취재용품으로서 문화관광부장관이 취재용
　　　 임을 확인하는 물품일 것)의 규정에 의한 취재용 자동차

상기 자동차 사용 또는 소유기간은 전 거주지에서 당해 자동차를 본인 명의로 등록한 날
(임시등록증 등에 의하여 확인된 본인명의의 최초 운행 일을 포함한다)로부터 수입신고일
(이사물품을 분할하여 수입신고하는 경우에는 최초수입신고일)까지의 기간으로 계산하다.

(라) 과세가격
이사물품의 과세가격은 수입물품 과세가격결정에 관한 고시에서 정하는 바에 의하여 산
출하되, 중고물품의 과세가격은 다음 기준에 의하여 결정할 수 있다.

① 사용기간이 6월 미만이거나 신품에 가까운 것 : 신품가격의 70%이하
② 사용기간이 1년미만이거나 상당기간 사용한 것 : 신품가격의 50%이하
③ 사용기간이 1년 이상이거나 장기간 사용한 흔적이 있는 것 : 신품가격의 30%이하

상기규정을 적용하는 경우에는 많이 사용한 것 또는 과세가격이 낮은 것을 과세한다.

4) 준이사물품

(1) 준이사자

준이사자라 함은 우리나라에 체류할 목적으로 입국하거나, 외국에서 체류하다 입국하는 자 중 다음 각 호의 1에 해당하는 자를 말한다.

① 우리나라 국민(재외영주권자 제외)으로서 외국에 주거를 설정하여 1년 이상(가족을 동반한 경우에는 6월 이상)체류한 자
② 재외영주권자로서 취업 등의 사유로 우리나라에 주거를 설정하여 1년 이상(가족을 동반한 경우에는 6월 이상)체류할 자
③ 외국인으로서 우리나라에 주거를 설정하여 1년이상(가족을 동반한 경우에는 6월 이상)체류할 자

(2) 준이사물품

준이사물품이란 준이사자가 입국할 때 휴대하거나 별송으로 반입하는 물품 중 체류하는 데 필요한 것으로서 세관장이 당해 준이사자의 직업, 체류기간, 체류의 목적 등으로 보아 타당하다고 인정하는 물품을 말한다.

이 준이사물품에 대해서는 원칙적으로 이사물품에 관한 규정을 준용하여 처리한다. 그러나, 이사자의 면세범위에 해당되어 사용하던 물품이라도 품목당 1개 또는 1조에 한하여 면세하는 물품【4)의 ③항】은 품목당 수량에 관계없이 모두 과세한다.

다만, 물품의 상표·생산국명·제조자 등에 의하여 우리나라에서 제조·수출된 것이 명백한 물품은 그러하지 아니한다.

5) 단기체류용품

(1) 단기체류자

단기체류자라 함은 우리나라에 체류할 목적으로 입국하거나 외국에서 체류하다가 입국하는 자 중 다음 각 호의 1에 해당하는 자를 말한다.

① 우리나라 국민(재외영주권자 제외)으로서 외국에 주거를 설정하여 3월이상 체류한 자
② 외국인 또는 재외영주권자로서 우리나라에 주거를 설정하여 3월 이상 체류할 자

(2) 단기체류용물품

단기체류용물품은 단기체류자가 입국할 때 휴대하거나 별송으로 반입하는 물품 중 체류하는 데 필요한 것으로서 세관장이 단기체류자의 직업, 체류기간, 체류의 목적 등으로 보아 타당하다고 인정하는 물품을 말한다.

이 단기체류용품은 여행자 및 승무원 휴대품 통관관리에 관한 고시 제7조 규정을 준용하되, 단기체류자가 과세대상물품 등 물품반입 내용을 성실하게 자진신고하는 경우에는 사용하던 물품은 관세가격의 합계액 150만원 한도내에서 과세를 면제한다(동 고시 제5-3조 ② 항 각호의 1의 각 해당물품은 제외).

제8장

관세 관련 벌칙 등

제1절 세관공무원의 자료제출요청 등
제2절 관세행정벌 제도
제3절 관세형벌

제1절
세관공무원의 자료제출요청 등

1. 세관장의 직권

1) 운송수단의 출발중지 또는 진행정지 (관세법 제262조)

관세청장이나 세관장은 이 법 또는 이 법에 따른 명령(대한민국이 체결한 조약 및 일반적으로 승인된 국제법규에 따른 의무를 포함한다)을 집행하기 위하여 필요하다고 인정될 때에는 운송수단의 출발을 중지시키거나 그 진행을 정지시킬 수 있다(관세법 제262조). 여기서, 운송수단이라 함은 선박·항공기·철도차량을 포함한 일반 차량을 말하며, 국제무역선, 국제무역기 또는 국내선박, 국내항공기를 불문한다.

2) 서류의 제출 또는 보고 등의 명령 (관세법 제263조)

관세청장 또는 세관장은 이 법(수출용원재료에 대한 관세 등 환급에 관한 특례법을 포함)또는 이 법에 의한 명령을 집행하기 위하여 필요하다고 인정되는 때에는 물품·운송수단 또는 장치장소에 관한 서류의 제출, 보고 기타 필요한 사항을 명하거나 세관공무원으로 하여금 수출입자·판매자 기타 관계자에 대하여 관계자료를 조사하게 할 수 있다(관세법 제263조).

3) 과세자료의 요청

관세청장은 국가기관 및 지방자치단체 등 관계기관에 대하여 관세의 부과·징수 및 통관에 관계되는 자료 또는 통계를 요청할 수 있다(관세법 제264조).

(1) 과세자료 기관 범위

과세자료를 제출하여야 하는 기관 등(이하 "과세자료제출기관"이라 한다)은 다음 각 호와 같다($\binom{관세법}{제264조의2}$).

① 「국가재정법」 제6조에 따른 중앙관서(중앙관서의 업무를 위임받거나 위탁받은 기관을 포함한다. 이하 같다)와 그 하급행정기관 및 보조기관

② 지방자치단체(지방자치단체의 업무를 위임받거나 위탁받은 기관과 지방자치단체조합을 포함한다. 이하 같다)

③ 공공기관, 정부의 출연·보조를 받는 기관이나 단체, 「지방공기업법」에 따른 지방공사·지방공단 및 지방자치단체의 출연·보조를 받는 기관이나 단체

④ 「민법」 외의 다른 법률에 따라 설립되거나 국가 또는 지방자치단체의 지원을 받는 기관이나 단체로서 그 업무에 관하여 제1호나 제2호에 따른 기관으로부터 감독 또는 감사·검사를 받는 기관이나 단체, 그 밖에 공익 목적으로 설립된 기관이나 단체 중 대통령령으로 정하는 기관이나 단체

⑤ 「여신전문금융업법」에 따른 신용카드업자와 여신전문금융업협회

⑥ 「금융실명거래 및 비밀보장에 관한 법률」 제2조 제1호에 따른 금융회사 등

(2) 과세자료의 범위

과세자료제출기관이 제출하여야 하는 과세자료는 다음 각 호의 어느 하나에 해당하는 자료로서 관세의 부과·징수와 통관에 직접적으로 필요한 자료로 한다($\binom{관세법}{제264조의2 \ 제1항}$). 과세자료의 구체적인 범위는 과세자료제출기관별로 대통령령으로 정한다($\binom{관세법}{제264조의2 \ 제2항}$).

① 수입하는 물품에 대하여 관세 또는 내국세 등을 감면받거나 낮은 세율을 적용받을 수 있도록 허가, 승인, 추천 등을 한 경우 그에 관한 자료

② 과세자료제출기관이 법률에 따라 신고·제출받거나 작성하여 보유하고 있는 자료(각종 보조금·보험급여·보험금 등의 지급 현황에 관한 자료를 포함한다) 중 제27조, 제38조, 제241조에 따른 신고내용의 확인 또는 제96조에 따른 관세 감면 여부의 확인을 위하여 필요한 자료

③ 제226조에 따라 허가·승인·표시 또는 그 밖의 조건을 증명할 필요가 있는 물품에 대하여 과세자료제출기관이 허가 등을 갖추었음을 확인하여 준 경우 그에 관한 자료

④ 이 법에 따라 체납된 관세 등의 징수를 위하여 필요한 자료

⑤ 제264조의2 제1호에 따른 중앙관서 중 중앙행정기관 외의 기관이 보유하고 있는 자료로서 관세청장이 관세의 부과·징수와 통관에 필요한 최소한의 범위에서 해당 기관의 장과 미리 협의하여 정하는 자료

⑥ 거주자의 「여신전문금융업법」에 따른 신용카드 등의 대외지급(물품구매 내역에 한한다) 및 외국에서의 외국통화 인출 실적

(3) 과세자료의 제출방법

(가) 제출시기

과세자료제출기관의 장은 분기별로 분기만료일이 속하는 달의 다음 달 말일까지 대통령령으로 정하는 바에 따라 관세청장 또는 세관장에게 과세자료를 제출하여야 한다. 다만, 과세자료의 발생빈도와 활용시기 등을 고려하여 대통령령으로 정하는 바에 따라 그 과세자료의 제출시기를 달리 정할 수 있다(관세법 제264조의4 제1항).

과세자료제출기관의 장이 과세자료를 제출하는 경우에는 그 기관이 접수하거나 작성한 자료의 목록을 함께 제출하여야 한다(관세법 제264조의4 제2항).

(나) 제출 요청

과세자료의 목록을 제출받은 관세청장 또는 세관장은 이를 확인한 후 제출받은 과세자료에 누락이 있거나 보완이 필요한 경우 그 과세자료를 제출한 기관에 대하여 추가하거나 보완하여 제출할 것을 요청할 수 있다(관세법 제264조의4 제3항).

과세자료의 제출서식 등 제출방법에 관하여 그 밖에 필요한 사항은 기획재정부령으로 정한다(관세법 제264조의4 제4항).

(4) 과세자료의 수집에 관한 협조

관세청장 또는 세관장으로부터 제264조의3에 따른 과세자료의 제출을 요청받은 기관 등의 장은 다른 법령에 특별한 제한이 있는 경우 등 정당한 사유가 없으면 이에 협조하여야 한다(관세법 제264조의5 제1항).

관세청장 또는 세관장은 제264조의3에 따른 자료 외의 자료로서 관세의 부과·징수 및 통관을 위하여 필요한 경우에는 해당 자료를 보유하고 있는 과세자료제출기관의 장에게 그 자료의 수집에 협조하여 줄 것을 요청할 수 있다(관세법 제264조의5 제2항).

(5) 과세자료의 관리 및 활용

관세청장은 이 법에 따른 과세자료의 효율적인 관리와 활용을 위한 전산관리 체계를 구축하는 등 필요한 조치를 마련하여야 한다(관세법 제264조의6 제1항). 관세청장은 이 법에 따른 과세자료의 제출·관리 및 활용 상황을 수시로 점검하여야 한다(관세법 제264조의6 제2항).

(6) 과세자료제출기관의 책임

과세자료제출기관의 장은 그 소속 공무원이나 임직원이 이 법에 따른 과세자료의 제출 의무를 성실하게 이행하는지를 수시로 점검하여야 한다($\frac{관세법}{제264조의7\ 제1항}$).

관세청장은 과세자료제출기관 또는 그 소속 공무원이나 임직원이 이 법에 따른 과세자료의 제출 의무를 이행하지 아니하는 경우 그 기관을 감독 또는 감사·검사하는 기관의 장에게 그 사실을 통보하여야 한다($\frac{관세법}{제264조의7\ 제2항}$).

(7) 비밀유지의무

관세청 및 세관 소속 공무원은 제264조, 제264조의2부터 제264조의5까지의 규정에 따라 제출받은 과세자료를 타인에게 제공 또는 누설하거나 목적 외의 용도로 사용하여서는 아니 된다. 다만, 제116조 제1항 단서 및 같은 조 제2항에 따라 제공하는 경우에는 그러하지 아니하다($\frac{관세법}{제264조의8\ 제1항}$).

관세청 및 세관 소속 공무원은 제1항을 위반하는 과세자료의 제공을 요구받으면 이를 거부하여야 한다($\frac{관세법}{제264조의8\ 제2항}$).

제1항 단서에 따라 과세자료를 제공받은 자는 이를 타인에게 제공 또는 누설하거나 목적 외의 용도로 사용하여서는 아니 된다($\frac{관세법}{제264조의8\ 제3항}$).

(8) 과세자료 비밀유지의무 위반에 대한 처벌

제264조의8 제1항 또는 제3항을 위반하여 과세자료를 타인에게 제공 또는 누설하거나 목적 외의 용도로 사용한 자는 3년 이하의 징역 또는 1천만원 이하의 벌금에 처한다($\frac{관세법}{제264조의9\ 제1항}$). 제1항에 따른 징역과 벌금은 병과할 수 있다($\frac{관세법}{제264조의9\ 제2항}$).

(9) 불법·불량·유해물품에 대한 정보 등의 제공 요청과 협조

관세청장은 우리나라로 반입되거나 우리나라에서 반출되는 물품의 안전 관리를 위하여 필요한 경우 중앙행정기관의 장에게 해당 기관이 보유한 다음 각 호의 불법·불량·유해물품에 대한 정보 등을 제공하여 줄 것을 요청할 수 있다($\frac{관세법}{제264조의10\ 제1항}$). 제1항에 따른 요청을 받은 중앙행정기관의 장은 특별한 사유가 없는 경우에는 이에 협조하여야 한다($\frac{관세법}{제264조의10\ 제2항}$).

① 이 법 또는 다른 법령에서 정한 구비조건·성분·표시·품질 등을 위반한 물품에 관한 정보
② 제1호의 물품을 제조, 거래, 보관 또는 유통하는 자에 관한 정보

1) 물품·운송수단·장치장소·장부서류의 검사 등

세관공무원은 이 법 또는 이 법에 의한 명령에 위반한 행위를 방지하기 위하여 필요하다고 인정할 때에는 물품·운송수단·장치장소 및 관계장부·서류를 검사하거나 봉쇄 기타 필요한 조치를 할 수 있다($\genfrac{}{}{0pt}{}{관세법}{제265조}$).

2) 물품분석

세관공무원은 다음 각 호의 물품에 대한 품명, 규격, 성분, 용도, 원산지 등을 확인하거나 품목분류를 결정할 필요가 있을 때에는 해당 물품에 대하여 물리적·화학적 분석을 할 수 있다($\genfrac{}{}{0pt}{}{관세법}{제265조의2}$).

① 관세법 제246조 제1항에 따른 검사의 대상인 수출·수입 또는 반송하려는 물품

② 관세법 제265조에 따라 검사하는 물품

③ 「사법경찰관리의 직무를 수행할 자와 그 직무범위에 관한 법률」 제6조 제14호에 따른 범죄와 관련된 물품

3) 장부 또는 자료의 제출 등($\genfrac{}{}{0pt}{}{관세법}{제266조}$)

(1) 장부 또는 자료제출 요구권

세관공무원은 관세법에 규정된 직무를 집행하기 위하여 필요하다고 인정할 때에는 수출입업자·판매업자 또는 그 밖의 관계자에 대하여 질문하거나 문서화·전산화된 장부, 서류 등 관계자료 또는 물품을 조사하거나 그 제시 또는 제출을 요구할 수 있다($\genfrac{}{}{0pt}{}{관세법}{제266조 제1항}$).

(2) 영업자의 자료의 비치

상설영업장을 갖추고 외국에서 생산된 물품을 판매하는 자로서 기획재정부령으로 정하는 기준에 해당하는 자는 해당 물품에 관하여 「부가가치세법」(제32조 및 제35조)에 따른 세금계산서나 수입 사실 등을 증명하는 자료를 영업장에 갖춰 두어야 한다($\genfrac{}{}{0pt}{}{관세법}{제266조 제2항}$). 영업자료의 비치($\genfrac{}{}{0pt}{}{관세법}{제266조 제2항}$)에서 "기획재정부령으로 정하는 기준에 해당하는 자"란 다음 각 호의 어느 하나에 해당하는 상설영업장을 갖추고 외국에서 생산된 물품을 판매하는 자를 말한다($\genfrac{}{}{0pt}{}{관세법시행규칙}{제80조}$).

① 백화점
② 최근 1년간 수입물품의 매출액이 5억원 이상인 수입물품만을 취급하거나 수입물품을 할인판매하는 상설영업장
③ 통신판매하는 자로서 최근 1년간 수입물품의 매출액이 10억원 이상인 상설영업장
④ 관세청장이 정하는 물품을 판매하는 자로서 최근 1년간 수입물품의 매출액이 전체 매출액의 30퍼센트를 초과하는 상설영업장
⑤ 상설영업장의 판매자 또는 그 대리인이 최근 3년 이내에 「관세법」 또는 「관세사법」 위반으로 처벌받은 사실이 있는 경우 그 상설영업장

(3) 영업에 관한 보고

(가) 보고의무

관세청장 또는 세관장은 이 법 또는 이 법에 의한 명령을 집행하기 위하여 필요하다고 인정되는 때에는 상설 영업장의 판매자 기타 관계인에 대하여 대통령령이 정하는 바에 의하여 영업에 관한 보고를 하게 할 수 있다$\left(\substack{\text{관세법} \\ \text{제266조 제3항}}\right)$.

(나) 보고내용

관세청장 또는 세관장은 관세법 또는 관세법에 의한 명령을 집행하기 위하여 필요하다고 인정할 때에는 상설영업장의 판매자 기타 관계인에 대하여 판매물품에 관한 다음 각 호의 사항에 관한 보고서의 제출을 명할 수 있다.
① 판매물품의 품명·규격·수입대상국·생산국 또는 원산지·수량·수입가 또는 구입가격
② 수입자 또는 구입처
③ 구입일자·당해 영업장 반입일자·판매일자

(4) 신고자료의 보관의무

이 법의 규정에 의하여 가격신고·납세신고·수출입신고 또는 보세운송신고를 한 자는 당해 신고에 관한 자료를 신고일 부터 5년의 범위 내에서 대통령령이 정하는 기간 동안 이를 보관하여야 한다$\left(\substack{\text{관세법} \\ \text{제12조}}\right)$. 상기 규정된 자료는 관세청장이 정하는 바에 따라 마이크로필름·광디스크 등 자료전달매체에 의하여서도 보관할 수 있다$\left(\substack{\text{관세법시행령} \\ \text{제3조 제3항}}\right)$.

(가) 수입관련서류

당해 신고에 대한 수리일 부터 5년간 보관하여야 하는 자료는 다음과 같다$\left(\substack{\text{관세법시행령} \\ \text{제3조 제1항}}\right)$.

① 수입신고필증

② 보세공장 및 보세판매장 반입신고서

③ 수입거래관련 계약서 또는 이에 갈음하는 서류

④ 지적재산권 거래관련 계약서 또는 이에 갈음하는 서류

(나) 수입신고필증 등 기타 자료

수출신고필증 등의 자료보관 기간은 다음과 같다($^{관세법시행령}_{제3조\ 제2항}$).

자료명	보관 기간
수출신고필증 보세운송에 관한 자료 가격결정에 관한 자료	신고에 대한 수리일 : 3년
보세화물 반출입 및 적하목록에 관한 자료	신고에 대한 수리일 : 2년

(4) 통신판매중개물품

관세청장이나 세관장은 소비자 피해를 예방하기 위하여 필요한 경우「전자상거래 등에서의 소비자보호에 관한 법률」제2조 제4호에 따른 통신판매중개(이하 이 조에서 "통신판매중개"라 한다)를 하는 자를 대상으로 통신판매중개를 하는 사이버몰에서 거래되는 물품 중 수출입 등의 증명 및 확인(관세법 제226조), 원산지 허위표시 등의 통관제한(관세법 제230조) 및 지식재산권보호(관세법235조)를 위반하여 수입된 물품의 유통실태 조사를 서면으로 실시할 수 있다($^{관세법}_{제266조\ 제4항}$).

관세청장은 제4항에 따라 실시한 서면실태조사의 결과를 공정거래위원회에 제공할 수 있고, 공정거래위원회와 소비자 피해 예방을 위하여 필요하다고 합의한 경우에는 대통령령으로 정하는 바에 따라 그 조사 결과를 공개할 수 있다($^{관세법}_{제266조\ 제5항}$).

관세청장이나 세관장은 관세법 제266조 제4항에 따른 서면실태조사를 위하여 필요한 경우에는 해당 통신판매중개를 하는 자에게 필요한 자료의 제출을 요구할 수 있다($^{관세법}_{제266조\ 제6항}$). 관세법 제266조 제4항에 따른 서면실태조사의 시기, 범위, 방법 및 조사결과의 공표범위 등에 관하여 필요한 사항은 대통령령으로 정한다($^{관세법}_{제266조\ 제7항}$).

4) 총기의 휴대와 사용

관세청장이나 세관장은 직무를 집행하기 위하여 필요하다고 인정될 때에는 그 소속 공

무원에게 무기를 휴대하게 할 수 있다$\binom{관세법}{제267조\ 제1항}$. 관세법 제267조 제1항 및 제3항에서 "무기"란 「총포·도검·화약류 등의 안전관리에 관한 법률」에 따른 총포(권총 또는 소총에 한정한다), 도검, 분사기 또는 전자충격기를 말한다$\binom{관세법}{제267조\ 제2항}$.

세관공무원은 그 직무를 집행할 때 특히 자기나 다른 사람의 생명 또는 신체를 보호하고 공무집행에 대한 방해 또는 저항을 억제하기 위하여 필요한 상당한 이유가 있는 경우 그 사태에 응하여 부득이하다고 판단될 때에는 무기를 사용할 수 있다$\binom{관세법}{제267조\ 제3항}$.

5) 관계기관의 장에 대한 원조요구

(1) 의의

세관장은 직무를 집행하기 위하여 필요하다고 인정될 때에는 다음 각 호의 어느 하나에 해당하는 자에게 협조를 요청할 수 있다$\binom{관세법}{제267조의2\ 제1항}$.
① 육군·해군·공군의 각부대장
② 국가경찰관서의 장
③ 해양경찰관서의 장

(2) 검문, 검색 등

협조 요청을 받은 자는 밀수 관련 혐의가 있는 운송수단에 대하여 추적감시 또는 진행정지명령을 하거나 세관공무원과 협조하여 해당 운송수단에 대하여 검문·검색을 할 수 있으며, 이에 따르지 아니하는 경우 강제로 그 운송수단을 정지시키거나 검문·검색을 할 수 있다$\binom{관세법}{제267조의2\ 제2항}$.

(3) 명예세관원$\binom{관세법}{제268조}$

(가) 활동범위

관세청장은 밀수감시단속 활동의 효율적인 수행을 위하여 필요한 경우에는 수출입 관련 분야의 민간 종사자 등을 명예세관원으로 위촉하여 다음 각호의 활동을 하게 할 수 있다$\binom{관세법}{제268조\ 제1항}$.

① 공항·항만에서의 밀수감시
② 정보제공 및 밀수방지의 홍보

명예세관원의 자격요건, 임무 그 밖의 필요한 사항은 기획재정부령으로 한다$\binom{관세법}{제268조\ 제2항}$.

(나) 임무

① 세관의 조사·감시 등 관세행정과 관련한 정보제공

② 밀수방지 등을 위한 홍보활동 지원 및 개선 건의

③ 세관직원을 보조하는 공항 또는 항만의 감시 등 밀수단속 활동 지원

(다) 자격요건

명예세관원($\substack{\text{관세법}\\\text{제268조}}$)에 따른 명예세관원은 다음 각 호의 어느 하나에 해당하는 사람 중에서 위촉한다($\substack{\text{관세법시행규칙}\\\text{제80조의2 제1항}}$).

① 수출입물품과 같은 종류의 물품을 생산·유통·보관 및 판매하는 등의 업무에 종사하는 사람 및 관련단체의 임직원

② 소비자 관련단체의 임직원

③ 관세행정 발전에 기여한 공로가 있는 사람

④ 수출입물품의 유통에 관심이 있고 명예세관원의 임무를 성실히 수행할 수 있는 사람

명예세관원의 임무는 다음 각 호와 같다($\substack{\text{관세법시행규칙}\\\text{제80조의2 제2항}}$).

① 세관의 조사·감시 등 관세행정과 관련한 정보제공

② 밀수방지 등을 위한 홍보 활동 지원 및 개선 건의

③ 세관직원을 보조하여 공항, 항만 또는 유통단계의 감시 등 밀수단속 활동 지원

④ 세관직원을 보조하여 원산지 표시 위반, 지식재산권 침해 등에 대한 단속 활동 지원

관세청장은 필요한 경우 명예세관원에게 활동경비 등을 지급할 수 있으며($\substack{\text{관세법시행규칙}\\\text{제80조의2 제3항}}$), 명예세관원의 위촉·해촉, 그 밖에 필요한 사항은 관세청장이 정한다($\substack{\text{관세법시행규칙}\\\text{제80조의2 제4항}}$).

제2절
관세행정벌 제도

1. 관세행정벌제도의 개요

1) 의의

행정법규상의 의무위반에 대한 제재로서 일반통치권에 의거하여 과하는 처벌을 행정벌이라고 한다. 따라서 관세법은 관세수입의 확보와 수출입통관의 적정이라는 관세행정목적 달성의 실효성을 보장하기 위해 각종의 명령, 금지 등의 규정을 두고 있다. 이를 위반하는 경우에는 처벌하도록 하고 있는바, 관세법상 의무위반에 대한 제재로서 과하는 처벌을 관세행정벌이라 한다.

한편 관세법은 관세에 관한 범죄에 대하여 과해지는 형벌로서 이에는 죄형법정주의의 원칙이 적용된다. 관세형벌을 규정하고 있는 법원으로는 관세법이 있으며, 특별법으로는 특정 범죄 가중 처벌 등에 관한 법률, SOFA임시 특례법, 수출자유지역 설치법 등이 있고, 기타 관계법규로는 대외무역법과 외환거래법이 있다.

2) 관세행정벌의 존재의의

관세법을 처벌하는 것은 과거의 관세 관련 법규 위반행위에 대하여 처벌함으로써 관세법규의 실효성을 보장하고자 하는 데 직접적 목적을 두고 있으며, 나아가 납세의무자에게 심리적 압박을 가함으로써 장래 그 의무의 이행을 확보하려는 데 간접적 목적이 있다.

관세법령의 실효성은 관세징수절차가 규정하고 있는 강제집행, 납부독촉에 과하는 가산금, 중가산금, 관세법에 규정되어 있는 여러 가지 가산세 제도 그리고 관세범의 처벌 등에 의해 담보되고 있다.

2. 관세행정벌의 종류

관세행정벌은 처벌의 내용에 따라 「관세행정형벌」과 「관세행정질서벌」로 구분되는데 편의상 관세형벌·관세질서법이라고 한다.

1) 관세형벌

관세법상의 의무위반에 대한 제재로서 형법상 형명이 있는 형벌을 과하는 것을 말한다. 즉, 징역·벌금·몰수 등의 형을 과하는 관세법 전자문서위조, 변조 죄$\binom{\text{관세법}}{\text{제268조의2}}$ 내지 또는 허위신고죄$\binom{\text{관세법}}{\text{제276조}}$가 이에 해당하는 벌칙이며 관세법상 특별한 규정이 없는 것은 형법총칙이 적용된다$\binom{\text{형법}}{\text{제8조}}$.

2) 관세질서법

관세법상의 의무위반에 대한 제재이기는 하나 형법에 형명이 없는 벌, 즉 '과태료'를 과하는 경우로서 관세법 제277조(과태료)가 이에 해당된다. 과태료에 대하여는 형법총칙이 적용되지 않으며 관세법상 특별한 규정이 있는 것을 제외하고는 비송사건절차법이 정하는 바에 의한다.

3. 관세범

관세법에서 "관세범"이란 관세법의 명령을 위반하는 행위로서 이 법에 따라 형사처벌되거나 통고처분되는 것을 말한다$\binom{\text{관세법}}{\text{제283조 제1항}}$. 관세범에 관한 조사·처분은 세관공무원이 한다$\binom{\text{관세법}}{\text{제283조 제2항}}$.

관세법은 국가재정수입 확보와 통관질서 유지 등 관세행정목적 달성의 실효성 확보를 위한 관세행정벌이 과하여지는 비행으로서, 행정적 합목적성이 강조되는 행정법이며 경제법(조세법·재정법)의 일종으로 그 형벌에 있어서는 재산형을 과하는 것이 원칙이라 하겠다. 그러나 행정범도 사회적·경제적 여건의 변화에 따라 자연범화하는 경향이 있어 관세범 중 밀수범 등 일부 중대한 범죄는 행정의 합목적성 추구에 반하는 범죄라기보다는 반사회적 성격을 강하게 띠고 있어 징역형과 벌금형을 선택적으로 과하거나 병과 할 수 있으며 특정 관세범에 대하여는 최고 사형까지 과하도록 규정하고 있다.

3) 관세범의 분류

관세범이라 함은 관세법 또는 관세법에 의한 명령에 위배하는 행위로서 관세법에 의하여 처벌되는 것을 말한다(관세법 제199조 제1항). 관세범을 분류하면 다음과 같이 분류할 수 있다.

(1) 실질범인 밀수범 등

관세범죄는 관세청구권을 직접 침해하여 관세징수권의 적정행사를 저해함으로써 관세수입의 감손을 기도하는 광의의 밀수범인 금지품 수출입범, 무신고수입범, 무신고수출범 및 반송범, 부정신고후 관세포탈범, 부당관세감면, 환급범 및 밀수품취득범 등이 있다.

(2) 형식범인 질서범

통관질서를 유지하기 위하여 부과된 각종 명령과 금지 규정에 위반하여 자기 또는 제3자에 대한 관세청구권의 적정행사를 방해하는 관세질서범인 각종 의무, 명령 위반범 등이 있다.

제3절
관세형벌

1. 관세형벌의 개요

1) 관세형벌과 형법총칙

관세범은 국가재정수입 확보와 통관질서 유지를 위한 행정적 합목적성이 강조되는 행정범 중 재정범의 일종으로서 재산형을 과하는 것이 원칙이므로 일반형사범과는 다른 특질이 있다. 관세범은 처벌함에 있어 관세형벌의 특수성으로 인하여 형법규정을 그대로 적용할 수만은 없으므로 형법규정의 적용을 일부 배제하고(관세법 제278조) 대신에 형법에는 없는 양벌규정·법인처벌 등의 특별한 규정을 두고 있다.

2) 형법총칙규정의 일부 배제(관세법 제278조)

관세범에 대하여는 형법규정 중 일부의 적용을 배제하되, 징역형에 처할 때에는 예외로 하도록 규정하고 있다. 따라서 관세범을 벌금형에 처할 때에는 형법 규정의 일부가 적용이 배제된다. 이는 재정범인 관세범 처벌의 합목적성을 확보하기 위한 것이라 할 수 있다.

3) 양벌규정(관세법 제279조)

(1) 의의

관세법의 규제대상에 관련되는 업무를 하는 자의 사용인이 그 업무를 수행함에 있어서 행한 행위가 관세법에 의한 처벌의 대상이 될 경우에는 그 사용인을 처벌함과 동시에 업무주체인 본인도 처벌한다.

이는 사용인의 행위로 인한 이익이 업무주의에 귀속될 뿐만 아니라 사용인은 업무주체의 지휘감독을 받는 입장에 있는 자이므로 사용인의 위법행위에 대한 업무주체의 과실책임을 인정함으로써 업무주체의 감독의무를 부여하여 범죄를 미연에 방지하려는 데 그 목적이 있다.

(2) 적용대상

다음의 하나에 해당하는 자의 사용인이 본인의 업무에 관하여 관세법에 규정한 벌칙에 위반되는 행위를 한때에는 그 행위자를 처벌하는 외에 본인도 처벌한다($\binom{관세법}{제279조}$). 다만, 사용인의 위반행위가 과태료처분에 해당하는 경우에는 양벌규정을 적용하지 않는다.

> ① 특허보세구역 또는 종합보세 사업장의 운영인
> ② 수출·수입 또는 운송을 업으로 하는 자
> ③ 관세사
> ④ 개항장안 용달업자

※ 개항장안 용달업자란 개항장 내의 하역업자·선박용품공급업자·통선·수리·선박도장·선박청소·검수·검량·경비 등의 용역제공업자 등을 말한다.

2. 관세범의 유형별 처벌

1) 전자문서 위조, 변조죄($\binom{관세법}{제268조의2}$)

전자문서 등 관련 정보에 관한 보안($\binom{관세법}{제327조의4 \ 제1항}$)을 위반하여 국가관세종합정보망이나 전자문서중계사업자의 전산처리설비에 기록된 전자문서 등 관련 정보를 위조 또는 변조하거나 위조 또는 변조된 정보를 행사한 자는 1년 이상 10년 이하의 징역 또는 1억원 이하의 벌금에 처한다($\binom{관세법}{제268조의2 \ 제1항}$).

다음 각 호의 어느 하나에 해당하는 자는 5년 이하의 징역 또는 5천만원 이하의 벌금에 처한다($\binom{관세법}{제268조의2 \ 제2항}$).

① 국가관세종합정보망 운영사업자의 지정(관세법 제327조의2 제1항)에 따른 지정을 받지 아니하고 국가관세종합정보망을 운영하거나 전자문서중계사업자의 지정(관세법 제327조의3 제1항)을 위반하여 관세청장의 지정을 받지 아니하고 전자문서중계업무를 행한 자

② 전자문서 등 관련정보에 관한 보안(관세법 제327조의4 제2항)을 위반하여 국가관세종

합정보망 또는 전자문서중계사업자의 전산처리설비에 기록된 전자문서 등 관련 정보를 훼손하거나 그 비밀을 침해한 자

③ 전자문서 등 관련 정보에 관한 보안(관세법 제327조의4 제3항)을 위반하여 업무상 알게 된 전자문서 등 관련 정보에 관한 비밀을 누설하거나 도용한 국가관세종합정보망 운영사업자 또는 전자문서중계사업자의 임직원 또는 임직원이었던 사람

2) 밀수출입죄 _(관세법 제269조)

(1) 의의

이는 국가의 안전과 사회공공의 안녕 및 공서양속, 경제질서를 해치는 수출입이 금지된 물품을 수출입함으로써 성립되는 범죄로서, 수출입물품의 검사·통관업무를 관장하고 있는 세관에서 이를 효율적이고 용이하게 적발·저지하기 위한 것이다.

따라서 본죄는 그 보호법익이 국가재정수입 확보나 관세행정질서 유지에 있는 것이 아니라 국가안보, 사회공공의 안정, 통화의 안정 등을 확보하려는 데 있는 형사범적 성질의 범죄로서 형법 등에서도 규제대상이 되고 있다.

밀수출입죄(관세법 제269조 ①항)에 '수출입의 금지(관세법 제234조 각 호의)[69] 물품을 수출하거나 수입한 자는 10년 이하의 징역 또는 2천만원 이하의 벌금에 처한다'라고 금지품 밀수출입죄를 규정하고 있다

(2) 금지품 수출입죄

(가) 범죄의 성립요건

범죄는 다음과 하나에 해당하는 수출입의 금지(관세법 제234조 각 호) 물품을 수출하거나 수입한 자에 성립되는 범죄이다 _(관세법 제269조 제1항).

① 헌법질서를 문란하게 하거나 공공의 안녕질서 또는 풍속을 해치는 서적·간행물·도화, 영화·음반·비디오물·조각물 또는 그 밖에 이에 준하는 물품

② 정부의 기밀을 누설하거나 첩보활동에 사용되는 물품

③ 화폐·채권이나 그 밖의 유가증권의 위조품·변조품 또는 모조품

---

[69] 제234조(수출입의 금지) 다음 각 호의 어느 하나에 해당하는 물품은 수출하거나 수입할 수 없다.
1. 헌법질서를 문란하게 하거나 공공의 안녕질서 또는 풍속을 해치는 서적·간행물·도화, 영화·음반·비디오물·조각물 또는 그 밖에 이에 준하는 물품
2. 정부의 기밀을 누설하거나 첩보활동에 사용되는 물품
3. 화폐·채권이나 그 밖의 유가증권의 위조품·변조품 또는 모조품

(나) 처벌

7년 이하의 징역 또는 7천만원 이하의 벌금에 처하고, 그 물품을 몰수한다. 또한, 그 정을 알고 범죄를 교사하거나 방조한 자도 정범과 동일하게 처벌하여 미수범과 예비범도 정범에 준하여 처벌하다. 정상에 따라 징역과 벌금을 병과할 수 있다.

(3) 밀수입죄

(가) 범죄의 성립요건

다음에 해당하는 경우에는 밀수입죄에 해당한다($^{관세법}_{제269조\ 제2항}$).
① 수입신고를 하지 아니하고 수입한 자
② 수입신고를 하였으나 당해 수입물품과 다른 물품으로 신고하여 수입한 자

(나) 처벌

5년 이하의 징역 또는 관세액의 10배와 물품원가 중 높은 금액 이하에 상당하는 벌금에 처하며, 범인이 소유 또는 점유하는 그 물품은 몰수한다. 이 죄의 교사범과 종범은 준하여 처벌하고, 예비범과 미수범은 본죄에 준하여 처벌한다. 또한, 정상에 의하여 징역과 벌금을 병과할 수 있다.

(4) 밀수출죄

(가) 범죄의 성립요건

밀수출죄는 다음에 해당하는 경우에 성립된다($^{관세법}_{제269조\ 제3항}$).
① 수출·반송신고를 하지 아니하고 물품을 수출하거나 반송한 자
② 수출·반송신고를 하였으나 당해 물품과 다른 물품으로 신고하여 수출 또는 반송한 자

(나) 처벌

3년 이하의 징역 또는 물품원가 이하에 상당하는 벌금에 처하며 범인이 소유 또는 점유하는 그 물품은 몰수한다. 이 죄에 교사범과 종범은 정범에 준하여 처벌하고, 예비범과 미수범은 본죄에 준하여 처벌한다. 또한, 정상에 의하여 징역과 벌금을 병과할 수 있다($^{관세법}_{제275조}$).

2) 관세포탈죄 등($^{관세법}_{제270조}$)

(1) 3년 이하 징역, 포탈 관세액의 5배(관세포탈죄)

수출, 수입 또는 반송신고($^{관세법}_{제241조\ 제1,2항}$) 또는 입항전 수입신고($^{관세법}_{제244조\ 제1항}$)에 따른 수입신

고를 한 자(제19조 제5항 제1호 다목에 따른 구매대행업자를 포함한다) 중 다음 각 호의 어느 하나에 해당하는 자는 3년 이하의 징역 또는 포탈한 관세액의 5배와 물품원가 중 높은 금액 이하에 상당하는 벌금에 처한다. 이 경우 제1호의 물품원가는 전체 물품 중 포탈한 세액의 전체 세액에 대한 비율에 해당하는 물품만의 원가로 한다$\binom{관세법}{제270조\ 제1항}$.

① 세액결정에 영향을 미치기 위하여 과세가격 또는 관세율 등을 거짓으로 신고하거나 신고하지 아니하고 수입한 자
② 세액결정에 영향을 미치기 위하여 거짓으로 서류를 갖추어 사전심사·재심사 및 재심사를 신청한 자
③ 법령에 따라 수입이 제한된 사항을 회피할 목적으로 부분품으로 수입하거나 주요 특성을 갖춘 미완성·불완전한 물품이나 완제품을 부분품으로 분할하여 수입한 자

(2) 3년 이하 징역, 3천만 원 이하 벌금(부정수입죄)

수출, 수입 또는 반송신고$\binom{관세법}{제241조\ 제1,2항}$ 또는 입항전 수입신고$\binom{관세법}{제244조\ 제1항}$에 따른 수입신고를 한 자 중 법령에 따라 수입에 필요한 허가·승인·추천·증명 또는 그 밖의 조건을 갖추지 아니하거나 부정한 방법으로 갖추어 수입한 자는 3년 이하의 징역 또는 3천만원 이하의 벌금에 처한다$\binom{관세법}{제270조\ 제2항}$.

(3) 1년 이하 징역, 2천만 원 이하 벌금(부정수출죄)

수출, 수입 또는 반송신고$\binom{관세법}{제241조\ 제1,2항}$에 따른 수출신고를 한 자 중 법령에 따라 수출에 필요한 허가·승인·추천·증명 또는 그 밖의 조건을 갖추지 아니하거나 부정한 방법으로 갖추어 수출한 자는 1년 이하의 징역 또는 2천만원 이하의 벌금에 처한다$\binom{관세법}{제270조\ 제3항}$.

(4) 감면받거나 면탈 관세액 5배 이상 벌금(부정감면죄)

부정한 방법으로 관세를 감면받거나 관세를 감면받은 물품에 대한 관세의 징수를 면탈한 자는 3년 이하의 징역에 처하거나, 감면받거나 면탈한 관세액의 5배 이하에 상당하는 벌금에 처한다$\binom{관세법}{제270조\ 제4항}$.

(5) 3년 이하 징역, 환급받은 세액의 5배 이하 벌금(부정환급죄)

부정한 방법으로 관세를 환급받은 자는 3년 이하의 징역 또는 환급받은 세액의 5배 이하에 상당하는 벌금에 처한다. 이 경우 세관장은 부정한 방법으로 환급받은 세액을 즉시 징수한

다$\left(\substack{\text{관세법} \\ \text{제270조 제5항}}\right)$.

3) 가격조작죄$\left(\substack{\text{관세법} \\ \text{제270조의2}}\right)$

다음 각 호의 신청 또는 신고를 할 때 부당하게 재물이나 재산상 이득을 취득하거나 제3자로 하여금 이를 취득하게 할 목적으로 물품의 가격을 조작하여 신청 또는 신고한 자는 2년 이하의 징역 또는 물품원가와 5천만원 중 높은 금액 이하의 벌금에 처한다.

① 제38조의2 제1항·제2항[70]에 따른 보정신청

② 제38조의3 제1항[71]에 따른 수정신고

③ 수출, 수입 또는 반송신고$\left(\substack{\text{관세법} \\ \text{제241조 제1,2항}}\right)$에 따른 신고

④ 입항전 수입신고$\left(\substack{\text{관세법} \\ \text{제244조 제1항}}\right)$에 따른 신고

4) 밀수품의 취득죄$\left(\substack{\text{관세법} \\ \text{제274조}}\right)$

(1) 의의

본죄의 보호법익은 밀수품의 유통을 방지함으로써 근본적으로 밀수를 봉쇄하는 데 있다. 따라서 본죄는 밀수출입죄, 부정방법에 의한 수입신고죄 및 부정방법에 의한 수출신고죄에 해당하는 물품(밀수품)을 취득·양여·보관·운반·알선·감정한 경우에 성립되는 것으로서 본범(밀수범)의 발생을 억제하고 이를 조장·유발하게 하는 행위를 배제하는 데 그 목적이 있다.

(2) 범죄의 성립요건

다음에 해당하는 물품을 취득·양여·운반·보관·알선하거나 감정한 자는 밀수품의 취득죄가 성립된다$\left(\substack{\text{관세법} \\ \text{제274조 제1항}}\right)$.

---

70) 관세법 제38조의2(보정) ① 납세의무자는 신고납부한 세액이 부족하다는 것을 알게 되거나 세액산출의 기초가 되는 과세가격 또는 품목분류 등에 오류가 있는 것을 알게 되었을 때에는 신고납부한 날부터 6개월 이내(이하 "보정기간"이라 한다)에 대통령령으로 정하는 바에 따라 해당 세액을 보정(補正)하여 줄 것을 세관장에게 신청할 수 있다.
② 세관장은 신고납부한 세액이 부족하다는 것을 알게 되거나 세액산출의 기초가 되는 과세가격 또는 품목분류 등에 오류가 있다는 것을 알게 되었을 때에는 대통령령으로 정하는 바에 따라 납세의무자에게 해당 보정기간에 보정신청을 하도록 통지할 수 있다. 이 경우 세액보정을 신청하려는 납세의무자는 대통령령으로 정하는 바에 따라 세관장에게 신청하여야 한다.

71) 관세법 제38조의3(수정 및 경정) ① 납세의무자는 신고납부한 세액이 부족한 경우에는 대통령령으로 정하는 바에 따라 수정신고(보정기간이 지난 날부터 제21조 제1항에 따른 기간이 끝나기 전까지로 한정한다)를 할 수 있다. 이 경우 납세의무자는 수정신고한 날의 다음 날까지 해당 관세를 납부하여야 한다.

① 수입신고를 한 자 중 허가·승인·추천·기타 조건을 구비하지 아니하거나 사위 기타 부정한 방법으로 구비하여 수입한자$\left(\substack{\text{관세법}\\\text{제269조}}\right)$에 해당하는 물품

② 수입신고를 한 자 중 수입제한 사항을 회피할 목적으로 부분품으로 수입하거나 주요 특성을 갖춘 미완성·불완전한 물품 또는 완제품을 부분품으로 분해하여 수입한 자$\left(\substack{\text{관세법 제270조}\\\text{제1항 제3호}}\right)$에 해당하는 물품

③ 수출신고를 한 자 중 수출에 필요한 허가·승인·추천·증명 기타 조건을 구비하지 아니하거나 사위 기타 부정한 방법으로 구비하여 수출한 자$\left(\substack{\text{관세법}\\\text{제270조 제2,3항}}\right)$에 해당하는 물품

(3) 처벌

3년 이하의 징역 또는 그 물품원가 이하에 상당하는 벌금에 처하며, 미수범은 본 죄에 준하여 처벌하며, 밀수품의 취득죄를 저지를 목적으로 그 예비를 한 자는 본죄의 2분의 1을 감경하여 처벌한다$\left(\substack{\text{관세법}\\\text{제274조 제2,3항}}\right)$.

밀수출입죄$\left(\substack{\text{관세법}\\\text{제269조}}\right)$부터 미수범$\left(\substack{\text{관세법}\\\text{제271조}}\right)$까지 및 밀수출의 취득죄$\left(\substack{\text{관세법}\\\text{제274조}}\right)$의 죄를 범한 자는 정상(情狀)에 따라 징역과 벌금을 병과할 수 있다$\left(\substack{\text{관세법}\\\text{제275조}}\right)$.

5) 체납처분면탈죄$\left(\substack{\text{관세법}\\\text{제275조의2}}\right)$

(1) 강제징수면탈죄(재산은익, 탈루, 거짓계약)

납세의무자 또는 납세의무자의 재산을 점유하는 자가 강제징수를 면탈할 목적 또는 면탈하게 할 목적으로 그 재산을 은닉·탈루하거나 거짓 계약을 하였을 때에는 3년 이하의 징역 또는 3천만원 이하의 벌금에 처한다$\left(\substack{\text{관세법}\\\text{제275조의2 제1항}}\right)$.

(2) 압류물건보관자 죄

압수와 보관$\left(\substack{\text{관세법}\\\text{제303조 제2항}}\right)$에 따른 압수물건의 보관자 또는 「국세징수법」 제48조에 따른 압류물건의 보관자가 그 보관한 물건을 은닉·탈루, 손괴 또는 소비하였을 때에도 3년 이하의 징역 또는 3천만원 이하의 벌금에 처한다$\left(\substack{\text{관세법}\\\text{제275조의2 제2항}}\right)$.

(3) 재산은익, 탈루, 거짓계약과 등 방조

재산은익, 탈루, 손괴와 거짓계약 등의 사정을 알고도 이를 방조하거나 거짓 계약을 승낙한 자는 2년 이하의 징역 또는 2천만원 이하의 벌금에 처한다$\left(\substack{\text{관세법}\\\text{제275조의2 제3항}}\right)$.

(4) 명의대여행위죄

관세(세관장이 징수하는 내국세 등을 포함한다)의 회피 또는 강제집행의 면탈을 목적으로 하거나 재산상 이득을 취할 목적으로 다음 각 호의 행위를 한 자는 1년 이하의 징역 또는 1천만원 이하의 벌금에 처한다($^{관세법}_{제275조의3}$).

① 타인에게 자신의 명의를 사용하여 제38조에 따른 납세신고를 하도록 허락한 자
② 타인의 명의를 사용하여 납세신고를 한 자

(5) 보세사의 명의대여죄

다음 각 호의 어느 하나에 해당하는 자는 1년 이하의 징역 또는 1천만원 이하의 벌금에 처한다($^{관세법}_{제275조의4}$).

① 보세사의 명의대여 등의 금지(제165조의2 제1항)을 위반하여 다른 사람에게 자신의 성명·상호를 사용하여 보세사 업무를 수행하게 하거나 자격증 또는 등록증을 빌려준 자
② 보세사의 명의대여 등의 금지(제165조의2 제2항)을 위반하여 다른 사람의 성명·상호를 사용하여 보세사의 업무를 수행하거나 자격증 또는 등록증을 빌린 자
③ 보세사의 명의대여 등의 금지(제165조의2 제3항)을 위반하여 같은 조 제1항 또는 제2항의 행위를 알선한 자

6) 허위신고죄($^{관세법}_{제276조}$)

(1) 의의

본죄는 관세법상에 기술된 각종 규정을 위반한 경우에 대한 처벌로서 각각의 규정위반에 따라 관세벌칙의 형량을 차등하여 처벌하고 있다.

규정위반의 종류에 따라 다음과 같이 차등하여 처벌하고 있으며 일정한 경우에는 고의와 과실을 구분하여 처벌하고 있다($^{관세법}_{제276조\ 제2,3,4,5항}$)

(2) 물품원가 또는 2천만 원 중 높은 금액

다음에 해당하는 자는 물품원가 또는 2천만원 중 높은 금액 이하의 벌금에 처한다($^{관세법}_{제276조\ 제2항}$).

① 종합보세사업장의 설치·운영에 관한 신고를 하지 아니하고 종합보세기능을 수행한 자

② 세관장의 중지조치를 위반하여 종합보세기능을 수행한 자

③ 보세구역 반입명령에 대하여 반입대상 물품의 전부 또는 일부를 반입하지 아니한 자

④ 수출, 수입 또는 반송신고$\binom{관세법}{제241조\ 제1,2항}$ 또는 입항전 수입신고$\binom{관세법}{제244조\ 제1항}$에 따른 신고를 할 때 이의 사항을 신고하지 아니하거나 허위신고를 한 자

⑤ 제38조의2 제1항 및 제2항, 제38조의3 제1항에 따른 보정신청 또는 수정신고를 할 때 수출, 수입 또는 반송신고$\binom{관세법}{제241조\ 제1,2항}$에 따른 사항을 허위로 신청하거나 신고한 자

⑥ 제248조 제3항[72]을 위반한 자

(3) 2천만 원 이하$\binom{관세법}{제276조\ 제3항}$

다음 각 호의 어느 하나에 해당되는 자는 2천만원 이하의 벌금에 처한다. 다만, 과실로 제2호, 제3호 또는 제4호에 해당하게 된 경우에는 300만원 이하의 벌금에 처한다.

1. 부정한 방법으로 적하목록을 작성하였거나 제출한 자

2. 신고서류의 보관기간(5년 범위)$\binom{관세법}{제12조}$(제277조 제5항 제2호에 해당하는 경우는 제외한다), 재수출감면서$\binom{관세법}{제98조\ 제2항}$, 다른법령 등에 따른 감면물품의 관세징수$\binom{관세법}{제109조\ 제1항}$(제277조 제4항 제3호에 해당하는 경우는 제외한다), 개항 등에의 출입$\binom{관세법}{제134조\ 제1항}$, 출항절차$\binom{관세법}{제136조\ 제2항}$, 관세통로$\binom{관세법}{제148조\ 제1항}$, 국경출입차량의 도착절차$\binom{관세법}{제149조}$, 보세운송등록업자 등의 등록 및 보고$\binom{관세법}{제222조\ 제1항}$(제146조 제1항에서 준용하는 경우를 포함한다) 또는 보세화물취급 선박회사 등의 신고 및 보고$\binom{관세법}{제225조\ 제1항}$ 전단을 위반한 자

3. 용도세율의 적용$\binom{관세법}{제83조\ 제2항}$, 외교관용 물품 등의 면세$\binom{관세법}{제88조\ 제2항}$, 재수출면세$\binom{관세법}{제97조\ 제2항}$ 및 관세감면물품의 사후관리$\binom{관세법}{제102조\ 제1항}$을 위반한 자. 다만, 과태료$\binom{관세법\ 제277조}{제4항\ 제3호}$에 해당하는 자는 제외한다.

3의2. 특허보세구역의 설치, 운영에 관한 특허$\binom{관세법}{제174조\ 제1항}$에 따른 특허보세구역의 설치·운영에 관한 특허를 받지 아니하고 특허보세구역을 운영한 자

4. 의무이행의 요구$\binom{관세법}{제227조}$에 따른 세관장의 의무 이행 요구를 이행하지 아니한 자

---

72) 관세법 제248조(신고의 수리) ③ 신고수리 전에는 운송수단, 관세통로, 하역통로 또는 이 법에 따른 장치 장소로부터 신고된 물품을 반출하여서는 아니 된다.

5. 용도세율의 적용($\binom{관세법}{제83조 제3항}$) 후단에 따른 자율심사 결과를 거짓으로 작성하여 제출한 자

6. 반입정지 등과 특허의 취소용도세율의 적용($\binom{관세법\ 제178조}{제2항\ 제1,5호}$) 및 보세운송업자들의 행정제재용도세율의 적용($\binom{관세법\ 제224조}{제1항\ 제1호}$)에 해당하는 자

(4) 1천만 원 이하

다음 각 호의 어느 하나에 해당하는 자는 1천만원 이하의 벌금에 처한다. 다만, 과실로 제2호부터 제4호까지의 규정에 해당하게 된 경우에는 200만원 이하의 벌금에 처한다($\binom{관세법}{제276조 제4항}$).

1. 세관공무원의 질문에 대하여 거짓의 진술을 하거나 그 직무의 집행을 거부 또는 기피한 자

2. 입항절차($\binom{관세법}{제135조 제1항}$)(제146조 제1항에서 준용하는 경우를 포함한다)에 따른 입항보고를 거짓으로 하거나 출항절차($\binom{관세법}{제136조 제1항}$)(제146조 제1항에서 준용하는 경우를 포함한다)에 따른 출항허가를 거짓으로 받은 자

3. 그 밖의 선박 또는 항공기($\binom{관세법}{제146조 제1항}$)(제146조 제1항에서 준용하는 경우를 포함하며 제277조 제4항 제4호에 해당하는 자는 제외한다), 출항절차($\binom{관세법}{제136조 제1항}$)(제146조 제1항에서 준용하는 경우를 포함한다), 승객예약자료의 요청($\binom{관세법}{제137조의2 제1항}$) 각 호 외의 부분 후단(제277조 제4항 제4호에 해당하는 자는 제외한다), 물품의 하역($\binom{관세법}{제140조 제1,2,4항}$)(제146조 제1항에서 준용하는 경우를 포함한다), 외국물품의 일시양륙($\binom{관세법}{제141조 제1,3호}$)(제146조 제1항에서 준용하는 경우를 포함한다), 항외하역($\binom{관세법}{제142조 제1항}$)(제146조 제1항에서 준용하는 경우를 포함한다), 국제무역선의 국내운항선으로의 전환($\binom{관세법}{제144조}$)(제146조 제1항에서 준용하는 경우를 포함한다), 국경출입차량의 출발절차($\binom{관세법}{제150조}$), 물품의 하역($\binom{관세법}{제151조}$) 또는 보세운송의 신고($\binom{관세법}{제213조 제2항}$)을 위반한 자

4. 입항절차($\binom{관세법}{제135조 제2항}$)(제146조 제1항에서 준용하는 경우를 포함하며 제277조 제4항 제4호에 해당하는 자는 제외한다), 반출입물품의 범위($\binom{관세법}{제200조 제2항}$), 종합보세구역에 대한 세관의 관리($\binom{관세법}{제203조 제1항}$) 또는 운송수단의 출발 중지($\binom{관세법}{제262조}$)에 따른 관세청장 또는 세관장의 조치를 위반하거나 검사를 거부·방해 또는 기피한 자

5. 부정한 방법으로 신고의 수리$\binom{\text{관세법}}{\text{제248조 제1항}}$ 단서에 따른 신고필증을 발급받은 자

6. 서류의 제출 또는 보고 등의 명령$\binom{\text{관세법}}{\text{제263조}}$를 위반하여 서류의 제출·보고 또는 그 밖에 필요한 사항에 관한 명령을 이행하지 아니하거나 거짓의 보고를 한 자

7. 물품 또는 운송수단 등에 대한 검사$\binom{\text{관세법}}{\text{제265조}}$에 따른 세관장 또는 세관공무원의 조치를 거부 또는 방해한 자

8. 장부 또는 자료의 제출$\binom{\text{관세법}}{\text{제266조 제1항}}$에 따른 세관공무원의 장부 또는 자료의 제시요구 또는 제출요구를 거부한 자

(5) 500만 원 이하

보세사의 자격$\binom{\text{관세법}}{\text{제165조 제2항}}$을 위반한 자는 500만 원 이하의 벌금에 처한다.

5) 과태료$\binom{\text{관세법}}{\text{제277조}}$

(1) 1억원 이하의 과태료

특수관계자 수입물품 과세가격결정자료 제출$\binom{\text{관세법}}{\text{제37조의4 제1항}}$에 따라 자료제출을 요구받은 특수관계에 있는 자가 천제지변 등으로 인한 기한의 연장$\binom{\text{관세법}}{\text{제10조}}$에서 정하는 정당한 사유 없이 특수관계자 수입물품 과세가격결정자료 제출(60일, 부득이한 경우 한차례 60일 추가 연장가능)$\binom{\text{관세법}}{\text{제37조의4 제2항}}$에서 정한 기한까지 자료를 제출하지 아니하거나 거짓의 자료를 제출하는 경우에는 1억원 이하의 과태료를 부과한다. 이 경우 허위신고죄$\binom{\text{관세법}}{\text{제276조}}$는 적용되지 아니한다$\binom{\text{관세법}}{\text{제277조 제1항}}$.

(2) 2억 원 이하 과태료

특수관계자의 수입물품과 과세가격 제출자료 제출(관세법 제37조의4 제7항)을 위반한 자에게는 2억원 이하의 과태료를 부과한다$\binom{\text{관세법}}{\text{제277조 제2항}}$.

(3) 1천만 원 이하의 과태료

다음 각 호의 어느 하나에 해당하는 자에게는 1천만원 이하의 과태료를 부과한다$\binom{\text{관세법}}{\text{제277조 제3항}}$.

1. 외국기착의 보고(관세법 제139조)(제146조 제1항에서 준용하는 경우를 포함한다), 선박용품 및 항공기용품의 하역(관세법 제143조 제1항)(제146조 제1항에서 준용하는 경우를 포함한다), 도로차량의 국경출입(관세법 제152조 제1항), 물품의 장치(관세법 제155조 제1항), 보세구역외 장치의 허가(관세법 제156조 제1항), 해제, 절단 등의 작업(관세법 제159조 제2항), 장치물품의 폐기(관세법 제160조 제1항), 견본품 반출(관세법 제161조 제1항), 사용신고(운영인 보세공장에 반입된 물품을 사용전에 세관장에 사용신고 해야 함)(관세법 제186조 제1항)(제205조에서 준용하는 경우를 포함한다), 사용전 수입신고(관세법 제192조)(제205조에서 준용하는 경우를 포함한다), 반출입물품의 범위(관세법 제200조 제1항), 운영인의 물품관리(관세법 제201조 제1,3항), 조난물품의 운송(관세법 제219조 제2항) 또는 장부 또는 자료의 제출(관세법 제266조 제2항)을 위반한 자
2. 보세공장외 작업허가(관세법 제187조 제1항)(제89조 제5항에서 준용하는 경우를 포함한다) 또는 보세건설장외 작업허가(관세법 제195조 제1항)에 따른 허가를 받지 아니하거나 설비의 유지의무(관세법 제202조 제2항)에 따른 신고를 하지 아니하고 보세공장·보세건설장·종합보세구역 또는 지정공장 외의 장소에서 작업을 한 자

(4) 500만 원 이하 과태료

다음 각 호의 어느 하나에 해당하는 자에게는 500만원 이하의 과태료를 부과한다(관세법 제277조 제4항).

1. 수출입의 의제(관세법 제240조의2 제1항)을 위반하여 유통이력을 신고하지 아니하거나 거짓으로 신고한 자
2. 수출입의 의제(관세법 제240조의2 제1항)을 위반하여 장부기록 자료를 보관하지 아니한 자
3. 신고의 요건(관세법 제243조 제4항)을 위반하여 관세청장이 정하는 장소에 반입하지 아니하고 제241조 제1항에 따른 수출의 신고를 한 자

(5) 200만 원 이하 과태료

다음 각 호의 어느 하나에 해당하는 자에게는 200만원 이하의 과태료를 부과한다(관세법 제277조 제5항).

1. 특허보세구역의 특허사항을 위반한 운영인

2. 신고납부수출입의 의제$\binom{관세법}{제38조\ 제3항}$, 용도세율의 적용$\binom{관세법}{제83조\ 제1항}$, 관세의 분할납부 $\binom{관세법}{제107조\ 제3항}$, 물품의 하역$\binom{관세법}{제140조\ 제3항}$, 물품의 반입, 반출$\binom{관세법}{제157조\ 제1항}$, 보수작업 $\binom{관세법}{제158조\ 제2,4항}$, 물품에 대한 보관책임$\binom{관세법}{제172조\ 제3항}$, 보세건설물품의 가동제한$\binom{관세법}{제194조}$ (제205조에서 준용하는 경우를 포함한다), 종합보세사업장의 설치, 운영에 관한 신고$\binom{관세법}{제198조\ 제3항}$, 종합보세구역에의 물품의 반입, 반출$\binom{관세법}{제199조\ 제1항}$, 설비의 유지의무 $\binom{관세법}{제202조\ 제1항}$, 보세운송의 신고인$\binom{관세법}{제214조}$, 보세운송보고$\binom{관세법}{제215조}$ (제219조 제4항 및 제221조 제2항에서 준용하는 경우를 포함한다), 보세운송통로$\binom{관세법}{제216조\ 제2항}$ (제219조 제4항 및 제221조 제2항에서 준용하는 경우를 포함한다), 내국운송의 신고 $\binom{관세법}{제221조\ 제1항}$, 보세운송업자 등의 등록 및 보고$\binom{관세법}{제222조\ 제3항}$, 보세화물 취급 선박회사 등의 신고 및 보고$\binom{관세법\ 제225조}{제1항\ 후단}$ 또는 수출신고수리물품의 적재$\binom{관세법}{제251조\ 제1항}$을 위반한 자

3. 용도세율의 적용$\binom{관세법}{제83조\ 제2항}$, 외교관용 물품 등의 면세$\binom{관세법}{제88조\ 제2항}$, 재수출면세$\binom{관세법}{제97조\ 제2항}$, 관세감면물품의 사후관리$\binom{관세법}{제102조\ 제1항}$ 및 다른 법령 등에 따른 감면물품의 관세징수 $\binom{관세법}{제109조\ 제1항}$을 위반한 자 중 해당 물품을 직접 수입한 경우 관세를 감면받을 수 있고 수입자와 동일한 용도에 사용하려는 자에게 양도한 자

4. 입항절차$\binom{관세법}{제135조\ 제1,2항}$ 또는 간이 입출항절차$\binom{관세법}{제137조의2\ 제1항}$ 각 호 외의 부분 후단을 위반한 자 중 과실로 여객명부 또는 승객예약자료를 제출하지 아니한 자

5. 해체, 절단 등의 작업$\binom{관세법}{제159조\ 제4항}$, 특허보세구역의 설치, 운영에 관한 감독 $\binom{관세법}{제180조\ 제3항}$ (제205조에서 준용하는 경우를 포함한다), 보세판매장$\binom{관세법}{제196조\ 제2항}$, 보세운송통로$\binom{관세법}{제216조\ 제1항}$ (제219조 제4항 및 제221조 제2항에서 준용하는 경우를 포함한다), 보세운송업자 등의 등록 및 보고$\binom{관세법}{제222조\ 제4항}$, 보세화물 취급 선박회사 등의 신고 및 보고$\binom{관세법}{제225조\ 제2항}$, 통관표시$\binom{관세법}{제228조}$ 또는 장부 및 자료의 제출 $\binom{관세법}{제266조\ 제3항}$에 따른 관세청장 또는 세관장의 조치를 위반한 자

6. 세관의 업무시간, 물품 취급시간$\binom{관세법\ 제321조}{제2항\ 제2호}$를 위반하여 운송수단에서 물품을 취급한 자

7. 보세구역에 물품을 반입하지 아니하고 거짓으로 제157조 제1항에 따른 반입신고를 한 자

(6) 100만 원 이하 과태료

다음 각 호의 어느 하나에 해당하는 자에게는 100만원 이하의 과태료를 부과한다$\binom{관세법}{제277조\ 제5항}$.

① 적재물품과 일치하지 아니하는 적하목록을 작성하였거나 제출한 자. 다만, 다음
각목의 어느 하나에 해당하는 자가 투입 및 봉인한 것이어서 적하목록을 제출한
자가 해당 적재물품의 내용을 확인하는 것이 불가능한 경우에는 해당 적하목록을
제출한 자는 제외한다.

　가. 허위신고죄(부정한방법으로 적하목록을 작성하였거나 제출한 자)$\binom{관세법\ 제276조}{제3항\ 제1호}$에
　　해당하는 자

　나. 적재물품을 수출한 자

　다. 다른 선박회사·항공사 및 화물운송주선업자

② 신고서류의 보관기간(신고또는 제출한 날부터 5년 범위)$\binom{관세법}{제12조}$를 위반하여 신고필
증을 보관하지 아니한 자

③ 잠정가격의 신고$\binom{관세법}{제28조\ 제2항}$에 따른 신고를 하지 아니한 자

④ 과세의 분할납부(해산, 파산선고)$\binom{관세법}{제107조\ 제4항}$, 담보제공 및 사후관리제(감면, 분할
납부)$\binom{관세법}{제108조\ 제2항}$, 재해나 그밖의 부득이한 사유로 인한 면책$\binom{관세법}{제138조\ 제2,4항}$, 외국물
품의 일시양륙(해당운송수단의 여객, 승무원 또는 운전자가 아닌 자가 타려는 경우
$\binom{관세법}{제141조\ 제2항}$, 수입신고수리물품의 반출$\binom{관세법}{제157조의2}$, 물품취급자에 대한 단속
$\binom{관세법}{제162조}$, 특허의 효력상실 및 승계$\binom{관세법}{제179조\ 제2항}$, 특허의 효력상실 시 조치
$\binom{관세법}{제182조\ 제1항}$(제205조에서 준용하는 경우를 포함한다), 보세창고$\binom{관세법}{제183조\ 제2,3항}$, 장치
기간이 지난 내국물품$\binom{관세법}{제184조}$(제205조에서 준용하는 경우를 포함한다), 보세공장
$\binom{관세법}{제185조\ 제2항}$(제205조에서 준용하는 경우를 포함한다), 신고시의 서류제출
$\binom{관세법}{제245조\ 제3항}$ 또는 탁송품의 특별통관$\binom{관세법}{제254조의2\ 제2,3항}$을 위반한 자

⑤ 장치물품의 폐기$\binom{관세법}{제160조\ 제4항}$(제207조 제2항에서 준용하는 경우를 포함한다)에 따
른 세관장의 명령을 이행하지 아니한 자

⑥ 장치기간$\binom{관세법}{제177조\ 제2항}$(제205조에서 준용하는 경우를 포함한다), 특허보세구역의 설
치, 운영에 관한 감독$\binom{관세법}{제180조\ 제4항}$(제205조에서 준용하는 경우를 포함한다) 또는 신
고사항의 보완$\binom{관세법}{제249조}$에 따른 세관장의 명령이나 보완조치를 이행하지 아니한 자

⑦ 특허보세구역의 설치, 운영에 관한 감독$\binom{관세법}{제180조\ 제1,2항}$(제205조에서 준용하는 경우를
포함한다),(제89조 제5항에서 준용하는 경우를 포함한다), 반입물품의 장치제한

$\left(\substack{\text{관세법} \\ \text{제193조}}\right)$ (제205조에서 준용하는 경우를 포함한다) 또는 종합보세구역에 대한 세관의 관리$\left(\substack{\text{관세법} \\ \text{제203조 제2항}}\right)$에 따른 세관장의 감독·검사·보고지시 등에 응하지 아니한 자

과태료 관련(관세법 제277조 제1항부터 제5항까지의) 규정에 따른 과태료는 세관장이 부과·징수한다$\left(\substack{\text{관세법} \\ \text{제277조 제6항}}\right)$. 이 법에 따른 벌칙에 위반되는 행위를 한 자에게는 「형법」 제38조 제1항 제2호 중 벌금경합에 관한 제한가중규정을 적용하지 아니한다$\left(\substack{\text{관세법} \\ \text{제278조}}\right)$.

(7) 징계(금품수수 및 공여)

세관공무원이 그 직무와 관련하여 금품을 수수(收受)하였을 때에는 국가공무원법(제82조)에 따른 징계절차에서 그 금품 수수액의 5배 내의 징계부가금 부과 의결을 징계위원회에 요구하여야 한다$\left(\substack{\text{관세법} \\ \text{제277조의2 제1항}}\right)$. 징계대상 세관공무원이 제1항에 따른 징계부가금 부과 의결 전후에 금품 수수를 이유로 다른 법률에 따라 형사처벌을 받거나 변상책임 등을 이행한 경우(몰수나 추징을 당한 경우를 포함한다)에는 징계위원회에 감경된 징계부가금 부과 의결 또는 징계부가금 감면을 요구하여야 한다$\left(\substack{\text{관세법} \\ \text{제277조의2 제2항}}\right)$.

징계부가금 부과 의결 요구에 관하여는 국가공무원법(제78조 제4항)을 준용한다. 이 경우 "징계 의결 요구"를 "징계부가금 부과 의결 요구"로 본다$\left(\substack{\text{관세법} \\ \text{제277조의2 제3항}}\right)$. 징계부가금 부과처분을 받은 자가 납부기간 내에 그 부가금을 납부하지 아니한 때에는 징계권자는 국세강제징수의 예에 따라 징수할 수 있다$\left(\substack{\text{관세법} \\ \text{제277조의2 제4항}}\right)$.

관세청장 또는 세관장은 세관공무원에게 금품을 공여한 자에 대해서는 대통령령으로 정하는 바에 따라 그 금품 상당액의 2배 이상 5배 내의 과태료를 부과·징수한다. 다만, 「형법」 등 다른 법률에 따라 형사처벌을 받은 경우에는 과태료를 부과하지 아니하고, 과태료를 부과한 후 형사처벌을 받은 경우에는 과태료 부과를 취소한다$\left(\substack{\text{관세법} \\ \text{제277조의2 제5항}}\right)$.

7) 몰수와 추징$\left(\substack{\text{관세법} \\ \text{제282조}}\right)$

(1) 몰수의 의의

몰수란 범죄행위에 제공하였거나 범죄로 생긴 물건 등에 대한 사회적 유통을 억제하고 범죄로 인한 재산적 이익을 회수하기 위하여 그 소유권을 박탈하는 재산형의 일종으로서 주형에 부과하여 과하는 것이 원칙이나 예외적으로 몰수만을 과할 수 없고 몰수불능일 때에는 그 가액을 추징하는 제도이다.

(2) 범죄 물품의 몰수와 추징

(가) 몰수대상

밀수출입죄$\binom{\text{관세법}}{\text{제269조 제1항}}$73)(미수범$\binom{\text{관세법}}{\text{제271조 제3항}}$에 따라 그 죄를 범할 목적으로 예비를 한 자를 포함)의 경우에는 그 물품을 몰수한다$\binom{\text{관세법}}{\text{제282조 제1항}}$.

① 수출입금지품목

다음에 해당하는 경우에는 범인이 소유 또는 점유하든 제3자가 소유 또는 점유하든 전부 몰수한다$\binom{\text{관세법}}{\text{제282조 제1항}}$. 다음 각 호의 어느 하나에 해당하는 물품은 수출하거나 수입할 수 없 다$\binom{\text{관세법}}{\text{제234조}}$.

> ① 헌법질서를 문란하게 하거나 공공의 안녕질서 또는 풍속을 해치는 서적·간행물·도화, 영화·음반·비디오물·조각물 또는 그 밖에 이에 준하는 물품
> ② 정부의 기밀을 누설하거나 첩보활동에 사용되는 물품
> ③ 화폐·채권이나 그 밖의 유가증권의 위조품·변조품 또는 모조품

② 밀수출입죄·밀수품의 취득죄 해당 물품

다음의 경우에 해당하는 경우에는 법인이 소유 또는 점유하는 그 물품을 몰수한다.

㉠ 밀수출입죄$\binom{\text{관세법}}{\text{제269조 제2,3항}}$

> ⓐ 수입신고를 하지 아니하고 수입한자 단, 수입신고전에 반출신고를 한자를 제외한다.
> ⓑ 수입신고를 하였으나 당해수입물품과 다른물품으로 신고하여 수입한 자
> ⓒ 수출, 반송신고를 아니하고 물품을 수출하거나 반송한 자
> ⓓ 수출, 반송신고를 하였으나 당해 물품과 다른 물품으로 신고하여 수출 또는 반송한 자

밀수출입죄제269조 제2항(미수범 등 제271조 제3항에 따라 그 죄를 범할 목적으로 예비를 한 자를 포함한다. 이하 이 조에서 같다), 또는 밀수품의 취득죄(제274조 제1항 제1호), 죄지을 목적을 예비한자(274조 제3항)에 따라 그 죄를 범할 목적으로 예비를

---

73) 관세법 제269조(밀수출입죄) ① 제234조 각 호의 물품을 수출하거나 수입한 자는 7년 이하의 징역 또는 7천만원 이하의 벌금에 처한다.

한 자를 포함한다)의 경우에는 범인이 소유하거나 점유하는 그 물품을 몰수한다. 다만, 밀수출입죄의 경우로서 다음 각 호의 어느 하나에 해당하는 물품은 몰수하지 아니할 수 있다($\frac{관세법}{제282조 \ 제2항}$).

① 보세구역에 따라 신고를 한 후 반입한 외국물품
② 세관장의 허가를 받아 보세구역이 아닌 장소에 장치한 외국물품
③ 폐기물관리법(제2조 제1호부터 제5호까지)의 규정에 따른 폐기물
④ 그 밖에 몰수의 실익이 없는 물품으로서 대통령령으로 정하는 물품

제1항과 제2항에 따라 몰수할 물품의 전부 또는 일부를 몰수할 수 없을 때에는 그 몰수할 수 없는 물품의 범칙 당시의 국내도매가격에 상당한 금액을 범인으로부터 추징한다. 다만, 제274조 제1항 제1호 중 제269조 제2항의 물품을 감정한 자는 제외한다($\frac{관세법}{제282조 \ 제3항}$). 양벌규정(제279조)의 개인 및 법인은 제1항부터 제3항까지의 규정을 적용할 때에는 이를 범인으로 본다($\frac{관세법}{제282조 \ 제4항}$).

ⓛ 밀수품의 취득죄($\frac{관세법 \ 제274조}{제1항 \ 제1호}$)
밀수출입죄에 해당하는 물품을 취득·양여·운반·보관·알선하거나 감정한 자

(나) 추징
몰수한 물품의 전부 또는 일부를 몰수할 수 없을 때에는 그 몰수할 수 없는 물품의 '범칙 당시의 국내도매가격에 상당한 금액'을 범인으로부터 추징하다($\frac{관세법}{제282조 \ 제3항}$). 여기서 '국내도매가격'이란 도매업자가 수입물품을 무역업자로부터 매수하여 국내도매시장에서 공정한 거래방법에 의하여 공개적으로 판매하는 가격을 말한다. 다만, 밀수품의 취득죄(제274조 제1항 제1호) 중 밀수출입죄(관세법 제269조 제2항)의 물품을 감정한 자는 제외한다($\frac{관세법}{제282조 \ 제3항}$).

(다) 본인 및 법인에 대한 몰수와 추징
양벌규정($\frac{관세법}{제279조}$)74)의 본인 및 법인은 범죄물품의 몰수와 추징규정의적용에 있어서는 이

---

74) 관세법 제279조(양벌 규정) ① 법인의 대표자나 법인 또는 개인의 대리인, 사용인, 그 밖의 종업원이 그 법인 또는 개인의 업무에 관하여 제11장에서 규정한 벌칙(제277조의 과태료는 제외한다)에 해당하는 위반행위를 하면 그 행위자를 벌하는 외에 그 법인 또는 개인에게도 해당 조문의 벌금형을 과(科)한다. 다만, 법인 또는 개인이 그 위반행위를 방지하기 위하여 해당 업무에 관하여 상당한 주의와 감

를 범인으로 본다($\frac{관세법}{제282조\ 제4항}$). 이는 사용인이 업무에 관련하여 밀수 등을 범하였기 때문에 범칙물품을 몰수하거나 몰수에 갈음하여 추징을 하는 경우에 사용인으로부터 몰수 또는 추징함은 물론이지만 업무주체인 본인으로부터도 몰수 또는 추징할 수 있으며, 법인의 임직원이 업무에 관련하여 밀수 등을 범하였기 때문에 몰수 또는 추징을 하는 경우에는 당해 법인도 범인으로 간주하여 법인으로부터 몰수 또는 추징할 수 있다.

(3) 밀수전용 운반기기 몰수

관세법 밀수출입죄($\frac{관세법}{제269조}$) 및 관세포탈죄($\frac{관세법}{제270조}$)의 죄에 전용되는 선박·자동차, 기타 운반기구는 그 소유자가 범죄에 사용하는 점을 알고 다음에 해당하는 경우에는 이를 몰수한다($\frac{관세법}{제272조}$).

> ① 범죄물품을 적재하거나 적재하고자 한때 또는 적재하였던 사실이 있는 때
> ② 검거를 기피하기 위하여 권한있는 공무원의 정지명령을 받고 정지하지 아니하거나 적재된 범죄물품을 해상에서 투기, 파괴 또는 훼손한 때
> ③ 범죄물품을 해상에서 인취하거나 인취하고자 한때
> ④ 범죄물품을 운반한 때

(4) 범죄 공용물품 몰수 등

① 특수가공물품의 몰수 : 관세법 제269조(밀수출입죄) 및 제270조(관세포탈죄)의 죄에 공하기 위하여 특수한 가공을 한 물품은 누구의 소유이든지 이를 몰수하거나 그 효용을 훼멸한다($\frac{관세법}{제273조\ 제1항}$).

② 밀수품을 은닉한 물품의 몰수 : 밀수출입죄($\frac{관세법}{제269조\ 제2,3항}$)[75] 또는 밀수품의 취득죄

독을 게을리하지 아니한 경우에는 그러하지 아니하다.
　② 제1항에서 개인은 다음 각 호의 어느 하나에 해당하는 사람으로 한정한다.
　　1. 특허보세구역 또는 종합보세사업장의 운영인
　　2. 수출(「수출용원재료에 대한 관세 등 환급에 관한 특례법」 제4조에 따른 수출 등을 포함한다)·수입 또는 운송을 업으로 하는 사람
　　3. 관세사
　　4. 개항 안에서 물품 및 용역의 공급을 업으로 하는 사람
　　5. 제327조의2 제1항에 따른 국가관세종합정보망 운영사업자 및 제327조의3 제3항에 따른 전자문서중계사업자
75) 관세법 제269조(밀수출입죄) ② 다음 각 호의 어느 하나에 해당하는 자는 5년 이하의 징역 또는 관세액의 10배와 물품원가 중 높은 금액 이하에 상당하는 벌금에 처한다.
　　1. 제241조 제1항·제2항 또는 제244조 제1항에 따른 신고를 하지 아니하고 물품을 수입한 자.

$\binom{\text{관세법 제274조}}{\text{제1항 제1호}}$76)의 경우에는 범인이 소유하거나 점유하는 그 물품을 몰수한다. 다만, 밀수출입죄$\binom{\text{관세법}}{\text{제269조 제2항}}$의 경우로서 다음 각 호의 어느 하나에 해당하는 물품은 몰수하지 아니할 수 있다$\binom{\text{관세법}}{\text{제282조 제2항}}$.

ⅰ. 보세구역의 종류$\binom{\text{관세법}}{\text{제154조}}$의 보세구역에 물품의 반입, 반출$\binom{\text{관세법}}{\text{제157조}}$에 따라 신고를 한 후 반입한 외국물품

ⅱ. 보세구역외 장치의 허가$\binom{\text{관세법}}{\text{제156조}}$에 따라 세관장의 허가를 받아 보세구역이 아닌 장소에 장치한 외국물품

다만, 제253조 제1항에 따른 반출신고를 한 자는 제외한다.

 2. 제241조 제1항·제2항 또는 제244조 제1항에 따른 신고를 하였으나 해당 수입물품과 다른 물품으로 신고하여 수입한 자

③ 다음 각 호의 어느 하나에 해당하는 자는 3년 이하의 징역 또는 물품원가 이하에 상당하는 벌금에 처한다.

 1. 제241조 제1항 및 제2항에 따른 신고를 하지 아니하고 물품을 수출하거나 반송한 자

 2. 제241조 제1항 및 제2항에 따른 신고를 하였으나 해당 수출물품 또는 반송물품과 다른 물품으로 신고하여 수출하거나 반송한 자

76) 관세법 제274조(밀수품의 취득죄 등) ① 다음 각 호의 어느 하나에 해당되는 물품을 취득·양도·운반·보관 또는 알선하거나 감정한 자는 3년 이하의 징역 또는 물품원가 이하에 상당하는 벌금에 처한다.

 1. 제269조에 해당되는 물품

제9장

조사와 처분

제1절 관세범 조사와 처분
제2절 관세범의 조사
제3절 처분

제1절

관세범 조사와 처분

1. 관세범 조사·처분 전담권

1) 의의

관세범은 그 범죄의 특질 때문에 전문적인 지식과 능력을 가진 세관공무원이 조사하여 그 조사결과 범죄사실이 확인되면 관세청장 또는 세관장이 통고처분하여 통고의 요지를 이행하면 그것으로 처벌이 끝나게 된다. 이와 같이 관세범에 대한 일차적인 조사처분권을 관세청장 및 세관장과 세관공무원에게 주고 있는 것은 관세행정에 정통한 세관공무원이 신속하게 조사하여 행정처분으로 재산형을 과함으로써 번거로운 사법절차를 거치지 않고도 실질적으로 징벌효과를 거두는 한편 침해된 재정수입권을 조속히 회복하려는 데 그 목적이 있다.

2) 형사소송법과의 관계

관세법상의 조사절차규정은 행정처분을 위한 기본적이고 특별한 사항만을 정하고 있을 뿐이므로 관세법에 규정이 없는 것은 형사소송법을 준용하고($\frac{관세법}{제319조}$), 더욱이 강제조사나 고발을 전제로 하는 조사는 반드시 형사소송법의 규정에 따라야 한다.

3) 검사와 세관공무원의 관계

관세청장이나 세관장의 제청에 의하여 사법경찰관리로 지명을 받은 세관공무원이 관세범에 대하여 구속·압수·수색 등 강제조사를 할 때에는 그 지휘·감독을 받아야 하고, 동 지명을 받았든 받지 않았든 관세범을 고발한 경우는 형사소송절차에 따라 검사가 수사·소추하게 되므로 동 사건조사에 관한 한 검사의 지휘감독을 받게 된다.

4) 관세범에 대한 공소시효

관세법의 공소시효에 관하여 관세법에 규정이 없으므로 형사소송법 제249조(공소시효의 기간)의 규정을 준용하여야 한다(법 제284조).

① 사형에 해당하는 범죄에는 15년

② 무기징역 또는 무기금고에 해당하는 범죄에는 10년

③ 장기10년 이상의 징역 또는 금고에 해당하는 범죄에는 7년

④ 장기 10년 미만의 징역 또는 금고에 해당하는 범죄에는 5년

⑤ 장기 5년 미만의 징역 또는 금고, 장기 10년 이상의 자격정지 또는 다액 1만원 이상의 벌금에 해당하는 범죄에는 3년

⑥ 장기 5년 이상의 자격정지에 해당하는 범죄에는 2년

⑦ 장기 5년 미만의 자격정지, 다액 1만원 미만의 벌금, 구류, 과료 또는 몰수에 해당하는 범죄에는 1년

시효는 범죄행위 종료시부터 진행하고 공범의 경우는 최종행위의 종료시부터 전공범에 대하여 기산한다(형소법 제252조). 관세범에 관하여 통고처분을 한 때에는 공소시효가 중단된다(법 제311조 ③항).

제2절
관세범의 조사(관세법 제290)

1. 관세범의 조사전담권

1) 의의

세관공무원이 관세범이 있다고 인정하는 때에는 범인·범죄사실 및 증거를 조사하여야 한다. 관세법은 「관세범에 관한 조사처분은 세관공무원이 이를 행한다($\frac{관세법}{제283조}$)」라고 규정하여 세관공무원만이 관세범 조사를 전담하도록 하였다. 세관공무원은 관세범이 있다고 인정할 때에는 범인, 범죄사실 및 증거를 조사하여야 한다($\frac{관세법}{제290조}$).

관세범칙사건의 조사는 범칙사실에 관한 증빙을 수집하여 범칙사실의 존부 및 범칙자를 확정하기 위한 일련의 절차를 뜻한다. 즉, 관세의 구성요건에 해당하는 사실의 혐의가 있을 경우 이를 범칙사건이라 하고, 이를 규명하기 위해 행하는 조사를 범칙조사라고 한다.

2) 공소의 요건

관세범에 관한 사건에 대하여는 관세청장이나 세관장의 고발이 없으면 검사는 공소를 제기할 수 없다($\frac{관세법}{제284조\ 제1항}$).

3) 관세범 인계

다른 기관이 관세범에 관한 사건을 발견하거나 피의자를 체포하였을 때에는 즉시 관세청이나 세관에 인계하여야 한다($\frac{관세법}{제284조\ 제2항}$).

4) 관세범칙조사심의위원회

범칙사건에 관한 다음 각 호의 사항을 심의하기 위하여 관세청 또는 대통령령으로 정하는 세관에 관세범칙조사심의위원회를 둘 수 있다($^{관세법}_{제284조의2\ 제1항}$). 관세범칙조사심의위원회의 구성은 인천공항세관·서울세관·부산세관·인천세관·대구세관·광주세관 및 평택세관에 관세범칙조사심의위원회를 둔다($^{관세법시행령}_{제266조의2\ 제1항}$). 그리고 관세범칙조사심의위원회(이하 "관세범칙조사심의위원회"라 한다)는 위원장 1명을 포함한 10명 이상 20명 이하의 위원으로 구성한다($^{관세법시행령}_{제266조의2\ 제2항}$).

① 관세범의 조사(제290조) 및 사법경찰관리의 직무를 수행할 자와 그 직무범위에 관한 법률(제6조 제14호)에 해당하는 사건에 대한 조사의 시작 여부에 관한 사항

② 제1호에 따라 조사한 사건의 고발, 송치, 통고처분(제311조 제8항에 따른 통고처분의 면제를 포함한다) 및 종결 등에 관한 사항

③ 그 밖에 범칙사건과 관련하여 관세청장 또는 세관장이 관세범칙조사심의위원회의 심의가 필요하다고 인정하는 사항

관세범칙조사심의위원회는 위원장 1명을 포함하여 20명 이내의 위원으로 성별을 고려하여 구성한다($^{관세법}_{제284조의2\ 제2항}$). 제2항에서 규정한 사항 외에 관세범칙조사심의위원회의 관할, 구성 및 운영 등에 필요한 사항은 대통령령으로 정한다($^{관세법}_{제284조의2\ 제2항}$).

5) 위원장 및 위원

관세범칙조사심의위원회의 위원장은 관세청의 3급부터 5급까지에 해당하는 공무원 중 관세청장이 지정하는 사람이 되고, 위원은 다음 각 호의 사람 중에서 세관장이 임명 또는 위촉하되, 제2호부터 제6호까지에 해당하는 위원이 2분의 1 이상 포함되어야 한다($^{관세법시행령}_{제266조의2\ 제3항}$).

① 관세청 소속 공무원

② 변호사·관세사

③ 대학교수

④ 관세, 무역 및 형사 관련 전문연구기관 연구원

⑤ 시민단체(「비영리민간단체 지원법」 제2조에 따른 비영리민간단체를 말한다)에서 추천하는 자

⑥ 그 밖에 범칙조사에 관한 학식과 경험이 풍부한 자

위원의 임기는 2년으로 하되, 한차례만 연임할 수 있다. 다만, 보궐위원의 임기는 전임위원 임기의 남은 기간으로 한다$\binom{\text{관세법시행령}}{\text{제266조의2 제4항}}$.

6) 관세법에 관한 서류

관세범에 관한 서류에는 연월일을 적고 서명날인하여야 한다$\binom{\text{관세법}}{\text{제285조}}$. 관세범의 조사와 처분에 관한 서류에는 장마다 간인(間印)하여야 한다. 문자를 추가하거나 삭제할 때와 난의 바깥에 기입할 때에는 날인(捺印)하여야 한다. 문자를 삭제할 때에는 그 문자 자체를 그대로 두고 그 글자수를 적어야 한다$\binom{\text{관세법}}{\text{제286조 제1,2,3항}}$.

7) 조서의 서명

관세범에 관한 서류에 서명날인하는 경우 본인이 서명할 수 없을 때에는 다른 사람에게 대리서명하게 하고 도장을 찍어야 한다. 이 경우 도장을 지니지 아니하였을 때에는 손도장을 찍어야 한다. 다른 사람에게 대리서명하게 한 경우에는 대리서명자가 그 사유를 적고 서명날인하여야 한다$\binom{\text{관세법}}{\text{제287조 제1,2항}}$.

8) 서류의 송달

관세범에 관한 서류는 인편이나 등기우편으로 송달한다$\binom{\text{관세법}}{\text{제288조}}$. 관세범에 관한 서류를 송달하였을 때에는 수령증을 받아야 한다$\binom{\text{관세법}}{\text{제289조}}$.

9) 사법경찰권 부여

세관공무원은 관세범에 관하여 「사법경찰관리의 직무를 수행할 자와 그 직무범위에 관한 법률」에서 정하는 바에 따라 사법경찰관리의 직무를 수행한다$\binom{\text{관세법}}{\text{제295조}}$.

2. 조사방법

세관공무원이 관세범이 있다고 인정할 때에는 범인·범죄사실 및 증거를 조사하여야 한다($\frac{관세법}{제290조}$). 관세범에 관한 조사에 있어서 조사방법은 임의조사와 강제조사로 구분할 수 있다.

1) 임의조사

(1) 의의

범칙 조사권자가 조사의 대상이 되고 있는 범칙 혐의자 또는 참고인의 동의를 받아 범칙 사건을 조사하는 방법을 임의조사라고 한다. 임의조사란 피의자의 승낙을 받아 행하는 조사로서 관세법상 임의조사의 방법에는 신문·소환·출석 또는 동행요구, 임의제출 물품이나 유류품의 압수, 임검, 개시요구 등이 있다.

(2) 임의조사의 방법

(가) 심문

세관공무원이 관세범 조사상 필요하다고 인정할 때에는 피의자, 증인 또는 참고인을 심문할 수 있다($\frac{관세법}{제291조}$).

(나) 소환·출석·동행

소환이란 지정한 일시에 지정한 장소에 출두하는 것을 말하며, 출석이란 지정된 장소까지 출두하는 것이고 동행이란 지정된 장소까지 가는 것을 말한다.

세관공무원이 관세범 조사상 필요하다고 인정할 때에는 피의자·증인·참고인을 소환할 수 있고 지정한 장소에 출석 또는 동행을 명할 수 있다. 이들을 소환할때에는 소환장을 발부하여야 한다($\frac{관세법}{제294조 \, 제1,2,3항}$).

(다) 임의제출물품과 유류품의 압수($\frac{관세법}{제296조}$)

압수란 증거물 또는 몰수할 것으로 인정되는 물품을 보전하기 위하여 국가에서 점유를 취득하는 처분을 말한다. 압수는 점유를 취득하는 것이므로 그 물품이 소유권에서는 영향을 주지 않는다.

소유자·점유자 또는 보관자가 임의로 제출한 물품이나 압류한 물품은 영장없이 압수할 수 있다. 단, 관세법에 의하여 압수한 때에는 관할지방법원 판사의 영장을 받아야 한다.

(라) 검증 ($\frac{관세법}{제300조}$)

세관공무원은 관세범의 조사에 필요하다고 인정할 때에는 선박·차량·항공기·창고 기타 장소에 검증할 수 있다. 이 경우 검증은 임의조사이며, 수색은 판사의 영장이 필요하므로 강제조사가 된다.

(마) 개시요구

개시란 범죄사실을 증명하기에 충분한 물품을 신변에 은닉 또는 소지하고 있는 자에 대하여 그 신변의 개시를 요구하여 증거물을 발견하는 것을 말한다.

세관공무원은 피의자가 범죄사실을 증명하기에 충분한 물품을 신변에 은닉하였다고 인정할 때에는 그 개시를 요구할 수 있으며, 이에 응하지 아니할 때에는 신변의 수색을 할 수 있다($\frac{관세법}{제301조\ 제1항}$).

2) 강제조사

(1) 의의

강제조사란 조사를 받아야 할 상대방의 의사에 불구하고 물리적으로 상대방을 제약하여 조사를 하는 것으로 주로 사법 경찰관리의 지명을 받은 세관공무원이 한다. 관세법상 강제조사에는 피의자의 구속, 압수와 수색 등이 있다.

(2) 현행범의 체포 또는 구속

(가) 체포

관세범이 현행 범인에 대하여는 세관공무원은 발견 즉시 체포하여야 한다($\frac{관세법}{제298조\ 제1항}$). 관세범의 현행 범인이 그 장소에 있을 때에는 누구든지 체포할 수 있다. 이 경우에는 체포한 자가 세관공무원이 아닌 때에는 지체없이 세관공무원에게 체포한 범인을 인도하여야 한다($\frac{관세법}{제298조\ 제2항}$).

(나) 구속

구속은 구인과 구금을 포함한 뜻으로, 피의자를 일정한 장소에 실력을 행사하여 인치하는 강제처분을 구인이라 하고 일정한 장소(교도소·구치소)에 감금하는 강제처분을 구금이라 한다. 사법경찰관리의 직무를 행하는 세관공무원이 법령에 의하여 피의자를 구속한때에는 세관관서·경찰관서 또는 교도관서에 유치하여야 한다($\frac{관세법시행령}{제277조}$).

(3) 압수 또는 수색 $\left(\substack{\text{관세법} \\ \text{제296조}}\right)$

(가) 압수

세관공무원이 관세범 조사에 의하여 발견한 물품이 범죄의 사실을 증명하기에 충분하거나 또는 몰수할 것으로 인정할 때에는 압수할 수 있다 $\left(\substack{\text{관세법} \\ \text{제303조 제1항}}\right)$. 관세법에 의하여 압수할 때에는 관할지방법원판사의 영장을 받아야 한다 $\left(\substack{\text{관세법} \\ \text{제297조 제1항}}\right)$. 압수물품은 편의에 의하여 소지시 또는 시·군·읍·면사무소에 보관시킬 수 있다.

(나) 수색 $\left(\substack{\text{관세법} \\ \text{제300조}}\right)$

조사상 필요하거나 개시요구에 불응하는 때에는 신변의 수색을 할 수 있으며 관세법에 의하여 수색할 때에는 관할지방법원 판사의 영장을 받아야 한다. 세관공무원은 관세범 조사상 필요하다고 인정하는 때에는 선박·차량·항공기·창고 기타의 장소를 임검 또는 수색할 수 있다 $\left(\substack{\text{관세법} \\ \text{제300조}}\right)$. 세관공무원은 피의자가 범죄사실을 증명하기에 충분한 물품을 신변에 은닉하였다고 인정되는 때에는 이를 내보이도록 요구하고 이에 응하지 아니하는 때에는 신변을 수색할 수 있다 $\left(\substack{\text{관세법} \\ \text{제301조 제1항}}\right)$.

3. 관세조사 기관

1) 관세청장과 세관장

관세청장과 세관장은 사법경찰기관이다. 따라서, 다른 기관이 관세범에 대한 사건을 발견하거나 피의자를 체포한 때에는 즉시, 관세청 또는 세관에 인계하여야 한다 $\left(\substack{\text{관세법} \\ \text{제284조 제2항}}\right)$.

관세범의 현행범인이 그 장소에 있는 때에는 누구든지 체포할 수 있지만, 범인을 체포한 자는 지체없이 세관공무원에게 동 범인을 인도하여야 한다.

2) 세관공무원

관세범에 관한 조사·처분은 세관공무원이 이를 행한다. 세관공무원은 사법경찰관리의 직무를 행한다. 따라서, 세관공무원의 법적 지위는 형사소송절차에서 「형사소송법」의 규정에 의한 경찰공무원과 똑같은 권리와 의무를 갖는다. 즉, 임의조사·강제조사를 행한다.

세관공무원이 관세조사를 종료할 때에는 관세청장 또는 세관장에게 서면으로 그 결과를 보고하여야 한다 $\left(\substack{\text{관세법} \\ \text{제310조 제1항}}\right)$.

4. 조사의 제반 규정

1) 압수조서 등의 작성 (관세법 제305조)

① 검증·수색 또는 압수를 한 때에는 조서를 작성하여야 한다.

② 법 제292조 제2항 및 제3항의 규정은 제1항의 규정에 의한 검증·수색 또는 압수조서에 준용한다.

③ 현행범인에 대한 수색 또는 압수로서 급속을 요하는 때의 조서작성에 관하여는 법 제293조의 규정을 준용한다.

2) 야간집행의 제한 (관세법 제306조)

해 진 후부터 해 뜨기 전까지는 검증·수색 또는 압수를 할 수 없다. 다만, 현행범인 경우에는 그러하지 아니하다. 이미 시작한 검증·수색 또는 압수는 제1항에도 불구하고 계속할 수 있다.

3) 조사 중의 출입금지 (관세법 제307조)

세관공무원은 피의자·증인 또는 참고인에 대한 조사·검증·수색 또는 압수 중에는 누구를 막론하고 그 장소에의 출입을 금할 수 있다.

4) 신분증명 (관세법 제308조)

세관공무원은 조사·검증·수색 또는 압수를 할 때에는 제복을 착용하거나 그 신분을 증명할 증표를 지니고 그 처분을 받을 자가 요구하면 이를 보여 주어야 한다 (관세법 제308조 제1항).

제1항에 따른 세관공무원이 제복을 착용하지 아니한 경우로서 그 신분을 증명하는 증표 제시 요구를 따르지 아니하는 경우에는 처분을 받을 자는 그 처분을 거부할 수 있다 (관세법 제308조 제2항).

5) 경찰과의 원조 (관세법 제309조)

세관공무원은 조사·검증·수색 또는 압수를 할 때 필요하다고 인정하는 경우에는 국가경찰공무원의 원조를 요구할 수 있다.

6) 조사결과의 보고

세관공무원은 조사를 종료하였을 때에는 관세청장이나 세관장에게 서면으로 그 결과를 보고하여야 한다. 세관공무원은 제1항에 따른 보고를 할 때에는 관계 서류를 함께 제출하여야 한다$\left(\substack{\text{관세법} \\ \text{제310조}}\right)$.

제3절
처분

1. 개요

관세범에 대한 처분은 세관공무원이 관세범이 있다고 인정하고 범인·범죄사실·증거를 조사한 결과 범죄사실에 대하여 확증을 얻었을 경우 관세청장 또는 세관장이 행하는 통고처분 및 고발을 말한다.

관세범의 처분은 관세청장 또는 세관장이 세관공무원으로부터 관세범 조사의 결과를 보고받고 사건을 처리하는 조치를 말한다.

이 경우 범죄의 확정을 얻을 때 행하는 통고처분·고발 및 범죄와 관련물품의 처분으로 구분된다. 범죄와 관련물품의 처분은 압수물품의 환부처분을 말한다.

2. 통고처분 (관세법 제311조)

1) 의의

통고처분은 형사소송절차의 전단계에서 행정관청에게 일차적인 처분권을 부여하여 전문지식을 가진 소속공무원에게 조사하도록 한 결과 범죄의 확증을 얻으면 통고처분을 받은 자가 수락하는 것을 전제로 처벌할 수 있는 특별절차이다. 관세범이 징역형에 처할 경우 또는 통고처분을 받은 자가 그 이행을 거부하거나 기타 사유로 통고처분으로서는 사건을 종결할 수 없는 경우에는 검사에게 고발하여 형사소송절차에 따라 처리할 수 있도록 함으로써 행정목적의 실효성을 확보하고 국민이 재판받을 권리를 보장하면서 능률적으로 징벌의 효과를 거두는 데 그 의의가 있다.

2) 통고처분의 대상

관세청장이나 세관장은 관세범을 조사한 결과 범죄의 확증을 얻었을 때에는 대통령령으로 정하는 바에 따라 그 대상이 되는 자에게 그 이유를 구체적으로 밝히고 다음 각 호에 해당하는 금액이나 물품을 납부할 것을 통고할 수 있다$\binom{\text{관세법}}{\text{제311조 제1항}}$.

① 벌금에 상당하는 금액
② 몰수에 해당하는 물품
③ 추징금에 해당하는 금액

통고처분$\binom{\text{관세법 제311조}}{\text{제1항 제1호}}$인 벌금에 상당하는 금액에 따른 벌금에 상당하는 금액은 해당 벌금 최고액의 100분의 20으로 한다$\binom{\text{관세법시행령}}{\text{제270조의1 제1항}}$. 다만, 관세청장이나 세관장은 관세범이 조사를 방해하거나 증거물을 은닉·인멸·훼손한 경우 등 관세청장이 정하여 고시하는 사유에 해당하는 경우에는 제1항에 따른 금액의 100분의 50 범위에서 관세청장이 정하여 고시하는 비율에 따라 그 금액을 늘릴 수 있다$\binom{\text{관세법시행령}}{\text{제270조의1 제2항}}$.

관세청장이나 세관장은 관세범이 조사 중 해당 사건의 부족세액을 자진하여 납부한 경우, 심신미약자인 경우 또는 자수한 경우 등 관세청장이 정하여 고시하는 사유에 해당하는 경우에는 제1항에 따른 금액의 100분의 50 범위에서 관세청장이 정하여 고시하는 비율에 따라 그 금액을 줄일 수 있다$\binom{\text{관세법시행령}}{\text{제270조의1 제3항}}$.

관세범이 제2항 및 제3항에 따른 사유에 2가지 이상 해당하는 경우에는 각각의 비율을 합산하되, 합산한 비율이 100분의 50을 초과하는 경우에는 100분의 50으로 한다$\binom{\text{관세법시행령}}{\text{제270조의1 제4항}}$.

3) 통고서 작성

관세청장이나 세관장은 법 제311조 제1항에 따라 통고처분을 하는 경우 관세범의 조사를 마친 날부터 10일 이내에 그 범칙행위자 및 법 제279조의 양벌 규정이 적용되는 법인 또는 개인별로 통고서를 작성하여 통고해야 한다$\binom{\text{관세법시행령}}{\text{제270조의2 제5항}}$.

4) 통고처분납부대행기관

관세법(제311조 제5항)에서 "대통령령으로 정하는 통고처분납부대행기관"이란 정보통신망을 이용하여 신용카드, 직불카드 등(이하 이 조에서 "신용카드 등"이라 한다)에 의한 결재를 수행하는 기관으로서 다음 각 호의 어느 하나에 해당하는 기관을 말한다$\binom{\text{관세법시행령}}{\text{제270조의2 제6항}}$.

① 「민법」 제32조에 따라 설립된 금융결제원

② 시설, 업무수행능력, 자본금 규모 등을 고려하여 관세청장이 지정하는 자

통고처분납부대행기관은 납부대행의 대가로 기획재정부령으로 정하는 바에 따라 납부대행 수수료를 받을 수 있다$\binom{\text{관세법시행령}}{\text{제270조의2 제7항}}$. 관세청장은 납부에 사용되는 신용카드 등의 종류 등 납부에 필요한 사항을 정할 수 있다$\binom{\text{관세법시행령}}{\text{제270조의2 제8항}}$.

5) 통고처분 금액과 물품

벌금에 상당하는 금액의 부과기준은 대통령령으로 정한다$\binom{\text{관세법}}{\text{제311조 제4항}}$. 통고처분을 받은 자는 납부하여야 할 금액을 대통령령으로 정하는 통고처분납부대행기관을 통하여 신용카드, 직불카드 등(이하 이 조에서 "신용카드 등"이라 한다)으로 납부할 수 있다$\binom{\text{관세법}}{\text{제311조 제5항}}$. 신용카드 등으로 납부하는 경우에는 통고처분납부대행기관의 승인일을 납부일로 본다$\binom{\text{관세법}}{\text{제311조 제6항}}$.

통고처분납부대행기관의 지정 및 운영, 납부대행 수수료 등 통고처분에 따른 금액을 신용카드 등으로 납부하는 경우에 필요한 세부사항은 대통령령으로 정한다$\binom{\text{관세법}}{\text{제311조 제7항}}$. 관세청장이나 세관장은 통고처분 대상자의 연령과 환경, 법 위반의 동기와 결과, 범칙금 부담능력과 그 밖에 정상을 고려하여 제284조의2에 따른 관세범칙조사심의위원회의 심의·의결을 거쳐 제1항에 따른 통고처분을 면제할 수 있다. 이 경우 관세청장이나 세관장은 관세범칙조사심의위원회의 심의·의결 결과를 따라야 한다$\binom{\text{관세법}}{\text{제311조 제8항}}$.

통고처분 면제는 다음 각 호의 요건을 모두 갖춘 관세범을 대상으로 한다$\binom{\text{관세법}}{\text{제311조 제9항}}$.

① 제1항 제1호의 금액이 30만원 이하일 것

② 제1항 제2호의 물품의 가액과 같은 항 제3호의 금액을 합한 금액이 100만원 이하일 것

6) 통고처분의 요건

통고처분의 요건은 다음과 같다.

① 통고처분을 할 수 있는 자는 관세청장 또는 세관장이다.

② 통고처분은 범죄의 심증을 얻어야 하며, 이는 인적·물적 증거에 의하여 범칙사실이 입증되는 것을 말한다.

③ 통고처분의 대상은 벌금에 상당하는 금액, 몰수에 해당하는 물품, 추징금에 해당하는 금액 등이다.

④ 통고이행기간을 명시하여야 한다(통고의 이행기간을 통고처분일로부터 10일내로 한다).

7) 통고처분의 절차

(1) 통고서의 작성 (관세법 제314조)

통고처분은 요식행위로서 반드시 통고서를 작성해 서면으로 하여야 한다 (관세법 제314조 제1항). 통고서에는 다음 사항을 기재하고 처분을 한 자가 이에 서명·날인하여야 한다 (관세법 제314조 제2항).

① 처분을 받을 자의 성명·연령·성별·직업과 주소
② 벌금에 상당한 금액·몰수에 해당하는 물품또는 추징금에 상당한 금액
③ 범죄사실
④ 적용법조
⑤ 이행장소
⑥ 통고처분 연월일

(2) 통고서의 송달

통고서의 고지는 통고서의 송달에 의하여야 하며 (관세법 제315조), 그 송달방법은 인편 또는 등기우편으로 하여야 하고 (관세법 제288조), 송달하였을 때에는 수령증을 받아야 한다 (관세법 제289조).

(3) 예납제도

예납제도란 통고의 요지를 이행할 것을 전제로 벌금 또는 추징금에 상당한 금액을 통고처분을 받기 전에 미리 관세청장이나 세관장에게 보관시켜주는 제도이다 (관세법 제311조 제2항). 벌금 또는 추징금에 상당한 금액을 가납하고자 하는 자는 가납금액과 신청사유를 기재한 신청서를 제출하여야 하고 가납금을 받은 경우에는 보관증을 교부해야 한다.

벌금 또는 추징금에 상당한 금액을 예납하고자 하는 자는 다음 각호의 사항을 기재한 신청서를 관세청장 또는 세관장에게 제출하여야 한다 (관세법시행령 제271조 제1항).

① 주소 및 성명
② 예납금액
③ 신청사유

예납금을 받은 관세청장 또는 세관장은 그 보관증을 예납자에게 교부하여야 하며, 관세청장 또는 세관장은 제2항의 규정에 의하여 보관한 예납금으로써 예납자가 납부하여야 하는 벌금 또는 추징금에 상당하는 금액에 충당하고 잔금이 있는 때에는 지체없이 예납자에게 환급하여야 한다 (관세법시행령 제271조 제2,3항).

8) 통고처분의 효과

통고처분은 관세의 징수권의 소멸시효와 공소시효를 중단시키는 효과가 있다.

(1) 관세징수권의 소멸시효 중단

관세의 징수권에 대한 소멸시효는 통고처분으로 인하여 중단된다. 중단된 소멸시효는 통고 이행기간인 10일이 경과하면 그 익일부터 다시 새로이 징수권의 소멸시효가 진행한다.

(2) 공소시효의 중단

통고처분의 통고가 있을 때에는 그 관세범의 공소시효는 중단된다$\left(\begin{smallmatrix}\text{관세법}\\\text{제311조 제3항}\end{smallmatrix}\right)$.

9) 통고처분의 이행 및 불이행 효과

(1) 통고처분이행의 효과$\left(\begin{smallmatrix}\text{관세법}\\\text{제317조}\end{smallmatrix}\right)$

관세범인이 통고처분의 요지를 이행한때에는 동일 사건에 대하여 다시 처벌을 받지 아니한다$\left(\begin{smallmatrix}\text{관세법}\\\text{제317조}\end{smallmatrix}\right)$. 즉, 일사부재리의 원칙이 적용된다.

통고처분의 이행이라 함은 통고서에 기재된 모든 내용을 이행하고, 그 사건에 대한 형벌 책임의 해제를 요구하는 사실적 행위를 말한다. 통고처분의 이행은 통고서의 송달을 받은 날부터 10일이내에 이행하여야 한다. 그러나, 10일이 경과하였다 하더라도 고발 전에 이행하면 10일 내에 이행한 것과 같은 효과가 있다$\left(\begin{smallmatrix}\text{관세법}\\\text{제316조}\end{smallmatrix}\right)$.

(2) 통고처분 불이행의 효과$\left(\begin{smallmatrix}\text{관세법}\\\text{제316조}\end{smallmatrix}\right)$

관세범인이 통고처분의 통과서를 받은 날로부터 10일 이내에 이를 이행하지 아니하면 관세청장 또는 세관장은 즉시 고발한다. 그러나 10일이 경과하였다 하더라도 고발 전에 통고처분을 10일 내에 이행한 것으로 간주되어 고발하지 아니한다$\left(\begin{smallmatrix}\text{관세법}\\\text{제316조}\end{smallmatrix}\right)$.

3. 고발

1) 의의

관세법상 고발이란 관세범이 관세법상의 고발요건을 갖추었을 때 관세청장 또는 세관장이 검사에게 하는 고발로서 검사가 고소제기를 할 수 있는 조건이 된다.

즉, 관세법상의 고발은 관세청장 또는 세관장만이 할 수 있으며 고발요건을 갖춘 관세범은 반드시 고발하여야 한다. 관세범에 관한 사건은 관세청장 또는 세관장의 고발이 없는 한 검사는 공소를 제기할 수 없다.

2) 고발요건

(1) 통고의 불이행과 고발 $\binom{\text{관세법}}{\text{제316조}}$

관세범인이 통고서의 송달을 받은 때에는 그 날부터 10일 이내에 이를 이행하여야 하며, 이 기간내에 이행하지 아니하는 때에는 관세청장 또는 세관장은 즉시 고발하여야 한다. 다만, 10일이 경과된 후 고발이되기 전에 관세범인이 통고처분을 이행한 때에는 그러하지 아니하다 $\binom{\text{관세법}}{\text{제316조}}$.

(2) 무자력 고발 $\binom{\text{관세법}}{\text{제318조}}$

관세청장 또는 세관장은 다음 각 호의 1에 해당하는 때에는 즉시 고발하여야 한다 $\binom{\text{관세법}}{\text{제318조}}$.
① 관세범인이 통고를 이행할 수 있는 자금능력이 없다고 인정되는 때
② 관세범인의 주소 및 거소의 불명 기타의 사유로 인하여 통고를 하기 곤란하다고 인정되는 때

(3) 즉시고발 $\binom{\text{관세법}}{\text{제312조}}$

관세청장 또는 세관장은 범죄의 정상이 징역형에 처하여질 것으로 인정되는 때에는 즉시 고발하여야 한다.

3) 고발방법

관세청장 또는 세관장이 관세범을 소관 검찰청에 고발하는 경우에 압수물품이 있을 때에는 압수물품조서를 첨부하여 인계하여야 한다 $\binom{\text{관세법시행령}}{\text{제272조 제1항}}$.

4) 고발의 효과

고발은 관세징수권의 소멸시효를 중단시키는 효과와 통고처분의 효력을 상실시키는 효과가 있다.

(1) 관세징수권의 소멸시효중단

관세의 징수권의 소멸시효는 고발에 의하여 중단된다. 중단된 소멸시효는 중단사유가 소멸하면 다시 새로이 기산되어 진행한다.

(2) 통고처분의 효력상실

통고처분을 하였으나 피처분자가 이를 이행하지 아니하여 고발한 경우에는 고발한 후에 통고처분을 이행하고자 하더라고 이행할 수 없다. 따라서, 고발에 의하여 통고처분의 효력이 상실된다.

4. 압수물품의 처분

세관공무원이 관세범 조사에 의하여 발견한 물품의 범죄의 사실을 증명하기에 충분하거나 몰수할 것으로 인정되어 압수한 물품은 다음과 같이 처리된다.

1) 압수물품의 매각

관세청장 또는 세관장은 압수물품이 다음에 해당하는 경우에는 피의자 또는 관계인에게 통고한 후 매각하여 그 대금을 보관 또는 공탁할 수 있다. 다만, 통고할 여유가 없을 때에는 매각한 후 통고하여야 한다(관세법 제302조 제3항).

① 부패 또는 손상 기타 실용기간이 경과될 우려가 있는 경우
② 보관상 극히 불편하다고 인정되는 경우
③ 처분지연으로 상품가치가 크게 감소될 우려가 있는 경우
④ 피의자 또는 관계인이 매각을 요청하는 경우 범죄의 정상이 징역형에 처할 것으로 인정될 경우.

2) 압수물품의 폐기

관세청장 또는 세관장은 압수물품이 다음에 해당하는 경우에는 피의자 또는 관계인에게 통고한 후 폐기할 수 있다. 다만, 통고할 여우가 없을 때에는 폐기한 후 즉시 통보하여야 한다.

① 사람의 생명 또는 재산을 해할 우려가 있는 물품
② 부패 또는 변질
③ 실용시효가 경과된 물품
④ 상품가치를 상실한 물품부채 또는 손상 기타 실용기간이 경과될 우려가 있는 경우

3) 압수물품의 반환 $\binom{\text{관세법}}{\text{제313조}}$

① 관세청장이나 세관장은 압수물품을 몰수하지 아니할 때에는 그 압수물품이나 그 물품의 환가대금(환가대김)을 반환하여야 한다.
② 제1항의 물품이나 그 환가대금을 반환받을 자의 주소 및 거소가 분명하지 아니하거나 그 밖의 사유로 반환할 수 없을 때에는 그 요지를 공고하여야 한다.
③ 제2항에 따라 공고를 한 날부터 6개월이 지날 때까지 반환의 청구가 없는 경우에는 그 물품이나 그 환가대금을 국고에 귀속시킬 수 있다.
④ 제1항의 물품에 대하여 관세가 미납된 경우에는 반환받을 자로부터 해당 관세를 징수한 후 그 물품이나 그 환가대금을 반환하여야 한다.

4) 압수물품의 국고귀속

(1) 압수물품의 국고귀속

밀수출입죄, 부정수출입죄, 밀수품의 취득죄에 해당되어 몰수할 것으로 인정되는 물품을 압수한 경우에 몰수일로부터 6월 이내에 당해 물품의 소유자 및 범인을 알 수 없는 경우에는 당해 물품을 유실물로 간주하여 유실물의 공고를 하여야 한다. 이때 공고일로부터 1년이 경과하여도 소유자 및 범인을 알 수 없는 경우에는 당해 물품은 국고에 귀속된다.

(2) 압수물품의 환부미청구시의 국고귀속

압수물품을 목수하지 아니할 때 그 압수물품을 환부하여야 하는 바 환부받을 자의 주소 및 거소가 불명하여 환부를 공고한 경우에 그 공고일로부터 6월이 경과하여도 환부의 청구가 없을 때에는 그 물품은 국고에 귀속된다 $\binom{\text{관세법}}{\text{제299조 제3항}}$.

제10장

보칙

1. 가산세의 세목(관세법 제320조)

관세법에 의한 가산세는 관세의 세목으로 한다.

2. 세관의 업무시간·물품취급시간(관세법 제321조)

세관의 업무시간, 보세구역과 운송수단의 물품취급시간은 대통령령으로 정하는 바에 따른다(관세법 제321조 제1항). ② 다음 각 호의 어느 하나에 해당하는 자는 대통령령으로 정하는 바에 따라 세관장에게 미리 통보하여야 한다(관세법 제321조 제2항). 제2항에 따라 사전통보를 한 자는 기획재정부령으로 정하는 바에 따라 수수료를 납부하여야 한다(관세법 제321조 제3항).

> ① 세관의 업무시간이 아닌 때에 통관절차·보세운송절차 또는 입출항절차를 밟으려는 자
> ② 운송수단의 물품취급시간이 아닌 때에 물품을 취급하려는 자

3. 통계 및 증명서의 작성 및 교부(관세법 제322조)

1) 통계작성 및 열람

관세청장은 다음 각 호의 사항에 관한 통계를 작성하고 그 열람이나 교부를 신청하는 자가 있으면 이를 열람하게 하거나 교부하여야 한다(관세법 제322조 제1항).

> ① 수출하거나 수입한 화물에 관한 사항
> ② 입항하거나 출항한 국제무역선 및 국제무역기에 관한 사항
> ③ 수입물품에 대한 관세 및 내국세 등에 관한 사항
> ④ 그 밖에 외국무역과 관련하여 관세청장이 필요하다고 인정하는 사항

관세청장은 제1항에 따라 통계를 집계하고 대통령령으로 정하는 바에 따라 정기적으로 그 내용을 공표할 수 있다(관세법 제321조 제2항).

제1항에 따른 통계 외 통관 관련 세부 통계자료를 열람하거나 교부받으려는 자는 사용 용도 및 내용을 구체적으로 밝혀 관세청장에게 신청할 수 있다. 이 경우 관세청장은 대통령령으로 정하는 경우를 제외하고는 이를 열람하게 하거나 교부하여야 한다$\binom{\text{관세법}}{\text{제322조 제3항}}$.

관세청장은 제1항에 따른 통계 및 제3항에 따른 통계자료를 전산처리가 가능한 전달매체에 기록하여 교부하거나 전산처리설비를 이용하여 교부할 수 있다. 이 경우 교부할 수 있는 통계의 범위와 그 절차는 관세청장이 정한다$\binom{\text{관세법}}{\text{제322조 제4항}}$.

관세청장은 제1항에 따른 통계, 제3항에 따른 통계자료 및 제4항에 따른 통계의 작성 및 교부 업무를 대행할 자(이하 이 조에서 "대행기관"이라 한다)를 지정하여 그 업무를 대행하게 할 수 있다. 이 경우 관세청장은 통계작성을 위한 기초자료를 대행기관에 제공하여야 한다$\binom{\text{관세법}}{\text{제322조 제5항}}$.

세관사무에 관한 증명서와 제1항에 따른 통계, 제3항에 따른 통계자료 및 제4항에 따른 통계를 교부받으려는 자는 기획재정부령으로 정하는 바에 따라 관세청장에게 수수료를 납부하여야 한다. 다만, 제5항에 따라 대행기관이 업무를 대행하는 경우에는 대행기관이 정하는 수수료를 해당 대행기관에 납부하여야 한다$\binom{\text{관세법}}{\text{제322조 제6항}}$.

대행기관은 제6항 단서에 따라 수수료를 정할 때에는 기획재정부령으로 정하는 바에 따라 관세청장의 승인을 받아야 한다. 승인을 받은 사항을 변경하려는 경우에도 또한 같다 $\binom{\text{관세법}}{\text{제322조 제7항}}$.

제6항 단서에 따라 대행기관이 수수료를 징수한 경우 그 수입은 해당 대행기관의 수입으로 한다$\binom{\text{관세법}}{\text{제322조 제8항}}$.

제6항에 따른 증명서 중 수출·수입 또는 반송에 관한 증명서는 해당 물품의 수출·수입 또는 반송 신고의 수리일부터 5년 내의 것에 관하여 발급한다$\binom{\text{관세법}}{\text{제322조 제9항}}$.

2) 관세무역데이터 제공

관세청장은 다음 각 호의 어느 하나에 해당하는 자가 관세정책의 평가 및 연구 등에 활용하기 위하여 통계 작성에 사용된 기초자료와 관세청장이 생산·가공·분석한 데이터(이하 "관세무역데이터"라 한다)를 직접 분석하기를 원하는 경우 제116조 제1항 각 호 외의 부분 본문에도 불구하고 관세청 내에 설치된 대통령령으로 정하는 시설 내에서 관세무역데이터를 그 사용목적에 맞는 범위에서 제공할 수 있다. 이 경우 관세무역데이터는 개별 납세자의 과세정보를 직접적 또는 간접적 방법으로 확인할 수 없는 상태로 제공하여야 한다 $\binom{\text{관세법}}{\text{제322조 제10항}}$.

① 국회의원

② 「국회법」에 따른 국회사무총장·국회도서관장·국회예산정책처장·국회입법조사처장 및 「국회미래연구원법」에 따른 국회미래연구원장

③ 「정부조직법」 제2조에 따른 중앙행정기관의 장

④ 「지방자치법」 제2조에 따른 지방자치단체의 장

⑤ 「정부출연연구기관 등의 설립·운영 및 육성에 관한 법률」 제2조에 따른 정부출연연구기관의 장 등 대통령령으로 정하는 자

제1항에 따라 열람·교부된 통계(제2항에 따라 공표된 것은 제외한다), 제3항에 따라 열람·교부된 통계자료, 제4항에 따라 교부된 통계 및 제10항에 따라 제공된 관세무역데이터를 알게 된 자는 그 통계, 통계자료 및 관세무역데이터를 목적 외의 용도로 사용하여서는 아니 된다$\binom{\text{관세법}}{\text{제322조 제11항}}$.

세관사무에 관한 증명서, 제1항에 따른 통계, 제3항에 따른 통계자료 및 제4항에 따른 통계의 열람 또는 교부 절차와 제10항에 따른 관세무역데이터의 제공 절차에 필요한 사항은 대통령령으로 정한다$\binom{\text{관세법}}{\text{제322조 제12항}}$.

3) 관세무역데이터 제공시설 및 제공절차

관세법(제322조 제10항 각 호 외의 부분 전단)에서 "대통령령으로 정하는 시설"이란 다음 각 호의 요건을 모든 갖춘 시설로서 관세청장이 정하는 시설(이하 "관세무역데이터센터"라고 한다)을 말한다$\binom{\text{관세법시행령}}{\text{제276조의2 제1항}}$.

① 해당 시설 외부에서 내부통신망에 접근·침입하는 것을 방지하기 위한 정보보호시스템을 갖춘 시설일 것

② 관세정책의 평가·연구 등에 활용하기 위하여 통계 작성에 사용된 기초자료와 관세청장이 생산·가공·분석한 데이터(이하 "관세무역데이터"라 한다)를 분석할 수 있는 설비 등을 갖춘 시설일 것

법 제322조 제10항 제5호에서 "「정부출연연구기관 등의 설립·운영 및 육성에 관한 법률」 제2조에 따른 정부출연연구기관의 장 등 대통령령으로 정하는 자"란 다음 각 호의 어느 하나에 해당하는 자를 말한다$\binom{\text{관세법시행령}}{\text{제276조의2 제2항}}$.

① 「고등교육법」 제2조에 따른 학교의 장

② 「공공기관의 운영에 관한 법률」 제4조에 따른 공공기관의 장

③ 「정부출연연구기관 등의 설립·운영 및 육성에 관한 법률」 제2조에 따른 정부출연연구기관의 장

④ 제3호에 준하는 민간 연구기관의 장

⑤ 관세정책의 평가 및 연구를 목적으로 관세무역데이터의 적정성 점검 등을 수행하는 기관의 장

4) 관세무역데이터 직접분석

관세법(제322조 제10항 각 호의 어느 하나에 해당하는 자는 같은 항)에 따라 관세무역데이터를 직접 분석하기를 원하는 경우에는 다음 각 호의 사항을 포함한 관세무역데이터센터 이용 요청서를 관세청장에게 제출해야 한다$\binom{\text{관세법시행령}}{\text{제276조의2 제3항}}$.

① 관세무역데이터의 이용 목적

② 관세무역데이터의 명칭 및 내용

③ 관세무역데이터센터 이용 기간 및 이용자

5) 관세무역데이터 이용가능여부 통보

제3항에 따른 관세무역데이터센터 이용 요청서를 받은 관세청장은 그 요청서를 받은 날부터 30일 이내에 관세무역데이터센터의 이용 가능 여부 및 이용 기간을 통보해야 한다$\binom{\text{관세법시행령}}{\text{제276조의2 제4항}}$.

관세청장은 다음 각 호의 어느 하나에 해당하는 경우에는 관세무역데이터의 제공을 거부할 수 있다. 이 경우 제4항에 따라 이용 가능 여부를 통보할 때에 거부 사유를 함께 통보해야 한다$\binom{\text{관세법시행령}}{\text{제276조의2 제5항}}$.

① 관세무역데이터센터 이용 요청자가 요청한 자료를 보유하고 있지 않은 경우

② 관세무역데이터의 이용 목적이 불분명하거나 이용 목적과 무관한 관세무역데이터의 제공을 요청하는 경우

③ 「공공기관의 정보공개에 관한 법률」 제9조 각 호에 해당하는 비공개정보의 제공을 요청하는 경우

④ 이미 공표된 통계를 요청하거나 공표된 통계로 이용 목적을 달성할 수 있는 경우

⑤ 관세무역데이터센터 이용 요청 전에 법 제322조 제11항을 위반한 사실이 있는 경우

제3항에 따른 관세무역데이터 이용 요청서의 서식 및 그 밖에 관세무역데이터센터 이용에 필요한 사항은 관세청장이 정하여 고시한다$\binom{\text{관세법시행령}}{\text{제276조의2 제6항}}$.

4. 연구개발사업의 추진

관세청장은 관세행정에 필요한 연구·실험·조사·기술개발(이하 "연구개발사업"이라 한다) 및 전문인력 양성 등 소관 분야의 과학기술진흥을 위한 시책을 마련하여 추진할 수 있다(관세법 제322조의2 제1항). 제1항에 따른 연구개발사업은 단계별·분야별 연구개발과제를 선정하여 다음 각 호의 기관 또는 단체 등과 협약을 맺어 실시하게 할 수 있다(관세법 제322조의2 제2항).

① 국가 또는 지방자치단체가 직접 설치하여 운영하는 연구기관
② 「특정연구기관 육성법」 제2조에 따른 특정연구기관
③ 「과학기술분야 정부출연연구기관 등의 설립·운영 및 육성에 관한 법률」에 따라 설립된 과학기술분야 정부출연연구기관
④ 「고등교육법」에 따른 대학·산업대학·전문대학 및 기술대학
⑤ 「기초연구진흥 및 기술개발지원에 관한 법률」 제14조의2 제1항에 따라 인정받은 기업부설연구소 또는 기업의 연구개발전담부서
⑥ 「민법」이나 다른 법률에 따라 설립된 법인으로서 관세행정 관련 연구를 하는 기관
⑦ 그 밖에 대통령령으로 정하는 관세행정 분야의 연구기관 또는 단체

관세청장은 제2항에 따른 기관 또는 단체 등에 연구개발사업을 실시하는 데 필요한 자금의 전부 또는 일부를 출연하거나 보조할 수 있다(관세법 제322조의2 제3항). 제3항에 따른 출연금 및 보조금의 지급·사용 및 관리 등에 필요한 사항은 대통령령으로 정한다(관세법 제322조의2 제4항).

5. 세관설비의 사용(관세법 제323조)

물품장치나 통관을 위한 세관설비를 사용하려는 자는 기획재정부령으로 정하는 사용료를 납부하여야 한다.

6. 포상(관세법 제323조)

관세청장은 다음 각 호의 어느 하나에 해당하는 사람에게는 대통령령으로 정하는 바에 따라 포상할 수 있다(관세법 제323조 제1항).

① 제269조 부터 제271조까지, 제274조, 제275조의2 및 제275조의3에 해당되는 관세범을 세관이나 그 밖의 수사기관에 통보하거나 체포한 자로서 공로가 있는 사람
② 제269조 부터 제274조까지의 규정에 해당되는 범죄물품을 압수한 사람으로서 공로가 있는 사람
③ 이 법이나 다른 법률에 따라 세관장이 관세 및 내국세 등을 추가 징수하는 데에 공로가 있는 사람
④ 관세행정의 개선이나 발전에 특별히 공로가 있는 사람

관세청장은 체납자의 은닉재산을 신고한 사람에게 대통령령으로 정하는 바에 따라 10억 원의 범위에서 포상금을 지급할 수 있다. 다만, 은닉재산의 신고를 통하여 징수된 금액이 대통령령으로 정하는 금액 미만인 경우 또는 공무원이 그 직무와 관련하여 은닉재산을 신고한 경우에는 포상금을 지급하지 아니한다(관세법 제323조 제2항).

제2항에서 "은닉재산"이란 체납자가 은닉한 현금·예금·주식이나 그 밖에 재산적 가치가 있는 유형·무형의 재산을 말한다. 다만, 다음 각 호의 어느 하나에 해당하는 재산은 제외한다(관세법 제323조 제3항).

① 「국세징수법」 제30조에 따른 사해행위 취소소송의 대상이 되어 있는 재산
② 세관공무원이 은닉 사실을 알고 조사를 시작하거나 체납처분 절차를 진행하기 시작한 재산
③ 그 밖에 체납자의 은닉재산을 신고받을 필요가 없다고 인정되는 재산으로서 대통령령으로 정하는 것

제2항에 따른 은닉재산의 신고는 신고자의 성명과 주소를 적고 서명하거나 날인한 문서로 하여야 한다(관세법 제323조 제4항).

7. 편의제공 (관세법 제325조)

관세법에 따라 물품의 운송·장치 또는 그 밖의 취급을 하는 자는 세관공무원의 직무집행에 대하여 편의를 제공하여야 한다.

8. 몰수품 등의 처분 $\left(\substack{\text{관세법}\\\text{제326조}}\right)$

1) 처분

세관장은 이 법에 따라 몰수되거나 국고에 귀속된 물품(이하 "몰수품 등"이라 한다)을 공매 또는 그 밖의 방법으로 처분할 수 있다$\left(\substack{\text{관세법}\\\text{제326조 제1항}}\right)$. 몰수품 등의 공매에 관하여는 제210조를 준용한다. 다만, 관세청장이 정하는 물품은 경쟁입찰에 의하지 아니하고 수의계약이나 위탁판매의 방법으로 매각할 수 있다$\left(\substack{\text{관세법}\\\text{제326조 제2항}}\right)$. 세관장은 관세청장이 정하는 기준에 해당하는 몰수품 등을 처분하려면 관세청장의 지시를 받아야 한다$\left(\substack{\text{관세법}\\\text{제326조 제3항}}\right)$.

2) 관리비 지급

세관장은 몰수품 등에 대하여 대통령령으로 정하는 금액의 범위에서 몰수 또는 국고귀속 전에 발생한 보관료 및 관리비를 지급할 수 있다$\left(\substack{\text{관세법}\\\text{제326조 제4항}}\right)$. 세관장은 몰수품 등의 매각대금에서 매각에 든 비용과 제4항에 따른 보관료 및 관리비를 직접 지급할 수 있다$\left(\substack{\text{관세법}\\\text{제326조 제5항}}\right)$.

세관장은 제1항에도 불구하고 몰수품 등이 농산물인 경우로서 국내시장의 수급조절과 가격안정을 도모하기 위하여 농림축산식품부장관이 요청할 때에는 대통령령으로 정하는 바에 따라 몰수품 등을 농림축산식품부장관에게 이관할 수 있다$\left(\substack{\text{관세법}\\\text{제326조 제6항}}\right)$.

3) 보고

관세청장 또는 세관장은 제2항에 따른 위탁판매 물품에 대한 적정한 관리를 위하여 필요한 경우에는 수탁판매기관에게 물품의 판매 현황, 재고 현황 등 관리 현황을 관세청장 또는 세관장에게 보고하게 하거나 관련 장부 및 서류의 제출을 명할 수 있다. 이 경우 보고의 방법 및 절차 등 필요한 사항은 관세청장이 정한다$\left(\substack{\text{관세법}\\\text{제326조 제7항}}\right)$.

9. 사업에 관한 허가 등의 제한

세관장은 납세자가 허가·인가·면허 및 등록 등(이하 이 조에서 "허가 등"이라 한다)을 받은 사업과 관련된 관세 또는 내국세 등을 체납한 경우 해당 사업의 주무관청에 그 납세자에 대하여 허가 등의 갱신과 그 허가 등의 근거 법률에 따른 신규 허가 등을 하지 아니할 것을 요구할 수 있다. 다만, 재난, 질병 또는 사업의 현저한 손실, 그 밖에 대통령령으로 정하는 사유가 있는 경우에는 그러하지 아니하다^(관세법 제326조의2 제1항).

세관장은 허가 등을 받아 사업을 경영하는 자가 해당 사업과 관련된 관세, 내국세 등을 3회 이상 체납하고 그 체납된 금액의 합계액이 500만원 이상인 경우 해당 주무관청에 사업의 정지 또는 허가 등의 취소를 요구할 수 있다. 다만, 재난, 질병 또는 사업의 현저한 손실, 그 밖에 대통령령으로 정하는 사유가 있는 경우에는 그러하지 아니하다^(관세법 제326조의2 제2항).

제2항의 관세 또는 내국세 등을 체납한 횟수와 체납된 금액의 합계액을 정하는 기준과 방법은 대통령령으로 정한다^(관세법 제326조의2 제3항).

세관장은 제1항 또는 제2항의 요구를 한 후 해당 관세 또는 내국세 등을 징수한 경우 즉시 그 요구를 철회하여야 한다^(관세법 제326조의2 제4항). 해당 주무관청은 제1항 또는 제2항에 따른 세관장의 요구가 있는 경우 정당한 사유가 없으면 요구에 따라야 하며, 그 조치 결과를 즉시 관할 세관장에 알려야 한다^(관세법 제326조의2 제5항).

10. 국가관세종합정보망의 구축 및 운영 ^(관세법 제327조)

1) 의의

관세청장은 전자통관의 편의를 증진하고, 외국세관과의 세관정보 교환을 통하여 수출입의 원활화와 교역안전을 도모하기 위하여 전산처리설비와 데이터베이스에 관한 국가관세종합정보망(이하 "국가관세종합정보망"이라 한다)을 구축·운영할 수 있다^(관세법 제327조 제1항). 세관장은 관세청장이 정하는 바에 따라 국가관세종합정보망의 전산처리설비를 이용하여 이 법에 따른 신고·신청·보고·납부 등과 법령에 따른 허가·승인 또는 그 밖의 조건을 갖출 필요가 있는 물품의 증명 및 확인신청 등(이하 "전자신고 등"이라 한다)을 하게 할 수 있다^(관세법 제327조 제2항).

세관장은 관세청장이 정하는 바에 따라 국가관세종합정보망 또는 「정보통신망 이용촉진 및 정보보호 등에 관한 법률」 제2조 제1항 제1호에 따른 정보통신망으로서 이 법에 따른 송달을 위하여 국가관세종합정보망과 연계된 정보통신망(이하 "연계정보통신망"이라 한다)을 이용하여 전자신고 등의 승인·허가·수리 등에 대한 교부·통지·통고 등(이하 "전자송달"이라 한다)을 할 수 있다^(관세법 제327조 제3항).

2) 전자신고

전자신고 등을 할 때에는 관세청장이 정하는 바에 따라 관계 서류를 국가관세종합정보망의 전산처리설비를 이용하여 제출하게 하거나, 그 제출을 생략하게 하거나 간소한 방법으로 하게 할 수 있다(관세법 제327조 제4항).

제2항에 따라 이행된 전자신고 등은 관세청장이 정하는 국가관세종합정보망의 전산처리설비에 저장된 때에 세관에 접수된 것으로 보고, 전자송달은 송달받을 자가 지정한 전자우편주소나 국가관세종합정보망의 전자사서함 또는 연계정보통신망의 전자고지함(연계정보통신망의 이용자가 접속하여 본인에게 송달된 고지내용을 확인할 수 있는 곳을 말한다)에 고지내용이 저장된 때에 그 송달을 받아야 할 자에게 도달된 것으로 본다(관세법 제327조 제5항).

3) 전자송달

전자송달은 대통령령으로 정하는 바에 따라 송달을 받아야 할 자가 신청하는 경우에만 한다(관세법 제327조 제6항).

제6항에도 불구하고 국가관세종합정보망 또는 연계정보통신망의 전산처리설비의 장애로 전자송달이 불가능한 경우, 그 밖에 대통령령으로 정하는 사유가 있는 경우에는 교부·인편 또는 우편의 방법으로 송달할 수 있다(관세법 제327조 제7항). 제6항에 따라 전자송달할 수 있는 대상의 구체적 범위·송달방법 등에 관하여 필요한 사항은 대통령령으로 정한다(관세법 제327조 제8항).

11. 국가관세종합정보망 운영사업자의 지정 등(관세법 제327조의2)

관세청장은 국가관세종합정보망을 효율적으로 운영하기 위하여 대통령령으로 정하는 기준과 절차에 따라 국가관세종합정보망의 전부 또는 일부를 운영하는 자(이하 "국가관세종합정보망 운영사업자"라 한다)를 지정할 수 있다(관세법 제327조의2 제1항).

다음 각 호의 어느 하나에 해당하는 자는 제1항에 따른 지정을 받을 수 없다(관세법 제327조의2 제2항).

> ① 특허보세구역 운영인의 결격사유(관세법 제175조 제2호부터 제5호까지)의 어느 하나에 해당하는 자[77]

---

77) 제175조(운영인의 결격사유) 다음 각 호의 어느 하나에 해당하는 자는 특허보세구역을 설치·운영할

② 관세법 제327조의2 제4항에 따라 지정이 취소된 날부터 2년이 지나지 아니한 자
③ 제1호 또는 제2호에 해당하는 사람이 임원으로 재직하는 법인

관세청장은 국가관세종합정보망을 효율적으로 운영하기 위하여 필요한 경우 국가관세종합정보망 운영사업자에게 그 운영에 필요한 재원을 지원할 수 있다(관세법 제327조의2 제3항).

관세청장은 관세법 제327조의2 제1항에 따라 지정을 받은 국가관세종합정보망 운영사업자가 다음 각 호의 어느 하나에 해당하는 경우에는 그 지정을 취소하거나 1년 이내의 기간을 정하여 국가관세종합정보망 운영사업의 전부 또는 일부의 정지를 명할 수 있다. 다만, 제1호 및 제2호에 해당하는 경우에는 그 지정을 취소하여야 한다(관세법 제327조의2 제4항).

① 관세법 제327조의2 제2항 각 호의 어느 하나에 해당한 경우. 다만, 제2항 제3호에 해당하는 경우로서 제175조 제2호 또는 제3호에 해당하는 사람을 임원으로 하는 법인이 3개월 이내에 해당 임원을 변경한 경우에는 그러하지 아니하다.
② 거짓이나 그 밖의 부정한 방법으로 제1항에 따른 지정을 받은 경우
③ 제1항에 따른 기준에 미달하게 된 경우

수 없다. 다만, 제6호에 해당하는 자의 경우에는 같은 호 각 목의 사유가 발생한 해당 특허보세구역을 제외한 기존의 다른 특허를 받은 특허보세구역에 한정하여 설치·운영할 수 있다.

1. 미성년자
2. 피성년후견인과 피한정후견인
3. 파산선고를 받고 복권되지 아니한 자
4. 이 법을 위반하여 징역형의 실형을 선고받고 그 집행이 끝나거나(집행이 끝난 것으로 보는 경우를 포함한다) 면제된 후 2년이 지나지 아니한 자
5. 이 법을 위반하여 징역형의 집행유예를 선고받고 그 유예기간 중에 있는 자
6. 다음 각 목의 어느 하나에 해당하는 경우에는 해당 목에서 정한 날부터 2년이 지나지 아니한 자. 이 경우 동일한 사유로 다음 각 목 모두에 해당하는 경우에는 그 중 빠른 날을 기준으로 한다.
   가. 제178조 제2항에 따라 특허보세구역의 설치·운영에 관한 특허가 취소(이 조 제1호부터 제3호까지의 규정 중 어느 하나에 해당하여 특허가 취소된 경우는 제외한다)된 경우: 해당 특허가 취소된 날
   나. 제276조 제3항 제3호의2 또는 같은 항 제6호(제178조 제2항 제1호·제5호에 해당하는 자만 해당한다)에 해당하여 벌금형 또는 통고처분을 받은 경우: 벌금형을 선고받은 날 또는 통고처분을 이행한 날
7. 제268조의2, 제269조, 제270조, 제270조의2, 제271조, 제274조, 제275조의2 또는 제275조의3에 따라 벌금형 또는 통고처분을 받은 자로서 그 벌금형을 선고받거나 통고처분을 이행한 후 2년이 지나지 아니한 자. 다만, 제279조에 따라 처벌된 개인 또는 법인은 제외한다.
8. 제2호부터 제7호까지에 해당하는 자를 임원(해당 보세구역의 운영업무를 직접 담당하거나 이를 감독하는 자로 한정한다)으로 하는 법인

관세청장은 관세법 제327조의2 제4항에 따른 업무정지가 그 이용자에게 심한 불편을 주
거나 공익을 해칠 우려가 있는 경우에는 업무정지처분을 갈음하여 1억원 이하의 과징금을
부과할 수 있다. 이 경우 과징금을 부과하는 위반행위의 종류와 위반 정도 등에 따른 과징
금의 금액 등에 관하여 필요한 사항은 대통령령으로 정한다$\binom{\text{관세법}}{\text{제327조의2 제5항}}$.

관세법 제327조의2 제5항에 따른 과징금을 납부하여야 할 자가 납부기한까지 이를 납부
하지 아니한 경우에는 담보 등이 없는 경우 관세징수(관세법 제26조)를 준용한다$\binom{\text{관세법}}{\text{제327조의2 제6항}}$.
관세청장은 국가관세종합정보망의 안정적인 운영을 위하여 국가관세종합정보망 운영사업
자에게 사업실적 등 운영사업과 관련한 주요 내용을 매년 보고하도록 하거나 관련 장부 및
서류를 제출하도록 명할 수 있다. 이 경우 보고의 방법 및 절차 등 필요한 사항은 관세청장
이 정한다$\binom{\text{관세법}}{\text{제327조의2 제7항}}$.

관세청장은 국가관세종합정보망 운영사업에 관하여 국가관세종합정보망 운영사업자를
지도·감독하여야 한다.

국가관세종합정보망 운영사업자의 지정 등$\binom{\text{관세법}}{\text{제327조의2}}$ 국가관세정보망 운영사업자의 지
정(관세법 제327조의2 제1항)에 따른 국가관세종합정보망 운영사업자(이하 "국가관세종합
정보망 운영사업자"라 한다)의 지정기준은 다음 각 호와 같다$\binom{\text{관세법시행령}}{\text{제285조의3 제1항}}$.

①「민법」제32조에 따라 설립된 비영리법인 또는 「정부출연연구기관 등의 설립·운영
　및 육성에 관한 법률」에 따른 정부출연연구기관일 것

② 전산정보처리시스템의 구축 및 운영에 관한 경험을 보유할 것

③ 그 밖에 관세청장이 정하는 설비 및 기술인력 등의 기준을 보유할 것

국가관세종합정보망 운영사업자의 지정을 받으려는 자는 관세청장이 정하는 서류를 갖
추어 관세청장에게 신청하여야 한다. 지정을 받은 운영사업자가 지정받은 사항을 변경할
때에도 또한 같다$\binom{\text{관세법시행령}}{\text{제285조의3 제2항}}$.

관세청장이 국가관세종합정보망 운영사업자를 지정한 때에는 해당 신청인에게 지정증을
교부하고, 그 사실을 관계 행정기관의 장 및 관세업무 관련 기관의 장에게 통지하여야 한
다$\binom{\text{관세법시행령}}{\text{제285조의3 제3항}}$.

12. 전자문서중계사업자의 지정 등$\binom{\text{관세법}}{\text{제327조의3}}$

1) 전자무역서 중계사업자 지정

「전기통신사업법」 제2조 제8호에 따른 전기통신사업자로서 전자신고 등 및 전자송달을 중계하는 업무(이하 "전자문서중계업무"라 한다)를 수행하려는 자는 대통령령으로 정하는 기준과 절차에 따라 관세청장의 지정을 받아야 한다$\binom{\text{관세법}}{\text{제327조의3 제1항}}$.

다음 각 호의 어느 하나에 해당하는 자는 제1항에 따른 지정을 받을 수 없다$\binom{\text{관세법}}{\text{제327조의3 제2항}}$.

> ① 운영인의 결격사유에 해당하는 자는 특허보세구역을 설치, 운영할 수 없음(제175조 제2호부터 제5호까지의 어느 하나)에 해당하는 자
> ② 관세법 제327조의3 제3항에 따라 지정이 취소된 날부터 2년이 지나지 아니한 자
> ③ 제1호 또는 제2호에 해당하는 자를 임원으로 하는 법인

관세청장은 제1항에 따라 지정을 받은 자(이하 "전자문서중계사업자"라 한다)가 다음 각 호의 어느 하나에 해당하는 경우에는 그 지정을 취소하거나 1년 이내의 기간을 정하여 전자문서중계업무의 전부 또는 일부의 정지를 명할 수 있다. 다만, 제1호 및 제2호에 해당하는 경우에는 그 지정을 취소하여야 한다$\binom{\text{관세법}}{\text{제327조의3 제3항}}$.

> ① 제2항 각 호의 어느 하나에 해당한 경우
> ② 거짓이나 그 밖의 부정한 방법으로 제1항에 따른 지정을 받은 경우
> ③ 제1항에 따른 기준을 충족하지 못하게 된 경우
> ④ 제7항에 따른 관세청장의 지도·감독을 위반한 경우

관세청장은 제3항에 따른 업무정지가 그 이용자에게 심한 불편을 주거나 그 밖에 공익을 해칠 우려가 있는 경우에는 업무정지처분을 갈음하여 1억원 이하의 과징금을 부과할 수 있다. 이 경우 과징금을 부과하는 위반행위의 종류와 위반 정도 등에 따른 과징금의 금액 등에 관하여 필요한 사항은 대통령령으로 정한다$\binom{\text{관세법}}{\text{제327조의3 제4항}}$. 제4항에 따른 과징금을 납부하여야 할 자가 납부기한까지 이를 납부하지 아니한 경우에는 제26조를 준용한다$\binom{\text{관세법}}{\text{제327조의3 제5항}}$.

전자문서중계사업자는 전자문서중계업무를 제공받는 자에게 기획재정부령으로 정하는 바에 따라 수수료 등 필요한 요금을 부과할 수 있다$\binom{\text{관세법}}{\text{제327조의3 제6항}}$. 관세청장의 전자문서중

계사업자에 대한 지도·감독과 관련한 보고 등 필요한 사항에 관하여는 제327조의2 제7항을 준용한다. 이 경우 "국가관세종합정보망"은 "전자문서중계사업"으로, "국가관세종합정보망 운영사업자"는 "전자문서중계사업자"로 본다($\binom{관세법}{제327조의3\ 제7항}$).

2) 지정기준

전자문서중계사업자의 지정기준은 다음 각 호와 같다($\binom{관세법시행령}{제285조의4\ 제1항}$).

> ① 「상법」상 주식회사로서 납입자본금이 10억원 이상일 것
> ② 정부, 「공공기관의 운영에 관한 법률」 제4조에 따른 공공기관 및 비영리법인을 제외한 동일인이 의결권있는 주식총수의 100분의 15를 초과하여 소유하거나 사실상 지배하지 아니할 것
> ③ 전자문서중계사업을 영위하기 위한 설비와 기술인력을 보유할 것

전자문서중계사업자의 지정기준($\binom{관세법시행령}{제285조의4\ 제3항}$) 영 제285조의4 제3항에 따른 지정기준은 다음과 같다($\binom{관세법시행규칙}{제85조\ 제1항}$).

(1) 전자문서중계사업에 필요한 다음 각목의 설비를 자기 사업장에 설치하고 당해 설비에 대한 정당한 사용권을 가질 것

① 전자문서중계사업을 안정적으로 수행할 수 있는 충분한 속도 및 용량의 전산설비
② 전자문서를 변환·처리·전송 및 보관할 수 있는 소프트웨어
③ 전자문서를 전달하고자 하는 자의 전산처리설비로부터 관세청의 전산처리설비까지 전자문서를 안전하게 전송할 수 있는 통신설비 및 통신망
④ 전자문서의 변환·처리·전송·보관, 데이터베이스의 안전한 운영과 보안을 위한 전산설비 및 소프트웨어

(2) 전자문서중계사업에 필요한 다음 각목의 기술인력을 보유할 것

① 「국가기술자격법」에 의한 정보처리 또는 통신 분야의 기술사 이상의 자격이 있는 자 1인 이상
② 전자문서중계사업을 위한 표준전자문서의 개발 또는 전자문서중계방식과 관련한 기술 분야의 근무경력이 2년 이상인 자 2인 이상
③ 전자문서와 데이터베이스의 보안관리를 위한 전문요원 1인 이상
④ 「관세사법」에 의한 관세사 자격이 있는 자 1인 이상

13. 전자문서 등 관련 정보에 관한 보안 $\left(\substack{관세법 \\ 제327조의4}\right)$

누구든지 국가관세종합정보망 또는 전자문서중계사업자의 전산처리설비에 기록된 전자문서 등 관련 정보를 위조 또는 변조하거나 위조 또는 변조된 정보를 행사하여서는 아니된다 $\left(\substack{관세법 \\ 제327조의4 \ 제1항}\right)$. 누구든지 국가관세종합정보망 또는 전자문서중계사업자의 전산처리설비에 기록된 전자문서 등 관련 정보를 훼손하거나 그 비밀을 침해하여서는 아니 된다 $\left(\substack{관세법 \\ 제327조의4 \ 제2항}\right)$.

국가관세종합정보망 운영사업자 또는 전자문서중계사업자의 임직원이거나, 임직원이었던 자는 업무상 알게 된 전자문서상의 비밀과 관련 정보에 관한 비밀을 누설하거나 도용하여서는 아니 된다 $\left(\substack{관세법 \\ 제327조의4 \ 제3항}\right)$.

14. 전자문서의 표준

관세청장은 국가간세관정보의 상호교환(관세법 제240조의6)에 따른 국가 간 세관정보의 원활한 상호 교환을 위하여 세계관세기구 등 국제기구에서 정하는 사항을 고려하여 전자신고 등 및 전자송달에 관한 전자문서의 표준을 정할 수 있다 $\left(\substack{관세법 \\ 제327조의5}\right)$.

15. 청문

세관장은 다음 각 호의 어느 하나에 해당하는 처분을 하려면 청문을 하여야 한다 $\left(\substack{관세법 \\ 제328조}\right)$.

① 보세구역자율관리 지정취소(관세법 제164조 제6항)에 따른 자율관리보세구역 지정의 취소
② 보세사의 자격취소 및 업무정지(관세법 제165조 제5항)에 따른 보세사 등록의 취소 및 업무정지
③ 지정부세구역 지정(관세법 제167조)에 따른 지정보세구역 지정의 취소
④ 지정장치장 물품에 대한 지정관리인 지정(관세법 제172조 제6항)에 따른 화물관리인 지정의 취소

⑤ 특허보세구역의 반입정지, 특허취소(관세법 제178조 제1항 및 제2항)에 따른 물품 반입 등의 정지 및 운영인 특허의 취소

⑥ 종합보세구역 지정의 취소(관세법 제204조 제1항)에 따른 종합보세구역 지정의 취소

⑦ 종합보세사업장 운영인에게 종합보세기능 수행(관세법 제204조 제2항)에 따른 종합보세기능의 수행 중지

⑧ 거짓, 그밖의 부정한 방법으로 신고 한 경우(관세법 제204조 제3항에 따른) 종합보세사업장의 폐쇄

⑨ 등록취소 및 6개월 범위 업무정지(관세법 제224조 제1항)에 따른 보세운송업자 등의 등록 취소 및 업무정지

⑩ 거짓이나 그밖의 부정한 방법으로 공인받거나 공인을 갱신받는 경우(관세법 제255조의5)에 따른 수출입안전관리우수업체 공인의 취소

⑪ 지정취소나 1년이내의 기간을 정하여 국가관세종합정보망 운영사업 전부또는 일부 정지명령(관세법 제327조의2 제4항) 및 지정취소나 1년이내의 기간을 정하여 전자문서중계업무 전부 또는 일부 정지명령(관세법 제327조의3 제3항)에 따른 국가관세종합정보망 운영사업자 및 전자문서중계사업자 지정의 취소 및 사업·업무의 전부 또는 일부의 정지

16. 권한의 위임 및 위탁 등 (관세법 제329조)

1) 기획재정부 권한의 위임

관세법 따른 기획재정부장관의 권한 중 다음 각 호의 권한은 대통령령으로 정하는 바에 따라 관세청장에게 위임할 수 있다 (관세법 제329조 제1항).

① 덤핑방지관세 등에 대한 재심사(관세법 제56조 제2항)에 따른 덤핑방지관세 재심사에 필요한 사항의 조사

② 상계관세 등에 대한 재심사(관세법 제62조 제2항)에 따른 상계관세 재심사에 필요한 사항의 조사

2) 관세청장이나 세관장의 위임

관세법에 따른 관세청장이나 세관장의 권한은 대통령령으로 정하는 바에 그 권한의 일부를 세관장이나 그 밖의 소속 기관의 장에게 위임할 수 있다 (관세법 제329조 제2항).

3) 위탁

세관장은 대통령령으로 정하는 바에 따라 관세법 제257조부터 제259조까지의 규정에 따른 권한을 체신관서의 장에게 위탁할 수 있다($^{관세법}_{제329조\ 제3항}$). 세관장은 대통령령으로 정하는 바에 따라 관세법 제157조, 제158조 제2항, 제159조 제2항, 제165조 제3항, 제209조, 제213조 제2항(보세운송신고의 접수만 해당한다)·제3항, 제215조, 제222조 제1항 제1호, 및 제246조 제1항에 따른 권한을 다음 각 호의 자에게 위탁할 수 있다($^{관세법}_{제329조\ 제4항}$).

① 통관질서의 유지와 수출입화물의 효율적인 관리를 위하여 설립된 비영리법인
② 화물관리인
③ 운영인
④ 보세운송업자 등의 등록 및 보고(관세법 제222조)에 따라 등록한 보세운송업자

4) 단체에 위탁

관세법에 따른 관세청장 또는 세관장의 업무 중 다음 각 호의 업무는 대통령령으로 정하는 바에 따라 대통령령으로 정하는 단체에 위탁할 수 있다($^{관세법}_{제329조\ 제5항}$).

① 세관검사장 검사비용지원(반입물품 관세법 제173조 제3항 단서)에 따른 물품 검사비용 지원 업무 중 신청서 접수, 지원 요건 및 금액에 관한 심사
② 지식재산권 보호(관세법 제235조 제2항에) 따른 지식재산권의 신고 업무 중 신고서 접수 및 보완 요구
③ 수출입안전관리 우수업체의 공인 심사(관세법 제255조의2 제2항)에 따른 수출입안전관리우수업체 공인 심사 지원 및 같은 조 제3항에 따른 예비심사 지원
④ 물품 또는 운송수단 등에 대한 검사(관세법 제265조)에 따른 물품 또는 운송수단 등에 대한 검사 등에 관한 업무 중 국제항을 출입하는 자가 휴대하는 물품 및 국제항을 출입하는 자가 사용하는 운송수단에 대한 검사

참 고 문 헌

- 강원진, 『무역계약론』, 박영사, 2008.
- 김병학·홍길종, 『관세법론』, 두남, 2006.
- 김재원, 『대외무역법』, 박문각, 2006.
- 김희길, 『국제무역관계법』, 삼영사, 2009.
- 박광서, 『무역법규』, 탑북스, 2010.
- 박민규, 『관세법』, 우용출판사, 2008.
- 박영기, 『관세제재법』, 세창출판사, 2009.
- 박웅용, 『WTO 협정』, 법문사, 2006.
- 방재근·김해석, 『무역법규』, 두남, 2004.
- 방희석, 『무역실무』, 삼영사, 2010
- 서정일, 『국제거래법』, 두남, 2001.
- 엄광열·홍종민, 『통관과 관세법』, 2008.
- 여성구, 『대외무역법』, 두남, 2009.
- 오원석, 『3개정판 국제운송론』, 박영사, 2004.
- 오철환, 『오! 관세법』, 세학사, 2009.
- 윤광운, 『국제통상법』, 삼영사, 2009.
- 이명호, 『관세법』, 박문각, 2007.
- 이명호, 『위너스 관세법』, 지원미디어, 2006.
- 이용근, 『무역실무』, 삼영사, 2011.
- 이제홍, 『대외무역법』, 보명Books, 2010.
- 이제홍, 『최신 대외무역관계법』, 청람, 2016
- 임예진, 관세법, 관세무역연구원, 2020.
- 전정기, 『관세법』, 율곡출판사, 2009.
- 전정기, 『대외무역법』, 지인북스, 2008.
- 정재완, 『관세법』, 무역경영사, 2011.
- 제갈현근, 『관세법』, 웅진패스원, 2010.
- 한국관세연구소, 대외무역법령집, 관세홍보사, 2007
- 무역물류연구원, 무역실무(이해와 활용), 도서출판 청람, 2022,
- 한국무역협회, 『FTA원산지 길라잡이』, 2009.

색인(Index)

ㄱ

가격신고제도	58
가격조작죄	464
가산세 감면	144
가산세 제도	140
간이 보세운송	339
간이 입출항 절차	255
간이세율	112
간이통관	350
간이통관절차	417
간접소비세	15
간주외국물품	22
강제조사	487
강제징수면탈죄	465
개별담보	169
견본검사	397, 405
견품반출	279
경매	328
경정	134
경정청구	136
계절관세	106
고발	496
공시송달	35
과세 4대 요건	40
과세가격	55
과세가격결정	68
과세가격의 사전심사	64
과세물건	41
과세자료 기관 범위	448
과세자료의 범위	448
과세전 적부심사	237
과세표준	55
과세형평의 원칙	29
과세환율	46, 85
과오납금 충당 및 양도	219
관리비 지급	507
관세	15
관세감면종류	183
관세담보	162
관세범	457
관세범칙조사심의위원회	484
관세법의 목적	17
관세법의 성격	18
관세법의 체계	19
관세율	86
관세율 적용순서	110
관세율의 우선순위	110
관세율표	116
관세의 감면	175
관세의 납부기한	32
관세의 징수절차	145
관세의 현장수납	148
관세조사권 남용금지	229
관세질서법	457
관세징수권의 소멸시효	154
관세징수권의 시효정지	158
관세징수권의 시효중단	156
관세징수권의 우선	28
관세청장	488
관세체납	149
관세충당	170
관세포탈죄	462
관세행정벌	456

관세형벌	459
관세환급	218
관세환급가산금	219
관세환급청구권의 시효중단	160
관세·통계 통합 품목분류표	117
국가관세종합정보망의 구축	508
국고귀속	331
국내운항선(기)	25
국세	15
국정세율	87
국제무역선(기)	25
국제항	250
기간	31
기본세율	87
기한	31
긴급관세	100

ㄴ

납부불성실 가산세	141
납세고지	139
납세보증보험증권	163
납세보증자	53
납세신고	129
납세의무	39
납세의무 소멸	150
납세의무의 승계	217
납세의무자	47
납세자권리보호	240
납세자권리헌장	227
납세증명서	235
내국물품	24
내국세의 관세환급	226

내국운송	340
내국지급수단 휴대반출 한도	436
내수용보세공장	302

ㄷ

단기체류용물품	444
단기체류자	443
대항조치	109
덤핑방지관세	88
도착가격(CIF가격)	56
도착지시장가격	57

ㅁ

매각대행기관	326
멸각물품의 환급	224
명예세관원	454
명의대여행위죄	466
무자력 고발	496
무조건 감면세	183
무환통관	350
물적납세의무자	53
물품검사	387, 396, 405
물품세	15
밀수입죄	462
밀수출입죄	461, 474
밀수출죄	462
밀수품의 취득죄	464, 475

ㅂ

반송	24
반송신고	402
반송통관	350
반출승인의 효과	408
발송가격(FOB가격)	56
발췌검사	439
법정가격	56
보고의무	452
보복관세	99
보세건설장	307
보세공장	300
보세공장 외 보세작업	305
보세구역	286
보세구역 반입명령	373
보세구역제도	270
보세사	282
보세사 징계위원회	284
보세사의 명의대여죄	466
보세사의 직무	284
보세운송	335
보세운송업자의 등록	341
보세운송절차	336
보세운송제도	270
보세장치화물의 폐기	333
보세전시장	306
보세제도	269
보세창고	299
보세판매장	308
보세판매장 제도운영위원회	295
보수작업	274
보통세	16
복합환적	26
부과고지제도	138

부정감면죄	463
부정수입죄	463
부정수출죄	463
부정환급죄	226, 463
분할납부제도	210
불복방법 통지	245
불복신청	240
비밀유지	232
비밀유지의무	450

ㅅ

사전세액심사	131
사후세액심사	130
상계관세	95
서류송달	35
서류열람	246
선박용품	26
세관검사장	290
세관공무원	27, 488
세관장	488
세관장의 직권	447
세번변경기준	355
세액보정	132
세액정정	132
세율	86
세율불균형 물품의 면세	197
소급과세의 금지	29
소액물품 등 면세	189
손상물품에 대한 감세	193
수색	488
수시세	16
수입	22
수입(반송)신고지연 가산세	144

수입관련서류	452
수입대상 물품	22
수입신고	381
수입신고수리	390
수입의제	23, 376
수입통관	350
수출	24
수출용보세공장	302
수출용원재료 등의 환급	225
수출입 안전관리 우수업체	413
수출통관	350
수출통관절차	394
승무원 휴대품 통관	436
시가역산가격	57
시설대여업자에 대한 감면	208
신고납부제도	129
신고불성실 가산세	141
신고수리전 반출	408
신고필증교부	390
신의성실 원칙	30
심사청구	241

ㅇ

안전관리기준	413
압수	488
압수물품의 국고귀속	498
압수물품의 매각	497
압수물품의 반환	498
압수물품의 폐기	498
야간집행의 제한	489
양벌규정	459
양수제한물품	186

양허관세	108
여행자 휴대품 및 이사물품 등의 감면세	190
여행자 휴대품 통관	428
연대 납세의무자	51
연대납세의무	217
예납제도	494
예치	323
외교관 면세	185
외국물품	22
외국물품 의제	22
외국물품의 일시양륙	259
우편물 통관	422, 425
운송수단	249
운영인	26
원료과세물품	43
원료관세	304
원산지제도	352
원산지증명서	358
원산지표시위반단속기관협의회	365
위약물품에 대한 환급	220
위탁판매	329
유치	322
유통이력조사	377
유환통관	350
이사물품	437
이의신청	241, 246
일반(정식)통관	350
일반수입물품	42
일반특혜관세	108
임의조사	486
입항절차	253

ㅈ

잠정가격 신고제도	61
잠정세율	87, 111
장치물품의 폐기	278
재수입면세	194
재수출 감면세	206
재수출면세	202
전량검사	439
전자상거래 물품등의 특별통관	410
전자상거래물품	27
전자송달	509
전자신고	509
정부용품 등 면세	186
정지	153
제2차 납세의무자	53
제척기간	151
조건부 감면세	183
조건부 면세대상	186
조난물품의 운송	340
조사전담권	483
조정관세	105
종교용품	202
종합보세구역	286, 312
준이사물품	443
준이사자	443
중단	153
즉시고발	496
지식재산권보호	367
지정보세구역	286, 287
지정장치장	288
직접운송원칙	357

ㅊ

차량	264
차량용품	26
처분 전담권	481
청문	514
체납자 명단 공개	234
체납처분면탈죄	465
체화물품	324
출항절차	254

ㅌ

탁송품	27
탁송품 특별통관	411
탄력세율	88
통고처분	491
통관	26
통관보류	370
통관심사	385, 396, 404
통관우체국	423
통관표지	352
통로제한	259
통산판매중개물품	453
특별긴급관세	102
특별납세의무자	48
특정물품 면세	188, 191
특정물품의 면세	187
특허기간	293
특허기간 특례	294
특허보세구역	286
특허심사위원회	295

ㅍ

파출검사	397, 405
편의제공	506
편익관세	107
포괄담보	169
포상	505

ㅎ

하역의 절차	258
하역제한	259
학술연구용품 등 감면세	200
한국원산지정보원	365
할당관세	105
합목적성 원칙	29
항공기 용품	26
항외하역	260
해외임가공물품 감면세	195
해체·절단 등의 작업명령	277
허위신고죄	466
확장된 납세의무	51
환경오염 방지물품 등의 감면세	189
환급청구권의 소멸시효	158
환적	26

HS품목표	117
HS협약	116
WTO 지적재산권협정(TRIPs)	367

저자약력

저자 이 제 홍

▶ 현 직
- 조선대학교 무역학과 교수(현재)
- 조선대학교 경상대학 학장(현재)
- 조선대학교 경영대학원 원장(현재)
- 조선대학교 지식경영연구원장 역임(2018-2021)

▶ 학 력
- 동국대학교 대학원 무역학과 경영학박사
- 동국대학교 대학원 무역학과 상학석사
- 조선대학교 경상대학 무역학과 경영학사
- University of North Texas 연구교수(2016)

▶ 저 서
- 글로벌 경영학 기초, 책연, 2023
- 수출입기초입문, 청람, 2017
- 국제운송물류론, 청람, 2016
- 대외무역관계법, 청람, 2016

▶ 시 집
- 아이들 웃음소리, 사랑(제1집), 보명북스, 2010
- 세월과 사랑-8015(제2집), 도서출판청람, 2016
- 세상살이 사랑 : 젊고 늙음에 관계없이(제3집), 책연, 2022

▶ 경력사항
- (사)국제e-비즈니스학회장 역임(2018)
- (사)한국통상정보학회장 역임(2022)
- (사)한국무역금융보험학회 편집위원장(현재)
- (사)한국무역학회 부회장(현재)
- (사)한국관세학회 부회장(현재)
- (사)한국국제상학회 부회장(현재)
- (사)한국전문경영인학회(CEO) 부회장(현재)
- 인사혁신처 관세직 공무원 7급, 9급 출제, 선정, 면접위원 역임
- 관세청호남본부 세관평가위원
- 한국연구재단 평가위원 역임
  (신진, 중견, 연구교수 등)
- 광주시 광산구 지속가능발전위원회 공동위원장
  (현, 23-25)

관세와 통관실무

2023년 8월 22일 초판 인쇄
2023년 8월 29일 초판 발행

저 자 | 이제홍
발행인 | 최익영
펴낸곳 | 도서출판 책연
      인천광역시 부평구 부영로 196 Tel (02) 2274-4540 | Fax (02) 2274-4542

ISBN 979-11-92672-06-9   93320   정가 30,000원